कथक कल्पद्रुम

कथक कल्पद्रुम

(अभिनव ग्रन्थमाला चतुर्थ पुष्प)

चेतना ज्योतिषी ब्योहार

स्वाति पब्लिकेशन्स
दिल्ली

प्रथम संस्करण 2019

ISBN: 978-93-81843-11-6

आवरण:

श्याम पहापलकर

प्रकाशक:

स्वाति पब्लिकेशन्स
34, सैन्ट्रल मार्केट, अशोक विहार
दिल्ली–110 052
फोन: 91–11–27212194–95
फैक्स: 91–11–27212195
ई–मेल: swatipublications7@gmail.com, agamkala101@gmail.com
www.agamkala.com

लेज़र टाइपसैटिंग:

अमन प्रिंटोग्राफिक्स
दिल्ली
फोन: 9891395309

मुद्रक:

बालाजी ऑफसेट
वजीरपुर गाँव, अशोक विहार
दिल्ली–110 052

समर्पण

माता स्वर्गीया श्रीमती मनोरमा ज्योतिषी एवं पिता स्वर्गीय श्री रमेश चन्द्र ज्योतिषी

के श्री चरणों में सादर समर्पित

निवेदन

आज कथक नृत्य पश्चिमोत्तर एवं मध्य भारत के एकमात्र शास्त्रीय नृत्य के रूप में लोकप्रिय एवं प्रतिष्ठित है। विगत दशकों में इसे चाहने और अपनाने वालों का दायरा बढ़ा है। एक ओर सुदूर पूर्वोत्तर राज्यों में यह नृत्य पहुँचा है, तो दूसरी ओर दक्षिण भारत के सुदृढ़ द्वार पर भी इसने अपनी दस्तक दी है। भारत ही नहीं वैश्विक कला परिदृश्य में भी कथक नृत्य ने अपना स्थान सुनिश्चित किया है। स्वातंत्र्योत्तर भारत में शताब्दियों से गुरूमुखी शिक्षण द्वारा पीढ़ी–दर–पीढ़ी हस्तांतरित होती आईं संगीत–नृत्य जैसी कलाओं को संस्थागत शिक्षण के माध्यम से अपेक्षाकृत व्यापक क्षेत्र, सामाजिक स्वीकृति और प्रतिष्ठा मिली है। आज विद्यालयों, महाविद्यालयों तथा विश्वविद्यालयों में प्रतिवर्ष हज़ारों विद्यार्थी संगीत–नृत्य का प्रशिक्षण प्राप्त कर ऊँची डिगरियाँ प्राप्त कर रहे हैं। इनमें से कुछ शिक्षक के रूप में अध्यापन कार्य से जुड़ भी जाते हैं।

पाठ्यक्रमाधारित संस्थागत शिक्षण पद्धति में संगीत एवं नृत्य के प्रयोग तथा शास्त्र दोनों ही पक्षों के संतुलित प्रशिक्षण की सम्यक् योजना होती है। विगत शताब्दी संगीत के शास्त्रलेखन की दृष्टि से पुनर्जागरण का काल मानी जा सकती है। इसमें भी विशेष रूप से पिछले पचास वर्षों में विचारकों का ध्यान प्राचीन शास्त्र परम्परा के विश्लेषण के साथ–साथ उससे सम्बद्ध करते हुए, संगीत के वर्तमान लक्ष्य को समझने की ओर केन्द्रित रहा है। संगीत के तीनों घटकों में से प्रायः गीत और वाद्य विद्वानों के गम्भीर अध्ययन का विषय बने, किन्तु नृत्य का पक्ष किसी हद तक उपेक्षित ही रहा। कथक नृत्य में यह स्थिति अधिक शोचनीय रही। जितना–सा लेखन हुआ भी, वह प्रायः एक–सी धारणा को पुष्ट करने वाला तथा शोधपरक दृष्टि से दूर था। फलस्वरूप भारतीय संगीत की प्राचीन शास्त्र परम्परा और ऐतिहासिक तथ्यों की प्रामाणिक सूचना (authentic information) से हम वंचितप्राय रहे। यों विगत दो दशकों में नृत्य पर प्रकाशित ग्रन्थों की बाढ़–सी आ गई है। लगता है कम्प्यूटर ने ग्रन्थ निष्पादन कार्य अत्यन्त सरल कर दिया है।

कथक नृत्य के विशेष सन्दर्भ में यह स्पष्ट प्रतीत होता है कि शास्त्र और प्रयोग के बीच आज एक गहरी खाई निर्मित हो गई है। पुराने गुरुओं के प्रयोग और

शास्त्र के गहरे ज्ञान के सम्बन्ध में संशय नहीं किया जा सकता था। वे आजीवन कला साधना में रत रहते थे और उसका सर्वांगीण ज्ञान उन्हें होता था। पाठ्यक्रमाधारित शिक्षण के सीमित दायरे में विद्यार्थी पढ़ते तो ऊपरी तौर पर भरत नाट्यशास्त्र हैं, मगर सीखते कथक हैं। जबकि आवश्यकता इस बात की है कि नाट्यशास्त्र, अभिनयदर्पणम् एवं भरतार्णवः जैसे प्रौढ़ ग्रन्थों का अवगाहन कर, नृत्य के लिये उपयोगी सामग्री को ग्रहण करते हुए साहित्य निर्माण हो और तदनुरूप शिक्षण दिया जाये। शास्त्र और प्रयोग के बीच परस्पर सिद्धान्तों को परिपुष्ट करने वाले सम्बन्ध होने चाहिए। आज स्थिति यह है कि विभिन्न शैक्षिक संस्थाओं में कार्यरत शिक्षक आजीवन ऐसे अनेक तथ्यों को जानने से वंचित रह जाते हैं जो प्राचीन एवं मध्यकालीन संस्कृत एवं अन्य क्षेत्रीय भाषा के ग्रन्थों में बिखरे पड़े हैं। ऐसी तथ्यपरक सूचनाओं का ज्ञान शिक्षकों एवं विद्यार्थियों दोनों को आवश्यक रूप से होना चाहिये, किन्तु मूलग्रन्थों की अनुपलब्धता, संस्कृत भाषा से दूरी तथा वर्तमान सामाजिक परिवेश में समय की दैनन्दिन आपाधापी के कारण सम्भवतः स्वाध्ययन की सुविधा और प्रवृत्ति अब लोगों से छूटती जा रही है। किन्तु जैसा कि नारदीय शिक्षा में कहा गया है – "संगीत जो कि मूलतः गुरूमुखी विद्या है, उसका यथार्थ ज्ञान अधिकारी गुरु के सान्निध्य में ही सम्भव है तथापि शास्त्राध्ययन के अभाव में यह ज्ञान अपूर्ण एवं एकांगी सिद्ध होता है।"[1] इस परिप्रेक्ष्य में आज कथक के सुव्यवस्थित शास्त्र की आवश्यकता पूर्वपेक्षा कहीं अधिक है।

कथक कल्पद्रुम का वर्तमान संस्करण इस दिशा में छोटा–सा प्रयास है। सोलह वर्ष पूर्व प्रकाशित किन्तु अब अप्राप्य इस ग्रन्थ की विषयवस्तु में यद्यपि कोई विशेष परिवर्तन नहीं किया गया है तथापि नवीन तथा प्रामाणिक तथ्यों का समावेश तथा आलोचनात्मक विश्लेषण प्रस्तुत ग्रन्थ की विशेषता है। संगीत एवं नृत्य विषयक संस्कृत तथा क्षेत्रीय भाषाओं के प्राचीन एवं मध्यकालीन लक्षण ग्रन्थों से सामग्री का ग्रहण किया गया है और कथक नृत्य के अंतर्निहित अंगों के शास्त्रीय विवेचन का प्रयास किया गया है। आशा है 'कथक नृत्य' को एक ठोस शास्त्रीय आधार देने के साथ ही इस नृत्य के शिक्षण में एकरूपता लाने में भी यह ग्रन्थ उपयोगी सिद्ध हो सकेगा। मेरा यह विनम्र प्रयास विज्ञ संगीत रसिकों और कला–साधकों को समर्पित है। अपने गुरुओं के प्रत्यक्ष और परोक्ष आशीर्वाद से मैं अपने विचारों को स्थूल रूप दे सकी। इस ग्रन्थ से यदि

---

1 नारदीय शिक्षा/1/2/4

कथक जगत् का कुछ लाभ हो पाता है तो, उसका सम्पूर्ण श्रेय मेरे गुरुजनों के मार्गदर्शन को है, किन्तु प्रमादवश यदि त्रुटियाँ रह गई हों, तो वह अपराध मेरा है।

कथक कल्पद्रुम के कथ्य को अट्ठाईस अध्यायों में समेटने का प्रयास किया गया है। प्रारम्भिक बारह अध्यायों में संगीत के उद्भव से लेकर करण–रेचक–अंगहार तक उन विषयों का समावेश किया गया है जो नृत्य सम्बन्धी प्राचीन तथा मध्यकालीन अवधारणाओं का परिपोषण करते हैं और आज भी नृत्य के सन्दर्भ में महत्त्वपूर्ण हैं। शेष सोलह अध्यायों में कथक नृत्य से प्रत्यक्षतः सम्बद्ध विषयों पर चर्चा की गई है। वर्तमान उत्तर भारतीय शास्त्रीय नृत्य 'कथक' के उद्भव को लेकर विगत छः सात दशकों में अनेक भ्रांतिपूर्ण धारणाएँ स्थापित हुईं हैं। इधर इन तर्कहीन धारणाओं के प्रति विज्ञजनों में कुछ सुगबुगाहट होनी प्रारम्भ हुई है। मुझे ''कथक नृत्य की ऐतिहासिक अवधारणा का पुनर्मूल्यांकन'' विषय पर शोध हेतु सन् 2003 में भारत सरकार संस्कृति मंत्रालय की सीनियर फैलोशिप प्राप्त हुई थी। काम किया और शोधपत्र दो वर्षों में प्रस्तुत कर दिया गया, किन्तु उसके बाद के लगभग दस बारह वर्षों में मैं जब–तब इस विषय की ओर खिंचती ही गई। इस फैलोशिप के पूर्व केन्द्रीय संगीत नाटक अकादेमी के सौजन्य से प्रो0 अनिल बिहारी ब्योहार के साथ गुजराती में लिखे संगीत के महाग्रन्थ 'श्री संगीत कलाधर' के हिन्दी भावानुवाद का सुअवसर भी प्राप्त हो चुका था। इस ग्रन्थ के नर्तनाध्याय ने बहुत–से अनुत्तरित प्रश्नों का समाधान दिया। यानी सन् 2000 से 2005 तक ऐसे दो संयोग जुटे जो वर्तमान कथक नृत्य के पूर्वरूप से सम्बद्ध जानकारी जुटाने में सहायक हुए। प्रस्तुत ग्रन्थ के बीसवें अध्याय में इसी आधार पर कथक नृत्य के उद्भव एवं विकास पर चर्चा की गई है।

आंतरिक भावों की स्थूल अभिव्यक्ति अत्यन्त कठिन कार्य है और कोरे 'धन्यवाद' शब्द से इस अनुभूति की गहराई को प्रकट किया भी नहीं जा सकता। फिर भी आत्मसंतोष के लिये उन सभी के प्रति हार्दिक कृतज्ञता प्रकट करना चाहती हूँ जिन्होंने प्रत्यक्ष तथा परोक्ष रूप से मुझे सहयोग दिया। कथक नृत्य जगत् के मूर्धन्य कलाकार स्वर्गीया रोहिणी भाटे (पुणे), स्वर्गीया दमयन्ती जोशी, श्रीमती रौशन कुमारी, (मुम्बई), श्रीमती कुमकुम धर, स्वर्गीया कपिला राज, स्व0 पं0 अर्जुन मिश्र (सभी लखनऊ), पंडित रामलाल जी (भोपाल), श्रीमती मंजु चटर्जी, सुश्री प्रेरणा श्रीमाली, श्रीमती गीतांजलि लाल, श्री कृष्ण मोहन मिश्र, श्री राजेन्द्र गंगानी, श्री जयकिशन महाराज (सभी दिल्ली), तबला सम्राट स्व0 पं0 किशन महाराज, विदुषी उर्मिला शर्मा, डॉ0 आदिनाथ उपाध्याय,

(सभी बनारस), पंडित कामताप्रसाद त्रिपाठी, श्रीमती पूर्णिमा केलकर (दोनों खैरागढ़), श्री कौशल किशोर मिश्र 'फलाहारी बाबा' (श्री राजगोपाल मंदिर के महन्त, अयोध्या), श्री द्वारिकादास जी (बड़ा स्थान के महन्त, अयोध्या), श्री सीतला प्रसाद (पारम्परिक कथागायक, बाँसी) श्री अतुल मिश्रा, कु0 अनुश्री मिश्रा तथा कु0 श्रद्धा चोपड़ा (शोधार्थी, संगीत संकाय, इं0 क0 सं0 वि0 वि0, खैरागढ़) का हृदय से आभार एवं धन्यवाद। ग्रन्थ के सार्थक आवरण पृष्ठ के लिये मित्र श्री श्याम पहापलकर का हार्दिक आभार।

इस ग्रन्थ का प्रकाशन अपरिहार्य कारणों से लम्बे समय से टलता रहा है। सुखद और दुःखद अनुभूतियों के बीच विगत पाँच वर्ष मेरे जीवन के सर्वाधिक संघर्षपूर्ण वर्ष रहे। अपने पिता का स्थूल सान्निध्य मैंने खोया। उन्हें खोकर, जैसे कुछ करने की इच्छा भी मैंने खो दी। लेकिन जीवन कभी किसी एक भाव को स्थायी भाव बने रहने देता है भला? पुत्र अभिनव का विवाह, घर में पहले पुत्रवधु सौ0 सलोनी और फिर प्यारी पौत्री अद्विका का आगमन। इन सबने पुनः जीवन को सुख और नई दिशा दी। ग्रन्थ पाँच वर्ष पूर्व ही प्रकाशन की प्रक्रिया में आ चुका था, किन्तु मैं ही अपनी व्यस्तताओं में घिरी प्रूफ तथा अंतिम स्वरूप के निर्धारण के लिये समय न दे सकी। स्वाति पब्लिकेशन्स्, दिल्ली ने धैयपूर्वक सहयोग दिया इसके लिये उन्हें हार्दिक धन्यवाद्।

पिछले लगभग दस–बारह वर्षों में हिन्दी भाषा के मानकीकरण तथा सरलीकरण के कारण देवनागरी लिपि की वर्णभाला से अनेक वर्णों, अर्ध–वर्णों तथा संयुक्ताक्षरों का प्रयोग उठ–सा गया है। कम्प्यूटर अब प्रकाशन का अनिवार्य अंग है और इसके हिन्दी फॉण्ट में अनेक वर्णों को स्थान नहीं दिया गया है अतः वर्तनी सम्बन्धी अशुद्धि प्रस्तुत ग्रंथ में पाई जा सकती है। जो भी है, जैसा भी है, मेरा यह प्रयास आप सभी कथक साधकों को सादर समर्पित है। अपने अमूल्य सुझाव मेरे ईमेल chetanajyotishi@gmail.com पर भेजने की कृपा करें।

तन्मे मनः शिवसंकल्पमस्तु।

बुधवार, आश्विन शुक्ल अष्टमी
विक्रम सम्वत् 2075
17 अक्टूबर 2018

चेतना ज्योतिषी ब्योहार

अनुक्रमणिका

1

संगीत का उद्भव

जिज्ञासुओं के मन में यह प्रश्न बहुशः उठता है कि संगीत की उत्पत्ति कब और कैसे हुई? वह संगीत (गायन, वादन तथा नृत्य) जो हमारे दैनन्दिन जीवन का अभिन्न अंग है और सहज भाव से हमारी गतिविधियों में शामिल है। वह संगीत इतना विस्तृत और प्रभावशाली रूप कैसे ग्रहण कर सका? ऐसा कि सामान्य व्यक्ति भी इसे सहज भाव से अपना बैठा है। ऐसा जिसे कोई रसोई में काम करते हुए तो कोई स्नानागार में नहाते हुए अनजाने गुनगुनाने लगता है, ऐसा कि किसी मनपसन्द गीत को सुनकर कभी किसी वाद्य पर कभी हाथ तक न धरने वाला व्यक्ति भी टेबल ठोंककर ताल मिला लेता है, ऐसा कि बिना किसी विशेष प्रशिक्षण के भी जिसपर बच्चा, जवान या बूढ़ा थिरक उठता है। इस प्रश्न पर जब हम विचार करते हैं तो हमारा चिन्तन इस बिन्दु पर आकर टिक जाता है कि जितनी यह सृष्टि प्राचीन है, अथवा कम–से–कम जितना मानव संस्कृति का इतिहास प्राचीन है, उतना पुराना तो संगीत होना ही चाहिये। क्योंकि जब मानव के पास भाषा (मौखिक तथा लिखित अभिव्यक्ति के सशक्त साधन के रूप में) नहीं थी, तब भी वह हर्ष, शोक आदि हृदयगत भावों को अपनी आंगिक चेष्टाओं अथवा भंगिमाओं तथा ध्वनि के उतार–चढ़ाव से व्यक्त करता था। हम जानते हैं कि संगीत (गीत तथा नृत्य दोनों) के मूल में ध्वनिगत उतार–चढ़ाव और कतिपय आंगिक चेष्टाएँ होती हैं। इन्हीं से संगीत का जन्म हुआ है। इस रूप में संगीत को नैसर्गिक माना जा सकता है, तथापि एक अद्वितीय कला के रूप में जिस संगीत से हमारा परिचय है वह हमारे पूर्वज ऋषियों, आचार्यों, कलाकारों की सूक्ष्म एवं सुव्यवस्थित सोच तथा कठोर साधना का परिणाम है। पश्चिमी विचारक यह मानते हैं कि मानव सभ्यता के विकास के साथ–साथ नैसर्गिक संगीत ने एक सुव्यवस्थित कला का रूप ग्रहण किया, जबकि पूर्वी चिन्तकों की दृष्टि में संगीत अपने उत्कृष्टतम रूप में हमें परब्रह्म से प्राप्त हुआ है। यही कारण है कि हम भारतीय महादेव शिव शंकर, कृष्ण तथा देवी सरस्वती को संगीत–नृत्य के आदि प्रवर्तक के रूप में मानते हैं। मानव सभ्यता के विभिन्न कालखण्डों में प्राप्त होने वाले 'संगीत' शब्द के विभिन्न अर्थों से इसकी प्रयोग परम्परा एवं स्वरूप को समझा जा सकता है।

संगीत शब्द की व्युत्पत्ति एवं अर्थ

सम् + गै + क्त लगकर बने संगीत शब्द के अनेक कोशगत अर्थ प्राप्त होते हैं[1] –

- सामूहिक गान – बहुत से कण्ठों से मिलकर गाया जाने वाला गान।
- गायन/मधुर गायन – विशेषतः वह गायन जो नृत्य तथा वाद्ययंत्रों के साथ गाया जाये।
- नृत्य तथा भाव के साथ गाने की कला।

इस तरह 'संगीत' सम्यक्‌रूपेण गीत अर्थात् नृत्य और वाद्य सहित गीत है। इस अर्थ की पुष्टि में अनेक प्राचीन सन्दर्भ प्रस्तुत किये जा सकते हैं। यथा वराहोपनिषद् का यह उद्धरण –

संगीतताललयवाद्यवशं गतापि मौलिस्थकुम्भपरिरक्षणधीर्नटीव।[2]

कालिदास के मेघदूत में 'संगीतार्थ' के उपादानों में गीत, वाद्य तथा नृत्य इन तीनों की आवश्यकता बतलाई गई है।[3] विष्णुधर्मोत्तर पुराण में जहाँ एक ओर वाद्य तथा नृत्य को गीत का अनुवर्ती कहा गया है, वहीं दूसरी ओर नृत्यकला के सम्यक् अध्ययन के लिये गीत और वाद्य का ज्ञान नितान्त आवश्यक माना गया है।[4] मनुस्मृति में नृत्य, गान और वाद्य की समेकता, तिहरी स्वरसंगति कही गई है।[5] अमरकोश में नाट्य के लिये 'तौर्यत्रिक' संज्ञा का प्रयोग इन तीनों के अभिन्न साहचर्य के ही परिणामस्वरूप किया गया है। परवर्ती काल में 'तौर्यत्रिक' शब्द का स्थान 'संगीत' शब्द ने ले लिया। आचार्य शार्ङ्गदेव ने पारिभाषिक रूप से प्रथम बार गायन–वादन एवं नृत्त की त्रयी को 'संगीत' कहा।[6] इस सन्दर्भ में 'नृत्त' तथा 'नृत्य' के मूल अन्तर को संज्ञान में लिया जाना आवश्यक है। यों सामान्य अर्थों में 'संगीत' शब्द अत्यन्त प्राचीन काल से प्रयोग

---

1 संस्कृत – हिन्दी कोश/वामन शिवराम आप्टे/पृ. 1058
2 भारतीय संगीत का इतिहास/श्रीधर परांजपे/पृ. 3
3 पूर्वमेघ/पृ. 56
4 विष्णुधर्मोत्तर पुराण/3/35
5 मनुस्मृति/7/47
6 गीतं वाद्यं तथा नृत्तं त्रयं संगीतमुच्यते।

संगीत रत्नाकर/1/1/21

में रहा है। इधर अब पिछली शताब्दी में हमारी बोलचाल में अंग्रेज़ी के बढ़ते वर्चस्व के कारण 'संगीत' के लिये music and dance संज्ञाएँ भी प्रचलित हो गयी हैं।

'संगीत' ही क्यों? 'संवाद्य' या 'संनृत्य' क्यों नहीं?

जैसा कि हमने देखा हमारे यहाँ प्राचीन काल से गीत, वाद्य तथा नृत्त के सम्मिलित प्रयोग की परम्परा रही है। इनके लिये सामान्य रूप से 'संगीत' शब्द का प्रयोग भी प्राचीन काल से होता चला आ रहा है। किन्तु क्या कभी आपने यह सोचा है कि हमारे पूर्वाचार्यों ने गीत–वाद्य–नृत्त को 'संगीत' ही क्यों कहा? इसे 'संवाद्य' या 'संनृत्य' की संज्ञा क्यों नहीं दी? आइये इसे समझें।

जैसा कि हम जानते हैं 'संगीत' शब्द का व्युत्पत्तिमूलक अर्थ है – सम्यक् गीत। गीत में शब्द होते हैं, स्वर का उतार–चढ़ाव होता है, उपरंजन के लिये वाद्य होते हैं, ताल का अनुसरण नृत्य के पदाघातों से तथा गीत के अर्थ एवं भावों की अभिव्यक्ति अभिनय के द्वारा की जाती है। इस तरह वाद्य और नृत्य से युक्त गीत ही पूर्णता को प्राप्त होता है और अपने सम्पूर्ण अर्थ को प्रकट करते हुए चित्त का रंजन करता है। इस सम्पूर्ण प्रक्रिया में गीत का अनुवर्ती वाद्य तथा वाद्य का अनुवर्ती नृत्य होता है। आचार्य भरत ने भी यही निर्देश दिया है –

'पूर्व गानं ततो वाद्यं ततो नृत्तं प्रयोजयेत्।'

यानी पहले गीत हो, उसके पीछे ताल चले और इन दोनों के पीछे नृत्य हो। इस तरह संगीत में गीत का स्थान सर्वोपरि होता है। दूसरे शब्दों में गीत की प्रधानता के कारण ही गायन–वादन–नर्तन के समुच्चय को 'संवाद्य' अथवा 'संनृत्य' न कहकर 'संगीत' कहा जाता है।

संगीत कला की प्राचीनता

हम सब यह जानते और समझते हैं कि मानव और संगीत का सम्बन्ध आदि काल से रहा है। इस सम्बन्ध का विश्लेषण करने वाले विद्वान चाहें इसे मानव सभ्यता के विकास के साथ जोड़ें अथवा इस भौतिक सृष्टि से इतर कहीं इसका मूल खोजें, दोनों ही सूरतों में मानव के साथ संगीत का सम्बन्ध सामान्य और विशिष्ट अर्थों में हमेशा से ही रहा है। हमारे यहाँ संगीत के क्षेत्र में प्रत्येक समस्या और जिज्ञासा के समाधान के लिये आचार्य भरतकृत 'नाट्यशास्त्र' को एकमात्र प्राचीनतम उपलब्ध स्रोत के रूप में प्रतिष्ठा दी गई है। इस महाग्रन्थ के महत्त्व और उपादेयता को इसी से

समझा जा सकता है कि इसे 'नाट्यवेद' की संज्ञा दी गई है। यह भी माना जाता है कि इस नाट्यवेद की उत्पत्ति अथवा इसकी सर्जना स्वयं ब्रह्मा के द्वारा चारों वेदों से उपयुक्त सामग्री का ग्रहण करते हुए की गई। इसका यह आशय है कि वेदों में संगीत नृत्यादि से सम्बन्धित तथ्यों को प्राप्त किया जा सकता है।

वैदिक काल में संगीत

हम भारतीयों में जीवन और उसके प्रत्येक पक्ष को अपनी पूर्व परम्परा से जोड़कर देखने का संस्कार और अभ्यास रहा है। हम यह मानते हैं कि जो कुछ भी दृश्य अथवा अदृश्य रूप में हमें प्राप्त है वह अपने मूलरूप में उत्कृष्टतम् था। मानव को प्राप्त होने से पूर्व प्रत्येक वस्तु अथवा कला, प्रकृति में विद्यमान थी। इस दृष्टि से मानव जीवन के विकास के साथ–साथ कलाओं के विकास की अवधारणा के हम आग्रही नहीं हैं। भारतीय संस्कृति में प्रत्येक कला अथवा ज्ञान का आदि स्रोत वेदों को माना गया है। कला अथवा शास्त्रों की उत्पत्ति की खोज करते समय भी हमारे सम्मुख यही दृष्टि रही है। इसलिये कला के किसी भी रूप के इतिहास को जानने का प्रयत्न जिज्ञासु को 'वेदों' तक ला खड़ा करता है। वेदों को 'अपौरुषेय' कहा गया है। 'अपौरुषेय' अर्थात् जो किसी मानव के द्वारा निर्मित न हो, ईश्वर निर्मित भी न हो। दरअस्ल निर्माण की प्रक्रिया में किसी न किसी तरह का प्रयत्न सम्मिलित रहता है जबकि वेद प्रयत्नकृत् परिणाम नहीं माने गये हैं। वेद को परमात्मा का निःश्वास रूप माना गया है। जिस तरह श्वास लेने और छोड़ने में कोई सजग प्रयत्न नहीं करना पड़ता, वह निष्प्रयत्न आता–जाता रहता है, ठीक उसी तरह परब्रह्म के निःश्वास से उत्पन्न वेद निष्प्रयत्न परिणाम माने गये हैं। प्रश्न उठता है कि इन वेदों का प्रयोजन क्या है? उत्तर है – 'अदृष्ट' अथवा 'मोक्ष' की प्राप्ति। 'अदृष्ट' का अर्थ है जो दिखलाई न दे और 'मोक्ष' का अर्थ है, मुक्त अर्थात् इस भौतिक जगत्, उसके सम्बन्धों, बन्धनों, उपादानों, साधनों से मुक्त या उनका परित्याग और तब 'अदृष्ट' यानी जो दिखाई नहीं देता, ऐसे निराकार परब्रह्म की प्राप्ति। वेदों के अनुशीलन से यह मार्ग सुगम हो जाता है। हमारे यहाँ **'वेदानां सामवेदोऽस्मि'**[1] कहकर जहाँ 'साम' (गान) के माध्यम से ईशप्राप्ति का मार्ग प्रशस्त किया गया है, वहीं संगीत कला की प्राचीनता और उदात्तता भी स्थापित की गई है। इस सम्पूर्ण आयोजन में योग और साधना का महत्त्वपूर्ण स्थान है। सम्भवतः

---

1 श्रीमद्भगवतगीता / 8 / 30

इस अवधारणा को दृष्टिगत रखते हुए ही शिव, ब्रह्मा, सरस्वती, गन्धर्व तथा किन्नर आदि को संगीतकला का आदि प्रवर्तक माना गया है। मनुष्य में संगीत की प्रवृत्ति या इसकी समझ नैसर्गिक या स्वाभाविक होती है किन्तु 'कला' के रूप में इसकी प्राप्ति दिव्य प्रेरणा या दैवयोग से ही सम्भव हो पाती है।

संगीत के कालक्रमानुसार इतिहास की ओर यदि दृष्टि करें तो पुनः द्विविध मत देखने में आते हैं। आधुनिक इतिहासज्ञों के अनुसार सुमेरियन, सिन्धुघाटी एवं मोहन जोदड़ों से प्राप्त अवशेषों से इस क्षेत्र की सभ्यता के साथ–साथ संगीतकला की प्राचीनता का अनुमान किया जा सकता है। खुदाई से प्राप्त खिलौनों, पशुओं की प्रतिमाओं एवं मानव मूर्तियों, हथियारों तथा मिट्‌टी के बर्तनों पर अंकित वीणा आदि वाद्यों के आधार पर पुरातत्त्ववेत्ताओं ने तत्कालीन सभ्यता को अत्यन्त उन्नत तथा हज़ारों वर्ष पूर्व की बतलाया है। यद्यपि इस सभ्यता के सम्बन्ध में यह निश्चित रूप से नहीं कहा जा सकता कि यह आर्य सभ्यता थी अथवा अनार्य, तथापि उत्खनन से प्राप्त सामग्री निर्विवाद रूप से इस मत को पुष्ट करती है कि ईसा के 5000 वर्ष पूर्व भी इस क्षेत्र का संगीत पर्याप्त उन्नत अवस्था में था।

वैदिक साहित्य के निश्चित रचना काल के सम्बन्ध में प्रायः विद्वानों में मतभेद है। वेदों को 1200 ईसा से लेकर 3 लाख वर्ष ईसा पूर्व तक माना किया गया है। इस दृष्टि से इनमें प्राप्त उल्लेख, सन्दर्भ और तथ्य सुमेरियन तथा सिन्धुघाटी की सभ्यता से काफी पहले के माने जा सकते हैं। ऋग्वेद, यजुर्वेद, सामवेद तथा अथर्ववेद में से प्रत्येक के अन्तर्गत आने वाले ग्रन्थों के प्रमुख चार प्रकार हैं – संहिता, ब्राह्मण, आरण्यक तथा उपनिषद्। वैदिक ऋचाओं के संग्रह को 'संहिता' कहा गया है। संहिताएँ चार हैंः ऋक्, यजुः, साम और अथर्व। वैदिक संहिता में भारतीय संगीत का प्राचीनतम रूप देखा जा सकता है। ऋक् प्राचीनतम संहिता है। ऋक् का अर्थ होता है – स्तुति मंत्र अर्थात् ऋग्वेद में स्तुति मंत्रों का संग्रह किया गया है। यजुः या यजुस् का अर्थ है यज्ञ या पूजन करना। यज्ञों में व्यवहार योग्य मंत्रों का जिस ग्रन्थ में संग्रह किया गया है, उसे यजुः संहिता के नाम से जाना जाता है। 'साम' के अनेक अर्थों में से एक अर्थ है – गान अथवा स्वर। जो मंत्र यज्ञानुष्ठान में गाये जाते हैं, उनके संग्रह को साम–संहिता कहते हैं। अथर्व संहिता की उत्पत्ति जीवों की रक्षा के लिये हुई, इसमें जो मंत्र हैं वे शान्ति और रक्षण के लिये हैं। यद्यपि संगीत अथवा गान्धर्व कला का सम्बन्ध मुख्यतः सामवेद से है, तथापि ऋग्वेद, यजुर्वेद और अथर्ववेद में भी संगीत विषयक

सामग्री प्राप्त होती है। यहाँ हम क्रमशः चारों वेदों में प्राप्त होने वाली संगीत सम्बन्धी सामग्री पर संक्षिप्त चर्चा करेंगे। ब्राह्मण ग्रन्थों में यज्ञ याज्ञ से सम्बन्धित निर्देश प्राप्म होते हैं तथा उपनिषदों में दर्शन तथा तात्त्विक विवेचन प्राप्त होता है। इसके अतिरिक्त शिक्षा ग्रन्थों का भी ग्रहण किया जाता है, इसलिये इनमें प्राप्त संगीत सम्बन्धी जानकारी को भी यहाँ सम्मिलित किया जा रहा है। वैदिक युग में प्रचलित संगीत का ज्ञान सुगम हो सके इसलिये यहाँ हम अपने अध्ययन को तीन खण्डों में विभक्त कर रहे हैं।

- ऋग्वेद, यजुर्वेद तथा अथर्ववेद में संगीत,
- सामवेद में संगीत तथा
- ब्राह्मण, आरण्यक, उपनिषद और शिक्षा ग्रन्थों में संगीत।

ऋग्वेद में संगीत

ऋग्वेद में 'स्वर' शब्द तो प्राप्त होता ही है[1] साथ ही उदात्त, अनुदात्त एवं स्वरित के रूप में स्वरों की विशेष उच्चारण विधि भी वहाँ बतलाई गई है। ऋग्वेद में संक्षेप में तीन और विस्तृत रूप में सात स्वर कहे गये हैं।[2] इस प्रसंग में स्वरांकन विधि (notation) का भी उल्लेख प्राप्त होता है।[3] इससे यह संकेत मिलता है कि संगीत कला का एक व्यवस्थित शास्त्र भी उस काल में था। गीत, वाद्य तथा नृत्य, तीनों का पर्याप्त प्रचलन था और इनका प्रयोग साथ–साथ किया जाता था।[4] गीत प्रबन्धों में गीति, गायत्र, गाथा तथा साम के नाम प्राप्त होते हैं। गाथा विशिष्ट एवं परम्परागत गीत प्रकार थे, जिनका गायन धार्मिक और लौकिक समारोहों में किया जाता था। अश्वमेध यज्ञ में ऐसी गाथाओं का गान ब्राह्मण और क्षत्रिय दोनों ही गायकों द्वारा किया जाता था।[5] ब्राह्मण गायक द्वारा दिन में राजा के दान, यजन तथा उपलब्धि के सम्बन्ध

---

1 महाभाष्य 1/2/29

2 सप्त स्वरा भवन्ति, उदात्तः, उदात्ततरः, अनुदात्तः, अनुदात्ततरः, स्वरितः, स्वरिते च उदात्तः सोऽन्येन विशिष्टः,........एकश्रुतिः सप्तमः।

महाभाष्य 1/2/33

3 अग्निमी ले पुरोहि तम्........

ऋग्वेद 1/1/1

अग्ने यं यज्ञम ध्वरम्........

ऋग्वेद 1/1/4

4 त्रिवृद्वै शिल्पं नृत्यं गीतं वादितमिति

ऋग्वेद–29/5

5 शतपथ ब्राह्मण 13/4–2–8, 13/1–5–6

में तीन गाथाओं का गान किया जाता था तथा क्षत्रिय गायक रात्रि में राजा की जय, युद्ध तथा रण–विक्रम से सम्बद्ध तीन गाथाओं का गान करता था।[1] गाथाओं के गायक 'गाथिन्' तथा गीत के गायक 'गायत्रिन्' कहलाते थे। गायक के लिए 'गातुवित्तम्' शब्द भी मिलता है[2] जो सम्भवतः व्यावसायिक गायकों की ओर संकेत है। इस काल में दुन्दुभि, भूमिदुन्दुभि, वाण, नाड़ी (नाली), वेणु, क्षोणी, कर्करि, गर्गर, गोधा, पिंग, बाकुर तथा आघाटि जैसे विभिन्न वाद्यों का उल्लेख मिलता है। तत् वाद्य के रूप में 'वाण' शब्द प्राप्त होता है, जिसका अर्थ सायण ने – 'सौ तारों से युक्त वीणा विशेष' बतलाया है।[3] अवनद्ध वाद्य के रूप में 'दुन्दुभि' तथा 'गर्गर' नामक वाद्य का उल्लेख मिलता है।[4] घन वाद्य के रूप में 'आघाटि' शब्द मिलता है जो संगत वाद्य के रूप में नृत्य के साथ बजाया जाता था।[5] सुषिर वाद्य के रूप में 'बाकुर' तथा 'नाली' का उल्लेख मिलता है। गायन के साथ भी वाद्य संगत का विवरण मिलता है।[6] संहिता काल में नृत्य नियमित रूप से प्रारम्भ हो चुका था –

गायन्ति त्वा गायत्रिणोऽर्चन्त्यर्कमर्किणः।
ब्रह्माणस्त्वा शतक्रत उद्‌वंशमिव ये मिरे।।[7]

'उद्‌वंशमिव' को सायण ने स्पष्ट करते हुए कहा है कि "जैसे नर्तक लोग बाँस को उन्नत किये हुए नाचते हैं।"[8] आजकल भी कुछ लोकनृत्यों में यह देखने को मिलता है। नृत्यकला में प्रवीण स्त्रियों का उल्लेख भी मिलता है, जो अपनी विशेष पोशाक में सज–धजकर नृत्य करती थीं तथा गाती भी थी।[9] पुरुष वर्ग सुवर्णादि के आभूषणों से सुसज्जित होकर, युद्ध सम्बन्धी नृत्य का प्रदर्शन करता था। दासियों के

---

1 तैत्तिरीय ब्राह्मण 3/9/14, शत्पथ ब्राह्मण 13/1–5, आपस्तम्भ श्रौत सूत्र 21/6
2 ऋग्वेद 1/7/1, 1/10/1, 9/104/5, 1/92/4
3 सुदानवः शोभनदानास्ते मरुतः वाणं शतसंख्याभिः तंत्रीर्युक्तं धमन्तः वादयनः सोमस्य मदे सोमपाने नो हर्षे सति रत्यानि स्तुत्यानि रमणीयानि धनानि चक्रिरे स्तोतभ्यः।
ऋग्वेद 1/85/10
4 ऋग्वेद 1/28/5, 5/20/4, 5/20/5, 6/47/29, 6/47/30, 8/69/9
5 ऋग्वेद 10/146/2, 4/37/5
6 ऋग्वेद 9/1/8, 10/135/7
7 ऋग्वेद/1/10
8 ऋग्वेद 1/92/4, 6/29/3, 7/87/5, 7/88/3
9 The Cultural Heritage of India/p.586

समूह नृत्य का विवरण भी मिलता है, जिसमें कम–से–कम तीन और अधिक–से–अधिक छः दासियाँ भाग ले सकती थीं।[1]

सन्दर्भ क्रमांक 3 तथा 4 पर ध्यान दीजिये। यह स्पष्टतः तत्कालीन लोक नृत्य तथा विशिष्ट वर्ग हेतु नृत्य विशेष (जिसे आज शास्त्रीय वर्ग के अन्तर्गत रखा जाता है) का उल्लेख प्रतीत होता है। दासियों द्वारा समूह नृत्य के विषय में यह निश्चित तौर पर नहीं कहा जा सकता कि यह लोक प्रकृति का था अथवा अपने आश्रयदाता की प्रसन्नता के लिये विशिष्ट नृत्य रचनाएँ (Choreographic work) था।

यजुर्वेद में संगीत

यजुर्वेद का संकलन यज्ञ सम्बन्धी कर्मकाण्ड की सुविधा के लिये हुआ। संगीत के विकास की दृष्टि से यद्यपि इसमें अधिक महत्त्वपूर्ण सूचनाएँ प्राप्त नहीं होतीं तथापि यज्ञ सम्बन्धी कर्मकाण्ड में सवन, साम और लौकिक संगीत का विवरण तत्कालीन समाज में संगीत की उन्नत स्थिति का संकेत करता है। यज्ञ सम्बन्धी प्रत्येक क्रिया संगीत से सम्बन्धित हुआ करती थी। यजुर्वेद के ब्राह्मण तथा आरण्यक ग्रन्थों से पता चलता है कि उस समय 'साम' का गायन साम–गायकों तक ही सीमित नहीं था, अपितु अन्य वैदिक शाखाओं में भी इसका प्रचलन था। अश्वमेध यज्ञ के अंतर्गत साम–गान के साथ गाथा–गान भी प्रचलित था। साम–गान को मंत्र संगीत तथा गाथा–गान को मंत्रबाह्य संगीत या लौकिक संगीत कहा जाता था। साम की विषयवस्तु देव स्तुतिपरक होती थी तथा गाथा की देवस्तुति के साथ ही वीर पुरुष स्तुतिपरक।[2]

कलाकारों को पृथक् से गायन और वादन के लिये आमंत्रित किया जाता था तथा इस कार्य के लिये उन्हें धन भी दिया जाता था।[3] यज्ञ में नियुक्त कलाकार, अच्छे गायक–वादक होने के साथ ही प्रबंधकार भी होते थे।[4] सूत (नर्तक), शैलूष (गायक), वीणा–वादक, वंशी–वादक, शंखध्म, काहल–वादक, दुन्दुभि–वादक, वीणा के लिये वस्त्रावरण (खोल) बनाने वाले तथा गणक (तालधारी) का उल्लेख, तत्कालीन समाज के

---

1 ऋग्वेद 1/92/4
2 आपस्तभ गृह्य सूत्र 14/3
3 वीणागाथिभ्यां पृथक् ददाति। कात्यायन श्रौत सूत्र /20/68
4 शत्पथ ब्राह्मण 13/4/2/8

विभिन्न संगीतजीवी वर्गों की ओर संकेत करता है।[1] यद्यपि जन्मतः ये जातियाँ कुत्सित मानी जाती थीं, किन्तु कला–विदग्ध होने के कारण इन्हें समाज में आदर प्राप्त था। लौकिक गान में विशुद्ध गाथाओं के अतिरिक्त 'नाराशंसी' गाथा भी प्रचलित थी जो मानवीय स्तुतिपरक होने के कारण निम्नस्तरीय समझी जाती थी।[2] समाज में महिलाओं की संगीत के प्रति रुचि और स्वयं संगति के उदाहरण भी मिलते हैं।[3] इस काल में लौकिक संगीत के अंतर्गत गायन–वादन–नर्तन का सम्मिलित स्वरूप प्रचलित हो गया था जो परवर्ती काल में सर्वमान्य हुआ।

अथर्ववेद में संगीत

ऋक् और यजुः की ही तरह अथर्ववेद में भी संगीत के बहुविध प्रसंग मिलते हैं। विशिष्ट वैदिक सामों के अलावा समाज में विवाहादि अवसरों पर गाथा के साथ नाराशंसी तथा रैभी[4] जैसे लौकिक गीत प्रकारों के गाये जाने का उल्लेख मिलता है।[5] निरर्थक गीत–नृत्य उस काल में भी होता था और तत्कालीन जनता उस कोलाहलयुक्त गर्दभ स्वर के साथ किये गये सायंकालीन नृत्य को अनर्थकारक मानती थी।[6] ऐसे अनर्थकारी नृत्य क्लीवों (नपुंसकों) के द्वारा किये जाते थे।[7] किन्नरों द्वारा किये जाने वाले ऐसे नृत्यों का प्रचलन आज भी देखा जा सकता है। सम्भंवतः पूर्णतः लौकिक स्वरूप वाले एवं आध्यात्म विरोधी गीत–नृत्य के अधःपतन के कारण ही ब्राह्मणों के लिये सामेतर संगीत निषिद्ध किया गया हो।[8]

---

1 नृत्ताय सूतं। गीताय शैलूषम्।

वाजसनेयी 30/6, तैत्तिरीय ब्राह्मण 3/4/13

2 तैत्तिरीय ब्राह्मण 1/3/2

3 तैत्तिरीय ब्राह्मण 7/5/8, बौधायन सूत्र 16/21

4 रैभी/रैम्य – स्तुतिपाठकों का एक वर्ग 'रेभ' के नाम से भी जाना जाता था।

5 अथर्ववेद 15/6/10–11, 14/1/7

6 ये शालाः परिनृत्यन्ति सायं गर्दभनादिनः
कुसूला ये च कुक्षिलाः ककुभाः करुमाः स्त्रिमाः।
तानोषधे त्वं गन्धेन विषूचीनान् विनाशय ।।

अथर्ववेद 8/6/10

7 क्लीवा इव प्रनृत्यन्तो वने ये कुर्वते घोषं तानितो नाशयामसि।

अथर्ववेद 8/6/11

8 तस्माद् ब्राह्मणों नैव गायेन्न नृत्येत् माम्लागृधः।

अथर्ववेद/गोपथ ब्राह्मण/2/21

सामवेद में संगीत

संगीत की दृष्टि से वेदचतुष्टयी में से सामवेद को सर्वाधिक महत्त्वपूर्ण माना गया है। श्रीमद्भगवद्गीता में सामवेद को ईश्वर का ही अंश माना गया है, इसीलिये सभी वेदों ने सामवेद की महत्ता स्वीकार की है। वैदिक परम्परा में भी संगीत की उत्पत्ति के सन्दर्भ में सामवेद को प्रमुख कहा गया है –

सामवेदादिदं गीतं सञ्जग्राह पितामहः।

नारद और स्वाति ने ब्रह्मा से सर्वप्रथम गीत और वाद्य की शिक्षा पाई, तदनन्तर महर्षि भरत ने इन दोनों से इन्हें (गीत और वाद्य को) सीखा। 'ओंकार' को वेदों का सार माना गया है। इस प्रणव या ओंकार का पर्याय सामवेद में उपलब्ध 'उद्‌गीथ' को कहा गया है। ऋग्वेद के मंत्रों का गान ही 'साम' माना गया है, अन्य वेदों के मंत्रों का नहीं। 'गीतिषु सामाख्या' अर्थात् जो मंत्र गाये जाते हैं, वही 'साम' कहलाते हैं। गान के लिये सदैव साहित्य की आवश्यकता रही है। वैदिक काल में तत्कालीन संगीत के लिये ऋग्वेद के छन्दमय मंत्र इस कार्य के लिये सर्वथा उपयुक्त माने गये। इस तरह ऋग्वेद के मंत्रों का गेयरूप साम बना और ईश्वरोपासना का प्रभावशाली माध्यम भी। इसलिये छान्दोग्य उपनिषद् में कहा गया है कि यदि वाणी ऋक् है, तो साम उसका प्राण है। इन दोनों का यह दृढ़ बन्धन प्राचीन वांग्मय में यत्र–तत्र देखा जा सकता है। वृहदारण्यक् में कहा गया है -- 'सा च अमश्चेति तत्साम्नः सामत्वम्।' इसी तरह ब्राह्मण ग्रन्थों और गृह्यसूत्रों में भी ऋक् और साम का दाम्पत्त्य भाव दिखलाया गया है। पतञ्जलि ने 'सहस्रवर्त्मा सामवेदः' कहकर सामवेद के विस्तृत कलेवर की ओर संकेत किया है। यहाँ सहस्रवर्त्मा से तात्पर्य सामगान की अनेक परम्पराओं से है। इसे यूँ समझा जा सकता है कि जैसे आजकल गायन के अनेक घराने / बानियाँ हैं, उसी तरह सामगान की भी अनेक परम्पराएँ थीं।

ब्राह्मण, उपनिषद्, आरण्यक तथा शिक्षा–ग्रन्थों में संगीत

ब्राह्मण ग्रन्थों में वेदों की व्याख्या की गई है, वेदों के मंत्रों का अर्थ समझाया गया है, उनकी प्रयोगविधि बतलाई गई है तथा यज्ञों से उनका सम्बन्ध बतलाया गया है। इन ब्राह्मण ग्रन्थों के परिशिष्ट के रूप में 'उपनिषदों' की रचना हुई। 'उप' का अर्थ है पास, और 'निषद्' का अर्थ है अच्छी तरह बैठना। इन अर्थों में गुरु के पास बैठकर

ब्रह्म, आत्मा और जगत् के विषय में जिस रहस्य को जाना जाता है, उसे 'उपनिषद्' माना जा सकता है। मुक्तकोपनिषद् में उपनिषदों की संख्या 108 कही गई है।[1]

हमारे ऋषियों–तपस्वियों ने ब्रह्म, आत्मा और जगत् के विषय में जो चिन्तन किया उसका निष्कर्ष आरण्यक ग्रन्थों में संकलित है। वृहदारण्यक में पहली बार 'रसो वै सः। रसं ह्येवायं लब्ध्वानन्दी भवति' कहकर संगीत से प्राप्त होने वाले आनन्द को '**ब्रह्मानन्दसहोदर**' बतलाया गया है। अर्थात् संगीत से मिलने वाला आनन्द ब्रह्म को पाने के आनन्द के समतुल्य है। संगीतकला में निपुण वर्ग को स्वर्गीय आनन्द का उपभोक्ता तथा लौकिक और पारलौकिक सिद्धियों को प्राप्त करने वाला कहा गया है।[2] परमब्रह्म में लीन होने का परम साधन होने के कारण नादोपासना को मंत्र योग और हठ योग से श्रेष्ठ माना गया है।[3] इसीलिये नाद की प्राप्ति परम लक्ष्य मानी गई है और इसके लिये विभिन्न व्यवधानों के बीच चित्त को उसी तरह स्थिर रखने का निर्देश दिया गया है, जिस तरह मस्तक पर कलश लिये हुए नटी अपना सम्पूर्ण ध्यान सदैव कलश पर रखती है।[4]

वैदिक साहित्य के अर्थ तथा व्यावहारिक स्वरूप की जटिलता के कारण इन्हें समझाने में वेदों के अंगरूप सहायक ग्रन्थों का प्रणयन किया गया। ऐसे छह वेदांग कहे गये हैं – शिक्षा, छन्द, व्याकरण, निरुक्त, कल्प और ज्योतिष। इनमें से प्रथम चार का कार्य वेदों के मन्त्रों की सही उच्चारण विधि तथा उनका अर्थ समझाने का है तथा कल्प और ज्योतिष धार्मिक कर्मकाण्ड के लिये उपयुक्त समय तय करने की गणना करने के उद्देश्य से रचे गये हैं। इन छहों का महत्त्व इसी से समझा जा सकता है कि व्याकरण को वेद का 'मुख' कहा गया है, ज्योतिष को 'नेत्र', निरुक्त को 'श्रोत्र', कल्प को 'हाथ', शिक्षा को 'नासिका' तथा छन्द को दोनों 'पैर' माना गया गया है। वेद पाठ में स्वरों का विशेष महत्त्व होता है अतः शिक्षा ग्रन्थों में उच्चारण के नियम और विधि की विवेचना की गई है। शिक्षा ग्रन्थों में छह विषयों का वर्णन किया गया है – वर्ण, स्वर, मात्रा, बल, साम तथा सन्तान। वर्ण, स्वर तथा मात्रा स्पष्ट हैं। बल से तात्पर्य है कि कहाँ, किस स्वर पर ज़ोर दिया जाये, साम का अर्थ उस मन्त्र की धुन या संगीत है

---

1 संस्कृत हिन्दी कोश / वामन शिवराम आप्टे / पृ. 206
2 छान्दोग्य 7, वृहदारण्यक 3 / 28
3 योगतत्त्वोपनिषद् 19 / 23, योगशिखोपनिषद् 3 / 1 / 12
4 वराहोपनिषद् / 2 / 82

तथा सन्तान का अर्थ स्वर को लम्बा खींचने से है, वंशसन्तति से नहीं। इस तरह शिक्षा ग्रन्थों के माध्यम से स्वर के समुचित अध्ययन के बाद ही वेदों के आर्चिक, गाथिक एवं सामिक गीतों का गायन सम्भव है अन्यथा उनमें विस्वर होने की सम्भावना रहती है। स्वर तथा वर्ण–विहीन मंत्र को अनिष्टकारक माना गया है।[1] प्रामाणिकता की दृष्टि से ऋग्वेद की पाणिनीय शिक्षा, यजुर्वेद की याज्ञवलक्य शिक्षा, सामवेद की नारदीय शिक्षा तथा अर्थववेद की माण्डूकी शिक्षा को मान्यता प्राप्त है। इन शिक्षा ग्रन्थों के आधार पर संगीत विषयक मान्यताओं को यहाँ समझने का प्रयास किया जायेगा। पाणिनीय शिक्षा में 'नादोत्पत्ति' की प्रक्रिया समझाते हुए कहा गया है कि –

आत्मा बुद्धया समेत्यर्थान् मनो युंक्ते विवक्षया।
मनः कायाग्निमाहन्ति स प्रेरयति मारुतम्।।
मारुतस्तूरसि चरन्मद्रं जनयति स्वरम्।

अर्थात् प्राण शरीर के विभिन्न भागों में संचरण कर मंद्र, मध्य और तार स्थानों से विभिन्न स्वर स्थानों का निर्माण करता है। परवर्ती काल में आचार्य मतंग ने इसी का अनुसरण कर 'नादोत्पत्ति' प्रकरण को समझाया। नारदीय शिक्षा में सप्त स्वर, तीन ग्राम, इक्कीस मूर्च्छनाएँ, उनन्चास तान आदि का विवेचन उपलब्ध होता है, साथ ही गान के गुण–दोष, षड्जादि स्वरों के वर्ण, जाति और सप्त शुद्ध ग्राम राग, गान्धर्व का स्वरूप, षड्जादि स्वरों की प्राणियों से समरूपता, सप्त स्वरों के मानव देह में उत्पत्ति स्थान, सप्त स्वरों के देवता आदि का भी विस्तृत विवेचन किया गया है। ये सभी विषय आज भी संगीत के शिक्षण के लिये समान रूप से उपयोगी हैं। शिक्षा ग्रन्थों में प्राचीन संगीत शिक्षण–प्रणाली का उल्लेख प्राप्त होता है। लक्ष्य परम्परा और लक्षण ग्रन्थ दोनों के ही अध्ययन का समान महत्त्व शिक्षा ग्रन्थों में प्रतिपादित किया गया है – **'संगीत जो कि मूलतः गुरूमुखी विद्या है, उसका यथार्थ ज्ञान अधिकारी गुरु के सान्निध्य में ही सम्भव है तथापि शास्त्राध्ययन के अभाव में यह ज्ञान अपूर्ण एवं एकांगी सिद्ध होता है।**[2] यह कथन शिक्षाग्रन्थों के वैज्ञानिक एवं संतुलित दृष्टिकोण का परिचायक है। इसके अलावा अध्ययन–अध्यापन के क्रम एवं प्रविधि की अत्यन्त व्यावहारिक व्याख्या इन ग्रन्थों में प्रस्तुत की गई है। **विद्यादान हेतु सत्पात्र की व्याख्या वर्तमान संदर्भ में विशेष रूप से ध्यान देने योग्य है।** नारदीय शिक्षा की उपादेयता वर्तमान संगीत शिक्षण में अनन्यतम

---

1 नारदीय शिक्षा / 1 / 1 / 2–4, पाणिनीय शिक्षा / 52
2 नारदीय शिक्षा / 1 / 2 / 4

स्वीकार की जा सकती है। यद्यपि मूलरूप से स्वरोच्चारण शास्त्र होने के कारण नारदीय शिक्षा में नृत्य विषयक विवरण नहीं मिलता तथापि संगीत शिक्षण के जिन मूल सिद्धान्तों का प्रतिपादन इन ग्रन्थों में किया गया है, उनका अनुशीलन करने पर आज संगीत की संस्थागत शिक्षण प्रणाली में भी अपेक्षित परिणाम प्राप्त किये जा सकते हैं इसमें संदेह नहीं।

महाकाव्यकाल में संगीत

धर्मार्थकाममोक्षाणामुपदेश समन्वितम्।
पूर्ववृत्तकथायुक्तमितिहास प्रचक्षते।।

अर्थात् जो धर्म, अर्थ, काम, मोक्ष के उपदेश से समन्वित तथा पूर्व में हो चुके वृत्तान्तों से युक्त हो, उसे 'इतिहास' कहते हैं। इस दृष्टि से रामायण और महाभारत भारतीय संस्कृति के इतिहास ग्रन्थ कहे गये हैं। इन महाकाव्यों में तद्‌युगीन जीवन की सम्पूर्ण छवि हमें देखने को मिलती है। उस युग का धर्म, नीति, सदाचार, आदर्श, समाज की विभिन्न जातियाँ, संस्कृति–सभ्यता, आहार–विहार, सामाजिक रीतियाँ तथा समाज की भौतिक और आध्यात्मिक उन्नति के साथ ही संगीत के विषय में भी प्रचुर सामग्री इन ग्रन्थों में प्राप्त होती है।

रामायण में सांगीतिक विषयों का उल्लेख

संगीत विषय के विद्यार्थी इस तथ्य से तो परिचित हैं ही कि 'संगीत–रत्नाकर' (13वीं शती) में पहली बार गीत, वाद्य तथा नृत्य को संयुक्त रूप से 'संगीत' कहते हुए परिभाषित किया गया। किन्तु संगीत शब्द काफी पहले से उपयोग में लाया जाता रहा है। यह जानना सुखद होगा कि 'रामायण' काल में भी 'संगीत' शब्द व्यापक रूप से गान–वाद्य तथा नृत्य के लिये प्रयुक्त होता था।[1] हमारे अध्ययन की दृष्टि से तत्कालीन नगरों में अयोध्या, किष्किन्धा तथा राक्षसराज रावण की राजधानी लंका का विशेष महत्त्व है। वाल्मीकीय रामायण में इन तीनों प्रमुख नगरों के सांगीतिक वातावरण के विषय में प्राप्त विवरण से इनके नागरिकों की संगीतप्रियता का संकेत मिलता है।

गान्धर्वेच भुवि श्रेष्ठो बभूव भरताग्रजः।[2]

---

1 श्रीमद्वाल्मीकिरामायणम् / बालकाण्ड / 32 / 12, किष्किन्धाकाण्ड / 28 / 36–37, सुन्दरकाण्ड 20 / 10

2 वही / सर्ग 2 / श्लोक 35

उक्त कथन तत्कालीन सम्पूर्ण भूभाग में श्री रामचन्द्र के गान्धर्व विद्या में सर्वश्रेष्ठ होने की सूचना देता है। श्रीराम के सुपुत्र कुश–लव के द्वारा रामायण के सस्वर गान का प्रसंग तो सर्वविदित है ही। अयोध्यापुरी के वर्णन में विभिन्न कलाओं के शिल्पी, सूत एवं मागधों का उल्लेख मिलता है। वहाँ स्तुतिपाठ करने वाले को सूत एवं वंशावली बखान करने वाले को मागध कहा गया है। स्मरणीय है कि पूर्व में तैत्तिरीय ब्राह्मण में नर्तक को 'सूत' कहा गया था। रामायण में ऐसी नाटक मंडलियों की चर्चा भी प्राप्त होती है जिनमें केवल स्त्रियाँ (नगरवधुएँ) नृत्य एवं अभिनय करती थीं।

वधूनाटक संघैश्च संयुक्तां सर्वथा पुरीम्।[1]

जिस राज्य में स्त्रियाँ रंगमंच पर अभिनय–नृत्य प्रस्तुत करती हों, वहाँ की सांस्कृतिक और चारित्रिक ऊँचाई का सहज अनुमान किया जा सकता है। कला साधना की यह प्रवृत्ति सामाजिक व्यवस्था की निरापदता की ओर भी संकेत करती है।

रामायण काल की दूसरी प्रसिद्ध नगरी किष्किन्धा थी। बाली और सुग्रीव की इस नगरी में लक्ष्मण जब वानरराज सुग्रीव को उनका वचन याद दिलाने हेतु प्रवेश करते हैं तो वहाँ का वातावरण अत्यन्त प्रफुल्लित एवं सांगीतिक पाते हैं। जब वे सुग्रीव के अन्तःपुर में प्रवेश करते हैं तो उन्हें वीणा के साथ किसी के द्वारा कोमल कंठ से सम, ताल व पदाक्षरों से युक्त गाये गये गीतों की मधुर ध्वनि सुनाई देती है।[2]

रावण की नगरी लंका भी सब प्रकार के ऐश्वर्यों से युक्त थी। सीता का पता लगाते हुए जब हनुमान लंका में रावण के शयन कक्ष में पहुँचते हैं, तब वहाँ के दृश्य का वर्णन रामायण में यों किया गया है – नृत्य और वाद्यों के वादन में निपुण ऐसी स्त्रियाँ, जिनके सारे अंगों को विधाता ने विशेष शोभा से सम्पन्न बनाया था, कोमलतापूर्वक अंगों का संचालन करते हुए नृत्य करने वाली, निद्रावस्था में भी नृत्य के अभिनय से सुशोभित, कोई वीणा को छाती से लगाकर सो रही थी, कोई मड्डुक वाद्य को शिशु के समान काँख में दबाये हुए सो रही थी, कोई पटह को नीचे रखकर, तो कोई कमललोचना वीणा का आलिंगन करते हुए सोई थी, कई नृत्य कला से सुशोभित स्त्रियाँ विपंची नामक वीणा को प्रियतम के समान अंक में भरकर निद्रावस्था में मग्न थी, कोई मृदंग, कोई पणव, कोई डिण्डिम, कोई आडम्बर वाद्य को अपनी भुजाओं से प्रगाढ़ आलिंगन में आबद्ध कर निद्रा में निमग्न थी। वहाँ कितनी ही सुंदरियाँ अनेक विचित्र

---

1 वाल्मीकीय रामायण / बालसर्ग / श्लोक 5
2 वाल्मिकीय रामायण / किष्किन्धा काण्ड / सर्ग 33 / श्लोक 21

आतोद्य को प्रियतम की भाँति अपनी छाती से दबाये हुए सो रही थीं। वहाँ कोई क्रीड़ा से थकी हुई थी, कोई गीत गाने से और कोई नृत्य करने की थकान से सोई हुई थी।[1] इस प्रसंग से यह विदित होता है कि रावण खान–पान के बाद रात्रि में स्त्रियों द्वारा प्रस्तुत गीत, नृत्य तथा काव्य का आनन्द लेता था। राक्षसराज रावण जहाँ भी जाता था अपने साथ सुवर्णमय शिवलिंग ले जाता था। नर्मदा के किनारे बालू की वेदी पर शिवलिंग को स्थापित कर सुगंधित चंदन तथा पुष्पों से पूजन के बाद भगवान शिव के समक्ष रावण द्वारा गीत गाये जाने तथा नृत्य करने का उल्लेख भी रामायण में मिलता है।[2] कैलाश पर्वत उठाते समय भगवान् शिव के अंगूठे के दबाब से पीड़ित होने पर रावण द्वारा साममंत्रों से शिवस्तुति का प्रसंग भी रामायण में है।[3]

रामायण में उपलब्ध उक्त विवरण से ज्ञात होता है कि वाल्मीकि रामायण की रचना गेय रूप में की गई थी। इसकी शिक्षा महर्षि ने स्वयं श्रीराम के दोनों पुत्रों, लव तथा कुश को दी थी। इस काल में साम और गान्धर्व दोनों ही का प्रचलन था। जनसामान्य से लेकर महर्षि एवं राजपुरुष सभी 'गान्धर्व' तथा 'गान' का ज्ञान रखते थे। सामगान वैदिक परम्परा के अन्तर्गत माना जाता था। इनका गान यज्ञादि कार्यों तथा अन्त्येष्टि क्रिया में होता था, जबकि गान्धर्व उपासना का साधन था। गायन के साथ वीणा की संगति होती थी, अवनद्ध वाद्य की संगति का उल्लेख नहीं मिलता। हाँ, नृत्य के साथ वीणा, विपंची जैसे तंत्रीवाद्य तथा मृदंग, मुरज, पणव, पटह, दुंदुभी, चेलिका तथा आडम्बर जैसे अवनद्ध वाद्यों के वादन का उल्लेख मिलता है। तत और अवनद्ध वाद्य जिस दण्ड से बजाये जाते थे, उसे 'कोण' कहा जाता था। सुषिर वाद्यों के अन्तर्गत शंख तथा वेणु का प्रचलन था। सांस्कृतिक, सामाजिक, धार्मिक तथा मांगलिक सभी कार्यों में संगीत का प्रयोग बहुतायत से किया जाता था। सामगान के साथ ही गाथागान एवं अन्य गीत विधाओं का विवरण भी रामायण में मिलता है। नृत्य तथा नाट्य का व्यवसाय नट, नर्तक तथा शैलूष जातियों के द्वारा किया जाता था और इन्हें राज्याश्रय प्राप्त था।

---

1 वाल्मिकीय रामायण/सुन्दरकाण्ड/सर्ग 10/11 पर आधारित

2 वाल्मिकीय रामायण/सुन्दरकाण्ड/सर्ग 31/श्लोक 43, 44

3 वाल्मिकीय रामायण/उत्तरकाण्ड/सर्ग 16/श्लोक 34, 35

महाभारत में सांगीतिक विषयों का उल्लेख

महाभारत में यद्यपि प्रधान रूप से कौरवों एवं पाण्डवों का चरित्र चित्रण किया गया है किन्तु आख्यानों–उपाख्यानों के रूप में अनेक ऐतिहासिक वृत्तान्तों को भी इसमें सम्मिलित किया गया है। भारतीय धर्म, दर्शन, राजनीति, युद्ध नीति, योग, ज्ञान, वैराग्य, भक्ति, विविध ज्ञान–विज्ञान, कला आदि विषयों के साथ ही विभिन्न वंशावलियों का भी इस ग्रन्थ में विस्तार से वर्णन प्राप्त होता है। संगीत कला इस काल तक अत्यन्त विकसित हो चुकी थी। समाज में व्यक्ति के जन्म से लेकर मृत्यु तक के समस्त संस्कारों में संगीत का समावेश होता था। अर्जुन के जन्मोत्सव पर देवताओं तथा गन्धर्वों के आगमन का नामोल्लेख सहित विस्तारपूर्वक विवरण महाभारत में प्राप्त होता है। इस अवसर पर भीमसेन, उग्रसेन, ऊर्णायु, अनघ, गोपति, धृतराष्ट्र, सूर्यवर्चा, नन्दि, चित्ररथ, शालिशिरा, पर्जन्य, नारद, कराल, ब्रह्मचारी, बहुगुणी, सुवर्ण, विश्वावसु आदि के साथ सुविख्यात 'हा हा' 'हू हू' नामक गन्धर्वों का उल्लेख भी मिलता है।[1] इसी प्रसंग में अनूचाना, अनवद्या, गुणमुख्या, गुणावरा, अद्रिका, सीमा, मिश्रकेशी, अलम्बुषा, मरीचिका, शुचिका, विद्युत्पर्णा, तिलोत्तमा, अम्बिका, लक्षणा, क्षेमा, देवी, रम्भा, मनोरमा, असिता, सुबाहु, सुप्रिया, बपु, पुण्डरीका, सुगन्धा, सुरक्षा, प्रमथिनी, काम्बा तथा शारद्वती अप्सराओं के नाम भी मिलते हैं। मेनका, सहजन्या, कर्णिका, पुंजिकस्थला, ऋतुस्थला, धृताची, विश्वाची, पूर्वचित्ति, उम्लोचा, प्रम्लोचा और उर्वशी इन ग्यारह अप्सराओं को प्रधान बतलाते हुए कहा गया है कि ये अप्सराएँ गीत गा रही थीं और अन्य नृत्य कर रही थी।[2] अर्जुन के पौत्र परीक्षित के जन्म पर भी नर्तकों द्वारा नृत्य एवं गायकों द्वारा गान किये जाने का उल्लेख प्राप्त होता।[3] रामायण की तरह महाभारत काल में भी गीत, वाद्य एवं नृत्य के सम्मिलित रूप को 'संगीत' कहा जाता था। तत्कालीन राजसूय यज्ञों में संगीत का प्रयोग आवश्यकतानुसार किया जाता था।[4] राजाओं की सभा में संगीत के प्रयोग की बात तो सामान्यतया सभी जानते हैं, किन्तु महाभारत में ऐसे अनेक ऋषि आश्रमों का वर्णन मिलता है, जिनमें संगीत की किसी–न–किसी विधा का प्रयोग किया जाता था। दानवों के गुरु शुक्राचार्य का आश्रम संगीतमय था। देवगुरु वृहस्पति के पुत्र

---

1 महाभारत/आदि पर्व/122/55–59
2 महाभारत/आदि पर्व/122/60–61
3 महाभारत/आश्वमेधिक पर्व/70
4 महाभारत/आश्वमेधिक पर्व/88, सभा पर्व/45

कच द्वारा शुक्राचार्य की पुत्री देवयानी को संतुष्ट रखने के लिये गायन–वादन और नर्तन करने का उल्लेख मिलता है –

गायन् नृत्यन् वादयंश्च देवयानीमतोषयत्।।
देवयान्यपि तं विप्रं नियमव्रत धारणम्।
गायन्ति च ललन्ती च रहः पर्यचरत तथा।।[1]

तत्कालीन शिक्षा में संगीत को महत्त्वपूर्ण स्थान प्राप्त था। श्रीकृष्ण और अर्जुन संगीतकला में पारंगत थे। देवराज इंद्र की आज्ञा से अर्जुन ने चित्रसेन से गान्धर्वशास्त्र का ज्ञान अर्जित किया था।

नृत्यंगीतं च कौन्तेय चित्रसेनादवाप्नुहि ।।
वादित्रं देव विदितं नृल्लोके यन्नविद्यते ।
तदर्जयस्व कौन्तेय श्रेयो वै ते भविष्यति ।।
गीत वादित्र नृत्यानि भूय एवादिदेश ह ।
सशिक्षितो नृत्यगुणाननेकान् वादित्रगीतार्थगुणांश्च सर्वान् ।।[2]

अर्जुन जब इंद्रसभा में पहुँचे थे तब उनके सत्कार में गन्धर्वों ने गाथागान एवं अप्सराओं ने नृत्य प्रस्तुत किया था। इस नृत्य में कटाक्ष, हावभाव एवं माधुर्य का मनोहारी समावेश था।[3] चित्रसेन से प्राप्त यह ज्ञान अज्ञातवास के समय अर्जुन के काम आया, और उन्होंने बृहन्नला के रूप में विराट की पुत्री उत्तरा को नृत्य–गीत की शिक्षा प्रदान की।[4] राजाओं के अन्तःपुर में राजकन्याओं को संगीत शिक्षा देने के लिए नर्तनशाला हुआ करती थी।[5] उस काल में प्रसिद्ध पुरुषों एवं राजपुरुषों की शवयात्र में भी अनेक प्रकार के वाद्यों का वादन किया जाता था। महाराज पाण्डु की शव यात्रा में विविध वाद्यों के वादन का उल्लेख मिलता है।[6] इतना ही नहीं, चिता में आग लगाते समय सामगायकों द्वारा सामगान भी किया जाता था।[7]

---

1 महाभारत/आदि पर्व/76/24, 26
2 महाभारत/वन पर्व 44/6–10
3 महाभारत/वन पर्व/43/28–32
4 महाभारत/विराट पर्व/11/12–13
5 महाभारत/विराट पर्व/22 /3–16
6 महाभारत/आदि पर्व/126/10
7 महाभारत/अनुशासन पर्व/169/16

इस तरह हम पाते हैं कि महाभारत काल में संगीत समाज का एक आवश्यक अंग था। संगीत को शिक्षा में स्थान प्राप्त था। उस काल के स्त्री एवं पुरुष, दोनों इस विद्या का ज्ञान रखते थे। नृप एवं सामान्यजन सभी को संगीत प्रिय था। यद्यपि संगीत जीविकोपार्जन के साधन के रूप में सबके लिये नहीं था, किन्तु सूत, मागध, बंदी, गायक, वादक, नर्तक जैसी कुछ संगीतजीवी जातियाँ समाज में थीं।

बौद्ध एवं जैन साहित्य में संगीत

महाभारत के युद्धोपरान्त महाजनपद युग में जनमानस के त्रस्त मन को मुक्ति का मार्ग दिखाने वाले दो महापुरुष हुए – महावीर स्वामी (ई. पू. 599) तथा गौतम बुद्ध (ई. पू. 563) हुए। इसके बाद लगभग अगले 300 वर्षों तक जैन–बौद्ध धर्मों का प्रभाव भारतीय जनमानस पर बना रहा। यद्यपि उक्त दोनों महापुरुष मूलरूप से निवृत्ति मूलक मार्ग के स्थापक थे, किन्तु धर्म प्रचार के लिये इन्हें भी नाट्य–नृत्यादि कलाओं का आश्रय लेना पड़ा।

प्रसिद्ध बौद्ध ग्रन्थ 'ललित विस्तर' में लगभग 79 कलाओं की सूची दी गई है, जिनमें संगीत, नृत्य, नाट्य, लास्य आदि को भी सम्मिलित किया गया है। स्वयं राजकुमार सिद्धार्थ सभी कलाओं में निपुण थे। समाज में संगीत के वैदिक और लौकिक दोनों स्वरूपों का प्रचलन था। सामवेद की शिक्षा वैदिक अध्ययन के अन्तर्गत आती थी तो गान्धर्व को शिल्प माना जाता था। तत्कालीन विश्वविद्यालयों में गान्धर्व आदि शिल्पों के लिए पृथक् विभाग थे। सम्पन्न परिवारों में बालक–बालिकाओं की संगीत शिक्षा पर विशेष ध्यान दिया जाता था। समाज में व्यावसायिक नर्तक–नर्तकियों का सम्मानपूर्ण स्थान था। वैशाली की प्रसिद्ध नगरवधू आम्रपाली इसी युग में हुई थी। कला नैपुण्य के कारण जहाँ गणिकाओं को समादर की दृष्टि से देखा जाता था, वहीं कला का व्यवसाय करने वाले विप्र (ब्राह्मण) वर्ग को हीन माना जाता था। जातकों में नृत्य–संगीत का प्रचुर वर्णन मिलता है। 'पंचगरुक' जातक के अनुसार बोधिसत्त्व के राज्याभिषेक के समय सोलह हजार नर्तकियों ने नृत्य किया था।'[1] बौद्ध विहारों में

---

1 जातकों में 'समज्ज' एवं 'महासमज्ज' के रूप में संगीत के सार्वजनिक आयोजनों का उल्लेख प्राप्त होता है, जिनमें मनोरंजन के अन्य साधनों के साथ गायन–वादन–नृत्य तथा नाट्यादि का उल्लेख भी मिलता है (महानारद कश्यप जातक 3.507)। जातकों में जिस प्रकार के नृत्य का उल्लेख प्राप्त होता है, वह अधिकांश रूप से नट् सम्बन्धी प्रतीत होता है, जिसे भाले या डंडे वाला नृत्य कह सकते हैं। (4/390 वंशधोपन) इस वंशधोपन नृत्य की तुलना शतपथ ब्राह्मण के 'वंश नृत्य' से की जा सकती है। (श. ब्रा. 13/6, 2/20)

देवदासियों की नियुक्ति संगीताराधना के लिए की जाती थी। संगीत का सामूहिक आयोजन गिरग्ग, समज्ज तथा नक्कत्रकीलम् जैसे लोकोत्सवों पर किया जाता था, जिनमें संगीत के साथ–साथ नाट्य, आख्यान आदि का क्रम भी चलता रहता था। संगीतकला को राज्याश्रय प्राप्त था। कलानिपुण व्यक्तियों को राजसभा में वेतन पर नियुक्त किया जाता था। समय–समय पर विभिन्न कला–प्रतियोगिताएँ भी राज्य द्वारा आयोजित की जाती थीं।

जैन धर्म ग्रन्थों में भी नृत्य–संगीत का पर्याप्त वर्णन मिलता है। समवायांग सूत्र तथा औपपत्तिक सूत्र में क्रमशः 64 एवं 72 प्रकार की कलाएँ कही गई हैं जिनमें नाट्य, नृत्य, गीत, ताल आदि की भी गणना की गई है। इन कलाओं का अध्ययन क्षत्रियों तथा महिलाओं द्वारा किया जाता था। बौद्धयुग की तरह इस युग में भी संगीतकला को राज्याश्रय प्राप्त था। स्वयं राजा अच्छे संगीतकार हुआ करते थे तथा राज्यसभा में संगीत के पारखी और गुणी व्यक्तियों को नियुक्त किया जाता था। अहिंसा पर आस्था होने के कारण राज्य में सुशासन और शान्ति का वातावरण रहता होगा इसलिये क्षत्रिय वर्ग भी संगीतोपासना में संलग्न था। इस युग में भी गणिकाओं को राज्य में सम्मानजनक स्थान प्राप्त था। गणिकाओं के अतिरिक्त नृत्य अथवा मनोरंजन का व्यवसाय करने वाले वर्गों में गन्धर्व, नट, नर्तक, रास–गायक, तूणवादक तथा मागध आदि लोग थे। 'संखडी' अथवा 'भोज्ज' नामक उत्सव में सामूहिक संगीत एवं भोजन की व्यवस्था प्रचलित थी। इस तरह संगीत विलास–सामग्री का एक अंग था और नागरिक जीवन के लिए उसी तरह अनिवार्य माना जाता था जैसे सुन्दर वस्त्र, अलंकार आदि। जैन आगमों के प्रचार–प्रसार के लिए 'चलित' नामक गीतों का प्रयोग किया जाता था। महावीर के जीवन से सम्बन्धित नाटकों का मंचन होता था जिनमें जैन मुनि भी भाग लेते थे। परवर्तीकाल में अनेक जैन धर्मावलम्बियों द्वारा नाट्य एवं संगीत के लक्षण ग्रन्थों की रचना की गई। पार्श्वदेव कृत 'संगीत–समयसार', सुधाकलश का 'संगीतोषनिषद्सारोद्धार' तथा मण्डन का 'संगीत मण्डन' इस तरह के ग्रन्थों में प्रमुख हैं।

पाणिनि की अष्टाध्यायी में संगीत

पाणिनि की अष्टाध्यायी तत्कालीन सामाजिक, राजनैतिक, सांस्कृतिक एवं धार्मिक व्यवस्था का परिचायक ग्रन्थ है। पाणिनि ने ललित कलाओं के लिए 'गान्धर्व' के स्थान पर 'शिल्प' संज्ञा का प्रयोग किया है। अष्टाध्यायी में शिल्प के दो विभाग कहे

हैं – चारुशिल्प और कारुशिल्प। चारुशिल्प के अन्तर्गत संगीत आदि ललित कलाओं को कहा गया है तथा कारुशिल्प में कुम्भकार, सुवर्णकार, लुहार आदि को गिनाया गया है। पाणिनि ने कुशल शिल्पियों को 'राजशिल्पी' कहा है। नृत्य, गीत, वादित्र और नाट्य या अभिनय के परस्पर घनिष्ट सम्बन्ध को बताते हुए अष्टाध्यायी के विभिन्न सूत्रों में इन चारों का उल्लेख प्राप्त होता है – यथाः गीति (3/3/95), गेय (3/4/68), गाथक (3/1/146), गायन (3/1/147 पुरुष गायक), गायनी यानी स्त्री गायिका (3/1/147), झार्झरिक, माड्डुकिक यानी वाद्यों के कुशल वादक (4/4/56), पाणिघ यानी हाथ से ताल देने में कुशल व्यक्ति (3/2/55), नर्तक (3/1/145) तथा परिवादक (3/2/146) शब्द प्राप्त होते हैं। अभिनय के लिय 'नाट्य' शब्द अस्तित्त्व में आ चुका था (4/3/129)। नाटककर्ता या अभिनेता के लिये अष्टाध्यायी में 'शैलाली' संज्ञा प्राप्त होती है। पाणिनि ने 'शिलाली' आचार्य को नटसूत्रों का प्रवचनकर्ता कहा है –

शैलालिनः नटाः।

इस काल में नाट्य की शैलाली तथा कृशाश्वी ये दो परम्पराएँ विद्यमान थी। इनका एक वैदिक चरण था, जिसमें मुख्यतः नाट्य सम्बन्धी शास्त्र का अध्ययन किया जाता था। जिन्हें पाणिनि 'शैलालिन' कहते हैं, उन्हें ही आचार्य भरत ने 'शैलालक' कहा है। हमारे भारत में यह प्रथा रही है कि कोई भी साहित्यिक प्रथा सर्वथा लुप्त न होकर, अपने परवर्ती ग्रन्थ में विलीन हो जाती है, इसे 'प्रतिसंस्कार' कहते हैं। सम्भावना यही प्रतीत होती है कि शिलालिन के नटसूत्रों की सामग्री का वर्तमान नाट्यशास्त्र में ग्रहण कर लिया गया हो।

पुराणों में संगीत

'पुराण' शब्द पुरावृत्त (इतिहास) का द्योतक है। पुराणों में सृष्टि का आरम्भ, प्रलय तथा विभिन्न राजवंशों का आमूल विवरण प्राप्त होता है। यद्यपि मुख्यरूप से पुराणों की संख्या अठारह कही गई है, तथापि इनमें संगीत विषयक विशेष सामग्री हरिवंश पुराण, वायु पुराण, मार्कण्डेय पुराण तथा विष्णुधर्मोत्तर उपपुराण में ही मिलती है।

हरिवंश पुराण

हरिवंश को महाभारत का 'खिल' ग्रन्थ कहा जाता है। 'खिल' का अर्थ है शेष भाग, जो किसी ग्रन्थ में पीछे से जोड़ा जाता है। हरिवंश पुराण में 16,347 श्लोक हैं।

यह किसी एक व्यक्ति द्वारा रचित न होकर संग्रह ग्रन्थ जान पड़ता है। इसका काल ईस्वी दूसरी शती से पाँचवीं शती के बीच का माना गया है। हरिवंश के काल में 'साम' और 'गान्धर्व' (सामेतर संगीत) दोनों का प्रचार था। नृत्य, गीत और वाद्य तीनों का प्रचुर प्रचार था।

मधुरैर्वाद्यगीतैश्च नृत्यैश्चाभिनयोद्गतैः।[1]

हरिवंश पुराण में 'हल्लीसक' का उल्लेख प्राप्त होता है। हल्लीसक का पर्याय हल्लीश, हल्लीस अथवा हल्लीष कहा गया है। यह गान–वादन के साथ किया जाने वाला लोकनृत्य था जिसे 'रास' का प्रारम्भिक रूप माना जा सकता है।

तास्तु पंक्तीकृताः सर्वा रमयन्ति मनोरमम्।
गायन्त्यः कृष्णचरितं द्वन्द्वशो गोपकन्यकाः।।[2]

नीलकण्ठ ने इसका अर्थ बतलाया है – गोपकन्याएँ दो–दो की जोड़ी में मण्डलाकार में कृष्ण चरित गाकर नृत्य करती हुई मण्डल के बीच में स्थित कृष्ण को प्रसन्न करती थीं। इसी अध्याय के 35वें श्लोक में हल्लीसक क्रीड़ा का उपसंहार किया गया है –

एवं स कृष्णो गोपीनां चक्रवालैरलंकृतः।
शारदीषु सचन्द्रासु निशासु मुमुदे सुखी।।

अर्थात् इस प्रकार चन्द्रपूर्ण शारदीय निशा में गोपियों के मण्डल से सुशोभित कृष्ण सुखी होकर प्रसन्न हुए। श्लोक में आये 'चक्रवाल' का अन्य अर्थ 'हल्लीसक' भी बतलाया गया है जिससे यह स्पष्ट होता है कि हल्लीसक ही 'रासक्रीड़ा' था।

"चक्रवालैः मण्डलैः हल्लीसक क्रीड़नम्। एकस्य पुंसो बहुभिः स्त्रीभिः क्रीड़नम्। सैव रासक्रीड़ा।"

अर्थात् जिस क्रीड़ा में एक पुरुष बहुत–सी स्त्रियों के मण्डल के बीच नृत्य करता है, वह 'हल्लीसक क्रीड़ा' है। इसी को रासक्रीड़ा भी कहते हैं। हरिवंश में 'छलिक' का भी वर्णन प्राप्त होता है। वहीं कहा गया है कि श्री कृष्ण की इच्छा से छलिक स्वर्ग से मनुष्यों के अनुग्रह के लिये पृथ्वी पर लाया गया।

कृष्णेच्छया च त्रिदिवान्नृदेव अनुग्रहार्थ भुवि मानुषाणाम्।'[3]

---

1 हरिवंश / भविष्य पर्व / अध्याय 27 / श्लोक 13
2 हरिवंश / 2 / 20 / 25
3 हरिवंश / 2 / 74

यह भी कहा गया कि यह छलिक अत्यन्त दुष्कर है तथा इसे मात्र पाँच व्यक्ति जानते थे। नीलकण्ठ ने इनके नाम भी स्पष्ट कहे हैं –

कृष्णरामप्रद्युम्नानिरुद्धसाम्बैः।[1]

अर्थात् कृष्ण, राम (बलराम), प्रद्युम्न, अनिरुद्ध और साम्ब ये पाँच व्यक्ति छलिक का सुन्दर प्रयोग कर सकते थे। छलिक गान के साथ अनेक प्रकार के वाद्य बजते थे तथा स्वर, ताल और पद तो उसमें होता ही था। इसके साथ ही इसमें 'आसारित' नृत्य भी होता था। आसारित नृत्य की यह विशेषता थी कि नृत्य के साथ इसमें गीत को भावाभिनय द्वारा व्यक्त किया जाता था। कालिदास के मालविकाग्निमित्र में छलिक का उल्लेख प्राप्त होता है। प्रथम अंक में परिव्राजिका कहती है कि 'छलिक' बहुत दुष्प्रयोज्य है। जब मालविका एक चतुष्पद का प्रयोग छलिक नृत्य के साथ करके दिखलाती है तो उसकी प्रशंसा में परिव्राजिका यही कहती है कि मालविका ने अपने अभिनय से पद के अर्थ को बहुत सुन्दर तरीके से व्यक्त किया है।

हरिवंश पुराण में प्राप्त विवरण इस ओर संकेत करता है कि तत्कालीन नाट्य परम्परा में संगीत का विशिष्ट स्थान था। हल्लीसक तथा छलिक/छाल्लिक्य नृत्य सांस्कृतिक जीवन का अंग थे। छलिक, गान्धर्व कला का एक उत्कृष्ट रूप समझा जाता था और इसे जानने समझने वाले इने–गिने लोग ही थे। वाद्यों के लिए 'तूर्य' संज्ञा का प्रयोग होता था। तत वाद्यों में वीणा, वल्लकी, महती तथा तुम्बी–वीणा का प्रचलन था। वितत वाद्यों में पणव, दर्दुर, आनक, मुरज, मृदंग तथा भेरी का प्रचार था। नन्दि भी वितत वाद्य था, जिसकी ध्वनि प्रचण्ड थी। सुषिर में वेणु और शंख प्रचालित थे। रास, हल्लीसक और छलिक में वेणु, वीणा तथा मृदंग का प्रयोग मुख्यतः किया जाता था।

वायु पुराण

वायु पुराण का रचना काल तीसरी से पाँचवीं शती तक ठहराया गया है। वायुपुराण के 86वें और 87वें अध्यायों में संगीत विषयक सामग्री मिलती है। संगीतशास्त्र के अनेक पारिभाषिक शब्द यथा – सप्त स्वर, तीन ग्राम, इक्कीस मूर्च्छनाएँ, उनन्चास तान, स्थायी आदि चार वर्ण, अलंकार आदि इस पुराण में प्राप्त होते हैं। सप्त गीतकों का भी उल्लेख किया गया है। वाद्यों में मुखवाद्य, मर्दल, दुन्दुभि, घण्टा, झर्झर, शंख,

---

1 हरिवंश/2/75

पटह, भेरी, डिण्डिम, गोमुख तथा तुम्ब–वीणा का नाम मिलता है। गीतों में मद्रक, अपरान्तक तथा उत्तर नामक गीतों का विवरण इस पुराण में मिलता है। बहिर्गीत का उल्लेख भी किया गया है। इस पुराण में उपलब्ध संगीत विषयक सामग्री से तत्कालीन संगीत की उन्नत अवस्था का प्रमाण मिलता है।

मार्कण्डेय पुराण

इस पुराण का रचनाकाल भी तीसरी शती से लेकर पाँचवीं शती तक माना गया है। इसके 23वें अध्याय में संगीत विषयक सामग्री प्राप्त होती है जो सरस्वती एवं नागराज अश्वतर के बीच संवाद के रूप में दी गई है। उल्लेखनीय है कि संगीत रत्नाकर एवं अन्य परवर्ती संगीत ग्रन्थों में अश्वतर और कम्बल का नाम प्राचीन संगीत के आचार्यों के रूप में मिलता है।

मार्कण्डेय पुराण से यह ज्ञात होता है कि अश्वतर और कम्बल भाई थे। सरस्वती से वर प्राप्त कर इन्होंने संगीत विषयक ज्ञान जानने की इच्छा बतलाई और सरस्वती ने उन्हें वह ज्ञान प्रदान किया। इस तरह दोनों भाईयों को पद, ताल तथा स्वर के विषय में पूर्ण ज्ञान हो गया। मार्कण्डेय पुराण में सप्त स्वर, सप्त ग्राम राग, सप्त गीतक, सप्त मूर्च्छना, एकोनपंचाशत् (49) तानों, ग्राम, चार पद, त्रिविध तालों, त्रिविध यति तथा चार प्रकार के आतोद्य के विषय में चर्चा की गई है।

विष्णुधर्मोत्तर पुराण

विष्णुधर्मोत्तर पुराण की गिनती पुराणों में नहीं की जाती। यह एक उप–पुराण माना गया है। इसके तीन खण्ड हैं। प्रथम खण्ड में भूगोल, ज्योतिष तथा विभिन्न राजवंशों का वर्णन है। द्वितीय खण्ड में धर्म और राजनीति तथा तृतीय खण्ड में संस्कृत और प्राकृत व्याकरण, छन्द, काव्य, प्रतिमा निर्माण, चित्रकारी, नृत्य, गान और वाद्य से सम्बन्धित वर्णन प्राप्त होता है। संगीत के अध्ययन की दृष्टि से तृतीय खण्ड महत्त्वपूर्ण है। इस पुराण में वर्णित नाट्य, गीत, वाद्य और नृत्य विषयक सामग्री को देखने से प्रतीत होता है कि इसका ग्रहण भरतकृत नाट्यशास्त्र से किया गया है।

विष्णुधर्मोत्तर पुराण के 18वें अध्याय में गीत विषयक वर्णन प्राप्त होता है। पद, स्वर, ताल एवं प्रयोग की दृष्टि से विष्णुधर्मोत्तर पुराण में गीत को चतुर्विध कहा गया है। रस का उल्लेख करते हुए सप्त स्वरों को नवरसों से सम्बद्ध किया गया है। हास्य और श्रृंगार में मध्यम और पंचम, वीर, रौद्र तथा अद्भुत में षड्ज और ऋषभ, करुण में निषाद और गान्धार, वीभत्स और भयानक रस में धैवत तथा शान्त रस में मध्यम का

प्रयोग करने का निर्देश ग्रन्थ में दिया गया है। ध्यान देने की बात है कि उक्त वर्णन नाट्यशास्त्र में भी ठीक इसी प्रकार प्राप्त होता है किन्तु नाट्यशास्त्र में आठ ही रस स्वीकार किये गये हैं, अभिनवगुप्त ने भरत मुनि द्वारा कहे गये आठ रसों में शान्त रस को जोड़ते हुए, उसे सभी रसों का मूल कहा है और कुल नौ रस माने हैं। विष्णुधर्मोत्तर पुराण में शान्त रस के विषय में चर्चा का प्राप्त होना इसे 'अभिनव भारती' का परवर्ती ग्रन्थ सिद्ध करता है। लय का विभाजन रसों के आधार पर किया गया है। श्रृंगार में मध्यलय, वीभत्स और भयानक में विलम्बित लय तथा वीर, रौद्र एवं अद्भुत रस में द्रुत लय का प्रयोग करने का निर्देश दिया गया है। शान्त तथा करुण रस के लिये कोई विशिष्ट लय नहीं कही गई है।

विष्णुधर्मोत्तर पुराण के 19 वें अध्याय में वाद्य वर्णन प्राप्त होता है। तत, सुषिर, घन तथा अवनद्ध ये चार तरह के वाद्य कहे गये हैं। तत वाद्यों में वीणा, वल्लकी, विपञ्ची, अवनद्ध वाद्यों में मुरज, पुष्कर, मृदंग, पटह, पणव, झल्लरी, ढक्का, दुंदुभि, डमरू, दर्दुर आदि, सुषिर वाद्यों में शंख, वेणु, गोमुख, आडम्बर, भेरी तथा घनवाद्यों में झांझ, घंटी, घंटा आदि का उल्लेख मिलता है। विशेष वाद्यों में जलवाद्य तथा जलदर्दुर का उल्लेख मिलता है। चच्चतपुटः, चाचपुटः, पंचपाणि तथा षट्पितापुत्रकः तालों के नाम भी इसमें प्राप्त होते हैं। ताल क्रिया में आवाप, निष्क्राम, विक्षेप, प्रवेश, शम्या तथा सन्निपात का मात्र नाम प्राप्त होता है, इनका वर्णन नहीं किया गया है। नाट्यशास्त्र की ही तरह कुतपविन्यास के अन्तर्गत गायक, गायिकाओं तथा वादकों के मंच पर बैठने की व्यवस्था को बतलाया गया है। तत्कालीन समाज में मागध, सूत, बंदी, आदि का उल्लेख संगीतजीवी जाति के रूप में प्राप्त होता है। विभिन्न वाद्य–वादकों के लिये वैणिक, मार्दंगिक, पाणविक, वांशिक, मौरजिक आदि संज्ञाएँ प्रचलित थीं। इस पुराण के 34वें नृत्य–सूत्र नामक अध्याय में नृत्य की उत्पत्ति बताई गई है। 35, 39, 41, 42 तथा 43 वें अध्याय में चित्र–सूत्र के नाम से चित्रकला के विषयों का विवरण प्राप्त होता है।

संगीत के क्रमिक इतिहास को जानने की दृष्टि से यद्यपि वैदिक वांग्मय, महाकाव्यों तथा पुराणों के साथ ही अन्य ग्रन्थों में प्रवहमान संगीतधारा का अध्ययन यहाँ आवश्यक है तथापि मुख्यरूप से नृत्य विषय हमारे लिए अभीष्ट होने के कारण आगे के अध्ययन में हमने आचार्य भरत की परम्परा के ग्रन्थ तथा उनके समानान्तर अन्य परम्परा के ग्रंथों का यथास्थान आश्रय लिया है।

2

नृत्य का साहित्य और संगीत से सम्बन्ध

संगीत की अभिव्यक्ति को हम दो भागों में बाँट सकते हैं – एक श्रव्य जैसे–गीत और वाद्य, तथा दूसरी दृश्य जैसे – नाट्य, नृत्य आदि। गीत और वाद्य के मूल में नादात्मिका वाक् (जिसके द्वारा स्वर के उतार–चढ़ाव से हृदयगत भावों की अभिव्यक्ति की जाये) का प्राधान्य होता है, जबकि नाट्य/नृत्य के मूल में आंगिक चेष्टाओं का। हम जानते हैं कि मानव संस्कृति के प्रारम्भ से ही नादात्मिका वाक् तथा आंगिक चेष्टाएँ अभिव्यक्ति का सशक्त साधन रही हैं, किन्तु इनके द्वारा भावों को उस तरह का निश्चित अर्थ नहीं दिया जा सकता, जिस तरह से भाषा के द्वारा दिया जा सकता है। साहित्य, संगीत (गायन, वादन के अर्थ में) तथा नृत्य में हम भाषा, नादात्मिका वाक् तथा आंगिक चेष्टाओं को उनके उत्कृष्टतम् रूप में पाते हैं। यद्यपि कला के क्षेत्र में इन तीनों ने अपना–अपना प्रतिष्ठित स्थान सुनिश्चित किया है तथापि अभिव्यक्ति की पूर्णता की बात आती है तो ये तीनों अलग–अलग नहीं, एकसाथ कार्य करते हुए अपने लक्ष्य तक पहुँचते हैं। सामान्य जीवन में भी देखें तो अभिव्यक्ति के साधन के रूप में ये तीनों साथ–साथ कार्य करते हैं। जब हम कहते हैं – 'जाओ यहाँ से।' तो इस कथन के भाव की सम्पूर्ण अभिव्यक्ति मात्र शब्दों से नहीं होती, आवाज़ की तेज़ी और चेहरे के भाव के साथ ही हाथ का संकेत भी अर्थ को पूर्णता प्रदान करता है। इससे यह स्पष्ट होता है कि निश्चित अर्थ के द्योतक पदों तथा आवाज़ के उतार–चढ़ाव का अभिव्यक्ति में जितना स्थान है उतना ही तदनुरूप आंगिक चेष्टाओं का भी महत्त्व है। उद्धत अथवा ओजपूर्ण भावों की अभिव्यक्ति में जब ध्वनि की तारता और तीव्रता बढ़ती है, तो सहज रूप से ऊर्ध्वगामी एवं वेगपूर्ण आंगिक चेष्टाएँ उन भावों को दृश्य रूप में प्रस्तुत करती हैं। इसी तरह करुणा और विगलन की अवस्था में जब ध्वनि की तारता और तीव्रता घटती हैं, तो हमारी आंगिक चेष्टाएँ भी उनके साथ सामान्य रूप से अधोगामी एवं शिथिल हो जाती हैं। ध्वनि के माध्यम से व्यक्त किये जाने वाले भावों के साथ आंगिक चेष्टाओं का उक्त सम्बन्ध सार्वदेशिक/सार्वभौमिक और सार्वकालिक जान पड़ता है। इसीलिये भाव सम्प्रेषण में उक्त तीनों तत्त्वों का महत्त्वपूर्ण स्थान हम पाते हैं। इन तीनों में से किसी एक तत्त्व के शिथिल होने पर

अभिव्यक्ति भी उसी अनुपात में शिथिल हो जाती है। उक्त तीनों प्रकार की अभिव्यक्तियों ने प्राचीन काल से कला के रूप में अपनी पृथक् पहचान बना ली थी। भाषागत अभिव्यक्ति से काव्य का विकास हुआ, विशुद्ध ध्वनि अथवा नादात्मिका वाक् से गीत का तथा आंगिक चेष्टाधारित अभिव्यक्ति ने नृत्य का रूप लिया।

नृत्य को भावाश्रित तथा पदार्थाभिनयात्मक कहा गया है।[1] नृत्य का लक्ष्य रससिद्धि न होकर, भावसिद्धि होता है। नृत्य में प्रत्येक शब्द (पद) का अर्थ तथा अर्थों की अभिव्यंजना आंगिक अभिनय द्वारा की जाती है। इसलिये नृत्य में गात्र विक्षेप (अंग विक्षेप) मात्र से भाव–व्यंजना होती है। प्रस्तुत प्रसंग में 'पद' से तात्पर्य 'सुप्तिङ्न्तम् पदम्' (अष्टाध्यायी/1/4/1) के अनुरूप 'सार्थक शब्द' से है। इस अर्थ में, नृत्य में एक–एक पद का अभिनय हस्त मुद्राओं तथा मुखज भावों के द्वारा किया जाता है। उल्लेखनीय है कि वाचिक अभिनय में पदों का व्यवहार पृथक्–पृथक् स्वतंत्र रूप में न होकर, वाक्य के रूप में अथवा वाक्यसमूह के रूप में होता है, और इस प्रकार पद और वाक्यों के समूह से बनी सम्पूर्ण काव्य रचना को 'पद' कहा जाता है इसी 'पद' की नृत्य में आवश्यकता होती है। यहाँ नाट्य और नृत्य की कार्यपद्धति को ध्यान में रखना आवश्यक होगा। नाट्य को भी वाक्य की ज़रूरत होती है। नाट्य को 'वाक्यार्थाभिनयात्मक' कहा गया है। किन्तु ध्यान रहे नाट्य में वाक्य के अर्थ की अभिव्यक्ति समग्रता में होती है। ज़रूरी नहीं कि एक–एक शब्द का वहाँ अलग–अलग अभिनय किया जाये। नाट्य में वाचिक और आंगिक चेष्टाएँ एक दूसरे के पूरक के रूप में साथ–साथ चलती हैं। कथोपकथन तथा आंगिक चेष्टा ये दोनों अपनी समग्रता में वाक्य की अभिव्यक्ति को पूर्णता प्रदान करते हैं। जबकि नृत्य में काव्य रचना के प्रत्येक पद के अर्थ को भिन्न–भिन्न आंगिक चेष्टाओं, या यों कहें, स्थापित प्रतीकों के माध्यम से अभिव्यक्त किया जाता है। स्पष्ट है कि वाचिक अभिनय के रूप में नृत्य में 'पद' का समावेश हो जाता है और इस पदार्थ की अभिव्यक्ति वाचिक के साथ–साथ आंगिक एवं सात्त्विक अभिनय के द्वारा की जाती है। नृत्य में कथोपकथन जाहिरी तौर पर साथ नहीं चलता बल्कि यह सांगीतिक रचना के रूप में नृत्य का सहयोग कर रहा होता है। गीत के शब्दों का वितान तथा उनका काकु नृत्याभिनय की दिशा तय करता है।

---

1 भावाश्रयं नृत्यम्........................
.... पदार्थाभिनयात्मकमन्यदेव नृत्यमिति।
दशरूपकम्/1/9 तथा दशरूपकम्/1/अवलोक/पृ. 6

इस तरह हम देखते हैं कि नृत्य में काव्य रचना को उसके मूलरूप में सीधे ग्रहण नहीं कर लिया जाता। उल्लेखनीय है कि कवित्त जैसी साहित्यिक रचना को भी तालबद्ध ही नाचने का विधान रहा है। इसके उलट यह भी कहा जा सकता है कि छन्दोबद्ध साहित्यिक रचना से ही 'कवित्त' का निर्माण होता है। नृत्य हेतु इसे तालबद्ध भी कर लिया जाता है। किन्तु कवित्त मात्र तो नृत्य में अभिव्यक्ति की समस्त आवश्यकताओं की पूर्ति नहीं कर पाता। इसके लिये नृत्य को अन्य उपयुक्त रचनाओं की आवश्यकता होती है। एक उच्च और सूक्ष्म कला के रूप में नृत्य का लक्ष्य अभिधामूलक अर्थों की अभिव्यक्ति मात्र नहीं है। यह कार्य तो कोई शब्दकोष भी कर सकता है। तो फिर ऐसा क्या है जो न नाट्य द्वारा किया जा सकता है, न नृत्त द्वारा और न ही किसी अन्य कलात्मक उपादान द्वारा? जिस कार्यक्षेत्र में नृत्य की विशेषज्ञता है वह कौन–सा है? और अपने उस विशेष कार्य की सिद्धि हेतु नृत्य को किन सहयोगी उपादानों की आवश्यकता होती है?

जैसा कि हमने कहा कि नृत्य पद के अर्थ की अभिव्यक्ति करता है। नृत्य का लक्ष्य पदों के मात्र अभिधामूलक अर्थ की अभिव्यक्ति करना नहीं होता। नृत्य व्यंजना के निःसीम क्षेत्र की सम्भावानाओं को दर्शकों के समक्ष खोलता है। इन दोनों कार्यों के लिये नृत्य को साहित्य और संगीत इन दोनों की समान रूप से आवश्यकता होती है। सार्थक पदों या शब्दों से बनी स्तरीय साहित्यिक रचना अथवा काव्य नृत्य की प्राथमिक आवश्यकता होती है। इसलिये साहित्य/काव्य तो नृत्य का अभिन्न अंग है ही। दूसरे, अभिधार्थ यानी किसी शब्द के मोटे–मोटे अर्थ के साथ नृत्य उसके छिपे हुए अर्थों की भी खोज करता है। नर्तक न सिर्फ काव्य रचनाकार के मन्तव्य को दर्शकों के समक्ष रखता है वरन् वह अपनी कल्पना और अपने प्रतिमानों को भी नृत्य के माध्यम से स्थापित करता चलता है। इन छिपे अर्थों यानी व्यंजनार्थ की अभिव्यक्ति की प्रक्रिया क्या है? यहाँ आकर संगीत का क्षेत्र प्रारम्भ होता है। देखिये, जब नृत्य के लिये किसी साहित्यिक काव्य रचना का चयन कलाकार करता है तो वह मात्र छन्दोबद्ध या तालबद्ध नहीं होती। रागबद्ध रचनाओं की एक पूरी श्रृंखला नृत्य की आवश्यकताओं के लिये उपयोग में लाई जाती रही है। कुछ गीत प्रकारों को नृत्य ने अपने क्षेत्र में खींचा तो कुछ गीत प्रकार नृत्य की अपेक्षाओं की पूर्ति हेतु प्रकाश में आये। हम जानते हैं कि रागबद्ध रचनाओं में स्वर का वितान होता है, काकु का वैविध्य होता है। विभिन्न भावों की अभिव्यक्ति में काकु और स्वर अत्यन्त सहायक होते हैं। स्वर के उतार–चढ़ाव को

प्रभावशाली बनाने के लिये वाद्यों का उपयोग भी किया जाता है और तब ऐसे स्वरबद्ध प्रभावशाली शब्द तथा शब्दों से निर्मित गीत रचना के अर्थ एवं भावों की अभिव्यक्ति नृत्याभिनय के द्वारा की जाती है। यानी गीत के शब्दों के अर्थ को विविधता के साथ–साथ पूर्णता नृत्य के माध्यम से ही मिल पाती है। नृत्य को भी अभिव्यक्ति के लिये साहित्य और संगीत दोनों की आवश्यकता होती है। बिना साहित्य और संगीत (स्वर आधारित धुन और ताल) के नृत्य अधूरा और फीका मालूम पड़ता है। साहित्य, नृत्य के लिये एक निश्चित आधार तैयार करता है और संगीत उसमें रंग भरता है। इस तरह इन तीनों में परस्पर निर्भरता का सम्बन्ध है। अभिनयात्मक होने के कारण नृत्य में पद / गीत के महत्त्व को नकारा नहीं जा सकता क्योंकि अभिनय गीत का अवलम्ब लेकर ही प्रस्फुटित होता है।

इस तरह गायन–वादन–नर्तन की परम्परा प्राचीन समय से चली आ रही है, साहित्य का गायन में समावेश है ही। यहाँ गायन को 'गान्धर्व' तथा नृत्य को इससे अलग समझा जाना चाहिये। ''गान्धर्वं त्रिविधं विद्यात् स्वर ताल पदात्मकम्'' कहा गया है यानी गीत में स्वर, ताल और पद यानी सार्थक शब्द ये तीनों ही होते हैं। नृत्य में इसी गान्धर्व का प्रयोग किया जाता था। प्राचीन काल में इन तीनों के संयुक्त रूप को 'तौर्यत्रिक' कहा जाता था। परवर्ती काल में 'तौर्यत्रिक' शब्द का स्थान 'संगीत' शब्द ने ले लिया। शार्ङ्गदेव ने अपने ग्रंथ संगीत–रत्नाकर में 'संगीत' शब्द का प्रयोग पारिभाषिक रूप से गायन–वादन–नर्तन की सम्मिलित त्रयी के लिये किया है।[1]

---

1 गीतं वाद्यं तथा नृत्तं त्रयं संगीतमुच्यते।

संगीत रत्नाकर / 1 / 1 / 21

3

मार्ग और देशी – नृत्य के सन्दर्भ में

हम सभी ने मार्ग और देशी संज्ञाओं को सुना और समझने का प्रयत्न किया होगा। वर्तमान लक्ष्य परम्परा से प्रायः लुप्त हो चुकी मार्ग और देशी संज्ञाएँ आज मात्र पारिभाषिक शब्दों के रूप में दृष्टिगोचर होती हैं, जिन्हें मोटे तौर पर Classical और Folk के तौर पर समझ लिया जाता है। सम्भवतः इसका कारण संस्कृत भाषा का व्यावहारिक जगत् से उच्छेद हो। यों मार्ग का कोशगत अर्थ है – रास्ता / सड़क / पथ, खोज, गवेषणा और शैली, तथा देशी का अर्थ है – किसी देश विशेष की बोली, प्राकृत का एक भेद। संगीत के विशेष सन्दर्भ में कोशगत अर्थ को लिया जाये तो 'देशी' की अपेक्षा 'देशीय' अधिक उपयुक्त प्रतीत होता है, जिसका अर्थ हैः किसी प्रान्त से सम्बन्ध रखने वाला, प्रान्तीय, स्वदेशीय, स्थानीय।

मार्ग और देशी दो ऐसे शब्द हैं जो परस्पर अभिन्न रूप से जुड़े हैं। एक की चर्चा करते समय दूसरे के विषय में मौन रहना सम्भव नहीं है। जैसा कि हम जानते हैं भारतीय संगीत की परम्परा सामवेद से जुड़ी है। इस तरह संगीत एक दैवीय कला है। लोक में आदिकाल से वैदिक संगीत के समानान्तर सामेतर संगीत की धारा भी प्रवहमान रही है। हम यह भी जानते हैं कि ब्रह्मा ने चारों वेदों से तत्त्वों का ग्रहण कर पंचम वेद के रूप में 'नाट्यवेद' का निर्माण किया और इसे प्रयोग के लिये भरतमुनि तथा उनके सौ पुत्रों को दिया। इस रूप में नाट्यशास्त्र में कही गई नाट्यविधि तथा उसकी आनुषंगिक कला होने के कारण संगीतकला (गीत, वाद्य तथा नृत्य) को भी दैवी कला के रूप में प्रतिष्ठा मिली। नाट्यशास्त्र में 'मार्ग' शब्द प्राप्त होता है तथापि मार्ग और देशी जैसी अवधारणा नहीं मिलती।

आचार्य भरत ने 'तत्त्वार्थ वचन' को मार्ग कहा है।[1] वह जो कुछ ब्रह्मा ने कहा, जो तात्त्विक है वह 'मार्ग' है। नाट्यशास्त्र में इन सन्दर्भों में 'देशी' शब्द प्राप्त नहीं होता, किन्तु तत्कालीन संगीत में प्रचलित 'गान्धर्व' और 'गान' की परम्परा इस पृथक् धारा का संकेत देती अवश्य है। आइये इस विषय को थोड़ा खोलकर देखें।

---

1 तत्त्वार्थ वचनं चैव मार्ग इत्यभिधीयते।

देखिये, जैसा कि हमने पहले भी कहा है, दरअस्ल हमारे यहाँ संगीत कला को दैवी कला माना गया है, ईश प्राप्ति, मोक्ष प्राप्ति का साधन भी माना गया है। इसका प्रवर्तन परमपिता सृजनकर्ता ब्रह्मा के द्वारा किया गया। वेदों से सार ग्रहण करने के कारण संगीत की यह मूलधारा वैदिक या 'साम' कहलाई। इसकी प्राप्ति और निर्वहन के जो भी नियम और उपाय ब्रह्मा ने बतलाये उन्हें आचार्य भरत ने 'तत्त्वार्थ वचन' कहते हुए 'मार्ग' की श्रेणी में रखा। यह मार्ग क्लिष्ट और कठोर नियमों वाला साथ ही अदृष्ट फल देने वाला माना गया। मार्ग की इस धारा के ठीक साथ साथ संगीत की एक अन्य धारा भी आदि काल से प्रवहमान रही। इस तरह हम वैदिक या साम संगीत तथा लौकिक संगीत की दो धाराएं प्रारम्भ से ही पाते हैं। नाट्यशास्त्र में लौकिक संगीत को पुनः 'गान्धर्व' तथा 'गान' के रूप में विभाजित किया गया। अपेक्षाकृत सहज उपायों वाली इन दो धाराओं के उद्देश्य और प्राप्ति फल में भिन्नता थी। गान्धर्व का उद्देश्य अदृष्ट प्राप्ति तथा गान का उद्देश्य दृष्ट फल की प्राप्ति था। दृष्ट फल ऐश्वर्य, धन, प्रसिद्धि इत्यादि हैं। तो नाट्यशास्त्र में यद्यपि 'देशी' शब्द 'संज्ञा विशेष' के रूप में नहीं मिलता किन्तु गान्धर्व और गान की परम्पराएं इसी 'देशी' की दो भिन्न छटाएँ मानी जा सकती है। परवर्ती आचार्यों ने अवश्य भरत मुनि द्वारा स्थापित कलारूपो को (सम्भवतः ब्रह्मप्रोक्त मानते हुए) 'मार्ग' तथा उससे भिन्न लोक में प्रचलित कलारूपों को 'देशी' की संज्ञा दे दी गई। हमारे मत में ब्रह्मा से प्राप्त विद्या 'मार्ग' की श्रेणी में रखी जा सकती है और आचार्य भरत द्वारा इसका प्रसंस्करण और निष्पादन 'देशी' अथवा 'देशीय' माना जाना चाहिये। अस्तु।

मतंग मुनि प्रणीत बृहद्देशी, नाट्यशास्त्र पर अभिनवगुप्तपादाचार्य की टीका 'अभिनवभारती' तथा शार्ङ्गदेव कृत संगीत रत्नाकर ऐसे ग्रन्थ हैं जो पूर्व परम्परा से प्राप्त अवधारणाओं की पुष्टि के साथ तत्कालीन संगीत के स्वरूप को स्पष्ट करने में भी सहायक हैं। 'बृहद्देशी' (छँटवीं शताब्दी), जैसा कि नाम से स्पष्ट है 'देशी' की विशद् व्याख्या करने वाला ग्रन्थ है। यह सम्भवतः वह प्रथम ग्रंथ भी है जिसमें 'मार्ग' और 'देशी' को स्पष्टतः दो वर्गों में रखा गया है। ग्रंथ में मतंग मुनि ने 'मार्ग' को आलाप आदि से बद्ध तथा 'देशी' को आलाप आदि से विहीन कहा है।

आलापादिनिबद्धो यः स च मार्गः प्रकीर्तितः।
आलापादिविहीनस्तु स च देशी प्रकीर्तितः।।[1]

---

1 बृहद्देशी / पृष्ठ 2

यहाँ 'आलाप' शब्द बड़े महत्त्व का है। 'लप्' धातु में 'आ' उपसर्ग लगकर बने शब्द 'आलाप' का अर्थ है – 'कहना' – निश्चित अर्थ में कहना और 'निबद्ध' शब्द का अर्थ है – बंधा हुआ। निबद्ध और अनिबद्ध को वर्तमान समय में सामान्यतः ताल से जोड़कर देखने की परम्परा है। तालबद्ध रचना को निबद्ध तथा अताल रचना को अनिबद्ध के रूप में समझा जाता है। उल्लेखनीय है कि आचार्य भरत ने किसी बात को कहने के बारह तरीके बतलाये हैं – आलाप, प्रलाप, विलाप, अनुलाप, संलाप, अपलाप, सन्देश, अतिदेश, निर्देश, उपदेश, अपदेश तथा व्यपदेश। इस तरह यह कहा जा सकता है कि भरतोक्त आलाप, प्रलाप आदि बारह तरीकों के द्वारा अथवा उनमें से किसी या किन्हीं तरीकों से आबद्ध होकर यानी उनके नियमानुसार यदि कुछ कहा जाये तो मतंग मुनि के अनुसार वह 'मार्ग' होगा। इन नियमों का अनुसरण न करते हुए अथवा निश्चित पद्धति को स्वीकार न करते हुए कुछ कहना 'देशी' की श्रेणी में गिना जायेगा।

एक बात और, भरत मुनि ने आलाप आदि बारह तरीक़ों के पुनः कालानुसारी भूत, भविष्य, वर्तमान, प्रत्यक्ष, परोक्ष, आत्मस्थ तथा परस्थ यह सात–सात भेद कहे हैं तथा इन मार्गों के अनुसार ही अभिनय की योजना का निर्देश दिया है।[1] अभिनवगुप्तपादाचार्य ने अपनी टीका में इनके परस्पर गुणन से आलाप के कुल 144 भेद बतलाये हैं और यह स्पष्ट किया है कि उक्त प्रकारों का प्रयोग नर्तकी द्वारा भावों और रसों की व्याख्या करने के लिये किया जाये। इससे यह प्रतीत होता है कि तत्कालीन लक्ष्य परम्परा में विशेष नियमों वाली और नियमों में छूट वाली दो समानान्तर धाराएँ प्रवहमान थीं तथापि आचार्य द्वारा इन्हें स्पष्ट रूप से वर्गीकृत नहीं किया गया था। आचार्य भरत को सम्पूर्ण नाट्यवेद की विषयवस्तु ब्रह्मा द्वारा मिली थी, इसलिये ब्रह्मप्रोक्त तथा निश्चित नियमों वाली होने के कारण वह परवर्ती काल में 'मार्ग' कहलाई। मतंग मुनि ने भी इसी दृष्टि से आलाप (आचार्य भरत द्वारा कहे गये आलाप आदि बारह भेद) से निबद्ध (नियमबद्ध) संगीत को 'मार्ग' तथा आलाप से विहीन अर्थात् कहने की किसी निश्चत पद्धति को स्वीकार न करने वाले संगीत को 'देशी' कहा।

---

1 एते मार्गा हि विज्ञेयाः सर्वाभिनययोजकाः।
सप्तप्रकारमेतेषां पुनर्वक्ष्यामि तत्त्वतः।।
प्रत्यक्षश्च परोक्षश्च तथा कालकृतास्त्रयः।
आत्मस्थश्च परस्थश्च प्रकाराः सप्त चैव तु।।

नाट्यशास्त्र / काव्यमाला / 22 / 57–58

जैसा कि नाम से स्पष्ट है 'बृहद्देशी' में देशी की चर्चा प्राप्त होती है। मतंग ने लौकिक गीत मात्र को 'देशी' कहा है। 'देशी' का लक्षण करते हुये ग्रन्थकार ने इसे सभी प्रकार के मनुष्यों द्वारा जनरुचि के उद्देश्य से विभिन्न देशों में अपनी–अपनी इच्छानुसार प्रयोग किये जाने वाला गीत कहा है –

अबलाबालगोपालैः क्षितिपालैर्निजेच्छया ।
गीयते सानुरागेण स्वदेशे देशीरुच्यते ।।[1]

अर्थात् स्त्रियों, बालकों, गो–पालकों तथा राजाओं के द्वारा अपनी–अपनी इच्छानुसार अपने–अपने देश में अनुराग सहित गाये जाने वाले गीत को 'देशी' कहा जाता है। मुनि ने व्यापक रूप से इस देशी में गीत, वाद्य एवं नृत्य, तीनों को सम्मिलित किया है।

नियमों की शिथिलता के कारण परिवर्तन 'देशी' का प्रधान लक्षण है। सामान्यतया, नियमों में बंधकर कार्य करना रुचिकर नहीं होता इसके विपरीत नियमों को अनदेखा करना, अपनी सुविधानुसार स्वरूप देना या फिर उन्हें तोड़ना अपने आप में रोमांचकारी होता है। संगीत कला का उद्देश्य ईश्वरोपासना तथा ईश प्राप्ति के साथ–साथ मनोरंजन भी रहा है। ईश्वरोपासना के साधन के रूप में संगीत कला के कतिपय नियम रहे हैं, जबकि मनोरंजन के साधन के रूप में क्रमशः नियमों में शिथिलता आई है। इस तरह प्रत्येक काल में संगीत कला के रूप में परिवर्तन होता आया हैं परिणामस्वरूप 'मार्ग' और 'देशी' के रूप भी, स्थिर न रहकर परिवर्तित होते गये। कलारूपों की संज्ञाओं में भी बदलाव आया।

संगीत एवं नृत्य की हमारी प्राचीन एवं मध्यकालीन परम्पराओं को समझने की दृष्टि से आचार्य शार्ङ्गदेव प्रणीत 'संगीत–रत्नाकर' महत्त्वपूर्ण ग्रन्थ माना जा सकता है। आज उपलब्ध संगीत सम्बन्धी ग्रंथों में यही एकमात्र ऐसा प्रामाणिक ग्रंथ है जो नाट्यशास्त्र तथा उसपर अभिनवगुप्त की टीका को सुस्पष्ट करने में हमारी सहायता करता है और एक तरह से प्राचीन तथा मध्यकालीन संगीत परम्पराओं के बीच एक कड़ी का काम भी करता है।

शार्ङ्गदेव के काल तक भारत पर विदेशियों का साम्राज्य विस्तार पा चुका था। हमारे संगीत और हमारी संस्कृति पर उनका प्रभाव भी स्पष्टतः परिलक्षित होने लगा था। बदलते सामाजिक, सांस्कृतिक और राजनैतिक परिदृश्य में प्राचीन काल से चले

---

1 बृहद्देशी / पृष्ठ 2

आ रहे विभिन्न कलारूप बहुत तेज़ी के साथ बदले। यह बदलाव दो तरह से सामने आया। पहला, विदेशी संस्कृति के संक्रमण से कलारूपों के मूलतत्त्वों में अंतर आया। दूसरा, अधिकांश कलारूपों की संज्ञाएँ बदल गईं।

शार्ङ्ग्देव भारतीय संगीत के साथ–साथ विजातीय संगीत परम्परा से भी परिचित थे इसलिये संगीत रत्नाकर में इन परिवर्तनों की सटीक, विश्लेषणात्मक और प्रामाणिक व्याख्या प्राप्त होती है। सम्भवतः इसीलिये संगीत–रत्नाकर को किसी क्षेत्र विशेष से सम्बद्ध न करते हुए 13वीं शताब्दी के सम्पूर्ण भारत की संगीत पद्धति का प्रामाणिक ग्रंथ माना जाता है।

यह प्रतीत होता है कि इस काल तक 'गीत–वाद्य–नृत्य', जो अब तक नाट्य के अन्तर्गत उसकी आनुषंगिक कला के रूप में व्यवहार में लाये जा रहे थे, नाट्य से पृथक् रूप में भी लोकप्रिय और प्रतिष्ठित होने लगे थे। शार्ङ्ग्देव ने इस परिवर्तन को समझते हुए प्रथम बार गीत, वाद्य तथा नृत्त इन तीनों को संयुक्त रूप से 'संगीत' कहा। इतना ही नहीं नियमबद्ध और नियमों में अपेक्षाकृत छूट लेने वाली संगीत की दो धाराओं को समान महत्त्व देते हुए ग्रंथकार ने 'संगीत' के मार्ग और देशी ये दो भेद भी बतलाये।[1]

मार्ग और देशी के विवेचन में शार्ङ्ग्देव ने भरत, मतंग तथा अभिनवगुप्त के दृष्टिकोणों को समान रूप से महत्त्व दिया है। रत्नाकरकार कहते हैं कि – 'मार्ग वह है जिसे ब्रह्मा ने खोजा (आविष्कार किया), भरतादि (भरत तथा उनके सौ पुत्रवत् शिष्य) ने शम्भु के समक्ष जिसका प्रयोग किया तथा जो नियत रूप से कल्याणप्रद है। जो गीत, वाद्य और नृत्त देश–देश (विभिन्न देशों) में लोगों की रुचि के अनुसार प्रयुक्त होकर हृदयरंजक होता है, वह देशी है।[2] आचार्य शार्ङ्ग्देव ने तत्कालीन संगीत के तीनों

---

1 गीतं वाद्यं तथा नृत्तं त्रयं संगीतमुच्यते।
मार्गो देशीति तद्द्वेधा तत्र मार्गः स उच्यते।।

संगीत रत्नाकर/1/1/21

2 यो मार्गितो विरिंच्याद्यैः प्रयुक्तो भरतादिभिः।
देवस्य पुरतः शम्भोर्नियताभ्युदयप्रदः।।
देशे देशे जनानां यद्रुच्या हृदयरंजकम्।
गीतं च वादनं नृत्तं तद्देशीत्यभिधीयते।।

संगीत रत्नाकर/1/1/21–24

घटकों, यानी गायन, वादन तथा नर्तन के विधायक तत्त्वों को ध्यान में रखते हुए राग, ताल, प्रबन्ध, वाद्य एवं नृत्त को मार्ग और देशी, इन दो वर्गों में विभाजित किया है।[1]

संस्कृत वाङ्ग्मय में 'मार्ग' और 'देशी' का स्पष्ट और विस्तृत विवेचन यही संकेत करता है कि लोक में प्राचीन काल से मार्ग और देशी की दो धाराएँ समानान्तर प्रवहमान रही हैं। कालान्तर में मार्ग और देशी की संज्ञा एवं अवधारणा ग्रन्थों तक

---

1 **राग**– संगीत रत्नाकर में ग्राम, मूर्च्छना और जाति के नियमन के कारण ग्राम राग, उपराग, भाषा, विभाषा तथा अन्तर्भाषा इन छः राग प्रकारों को 'मार्ग' में तथा रागांग–भाषांग–क्रियांग और उपांग, राग के इन चार प्रकारों को 'देशी' के अन्तर्गत रखा गया है।

ताल– चच्चत्पुटः, चाचपुटः, षट्पितापुत्रकः, सम्पक्वेष्टाक तथा उद्घट्टः इन पाँच तालों को नियमन के कारण 'मार्ग ताल' कहा गया है, तथा आदिताल, मंठ, प्रतिमंठ, आदि असंख्य तालों को 'देशीताल' के अन्तर्गत वर्गीकृत किया गया है।

प्रबन्ध– मद्रक, वर्धमान, आसारित आदि मार्ग तालाश्रित गीतकों को मार्ग के अन्तर्गत रखा गया एवं एला, सूड आदि को देशीतालबद्ध प्रबन्ध कहा गया है। उल्लेखनीय है ये तालाश्रित गीतक नृत्य प्रबन्धों के रूप में भी प्रयोग में लाये जाते थे।

वाद्य– अनेक वाद्यों में से कुछ वाद्यों के मार्ग और देशी भेद कहे गये हैं। जैसे – किन्नरी के कुछ प्रकारों को मार्ग किन्नरी एवं कुछ अन्य प्रकारों को देशी–किन्नरी कहा गया है। इसी तरह मार्ग पटह एवं देशी–पटह के भेद भी कहे गये हैं।

नृत्य– नर्तन के दो भेद करते हुए, नृत्य को मार्ग एवं नृत्त को देशी कहने की परम्परा रही है। संगीत–रत्नाकर में भी 'पदार्थाभिनयात्मक' नृत्य को मार्ग तथा 'अंग विक्षेप मात्र वाले' नृत्त को देशी कहा गया है। चारी, करण, स्थानक तथा लास्यांग के मार्ग और देशी आधार पर विभिन्न भेद बतलाये गये हैं। ध्यान रहे कि चारी, करण इत्यादि विशुद्ध नृत्तांग हैं, इसलिये प्रश्न उठता है कि, शार्ङ्गदेव ने इनके मार्ग भेद कैसे कहे? परन्तु अध्ययन से यह स्पष्ट हो जाता है कि चारी, करण आदि के मार्ग भेद कहते हुए उन्होंने पूरी तरह से आचार्य भरत का अनुकरण किया है, तथा देशी के अन्तर्गत तत्कालीन प्रचलित भेदों का विवरण दिया है। इससे यह स्पष्ट प्रतीत होता है कि भरतोक्त विवरण को यथावत् प्रतिपादित करते हुए उसे 'मार्ग' इसलिये कहा, क्योंकि भरतोक्त सम्पूर्ण पद्धति ब्रह्मप्रोक्त मानी गई है। भरत के बाद के काल में चारियों के मार्ग चारी एवं देशी–चारी कहने की परम्परा बनी। जहाँ भरत द्वारा कहे गये प्रकार मार्ग चारी के अंतर्गत और तत्कालीन प्रकार देशी चारी के अंतर्गत रखे गये। संगीत रत्नाकर में भी भूमि चारी और आकाश चारी के नाम से प्राप्त चारियों में से समपाद, स्थितिवार्ता, शकटास्या आदि भूमि चारी तथा अतिक्रान्ता, पार्श्वक्रान्ता आदि 32 आकाश चारियों को 'देशीचारी' कहा गया हैं। भरतोक्त 108 करणों को 'शुद्ध करण' (मार्ग की ओर संकेत) तथा इनसे भिन्न 36 उत्प्लुति करणों को 'देशी करण' कहा गया है। स्थानकों के वर्णन में भरतोक्त वैष्णव, समपाद आदि 6 पुरुष स्थानक तथा आयत, अवहित्थ आदि 7 स्त्री स्थानकों के साथ ही इनसे भिन्न स्वस्तिक, वर्धमान, नन्द्यावर्त आदि 23 स्थानकों को देशी कहा गया। इसी तरह भरतोक्त लास्यांगों से भिन्न चालि, चालिवड आदि 10 देशी लास्यांग कहे गये हैं।

सीमित रह गयीं और उनके स्थान पर शास्त्रीय और लोककला जैसी संज्ञाएँ प्रचलित हो गयीं। शार्ङ्गदेव द्वारा कहे गये 'मार्ग' और 'देशी' के लक्षण को परवर्ती आचार्यों ने यथावत् ग्रहण किया। हम देखते हैं नाट्यशास्त्र में कहे गये कलारूप बाद के काल के लक्ष्य (प्रयोग परम्परा) में प्राप्त नहीं होते, आचार्यों द्वारा नाट्यशास्त्र के वचनों को 'मार्ग' की श्रेणी में रखते हुए उनका स्मरण मात्र किया गया और तत्कालीन कला–समाज में स्थापित तथा लोकरुचि से उद्‌भूत नवीन और जीवन्त कलारूपों को अपनाते हुए 'देशी' में स्थान दिया गया। जैसे कि संगीत रत्नाकर में पूर्वपरम्परा का अनुगमन करते हुए ग्राम, मूर्च्छना और जाति के नियमन के कारण ग्राम राग, उपराग, भाषा, विभाषा तथा अन्तर्भाषा इन छः राग प्रकारों को 'मार्ग' में तथा रागांग--भाषांग–क्रियांग और उपांग, राग के इन चार प्रकारों को 'देशी' के अन्तर्गत रखा गया है। 14वीं शताब्दी में 'संगीतोपनिषत्सारोद्धार' में आचार्य सुधाकलश ने यद्यपि रत्नाकरोक्त परम्परा का उल्लेख किया किन्तु साथ ही नया राग–रागिणी वर्गीकरण भी कहा, जबकि श्री राधागोविन्दसंगीतसार में राग–रागिणी वर्गीकरण को मार्ग परम्परा बतलाया गया और नई परम्परा के रूप में ठाठ–राग वर्गीकरण को स्थापित किया गया है। 17वीं–18वीं शताब्दी के ये कुछ–एक ऐसे लक्षण ग्रन्थ हैं जिनमें भरत और भरत के बाद के कलारूपों यानी 'पुराने सबकुछ' (जो तत्कालीन कला परिदृश्य में अप्रचलित हो चला था) को 'मार्ग' के अंतर्गत रखा गया और 'समकालीन सबकुछ' को 'देशी' कहा गया। प्रतीत यह होता है कि संगीत (गायन, वादन तथा नृत्य तीनों) परम्परा में यद्यपि परिवर्तन और परिवर्धन क्रमशः समग्र रूप में होता चला आया है, किन्तु अधिकांशतः इन हो रहे परिवर्तनों को मात्र गायन और वादन के प्रसंग में ही दर्ज किया गया। नृत्य की परम्परा भी क्रमशः परिवर्तित होते हुए अपने वर्तमान स्वरूप को प्राप्त हुई है तथापि बहुधा यथासमय इन परिवर्तनों का उल्लेख ग्रन्थों में नहीं किया गया। यों भी पिछले चार–पाँच सौ वर्षों में नृत्य को केन्द्र में रखकर विशेष लेखन अपेक्षाकृत कम ही हुआ है। इसलिये संगीत–रत्नाकर के लगभग आठ सौ वर्ष बाद आज हम यह देखते हैं कि शार्ङ्गदेव द्वारा नृत्य के प्रसंग में वर्णित मार्ग और देशी का उल्लेख लगभग यथावत् बाद के सभी ग्रंथों में प्राप्त होता है जबकि हमारे आज के लक्ष्य में स्थापित नृत्यरूपों के मूलरूप तथा उनकी संज्ञाएँ हमें प्राप्त नहीं होती। लक्ष्य और लक्षण (प्रयोग और शास्त्र) के मध्य इस गहरे असंवाद के कारण ही हम 'कथक' नृत्य को कभी मोहन–जोदाड़ो और हड़प्पा से जोड़ते हैं तो कभी महाभारत में इसकी जड़ें तलाशते हैं।

हमें यह भी लगने लगता है कि यदि हम नाट्यशास्त्र से इसका सम्बन्ध स्थापित कर सकें, जैसा कि समकालीन अन्य नृत्यों के प्रसंग में हुआ है, तो फिर कथक नृत्य के प्राचीन और शास्त्रीय होने को कोई चुनौती नहीं दे सकेगा। अस्तु।

चलिये अपनी मूल चर्चा को मात्र नृत्य के सन्दर्भ में हम आगे बढ़ाएँ। हम देख सकते हैं कि नर्तन के दो भेद करते हुए नृत्य को 'मार्ग' एवं नृत्त को 'देशी' कहने की परम्परा रही है। आचार्य भरत ने चाहे नृत्त और नृत्य का स्पष्ट विभाजन न किया हो, फिर भी अवसर और आवश्यकता के अनुरूप नृत्त अथवा अभिनय (नृत्य) का विधान नाट्यशास्त्र में बतलाया ही गया है।

यदा गीतिवशादंगं भूयो भूयो निवर्वते।।
तत्राद्यमभिनेयं स्याच्छेषं नृत्तेन योजयेत्।[1]

गीत की पंक्ति की आवृत्ति होने पर, पहले अभिनय किया जाये और तब शेष हिस्से में नृत्त की योजना की जाये। आचार्य ने यह भी कहा है कि जब गीत पर अभिनय हो रहा हो तो वहाँ वाद्य की योजना न की जाये (अथवा कम की जाये) किन्तु अंगहारों के साथ भाण्ड वाद्यों का प्रयोग किया जाये।

यत्राभिनेयं गीतं स्यात्तत्र वाद्ये (द्यं) न योजयेत्।
अंगहारप्रयोगे तु भाण्डवाद्यं विधीयते।।[2]

इतना सुन्दर चिन्तन और इतना स्पष्ट निर्देश। परवर्ती काल में भरत के इस कथन का स्मरण करते हुए ही नृत्य का लक्षण 'पदार्थाभिनयात्मकम्'[3] कहा गया होगा। संगीत–रत्नाकर में भी 'पदार्थाभिनयात्मक' नृत्य को मार्ग तथा 'अंग विक्षेप मात्र वाले' नृत्त को देशी कहा गया है। इससे यह स्पष्ट होता है कि मुख्यतः आंगिक और सात्त्विक अभिनय के उपादान ही 'नृत्य' को 'नृत्त' से अलग करते हुए उसे 'मार्ग' की श्रेणी में लाते हैं और यह भी कि 'पद' के अर्थ की अभिनयात्मक अभिव्यक्ति नृत्य का महत्त्वपूर्ण और आवश्यक लक्षण है। उल्लेखनीय है कि पाणिनी ने सार्थक शब्द को

---

1 नाट्यशास्त्र / परिमल / 4 / 299, 300
2 नाट्यशास्त्र / परिमल / 4 / 276,277
3 भावाश्रयं नृत्यम्........पदार्थाभिनयात्मकमन्यदेव नृत्यमिति।।

दशरूपक / 1 / अवलोक / पृ0 6

आंगिकाभिनयैरेव भावानेव व्यनक्तियत्।
तन्नृत्यं मार्गशब्देन प्रसिद्धं नृत्यवेदिनाम्।।

संगीत रत्नाकर / 7 / 26–27

'पद' कहा है जबकि आचार्य भरत अक्षर मात्र को 'पद' कहते हैं।[1] नाट्यशास्त्र में झंटु, जगतिय, तितिझल जैसी निरर्थक रचना तथा वर्धमानक एवं आसारित जैसे सार्थक गीत प्रकार, दोनों का उल्लेख प्राप्त होता है। किन्तु 'पदार्थाभिनयात्मक' में आये 'पद' से तात्पर्य मात्र सार्थक या अर्थवान शब्द से ही लिया जाना चाहिये और उसे 'किसी कविता या श्लोक के चरण' के रूप में समझना चाहिये। 'पद' के अर्थ की अभिनयात्मक अभिव्यक्ति के लिये नृत्य निश्चित विधान का अनुसरण अवश्य ही करता है। यह निश्चित विधान या 'मार्ग' क्या है? और इस विधान का अनुपालन किस माध्यम से किया जाता है?

नृत्य में वस्तु के अंतर्निहित कथ्य की कलात्मक अभिव्यक्ति अभिधा, लक्षणा और व्यंजना के स्तरों पर, आंगिक, सात्त्विक, वाचिक और कुछ हद तक आहार्य अभिनय के उपादानों के माध्यम से की जाती है। इन सार्वदेशिक, सार्वकालिक तथा सर्वसम्मत् उपादानों से युक्त होने तथा उनका अनुपालन करने के कारण ही नृत्य को 'मार्ग' की श्रेणी में रखा गया है। आंगिक, सात्त्विक और वाचिक अभिनय के विधानों का हस्तांतरण लक्ष्य परम्परा के निरन्तर प्रवाह से अगली और अगली से अगली पीढ़ियों तक होता चलता है। यों इन विधानों को यथासम्भव शास्त्रबद्ध भी किया गया है। शास्त्र भावी पीढ़ियों के दिशा निर्देश में महत् भूमिका निभाते हैं। शास्त्रबद्ध होने तथा भविष्य में शास्त्र–सम्मत होने के ही कारण सम्भवतः 'शास्त्रीय कला' जैसी श्रेणी का कालान्तर में आविर्भाव हुआ होगा तथापि 'शास्त्रीय कला' जैसी कोई संज्ञा शास्त्र ग्रंथों में प्राप्त नहीं होती। प्रसंगवश इस रोचक तथ्य पर चर्चा करते चलें। वास्तव में हमारा परिचय 'नृत्य' और 'नृत्त' से अब मात्र पारिभाषिक शब्द के रूप में रह गया है। व्यवहार में हम Dance सुनने, कहने और समझने के अभ्यस्त हो चले हैं। इसलिये अभिनय तत्त्व के होने/न होने अथवा सार्थक/निरर्थक अंग–विक्षेप का संज्ञान लेने का संस्कार भी हमसे छूट गया है। Dance की विस्तृत category भरतनाट्यम्, कुचिपुडि, कथक, मणिपुरी, ओडिसी, कथककलि और अब छऊ (जहाँ मुख पर 'मुखज' के नाम पर मुखौटा चढ़ा है) को भी समभाव से Classical की दीर्घा में खींच लाई है। जबकि हमारे आचार्यों ने कभी भी शास्त्रीय (जिसे आज क्लासिकल कहा जाता है) अथवा अशास्त्रीय जैसा विभाजन नहीं किया। नर्तन के विभिन्न भेद कहते हुए प्रारम्भ से ही

---

1 यत्स्यादक्षरसम्बद्धं तत्सर्वं पदसंज्ञितम्।

नाट्यशास्त्र/32/28

उस रूप विशेष के 'लक्ष्य' की चर्चा की जाती रही है और इसी आधार पर नृत्य को नृत्त से भिन्न कहा गया।

वर्तमान नृत्य (शास्त्रीय) रूपों के सन्दर्भ में उनके विकास और वर्तमान स्वरूप के प्रसंग में 'मार्ग' और 'देशी' ऐसे गुण–धर्म हैं जो स्वभावतः शाश्वत् हैं और जो दो सर्वथा भिन्न अथवा विपरीत ध्रुवों पर स्थित नहीं कहे जा सकते। ये मूल तत्त्व और बाह्य तत्त्व के रूप में परस्पर साथ–साथ चलते हैं। एक तरह से आंतरिक और बाह्य चक्र की आवृत्ति की तरह। दोनों चक्र निरन्तर गतिमान हैं। इसे आसानी से समझने के लिये हम यों कह सकते हैं कि किसी कालखण्ड में किसी बड़े भू–भाग में व्यवहार में लाये जा रहे नृत्य–रूपों के लिये 'मार्ग' वे आंतरिक तत्त्व हैं जो उनका मूल रूप या 'स्व–रूप' तय करते हैं और इस आंतरिक एकरूपता के कारण उन नृत्यों को एक वर्ग में रखा जा सकता है, जबकि एक ही वर्ग के विभिन्न नृत्यों में 'देशी' वे तत्त्व हैं जो उनके बाहरी स्वरूप को तय करने में निर्णायक भूमिका निभाते हैं। इस तरह 'मार्ग' 'एक ही वर्ग के विभिन्न' नृत्यों के लिये आंतरिक ढाँचे का कार्य करता है और देशी उनके बाह्य स्वरूप का निर्धारण करता है। इन अर्थों में 'मार्ग' तत्त्व किसी कालखण्ड में व्यवहार में लाये जा रहे, नृत्यरूपों में लगभग एक–से और 'देशी' तत्त्व तत्तत्देशीय प्रभाव से भिन्न स्वरूप वाले देखे जा सकते हैं। एक उदाहरण से इसे यों समझें – हस्त, पाद, ग्रीवा, भृकुटि, भ्रमरी, गति इत्यादि आंगिक एवं सात्त्विक अभिनय के उपादान आंतरिक तत्त्वों के रूप में भरतनाट्यम्, कथक, ओडिसी प्रभृति नृत्यों के लिये समान रूप से कार्य करते हैं। ये इन नृत्यों के लिये एक–से ही हैं, उन्हें बरतने का तरीका ज़ुरूर अलग–अलग हो सकता है। शास्त्र ग्रन्थों में इन्हें किसी नृत्य विशेष से सम्बद्ध नहीं किया गया है। वाचिक तथा आहार्य अभिनय के उपादान यथा – अभिनय के लिये प्रयुक्त होने वाला साहित्य/पद तथा अमुक नृत्य की वेशभूषा आदि देश–भेद से भिन्न प्रकृति और स्वरूप वाले होते हैं। बाहरी तत्त्व के रूप में ये विभिन्न नृत्यों में भिन्न–भिन्न प्रकार के होते हैं। यद्यपि स्थान भेद से विभिन्न नृत्यों की वेशभूषा परस्पर भिन्न होती है और उनमें अभिनय के लिये प्रयुक्त पद (भाषा और संगीत की दृष्टि से) भी भिन्न होते हैं, तथापि एक बार अमुक नृत्य के लिये इनका चयन और निर्धारण कर लिये जाने के बाद 'मार्ग' कलारूप में सहायक उपादान के रूप में वाचिक और आहार्य भी एक तरह से लगभग स्थिर प्रकृति का अनुगमन करते हैं। किसी नृत्य की निश्चित वेशभूषा उसकी बाहरी पहचान बनती है इसलिये उसमें चाहे जब, चाहे जैसा परिवर्तन

स्वीकार्य नहीं होता। यही बात उसके साहित्य पर भी लागू होती है। कथक नृत्य अथवा भरतनाट्यम् के सहायक काव्य के रूप में कव्वाली का प्रयोग योग्य नहीं कहा जा सकता। इसके साथ ही उस वाचिक को कहने (उसकी अदायगी) का तरीक़ा (मार्ग) भी एक तरह से निश्चित हो जाता है।

इस प्रसंग में 'नृत्त' की चर्चा करना भी समिचीन होगा। चूँकि 'नृत्त' में अर्थाभिव्यक्ति की अपेक्षा नहीं होती इसलिये वहाँ आंगिक होता तो अवश्य है किन्तु मात्र 'अंग–विक्षेप' के रूप में, वहाँ उसका सार्थक विनियोग परिलक्षित नहीं होता। यह कह सकते हैं कि नृत्त में 'आंगिक अभिनय' नहीं होता। अर्थाभिव्यक्ति की अनिवार्यता न होने के ही कारण नृत्त को 'देशी' कहा गया है। कथक नृत्य के सन्दर्भ में एक चर्चा आप सभी से साझा करना चाहती हूं। आजकल नर्तकों के बीच, परिसंवाद गोष्ठियों में भी 'कथक नृत्य के वाचिक' को लेकर यह अवधारणा पनपती दीख रही है कि साहित्यिक बंदिशों के साथ–साथ नग़मा और नृत्तांग में प्रयुक्त बोल (तोड़े, टुकड़े, परण आदि) भी कथक नृत्य का साहित्य हैं। यह एक तथ्य है कि आज कथक ही एकमात्र ऐसा नृत्य है जो अपनी खुली प्रकृति के कारण बेहद रचनात्मक भी है – प्रयोग के स्तर पर और विचारों के स्तर पर भी। यह भी बिल्कुल सही है कि एक सक्षम कथक नर्तक अपने समृद्ध नृत्तांग से, बिना किसी साहित्यिक बंदिश अथवा भावाभिनय के दर्शकों को घंटों बांधे रख सकता है और भावाभिनय न होने पर भी अधूरेपन का एहसास नहीं होता। और सम्भवतः इस विशिष्ट पक्ष के ही कारण नग़में एवं बोलों, यहाँ तक कि घुंघरु की ध्वनि को भी कथक नृत्य का साहित्य और उसका वाचिक कहा जा रहा है। इस सम्बन्ध में यह विचारणीय है कि यद्यपि देश और काल के भेद से शब्दों के अर्थ बदल भी जाते हैं किन्तु किसी प्राचीन तकनीकी शब्द को वर्तमान सन्दर्भों में यथावत् ग्रहण करने अथवा प्रयोग में लेने से भ्रम की स्थिति उत्पन्न हो सकती है। इसलिये इस सम्बन्ध में सावधानी आवश्यक है। साहित्य और वाचिक के अर्थ को यहाँ संज्ञान में लिया जाना आवश्यक है। कब कोई पद 'वाचिक' बनता है यह भी गौर करने योग्य है।

आइये देखिये, नृत्य पदार्थाभिनयात्मक है, इस रूप में 'पद' यानी सार्थक शब्दों से बने साहित्य की नृत्य को आवश्यकता है किन्तु ध्यान रहे कि लिखित साहित्य 'वाचिक' नहीं कहलाता बल्कि उपयुक्त साहित्य की गेय प्रस्तुति 'वाचिक अभिनय' बनती है। 'नृत्त' का लक्ष्य अर्थाभिव्यक्ति नहीं है। नृत्त के लिये प्रयुक्त बोल पाटाक्षर से बनी रचनाएँ होती हैं, उनकी मौखिक पढ़न्त या अदायगी भी होती है, किन्तु उनके कोई अर्थ

नहीं होते। साहित्यिक रचना में पदार्थ के अभिनय के लिये सर्वप्रथम अभिधार्थ खुलना आवश्यक है। तब एक बार किसी शब्द के मोटे–मोटे अर्थ को खोल देने के बाद, नर्तक व्यंजनार्थ की ओर बढ़ सकता है, बढ़ता ही है और इस सम्प्रेषणीयता का क्षेत्र अत्यन्त विशाल हो सकता है। इसलिये नग़मा अथवा नृत्तांग के बोलों को कथक नृत्य का 'वाचिक' तो कहा जा सकता है किन्तु उसका साहित्य और 'वाचिक अभिनय' नहीं। यह सार्थक शब्द अथवा 'पद' के रूप में न होकर मात्र सांगीतिक ध्वनि के रूप में (यथा – अवनद्ध वाद्य, स्वर वाद्य, घन वाद्य तथा शुष्काक्षर युक्त गायन अथवा बोलों की पढ़न्त) सीमित रहता है और इसलिये सार्थक आंगिक अभिव्यक्ति में सहायक के रूप में न रहकर, मात्र साथ–साथ चलता है।

एक रोचक तथ्य यह भी है कि नृत्त में सार्थक शब्द या पद के रूप में वाचिक के होने पर भी नृत्त आवश्यक रूप से उसकी अभिव्यक्ति में सहायक नहीं होता। इसके दो बढ़िया उदाहरण देखें – जब वाचिक मात्र सांगीतिक ध्वनि के रूप में हो, जैसा कि कथक के नृत्तांग में नग़मा और प्रयुक्त तोड़े, टुकड़े, परण, प्रिमलु तथा तराना आदि। दूसरा जब वाचिक 'पद' (अर्थवान शब्द) के रूप में हो अवश्य किन्तु लक्ष्य 'पदार्थाभिनय' न होने के कारण किसी प्रकार के अर्थ की अभिव्यक्ति न होती हो। यानी 'पद' के समानान्तर, उसके अर्थ को खोलता हुआ नृत्य न हो। इस प्रवृत्ति को हमारे लोकनृत्यों में भली–भाँति देखा जा सकता है। वहाँ गीत है, अर्थमय गीत है किन्तु उसकी आंगिक अभिव्यक्ति कतई सार्थ नहीं होती। लोकनृत्यों में विभिन्न प्रकार के आंगिक समुच्चयों की एक श्रृंखला देखी सकती है जो नर्तक/नर्तकियों के समग्र समूह के द्वारा एक ही रूप में अपनाई जाती है। ध्यान दें, तो स्पष्ट दीखेगा कि वहाँ न तो मुखज अभिनय से कोई सरोकर होता है और न ही आंगिक अभिनय से। वहाँ सिर्फ गति–लय और उससे बद्ध अंग–विक्षेप होता है। यह प्रवृत्ति हमारे वर्तमान फिल्मी गीतों पर किये जा रहे तथाकथित 'नृत्यों' में भी बहुतायत से देखी जा सकती है। अधिसंख्य फिल्मी गीत – अंग विक्षेपयुक्त 'नृत्त' के समानान्तर साथ–साथ चलते हैं। नायक–नायिका और उनके सहायकों की लय–तालबद्ध उछल–कूद क्या किसी भी तरह किसी अर्थ को सम्प्रेषित करती है भला? वहाँ भी उत्साह का प्रदर्शन और शोभा का वर्धन ही प्रमुख उद्देश्य होता है, जो कि 'नृत्त' का लक्ष्य कहा गया है।

हम सब जानते हैं कि प्रयोगधर्मा कलाओं (Performing Arts) का स्वरूप तीनों कालों में एक–सा नहीं रहता। या यों कहें कि अमुक कलारूप के अंतर्निहित घटक

अथवा घटकों का परस्पर अनुपात सदा–सर्वदा एक–सा नहीं रहता। फलस्वरूप परिवर्तन की गुंजाइश हमेशा रहती है। इसका आशय यह नहीं कि प्रयोगधर्मा कलाओं का कोई मूलभूत ढाँचा नहीं होता या फिर समय के साथ परिवर्तित किसी नवीन कलारूप के अंतर्निहित तत्त्व या घटक सर्वथा नवीन होते हैं। वास्तव में परिवर्तन की प्रक्रिया में किसी कलारूप का मुख्य घटक अथवा मूलतत्त्व तो वही रहता है, किन्तु सहायक घटकों में से कुछ या तो समय के साथ अपना रूप बदल लेते हैं अथवा पूरी तरह विलीन हो जाते हैं। इस प्रक्रिया में कुछ सर्वथा नवीन घटकों के प्रवेश की सम्भावना भी बनी रहती है। किसी कलारूप में परिवर्तन जनरुचि, आश्रयदाता की रुचि, कलाकार की निजी कल्पना और उसके कला वैदग्ध्य पर निर्भर करता है, उससे निर्देशित होता है। इस दृष्टि से हम सामाजिक एवं राजनैतिक परिवेश की उपेक्षा नहीं कर सकते। विभिन्न कालखण्डों में बदलते सामाजिक परिवेश ने सांस्कृतिक परिदृश्य को प्रभावित किया है। राजनैतिक वातावरण भी हमारे सामने एक बड़े घटक के रूप में उपस्थिति रहा है। चाहे वह स्वतंत्रता के पूर्व का रहा हो अथवा बाद का। बदलती राजनैतिक परिस्थितियों ने कला के ऊपरी आवरण के रंग ही नहीं बदले उसकी आत्मा को, उसके 'निजपन' को भी परिवर्तित कर दिया। इन सब परिस्थितियों के बीच अपने अस्तित्त्व को बनाये रखने तथा 'मार्ग' की प्रतिष्ठा प्राप्त करने के लिये किसी कलारूप को कतिपय मानदण्डों को अपनाना और उनका कड़ाई से अनुशीलन करना होता है। इस दृष्टि से 'साधना' और 'साधक' मार्ग श्रेणी के कलारूपों का एक महत्त्वपूर्ण पक्ष है। वास्तव में मार्ग की असाध्यता ने उसे इतना क्लिष्ट और अगम्य बना दिया कि विरले कलासाधक ही 'मार्ग' का अनुशीलन करते नज़र आये। प्रतीत यह भी होता है कि मार्ग कलारूपों की स्वीकृति का आधार कहीं–न–कहीं कलासाधकों की आस्था, प्रतिबद्धता के साथ–साथ उनकी संख्या पर भी निर्भर रहा है। तत्कालीन परिस्थितियाँ, क्षेत्रीय प्रभाव, आश्रयदाता की रुचि, सहृदय रसिक समाज की रुचि तथा स्वयं कलाकार की अपनी रुचि तथा प्रतिभा, सहायक घटकों के स्वरूप में परिवर्तन अथवा सर्वथा नवीन घटकों के प्रवेश के लिये उत्तरदायी रही है। यों प्रयोगधर्मा कलाओं में इस तरह के बदलाव न तो अनपेक्षित रहे और न ही अस्वीकार्य। यही कारण है कि किसी प्रयोगधर्मा कला का रूप तीनों कालों में एक–सा नहीं रह सकता। अस्तु।

4

नाट्यावतरण

भारतीय संस्कृति मानव जीवन के विकास के साथ–साथ कलाओं के विकास की अवधारणा का समर्थन नहीं करती। इस दृष्टि से हम डार्विन के विकासवादी सिद्धान्त के आधार पर संगीतकला के विकास की सम्भावना को नकारते हैं। हम यह मानते हैं कि प्रत्येक वस्तु अथवा कला प्रकृति में अपने उत्कृष्टतम् रूप में विद्यमान थी और इसी रूप में मानव को इसकी प्राप्ति हुई। हम यह भी मानते हैं कि संगीतकला की प्राप्ति दैवयोग से ही होती है। इस दृष्टि को केन्द्र में रखते हुए हमारे यहाँ शिव, ब्रह्मा, सरस्वती, कृष्ण आदि को संगीतकला का आदिदेव माना गया है।

आचार्य भरत कृत नाट्यशास्त्र प्रयोगधर्मा कलाओं का आदिग्रन्थ माना जाता है। नाट्य, नृत्य, संगीत आदि कलाओं के प्रत्येक पक्ष के विषय में गहन और विशद् जानकारी हमें इस महाग्रन्थ में प्राप्त होती है। हम जानते हैं कि भरतमुनि ने गायन, वादन, नर्तन तथा अन्य कलाओं का उल्लेख नाट्य के अंग के रूप में किया है। प्रश्न यह उठता है कि, नाट्य क्या है और इसका मूल स्रोत कहाँ है? सीधे सरल रूप में इसे यूँ समझा जा सकता है कि हम अपने आसपास जो कुछ भी देखते हैं, जीवन में जो कुछ भी घटता है, उसे जानते–समझते हुए पुनः देखने की इच्छा और इस इच्छा की पूर्ति के लिए जीवन की घटनाओं की कलात्मक पुनरावृत्ति 'नाट्य' है। नाट्य का क्षेत्र इतना व्यापक है कि इसमें तीनों लोकों और तीनों कालों को समेटा जा सकता है। नाट्य की व्यापकता भरत के इस कथन से स्पष्ट है –

त्रैलोक्यास्य सर्वस्यनाट्यं भावानुकीर्तनम्।[1]

जीवन की प्रत्येक अवस्था की अनुकृति होने के कारण आचार्य धनंजय ने अवस्था की अनुकृति मात्र को 'नाट्य' की संज्ञा दी है।[2] नाट्य में हम जो कुछ भी देखते हैं, उसे कहीं–न–कहीं अपने जीवन से जुड़ा पाते हैं, सुखद परिस्थिति का चित्रण हो अथवा दुःखद परिस्थिति का, अपने जीवन में उन अनुभवों से गुज़रने के

---

1 नाट्यशास्त्र / परिमल प्रकाशन / 1 / 107

2 अवस्थानुकृतिर्नाट्यम्।
दशरूपकम् / प्रथम प्रकाश / पृ. 6

बावजूद हर व्यक्ति उन्हें पुनः देखना चाहता है, महसूस करना चाहता है। शायद एक तीसरे व्यक्ति की तरह उस बीते समय का साक्षात्कार करना चाहता है। साक्षात्कार की यह इच्छा और इसे पूर्ण करने हेतु किया गया सम्पूर्ण आयोजन जितना कलात्मक और जीवन्त होता है, साक्षात्कार उतना ही निकट का हो पाता है। इस क्रम में जीवन के सुख–दुःखात्मक घटनाक्रमों के साथ ही कल्पनाजन्य स्थितियों का चित्रण भी नाट्य में आनन्द प्राप्ति के उद्देश्य से किया जाता है। इस महत् उद्देश्य की प्राप्ति हेतु नाट्य में सभी तरह की कलाओं तथा ज्ञान का समावेश किया गया है। भरत कहते हैं –

न तच्छिल्पं न तज्ज्ञानं न सा विद्या न सा कला।
नासौ योगो न तत्कर्म यन्ननाट्येऽस्मिन् न दृश्यते।।[1]

यानी ऐसा कोई शिल्प, ज्ञान, विद्या, कला, योग और कर्म नहीं जिसे इस नाट्य में न दिखाया गया हो। तत्कालीन समाज के मार्गदर्शन और व्यावहारिक ज्ञान के लिये ऋग्वेदादि के अनुशीलन का निर्देश दिया गया, किन्तु ये वेद शूद्र वर्ग के लिये ग्राह्य नहीं कहे गये थे, सम्भवतः ऐसा विधान इसलिये कि वेदों के अध्ययन और अनुशीलन के अनेक कड़े नियम और बन्धन थे और जिनका अनुपालन सम्भवतः हर व्यक्ति द्वारा कठिन था। इसलिये समाज में वर्ण व्यवस्था से परे एक ऐसे साधन की आवश्यकता थी, जो मनोरंजक होने के साथ–साथ शिक्षाप्रद भी हो। इसी आवश्यकता की पूर्ति के लिए नाट्यवेद का जन्म हुआ।

नाट्यवेद का निर्माण एवं नाट्यावतरण

नाट्यशास्त्र के प्रथम तथा छत्तीसवें अध्याय में नाट्योत्पत्ति से सम्बन्धित दो कथाएँ प्राप्त होती हैं। पहली कथा के अनुसार – सतयुग के बीतने पर जब वैवस्वत मनु का त्रेतायुग प्रारम्भ हुआ तब प्रजाजन काम–क्रोध के वशीभूत होकर परस्पर ईर्ष्या करते हुए दुःखों से घिरने लगे। तत्कालीन समाज में शूद्रों के लिये वेदों को सुनना तथा पढ़ना निषिद्ध था। इसलिए इन्द्रादि देवताओं ने पितामह ब्रह्मा के पास जाकर उनसे प्रार्थना की कि वे मनोरंजन के एक ऐसे साधन की सृष्टि करें, जो विनोद के साथ–साथ शिक्षाप्रद भी हो, तथा शूद्रों द्वारा अनुशीलन के योग्य हो।[2] देवताओं की

---

1 नाट्यशास्त्र / परिमल प्रकाशन / 1 / 116

2 क्रीडनीयकमिच्छामो दृश्यं श्रव्यंच यद्भवेत्।।
न वेदव्यवहारोयं संश्राव्यः शूद्रजातिषु।
तस्मात्सृजापरं वेदं पंचमं सार्ववर्णिकम्।

नाट्यशास्त्र / परिमल प्रकाशन / 1 / 11–12

विनती सुनकर ब्रह्मा ने चारों वेदों का स्मरण किया तथा ऋग्वेद से पाठ्य, सामवेद से गीत, यजुर्वेद से अभिनय तथा अथर्ववेद से रस का ग्रहण कर पंचमदेव के रूप में नाट्यवेद की रचना की।[1]

नाट्यवेद की रचना के उपरान्त ब्रह्मा ने इस नाट्यवेद को इन्द्र को दिया और कहा कि अभिनय में चतुर, विदग्ध, प्रौढ़, परिश्रमी तथा रंगमंचीय भय से मुक्त देवताओं के द्वारा इस नाट्यवेद का प्रयोग करवायें।[2] इस बात को सुनकर इन्द्रदेव ने अपनी तथा अन्य देवताओं की इस विषय में असमर्थता जतलाई और वेदों के ज्ञाता, उत्तम व्रतों का पालन करने वाले ऋषिगणों से इसका प्रयोग करवाने की बात कही। तब ब्रह्मा ने इस नाट्यवेद को भरतमुनि को प्रदान किया और अपने सौ पुत्रों के साथ इसका प्रयोग करने की आज्ञा दी।[3] अपने सौ पुत्रों को सात्वती, भारती तथा आरभटी वृत्तियों पर आश्रित इस नाट्यवेद की शिक्षा देने के बाद भरतमुनि ब्रह्मा के सामने उपस्थित हुए। इस प्रयोग में कैशिकी वृत्ति जोड़ने के उद्देश्य से ब्रह्मा ने मंजुकेशी, सुकेशी, मिश्रकेशी आदि अपसराएँ भरत मुनि को प्रदान की जो नाट्यप्रयोग में चतुर थीं तथा जिनकी उपस्थिति से इस प्रयोग की शोभा में वृद्धि हुई। साथ ही भाण्ड वाद्यों (अवनद्ध वाद्यों) के वादन के लिये स्वाति मुनि एवं उनके शिष्य तथा गान के लिये नारदमुनि और अन्य गन्धर्व भी भरतमुनि को प्रदान किये।[4] इन सब साधनों से युक्त होने पर नाट्य का प्रथम प्रयोग, 'इन्द्रध्वज महोत्सव' प्रस्तुत किया गया। इस प्रयोग में दैत्यों पर देवताओं की विजय चित्रित की गई। इस प्रयोग को देखकर सभी देवगण प्रसन्न हुए तथा उन्होंने भरतमुनि आदि को विभिन्न उपहार दिये। देवराज इन्द्र ने ध्वज, ब्रह्मा जी ने कुटिल (टेढ़ा डंडा), वरुण ने भृंगार (सोने का कलश), सूर्य ने छत्र, शिव ने

---

1 जग्राह पाठ्यमृग्वेदात् सामभ्यो गीतमेव च।।
यजुर्वेदादभिनयान् रसानाथर्वणादपि।।

नाट्यशास्त्र/परिमल प्रकाशन/1/17

2 कुशला ये विदग्धाश्च प्रगल्भाश्च जितश्रमाः।।
तेष्वयं नाट्यसंज्ञो हि वेदः संक्राम्यतां त्वया।।

नाट्यशास्त्र/परिमल प्रकाशन/1/20

3 त्व पुत्रशतसंयुक्तः प्रयोक्ताऽस्य भवानघ।

नाट्यशास्त्र/परिमल प्रकाशन/1/24

4 मंजुकेशीं सुकेशीं च मिश्रकेशीं सुलोचनाम्।।
....
नारादाद्याश्च गन्धर्वा गानयोगे नियोजिताः।

नाट्यशास्त्र/परिमल प्रकाशन/1/47–51

आठों सिद्धियाँ (अणिमा, लघिमा, प्राप्ति, प्रकाम्या, महिमा, ईशित्त्व, वशित्त्व तथा कामावसायिता), वायुदेव ने पंखा, विष्णु ने सिंहासन, कुबेर ने मुकुट, सरस्वती ने श्रव्यमयता एवं दृश्यमयता तथा अन्य देव, गन्धर्व, यक्ष, राक्षस, नाग आदि ने अपने–अपने अंश के रूप में रूप, बल एवं रस दिये।[1] इन्द्रध्वज महोत्सव को देखकर देवता तो प्रसन्न हुए किन्तु दैत्यगण भड़क उठे तथा अनेक विघ्न उत्पन्न करने लगे। तब नाट्यप्रयोग को विघ्नों से बचाने के लिये विश्वकर्मा के द्वारा नाट्यगृह/प्रेक्षागृह का निर्माण किया गया[2], तत्पश्चात् विधि विधानपूर्वक रंगदैवत का पूजन किया गया। नाट्यशास्त्र के तृतीय अध्याय में इसका विस्तृत वर्णन प्राप्त होता है। इस नाट्यगृह में पहला नाटक 'अमृतमंथन' खेला गया। ब्रह्मा जी के आदेश से 'अमृतमंथन' (समवकार, नाटक का एक प्रकार) तथा 'त्रिपुरदाह' नामक डिम को (यह भी नाटक का एक प्रकार है) पुनः देवाधिदेव शंकर के सम्मुख प्रस्तुत किया गया। इन नाटकों को देखकर शिव अत्यन्त प्रसन्न हुए तथा उन्होंने करण–अंगहारों से युक्त अपना नृत्त भरत मुनि को प्रदान किया तथा उसका प्रयोग पूर्वरंग में करने का निर्देश दिया।[3] भगवान शिव की आज्ञा से उनके पट्टशिष्य तण्डु ने भरतमुनि को करण–अंगहारों का प्रशिक्षण दिया।

पृथ्वी पर नाट्यावतरण

ऊपर बतलाई गई कथा के अनुसार भरत तथा उनके सौ पुत्रों को नाट्य विद्या का सम्पूर्ण ज्ञान जब प्राप्त हो गया तो इस ज्ञान के अभिमानवश भरतपुत्रों ने एक नाट्य–प्रदर्शन में मुनियों के चरित्र पर आक्षेपयुक्त व्यंग्य प्रस्तुत किया। इससे क्रुद्ध होकर मुनियों ने भरत पुत्रों को श्राप दिया कि वे इस नाट्यविद्या से विहीन होकर शूद्रत्त्व को प्राप्त होंगे और ऋषि तथा ब्राह्मणों के समाज में वेदज्ञान से हीन होकर शूद्र के समान आचरण वाले बनेंगे। उनके कुल में जन्म लेने वाला नर्तक कहलायेगा, जो समाज में अपवित्र माना जायेगा। इससे चिन्तित होकर इन्द्रादि देवताओं ने मुनियों से क्षमा मांगी तथा भरत पुत्रों को श्रापमुक्त करने की विनती की। तब मुनियों ने कहा कि हमारा श्राप तो लौट नहीं सकता, हाँ इसे कम अवश्य किया जा सकता है। तदनुसार

---

1 नाट्यशास्त्र/परिमल प्रकाशन/1/59–63

2 नाट्यशास्त्र/परिमल प्रकाशन/1/80

3 मयापीदं स्मृतं नृत्यं सन्ध्याकालेषु नृत्यता।
नानाकरण संयुक्तैअंगहारैर्विभूषितम्।।
पूर्वरंगैर्विधावस्मिन् त्वया सम्यक्प्रयोज्यताम्।

नाटयशास्त्र/परिमल प्रकाशन/4/13

श्राप में कमी आ सकती है, अब नाट्यविद्या तो नष्ट नहीं होगी, परन्तु भरतपुत्रों को शूद्र अवश्य बनना होगा। तब खिन्न मन वाले भरत पुत्रों ने भरत मुनि से कहा कि आपके ही कारण हमारा सर्वनाश हुआ और इस नाट्य प्रयोग के दोष से हम शूद्रों के समान आचरण करने वाले बना दिये गये। भरत ने अपने पुत्रों को सान्त्वना देते हुए कहा कि – यह दुःख तो कालवश हमें प्राप्त हुआ है, परन्तु हमें यह नहीं भूलना चाहिए कि यह नाट्यवेद स्वयं ब्रह्मा के द्वारा कहा गया है और बड़े कष्टों के बाद हमें प्राप्त हुआ है। इसके साथ ही वेदों से उत्पन्न यह नाट्यवेद बड़े–बड़े विषयों को बताने वाला तथा पुण्य प्रदाता है, इसलिए अब अपने श्राप के प्रायश्चित के लिए इस नाट्यवेद का तुम लोग प्रचार–प्रसार करो।

इस श्राप के प्रभाव से सम्बन्धित दूसरी कथा नाट्यशास्त्र के छत्तीसवें अध्याय में प्राप्त होती है। कथा के अनुसार – राजा नहुष को इंद्रपद मिलने पर जब उन्होंने स्वर्गलोक में अप्सराओं का नाट्य–नृत्य देखा तो उस नाट्य–नृत्य को भूलोक में ले आने की इच्छा उन्हें हुई। इस सम्बन्ध में राजा नहुष ने देवताओं से अनुरोध किया। देवताओं ने कहा कि अप्सराओं द्वारा भूलोक में इसका प्रदर्शन सम्भव नहीं है, इसलिये आप भरतपुत्रों को भूलोक ले जाकर इस नाट्य का अभिनय करा सकते हैं। राजा नहुष ने भरतमुनि से इसके लिये विनती की और तब मुनि ने अपने पुत्रों को भूलोक जाने का आदेश दिया। भरतपुत्रों ने भूतल पर आकर राजा नहुष के अन्तःपुर में नाट्य प्रस्तुत किया तथा कुछ समय तक इस लोक में गृहस्थ जीवन व्यतीत किया और अंत में ऋषिश्राप से मुक्ति पाकर स्वर्गलोक लौट गये। पृथ्वी पर भरत पुत्रों की संतति ने इसके बाद इन कलाओं का प्रचार–प्रसार किया।

उल्लेखनीय है कि नाट्योत्पत्ति तथा ऋषि श्राप की कथा नाट्यशास्त्र के प्रथम अध्याय में प्राप्त होती है तथा ऋषि श्राप के फलस्वरूप पृथ्वी पर नाट्यावतरण की कथा नाट्यशास्त्र के 36वें अध्याय में प्राप्त होती है। आचार्य नन्दिकेश्वर ने अपने ग्रन्थ अभिनयदर्पणम् में नाट्यवेद निर्माण तथा शिव के सम्मुख प्रथम नाट्य प्रस्तुतीकरण की कथा में कुछ नवीन अंश जोड़ते हुए इसे पृथ्वी पर नृत्यावतरण की कथा के रूप में प्रतिष्ठित किया है। पूर्व में कही गई कथा के अनुसार शिव ने अपने करण–अंगहार तण्डु के माध्यम से भरतमुनि को दिये। इस कथा में नन्दिकेश्वर ने जो अंश जोड़ा वह इस प्रकार है – माँ पार्वती के द्वारा इसमें सुकुमार नृत्य जोड़ा गया। चूँकि तण्डु के द्वारा भरत मुनि को इस कला में शिक्षित किया गया इसलिये इस नृत्त को पृथ्वी पर

'ताण्डव' के नाम से जाना गया तथा देवी पार्वती द्वारा प्रदत्त शृंगार प्रधान सुकुमार नृत्य 'लास्य' के नाम से जाना गया। देवी पार्वती ने अपने सुकुमार नृत्य की शिक्षा बाणासुर की पुत्री ऊषा को दी। द्वारका आने पर ऊषा ने इस 'लास्य' नृत्य की शिक्षा वहाँ की स्त्रियों को दी। तदुपरान्त क्रमशः इस विद्या का प्रचार–प्रसार हुआ।[1]

'भावप्रकाशनम्' के दशम् अधिकार में पृथ्वी पर नाट्यावतरण से सम्बन्धित लगभग इसी मन्तव्य वाली कथा कुछ अन्तर से इस प्रकार कही गई है। आचार्य शारदातनय कहते हैं कि – प्राचीन काल में सात द्वीपों वाली इस पृथ्वी के राजा मनु भूमि भार से थके हुए, सुख प्राप्ति का उपाय सोच रहे थे। मनु के पिता सूर्य ने उन्हें इस दुःख से निकलने का मार्ग बताते हुए एक कथा कही जो इस प्रकार है – प्राचीन काल में विष्णु के नाभि–कमल से उत्पन्न ब्रह्मा ने इस जगत् की सृष्टि की। इस लोक का सर्जन–पालन–पोषण करते हुए जब वे थक गये तो लक्ष्मीपति के पास पहुँचकर विश्रान्ति का उपाय पूछने लगे। विष्णु ने उन्हें भगवान शिव के पास जाकर अपना कष्ट कहने का आदेश दिया। शिव ने ब्रह्मा का कष्ट सुनकर अपने पट्टशिष्य तण्डु को यह आदेश दिया कि वह ब्रह्मा को प्रयोग सहित नाट्यवेद पढ़ायें। तण्डु मुनि ने शिव की आज्ञा का पालन कर ब्रह्मा को नाट्यवेद की सम्पूर्ण एवं प्रयोग सहित शिक्षा दी तथा यह कहा कि इस नाट्यवेद के प्रयोग से ब्रह्मा विश्रान्ति सुख प्राप्त करें। तब ब्रह्मा ने भारती सहित नाट्यवेद के प्रयोक्ताओं का स्मरण किया। इससे पाँच शिष्यों सहित कोई मुनि ब्रह्मा के सामने उपस्थित हुए। पितामह उनसे बोले – 'नाट्यवेदं भरत' यानी तुम लोग नाट्यवेद धारण करो। तब अपने शिष्यों सहित उन मुनि ने नाट्यवेद को धारण किया और रस, भाव, अभिनय वाले भिन्न–भिन्न प्रयोगों से ब्रह्मा को प्रसन्न किया। ब्रह्मा ने उन्हें वर दिया कि – नाट्यवेद धारण करने के कारण तीनों लोकों में आपका नाम 'भरत' होगा और नाट्यवेद भी आप लोगों के नाम से ख्याति प्राप्त करेगा।

सूर्य ने मनु को यह कथा सुनाकर कहा कि तुम भी शिव की आराधना करो और ब्रह्मा से निवेदन कर भरत प्रयोगों से अपनी थकान दूर करो और सुख तथा मनोरंजन प्राप्त करो। ऐसा सुनकर मनु ने पितामह ब्रह्मा को अपनी व्यथा बतलाई। ब्रह्मा ने मनु की खिन्नता को समझकर सभी भरतों का आह्वान किया और उनसे मनु के साथ पृथ्वी पर जाकर वास करने का निवेदन किया। ब्रह्मा के इस आदेश पर भरत, मनु के साथ अयोध्या आ गये। वहाँ पूर्व कल्प में एक राजर्षि का चरित हुआ था, उस

1 अभिनयदर्पणम् / सम्पादक एम. घोष / पृ. 77

चरित को प्रबन्ध में रचकर, उस पर रस–भाव युक्त अभिनय के द्वारा उन भरतों ने मनु की थकान को दूर किया। पृथ्वी पर इन भरतों ने अपने कुछ शिष्य भी तैयार किये। इन ब्राह्मण शिष्यों को साथ लेकर भरतों ने विभिन्न देशों के राजाओं का मनोरंजन किया। इस प्रयोग में भिन्न–भिन्न देश में प्रयुक्त हुआ संगीत उस देश की रीति से अलंकृत किया गया था, इसलिए उसे 'देशी' नाम दिया गया। मनु द्वारा प्रार्थना किये जाने पर भरतों ने नाट्यवेद के सार को उद्धृत कर बारह हजार श्लोकों से युक्त एक ग्रन्थ तैयार किया। इस वृहत् ग्रन्थ का आधा अर्थात् छः हज़ार श्लोकों से युक्त जो नाट्यवेद का संग्रह था, उसका नाम भरतों के नाम से 'भरत' प्रसिद्ध हुआ। भारतवर्ष में यह ग्रन्थ मनु के द्वारा प्रकशित किया गया।[1]

भावप्रकाशनम् 13वीं शती का ग्रन्थ है। इस समय तक लोक में संगीत की देशी धारा भली–भाँति प्रतिष्ठित हो चुकी थी। इसलिए नाट्यावतरण की पूर्व कथा में देशी वाला अंश जोड़कर कही गई कथा हमें इस ग्रन्थ में प्राप्त होती है साथ ही नाट्यशास्त्र के प्रणयन की सूचना भी मिलती है। यह भी स्पष्ट हो जाता है कि नाट्यवेद/नाट्यशास्त्र किसी एक व्यक्ति की रचना नहीं है। शारदातनय ने अभिनेता के लिये 'भरत' संज्ञा कही है और नाट्यशास्त्र एक वृहद् देश तथा काल में भरत सम्प्रदाय/परम्परा के अनेक भरतों द्वारा दिये योगदान से निर्मित महाग्रन्थ है। अपनी विशालता और समग्रता में आज भी यह अतुलनीय है। उल्लेखनीय है कि नाट्यशास्त्र के प्रथम अध्याय में नाटयावतरण तथा ऋषि श्राप की कथा, चतुर्थ अध्याय में 'अमृतमंथन' तथा 'त्रिपुरदाह' की प्रस्तुति से प्रसन्न शिव द्वारा भरतमुनि को करण–अंगहार युक्त नृत्त प्रदान किये जाने की कथा तथा 36वें अध्याय में ऋषि श्राप के फलस्वरूप नाट्य के पृथ्वी पर अवतरण की कथा प्राप्त होती है। नाट्यशास्त्र के उक्त तीनों प्रसंग कलाओं के विकास और उनमें आये परिवर्तन के अंकन की दृष्टि से अत्यन्त महत्त्वपूर्ण हैं। नाट्यशास्त्र के अतिरिक्त अभिनयदर्पणम्, दशरूपकम् तथा शारदातनय कृत भावप्रकाशनम् में प्राप्त कथा में छिपे संकेतों को भी समझने की आवश्यकता है। नाट्यवेद की उत्पत्ति की कथा कलाओं के उपदेशात्मक मनोरंजक पक्ष को प्रस्तुत करती है जो सभ्य समाज में कलाओं के बढ़ते दायरे और उनकी उपयोगिता

---

1 पुरा मनुर्महीपालः सप्तद्वीपवर्ती भुवम्। .... ।।
यदिदं भारते वर्षे मनुना सुप्रकाशितम्।।

भावप्रकाशनम्/मदनमोहन अग्रवाल/पृ. 415–419

का संकेत है। चतुर्थ अध्याय में दिये गये विवरण से नाट्य में नृत्त के प्रवेश की सूचना मिलती है और 36वें अध्याय में प्राप्त कथा भरत पुत्रों के आचरण सम्बन्धी दोष से कुपित ऋषियों द्वारा श्राप, भरत पुत्रों के आचार–विचार–व्यवहार सम्बन्धी अपगमन तथा पृथ्वी पर नाट्य–नृत्त के अवतरण की संयोजना प्रस्तुत करती है।

आचार्य नन्दिकेश्वर द्वारा रचित अभिनयदर्पणम् नाट्यशास्त्र से भिन्न परम्परा का प्रतिनिधि ग्रन्थ माना जाता है। छँटवीं–सातवीं शताब्दी के इस ग्रंथ में कही गई कथा 'नाट्य' से इतर कला के रूप में 'नृत्य' की प्रतिष्ठा का संकेत देती है। स्वाभाविक तौर पर हज़ार वर्षों के कालखण्ड में एक स्वतंत्र कला के रूप में नृत्य को व्यवस्था देने की आवश्यकता ग्रंथकार के समक्ष उपस्थित हुई होगी। नाट्यशास्त्र में तण्डु द्वारा भरत मुनि को भगवान शिव के करण–अंगहारों से युक्त उद्धत नृत्त प्रदान किये जाने की चर्चा प्राप्त होती है। तण्डु द्वारा प्रदत्त इस नृत्त को वहाँ 'ताण्डव' कहा गया है।[1] शिव के इस नृत्त को देखकर देवी पार्वती द्वारा सुकुमार प्रयोग किये जाने का विवरण हम नाट्यशास्त्र में पहले ही देख चुके हैं।[2] ग्रंथकार नंदिकेश्वर ने इस आधार को ग्रहण करते हुए ताण्डव का लक्षण और स्वरूप बतलाया है और देवी पार्वती द्वारा किये गये सुकुमार नृत्य को 'लास्य' कहा है, साथ ही यह भी कहा है कि लास्य को देवी पार्वती ने प्रीतिवश भरत को सिखलाया और बाण की पुत्री उषा को भी, उषा से यह प्रयोग ब्रज और बाद में सौराष्ट्र की ललनाओं तक पहुँचा।[3] लास्य नृत्य के ब्रज और सौराष्ट्र क्षेत्र में प्रादुर्भाव का संकेत इस कथा से मिलता है।

आचार्य शारदातनय प्रणीत 'भावप्रकाशनम्' में नाट्यावतरण की कथा कुछ भिन्न प्रकार से कही गई है। जिससे ब्रह्मा के आदेश पर राजा मनु के साथ 'भरतों' के

---

1 सृष्ट्वा भगवता दत्तास्त्तण्डवे मुनये तदा।
तेनापि हि ततः सम्यग्गानभाण्डसमन्वितः।।
नृत्तप्रयोगः सृष्टो यः स ताण्डव इति स्मृतः।
नाट्यशास्त्र / परिमल प्रकाशन / अध्याय 4 / श्लोक 260–261

2 रेचकैरंगहारैश्च नृत्यन्त वीक्ष्य शंकरम्।
सुकुमारप्रयोगेश्च नृत्यन्ती चैव पार्वतीम्।।
नाट्यशास्त्र / परिमल प्रकाशन / अध्याय 4 / श्लोक 249–250

3 लास्यमस्याग्रतः प्रीत्वा पार्वत्या समदीदिशत्।।
बुद्धवाथि ताण्डवं तण्डोर्मर्त्येभ्यो मुनयोऽवदन्।
पार्वती त्वनुशास्ति स्म लास्यं बाणात्मजामुषाम्।।
तया द्वारवतीगोप्यस्ताभिःसौराष्ट्रयोषितः।
अभिनयदर्पणम् / सं0 एम0 घोष / पृ0 77

अयोध्या आने की सूचना प्राप्त होती है।[1] अयोध्या केन्द्रित रामभक्ति धारा और कथिक परम्परा के बीज इस कालखण्ड से सहज भाव से जुड़ते हैं, राजनैतिक इतिहास की दृष्टि से भी इसकी पुष्टि की जा सकती है। 'देशी' के सम्बन्ध में एक अत्यन्त महत्त्वपूर्ण बात शारदातनय ने कही है – 'विभिन्न देशों में वहाँ के क्षेत्रीय प्रभाव युक्त संगीत के साथ इस भरतशास्त्र के प्रयुक्त होने पर उसे 'देशी' कहा जायेगा।[2] यह कथन क्षेत्रीय नाट्य–नृत्य के विकसित होते रूपों की ओर संकेत तथा शास्त्र द्वारा उनकी सम्मति को भी दर्शाता है। एक तरह से हमारी वर्तमान शास्त्रीय नृत्य पद्धतियों के बीज इस आधार पर मध्यकाल में खोजे जा सकते हैं।

उक्त तीनों ग्रन्थों में प्राप्त उद्धरणों से नाट्य तथा नृत्य कला की विभिन्न धाराओं के विकासक्रम का, उनके विभिन्न क्षेत्रों में प्रस्फुटन का सुस्पष्ट संकेत मिलता है। जहाँ नाट्यशास्त्र की कथा इस भूलोक में 'नाट्य' के अवतरण की सूचना देती है तथा भावप्रकाशन में प्राप्त उल्लेख उसे अयोध्या क्षेत्र से सम्बद्ध करता है वहीं अभिनयदर्पण की कथा 'नृत्य' को ब्रज और सौराष्ट्र से जोड़ती है। लगभग 12वीं शताब्दी में वैष्णव भक्ति आंदोलन के उत्तर–पश्चिम भारत की ओर उन्मुख होने पर उससे सम्बन्धित आलवार भक्ति के विभिन्न सांगीतिक रूप भी उत्तर–पश्चिम भारत पहुँचे। विष्णु के दस अवतारों का प्राकट्य हुआ। अयोध्या और ब्रज क्रमशः रामभक्ति धारा और कृष्णभक्ति धारा के केन्द्र बने। अगली दो–तीन शताब्दियों में राम और कृष्ण के स्वरूप विग्रहों की स्थापना और साहित्य–संगीत आदि कलाओं में उनका यथायोग्य समावेश बहुतायत से किया गया। यही कारण है कि इससे आगे हम राम और कृष्ण सम्बन्धी चरित्र को नाट्य–नृत्य का विषय बनता देखते हैं, जो अब तक मात्र शिव पर केन्द्रित था। इस काल के आगमन के साथ मर्यादापुरुषोत्तम श्री राम मुख्यरूप से नाट्य का विषय बने और लीलापुरुषोत्तम श्री कृष्ण को सर्वत्र नृत्य में यथेष्ट स्थान प्राप्त हुआ। अस्तु।

---

1 भावप्रकाशनम्/शारदातनय/सं0 मदनमोहन अग्रवाल/पृष्ठ 417–418

2 देशे देशे नरेन्द्राणां विनोदं तैरचीकरत्।।
तत्र प्रयुक्तसंगीतं देशरीतिपरिष्कृतम्।
प्रयोगाणां च वैचित्र्याद्देशीत्याख्यामुपागमत्।।
भावप्रकाशनम्/शारदातनय/सं0 मदनमोहन अग्रवाल/पृष्ठ 418

5

प्रेक्षागृह अथवा नाट्यगृह

प्रेक्षागृह की आवश्यकता

प्रयोगधर्मा कलाओं में प्रयोग के लिये प्रयोग स्थल की आवश्यकता होती है। यह प्रेक्षागृह, नाट्यगृह या Auditorium कैसा होना चाहिये? आज ऑडीटोरियम को हम अत्यन्त विकसित अवस्था में पाते हैं। वर्तमान उच्च वैज्ञानिक तकनीक ने नाट्यगृह और उसके दृश्य–श्रव्य उपादानों को उन्नत स्वरूप प्रदान किया है। आधुनिक रंगमंच, नाट्यगृह अथवा ऑडीटोरियम के सम्बन्ध में स्तरीय एवं प्रामाणिक साहित्य बहुतायत से आज उपलब्ध है, विद्यार्थी अवलोकन कर सकते हैं। जैसा कि हमने कहा कि आज अत्यन्त उन्नत अवस्था में Stage craft पहुँच चुका है किन्तु आज से दो–ढाई हज़ार वर्ष पूर्व प्राकृतिक विपदाओं तथा अन्य व्यवधानों से नाट्य–प्रयोग में को बचाने के लिये जब पहले पहल नाट्यगृह की आवश्यकता महसूस की गई तब इसपर विस्तार से विमर्श किया गया कि यह इस कैसा और किन मूलभूत आवश्यकताओं की पूर्ति करने वाला हो। इस सम्पूर्ण योजना का उल्लेख भरतमुनि ने अपने नाट्यशास्त्र के द्वितीय अध्याय में किया है। नाट्य मण्डप, मंच अथवा stage कितना बड़ा अथवा कैसा हो ताकि अभिनेता अथवा नर्तक की चेष्टाओं को दर्शक भली–भाँति देख सके तथा उसके द्वारा कहे गये संवादों को भली प्रकार सुन सके, इस आधार पर नाट्यगृह के विभिन्न प्रकार कहे गये। यहाँ हम नाट्यशास्त्र में बतलाये गये नाट्यगृह के प्रकारों तथा उनकी निर्माण विधि पर चर्चा करेंगे।

नाट्यशास्त्रानुसार प्रेक्षागृह/नाट्यगृह के भेद

भारतीय परम्परा में विश्वकर्मा को स्थापत्य कला का देवता माना गया है। नाट्यशास्त्र में आचार्य भरतमुनि ने 'नाट्यगृह' के विषय में चर्चा करते हुए भगवान विश्वकर्मा के मतानुसार नाट्यगृह के तीन प्रकार बतलाये हैं जिनका यथावश्यक प्रयोग किया जा सकता हैं (1) विकृष्ट (2) चतुरस्र तथा (3) त्रयस्र। विकृष्ट यानी आयताकार, चतुरस्र यानी वर्गाकार तथा त्रयस्र यानी त्रिभुजाकार। आचार्य भरत द्वारा इन तीनों

नाट्यमण्डपों के क्रमानुसार तीन प्रकार पुनः कहे गये हैं – ज्येष्ठ, मध्यम तथा अवर। ज्येष्ठ यानी बड़ा मध्यम, स्पष्ट है तथा अवर यानी छोटा।[1]

विकृष्ट ज्येष्ठ – 108 हाथ लम्बा, 54 हाथ चौड़ा
विकृष्ट मध्यम– 64 हाथ लम्बा, 32 हाथ चौड़ा
विकृष्ट अवर– 32 हाथ लम्बा, 16 हाथ चौड़ा

चतुरस्र ज्येष्ठ – 108 हाथ लम्बा + चौड़ा
चतुरस्र मध्यम – 64 हाथ लम्बा + चौड़ा
चतुरस्र अवर – 32 हाथ लम्बा + चौड़ा

त्रयस्र ज्येष्ठ – जिसकी तीनों भुजाएँ 108 हाथ लम्बी हों
त्रयस्र मध्यम– जिसकी तीनों भुजाएँ 64 हाथ लम्बी हों
त्रयस्र अवर– जिसकी तीनों भुजाएँ 32 हाथ लम्बी हों

उक्त तीन प्रकार के नाट्यमण्डपों में से आचार्य ने ज्येष्ठ आकार के विकृष्ट, चतुरस्र तथा त्रयस्र नाट्यगृह को देवताओं के लिये योग्य माना है। मनुष्यों के देखने और सुनने की क्षमता को ध्यान में रखते हुए आचार्य ने मध्यम आकार के विकृष्ट, चतुरस्र तथा त्रयस्र नाट्य मण्डपों को मानव उपयोग हेतु श्रेष्ठ कहा है। क्योंकि इनमें पाठ्य तथा गीत स्पष्टता से सुने जा सकते थे।[2] स्पष्ट है कि उस काल में ध्वनि विस्तारक यंत्रों (एम्प्लीफायर्स) तथा पर्याप्त प्रकाश व्यवस्था का अभाव था इसलिए भरत मुनि द्वारा मध्यम नाट्यमण्डपों को मानव हेतु उपयुक्त कहा गया। वर्तमान समय में ध्वनि विस्तारक यंत्रों एवं प्रकाश सम्बन्धी अत्याधुनिक सुविधाओं के अलावा बड़े आकार के screens की उपलब्धता के कारण कलाकार की वास्तविक आकृति एवं ध्वनि से कई गुना अधिक विस्तृत आकृति एवं ध्वनि देखी तथा सुनी जा सकती है, इसलिए वर्तमान समय में प्रेक्षागृह की आकार सम्बन्धी सीमाएँ मायने नहीं रखतीं, सिर्फ आकृति, acoustics तथा साज–सज्जा पर विशेष बल दिया जाता है।

---

1 प्रेक्षागृहाणां सर्वेषां त्रिप्रकारो विधिः स्मृतः।
विकृष्टश्चतुरश्च त्रयस्तश्चैव प्रयोक्तृभिः।।

नाट्यशास्त्र/परिमल प्रकाशन/पृ. 49

2 प्रेक्षागृहाणां सर्वेषां प्रशस्तं मध्यमं स्मृतम्।
तत्र पाठ्य च गेयं च सुखश्राव्यतरं भवेत्।।

नाट्यशास्त्र/परिमल प्रकाशन/पृ.49

नाट्यशास्त्र के अनुसार प्रेक्षागृह के निर्माण की विधि

विकृष्ट मध्यम प्रेक्षागृह

भूमि का चयन एवं शोधन

प्रेक्षागृह के आकार एवं आकृति के विषय में सुनिश्चित कर लेने के बाद शिल्पी को सर्वप्रथम भूमि का परीक्षण करना चाहिये। जो भूमि समतल, स्थिर तथा कड़ी हो तथा जिसका रंग काला, सफेद अथवा भूरा हो उसे निर्माण के लिये चुनना चाहिये। सर्वप्रथम भूमि पर हल चलवाकर हड्डी, कीलें, घास, झाड़ियों तथा अन्य अनावश्यक चीजों को साफ करवा देना चाहिये। अब उस भूमि की माप करवानी चाहिये। इसके लिये सफेद रंग की मजबूत डोरी लेकर माप लेना चाहिये। यदि डोरी बीच में टूट जाये तो अशुभ माना जाता है (शुभ तथा अशुभ को निरापद तथा सफल अथवा विविध व्यवधानों के फलस्वरूप प्राप्त होने वाली असफलता के रूप में समझना चाहिये)। हमारे यहाँ किसी कार्य को करने के पूर्व शुभाशुभ तिथि के विचार की परम्परा है। आचार्य भरत ने भी नाट्यगृह निर्माण के लिये भूमि को यथाप्रमाण नापने से पूर्व मुहूर्त तथा शुभ तिथि का विचार कर लेने का निर्देश दिया है। इसके लिये नाट्यशास्त्र में उत्तराषाढ़ा, उत्तराफाल्गुनी, उत्तराभाद्रपद, मृगशिरा, विशाखा, रेवती, हस्त, पुष्य और अनुराधा शुभ नक्षत्र कहे गये हैं।

आधारशिला स्थापना

विकृष्ट तथा मध्यम परिमाण वाले प्रेक्षागृह की रचना के लिये 64 हाथ लम्बी तथा 32 हाथ चौड़ी भूमि को नापकर उसे दो भागों में विभक्त करना चाहिये।

चतुष्षष्टिकरान्कृत्वा द्विधा कुर्यात्पुनश्च तान् ।
पृष्ठतो यो भवेद्भागो द्विधाभूतस्य तस्य तु।
सममर्धविभागेन रंगशीर्ष प्रकल्पयेत्।।
पश्चिमे च विभागेऽथ नेपथ्यगृहमादिशेत्।[1]

32 हाथ चौड़ी भूमि के दो भाग किस माप के हों इसका कोई स्पष्ट निर्देश भरत ने नहीं दिया है तथापि 'चतुष्षष्टिकरान्कृत्वा द्विधा कुर्यात्पुनश्च तान्' के द्वारा उनका आशय सम्भवतः लम्बाई को आधा करने से है। इसके साथ ही 'सममर्धविभागेन'

---

1 नाट्यशास्त्र/परिमल/2/33–35

से भी इसका संकेत मिलता है। इस प्रकार भूमि के 32 × 32 नाप वाले दो टुकड़े बन जायेंगे। अब सामने वाले आधे भागे को पुनः दो भागों में विभक्त करें। इनमें से प्रथम भाग में 'रंगपीठ' बनवाना चाहिये तथा पिछले तथा द्वितीय भाग में नेपथ्यगृह (Green room) का निर्माण करवाना चाहिये। इस तरह से नापी गई भूमि पर शुभ तिथि के अनुसार शंख–दुंदुभि आदि मंगल वाद्यों के वादन के साथ नाट्य मण्डप की आधार शिला/नींव रखनी चाहिये। नींव रखे जाने वाले दिन ब्राह्मणों को खीर, राजा को मधुपर्क (दही में शहद मिलाकर) तथा अन्य लोगों को गुड़ और धानी देनी चाहिये।

भित्ति और स्तम्भों का निर्माण

पूर्व में बतलाई गई विधि से नींव बन जाने के बाद, दीवारें बनाई जायें तत्पश्चात् नाट्याचार्य एकाग्र होकर तीन दिनों का उपवास रखे और तब सूर्योदय की शुभबेला में स्तम्भों की स्थापना करे। ईशान कोण यानी पूर्वोत्तर दिशा में चन्दन की लकड़ी से बनाया गया 'ब्राह्मण स्तम्भ' स्थापित किया जाये। इसकी पूजा सफेद रंग की वस्तुओं से की जाये। आग्नेय कोण अर्थात् दक्षिण और पूर्व दिशा के मध्य का कोण। इस कोण में खैर की लड़की से बनाया गया 'क्षत्रिय स्तम्भ' स्थापित किया जाये। सभी लाल रंग की वस्तुओं से इसका पूजन किया जाये। पश्चिमोत्तर यानी वायव्य कोण में धाय (धव) की लकड़ी से बना 'वैश्य स्तम्भ' बनवाया जाये। पूजन सामग्री में सभी पीले रंग की वस्तुओं का उपयोग किया जाये। अंतिम, 'शूद्र स्तम्भ' की स्थापना नैऋत्य कोण अर्थात् दक्षिण पश्चिम दिशा के मध्य में करके सभी नीले रंग की वस्तुओं से इसका पूजन किया जाना चाहिये। 'शूद्र स्तम्भ' को किसी विशेष लकड़ी से बनवाने का निर्देश आचार्य ने नहीं दिया है। सम्भवतः इसके लिए किसी भी लकड़ी का प्रयोग किया जा सकता होगा।

मत्तवारणी

रंगपीठ के दोनों बाजुओं में रंगपीठ की लम्बाई के बराबर चार खम्बों से युक्त मत्तवारणी की रचना की जानी चाहिये। मत्तवारणी, इस शब्द से यह प्रतीत होता है कि सम्भवतः ये रंगपीठ के दोनों ओर बनाये जाने वाले दो बरामदे होते होंगे। इसके निर्माण के समय नकारात्मक शक्ति वाले भूतों को पुष्प, चन्दन एवं विभिन्न रंगों के वस्त्र भेंट करने चाहिये। इसके साथ ही कृसार की लकड़ी ब्राह्मण को भेंट करनी चाहिये। मत्तवारिणी का प्रयोग मंच पर प्रवेश से पूर्व प्रतीक्षा करने में, मंच से लौटने पर विश्राम करने में, विभिन्न वाद्य यंत्रों को रखने में तथा अन्य कार्यों के लिये किया जाता था।

आजकल stage पर wings लगाकर उनका उपयोग मत्तवारणी के रूप में कर लिया जाता है।

रंगपीठ

मत्तवारणी के निर्माण के पश्चात् रंगपीठ बनवानी चाहिये। रंगपीठ और मत्तवारिणी एक ही सतह या तल पर होनी चाहिये। रंगपीठ के पिछले भाग में नेपथ्यगृह का निर्माण करवाना चाहिये। यह नेपथ्यगृह रंगपीठ से ऊँचा होना चाहिये। इसमें दो द्वार होने चाहिये। रंगपीठ की भूमि की जुताई श्वेत बैलों से करवाकर, कंकड़–पत्थर साफ करने के बाद उस वेदिका का भराव काली चिकनी मिट्टी से किया जाना चाहिये। रंगपीठ बीच में ऊँचा तथा चारों ओर नीचा रहे, किन्तु यह कछुए की पीठ के आकार का न हो। बीच वाला स्थान दर्पण की सतह के समान समतल होना चाहिये।

दारुकर्म

दारुकर्म अर्थात् लकड़ी का कार्य या कारीगरी। नाट्यगृह की शोभा वृद्धि के लिये दीवारों, स्तम्भों आदि पर हाथी, सर्प, मूर्तियाँ, लता, आदि की आकृतियाँ योग्य शिल्पी द्वारा उकेरी जानी चाहिये। ऊह तथा प्रत्यूह की सजावट अनेक आकृतियों से की जानी चाहिये तथा निर्व्यूह और कुहर को भिन्न भिन्न धरातल पर बनाया जाना चाहिये। दारुकर्म के सम्पन्न होने के पश्चात् नाट्यगृह की दीवारों की सजावट की जानी चाहिये। दरवाज़े और खिड़कियाँ एक दूसरे के आमने सामने नहीं होने चाहिये।

मण्डप

मण्डप में छोटी–छोटी खिड़कियाँ होनी चाहिये ताकि वायु का प्रवेश तो हो, किन्तु कम हो और शब्द गंभीर रूप में सुनाई दे सकें, आवाज़ बिखर न जाये। नाट्यमण्डप गुफा के आकार का तथा द्विभूमि यानी दो फर्श वाला होना चाहिये[1] ताकि आवश्यकतानुसार विभिन्न दृश्यों के लिये उसका उपयोग किया जा सके। नाट्यमण्डप की दीवारों को लिपाई–पुताई कर चमकदार बनाया जाये तथा चित्रांकित किया जाये। इनपर लता, पुष्प, वृक्ष, नदी, पर्वत आदि के चित्र बनाये जा सकते हैं। इस नाट्यमण्डप

1 कार्यः शैलगुहाकारो द्विभूमिर्नाट्यमण्डपः।

में चार अथवा छह द्वार रखे जा सकते हैं। मध्यम विकृष्ट नाट्यमण्डप का यही स्वरूप है।

चतुरस्त्र मध्यम प्रेक्षागृह

इस नाट्यमण्डप की लम्बाई तथा चौड़ाई समान (32 X 32) रहने के कारण यह वर्गाकार नाट्यमण्डप कहलाता है। सम्पूर्ण निर्माण विधि विकृष्ट नाट्यमण्डप की ही तरह होती है। इसमें दस स्तम्भ रखे जाने चाहिये तथा प्रेक्षकों के बैठने के लिये सीढ़ीनुमा बैठक का निर्माण किया जाना चाहिए।

इस नाट्यमण्डप में पूर्व कहे अनुसार ही रंगपीठ और रंगशीर्ष की रचना भी की जानी चाहिये तथा नेपथ्यगृह की ओर जाने के लिये इसमें एक ही द्वार रखा जाये। एक द्वार सामने मण्डप में हो, जिससे दर्शक प्रवेश कर सकें। इसकी रंगपीठ 8 हाथ प्रमाण की होनी चाहिए।

त्रयस्र प्रेक्षागृह

इस नाट्यमण्डप का आकार त्रिभुज जैसा होता है। इसके मध्य भाग में त्रिभुजाकार रंगपीठ की रचना की जाती है। इसके एक कोने में एक द्वार दर्शकों के प्रवेश के लिये तथा दूसरा द्वार रंगपीठ के पीछे अभिनेताओं के प्रवेश के लिये होता है। निर्माण विधि उक्त दोनों नाट्यमण्डपों की ही तरह होती है।

नाट्यशास्त्र के काल में और उसके बाद भी उक्त विधि तथा आकार में ही नाट्यगृह और नाट्यमण्डप का निर्माण होता रहा। उक्त नाट्यगृहों में नाट्यमण्डप (stage) की स्थिति और आकार पर यदि ध्यान दें, तो हम पाते है कि तत्कालीन नाट्यगृहों के लगभग आधे भाग में नाट्यमण्डप की रचना की जाती थी। ऐसा इसलिए आवश्यक था क्योंकि उस समय ध्वनि विस्तारक यंत्रों एवं प्रकाश की व्यवस्था आज की भाँति उन्नत अवस्था में नहीं थी। प्रकाश के लिए मशालों पर निर्भर रहना होता था। इसी तरह संवादों को स्पष्ट सुना जा सके इसलिए भी नाट्यगृह बहुत अधिक बड़ा नहीं बनाया जाता था। विज्ञान की उन्नति के साथ प्रकाश की समुचित व्यवस्था हुई और ध्वनि विस्तारक यंत्रों (loud-speakers, amplifiers) का प्रयोग भी किया जाने लगा। इन दोनों ही सुविधाओं ने नाट्यगृहों के आकार और स्वरूप को काफी प्रभावित किया है। अब नाट्यगृह पहले से काफी बड़े बनाये जाने लगे हैं। नाट्यगृह की कुल लम्बाई की तुलना में मंच अब छोटे जान पड़ते हैं। मंच पर प्रकाश की पूर्ण व्यवस्था होने के कारण पात्रों के भावों को देख पाने में कठिनाई का सामना अब नहीं करना

पड़ता। इसी तरह ध्वनि विस्तारक यंत्रों के होने के कारण अब पात्रों को चीखकर संवाद बोलने की आवश्यकता भी नहीं रही, इससे सम्पूर्ण अभिनय प्रक्रिया में भी क्रांतिकारी परिवर्तन आया। विकसित होती technology ने आज नाट्य और उसके उपादानों में आमूल परिवर्तन कर दिया गया है। यही कारण है कि नाटकों की नाट्यधार्मिता बदलते परिदृश्य में अपने अर्थ बदलने लगी है। अस्तु।

6

पूर्वरंग

'रंग' का शाब्दिक और तात्त्विक अर्थ और लक्षण है अपने रंग में रंगने वाला। नाट्य का लक्ष्य भी यही है कि वह प्रेक्षक को उसके व्यक्तिगत राग–द्वेष, सुख–दुःख से तात्कालिक रूप से मुक्त कर दे और मंच पर चल रहे कथानक के अनुरूप भावसागर में डुबो दे, या कह सकते हैं कि अपने रंग में रंग दे। इसीलिये नाट्य को 'रंग' भी कहा जाता है। रंगमंच संज्ञा से हम सभी परिचित हैं ही। तो ऐसे महत् लक्ष्य और तदनुरूप लक्षण वाले नाट्य अथवा रंग के आयोजन में अनेक बातों का ध्यान रखा जाता है। 'पूर्व' का अर्थ है पहले, इसलिये 'पूर्वरंग' का अर्थ हुआ रंग अथवा नाट्य से पहले। मुख्य नाट्य के आरम्भ होने के पहले, नाट्य प्रयोग के सुसम्पन्न होने की शुभेच्छा से जो भी कार्य किये जाते हैं, वे पूर्वरंग के अंतर्गत आते हैं। इनमें से कुछ कार्य पर्दे के भीतर किये जाते हैं तो कुछ को सीधे मंच पर पर्दा उठने के बाद सम्पन्न किया जाता है। इन कार्यों का सम्बन्ध प्रत्यक्षतः 'रंग' अथवा नाट्यप्रयोग की सफलता से होता है। चूँकि ये कार्य नाटक की मुख्य कहानी प्रारम्भ होने के पूर्व सम्पादित किये जाते हैं इसलिये इन्हें 'पूर्वरंग' कहा जाता है। यवनिका का अर्थ होता है पर्दा। अन्तर्यवनिकागत् अर्थात् पर्दे के भीतर अथवा पर्दा उठने के पूर्व सम्पादित किये जाने वाले कार्य तथा बहिर्यवनिकागत् यानी पर्दे से बाहर अथवा पर्दा उठने के बाद किन्तु मुख्य नाट्य प्रयोग से पूर्व सम्पादित किये जाने वाले कार्य। नाट्यशास्त्र के पाँचवें अध्याय में इस विषय पर विस्तार से चर्चा की गई है। आचार्य भरत ने पूर्वरंग को दो तरह का बतलाया है – शुद्ध पूर्वरंग तथा चित्र पूर्वरंग। पहले प्रकार में वे सभी कृत्य आते हैं जो मुख्य नाट्य के आरम्भ होने से पूर्व होते हैं और जो पर्दे के पीछे किये जाते हैं, यानी इन्हें दर्शक देख नहीं सकते। दूसरे, चित्र पूर्वरंग के अन्तर्गत ऐसी विधि विधान होते हैं जो दर्शकों द्वारा देखे तो जा सकते हैं किन्तु इनका सम्बन्ध भी मुख्य नाट्य से नहीं होता।

शुद्ध पूर्वरंग

जैसा कि नाम से स्पष्ट है 'शुद्ध पूर्वरंग' में कुछ ऐसे विधान आते हैं जिनका मुख्य नाट्य से कोई सीधा सम्बन्ध नहीं होता। नाट्य की सफलता के लिये किये जाने

वाले धार्मिक कृत्यों अथवा कर्मकाण्ड को इसके अन्तर्गत रखा जा सकता है। मुख्यतः वाचिक कर्म होने के कारण पूर्वरंग के इस भाग में भारती वृत्ति का प्राधान्य रहता है। अन्तर्यवनिकागत् पूर्वरंग में आने वाले सभी कार्य शुद्ध पूर्वरंग में समाहित होते हैं। चूँकि प्रेक्षक इन्हें नहीं देख पाता इसलिये नाट्य के इस हिस्से को 'शुद्ध पूर्वरंग' कहा जाता है।

अन्तर्यवनिकागत् पूर्वरंग

प्रत्याहार, अवतरण, आरम्भ, आश्रावणा, वक्त्रपाणि, परिघट्टना, संघोटना तथा आसारित (मार्गासारित तथा ज्येष्ठ, मध्यम एवं कनिष्ठ आसारित) ये आठ अंग अन्तर्यवनिकागत् पूर्वरंग के अन्तर्गत आते हैं और रंगमंच के पर्दे के पीछे, पर्दा उठने के पूर्व सम्पन्न किये जाते हैं।

कुतपस्य तु विन्यासः प्रत्याहार इति स्मृतः।
तथावतरणं प्रोक्तं गायिकानां निवेशनम्।।
परिगीतक्रियारम्भ आरम्भ इति कीर्तितः।
आतोद्यरंजनयार्थं तु भवेदाश्रावणाविधिः।।
वाद्यावृत्तिविभागार्थं वक्त्रपाणिर्विधीयते।
तन्त्र्योजःकरणार्थं तु भवेच्च परिघट्टना।।
तथा पाणिविभागार्थं भवेत्संघोटनाविधिः।
तन्त्रीभाण्डसमायोगान्मार्गासारितमिष्यते।।
कलापातविभागार्थं भवेदासारितक्रिया।[1]

प्रत्याहार

वाद्ययंत्रों को मंच पर निर्धारित स्थान पर रखना 'प्रत्याहार' कहलाता है। इसके लिये रंगपीठ के बायीं तरफ पूर्व की ओर मुँह करके मृदंग–वादक, उसके बायीं ओर दो पणव (ढोल जैसे वाद्य) वादकों को बिठाना चाहिये। प्रत्याहार के प्रयोग से सर्प और राक्षसगण प्रसन्न होते हैं।

अवतरण

वादकों के बैठने के उपरान्त गायक–गायिकाएँ अपने लिये निर्धारित स्थान पर बैठते हैं,। नाट्यशास्त्र में कहा गया है कि रंगपीठ के दाहिनी ओर उत्तर की ओर मुँह

---

1 नाट्यशस्त्र / परिमल / 5 / 17–21

करके गायकों को तथा इसी के आगे दक्षिण की ओर मुँह करके गायिकाओं को बैठना चाहिये। अर्थात् गायक और गायिकाएँ रंगपीठ के दाहिनी ओर एक–दूसरे के आमने–सामने बैठते हैं। गायकों के बाईं ओर बाँसुरी वादक बैठता है। इस तरह गायक–गायिकाओं का अपने निश्चित स्थान पर बैठना 'अवतरण' कहलाता है। अवतरण के प्रयोग से अप्सराएँ प्रसन्न होती हैं। उक्त विवरण से यह स्पष्ट होता है कि नाट्यशास्त्र के काल में रंगपीठ पर गायक, अवनद्ध वाद्य वादक और स्वरवाद्य वादक के बैठने की एक सुनियोजित व्यवस्था निश्चित की गई थी।

आरम्भ

गान क्रिया के लिये कण्ठ को आलाप आदि के द्वारा व्यवस्थित करना 'आरम्भ' कहलाता है। इसके प्रयोग से गन्धर्व प्रसन्न होते हैं।

आश्रावणा

वाद्यों को गायक के कण्ठ स्वर के अनुसार मिलाना और सभी वाद्यों में परस्पर एकरूपता लाना 'आश्रावणा' कहलाता है, जिसके प्रयोग से दैत्यगण प्रसन्न होते हैं।

वक्त्रपाणि

वक्त्र का अर्थ है – आरम्भ और पाणि का अर्थ है – हाथ। गायन के आरम्भ से पूर्व वाद्य को स्वर में मिलाने की क्रिया 'वक्त्रपाणि' कहलाती है। इस क्रिया में हाथ और अंगुलियों के द्वारा वादन करते हुए साथ में बज रहे स्वर वाद्य के आधार स्वर को ध्यानपूर्वक सुनते हुए तदनुरूप अपने वाद्य को स्वर में मिलाया जाता है। इसके प्रयोग से दानव प्रसन्न होते हैं।

परिघट्टना

वीणा आदि तन्तुवाद्यों के आस्फालन या सारणा को परिघट्टना कहते हैं। इसे अधिक स्पष्टता से यों समझें। तन्त्री वाद्य को स्वर में बजाने के लिये अंगुलियों को चलाना पड़ता है। तन्त्रीवाद्य के तारों पर अंगुलियों का यही संचालन जब अत्यन्त तीव्र गति से किया जाता है, तो उसे 'परिघट्टना' कहते हैं। इसके प्रयोग से राक्षस प्रसन्न होते हैं।

संघोटना

हाथों से वाद्यों पर प्रहार कर उनके स्वर को फिर से सुनाना, 'संघोटना' कहलाता है। अवनद्ध एवं तन्त्री दोनों ही प्रकार के वाद्यों में इस तरह से स्वरों की प्राप्ति के लिये हाथों से प्रहार किया जाता है। इस क्रिया के प्रयोग से गुह्यक प्रसन्न

होते हैं। (गुह्यक यक्ष जैसी अर्ध देवों की श्रेणी के प्राणी होते हैं, जो कुबेर के सेवक होते हैं और जो उसके कोष की रक्षा करते हैं)।

मार्गासारित तथा आसारित

वीणा तथा भाण्ड (अवनद्ध) वाद्यों की समवेत यानी मिश्रित ध्वनि का प्रयोग 'मार्गासारित' कहलाता है। इसके प्रयोग से यक्ष प्रसन्न होते हैं। शम्या आदि क्रियाओं के द्वारा कलाओं की गिनती करना, जिससे कि ताल के विभाग स्पष्ट हो जायें 'आसारित' कहलाता है इसके प्रयोग से रुद्र प्रसन्न होते हैं। 'प्रत्याहार' से लेकर 'आसारित' तक के उक्त सारे अंगों की योजना यवनिका यानी पर्दे के भीतर करनी चाहिये इसके बाद जो अंग अब यहाँ बतलाये जा रहे हैं, वे मंच पर पर्दा उठने के बाद सम्पन्न किये जाने चाहिये।

बहिर्यवनिकागत् पूर्वरंग

पूर्वरंग के बहिर्यवनिकागत् अंग के अंतर्गत भरत ने उत्थापना, परिवर्तन, नान्दी, शुष्कावकृष्टा, रंगद्वार, चारी, महाचारी, त्रिगत तथा प्ररोचना इन आठ अंगों को रखा है। उत्थापना और परिवर्तन ये दो संस्कार यद्यपि शुद्ध पूर्वरंग के साथ सम्पन्न किया जाता है किन्तु चूँकि ये मंच पर से पर्दा उठने के बाद किये जाते हैं इसलिये इनकी गणना बहिर्यवनिकागत् पूर्वरंग के अन्तर्गत की जाती है।

उत्थापना

'उत्थापना' मंच पर दर्शकों के समक्ष किया जाने वाला सबसे पहला प्रयोग है। इस अंग में 'एक–कल' का पाठ सहित प्रयोग किया जाता है। इसके प्रयोग से ब्रह्मा प्रसन्न होते हैं।

परिवर्तन

पूर्व आदि दिशाओं के लोकपालों की चारों ओर घूमकर वंदना करना 'परिवर्तन' कहलाता है। इसके प्रयोग से लोकपाल आनन्दित होते हैं।

नान्दी

आशीर्वचनसंयुक्त नित्यं यस्मात्प्रयुज्यते।
देवद्विजनृपादीनां तस्मान्नान्दीति संज्ञिता।।[1]

इसमें देव, द्विज तथा भूपालों के आशीवर्चन समन्वित स्तुति की जाती है। नान्दी में देवता, ब्राह्मण तथा राजा के साथ ही संरक्षक वर्ग के लिये भी शुभेच्छा प्रकट

---

1 नाट्यशास्त्र / परिमल / 5 / 24

की जाती है। इसमें प्रार्थना भी होती है और अभ्यर्थना भी। नान्दी का प्रयोग अनिवार्य रूप से किया जाना चाहिये तथा यह बारह पद वाली होनी चाहिए। नान्दी के प्रयोग से चन्द्र देव प्रसन्न होते हैं।

शुष्कावकृष्टा ध्रुवा

अत्र शुष्काक्षरैरेव ह्यवकृष्टा ध्रुवा यतः।
तस्माच्छुष्कावकृष्टेयं जर्जरश्लोकदर्शिका।।[1]

इसका प्रयोग जर्जर श्लोक पाठ के अवसर पर किया जाता है। इसमें शुष्क अक्षर अथवा अर्थहीन ध्वनियों की योजना की जाती है। अवकृष्टा ध्रुवा के प्रयोग से नाग तथा शुष्कावकृष्टा के प्रयोग से पितृगण प्रसन्न होते हैं।

रंगद्वार

यस्मादभिनयस्त्वत्र प्रथमं ह्यवतार्यते।
रंगद्वारमतो ज्ञेयं वागांगाभिनयात्मकम्।।[2]

वाचिक और आंगिक अभिनयों का प्रारम्भ यहीं से होता है, दूसरे शब्दों में नाटक की कथावस्तु का अभिनय इसी स्थान से प्रारम्भ होता है, इसलिये इसे 'रंगद्वार' कहा जाता है। रंगद्वारा के प्रयोग से विष्णु प्रसन्न होते हैं।

चारी एवं महाचारी

श्रृंगाररस्य प्रचरणाच्चारी सम्परिकीर्तिता।
रौद्रप्रचरणाच्चापि महाचारीति कीर्तिता।।[3]

श्रृंगार रस के भावों को गति द्वारा प्रदर्शित करना 'चारी' कहलाता है और रौद्र रस के भावों को गति द्वारा प्रदर्शित करना 'महाचारी' कहलाता है। चारी के प्रयोग से उमा देवी प्रसन्न होती हैं एवं महाचारी के प्रयोग से भूतगण प्रसन्न होते हैं।

त्रिगत

विदूषकः सूत्रधारस्तथा वै पारिपार्श्वकः।
यत्र कुर्वन्ति संजल्पं तच्चापि त्रिगतं मतम्।।

---

1 नाट्यशास्त्र/परिमल/5/25
2 नाट्यशास्त्र/परिमल/5/26
3 नाट्यशास्त्र/परिमल/5/27

त्रिगत में सूत्रधार, पारिपार्श्विक् तथा विदूषक के पारस्परिक संवाद के माध्यम से भविष्य में घटने वाली घटनाओं का संकेत दिया जाता है। तीन पात्रों का सम्भाषण होने के कारण इसे 'त्रिगत' कहते हैं।

प्ररोचना

उपक्षेपेण काव्यस्य हेतुयुक्तिसमाश्रया।
सिद्धेनामन्त्रणा या तु विज्ञेया सा प्ररोचना।।[1]

प्ररोचना में सूत्रधार के द्वारा खेले जाने वाले नाटक की विषय वस्तु का निरूपण दर्शकों के समक्ष किया जाता है। इससे सामाजिकों के मन में कौतूहल एवं आकर्षण उत्पन्न होता है।

चित्रपूर्वरंग

ऊपर बतलाई अन्तर्यवनिकागत् तथा बहिर्यवनिकागत् पूर्वरंग विधि भारती वृत्ति पर आश्रित होने के कारण 'शुद्ध पूर्वरंग' कहलाती है। इस समय तक किये गये सभी कार्यों का सम्बन्ध मात्र वाचिक अभिनय से रहता है। इसके उपरान्त कैशिकी वृत्ति का प्रयोग किया जाता है जो कि दृश्य–श्रव्यात्मक होती है। उत्थापनी ध्रुवा के बाद परिवर्तन सम्पन्न किया जाता है और उसके बाद सफेद मालाओं और पुष्पों को मंच पर चारों ओर बिखेरते हुए नर्तकियाँ प्रवेश करती हैं तथा अंगहारों से युक्त नृत्य प्रस्तुत करती हैं। नृत्य प्रदर्शन के पश्चात् नर्तकियाँ मंच से चली जाती हैं और फिर पूर्वरंग के शेष अंगों का विधिपूर्वक प्रयोग किया जाता है। इस प्रकार नृत्य गीत से युक्त दर्शनीय पूर्वरंग का यह हिस्सा 'चित्रपूर्वरंग' के नाम से जाना जाता है। इससे स्पष्ट होता है कि बहिर्यवनिकागत् पूर्वरंग में भी प्रारम्भिक दो अंग – उत्थापना तथा परिवर्तन मात्र वाचिक प्रकृति के होते हैं तब चित्र पूर्वरंग प्रस्तुत किये जाने के पश्चात् शेष अंगों का सम्पादन किया जाता है।

पूर्वरंग का महत्त्व

सभी प्रकार से शुद्ध एवं विधि–विधानपूर्वक किया गया 'पूर्वरंग' (चाहे वह शुद्ध पूर्वरंग हो अथवा चित्रपूर्वरंग), प्रयोक्ता को प्रत्येक अनिष्ट से बचाता है और शुभ फलदायक होता है। इसके विपरीत त्रुटिपूर्ण विधि से किये गये पूर्वरंग से प्रयोग की असफलता का अंदेशा बना रहता है और यह प्रयोक्ता को हानि भी पहुँचाता है।

---

1 नाट्यशास्त्र / परिमल / 5 / 29

7

नाट्य, नृत्त और नृत्य

नाट्य और नृत्य (नृत्त भी) को श्रव्य–दृश्यात्मक वर्ग की कलाओं में गिना जाता है क्योंकि इनके आस्वादन के लिये इन्हें देखना और सुनना साथ–साथ होता है। इस स्थूल लक्षण के अतिरिक्त इनकी कुछ ऐसी सूक्ष्म विशेषताएँ भी हैं जो इन्हें परस्पर भिन्न रखती हैं। ये चारित्रिक विशेषताएँ इन कलाओं के लक्ष्य तथा उस लक्ष्य की प्राप्ति हेतु अपनाए गये उपादानों और उनके आंतरिक कलेवर से सम्बन्धित हैं। इन सभी पक्षों पर प्राचीन वाङ्गमय में प्राप्त व्याख्या के आधार पर यहाँ चर्चा की जा रही है।

नाट्य से अभिप्राय

हमारे दैनिक जीवन में जो कुछ घटता है, हमारे प्रत्यक्ष अथवा परोक्ष जो भी अनुभव होते हैं, उन्हीं का कलात्मक अनुकरण 'नाट्य' कहलाता है। आचार्य भरत ने नाट्य को त्रिलोक के सभी भावों का अनुकीर्तन करने वाला कहा है,[1] तथा धनञ्जय ने इसे अवस्था की अनुकृति कहा है।[2] संकेत यह है कि जीवन की विभिन्न सुख–दुःखात्मक परिस्थितियों, घटनाओं का पुनर्पाठ, उनका अनुकरण 'नाट्य' में किया जाता है। इस तरह नाट्य का क्षेत्र अत्यन्त विस्तृत है, इतना कि हमारे दैनिक जीवन में जो कुछ घटता है, हमारे प्रत्यक्ष अथवा परोक्ष जो भी अनुभव होते हैं, उन सबका कलात्मक अनुकरण 'नाट्य' कहला सकता है। जीवन की विभिन्न सुख–दुःखात्मक परिस्थितियों, घटनाओं का अनुकरण 'नाट्य' में आनन्द प्राप्ति के उद्देश्य से किया जाता है। और विलक्षणता यह है कि जीवन का दुःखद घटनाक्रम भी, नाट्य में दोहराये जाने पर प्रेक्षक को उससे विरत नहीं करता, वरन् वह उसे बार बार देखना चाहता है। अर्थात् जहाँ एक ओर हम नाट्य में अपने जीवन आस–पास की मज़ेदार/हर्षित करने

---

1 त्रैलोक्य त्रैलोक्यास्य सर्वस्यनाट्यं भावानुकीर्तनम्।।

नाट्यशास्त्र/परिमल/1/107

2 अवस्थानुकृतिर्नाट्यं रूपं दृश्यतयोच्यते।
रूपकं तत्समारोपात् दशधैव रसाश्रयम्।।

दशरूपक/प्रथम प्रकाश/7

वाली/सुखपूर्ण घटनाओं को पुनः घटता देखकर आनन्दित होते हैं वहीं जीवन की दुःखात्मक स्थितियों का मंचन भी प्रेक्षक को नाट्य से दूर नहीं करता।

यह अनुकरण कैसा है, जो प्रक्षेपित तो करता है दुःख का भाव, किन्तु जिसकी परिणति होती है आनन्द में? ऐसा कौन–सा अंतर्निहित सुख है इसमें कि चित्त प्रवृत्त होता है पुनः पुनः इसके साक्षात्कार को? वास्तव में जीवन की किसी अवस्था का यह अनुकरण और उसकी सम्पूर्ण प्रक्रिया ही वह तत्त्व है जो प्रेक्षक के मानस में प्रारम्भ में तो यह भाव जगाये रखता है कि जो कुछ भी घट रहा है वह परस्थ भाव से उसका साक्षी है। सम्पूर्ण घटनाक्रम अथवा आयोजन का वह एक हिस्सा अवश्य है, किन्तु उसकी इस कर्म में संलग्नता सहेतुक है। वह पात्र के दुःख से स्वयं को जोड़ता अवश्य है, उसमें डूबता अवश्य है किन्तु फिर भी बार–बार उसे देखना चाहता है। देखा यह भी गया है कि दुःखान्त (Tragic) नाटक या फ़िल्में अधिक पसन्द की जाती हैं। ऐसे खेल अधिक बार देखे जाते हैं, जबकि जीवन में दुःखों की पुनरावृत्ति तो सम्भवतः कोई नहीं चाहता।

तो नाट्यगत अनुकरण की प्रक्रिया कैसी है जिसका प्रभाव इतना विलक्षण है? सशक्त अभिनेता द्वारा मूल पात्र के जीवन की सुख–दुःखात्मक स्थितियों का, उसकी मनःस्थिति का अपने अभिनय द्वारा इस कुशलता से अनुकरण किया जाता है कि अभिनेता 'मूल' चरित्र/पात्र को सामाजिक (दर्शक) के पास ले आता है अथवा यह कहें कि मूल–चरित्र और दर्शक के बीच से अभिनेता (उसका अस्तित्त्व) हट जाता है। आम बोल–चाल की भाषा में 'चरित्र को जीना' इसे ही कहते हैं। यह अनुकरण अथवा अभिनय जितना सशक्त होगा, दर्शक स्वयं को उतना ही मूल चरित्र से जोड़ पायेगा। अभिनेता के सामने होने अथवा उसके द्वारा अभिनय किये जाने की भावना दर्शक के मन से लुप्त हो जायेगी, वह उस अभिनेता में ही मूल चरित्र को देखने लगेगा तथा एक स्थिति ऐसी भी आयेगी जब दर्शक को देश–काल की अनुभूति भी नहीं रह जायेगी। दर्शक मंच पर स्थित पात्र से एकाकार हो जायेगा, उसे यह प्रतीत होगा मानो सामने घट रही घटना उसकी अपनी ही है, मूल चरित्र का सुख अथवा दुःख उसे स्वयं अपना सुख अथवा दुःख महसूस होने लगेगा – यही साधारणीकरण अथवा सामान्यीकरण की अवस्था कही गई है। इस अवस्था में पहुँचकर ही सामाजिक को रसानुभूति होती है। ऐसा खेल देखते हुए कुछ प्रेक्षक तो इतने आत्मविस्मृत हो जाते हैं कि पात्र के दुःख से दुःखी हो स्वयं भी अश्रुपात करने लगते हैं। किन्तु नाटक की

समाप्ति पर यह नहीं कहते कि बड़ा खराब नाटक था, रुला दिया। कहा यही जाता है न कि – क्या बात है, बहुत बढ़िया, बहुत अच्छा था। ऐसा क्यों? इसलिये कि इस सम्पूर्ण आयोजन में एक स्थिति ऐसी आती है जबकि प्रेक्षक के चित्त से कुछ क्षणों के लिये परस्थ भाव हट जाता है और वह देश–काल की अनुभूति से परे, सामने चल रहे घटनाक्रम से एकाकार होने लगता है। इसे साधारणीकरण की अवस्था कहा गया है। इस अवस्था में प्रेक्षक सामने चल रहे घटनाक्रम को अपने जीवन की घटनाओं से अनायास जोड़ने लगता है। पात्र का सुख अथवा दुःख उसे स्वयं अपना लगने लगता है। स्मृतियों से जीवन्त साक्षात्कार कराने वाले इस अद्‌भुत लोक में प्रेक्षक पुनः पुनः आना चाहता है, उस अलौकिक आनन्द का बार–बार अनुभव करना चाहता है। यही कारण है कि दुःखान्त नाटक भी प्रेक्षक को अलौकिक आनन्दानुभूति प्रदान करते हैं। यह विलक्षण क्षमता नाट्‌य को अन्य कलारूपों से श्रेष्ठ और उच्च स्थान पर प्रतिष्ठित करती है।

जीवन के सभी पहलुओं को अपने में समेटता हुआ विस्तृत कलेवर और कलात्मक पुनरावृत्ति की पराकाष्ठा, ऐसी अद्‌भुत क्षमता जो प्रेक्षक के चित्त को विगलन की उस अवस्था में ले जाती है जहाँ वह अपने सुख–दुःख से विरत हो जाता है और उसे एक अलौकिक आत्मिक आनन्द की अनुभूति होती है। इस अलौकिक क्षण की प्राप्ति ही तो कलाओं का चरम लक्ष्य है। ध्यान रहे कि जीवन की किसी अवस्था, किसी भाव तथा किसी काल का यथावत् पुनरावर्तन यद्यपि सम्भव नहीं, किन्तु देश और काल का सुनिश्चय कर भूतकाल में घटित किसी घटनाक्रम की क्रिया और उस क्रिया की सम्भावित प्रतिक्रिया का अनुकरण नाट्‌य का विषय है। इस आधार पर किसी पूर्व घटित परिस्थिति का पुनर्निर्माण नाट्‌य में किया जाता है। काल्पनिक घटनाक्रम का निर्माण भी इसी आधार पर किया जाता है। इस प्रक्रिया में स्वयं के अनुभव तथा अनुमान, दोनों का ही लाभ अभिनेता लेता है। उदाहरणार्थः सामान्यतया क्रोध की अवस्था का अभिनय काँपते शरीर, लाल आँखों, गर्जन–तर्जन और लटपटाते वचन वाले अनुभावों से अभिनेता द्वारा किया जाता है। प्रशिक्षित अभिनेता नाट्‌यधर्मी निर्देशों के साथ–साथ अपने निजी अनुभवों को स्वाभाविक तौर पर इसमें जोड़ता चलता है। यह हो सकता है कि अभिनेता मूलतः सात्त्विक तथा शान्त प्रवृत्ति वाला व्यक्ति हो। ऐसे में उसके जीवन में घटी क्रोधजनक स्थितियों में उसकी प्रतिक्रिया ऊपर कहे अनुसार नहीं भी हो सकती। तब मूल पात्र के चारित्रिक लक्षण को स्थापित करने के लिये अभिनेता अपने

स्वभाव को त्यागकर परभाव का ग्रहण करता है। यह समझना होगा कि नाट्य में जीवन की वास्तविक स्थितियों का अनुभवजन्य तथा कल्पनाजन्य चित्रण किया जाता है। इसलिये नाट्य को भावों का अनुकीर्तन करने वाला (अर्थात् भाव तो मन में उठे, उसे फिर से कहने वाला) कहा गया है। और जब बार–बार आप एक बात को कहना चाहते हैं तो निश्चित ही वह मात्र एक–सा दोहराव नहीं होता वरन् कोशिश यह रहती है कि हर बार कुछ भिन्न तरीके से अपनी बात कही जाये। नाट्य के इस विलक्षण चरित्र के कारण ही आचार्य भरत ने इसे सर्वोपरि स्थान दिया है तथा अन्य कलारूपों को नाट्य की आनुषंगिक कला के रूप में नाट्यशास्त्र में प्रतिष्ठा मिली है, स्वतंत्र रूप में नहीं। नाट्य की विलक्षणता 'अभिनय' पर निर्भर करती है, एक तरह से 'अभिनय' को नाट्य का प्राण तत्त्व कहा जा सकता है । भरत अभिनय के विषय में कहते हैं –

अभिपूर्वस्तु णीञ् धातुराभिमुख्यार्थनिर्णये।
यस्मात्पदार्थान्नयति तस्मादभिनयः स्मृतः।।
विभावयति यस्माच्च नानार्थान् हि प्रयोगतः।
शाखाङ्ग्ङोपाङ्गसंयुक्तस्तस्मादभिनयः स्मृतः।।
चतुर्विधश्चैव भवेन्नाट्यस्माभिनयो द्विजाः।
अनेकभेदबहुलं नाट्यं ह्यस्मिन् प्रतिष्ठितम्।।[1]

अर्थ यह है कि – 'णीञ्' धातु में 'अभि' उपसर्ग लगकर बने शब्द 'अभिनय' का अर्थ है कि 'जो पद के मुख्य अर्थ की ओर ले जाता है'। शाखा, अंग और उपांग के द्वारा नाट्य प्रयोग के अनेक अर्थों का विभावन करने के कारण भी यह अभिनय कहलाता है। आचार्य कहते हैं कि हे मुनिगण, नाट्य में प्रयुक्त यह अभिनय चार प्रकार का होता और अनेक भेद वाला नाट्य इसी अभिनय में स्थित रहता है।

उक्त चर्चा से स्पष्ट होता है कि जीवन के प्रत्येक पहलू से जुड़ी होने के कारण नाट्यकला एक समग्र कला है। आचार्य भरत ने – न तज्ज्ञानं न तच्छिल्पं न सा विद्या न सा कला[2] कहकर इसके व्यापक और समग्र रूप को स्थापित किया है। नाट्यशास्त्र में नाट्य के विधायक तत्त्वों के रूप में विभिन्न कलारूपों को सम्मिलित और प्रतिष्ठित किया गया है।

---

1 नाट्यशास्त्र / परिमल प्रकाशन / 8 / 6, 7, 8
2 नाट्यशास्त्र / परिमल प्रकाशन / 1 / 116

नाट्यशास्त्र तथा परवर्ती ग्रन्थों में नाट्य, नृत्त और नृत्य

नाट्यशास्त्र के परवर्ती काल में नाट्य की आनुषंगिक कलाएँ, नाट्य से स्वतंत्र होकर विकसित हुईं। नृत्त और नृत्य को भी तब अर्थाभिव्यक्ति के आधार पर भिन्न–भिन्न रूप में परिभाषित किया गया। 10वीं शताब्दी के नाट्यशास्त्रीय ग्रन्थ 'दशरूपकम्' में नाट्य, नृत्त एवं नृत्य सम्बन्धी यही परिवर्तित अवधारणा देखने को मिलती है। भरत के परवर्ती ग्रन्थकारों द्वारा जिन अर्थों में नृत्त एवं नृत्य संज्ञाओं का प्रयोग किया गया और उन्हें जिन लक्षणों के आधार पर विभाजित किया गया, वैसा विभाजन अथवा उन अर्थों में इन संज्ञाओं का प्रयोग नाट्यशास्त्र में प्राप्त नहीं होता। यद्यपि नाट्यशास्त्र में नृत्य तथा नृत्त ये दोनों ही शब्द बहुतायत से प्राप्त होते हैं किन्तु किसी विशेष अभिप्राय से इनका प्रयोग किया गया हो, यह नहीं लगता। यहाँ कुछ उदाहरण कहे जा रहे हैं –

- रेचकैरङ्गहारैश्च नृत्यन्तं वीक्ष्य शंकरम्।
- नानाङ्गहारैः प्रानृत्यल्लयतालवशानुगैः।
- किं तु शोभां प्रजनयेदिति नृत्तं प्रवर्तितम्।
- विनोदकारणं चेति नृत्तमेतत्प्रवर्तितम्।
- गीतप्रयोगमाश्रित्य नृत्तमेतत्प्रवर्त्यताम्।
- यत्र सन्निहिते दृश्ये ऋतुकालादिदर्शनम्।
  गीतकार्थाभिसम्बद्धं नृत्तं तत्रापि चेष्यते।।
- गीतकार्थं त्वभिनयेद् द्वितीयासारितस्य तु।।
  तदेव च पुनर्वस्तु नृत्तेनापि प्रदर्शयेत्।[1]

उक्त उद्धरणों को देखने से यह स्पष्ट हो जाता है कि आचार्य भरत ने 'नृत्य' अथवा 'नृत्त' शब्द का प्रयोग सामान्य रूप से बिना किसी विशेष लक्षण से सम्बद्ध करते हुए किया है। नाट्यशास्त्र में कहीं नृत्त तो कहीं नृत्य संज्ञा का प्रयोग सामान्य रूप से अभिनय–रहित तथा अभिनय–युक्त दोनों ही तरह से किया गया है। ऐसा इसलिये कि जहाँ एक ओर विभिन्न प्रकार के करण–अंगहारों और नाना लयों पर आश्रित प्रयोग को मुनि ने 'नृत्य' कहा है वहीं गीत पर आश्रित प्रयोग भी 'नृत्य' ही है। इसी तरह 'नृत्त' को जहाँ एक ओर मात्र शोभा की सृष्टि का कारण बतलाया गया है वहीं दूसरी ओर

---

1 नाट्यशास्त्र / परिमल प्रकाशन / 4 / 249, 252, 264, 266, 268 तथा 312

'नृत्त' की योजना गीत के अर्थ को प्रदर्शित करने में भी कही गई है। इसलिये अंग विक्षेपयुक्त चमत्कार प्रधान प्रयोग हो अथवा सार्थक आंगिक अभिनय, आचार्य भरत ने नृत्य एवं नृत्त में अन्तर न मानते हुए इन दोनों ही शब्दों का प्रयोग समान रूप से किया है। हाँ, यह अवश्य है कि जहाँ अर्थाभिव्यक्ति अपेक्षित हो वहाँ 'अभिनय' शब्द के प्रयोग के द्वारा उसे अधिक स्पष्ट किया गया है। यों जब मुनियों ने यह प्रश्न उठाया कि अर्थों की अभिव्यक्ति के लिये 'अभिनय' की सृष्टि आचार्यों ने कर ही दी है (और अभिनय में 'नाट्य' की स्थिति होने के कारण जब 'नाट्य' सभी प्रकार की अभिव्यक्ति में सक्षम है ही) तो फिर नृत्त की आवश्यकता क्यों है, जबकि यह किसी अर्थ की सृष्टि भी नहीं करता? और इस नृत्त का स्वरूप क्या है?[1] भरत इसके उत्तर में कहते हैं कि –

न खल्वर्थं कश्चिन्नृत्तमपेक्षते।।
किन्तु शोभां प्रजनयेदिति नृत्तं प्रवर्तितम्।
प्रायेण सर्वलोकस्य नृत्तमिष्टं स्वभावतः।।[2]

अर्थात् नृत्त से विशेष अर्थ की अपेक्षा नहीं होती किन्तु मात्र शोभा की सृष्टि के उद्देश्य से इसका संयोजन किया जाता है। इसीलिये स्वाभाविक रूप से प्रायः सभी को यह नृत्त प्रिय होता है। ध्यान देने योग्य है कि आचार्य ने अर्थ की अभिव्यक्ति का निषेध नहीं किया है, बस यही कहा है कि नृत्त आवश्यक रूप से अर्थ निष्पादन करे यह अपेक्षित नहीं। वास्तव में नाट्य स्वयं ही अभिव्यक्ति का सशक्त माध्यम है, वह अर्थ की स्थूल अथवा सूक्ष्म या गहन अभिव्यक्ति के लिये किसी अन्य कलारूप पर निर्भर नहीं करता। विभिन्न उपादान नाट्य में अवसरानुकूल अन्य अन्य प्रयोजन से सम्मिलित किये जाते हैं। इसलिये मात्र (विशेष आकर्षक तथा चमत्कारयुक्त प्रयोग के द्वारा) शोभा की सृष्टि के लिये नाट्य में नृत्त की आवश्यकता होती है। दूसरे शब्दों में, नाट्य में प्रसंगवश नृत्त को सम्मिलित किया जाता है, इसलिये उसका उद्देश्य मात्र शोभा की सृष्टि होता है, किसी अर्थ विशेष की अभिव्यक्ति करना नहीं। इसलिये यह समझना चाहिये कि जहाँ आवश्यकता होगी वहाँ 'नृत्त' अर्थ की अभिव्यक्ति भी करेगा। उल्लेखनीय है कि बहिर्यवनिकागत पूर्वरंग अथवा 'चित्र–पूर्वरंग' में आसारित आदि गीतकों के साथ अभिनयाश्रित नृत्त प्रयोग की बात आचार्य ने कही है। इन गीतकों के साथ नृत्त प्रयोग के तीन स्तर आचार्य द्वारा निर्देशित किये गये हैं।

---

1 नाट्यशास्त्र/परिमल प्रकाशन/4/261, 262, 263
2 नाट्यशास्त्र/परिमल प्रकाशन/4/263–264

प्रथम जहाँ शुष्काक्षरों के साथ करणों की प्रस्तुति होती है,
द्वितीय जहाँ नर्तकी द्वारा गीत की भावाभिव्यक्ति की जाती है, तथा
तृतीय जहाँ भाण्डवाद्यों के साथ अंगहारों का प्रदर्शन होता है।

इस सम्पूर्ण प्रसंग में नृत्त के अभिनय रहित रूप को भाण्डवाद्यों एवं करण–अंगहारों के साथ विभिन्न लयों में प्रयुक्त करने का निर्देश दिया गया है, और नृत्त के अभिनयात्मक रूप की योजना गीत के अर्थ की अभिव्यक्ति में कही गई है, और इस हिस्से में भाण्डवाद्यों के वादन का निषेध किया गया है।

यत्राभिनेयं गीतं स्यात्तत्र वाद्यं न योजयेत्।
अंगहारप्रयोगे तु भाण्डवाद्य विधीयते।[1]

कितना सटीक निर्देश दिया है आचार्य ने। गीत के अभिनय में वाद्यों का अतिशय वादन आच्छादनकारी (हावी होने वाला) हो सकता है इसलिये इनका निषेध किया गया है। अभिनव गुप्त इस निर्देश पर टीका करते हुए कहते हैं कि इसे वाद्यों का निषेध न समझकर उन्हें गीत का अनुगमन करने का निर्देश दिया गया समझना चाहिये। विधि बहुत स्पष्ट है। हम सभी नर्तक जानते हैं कि भावाभिनय में अवनद्ध वाद्यों की अतिसंगति व्यवधान उत्पन्न करती है। अतः उनका विवेकपूर्ण सम्यक् प्रयोग ही किया जाना चाहिये।

उक्त विवरण से यह स्पष्ट हो जाता है कि नाट्यशास्त्र में बतलाये गये सम्पूर्ण अभिनय रहित अथवा अभिनय सहित लय–ताल–गीतबद्ध प्रयोग को यथावश्यक नृत्त अथवा नृत्य की संज्ञा दी गई।

तण्डु प्रोक्त होने के कारण भरत ने 'ताण्डव' संज्ञा का प्रयोग भी किया।[2] स्मरणीय है कि भगवान शिव ने तण्डु को रेचक, करण–अंगहार एवं पिण्डी–बन्ध प्रदान किये थे और महागीतों के साथ इनके प्रयोग का निर्देश दिया था।

---

1 नाट्यशास्त्र / परिमल प्रकाशन / 4 / 276, 77

2 सृष्ट्वा भगवता दत्तास्तण्डवे मुनये तदा।
तेनापि हि ततः सम्यग्गानभाण्डसमन्वितः।।
नृत्तप्रयोगः सृष्टो यः स ताण्डव इति स्मृतः।

नाट्यशास्त्र / परिमल प्रकाशन / 4 / 259, 260, 261

भरत कहते हैं कि प्रायः इस ताण्डव का प्रयोग देवताओं की स्तुति हेतु किया जाता है किन्तु यह नृत्त श्रृंगार रस और सुकुमार भावों वाला भी हो सकता है।[1] अभिनय रहित प्रयोग को गान एवं भाण्ड वाद्य से युक्त कर तण्डु ने ही अभिनय सहित प्रयोग की रचना की और इसे 'सुकुमार' की संज्ञा दी गई। सम्भवतः इस सुकुमार विधि की प्रेरणा तण्डु मुनि को देवी पार्वती से मिली होगी, क्योंकि शिव के रेचक अंगहारों से युक्त नृत्य को देखकर देवी पार्वती के द्वारा भी सुकुमार प्रयोग किये जाने का उल्लेख नाट्यशास्त्र में मिलता है।[2] परवर्ती काल में अवश्य इस सुकुमार नृत्य को स्पष्ट रूप से देवी पार्वती से सम्बद्ध कर दिया गया।[3] इसी क्रम में एक और तथ्य उभरकर सामने आता है और जो इस नाते महत्त्वपूर्ण भी है कि वह परवर्ती काल में 'नृत्त' की स्थापित अवधारणा के लिये बीज के रूप में कार्य करता है, वह यह कि नाट्यशास्त्र में अंगहार से निष्पन्न और करणों पर आश्रित आंगिक अभिनय को 'नृत्त' कहा गया है[4] तथा करणों के निर्माण में नृत्त हस्तों के प्रयोग का निर्देश दिया गया है।[5]

लगभग सभी नृत्य प्रयोक्ता यह जानते हैं कि नाट्यशास्त्र के परवर्ती काल में नाट्य–नृत्त–नृत्य को क्रमशः 'वाक्यार्थाभिनयात्मकम्', 'अंगविक्षेप मात्रं' तथा 'पदार्थाभिनयात्मकम्' कहकर परिभाषित किया गया। इन्हें इसी रूप में सुनने–समझने का संस्कार हमारे अन्दर स्थिर हो चुका है। और फिर यहाँ से मुड़कर जब हम दृष्टि

---

1 देवेन चापि सम्प्रोक्तस्तण्डुस्ताण्डवपूर्वकम्।
गीतप्रयोगमाश्रित्य नृत्तमेतत्प्रवर्त्यताम्।
प्रायेण ताण्डवविधिर्देवस्तुत्याश्रयो भवेत्।
सुकुमारप्रयोगश्च श्रृंगाररससम्भवातः।

नाट्यशास्त्र / परिमल प्रकाशन / 4 / 267, 268, 269

2 रेचकैरंगहारैश्च नृत्यन्तं वीक्ष्य शंकरम्।।
सुकुमारप्रयोगेण नृत्यन्तीं चैव पार्वतीम्।

नाट्यशास्त्र / परिमल प्रकाशन / 4 / 249, 250

3 उद्धृत्योद्धृत्य सारं यमखिलनिगमान्नाट्यवेदं विरिञ्चिश्चक्रे
यस्य प्रयोगे मुनिरपि भरतस्ताण्डवं नीकण्ठः।
शर्वाणी लास्यमस्य प्रतिपदमपरं लक्ष्म कः कर्तुमीष्टे
नाट्यानां किन्तु किन्वित्प्रगुणरचनया लक्षणं संक्षिपामि।।

दशरूपकम् / प्रथमः प्रकाशः / 4

4 अंगहारविनिष्पन्नं नृत्तन्तु करणाश्रयम्।।

नाट्यशास्त्र / परिमल प्रकाशन / 8 / 15

5 करणे तु प्रयोक्तव्यो नृत्तहस्तो विशेषतः।

नाट्यशास्त्र / परिमल प्रकाशन / 9 / 211

डालते हैं नाट्यशास्त्र पर, तो सहज प्रश्न उठता है कि भरत ने तो नाट्य को अभिनय के माध्यम से लोक के समस्त भावों का अनुकीर्तन करने वाला कहा है। इस अर्थ में नाट्य 'पद' (सार्थक शब्द) के अर्थ का विभावन करने वाला हुआ। और हालाँकि नृत्य और नृत्त ये दोनों ही संज्ञाएँ नाट्यशास्त्र में यत्र–तत्र प्राप्त होती हैं, लेकिन भरत ने इनका भिन्न अर्थों में पृथक् उल्लेख नहीं किया है। ऐसा क्यों है? बारम्बार नाट्यशास्त्र का पाठ और मनन करने पर आचार्य भरत का मन्तव्य स्पष्ट होने लगता है। वास्तव में भरतकालीन संस्कृत गीति/गेय नाटकों में वाचिक, सात्त्विक तथा आहार्य के साथ–साथ विनियोग आधारित आंगिक अभिनय (शिरः, नेत्र, हस्त आदि भेद) का स्थान बनता था। हम सभी जानते हैं कि 'अभिनय' के एक विशेष भेद के रूप में 'आंगिक' एक codified testament की तरह है। यह किसी भाव एवं अर्थ की अभिव्यक्ति के बारम्बार अनुभूत संकेतों की वह योजनाबद्ध श्रृंखला है जो एक उच्चस्तरीय कलात्मक आंगिक भाषा को जन्म देती है। इन अर्थों में आंगिक अभिनय दैनिक जीवन के सहज–स्वाभाविक संकेतों से दिशा अवश्य ग्रहण करता है किन्तु उससे कहीं भिन्न और तकनीकी रूप से अत्यन्त समृद्ध है। तो इस तरह भरतकालीन नाटकों में चारों अभिनयों की योजना के लिये स्थान था या यों कहें कि गीति नाट्यों में आंगिक अभिनय के माध्यम से अर्थाभिव्यक्ति की सम्भावना बनती थी, क्योंकि वहाँ कथोपकथन (dialogues) गेय रूप में होता है। गीत में स्वरों का वितान होता है इसलिये सम्वाद अदायगी में उतना space मिल जाता है जहाँ हस्त मुद्राओं आदि का प्रयोग करते हुए अपनी बात को अधिक कलात्मक रूप में अभिनेता/अभिनेत्री प्रस्तुत कर सके। यही कारण है कि प्रत्येक पद (सार्थक शब्द) का अर्थ स्पष्ट करने में वहाँ आंगिक अभिनय सहायक होता था। परवर्ती काल में नाटकों में भी बड़ा परिवर्तन आया। नाटक पद्यात्मक स्वरूप छोड़कर गद्यात्मक होने लगे। फलस्वरूप गेय पर अभिनय की विधा पृथक् तौर पर 'नृत्य' के रूप में विकसित हुई। तभी नृत्य को 'पदार्थाभिनयात्मकम्' भी कहा गया और अभिनय की भरतोक्त अथवा नन्दिकेश्वरोक्त विधि, (अथवा अन्य ग्रन्थों में आंगिक अभिनय के सन्दर्भ में कही गई विधि) जो पूर्व में नाटक का प्रमुख लक्षण थी (पदार्थान्नयति, विशेष रूप से आंगिक अभिनय के सन्दर्भ में), अब 'नृत्य' का लक्षण बनी। इस तरह यह तो स्पष्ट होता है कि हम वर्तमान में जिस separate entity को 'नृत्य' कहते हैं, वैसी किसी विधा का पृथक् उल्लेख नाट्यशास्त्र में प्राप्त नहीं होता। स्मरणीय है भरतकालीन नाट्य में करण–अंगहार युक्त तथा लय–तालबद्ध नृत्त का

प्रयोग शोभा के सर्जन के लिये होता था, इसके लिये अवसर भी बहुतेरे होते थे। परवर्ती काल में नाटकों में नृत्त की स्थिति में भी परिवर्तन आया। कथानक की आवश्यकता के अनुसार नृत्त का व्यवहार तो किया जाता था किन्तु उनका शास्त्रोक्त स्वरूप लुप्त होने लगा और वह मात्र लय–तालबद्ध अंग विक्षेप मात्र रह गया। व्याकरण सम्मत अंग–विक्षेप ने कालांतर में नृत्य के अन्तर्गत स्थान पाया। 15–16 वीं शताब्दी के बाद विकसित हुए तथाकथित शास्त्रीय नृत्यों में यह विशेषता देखी जा सकती है।

आचार्य धनंजय ने नाट्य को अवस्था की अनुकृति मानते हुए, रस के आश्रित होने से दशविध कहा, साथ ही दृश्यमयता होने के कारण इसे 'रूपक' की संज्ञा भी दी।[1] हम पहले ही कह चुके हैं कि 'अवस्था' से तात्पर्य है, जीवन की सुख–दुःखात्मक स्थितियाँ। तकनीकी शब्दावली में कहें तो 'काव्य में वर्णित नायक–नायिका तथा अन्य पात्रों को जब आंगिक, वाचिक, आहार्य एवं सात्त्विक अभिनयों के माध्यम से प्रकट किया जाता है अथवा स्वरूप दिया जाता है, तो वह 'नाट्य' कहलाता है।' इस नाट्य में वाक्य ही प्रधान होता है, जिसका अभिनय किया जाता है अतः धनंजय, शारदातनय, शार्ङ्गदेव आदि परवर्ती ग्रन्थकारों द्वारा नाट्य को 'वाक्यार्थाभिनयात्मकम्' कहा गया। नाट्यशास्त्र के 18वें अध्याय में मुनि ने नाट्य को दशविध यथा – नाटक, प्रकरण, भाण, प्रहसन, डिम, व्यायोग, समवकार, वीथि, अंक तथा ईहामृग कहा है।[2] आइये देखते हैं ये प्रकार कौन से हैं।

---

1 आचार्य भरत से प्रभावित होकर ही धनञ्जय, शारदातनय एवं शार्ङ्गदेव ने नाट्य को रसाभिव्यक्ति का कारण माना है।

(अ) धनञ्जय ने नाट्य को रूपक मानते हुए दस प्रकार के रूपक कहे और उन्हें 'दशधैव रसाश्रयम्' कहा है।

दशरूपकम् / प्रथमः प्रकाशः / 7

(ब) भावप्रकाशनम् / सप्तम् अध्किार / पृ. 260

(स) संगीत रत्नाकर / 7 / 171

2 नाटकं सप्रकरणमंको व्यायोग एव च।
भाणः समवकारश्च वीथी प्रहसनं डिमः।।
ईहामृगश्च विज्ञेया दशेमे नाट्यलक्षणे।

नाट्यशास्त्र / परिमल प्रकाशन / 18 / 2, 3

दशविध नाट्य

नाटक

रूपक के प्रधान भेद के रूप में अपनी उत्कृष्टता के कारण 'नाटक' प्रथम उल्लेख पाने की पात्रता रखता है। इसकी कथावस्तु उदात्त चरित्र वाले राजा के जीवन से सम्बन्धित होती है। नाटक का नायक दिव्य/देवता नहीं होना चाहिये, क्योंकि ऐसे नायक को अपनी इष्टवस्तु की प्राप्ति अपनी दिव्य शक्ति से हो जाती है। साथ ही दिव्य पात्रों से सामाजिक/दर्शक को तादात्म्य स्थापित करने में भी कठिनाई होती है। हाँ, नायक की सहायता हेतु दिव्य पात्र मंच पर प्रस्तुत किया जा सकता है। आचार्य भरत के मतानुसार धीरोदात्त के साथ ही धीरललित तथा धीरप्रशान्त प्रकृति वाले पात्र भी नाटक के नायक हो सकते हैं। इसका अर्थ यह है कि धीरोद्धत प्रकृति के पात्र को नाटक का केन्द्रीय चरित्र अथवा नायक नहीं बनाया जाना चाहिये। नाटक में वीर तथा शृंगार रस की प्रमुखता होनी चाहिये। नाटक में सभी भाव, सभी रस, सभी कर्म एवं प्रवृत्तियाँ होनी चाहिये। नाटक पाँच अंक से कम तथा दस अंक से अधिक वाला नहीं होना चाहिये। इससे अधिक होने पर यह 'महानाटक' हो जाता है।

प्रकरण

रूपकों में द्वितीय स्थान प्रकरण का है। यह कुछ भिन्नता के साथ नाटक के ही लक्षणों वाला होता है। प्रकरण की कथावस्तु कवि–कल्पित होती है, नाटक की तरह प्रख्यात नहीं। कल्पित कथावस्तु होने के कारण इसका स्त्रोत लोक साहित्य होता है। इसका नायक धीरप्रशान्त प्रकृति का विप्र (ब्राह्मण), वणिक (व्यापारी), अमात्य (मंत्री) आदि होता है। सहायक पात्रों में विट, विदूषक, श्रेष्ठी, दास, शकार, भिक्षु आदि होते हैं। नायिका ब्राह्मणेतर कुलजा अथवा वेश्या हो सकती है। उदाहरण – मृच्छकटिकम्। सन् 1984 में मृच्छकटिकम् पर आधारित हिन्दी फीचर फिल्म 'उत्सव' बनी थी।

भाण

भाण में एक अंक और दो संधियाँ होती हैं। इसमें एक ही पात्र होता है, यानी यह एकल अभिनीत नाटक monologue है। यही एक अभिनेता रूपक के समग्र कथानक को प्रस्तुत करता है। इसका नायक विट या धूर्तपुरुष होता है, जो कल्पित पात्र होता है। प्रकरण की ही भाँति इसकी कथावस्तु भी काल्पनिक होती है जो समाज में विद्यमान भिन्न–भिन्न प्रकृति के मनुष्यों के हृदय के रहस्यों, पाखंडों तथा धूर्तताओं

का उद्घाटन करते हुए हास्य सृजन करती है। भाण में वाग्व्यापार की प्रमुखता होने से भारती वृत्ति रखी जाती है। श्रृंगार या वीररस का प्रयोग होता है। इसमें लास्यांग की योजना भी की जा सकती है। आश्चर्य है कि भरत और धनंजय ने भाण में हास्य रस का उल्लेख नहीं किया। अभिनव गुप्त ने अवश्य नाट्यशास्त्र की टीका में भाण में करुण, हास्य और अद्भुत रस का होना बतलाया है साथ ही श्रृंगार रस के उल्लेख को छोड़ दिया है।

भाण की विशेषता है कि इसमें हल्के व्यंग्य के पुट के साथ दुष्ट स्वभाव तथा दुश्चरित्र व्यक्तियों के स्वरूप का उद्घाटन किया जाता है। श्यामलिक विरचित पादताडितकम्, शूद्रक विरचित पद्मप्राभृतक, ईश्वरदत्त विरचित धूर्तविटसंवाद तथा वररुचि विरचित उभयाभिसारिका ऐसी प्रसिद्ध रचनाएँ रही हैं जिन्हें सम्मिलित रूप से 'चतुर्भाणी' कहा गया। संस्कृत साहित्य में आचार्य क्षेमेन्द्र और आचार्य दण्डी इस तरह की काव्य रचना में सिद्धहस्त माने गये हैं।

प्रहसन

यह हास्यरस प्रधान रूपक है। इसके दो भेद माने गये हैं– शुद्ध तथा संकीर्ण। शुद्ध प्रसहन में किसी मिथ्याचारी एवं लोकनिन्दित व्यक्ति के जीवन को दर्शाया जाता है। नायक यति, तपस्वी, भिक्षु, श्रमण अथवा गृहस्थ हो सकता है। नायक का दंभी जीवन प्रस्तुत किया जाता है। यथा – 'शशिविलास'। संकीर्ण प्रहसन में विट, वेश्याजन, धूर्त तथा कुलटा जैसे पात्रों को दर्शाया जाता है। इसका उद्देश्य जनसामान्य को उक्त जनों के कृत्यों से परिचित कराना होता है, ताकि वे इनके चंगुल में न फँसकर मंगलमय जीवन जी सकें। प्रमुख रस हास्य होता है। उदाहरणार्थ – 'भगवदज्ञुक'। विनोदप्रधान होने के साथ–साथ समाज सुधारक होने के कारण 'प्रहसन' एक लोकप्रिय रूपक रहा है।

डिम

यह 'नाटक' के ही समान होता है। नायक उदात्त प्रकृति का तथा प्रख्यात होता है। इसमें चार अंक होते हैं। श्रृंगार, हास्य तथा शान्त रस को छोड़कर शेष सभी रस होते हैं। नाटक और इसमें अन्तर यह है कि इसमें माया या इन्द्रजाल का प्रचुरता से प्रदर्शन किया जाता है, यथा – उल्कापात, भूकम्प, सूर्यग्रहण, चन्द्रग्रहण, युद्ध, छल आदि। इसमें देवता, नाग, असुर, यक्ष, गन्धर्व, भूत, प्रेत, पिशाच जैसे सोलह पात्र होते

हैं और उनके अनुरूप आरभटी और सात्वती वृत्ति की योजना होती है। उदाहरण – त्रिपुरदाह, नरकोद्धरण आदि।

व्यायोग

यह भी एक प्राचीन रूपक भेद है, जो डिम–समवकारादि से समानता भी रखता है और भिन्नता भी। इसमें एक अंक होता है। नायक प्रख्यात पुरुष होता है, जो राजर्षि होता है। पुरुष पात्रों की अधिकता होती है। कुल बारह पात्र होते हैं। प्रधान रस वीर अथवा रौद्र होता है। उदाहरण – भास का 'मध्यम–व्यायोग'।

समवकार

देव तथा दानव जैसे बारह दिव्य पात्रों वाले समवकार में तीन अंक होते हैं। नायक तथा अन्य पात्र उदात्त प्रकृति के होते हैं। कथावस्तु प्रख्यात होती है। इसके तीन अंकों में तीन प्रकार का कपट, तीन प्रकार का विद्रव तथा तीन ही प्रकार का श्रृंगार प्रस्तुत किया जाता है। त्रिविध श्रृंगार के प्रसंग में किसी सुन्दरी के आकर्षण से होने वाला संघर्ष दर्शाया जाता है। प्रत्येक अंक की कथा अपने–आप में पूर्ण होती है। अर्थात् तीनों अंकों की कथावस्तु परस्पर श्रृंखलाबद्ध नहीं होती। वीर तथा रौद्र रस की प्रमुखता होती है। भारती, सात्वती एवं आरभटी वृत्ति का बाहुल्य होता है। उदाहरण – अमृतमन्थन तथा नवग्रहचरितम्।

वीथी

यह सभी रसों को प्रस्तुत करने वाला एकांक रूपक है। इसमें तेरह भाग या दृश्य तथा एक या दो पात्र होते हैं। एक पात्र होने पर भाण की तरह आकाशभाषित तथा दो पात्र होने पर नाटकीय कथोपकथन शैली रखी जाती है। उच्च, मध्य या निम्न जाति के पात्र होते हैं। श्रृंगार इसका प्रमुख रस होता है तथा वृत्ति कैशिकी होती है। यह एक नाट्य–नृत्य प्रधान रूपक है, जिसमें दसों लास्यांगों का प्रयोग किया जाता है। नायिका सामान्या या परकीया होती है। उदाहरण – बकुलवीथी।

अंक

यह करुण रस प्रधान एकांक रूपक है। कथावस्तु प्रख्यात एवं कल्पित दोनों रखी जा सकती है। भारती वृत्ति होती है। युद्ध समाप्ति पर शोकाकुल स्त्रीजन के विलापपूर्ण संवाद होते हैं। नायक प्राकृत तथा कथावस्तु प्रख्यात होती है। उदाहरण – महाकवि भास का 'ऊरुभंग'।

ईहामृग

यह एक या चार अंकों वाला रूपक है। नायक उद्धत प्रकृति का दिव्य अथवा मानव होता है। इसमें अलभ्य दिव्य स्त्री की प्राप्ति के लिये संघर्ष का चित्रण किया जाता है। नायक तथा कथावस्तु दोनों प्रख्यात होते हैं। भारती, सात्वती तथा आरभटी वृत्तियाँ होती हैं। श्रृंगार के अल्पत्त्व के कारण यह लगभग कैशिकी वृत्ति विहीन होता है। उदाहरण – रुक्मिणि–हरण तथा वीर–विजय।

नृत्त

नृत्त शब्द की निष्पत्ति 'नृती' धातु से मानी गई है, जिसका अर्थ है – गात्र विक्षेप। गात्र विक्षेप यानी शरीर का अपनी स्वाभाविक स्थिति से किसी अन्य स्थिति में जाना। ग्रन्थकारों ने नृत्त को अंग–विक्षेप मात्र से युक्त कहा है।[1] नृत्त में आंगिक गतिशीलता तो होती है, परन्तु इन आंगिक गतिशीलताओं से वहाँ अर्थ की कोई अपेक्षा नहीं होती, अर्थात् नृत्त आंगिकादि चारों ही प्रकार के अभिनयों से विहीन केवल ताल एवं लय के आश्रित रहता है।[2] नृत्त में ताल तथा लय के अनुरूप हस्त, पाद आदि अंगों का संचालन होता है। नृत्त, ताल के आधार पर मात्रा का अनुसरण करता है तथा लय के आधार पर गति (मन्द्र, मध्य अथवा द्रुत) का आश्रय लेता है। अर्थात् नृत्त ताल तथा लय द्वारा ही नियमित होता है। आचार्य नन्दिकेश्वर ने नृत्त के अवसरों का निर्देश करते हुए कहा है कि नृत्त राज्याभिषेक, यात्राकाल, महोत्सव, तीर्थयात्रा प्रसंग, विवाह के अवसर पर, प्रियजन समागम, नगर प्रवेश, गृह प्रवेश, पुत्र जन्म तथा इसी प्रकार के अन्य शुभ अवसरों पर आयोजित किया जाना चाहिये।[3] लोक में उक्त अवसरों पर आज भी उत्साह और खुशी को व्यक्त करने के लिए अंग–विक्षेप से युक्त 'नृत्त' ही किया

---

1 गात्र विक्षेपमात्रं तु सर्वाभिनयवर्जिम्
आंगिकोक्तप्रकारेण नृत्तं नृत्तविदो विदुः।

संगीत रत्नाकर / 7 / 27–28

2 नृत्तं ताललयाश्रयम्।

दशरूपकम् / प्रथमः प्रकाशः / 9

3 नृत्तं तत्र नरेन्द्राणामभिषेके महोत्सवे।
यात्रायां देवयात्रायां विवाहे प्रियसंगमे।।
नगराणामागारणां प्रवेशे पुत्रजन्मनि।
शुभार्थिभिः प्रयोक्तव्यं मांगल्यं सर्वकर्मभिः।।

अभिनयदर्पणम् / मनमोहन घोष / श्लोक 13–14

जाता है। शादी–विवाह पर बारात के सामने बैण्ड की ताल और धुन पर किया जाने वाला अंग–विक्षेप, 'नृत्त' ही तो है।

दशरूपक में धनंजय ने न तो नृत्त के अर्थयुक्त अथवा भावयुक्त होने की बात कही है और न ही उसे अर्थविहीन या भावहीन कहा है। इसका अर्थ यह हुआ कि नृत्त ऐसी आंगिक क्रिया है जो लय और ताल बद्ध तो है, और क्योंकि कोई भी क्रिया सर्वथा भावहीन नहीं हाती इसलिये नृत्त की क्रिया में भी कोई–न–कोई भाव रहेगा ही, किन्तु यह भाव किसी अर्थ विशेष का सम्प्रेषण करे, कोई statement बने यह आवश्यक नहीं। धनञ्जय के इस कथन पर आचार्य धनिक ने टीका की है कि 'नृत्त ऐसा गात्र विक्षेप है जिसमें आंगिक की बहुलता है।[1] यहाँ 'आंगिक' शब्द हमारा ध्यान खींचता है। हम जानते हैं कि आंगिक, चार प्रकार के अभिनयों में से एक है और नाट्यशास्त्र सहित तमाम ग्रन्थों में आंगिक अभिनय के अन्तर्गत अंग–प्रत्यंग तथा उपांगों के लक्षण तथा उनके विनियोग की भी विस्तार से चर्चा की गई है। यानी जब विनियोग (usage) बताया बताया गया है तो इसका स्पष्ट अर्थ है कि किसी–न–किसी अर्थ को सम्प्रेषित करने के लिये इन आंगिक क्रियाओं का प्रयोग किया जाता था (जैसी कि पूर्व में गीति नाट्यों के प्रसंग में हम कह आये हैं)। लेकिन फिर वहीं पर करण–अंगहार तथा नृत्त हस्त की चर्चा भी प्राप्त होती है। इससे यह स्पष्ट हो जाता है कि अंग–प्रत्यंग–उपांग का लय–तालबद्ध विक्षेप नृत्त है। पर चूँकि ग्रंथकार वाचिक तथा सात्त्विक अभिनय के विषय में कुछ न कहकर मात्र आंगिक और लय–ताल की बात कह रहे हैं इसलिये यह भी प्रतीत होता है कि भले ही इस आंगिक से किसी अर्थ की अभिव्यक्ति नहीं हो रही हो किन्तु यह एक ऐसी नियत नृत्य संरचना (dance composition/piece) है जो वाद्य प्रबन्धों पर आधारित है। अवनद्ध वाद्यगत बोल हों अथवा तंत्रवाद्य की कोई स्वरबद्ध रचना, इन दोनों पर ही ऐसी नृत्य संरचना (नृत्त संरचना) तैयार की जा सकती है। ऐसी रचना किसी न किसी भाव का सम्प्रेषण तो अवश्य करती है, चाहे वह उत्साह और उछाह का भाव हो अथवा क्रोध का। किन्तु वहाँ कथ्य की स्पष्ट अर्थाभिव्यक्ति न अपेक्षित होती है और ही सम्भव।

इस सम्बन्ध में आचार्य शांर्ङ्गदेव स्पष्टतः कहते हैं कि ''अंग विक्षेप मात्र, जो सभी प्रकार के अभिनयों से हीन हो अथवा जिसमें सभी प्रकार के अभिनय वर्जित हों,

---

1 नृत्तेर्गात्रविक्षेपार्थत्वेनाङ्गिकबाहुल्यात्।

दशरूपकम् / प्रथमः प्रकाशः / अवलोक / पृ. 5

आंगिक के ऐसे प्रकार को नृत्त को जानने वालों ने 'नृत्त' कहा है।''[1] इस पर कल्लीनाथ ने टीका की है – 'आंगिकाभिनये अंगप्रत्यंगोपांगानां यः प्रकार उक्तः तेन प्रकारेण गात्रविक्षेपमात्रं तु नृत्तविदो नृत्तं विदुः।' अर्थात् आंगिक अभिनय के जो अंग, प्रत्यंग तथा उपांग प्रकार कहे गये हैं उनका (उन प्रकारों के द्वारा) अंग विक्षेप मात्र 'नृत्त' कहा गया है। अभिनयदर्पणम् इस विषय पर और अधिक स्पष्ट विचार प्रस्तुत करता है। आचार्य नन्दिकेश्वर ने 'नृत्त' को 'भाव' के अभिनय से हीन' कहा है।[1] यह नृत्त ताण्डव और लास्य भेद से द्विविध होता है।

नृत्य

'नृत्य' शब्द की निष्पत्ति 'नृत्' धातु से मानी गई है, इसका अर्थ भी गात्र विक्षेप ही है, अर्थात् आंगिक अभिनय की बहुलता।[2] किन्तु नृत्य को भावाश्रित तथा पदार्थाभिनयात्मक भी कहा गया है।[3] जैसा कि हमने पूर्व में कहा है कि नृत्य आचार्य भरत ने यद्यपि नाट्यशास्त्र में नृत्त और नृत्य का स्पष्ट विभाजन नहीं किया है, फिर भी अवसर और आवश्यकता के अनुरूप नृत्त अथवा नृत्य का विधान वहाँ बताया गया है। गीत की पंक्ति की आवृत्ति होने पर, मुद्राओं से उसका अभिनय करने की बात कही है तथा शेष हिस्से में नृत्त करने की बात कही है।[4] इस नृत्त वाले हिस्से में त्रिपाणि (सम, अर्ध एवं उपरिणाण) तथा त्रिविध लय (विलम्बित, मध्य एवं द्रुत) से संगत करने का निर्देश मुनि ने दिया है। पूर्व में यह कहा ही जा चुका है कि 'जब गीत पर अभिनय किया जा रहा हो, तो वहाँ वाद्य की योजना नहीं की जानी चाहिए (अथवा कम की जानी चाहिए) हाँ, अंगहारों के प्रयोग के साथ भाण्ड वाद्यों की योजना अवश्य की जानी चाहिए।

---

1 भावाभिनयहीनं तु नृत्तमित्यभिधीयते।

अभिनयदर्पणम्/मनमोहन घोष/श्लोक 15

2 नृत्तेर्गात्रविक्षेपार्थत्वेनाङ्गिकबाहुल्यात्।

दशरूपकम्/प्रथमः प्रकाशः/अवलोक/पृ. 5

3 भावाश्रयं नृत्यम्.......................

.... पदार्थाभिनयात्मकमन्यदेव नृत्यमिति।

दशरूपकम्/1/9 तथा दशरूपकम्/1/अवलोक/पृ. 6

4 यदा गीतिवशादङ्गं भूयो भूयो निवर्तते।।
तत्राद्यमभिनेयं स्याच्छेषं नृत्तेन योजयेत्।

नाट्यशास्त्र/परिमल प्रकाशन/4/299–300

वास्तव में अभिनयात्मक होने पर भी नृत्य, नाट्य से बिल्कुल भिन्न चीज़ है। नाट्य रस पर आश्रित होता है, जबकि नृत्य भाव पर। नाट्य में कथोपकथन अत्यावश्यक है। यह वाक्यार्थाभिनयात्मक होता है, और इसलिए नाट्य में वाचिक अभिनय प्रधान रहता है। नृत्य पदार्थाभिनयात्मक होता है अर्थात् नृत्य में प्रत्येक शब्द के अर्थ/अर्थों की अभिव्यंजना आंगिक अभिनय द्वारा की जाती है। इसलिये नृत्य में गात्र विक्षेप (अंग विक्षेप) मात्र से भाव–व्यंजना होती है। इस तरह नृत्य का लक्ष्य रससिद्धि न होकर, भावसिद्धि होता है। आचार्यों ने नृत्य को 'मार्ग' कहा है।[1] क्योंकि नृत्य शास्त्रीय पद्धति का अनुसरण करते हुए 'पदार्थ' को स्पष्ट करता है। नृत्य को भी नृत्त की भाँति मधुर और उद्धत भेद से द्विविध कहा गया है। अन्तर सिर्फ यह है कि नृत्य के ताण्डव–लास्य भेदों के प्रयोग की पद्धति शास्त्रोक्त होती है तथा इनमें नियमों की शिथिलता स्वीकार्य नहीं होती।

नाट्य, नृत्त एवं नृत्य सम्बन्धी उक्त सम्पूर्ण विवरण से यह स्पष्ट होता है कि नाट्यशास्त्र के काल में नाट्य एक पूर्ण कला थी और नाट्य प्रयोग को सफलता एवं पूर्णता प्रदान करने के लिये अन्य कलाओं एवं विधाओं का नाट्य में निश्चित स्थान था। इसका अर्थ यह नहीं है कि उस काल में अन्य कलाओं का स्वतंत्र अस्तित्त्व नहीं था। वास्तव में नाट्य को समाज के सभी वर्णों (ब्राह्मण, क्षत्रिय, वैश्य, शूद्र, धनिक, निर्धन, बालक, युवा, वृद्ध, स्त्री–पुरुष, शिक्षित–अशिक्षित) के लिये सुलभ, ऐसा साधन माना जाता था जो न सिर्फ मनोरंजक था, वरन् शिक्षाप्रद भी था। कथानक एवं कथोपकथन पर आधारित इस नाट्य का प्राण 'गेय' होने की वजह से आचार्य भरत ने शब्दों के लिये विशेष प्रयत्न करने पर बल दिया है, क्योंकि यही सारे नाट्य प्रदर्शन का कलेवर है। अंग, नेपथ्य–रचना और सात्त्विक अभिनय, ये सब वाक्य के अर्थों की ही अभिव्यक्ति करते हैं।[2] अर्थात् ये तीनों वाचिक अभिनय के सहायक मात्र हैं, इसलिये यदि वाचिक अभिनय शिथिल हो, तो अन्य अभिनयों के यथोचित होने पर भी प्रयोग सुरुचिपूर्ण नहीं बन सकता। इसीलिये mime का स्थान नाट्य तथा नृत्य से कमतर

---

1 आंगिकाभिनयैरेव भावानेव व्यनक्ति यत्।।
तन्नृत्यं मार्गशब्देन प्रसिद्धं नृत्यवेदिनाम्।

संगीत रत्नाकर/7/26–27

2 वाचि यत्नस्तु कर्तव्यो नाट्स्येयं तनुः स्मृता।
अंगनेपथ्यसत्त्वानि वाक्यार्थं व्यञ्जयन्ति हि।।

नाट्यशास्त्र/परिमल प्रकाशन/15/2

माना जाता है। यह ध्यान रखना होगा कि यद्यपि नृत्य में पात्रों के मध्य 'वाचिक', प्रत्यक्ष कथोपकथन के रूप में नहीं होता, किन्तु नृत्य वाचिक विहीन नहीं होता।

शार्ङ्गदेव नृत्य को भावों एवं अभिनय से युक्त कहते हुए उसे 'मार्ग' की संज्ञा से अभिहित करते हैं।[1] धनञ्जय ने भी नृत्य को मार्ग एवं नृत्त को देशी कहा है।[2] अभिनय के चार प्रकारों में से आहार्य को छोड़कर शेष तीन का (आंगिक, वाचिक तथा सात्त्विक) का इस नृत्य में प्रयोग होता है।[3] वाचिक और सात्त्विक अभिनयों को आंगिक अभिनय की अपेक्षा रहती है। दोनों ही आंगिक अभिनय के उपजीव्य हैं। स्पष्ट है कि वाचिक अभिनय के रूप में नृत्य में 'पद' का समावेश हो जाता है और इस पदार्थ की अभिव्यक्ति वाचिक के साथ–साथ आंगिक एवं सात्त्विक अभिनय के द्वारा की जाती है। इसी कारण नृत्य को 'पदार्थाभिनयात्मकम्' और नाट्य को 'वाक्यार्थाभिनयात्मकम्' कहा गया है।[4]

इस सन्दर्भ में 'पद' शब्द का अर्थ विचारणीय है। यद्यपि आचार्य भरत ने तो अक्षर मात्र को 'पद' कहा है[5] तथापि प्रस्तुत प्रसंग में 'पद' से तात्पर्य 'सुप्तिङ्गंतम् पदम्'[6] के अनुरूप 'सार्थक शब्द' से है। इस अर्थ में, नृत्य में एक–एक पद का अभिनय मुद्राओं द्वारा किया जाता है, किन्तु वाचिक अभिनय में पदों का व्यवहार पृथक्–पृथक् स्वतंत्र रूप में न होकर, वाक्य के रूप में अथवा वाक्यसमूह के रूप में होता है, और इस प्रकार पद और वाक्यों के समूह से बनी सम्पूर्ण काव्य रचना की नृत्य में आवश्यकता होती है। काव्य रचना के पदों के अर्थों को भिन्न–भिन्न आंगिक चेष्टाओं, या यों कहें, स्थापित प्रतीकों के माध्यम से नृत्य में अभिव्यक्त किया जाता है। इत्यलम्।

---

1 संगीत रत्नाकर / 7 / 26–27

2 आद्यं पदार्थाभिनयो मार्गो देशी तथा परम्।

दशरूपकम् / प्रथमः प्रकाशः / 9

3 अथ नृत्यं लक्ष्यति..... आहार्य एवं निवर्तनीयो भवति।

संगीत रत्नाकर / कल्लीनाथ / 7 / पृ. 11,12

4 वाक्यार्थाभिनयात्मकान्नाट्यात्पदार्थाभिनयात्मकमन्यदेव नृत्यमिति।

दशरूपक / अवलोक / पृ. 6

5 यत्स्यादक्षरसम्बद्धं तत्सर्वं पदसंज्ञितं।

नाट्यशास्त्र / 2 / 28

6 अष्टाध्यायी / पाणिनी / 1 / 4 / 1

8

ताण्डव एवं लास्य

नृत्त तथा नृत्य की शास्त्रीय परम्परा में ताण्डव एवं लास्य का महत्त्वपूर्ण स्थान है। आचार्य भरत के नाट्यशास्त्र में 'ताण्डव' और 'सुकुमार' शब्द प्राप्त होते हैं। भगवान शिव ने रेचक, अंगहार एवं पिण्डी–बन्धों का सृजन कर इन्हें अपने शिष्य तण्डु को प्रदान किया तथा वर्धमानक आदि गीतकों के साथ सम्बद्ध कर इसके प्रयोग का निर्देश दिया। तब तण्डु मुनि द्वारा गान और भाण्ड वाद्यों से समन्वित जिस नृत्त प्रयोग की सृष्टि की गई उसे 'ताण्डव' के नाम से जाना गया।[1] नाट्यशास्त्र में यह निर्देश दिया गया है कि जब गीतकों के साथ इस नृत्य का प्रयोग किया जा रहा हो तो गीत का अभिनय प्रस्तुत करने के समय भाण्ड वाद्य की योजना न की जाए, किन्तु अभिनय सम्पन्न होने पर बाद रेचक, अंगहारों से युक्त इस ताण्डव को भाण्ड वाद्यों सहित प्रयुक्त किया जाये।[2]

नाट्यशास्त्र में 'सुकुमार प्रयोग' के विषय में यह विवरण मिलता है कि भगवान शिव को रेचक, अंगहारों से युक्त नृत्य करते देख देवी पार्वती ने 'सुकुमार' नृत्य का प्रयोग किया,[3] जिसमें मृदंग, भेरी, पटह, भाण्ड, डिण्डिम, गोमुख, पणव तथा दर्दुर वाद्यों से संगति की गई। अवनद्ध वाद्यों की प्रचुर संगति के कारण यह प्रतीत होता है कि पार्वती द्वारा भी 'नृत्त' ही किया गया होगा, स्त्रीयोचित कोमलता के कारण उसे

---

1 रेचका अंगहाराश्च पिण्डीबन्धास्तथैव च।।
सृष्टा भगवता दत्तास्तण्डवे मुनये तदा।
गीतप्रयोगमाश्रित्य नृत्तमेतत्प्रवर्त्यताम्।
तेनापि हि ततः सम्यग्गानभाण्डसमन्वितः।।
नृत्तप्रयोगः सृष्टो यः ताण्डव इति स्मृतः।

नाट्यशास्त्र / परिमल प्रकाशन / 4 / 259–261

2 यत्राभिनेयं गीतं स्यात्तत्र वाद्यं न योजयेत्।।
अंगहारप्रयोगे तु भाण्डवाद्यं विधीयते।।

नाट्यशास्त्र / परिमल प्रकाशन / 4 / 276–277

3 रेचकैरंगहारैश्च नृत्यन्तं वीक्ष्य शंकरम्।।
सुकुमारप्रयोगेण नृत्यन्तीं चैव पार्वतीम्।

नाट्यशास्त्र / परिमल प्रकाशन / 4 / 249–250

'सुकमार प्रयोग' की संज्ञा दी गई।[1] इस तरह शिव द्वारा उद्धत प्रयोग एवं पार्वती द्वारा सुकुमार प्रयोग किया गया। नाट्यशास्त्र में 'लास्य' शब्द प्राप्त नहीं होता।

आचार्य नन्दिकेश्वर ने अपने ग्रन्थ 'अभिनयदर्पणम्' में आचार्य भरत का अनुसरण करते हुए ताण्डव का लक्षण और स्वरूप बतलाया है। नाट्यशास्त्र में उल्लिखित 'सुकुमार नृत्य' को आचार्य नन्दिकेश्वर ने 'लास्य' कहा और यह भी बतलाया कि देवी पार्वती ने प्रीतिवश अपना लास्य भरत मुनि को प्रदान किया और साथ ही बाण की पुत्री ऊषा को भी लास्य में शिक्षित किया। ऊषा से यह नृत्य–प्रयोग ब्रज और सौराष्ट्र की ललनाओं तक पहुँचा।[2] परवर्ती काल में इसी आशय को ग्रहण कर नृत्त और नृत्य दोनों के ताण्डव और लास्य ये दो भेद किये गये।[3]

ताण्डव

जैसा कि हमने पूर्व में देखा कि महादेव के आदेश पर उनके शिष्य तण्डु के द्वारा भरत मुनि को करण अंगहार युक्त नृत्त प्रदान किया गया। तण्डु के द्वारा प्राप्त होने के कारण इसे भरत ने 'ताण्डव' की संज्ञा दी। आचार्य नन्दिकेश्वर ने भी अपने ग्रन्थ 'अभिनयदर्पणम्' में ताण्डव के विषय में यही विवरण दिया है। नन्दिकेश्वर के ही अन्य ग्रन्थ 'भरतार्णव' तथा आचार्य शारदातनय के ग्रन्थ 'भावप्रकाशन' में ताण्डव और लास्य के प्रकारों का नामोल्लेख मात्र प्राप्त होता है। उल्लेखनीय है कि परवर्ती ग्रन्थकारों ने ताण्डव के इन भेदों को स्वीकार नहीं किया। यहाँ संक्षेप में इन प्रकारों का विवरण प्रस्तुत है।

---

1 दृष्टव्य नाट्यशास्त्र / परिमल प्रकाशन / 4 / 259–261

2 लास्यमस्याग्रतः प्रीत्वा पार्वत्या समदीदिशत्।।
बुद्ध्वाऽथ ताण्डवं ताण्डोर्मर्त्येभ्यो मुनयोऽवदन्।
पार्वती त्वनुशास्ति स्म लास्यं बाणात्मजामुषाम्।।
तया द्वारवतीगोप्यस्ताभिः सौराष्ट्रयोषितः।
ताभिस्तु तत्तद्देशीयास्तदशिष्यन्त योषितः।।
एवं परम्पराप्राप्तमेत्तल्लोके प्रतिष्ठितम्।।

अभिनयदर्पणम् / एम. घोष / 77

3 मधुरोद्धतभेदेन तद् द्वयं द्विविधं पुनः।
लास्यताण्डवरूपेण नाटकाद्युपकारकम्।।

दशरूपकम् / 120

भरतार्णवः में ताण्डव भेद

'भरतार्णवः' में ग्रन्थकार ने शुद्ध नाट्य तथा देशी नाट्य के अन्तर्गत सात प्रकार के शुद्ध ताण्डव और पाँच तरह के देशी ताण्डव भेदों का उल्लेख किया है।

सप्त शुद्ध ताण्डव

दक्षिणभ्रमणं पूर्वं वामस्य भ्रमणं पुनः।।
लीलाभ्रमणमेव स्याद्भुजंगभ्रमणं ततः।
विद्युद्भ्रमणमेव स्याल्लताभ्रमणमेव च।।
ऊर्ध्वताण्डवमित्याहुः सप्तधा ताण्डवक्रमः।[1]

- दक्षिणभ्रमण — दाहिनी ओर गतियुक्त गोलाकार नृत्य
- वामभ्रमण — बायीं ओर गतियुक्त गोलाकार नृत्य
- लीलाभ्रमण — क्रीड़ापूर्ण गतियुक्त नृत्य
- भुजंगभ्रमण — सर्प गतियुक्त नृत्य
- विद्युत भ्रमण — विद्युद् गतियुक्त नृत्य
- लताभ्रमण — दोलायमान गतियुक्त नृत्य
- ऊर्ध्व — एक पैर को ऊपर की ओर उठाकर किया जाने वाला नृत्य।

इन शुद्ध ताण्डव भेदों में विभिन्न गतियों की योजना भी आचार्य नन्दिकेश्वर ने बताई हैं। ग्रन्थकार के अनुसार दक्षिणभ्रमण ताण्डव में मयूर गति, फिर राजहंस गति तदनन्तर कृष्णसार गति की योजना करनी चाहिये। वामभ्रमण और लीलाभ्रमण में गजगति की योजना की जानी चाहिये। भुजंगभ्रमण और विद्युतभ्रमण में सिंहगति की योजना करें तथा लताभ्रमण और ऊर्ध्व ताण्डव में शुकगति की योजना करनी चाहिये।[2] प्रथम तीन गतियाँ अर्थात् मयूर, राजहंस तथा कृष्णसार का विनियोजन दक्षिण भ्रमर

---

1 भरतार्णवः / नन्दिकेश्वर / सं0वाचस्पति गैरोला / 13 / 713–714

2 मयूरगतिरादौ स्याद्राजहंसगतिस्तथा।।
कृष्णसारगतिः पश्चात्कीर्तिता भरतादिभिः।
गजस्य गतिराख्याता तदनन्तरमेव च।।
सिंहस्य च गतिः कार्या शुकानां च गतिर्भवेत्।
षठ्भिर्गतिभिरीशस्य ताण्डवं परिकल्पितम्।।
भरतार्णवः / नन्दिकेश्वर / सं0 वाचस्पति गैरोला / 13 / 716–718

ताण्डव में किया जाना चाहिये। अन्य तीन अर्थात् गज, सिंह तथा शुक गतियों का विनियोग शेष में से प्रत्येक दो ताण्डवों के मध्य किया जाना चाहिये। हम कह सकते हैं कि 'गज गति' का उपयोग वाम भ्रमण तथा लीला भ्रमण ताण्डव के बीच में किया जाना चाहिये। इसी तरह भुजंग भ्रमण तथा विद्युत भ्रमण ताण्डव के प्रदर्शन क्रम में इनके मध्य 'सिंह गति रखी' जाये और 'शुक गति' का प्रयोग लता भ्रमण और ऊर्ध्व भ्रमण के मध्य किया जाये। उक्त सप्त ताण्डवों में विनियोजित की जाने वाली गतियों की सूचना के अलावा आचार्य नन्दिकेश्वर ने इन ताण्डव भेदों के साथ उपयुक्त करण और चारियों की चर्चा भी की है।

दक्षिण भ्रमण ताण्डव

दाहिने पैर पर शरीर का सन्तुलन बनाते हुए बायें पैर को घुटनों से मोड़ा जाये यानी कुंचित रखते हुए, दोनों हाथ कर्तरीमुख मुद्रा में रखते हुए दाहिनी ओर ही से अर्थात् clockwise चक्कर लिये जाये तो वह दक्षिण भ्रमण ताण्डव कहलाता है। इस ताण्डव में मल्लिकामोद ताल का उपयोग किया जाता है। इस ताण्डव में तीन प्रकार की गतियों और तीन ही प्रकार के करणों और चारियों का विनियोग किया जाता है। यथा – प्रारम्भ में मयूर गति, मयूरललित करण तथा समपाद चारी, तत्पश्चात् राजहंस गति, हरिणप्लुत करण तथा स्थितावार्ता चारी तथा अंत में कृष्णसार गति, गंगावतरण तथा उद्वृत्त करण और झम्पाताल।[1]

वाम भ्रमण ताण्डव

दक्षिण भ्रमण ताण्डव की ही तरह दाहिने पैर पर शरीर का सन्तुलन बनाते हुए बायें पैर को घुटनों से मोड़ा जाये यानी कुंचित रखते हुए, दोनों हाथ कर्तरीमुख मुद्रा में रखते हुए यदि बाईं ओर से अर्थात् anti-clockwise चक्कर लिये जाये तो वह वाम भ्रमण ताण्डव कहलाता है। इस ताण्डव में गजगति, कंकाल ताल, करिहस्त करण तथा वक्त्रबंध चारी का उपयोग किया जाये।[2]

लीला भ्रमण ताण्डव

जब नर्तक बायें हाथ को शिखर मुद्रा में बायें कंधे के समीप तथा दाहिना हाथ को पताका मुद्रा में रखकर दाहिने पैर को कुंचित अवस्था में रखकर तेज़ गति से नृत्य

---

1 भरतार्णवः / नन्दिकेश्वर / सं0वाचस्पति गैरोला / 14 / 793–805

2 भरतार्णवः / नन्दिकेश्वर / सं0वाचस्पति गैरोला / 14 / 806–809

करे तो वह लीला भ्रमण ताण्डव कहलाता है। इस ताण्डव के लिये ग्रन्थकार ने किसी नियत ताल, करण तथा चारी का निर्देश नहीं दिया है।[1]

भुजंग भ्रमण ताण्डव

यदि बायाँ पैर दाहिने पैर से लिपटा हो, कमर झुकी हुई हो तथा दोनों हाथ नागबन्ध मुद्रा में हों तो उसे भुजंग भ्रमण ताण्डव समझें। इस प्रकार के ताण्डव में अभंग ताल, सिंहविक्रिड़ित करण तथा उत्स्यंदिता चारी का विनियोग किया जाता है।[2]

विद्युत भ्रमण ताण्डव

यदि नर्तक यदि उछलकर अपने दोनों पैर ज़मीन पर रखे और तब बायाँ पैर कुंचित अवस्था में, दोनों हाथ चतुर हस्त मुद्रः में रखते हुए तीन चक्कर दाहिनी ओर से यानी clockwise ले तो वह विद्युत भ्रमण ताण्डव कहलाता है। इस समय शिर प्रकम्पित अवस्था में रहे। इस ताल में उद्‌घट्‌ट ताल का उपयोग किया जाये।[3]

लता भ्रमण ताण्डव

अपने शरीर का भार बायें पैर पर रखते हुए यदि नर्तक दाहिना पैर अपने पार्श्व में पूरी तरह फैलाकर सात अथवा पाँच चक्कर ले और पुनः दाहिने पैर को कुंचित करके चक्कर लेना जारी रक्खे तो यह लता भ्रमण ताण्डव कहलाता है। इसमें दोनों हाथ बाण हस्त में हों, शुक गति, कीरभूषण करण तथा .स्यंदिता चारी का तथा शरभलील तथा कोकिलप्रिया तालों उपयोग किया जाये।[4] बनारस घराने के कथक नृत्य में ताण्डव के इस प्रकार को देखा जा सकता है।

ऊर्ध्व ताण्डव

प्रारम्भ में यदि नर्तक अपने बाँयें पैर पर शरीर का भार लिये खड़ा हुआ हो और दाहिना पैर कुंचित अवस्था में हो, इसके बाद बाँयें पैर को तेज़ी से झुलाते हुए दाहिने कान तक उछालें, दोनों हाथ शिखर मुद्रा में (दाहिना छाती पर तथा बायाँ दाहिने कान के निकट) और सिर बायें पैर के समीप हो तो यह ऊर्ध्व ताण्डव कहलाता है। यह विवरण बड़ा ही विचित्र विवरण प्रतीत हो रहा है, अवश्य ही कोई भूल हुई है

---

1 भरतार्णवः / नन्दिकेश्वर / सं0वाचस्पति गैरोलाः / 14 / 810
2 भरतार्णवः / नन्दिकेश्वर / सं0वाचस्पति गैरोला / 14 / 81–816
3 भरतार्णवः / नन्दिकेश्वर / सं0दाचस्पति गैरोला / 13 / 725–727
4 भरतार्णवः / नन्दिकेश्वर / सं0वाचस्पति गैरोला / 13 / 82–826

पाण्डुलिपि को समझने में। अस्तु। इस प्रकार के ताण्डव में झम्पा ताल का विनियोग बतलाया गया है। किसी भी तरह के करण अथवा चारी का उल्लेख ग्रन्थकार ने नहीं किया है।[1]

पंच देशी ताण्डव

निकुंचितं कुंचितं च सम्यगाकुंचितं तथा।
पार्श्वकुंचितमेवस्यादर्धकुंचितकं तथा।।
एतदन्तेषु गतयः क्रमशः परिकीर्तिताः।
केकिनीमतिरादौ स्याद्राजहंसी गतिस्तथा।।
हरिणीगतिराख्याता करिणीगतिरेव च।
सारिकागतिराख्याता सौर्यपंच प्रकीर्तिताः।।[2]

निकुंचित, अंचित, सम्यगाकुंचित, पार्श्व कुंचित और अर्धकुंचित ये भेद देशी ताण्डव के अन्तर्गत बताये गये हैं। ताण्डव के इन भेदों के अन्त में क्रमशः केकिनी गति, राजहंसी गति, हरिणी गति, करिणी गति तथा सारिका गति की योजना करनी चाहिए। आचार्य नन्दिकेश्वर ने उक्त पाँच ताण्डवों के साथ उपयोग में आने वाले करण और चारियों पर भी प्रकाश डाला है तथा इन देशी ताण्डव भेदों को देवी पार्वती को समर्पित किया है।[3]

निकुंचित ताण्डव

ताण्डव के इस प्रकार में दोनों हाथों में पद्कोश हस्त मुद्रा बनाकर उन्हें अधोमुख रखा जाये और फिर आगे पीछे किया जाये। दृष्टि 'सम' रहे तथा दाहिना पैर कुंचित अवस्था में हो। निकुंचित ताण्डव में दर्पण ताल, मन्मथ करण तथा चाषगति चारी का विनियोग किया जाता है, साथ ही मयूरी गति प्रदर्शित करते समय राजनारायण ताल बरता जाता है।[4]

---

1 भरतार्णवः / नन्दिकेश्वर / सं0वाचस्पति गैरोला / 13 / 827–829
2 भरतार्णवः / नन्दिकेश्वर / सं0वाचस्पति गैरोला / 13 / 725–727
3 पार्वती ताण्डवानीह पंचैव तद्नुक्रमात्।
गतयः पंच तदनुकरणान्यथ पंच च।।
भरतार्णवः / नन्दिकेश्वर / सं0 वाचस्पति गैरोला / 14 / 833
4 भरतार्णवः / नन्दिकेश्वर / सं वाचस्पति गैरोला / 14 / 836–840

कुंचित ताण्डव

दोनों संदंश हस्त अधोमुख रखते हुए क्रमशः आगे–पीछे किये जायें। बायें पैर को दाहिने पैर के घुटने पर कुंचित अवस्था में रखा जाये। इस ताण्डव में चाचपुट ताल का प्रयोग किया जाये। हंसी गति का प्रदर्शन किया जाये और तब हंसलील ताल बरता जाये। सौन्दर करण तथा विचव्या चारी का प्रयोग भी हो। ग्रन्थकार सौन्दर करण को स्पष्ट करते हुए कहते हैं –

एतस्य सौन्दरकरणं यथा.......
वामपादस्थितोऽन्यस्तु कुंचितो जानुमस्तके।
हस्तौ तु चतुरौ सम्मुखिनौ पार्श्वनिवेशितौ।।
भवेतां यत्र करणं सौन्दरं तदुदाहृतम्।[1]

अर्थात् जब वाम पद दाहिने पैर के घुटने पर मोड़कर रखा जाये और दोनों हाथ एक दूसरे के सामने चतुर हस्त मुद्रा में हों तो उसे सौन्दर करण समझा जाये।

आकुंचित ताण्डव

यदि दाहिना पैर बायीं जंघा (संस्कृत में जंघा पिण्डली को कहा जाता है) पर कुंचित अवस्था में स्थित हो तथा दोनों हाथ पताका मुद्रा में हों तो वह आकुंचित ताण्डव होता है। इस ताण्डव में रंग ताल, वारुण करण तथा अड्डिता चारी होती है। आचार्य के अनुसार हरिणी गति का प्रदर्शन भी सिंहनाद ताल में किया जाना चाहिये।[2]

पार्श्वकुंचित ताण्डव

दोनों हाथ शुकतुण्ड हस्त मुद्रा में तथा शिर कुंचित स्थिति में, दृष्टि प्रारम्भ में उल्लोकित बाद में अवलोकित रहे तथा दाहिना पैर घुटने से कुंचित अवस्था में रहते हुए बायें पैर की जंघा पर स्थित हो, (दाहिने पैर की एड़ी बायें पैर की जंघा पर रहे)। पैर को उक्त अवस्था में लाते समय दृष्टि प्रालोकित रहे। यह ताण्डव बिन्दुमाली ताल पर आधारित होता है। करिणी गति के प्रदर्शन के समय गजलीला ताल का विनियोग किया जाये। इसके अतिरिक्त गजविक्रीडित करण और जनिता चारी का विनियोग भी किया जाये।[3]

---

1 भरतार्णवः / नन्दिकेश्वर / सं वाचस्पति गैरोला / 14 / 846–847
2 भरतार्णवः / नन्दिकेश्वर / सं वाचस्पति गैरोला / 14 / 848–853
3 भरतार्णवः / नन्दिकेश्वर / सं वाचस्पति गैरोला / 14 / 862–867

अर्धनिकुंचितक ताण्डव

दोनों हस्त कटकामुख मुद्रा में, दृष्टि बाईं ओर, बायाँ पैर दाहिने पैर पर कुंचित अवस्था में हो, साथ ही चंद्र करण और शकटास्या चारी हो। सारिका गति का प्रदर्शन कन्दर्प ताल में किया जाये।[1]

भावप्रकाशनम् में ताण्डव भेद

आचार्य शारदातनय ने उद्धत करण–अंगहारों और आरभटी वृत्ति वाले प्रयोग को ताण्डव कहा है।[2] भावप्रकाशनम् (लगभग 1250 ई) में ताण्डव के तीन नये प्रकारों का उल्लेख प्राप्त होता है – चण्ड, प्रचण्ड तथा उच्चण्ड।[3] इन प्रकारों को परवर्ती काल के ग्रन्थकारों द्वारा स्वीकार नहीं किया गया।

चण्ड ताण्डव

आरभटी वृत्ति की प्रमुखता वाले इस ताण्डव में विलम्बित लय में विभिन्न करण अंगहारों का प्रदर्शन किया जाता है। इस ताण्डव का समापन 'अतीत ग्रह' में किया जाता है। प्रधान रस वीर तथा रौद्र होते हैं।

प्रचण्ड ताण्डव

प्रचण्ड ताण्डव में भी आरभटी वृत्ति की प्रमुखता होती है किन्तु लय 'मध्य' होती है। रौद्र तथा वीभत्स रस वाले इस ताण्डव में विभिन करणों के अलावा भौमी और आकाशिकी चारियों की योजना की जाती है। इसका प्रारम्भ तथा समापन 'सम ग्रह' पर होता है।

उच्चण्ड ताण्डव

द्रुत लय, अनागत ग्रह तथा आरभटी वृत्ति उच्चण्ड ताण्डव के प्रमुख लक्षण हैं। यह रौद्र, वीभत्स तथा भयानक रस वाला, विभिन्न करण–अंगहार, भ्रमरियों तथा आकाशिकी चारियों से युक्त होता है।

इस तरह हम देखते हैं कि, आरभटी वृत्ति तथा उद्धत करण–अंगहारों से युक्त, वीर, अद्भुत, रौद्र आदि रसों को अभिव्यक्त करने में सहायक वह नृत्त, जिसे दक्ष

---

1 भरतार्णवः / नन्दिकेश्वर / सं वाचस्पति गैरोला / 14 / 854–861

2 उद्धतैः करणैरंगहारैर्निर्वर्तितं यदा।।
वृत्तिरारभटी गीतकाले तत्ताण्डवं विदुः।
भावप्रकाशनम् / शारदातनय / हिन्दी भाष्यानुवादकार मदनमोहन अग्रवाल / 10 / 79

3 भावप्रकाशनम् / शारदातनय / सं मदनमोहन अग्रवाल / 1 / 96–105

प्रजापति का यज्ञ विध्वंस कर सांध्यबेला में शिव ने प्रथम बार किया था और उनकी आज्ञा से तण्डु ने जो भरतमुनि को प्रदान किया था, 'ताण्डव' कहलाया। यद्यपि उद्धत होने के कारण यह पुरुष प्रधान नृत्य है, किन्तु इसे स्त्रियाँ नहीं कर सकतीं, ऐसा नहीं है। यह ओजयुक्त होता है तथा उत्साह को प्रकट करता है। पद संचालन भी तीव्रगति वाला होता है। इस दृष्टि से कथक के नृत्तांग में नाचे जाने वाले विभिन्न पखावज अंग के परण तथा नृत्यांग के ऐसे कथानक, जो शिव अथवा दुर्गा से सम्बद्ध हों – ताण्डव अंग से नाचे जा सकते है। आचार्य नन्दिकेश्वर ने शुद्ध एवं देशी ताण्डवों में जिन गतियों की योजना का निर्देश दिया है, वे अनुकरणीय है। शारदातनय द्वारा चण्ड, प्रचण्ड तथा उच्चण्ड ताण्डव के सन्दर्भ बतलाया गया उक्त विवरण इसलिये अधिक महत्त्वपूर्ण है क्योंकि उन्होंने प्रत्येक ताण्डव का विसर्जन या समाप्ति बिन्दु बतलाया है इसके साथ ही प्रत्येक ताण्डव की लय तथा वृत्ति का उल्लेख भी किया है।

लास्य

जैसा कि पूर्व में कहा जा चुका है महादेव शंकर को संध्याकाल में नृत्य करते देखकर देवी पार्वती ने भी श्रृंगार और करुणा आदि स्त्रीयोचित रस और भावों से समृद्ध सुकोमल अंग संचालन वाला, सौन्दर्यमयी नृत्य किया।[1] नृत्य का यह प्रकार सुकुमार और लास्य कहलाया। इस नृत्य में ग्रीवा, नेत्र, भौहें, कलाई आदि का संचालन अत्यन्त कोमलता एवं सुन्दरता से किया जाता है। लास्य में गति, मध्य तथा लालित्यपूर्ण होती है। आचार्य नन्दिकेश्वर ने लास्य का विवरण भरतमुनि की ही भाँति कहा है साथ ही यह भी बतलाया है कि देवी पार्वती ने प्रीतिवश अपना लास्य भरत मुनि को प्रदान किया और साथ ही बाण की पुत्री ऊषा को भी लास्य में शिक्षित किया। ऊषा से यह नृत्य–प्रयोग ब्रज और सौराष्ट्र की ललनाओं तक पहुँचा।[2] आचार्य नन्दिकेश्वर ने लास्य के शुद्ध लास्य, देशिका, प्रेरणा, प्रेंखणा, कुण्डली, दण्डिका तथा कलश ये सात भेद

---

1 नाट्यशास्त्र / परिमल प्रकाशन / 4 / 249–250

2 लास्यमस्याग्रतः प्रीत्वा पार्वत्या समदीदिशत्।।
बुद्ध्वाऽथ ताण्डवं ताण्डोर्मर्त्येभ्यो मुनयोऽवदन्।
पार्वती त्वनुशास्ति स्म लास्यं बाणात्मजामुषाम्।।
तया द्वारवतीगोप्यस्ताभिः सौराष्ट्रयोषितः।
ताभिस्तु तत्तद्देशीयास्तदशिष्यन्त योषितः।।
एवं परम्पराप्राप्तमेत्तल्लोके प्रतिष्ठितम्।।

अभिनयदर्पणम् / एम. घोष / 77

अपने ग्रन्थ भरतार्णव में कहे हैं।[1] किन्तु प्राप्य संस्करण में इन सात भेदों में से मात्र चार – प्रेरणा, प्रेंखणा, दण्ड/दण्डिका और कलश के ही विषय में भरतार्णवः में लक्षण प्राप्त होता है।

भरतार्णव में लास्य भेद

प्रेरणी/पेरुणी लास्य

एक हाथ से कपित्थ तथा दूसरे हाथ से शिखर हस्त का प्रदर्शन करते हुए ब्रह्म स्थान, हैरम्भ करण तथा अपस्यन्दिता चारी का प्रदर्शन किया जाये, ताल ब्रह्मानन्द हो तो वह पेरुणी जानी जाये। प्रेरणा/प्रेरणी लास्य को पेरणी भी कहा जाता है। इसके अभिनय कि लिये नर्तक अपने शरीर पर भस्म का लेप कर सिर के बालों को बिखरा लेता है तथा घुंघरुओं को घुटनों पर बांध लेता है। नर्तक शरीर को सुकुमार बनाकर नृत्य करता है। प्रेरणा या पेरणी नर्तक पंचांग कुशल कहा गया है। घर्घर, विषम, भावाश्रय, कविचार तथा गीत ये पाँच अंग बतलाये गये हैं। आइये इन्हें समझें –

प्रेरणी के पंचांग

घर्घर — नाट्यविदों ने घर्घर यानी घुंघरु के संचालन के छः प्रकार बतलाये हैं। पहला, यदि दोनों पैरों के पंजे भूमि का स्पर्श करें तथा दोनों एड़ियों अथवा एक एक एड़ी से अनवरत अथवा एक–एक करते हुए भूमि पर आघात किया जाय तो से 'परिपाटक घर्घरिका' कहते हैं। दूसरा, यदि दोनों पैरों को ऊपर उछालकर पदतल से भूमि को कूटा जाये तो उसे 'अपदप घर्घरिका' कहते हैं। तीसरा, यदि पैरोंको भूमि पर रखे हुए पहले आगे बढ़ाया जाये फिर उसी क्रम से पीछे की ओर ले जाया जाये तो उसे 'शिरिपिट्टी घर्घरिका कहते हैं। चौथा, यदि दोनों पैर एक के बाद एक आकाश की ओर उठाकर फिर उसी क्रम से सावधानीपूर्वक भूमि पर रख दिये जाये तो उसे 'अलगपाट घर्घरिका' कहते हैं। पाँचवाँ, यदि एक पैर के पंजे के बल भूमि पर समस्थिति में

---

1 चार्यलंकारनटनं प्राहुः शुद्धं च देशिनीम्।
पेरुणीकलशान्तानां लक्षणं कथ्यते क्रमात्।।
शुद्धलास्यं देशिका च प्रेरणा प्रेंखणेति च।
कुण्डली दण्डिका चाऽपि कलशः सप्तधा सृतिः।
भरतार्णवः/नन्दिकेश्वर/सं0 वाचस्पति गैरोला/13/732–733

रहते हुए दूसरे पैर को आगे बढ़ाकर जंघा अथवा घुटने को कम्पित किया जाये तो उसे 'चिरिहिरा घर्घरिका' कहते हैं। छँटवा और अंतिम प्रकार वह है जब बायें पैर का अग्रभाग भूमि पर रखा हो और उसके पार्ष्णि भाग से भूमि को कूटा जाये और अग्रभाग से भूमि पर अस्थित दूसरे दाहिने पैर को बायें से दाहिनी ओर घुमा दिया जाये। इसे 'खुलुहुलु घर्घरिका' कहते हैं।

विषम — यदि दोनों पैरों को क्रमशः उछालते हुए गतिमान किया जाये तो यह अंग विषम कहलाता है।

भावाश्रय — जिस पादगति में विकृतार्थ का अनुसरण किया जाये उसे भावाश्रय कहा जाता है।

कविचार — जिस नाट्य रचना में अच्छे गुणों से युक्त नायक का वर्णन किया जाता है, उसे 'कविचार पेरुणी' कहते हैं।

गीत — कुण्डली नृत्य विधि में कथित सालग गीत को ही 'गीत पेरुणी' कहा जाता है।

प्रेंखणी लास्य

करण, भ्रमरी, चारी से युक्त मण्डलाकार उद्धत नृत्त 'प्रेंखणी लास्य' कहलाता है। यह रज्जु यानी रस्सी, छुरिका या चाकू पर भी किया जाता है। इस नृत्य में पटह (वर्तमान ढोलक का पूर्वरूप) वाद्य का प्रयोग किया जाता है। इस प्रकार के नृत्य में कुशल व्यक्ति 'कोल्लाटिक' कहलाता है।

दण्ड लास्य

स्त्रियाँ अपने हाथों में ली हुई दण्डिका को परस्पर प्रहार करते हुए जो मनोहर नृत्य करती हैं वह 'दण्ड लास्य' कहलाता है। इस नृत्य में पटह वाद्यों के साथ भ्रमरी नृत्य की योजना होती है। प्रारम्भ में नर्तक/नर्तकी सम स्थानक का आश्रय लेता है तत्पश्चात् विनायक ताल की योजना की जाती है। तदनन्तर छह 'प्रेक्षा स्थानकों' की रचना के बाद विशेष गतियों की योजना भी की जाती है तथा विभिन्न पाद गतियों से समन्वित 'दण्ड लास्य' का समारम्भ होता है। इस दण्ड लास्य में धारण किये जाने वाले दण्ड के मूल भाग के अधिष्ठाता देवता ब्रह्मा, मध्य भाग के अधिष्ठाता देवता शंकर तथा अग्रभाग के अधिष्ठाता देवता माधव (विष्णु) कहे गये हैं। दण्ड शब्द में नारद का निवास माना गया है।

कलश लास्य

कलश लास्य के आरम्भ में जयमंगल ताल के साथ कलश अभिनर्तन किया जाता है। उसमें गरुडप्लुत करण और एडकाक्रीडित चारी की योजना होती है।

भावप्रकाशनम् में लास्य भेद

आचार्य शारदातनय ने सुकुमार अंगहारों, ललित लय तथा कैशिकी वृत्ति की गीति से सम्पन्न प्रयोग को लास्य कहा।[1] ग्रन्थकार ने लास्य के श्रृंखला, लता, पिण्डी तथा भेद्यक ये चार प्रकार बतलाये हैं।[2] लता को 'रासक' के नाम से भी कहा जाता है और यह तीन प्रकार का होता है – दण्डरासक, मण्डलरासक तथा नाट्यरासक। श्रृंखला और भेद्यक दस प्रकार के होते हैं। इसी तरह पिण्डीबन्ध लास्य के भी अनेक भेद होते हैं। पिण्डीबन्ध नृत्य देवताओं को प्रसन्न करने वाला होता है।

संगीतरत्नाकर में ताण्डव और लास्य

शार्ङ्गदेव ने अपने ग्रन्थ संगीत–रत्नाकर में अभिनयदर्पणम् के अनुकरण पर नृत्त के भेद के रूप में ताण्डव और लास्य की उत्पत्ति से सम्बन्धित विवरण को पूरी तरह ज्यों–का–त्यों स्वीकार कर लिया है, किन्तु नन्दिकेश्वर के ही दूसरे ग्रन्थ 'भरतार्णव' में कहे ताण्डव एवं लास्य भेदों को शार्ङ्गदेव ने स्वीकार नहीं किया है। संगीत–रत्नाकर में नृत्य की शुद्ध पद्धति, पेरणी तथा गौण्डली पर विशेष चर्चा प्राप्त होती है। आचार्य शार्ङ्गदेव ने भी नन्दिकेश्वर की भाँति पेरणी के पाँच अंग बतलाये हैं – घर्घर, विषम, भावाश्रय, कविचारक तथा गीत। संगीत रत्नाकर में लास्य के भेद तो नहीं कहे गये किन्तु दस देशी लास्यांग के अंतर्गत चालि, चालिबढ़, लढ़ि, सूकम, अरोंगण, धसक, अंगहार, ओयार, विहसी एवं मन की चर्चा की गई है।[3] आचार्य शार्ङ्गदेव द्वारा कहे गये दस देशी लास्य मननीय हैं।

---

1 ललितैरंगहारैश्च निर्वर्त्यं ललितैर्लयैः।
वृत्तिः स्यात्कैशिकी गीतिर्यत्र तल्लास्यमुच्यते।
भावप्रकाशनम्/शारदातनय/हिन्दी भाष्यानुवादकार मदनमोहन अग्रवाल/10/79

2 भावप्रकाशनम्/शारदातनय/हिन्दी भाष्यानुवादकार मदनमोहन अग्रवाल/10/83 तथा 96

3 चालिश्चालिवडश्चाथ लढिः सूकमुरोंगणम्।
धसकश्चांगहारः स्यादोयारो विहसी मनः।।
लास्यांगानि दशैतानि देश्यां देशीविदो विदुः।
संगीत रत्नाकर/शार्ङ्गदेव/7/1206–1207

9

चतुर्विध अभिनय

हम जानते हैं कि नाट्य मूलतः अभिनय कला है जो अनुकरण की प्रवृत्ति का विस्तृत रूप यानी एक्सटेंशन मानी जा सकती है। यह अनुकरण स्वाभाविक जान पड़े इस हेतु अंग–संचालन की निश्चित नियमावली तथा निश्चित विधि अभिनय विषयक ग्रन्थों में बतलाई गई है। यह 'अभिनय' क्या है? 'अभिनय' शब्द 'णी' धातु में 'अभि' उपसर्ग तथा 'अच्' प्रत्यय लगकर बना शब्द है। 'अभि' का अर्थ होता है 'की ओर' तथा 'नी' का अर्थ होता है 'ले जाना' इस तरह अभिनय का अर्थ हुआ – 'की ओर ले जाना'। प्रश्न यह उठता है– किसकी ओर ले जाना? किसे ले जाना? इसके उत्तर में आचार्य भरत का यह कथन उल्लेखनीय है –

यस्मात्पदार्थान्नयति तस्मादभिनयः स्मृतः।[1]

अर्थात् क्योंकि, यह पद के अर्थों को ले जाता है, इसलिए इसे अभिनय कहा जाता है। दूसरे शब्दों में नट/अभिनेता अपने कर्म (आंगिक चेष्टाबद्ध कर्म एवं भावों) के द्वारा पद के अर्थों को प्रेक्षक की ओर ले जाता है, यही अभिनय है। सीधी सरल भाषा में वस्तु के अर्थ को प्रेक्षक के पास ले जाना अभिनय कहलाता है। अभिनय के माध्यम से नाट्य में अवस्था विशेष का सजीव अनुकरण हो पाता है, जिससे अन्ततः प्रेक्षक को रसानुभूति होती है। वास्तव में कवि अपनी भावनाओं को पाठ्य में किसी घटनाक्रम के माध्यम से प्रस्तुत करता है, और नट/अभिनेता, कथानक में वर्णित पात्रों और घटनाक्रम को, कभी आंगिक चेष्टाओं, कभी हाव–भाव, तो कभी वेश–भूषा तथा वातावरण के पुनर्निर्माण एवं कथोपकथन के माध्यम से दर्शकों तक ले जाता है। इस प्रकार वास्तविक जीवन के किसी घटनाक्रम की चेष्टापूर्वक कलात्मक पुनरावृत्ति ही 'अभिनय' कहलाती है। इसका उद्देश्य रसानुभूति होता है। जीवन में अनेक घटनाएँ घटती हैं – कुछ सुखद तो कुछ दुःखद। नाट्य में आनन्द प्राप्ति के उद्देश्य से इन दोनों ही प्रकार की घटनाओं का अनुकरण किया जाता है। इसीलिये जीवन का दुःखद घटनाक्रम भी नाट्य में दोहराये जाने पर प्रेक्षक को उससे विरत नहीं करता, वरन् उसे

---

1 नाट्यशास्त्र/परिमल प्रकाशन/8/6

एक अलौकिक आनन्द प्रदान करता है। आद्यनाट्याचार्य भरतमुनि ने 'नाट्य' में प्रयुक्त होने वाले इस अभिनय को चार प्रकार का कहा है।

आंगिको वाचिकश्चैव आहार्यः सात्त्विकस्तथा।
ज्ञेयस्त्वभिनयो विप्राः चतुर्धा परिकल्पितः।।[1]

इस अभिनय में ही 'नाट्य' स्थित रहता है।

चतुर्विधश्चैव भवेन्नाट्यस्माभिनयो द्विजाः।
अनेकभेदबाहुयं (अनेकभेदबहुलं?) नाट्यं ह्यस्मिन्प्रतिष्ठितम्।।[2]

यहाँ हम क्रमशः इन्हीं चारों अभिनयों की चर्चा करेंगे। सर्वप्रथम आंगिक अभिनय को लें –

आंगिक अभिनय

शरीर के विभिन्न अंगों के सुनियोजित संचालन द्वारा जब कथावस्तु में निहित कथ्य को प्रकट करने की चेष्टा की जाती है तो उसे आंगिक अभिनय कहते हैं। कभी हाथ के संकेत से, तो कभी नेत्रों–भौहों के विशिष्ट परिचालन से कथ्य को प्रकट करने की चेष्टा की जाती है। जैसे – हाथों अथवा नेत्रों के संकेत से किसी को बुलाना। इस तरह शरीर के अंग, उपांग तथा मुद्राओं के संकेत के द्वारा जब अर्थ का सम्प्रेषण होता है, तो वह 'आंगिक अभिनय' कहलाता है। आइये जानते हैं कि मानव शरीर के किन अवयवों को अंग, उपांग और प्रत्यंग माना गया है।

अंग आचार्य भरत ने शिर, हस्त, कटि, वक्ष, पार्श्व तथा पाद ये छः अंग गिनाये हैं।[3] अंग शरीर के ऐसे अवयव हैं, जिनका संचालन स्वतन्त्र रूप से किया जा सकता है। आचार्य नन्दिकेश्वर ने ग्रीवा को भी अतिरिक्त अंग के रूप में माना है।

प्रत्यंग प्रत्यंग शरीर के वे सहायक अवयव हैं, जो अंगों को जोड़ने का काम करते हैं तथा अपने संचालन में स्वतन्त्र नहीं होते। ये भी छः प्रकार के होते हैं – ग्रीवा, बाहु, पृष्ठ, उदर, उरु तथा जंघा। कुछ विद्वान मणिबंध को भी प्रत्यंग की श्रेणी में गिनते हैं।

---

1 नाट्यशास्त्र / परिमल प्रकाशन / 8 / 9
2 नाट्यशास्त्र / परिमल प्रकाशन / 8 / 8
3 तस्य शिरोहस्तोरःपार्श्वकटीपादतः षडंगानि।
नाट्यशास्त्र / परिमल प्रकाशन / 8 / 13

उपांग उपांग, अंगों के ऐसे छोटे–छोटे भाग हैं जो प्रत्येक अंग में अलग–अलग होते हैं तथा अपने संचालन में स्वतन्त्र होते हैं। जैसे – शिर के उपांग बारह हैं यथा – नेत्र, पलकें, पुतलियाँ, भौंहें, कपोल, नासिका, जबड़ा, ओंठ, दाँत, जिह्वा, चिबुक तथा मुख। हाथों के उपांग – कोहनी, कलाई, अंगुलियाँ तथा हथेली हैं। पैरों के उपांग – टखने, एड़ियाँ, अंगुलियाँ तथा तलुवे हैं।

आंगिक अभिनय के प्रमुख रूप से तीन भेद कहे गये हैं – शारीर, मुखज तथा चेष्टाकृत।[1] अंग, उपांग तथा प्रत्यंगों के माध्यम से प्रदर्शित किया जाने वाला अभिनय 'शारीर'/शरीरज, केवल मुख के माध्यम से प्रकट होने वाला अभिनय 'मुखज' तथा स्थान, आसन आदि के द्वारा होने वाला अभिनय 'चेष्टाकृत' कहलाता है। इसके अतिरिक्त अभिनय की प्रकृति के आधार पर भी अभिनय को दो श्रेणियों में विभाजित किया गया है – सात्त्विक अभिनयाश्रित तथा आंगिक अभिनयाश्रित। इनमें से सात्त्विक अभिनय की चर्चा हम बाद में करेंगे। यहाँ शारीराभिनय अथवा आंगिक अभिनय पर प्रकाश डाला जायेगा। शारीर अभिनय के वाक्य, सूचा, अंकुर, शाखा, नाट्यायित तथा निवृत्यंकुर ये छः प्रकार होते हैं।[2]

वाक्य संस्कृत या प्राकृत भाषा में गद्य अथवा पद्यमय संवाद 'वाक्य' कहलाते हैं, जिनका प्रयोग अनेक रसों के अर्थों को प्रकट करने के लिए किया जाता है।

सूचा इनमें किसी वाक्य के अर्थ को पहले ही शारीरिक चेष्टाओं तथा सात्त्विक भावों के द्वारा प्रकट कर दिया जाता है तथा बाद में शब्दों द्वारा उसी बात को पुनः दोहराया जाता है। यथा – गीत को गाये जाने से पूर्व आंगिक चेष्टाओं से भाव व्यक्त किया जाये, तत्पश्चात् सम्बन्धित पंक्ति गाई जाये। (कुडीअट्टम में अभिनय प्रक्रिया इसी प्रकार की होती है)

---

1 त्रिविधस्त्वांगिकोज्ञेयः शारीरो मुखजस्तथा।
तथा चेष्टाकृतश्चैव शाखांगोपांगसंयुतः।।

नाट्यशास्त्र/परिमल प्रकाशन/8/11

2 षडात्मकस्तु शारीरो वाक्यं सूचांकुरस्तथा।
शाखा नाट्यायितश्चैव निवृत्यंकुर एव च।

नाट्यशास्त्र/परिमल प्रकाशन/22/43

अंकुर जब हृदयस्थ भावों को शब्दों के द्वारा अथवा शब्दों के साथ अभिनीत किया जाये। यथा – गाते हुए आंगिक चेष्टाओं से नृत्य में जब भाव प्रकट किया जाये।

शाखा मस्तक, मुख, जंघा, पिण्डलियों, हाथ और पैरों के द्वारा किया जाने वाला अभिनय जब क्रमानुसार प्रस्तुत किया जाये तो उसे 'शाखाभिनय' कहा जाता है। वस्तुतः शाखा का अर्थ है 'वर्तनी'। नाट्यशास्त्र में वर्तनाक्रम से संयोजित अभिनय को 'सौष्ठवपूर्ण' कहा गया है। संगीतरत्नाकर में इस शाखाभिनय का जो स्वरूप बतलाया गया है, वह इस प्रकार है –

अत्र शाखेति विख्याता विचित्रा करवर्तना।[1]

अर्थात् कुछ कहने से पूर्व या कथोपकथन के समय पात्रों द्वारा हाथों का विभिन्न रूपों में हलन–चलन 'शाखा' कहलाता है।

नाट्ययायित नाट्य के प्रारम्भ में ही दी जाने वाली औपचारिक सूचनाएँ 'नाट्यायित' कहलाती हैं। इसकी समाप्ति के साथ मंच पर पात्रों का आना प्रारम्भ होता है।

निवृत्यंकुर जब किसी दूसरे पात्र द्वारा कहे गये वचनों को कोई अन्य पात्र 'सूचाभिनय' द्वारा प्रकट करे और उसी से सम्बन्धित अर्थ वाली घटना को अभिनय द्वारा प्रकट करे, तो वह 'निवृत्यंकुर' कहलाता है।

उक्त छः प्रकार के आंगिक अभिनयों में से सूचा, अंकुर तथा शाखा विशेष रूप से नृत्योपयोगी हैं। आंगिक अभिनय के उक्त प्रकारों में शरीर के अंग, उपांग एवं प्रत्यंग का प्रयोग किया जाता है। मुख्यरूप से अभिव्यक्ति को आधार मानते हुए इन अंग, उपांग तथा प्रत्यंगों के जो भेद–प्रभेद कहे गये हैं, उनका ग्रन्थ में आगे विस्तारपूर्वक लक्षण एवं विनियोग सहित समावेश किया गया है।

वाचिक अभिनय

आंगिक अभिनय के उपरान्त वाचिक का निरूपण आवश्यक है क्योंकि इसीके माध्यम से आंगिक के विषय को प्रस्तुत किया जाता है। यही कारण है कि नाट्य के आधारभूत तत्त्व के रूप में 'वाचिक अभिनय' को जाना जाता है।

---

1 संगीत–रत्नाकर / 7 / 36–38

वाचिक अभिनय का वैशिष्ट्य एवं प्राधान्य

आचार्य भरत ने वाचिक अभिनय को नाट्य का 'शरीर'/तन कहा है –

वाचि यत्नस्तु कर्तव्यो नाट्यस्येयं तनुः स्मृता।
अंगनेपथ्यसत्त्वानि वाक्यार्थं व्यंजयन्ति हि।।[1]

अर्थात् शब्दों के लिये विशेष प्रयत्न करना चाहिये क्योंकि यही नाट्य प्रदर्शन का कलेवर है। अंग नेपथ्य तथा सत्त्वाभिनय, वाक्य के अर्थों की अभिव्यक्ति करते हैं। यानी उक्त तीनों अभिनय वाचिक अभिनय के सहायक मात्र हैं, इसलिये यदि वाचिक अभिनय ही शिथिल हो तो अन्य प्रयोग भी सुरुचिपूर्ण नहीं बन सकते।

वाणी/वैखरी के द्वारा अथवा वर्ण समूह के द्वारा किसी निश्चित अर्थ का बोध कराया जाता है। दूसरे शब्दों में कहें तो वाचिक अभिनय में भाषा के अर्थात् उपसर्ग, विभक्ति, कृदन्त, तद्धित, संज्ञा, धातु आदि सम्बन्धी नियम आते हैं। वाचिक अभिनय को समझने के लिए हम वाचिक को दो भागों में बाँट लेंगे – एक तो पाठ्य (text) या शब्द और उसके अर्थ, दूसरा पाठ्य की प्रस्तुति (dialogue delivery)। जैसा कि हम पूर्व में कह आये हैं, अभिनय, 'शब्द' पर आधारित होता है। इन शब्दों के निश्चित अर्थ होते हैं, जो कथ्य को पाठक/श्रोता/दर्शक तक पहुँचाते हैं, किन्तु यहाँ यह ध्यान दिये जाने योग्य है कि शब्दों के ये निश्चित अर्थ सनातन नहीं हैं, यानी देश–काल के भेद से किसी वर्ण समूह के अर्थ में भी भिन्नता आती है। साथ ही एक–सी ध्वनि उच्चारण वाले शब्दों के अर्थ भी विभिन्न भाषाओं में भिन्न–भिन्न हो सकते हैं। 'जैसे कम, come तथा कम् शब्द को देखें – हिन्दी भाषा में 'कम' शब्द से तात्पर्य है – थोड़ा या अल्प, अंग्रेजी में इसी ध्वनि वाले come शब्द का अर्थ है – आओ, वहीं संस्कृत में इसका अर्थ है – किसको? इस तरह हम देखते हैं कि एक ही वर्ण समूह तथा उससे उत्पन्न ध्वनि को समझने का संस्कार विभिन्न व्यक्तियों में भिन्न–भिन्न हो सकता है। ऐसा इसलिये है क्योंकि ये अर्थ, देश–काल के भेद से मानव द्वारा तय किये गये हैं, शाश्वत नहीं हैं। वास्तव में 'भाषा' लिखित रूप में एक तरह के संकेत चिन्ह अथवा विशिष्ट चित्र ही तो हैं, उन्हें पढ़ने अथवा उच्चारित करने का प्रशिक्षण प्राप्त होने पर उस शब्द से हमारा association बन जाता है, जो हर बार उस शब्द को पढ़ने अथवा सुनने पर उसे समझने में हमारी मदद करता है।

---

1 नाट्यशास्त्र/परिमल प्रकाशन/14/2

किसी वर्ण समूह के द्वारा, किसी देश–काल में किसी कथ्य का स्थूल एवं निश्चित अर्थ ही प्रकट किया जा सकता है, सूक्ष्म एवं छिपा अर्थ नहीं। शब्द के भाव एवं रस को प्रकट करने के लिए उसमें 'काकु' (accent/tone) के प्रयोग पर ध्यान देना पड़ता है। जैसे – आ गये? इन दो शब्दों को तरह–तरह से (अगल–अलग tone एवं आवाज़ के उतार–चढ़ाव के साथ) deliver करने पर वे हर बार भिन्न भावना को अभिव्यक्त करेंगे। भाव प्रकट करने के लिए अथवा रस की अवस्था में लाने के लिए पाठ्य के छः गुणों – स्वर, स्थान, वर्ण, काकु, अलंकार तथा अंग का पाठ्य में समावेश करना चाहिए। पाठ्य के स्वर–स्थानादि छः गुण वास्तव में ध्वनि की तारता–तीव्रता, गुण और कालमान इन चार विशेषताओं से सम्बन्धित हैं। इन गुणों का प्रयोग करने से 'शब्द' अर्थ के साथ–साथ भाव की अभिव्यक्ति में सक्षम होता है और कभी–कभी तो किसी शब्द के कोषगत अर्थ से सर्वथा भिन्न अर्थ को भी प्रतिपादित कर पाता है। जैसे– 'वाह' शब्द काकु भेद से किसी की भर्त्सना के लिये भी प्रयुक्त हो सकता है। जबकि कोशगत अर्थ में 'वाह' शब्द प्रशंसासूचक शब्द है। इस तरह हम देखते हैं कि वाचिक अभिनय अन्य तीनों अभिनयों से अधिक महत्ता रखता है, यहाँ तक कि सात्त्विक भावों की पूर्णता भी वाचिक पर ही निर्भर करती है। यही कारण है कि वाचिक अभिनय का क्षेत्र अत्यन्त व्यापक है।

नाट्यशास्त्र में 'संध्यंगविकल्प' के अन्तर्गत किसी कथानक की वस्तु की प्रस्तुति के बारह मार्ग अथवा तरीक़े बतलाये गये हैं।[1] एक ही बात को इन भिन्न भिन्न तरीक़ों से कहने पर विभिन्न भावों का सम्प्रेषण किया जा सकता है।

- आलाप किसी से बोलना या सम्भाषण करना 'आलाप' कहलाता है।
- प्रलाप असम्बद्ध या निरर्थक शब्दों का प्रयोग 'प्रलाप' कहलात्ता है।
- विलाप शोकपूर्ण अवस्था में कहे गये शब्द 'विलाप' कहलाते हैं।
- अनुलाप एक ही बात को बार–बार दोहराना 'अनुलाप' कहलाता है।

---

1 एतेषान्तु भवेन्मार्गो यथाभावरसान्वितः।
काव्यवस्तुषु निर्दिष्टो द्वादशाभिनयात्मकः।।
आलापश्च प्रलापश्च विलापः स्यात्त्थैव च।
अनुलापोऽथ संलापस्त्वपलापस्तथैव च।।
सन्देशश्चातिदेशश्च निर्देशः स्यात्तथापरः।
उपदेशोऽपदेशश्च व्यपदेशश्च कीर्तितः।

नाट्यशास्त्र / परिमल प्रकाशन / 22 / 51–53

- संलाप — उक्ति–प्रयुक्ति युक्त सम्भाषण 'संलाप' कहलाता है।
- अपलाप — पूर्व में कहे गये शब्दों का किसी दूसरे अर्थ में प्रयोग करना 'अपलाप' कहलाता है।
- सन्देश — 'उसे यह कह देना' ऐसे शब्दों से युक्त वचन 'सन्देश' कहलाते हैं।
- अतिदेश — 'जो तुमने कहा वह मैंने ही कहा' इस भावना से कही गई सहमति सूचक शब्दावली 'अतिदेश' कहलाती है।
- निर्देश — 'यह मैं कह सकता हूँ' जैसे वाक्य निर्देश कहलाते हैं।
- व्यपदेश — किसी बहाने से कहे जाने वाले वचन 'व्यपदेश' कहलाते हैं।
- उपदेश — 'यह करो', 'इसे ले लो' जैसे वाक्य 'उपदेश' कहलाते हैं।
- अपदेश — 'किसी दूसरे ने ऐसा कहा है' कहकर अपनी बात कह देना 'अपदेश' कहलाता है।

वाचिक अभिनय के इन बारह प्रकारों का सम्बन्ध भावों और रसों से होता है। अर्थात् विषयवस्तु जिस रस तथा भावों वाली होती है उसीके अनुरूप वाचिक अभिनय की योजना की जाती है। उक्त बारह मार्गों के अतिरिक्त कालाधारित भूत, भविष्य, वर्तमान तथा प्रत्यक्ष, परोक्ष, आत्मस्थ और परस्थ, इस तरह अन्य सात भेद भी बतलाये गये हैं। आचार्य भरत ने इन मार्गों के अनुसार ही अभिनय का निर्देश दिया है।[1] इन सात प्रकारों के माध्यम से ही कोई वाक्य, संवाद का रूप ग्रहण करता है, चाहे वह नाट्य में हो, अथवा काव्य में। पूर्व में बतलाया गया शारीराभिनय भी इन सात प्रकार के वाचिकाभिनय पर निर्भर करता है। इस तरह ये सातों भेद नृत्य के लिये भी समानरूप से उपयोगी हैं। हम सब यह तो समझते ही हैं कि नृत्य के सन्दर्भ में भावाभिनय हेतु प्रयुक्त होने वाली बन्दिशें गेय रूप में वाचिक अभिनय के अन्तर्गत आती हैं। इनमें गीत, भजन, ठुमरी, ग़ज़ल, कवित्त आदि सभी का समावेश हो जाता है। नृत्याभिनय के समय अक्सर संगतकार गायक इन बंदिशों को रागबद्ध कर गाते हैं तथा नर्तक अथवा नर्तकी के द्वारा उनपर नृत्य तथा भाव प्रस्तुत किया जाता है। जब नर्तक

---

1 प्रत्यक्षश्च परोक्षश्च तथा कालकृतास्त्रयः।
आत्मस्थश्च परस्थश्च प्रकाराः सप्त एव तु ।।

अथवा नर्तकी स्वयं गीत गाते हुए भाव प्रदर्शित करते हैं, तो अंगादि द्वारा व्यक्त होने वाला अर्थ अत्यन्त सहज–स्वाभाविक रूप से प्रकट होता है। इसलिए पुराने गुरु नृत्य के साथ–साथ गायन शिक्षा पर भी बल देते थे।

इस प्रसंग में कथक नृत्य के एक अतिविशिष्ट पहलू पर चर्चा अपेक्षित है। कथक नर्तक अथवा नर्तकी द्वारा नृत्यरचना की प्रस्तुति के पूर्व, उसके बोलों की सताल पढ़न्त की जाती है। तोड़े–टुकड़े–परण तथा कवित्त अथवा छन्द इत्यादि की सधी हुई पढ़न्त कलाकार प्रथमतः ठेके पर करता है, तत्पश्चात् पढ़ी हुई चीज़ को पैरों में बंधे घुंघरुओं तथा आंगिक संचालन से निकालकर दिखाता है। आजकल कथक नृत्य के सन्दर्भ में नृत्तांग के बोलों को तथा घुंघरुओं की ध्वनि को भी 'वाचिक' के अन्तर्गत मानने का सिलसिला चल निकला है। इस सम्बन्ध में पहले ही हम विस्तृत चर्चा कर चुके हैं। कृपया देखें। यों यदि इसे तात्कालिक सन्दर्भों में सुविधा की दृष्टि से 'वाचिक' की संज्ञा दे भी दी जाये तो कहा जा सकता है कि 'वाचिक अभिनय' का यह रूप कथक नृत्य में ही देखने को मिलता है। मेरे गुरु पंडित कल्याणदास महन्त कहा करते थे कि दमदार पढ़न्त से तुम आधा मैदान तो नाचने से पहले ही मार लेते हो। इसलिये सधी और भावपूर्ण पढ़न्त हमारे शिक्षण का एक महत्त्वपूर्ण अंग होता है। अवनद्ध वाद्य अथवा घुंघरु के पाटाक्षर से निर्मित बोल में कोई अभिधामूल अर्थ नहीं होता, किन्तु श्वास और काकु पर ध्यान देकर इनकी पढ़न्त की जाने पर यह अपेक्षित अर्थ और भाव खोलता है। नर्तक का अंग विन्यास इन अर्थों को स्पष्टता देता चलता है। देखिये, बोलों की अदायगी में काकु परिवर्तन के सहारे अपेक्षित भाव उत्पन्न किया जा सकता है, किन्तु क्या घुंघरुओं की झनकार भी किसी अर्थ अथवा भाव का सम्प्रेषण कर पाती है? कथक नर्तक के लिये यह कहा जा सकता है कि किसी एक स्वर में ढले घुंघरुओं से भी वह इच्छित ध्वनि निकालने में सक्षम होता है। घुंघरुओं की ध्वनि कथक नर्तक के लिये मात्र झनकार नहीं होती, वरन् सांगीतिक नाद होता है, जिससे वह विभिन्न भावनाओं को व्यक्त करता है। इसीलिये घुंघरु की ध्वनि पर अधिकार प्राप्त करना प्रत्येक कथक नर्तक का लक्ष्य होता है और इसका प्रशिक्षण और अभ्यास ताउम्र चलता रहता है।

आहार्य अभिनय

पात्रों के द्वारा अपनी अवस्था तथा प्रकृतिगत विशेषता के अनुरूप वेशविन्यास, अलंकार, परिधान की योजना, साथ ही मंच पर प्रस्तुत निर्जीव एवं सजीव प्राणियों के

नाट्यधर्मी प्रयोग को 'आहार्य अभिनय' कहा जाता है। अन्य शब्दों में जिस चरित्र का अभिनय नट द्वारा किया जा रहा है, उसके अनुरूप वेश–भूषा, रूप–सज्जा (मेकअप), साथ ही कथावस्तु के अनुरूप मंच–सज्जा को 'आहार्य अभिनय' माना जाता है। नाट्य में कथ्य को सम्प्रेषित करने के लिए नट/अभिनेता अपने शरीर के अतिरिक्त जो कुछ भी बाहर से आहरण करता है, वह सब आहार्य के अन्तर्गत आ जाता है। इस तरह से नट के वस्त्राभूषण के साथ–साथ नेपथ्य विधान भी आहार्य अभिनय के अंतर्गत माना गया है। जैसे – राजा के दरबार का दृश्य दिखाया जाना हो तो बगैर किसी कथोपकथन के राजा की वेशभूषा, उसकी भंगिमा, उसके आस–पास बैठे अथवा खड़े लोगों की वेशभूषा और उनकी भंगिमा, दरबार की सज्जा, चँवरधारी, दरबारी, दरबान आदि की उपस्थिति से यह स्पष्ट हो जायेगा कि यह किसी राजा का दरबार है और सामने सिंहासन पर बैठा व्यक्ति राजा ही है। नाट्य प्रयोग की सफलता इस आहार्य विधान पर निर्भर करती है, इसलिये जो नाट्य प्रयोग में सफलता के आकांक्षी हैं उन्हें इस पर विशेष ध्यान देना चाहिये।[1] यह बात नृत्य पर भी लागू होती है। आचार्य भरत ने आहार्य अभिनय को चार भागों में विभाजित किया है – पुस्तरचना, अलंकरण, अंगरचना तथा सज्जीव।[2]

पुस्त–रचना

पुस्त का अर्थ है model । रंगमंच पर इन्हीं पुस्तों के द्वारा पर्वत, वृक्ष, रथ आदि को दिखलाया जाता है। रंगमंच की इस प्रकार की गई सज्जा नाट्य–प्रयोग को यथार्थ के निकट ले जाती है। रंगमंच की सम्पूर्ण सज्जा के लिये आचार्य भरत ने तीन तरह के पुस्तों का निर्देश दिया है – संधिम पुस्त, व्याजिम पुस्त तथा वेष्टिम पुस्त।[3]

संधिम चटाई, बाँस, चमड़े अथवा वस्त्र से निर्मित पुस्त 'संधिम पुस्त' कहलाता है।

---

1 आहार्याभिनयो नाम ज्ञेयो नेपथ्यजो विधि।
तत्र कार्यः प्रयत्नस्तु नाट्यस्य शुभमिच्छता।।

नाट्यशास्त्र/परिमल प्रकाशन/21/3

2 चतुर्विधन्तु नेपथ्य पुस्तोऽलंकार एव च।
तथांगरचना चैव ज्ञेयं सज्जीवमेव च।

नाट्यशास्त्र/परिमल प्रकाशन/21/5

3 पुस्तस्तु त्रिविधो ज्ञेयो नानारूपप्रमाणतः।
सन्धिमो व्याजिमश्चैव वेष्टिमश्च प्रकीर्तितः।

नाट्यशास्त्र/परिमल प्रकाशन/21/6

व्याजिम यंत्र की सहायता से जिस पुस्त को मंच पर लाया जाता है वह 'व्याजिम पुस्त' कहलाता है। जैसे – मंच पर रथ, यान आदि को मशीनों की सहायता से गति दी जाती है। डोरी बांधकर भी यह कार्य किया जा सकता है।

वेष्टिम वस्त्र आदि को लपेटकर जब पुस्त का निर्माण किया जाता है, तो वह 'वेष्टिम पुस्त' कहलाता है। इस विधि से मंच पर पर्वत, यान, सिंहासन, भवन, मंदिर, ध्वज आदि बनाये जाते हैं।

पुस्त की ये विधियाँ नाट्य तथा नृत्य–नाटिकाओं के लिये विशेष उपयोगी हैं। इनके माध्यम से किसी नृत्य–नाटिका के दृश्यों में नेपथ्य सज्जा बदली जा सकती है और इच्छित प्रभाव उत्पन्न किया जा सकता है। विषयवस्तु के अनुरूप मंच सज्जा किये जाने पर प्रस्तुतीकरण की प्रभावोत्पादकता बढ़ जाती है।

अलंकरण

पात्र का प्रसाधन अलंकारों से किया जाता है। इसके लिये पुष्प मालायें, गहने, वस्त्र आदि के प्रयोग से शरीर को सजाया जाता है। इस विषय पर भी नाट्यशास्त्र में विस्तृत विवरण प्राप्त होता है। आचार्य भरत ने मालाओं को पाँच प्रकार की बतलाते हुए सभी आभूषणों को चार वर्गों में बाँटा है।[1] वेष्टित मालाएँ ऐसी हैं जो लपेटकर पहनी जाती हैं, वितत ऐसे प्रकार की मालाएँ हैं जो तानकर अथवा फैलाकर पहनी जाती हैं। संघात्य से तात्पर्य विभिन्न प्रकार की मालाओं को मिला जुलाकर पहनने से है। गठान बांधकर पहने जानी माला को मुनि ने ग्रंथिम कहा है और प्रालम्बित वे मालाएँ हैं जो काफी लम्बी हों। अब अलंकारों को देखें।

आवेध्य ऐसे आभूषण जो शरीर को बींधकर यानी छेदकर पहने जायें। जैसे – कुण्डल, नाक की लौंग।

बंधनीय ऐसे आभूषण जो शरीर पर बांधे जायें। जैसे – मुकुट, बाजुबंद घुंघरु।

---

1 वेष्टिमं विततं चैव संघात्यं ग्रन्थिमं तथा।
प्रालम्बितं तथा चैव माल्यं पंचविधं स्मृतम्।।
चतुर्विधन्तु विज्ञेयं नाट्ये ह्याभरणं बुधैः।
आवेध्यं बन्धनीयंच क्षेप्यमारोप्यमेव च।।

प्रक्षेप्य शरीर पर आरोपित किये जाने वाले अलंकार। जैसे विभिन्न प्रकार की स्वर्ण एवं मणिमालाएँ, कंगन, पायल आदि।

इसके अलावा आचार्य भरत ने पुरुषों एवं स्त्रियों द्वारा सम्पूर्ण शरीर में धारण किये जाने वाले आभूषणों का भी विस्तारपूर्वक वर्णन किया है। पुरुषों के लिये माथे पर चूड़ामणि, मुकुट, कानों में कुंडल, मोचक, कीलक, ग्रीवा में मौक्तिक माला, हर्षक (साँप की शक्ल का गहना), सर तथा सूत्रक, अंगुली में कटक तथा अंगूठी, भुजाओं पर हस्तली तथा वलय, कलाई पर रूचक, चूलिया (आजकल इसे पहुँची कहते हैं), कुहनी पर केयूर तथा अंगद, वक्ष पर त्रिसर (मोतियों की तीन लड़ियों से निर्मित माला) तथा हार, तथा सूत्र।[1] ये सभी आभूषण पुरुष पात्रों के देवता होने की स्थिति में उपयोग में लाये जाने चाहिये। स्त्रियों के द्वारा धारण किये जाने वाले आभूषणों में सिर पर शिखापाश, शिखापत्र, चूड़ामणि, मकरिका, मुक्ताजाल, शीर्षजाल, माथे पर तिलक, जो अनेक कारीगरी से युक्त, विविध स्वरूप वाले होते हैं। कानों के लिये कण्डक, शिखिपत्र, वेणीगुच्छ, मोचक, कर्णिका, कर्णवलय, पत्रकर्णिका, कुंडल, कर्णमुद्रा, कर्णभूषण, कर्णोत्कीलक तथा अनेक रत्नों से जटित एवं विविध आकार के दन्तपत्र। वक्ष पर त्रिवेणी, कंठ पर मुक्तावलि, व्यालपंक्ति मंजरी, हार, रत्नमाला, रत्नसर आदि, बाहु पर अंगद, वलय, बाजुबंद तथा खर्जूर, अंगुली पर कटक, कलशाखा, हस्तपत्र, सुपूरक, मुद्रा तथा अंगुलीयक, कटि के लिये कांची, मेखला, रसना एवं तलककटि। गुल्फ में नूपुर, किंकणि, रत्नजाल, पादपत्र तथा पैरों की अंगुलियों के लिये अंगुलीयक (बिछिया)। ये सभी आभूषण रस तथा भावों को ध्यान में रखते हुए प्रयोग में लाये जाने चाहिये।[2]

अंगरचना

अंगरचना आहार्य अभिनय का महत्त्वपूर्ण अंग है। देश, जाति, वय तथा दशा के अनुरूप अंगरचना का विधान होता है क्योंकि इसी से पात्र का स्वरूप बनता है। नाट्यशास्त्र में मनुष्य, गन्धर्व, यक्ष, किन्नर, पन्नग (नाग) देव, दानव, नक्षत्र, नर–नारायण तथा विभिन्न वर्गों के मनुष्यों के साथ ही विभिन्न मनोदशाओं में तथा रसानुरूप अंगरचना एवं वर्ण का निर्देश किया गया है।[3] उक्त जानकारी नाट्य के लिये अत्यन्त उपयोगी एवं आवश्यक है, किन्तु यहाँ उतने विस्तार में न जाकर इतना ही

---

1 नाट्यशास्त्र / परिमल प्रकाशन 21 / 15–25
2 नाट्यशास्त्र / परिमल प्रकाशन / 21 / 25–40
3 नाट्यशास्त्र / परिमल प्रकाशन / 21 / 95 / 96

समझना पर्याप्त होगा कि विषयानुकूल एवं पात्रानुकूल अंगरचना (make-up) की जानी चाहिये।

सोलह श्रृंगार तथा बत्तीस आभूषण

17वीं शताब्दी के ग्रन्थ 'रस कौमुदी' में ग्रन्थकार श्रीकण्ठ ने स्त्रियों की शोभावर्धन के लिये मुखसज्जा make-up को आवश्यक मानते हुए 'श्रृंगारवर्णनाध्याय' के अंतर्गत सोलह श्रृंगार का उल्लेख किया गया है।

अध्याये अष्टमे स्त्रीणां श्रृंगारनिवहः क्रमात्।
श्रृंगारेण विना शोभां न धत्तेकामिनी यतः।।
स्नानं चीरं च हारः सुललिततिलकं कुण्डलं पुष्पमाल्यं।
काश्मीराद्यंगरागो रुचिरनयनयोरंजनं रत्नरोचिः।।
नासामुक्ता सुकांची कणकवलयं नूपुरं कंचुकी वा।
ताम्बूलं चातुरीत्थं षडधिकदशकाः सन्ति श्रृंगारकास्ते।।[1]

श्रीकण्ठ के अनुसार ये सोलह श्रृंगार इस प्रकार हैं – स्नान, वस्त्र धारण, गले में हार पहनना, माथे पर सुन्दर तिलक लगाना, कानों में कुण्डल धारण करना, पुष्प माला पहनना, देह में चंदन का लेप लगाना, नयनों में अंजन, विभिन्न आभूषण धारण करना यथा – नाक में नथ या मोती, कमर में करधनी, चूड़ियाँ, पैरों में पायल, कंचुकि (चोली/ब्लाउज़), पान तथा चातुरी अर्थात् प्रज्ञा, बुद्धि। ग्रन्थ में सोलह श्रृंगार के स्थान पर उक्त चौदह श्रृंगार का उल्लेख मिलता है जिसमें से अंतिम 'चातुरी' का सम्बन्ध बाहरी साधनों से नहीं वरन् आंतरिक गुणों से है। यह अवश्य है कि इसके अभाव में शेष बाह्य श्रृंगार निरर्थक प्रतीत होते हैं। यह नवीन विचार श्रीकण्ठ का इस क्षेत्र में विशेष योगदान कहा जा सकता है। बीसवीं शताब्दी में रायगढ़ के राजा चक्रधर सिंह ने इसी विचार को आगे बढ़ाते हुए अपने ग्रन्थ 'नर्तन सर्वस्वम्' में नायिका के सोलह श्रृंगार और बारह आभूषणों का उल्लेख किया है। मूलग्रन्थ की अनुपलब्धता के कारण डॉ0 पी0 डी0 आशीर्वादम् के प्रकाशित शोधग्रन्थ ''रायगढ़ दरबार'' से सामग्री का ग्रहण किया गया है।[2] राजा चक्रधर सिंह के अनुसार सोलह श्रृंगार इस प्रकार हैं – स्नान, वस्त्रधारण, स्नेहानुलेपन, केश प्रसाधन, तिलक धारण, अंजन धारण, तिल निर्माण

1 रस कौमुदी/श्रीकण्ठ/8/12
2 Raigarh Darbar/P.D. Ashirwadam/p. 106-108

अलक्तक धारण, अलंकार प्रसाधन, ताम्बूल चर्वण, सुगंधि लेपन, विलास गति, स्फीत दृष्टि, स्मित, प्रेम तथा शील। इन सोलह श्रृंगारों में से अन्तिम पाँच श्रृंगार ग्रंथकार के मौलिक चिन्तन के परिचायक है। ग्रन्थकार ने आभूषणों में झूमर, कर्णफूल, वेसर, ग्रेवेयक, हार, चूड़ी, कंकण, बाजूबंद, अंगूठी, करधन, पायजेब तथा नूपुर, ये बारह नाम भी गिनाये हैं।

राजा चक्रधर सिंह ने नायिका के सोलह श्रृंगार और बारह आभूषणों की चर्चा करते हुए इनका क्रम भी निर्धारित किया है। नायिका स्नान, वस्त्र धारण, स्नेहानुलेपन के पश्चात् जूड़ा या चोटी बनाती है, बिन्दी/सिन्दूर लगाती है, काजल लगाती है, तिल बनाती है, पैरों में आलता लगाने के बाद वह झूमर, कर्णफूल, वेसर, ग्रेवेयक, हार, चूड़ी, कंकण, बाजूबंद अंगूठी, करधन, पायजेब तथा नूपुर पहनती है। उपरोक्त आभूषण पहनने के पश्चात् नायिका पान बनाकर खाती है। तत्पश्चात् इत्र लगाती है, और अपने प्रिय की प्रतीक्षा करती है। यहाँ तक नायिका के श्रृंगार स्वाभाविक है और परम्परागत रीति के अनुसार ही हैं, परन्तु आखिरी पाँच श्रृंगार नवीन हैं और राजा चक्रधर सिंह के कथक को योगदान के रूप में स्वीकार किये जा सकते हैं।

विलासगति में नायिका धीरे–धीरे अभिमान और लावण्य के साथ चलती है, वह कभी साड़ी का पल्लू सँवारती, और कभी घूंघट खोलती और बन्द करती है। इस प्रकार 'विलासगति' के साथ नायिका खिड़की के पास पहुँच जाती है। तेरहवे श्रृंगार के लिये नायक की उपस्थिति आवश्यक होती है। नीचे राह पर अपने घोड़े पर बैठकर जा रहे नायक की दृष्टि खिड़की के पास खड़ी नायिका पर पड़ती है और वह उसके अद्‌भुत सौंदर्य पर मोहित हो जाता है। नायिका नायक की ओर चंचल एवं स्नेहपूर्ण दृष्टि से देखती है। इसी को नायिका की 'स्फीत दृष्टि' कहा गया है। तत्पश्चात् नायिका अपनी गर्दन को थोड़ा–सा झुकाकर आँखों के कोने से देखते हुए हल्की–सी मुस्कुराहट प्रदर्शित करती है, जिसे 'स्मित' कहा गया है। तदुपरान्त दोनों में स्नेह का भाव उत्पन्न होता है, जिसे नायिका लज्जा के साथ प्रदर्शित करती है। इस पंद्रहवें श्रृंगार में प्रेम का अभिनय किया जाये। नायिका ने नायक का चेहरा देखा और पहले मोहित होकर प्रेम प्रकट किया, मुस्कराई परन्तु तुरन्त ही लज्जा के कारण और अपनी मर्यादा का स्मरण होने पर, खिड़की के कपाट बन्द कर दिये। यह सोलहवाँ श्रृंगार 'शील' हुआ।

नर्तनसर्वस्वम् में प्राप्त उक्त सम्पूर्ण विवरण उत्कण्ठिता नायिका के अभिनय के लिये अत्यन्त उपयोगी है। इस ग्रन्थ में नायिका के श्रृंगार और आभूषणों के सम्बन्ध में

जो विवरण मिलता है, वह प्रकारान्तर से तत्कालीन 'कथक' नर्तकी के आहार्य की ओर संकेत करता है।

सज्जीव

आचार्य भरत ने नाट्यशास्त्र के इक्कीसवें 'आहार्याभिनय' नामक अध्याय में मंच पर ले जाने योग्य, दो अथवा चार पैर वाले पशु–पक्षियों को सज्जीव/संजीव कहा है।[1] नृत्य–विद्या में इसका विधान नहीं है, क्योंकि आवश्यकतानुसार मुद्राओं से ही इच्छित भाव को व्यक्त किया जाता है।

सात्त्विक अभिनय

'सत्त्व' शब्द का अर्थ होता है मन। इस तरह जिस अभिनय का सम्बन्ध हमारे मन अथवा मन की अवस्था से होता है, उसे सात्त्विक अभिनय कहते हैं। इसे यूँ समझा जा सकता है – मन जब किसी खास अवस्था में होता है, तो कुछ शारीरिक परिवर्तन मन की 'उस' अवस्था को प्रकट करते हैं और ये शारीरिक परिवर्तन अथवा ये शारीरिक क्रियायें प्रयत्नपूर्वक नहीं की जातीं, वरन् मन की 'अमुक' दशा में स्वतः ऐसे शारीरिक लक्षण प्रकट होते हैं। जैसे – मन में शोक होने पर अश्रुपात एवं स्वरभंग होना, मन में घबराहट होने पर स्वेद (पसीना) आना, वैवर्ण्य (रंग उड़ जाना) आदि। इस तरह सात्त्विक भाव मन की किसी विशेष दशा को प्रकट करते हैं।

हम जानते हैं कि मंच पर प्रस्तुत किये जा रहे दृश्य का अभिनेता/अभिनेत्री की तात्कालिक मनःस्थिति से आवश्यकरूप से कोई साम्य नहीं होता। मंचस्थ कथ्य के 'मन' की अवस्था के विपरीत होने पर भी किसी भाव को आंगिक चेष्टाओं, वचन अथवा वस्त्राभूषण और वातावरण के निर्माण से प्रकट किया जा सकता है। जैसे – क्रोध का भाव मन में न होने पर भी आँखें लाल करके, तरेरकर, घूरकर, मुक्का अथवा चाँटा दिखाकर अथवा क्रोधपूर्ण वचन कहकर क्रोध का भाव प्रकट किया जा सकता हैं। मन में वीरता का संचार न भी हो रहा हो, तो भी तलवार उठाकर वीरता का संकेत दिया जा सकता है, किन्तु सात्त्विक अभिनय के सन्दर्भ में ऐसा नहीं होता। सामान्यतः मन

---

1 सजीव इति यः प्रोक्तस्तस्य वक्ष्यामि लक्षणम्।
यः प्राणिनां प्रवेशो वै सज्जीव इति संज्ञितः।
चतुष्पदोऽथ द्विपदस्तथा चैवापदः स्मृतः।।
उरगानपदान् विद्याद् द्विपदान्खगमानुषान्।
ग्राम्या आरण्याः पशवो विज्ञेयाः स्युश्चतुष्पदाः।।

की विपरीत दशा होने पर सात्त्विक भावों का प्रकटीकरण बहुत दुष्कर कार्य होता है। स्पष्ट है कि आंगिकादि अभिनयों में तो मन की दशा के विपरीत भी चेष्टाएँ प्रदर्शित की जा सकती हैं, परन्तु सात्त्विक अभिनय में चेष्टाएँ अयत्नज (जो यत्नपूर्वक न की जा सकें) होती हैं, और उनका सम्बन्ध मन की दशा से स्वाभाविक रूप में होता है। यहाँ यह भ्रम नहीं होना चाहिए कि आंगिकादि अभिनयों में मन का योग नहीं होता। वास्तव में मन का योग तो प्रत्येक कार्य में होता है/होना चाहिए, परन्तु आंगिकादि अभिनय मन की दशा को अनिवार्य रूप से प्रतिबिम्बित नहीं करते, जबकि सात्त्विक अभिनय मन की दशा को ही प्रतिबिम्बित करता है। यद्यपि रस–परिपाक की दृष्टि से चारों ही प्रकार के अभिनय रस–प्रक्रिया में योग देते हैं, तथापि सात्त्विक अभिनय की श्रेष्ठता ही किसी प्रदर्शन को सशक्त बनाती है। किसी प्रस्तुति में 'सत्त्व' की उपस्थिति के अनुपात के आधार पर उस अभिनय अथवा प्रस्तुति के स्तर का निर्धारण किया जाता है। सात्त्विक अभिनय उत्तम कोटि का माना जाता है। भरत मुनि कहते हैं कि जिस अभिनय में 'सत्त्व' का आधिक्य हो वह 'उत्तम', समान मात्रा में 'सत्त्व' हो तो 'मध्यम' तथा अभिनय सत्त्वरहित हो तो वह 'अधम' प्रकार का अभिनय समझा जाना चाहिये।

सत्त्वातिरिक्तोऽभिनयो ज्येष्ठ इत्यभिधीयते।
समसत्त्वो भवेन्मध्यः सत्वहीनोऽधमः स्मृतः।।[1]

अव्यक्त रूप वाला सत्त्व – अश्रु, रोमांच, स्वेद आदि के माध्यम से व्यक्त होता है। ये सूक्ष्म भाव मनुष्य के शरीर में सहज रूप से अभिव्यक्ति पाते हैं। नाट्य–नृत्य के साफल्य में इन भावों की बड़ी भूमिका रहती है, किन्तु रोमांचादि का प्रदर्शन अत्यन्त दुष्कर कार्य माना जाता है, इसलिये सात्त्विक भावों के उपयुक्त प्रदर्शन हेतु अभिनेता को अन्य अभिनयों की अपेक्षा अधिक प्रयत्न करने की आवश्यकता होती है।

सात्त्विक भाव और उनकी अभिनय विधि

मन की दशा शरीर पर आठ प्रकार से प्रकट होती है– स्तम्भ (जड़ता), स्वेद (पसीना), रोमांच (रोंगटे खड़े होना), स्वरभंग (आवाज रुँध जाना या भर्रा जाना), वेपथु (कँपकँपी या थरथराहट), वैवर्ण्य (चेहरे का रंग बदल जाना), अश्रु (आँसू आ जाना), प्रलय (मूर्च्छा या अचेत हो जाना)। यहाँ नाट्य अथवा नृत्य में इन सात्त्विक भावों का विनियोग एवं उनके अभिनय की विधि को बतलाया जा है –

---

1 नाट्यशास्त्र/परिमल प्रकाशन/22/2

स्वेद क्रोध, भय, हर्ष, श्रम, रोग, ताप, चोट, व्यायाम, क्लेश तथा धूप आदि की दशा के सम्प्रेषण में 'स्वेद' को दर्शाना चाहिये। स्वेद यानी पसीने के अभिनय को पंखा उठा लेने, पसीना पोंछने, हवा की इच्छा रखने आदि से करना चाहिये।

स्तम्भ हर्ष, भय, शोक, विस्मय, दुःख तथा क्रोध आदि की दशा में 'स्तम्भ' उत्पन्न होता है। इसलिये उक्त कार्यों के प्रदर्शन में 'स्तम्भ' दर्शाना चाहिये। इसका अभिनय संज्ञाहीन, चेष्टाहीन, गतिहीन, जड़ आकृति वाली शारीरिक स्थिति से करना चाहिये।

वेपथु शीत, भय, हर्ष, क्रोध, स्पर्श, वृद्धावस्था और रोग में 'वेपथु' या 'कम्प' उत्पन्न होता है। इसका अभिनय अंगों के काँपने, फड़कने, हिलाने आदि से करना चाहिये।

अश्रु आनन्द अथवा शोक में, आँखों में धुआँ लगने अथवा काजल लगाने से, जम्हाई लेने से, भय से, एकटक देखने से, शीत एवं रोग से 'अश्रु' उत्पन्न होता है। इसका अभिनय नेत्रों में आँसू भरते हुए तथा आँखें पोंछते हुये करना चाहिये।

वैवर्ण्य शीत, क्रोध, भय, थकावट, रोग, क्लेश एवं घाम (धूप) से 'वैवर्ण्य' उत्पन्न होता है। इसका अभिनय चेहरे के रंग परिवर्तन और नाड़ी को दबाने का भाव दर्शाते हुए प्रयत्नपूर्वक करना चाहिये।

स्वरभंग भय, हर्ष, क्रोध, बुढ़ापा, गला सूखना, रोग तथा नशे में 'स्वरभंग' होता है। इसका अभिनय लटपटाते वचनों से करना चाहिये।

प्रलय श्रम, मूर्च्छा, मद, निद्रा, चोट तथा मोह से 'प्रलय' अथवा 'मूर्च्छा' उत्पन्न होती है। इसका अभिनय चेष्टाहीन, निष्कम्प, साँस रोक लेने और पृथ्वी पर गिर पड़ने से करना चाहिये।

रोमांच स्पर्श, भय, शीत, हर्ष, क्रोध तथा रोग से 'रोमांच' उत्पन्न होता है। इसका अभिनय रोएँ खड़े हो जाने तथा गात्र/शरीर को स्पर्श करते हुए करना चाहिये।

अंगज, स्वभावज तथा अयत्नज अलंकार

शास्त्रीय दृष्टि से आंगिक विकार के रूप में प्रकट होने वाले सात्त्विक भावों को 'अलंकार' कहा जाता है। ये आंगिक विकार तीन तरह के कहे गये हैं – अंगज,

स्वभावज तथा अयत्नज। आचार्य भरत ने शारीरिक परिवर्तन के फलस्वरूप होने वाले 'अंगज' अलंकारों को त्रिविध, स्वाभाविक परिवर्तन से होने वाले 'सहज' अलंकारों को दशविध तथा अनायास रहने वाले 'अयत्नज' अलंकारों को सप्तविध कहा है।[1]

अंगज अलंकार

भाव वाणी, अंग, मुखराग तथा सत्त्व के अभिनय द्वारा कवि के इष्ट भावों का भावन करवाने के कारण यह 'भाव' कहलाता है।[2]

हाव 'भाव' की वह अवस्था जो चित्तवृत्तियों से उद्भूत होकर नेत्र, भौंहों, ग्रीवा आदि की आंगिक चेष्टाओं से श्रृंगार रस की अभिव्यक्ति करती हो – 'हाव' कहलाती है।[3]

हेला पात्रों का जो 'हाव' श्रृंगार रस के आश्रित होकर ललित शारीरिक चेष्टाओं द्वारा अभिव्यक्त हो, उसे 'हेला' कहा जाता है।[4]

नाट्यदर्पणकार श्री रामचंद्र गुणचंद्र ने इसे और स्पष्ट करते हुए कहा है कि – 'भाव' रागात्मक अनुभूति की प्रारम्भिक अभिव्यक्ति है, जो शब्द तथा आंगिक चेष्टाओं के माध्यम से प्रकट होती है। 'हाव' वह स्थिति है, जिसमें किसी व्यक्ति के भाव उसकी आंगिक चेष्टाओं के माध्यम से स्पष्ट रूप से सामने आ जाते हैं। इससे यह स्पष्ट होता है कि 'भाव' से 'हाव' उत्तरोत्तर विकास की अवस्था है और 'हेला' वह है, जब मन में श्रृंगार का अतिशय आवेग होता है।[5]

स्वभावज अलंकार

मिलन, प्रेम, ईर्ष्या आदि भावों की सूचना स्वभावज अलंकारों के माध्यम से मिलती है। इनके माध्यम से भी मनोभावों का ही प्रदर्शन होता है। आचार्य भरत ने

---

1 नाट्यशास्त्र/परिमल/प्रकाशन/22/4–5

2 वागंगमुखरागैश्च सत्त्वेनाभिनयेन च।
कवेरन्तर्गतं भावं भावयन्भाव उच्यते।।

नाट्यशास्त्र/परिमल प्रकाशन/22/8

3 तत्राक्षिभ्रूविकाराढ्यः श्रृंगाराकारसूचकः।
सग्रीवारेचको ज्ञेयो हावः स्थितसमुत्थितः।।

नाट्यशास्त्र/परिमल प्रकाशन/22/10

4 यो वै हावः स एवैषा श्रृंगाररससम्भवा।
स्माख्याता बुधैर्हेला ललिताभिनयात्मिका।।

नाट्यशास्त्र/परिमल प्रकाशन/22/11

5 नाट्यदर्पण/रामचंद्र–गुणचंद्र/पृ. 204–205

स्त्रियों के दस स्वभावज अलंकार कहे हैं – लीला, विलास, विच्छति, विभ्रम, किलकिंचित्, मोट्टायित, कुट्टमित, बिब्बोक, ललित तथा विहृत।[1]

लीला प्रिय से सम्बद्ध चेष्टा अथवा वेश का प्रीतिपूर्वक अनुकरण 'लीला' कहलाता है। यथा नायिका द्वारा प्रिय की याद में उसके कपड़े पहन लेना या फिर प्रिय के हाव–भाव और बातचीत के अंदाज की नकल करना।

विलास प्रिय को देखने पर नायिका के खड़े होने, बैठने, चलने–बोलने तथा नेत्र एवं भौहों की चेष्टाओं में होने वाला विलक्षण परिवर्तन 'विलास' कहलाता है।

विच्छति सौंदर्य प्रसाधनों का असावधानी पूर्वक प्रयोग करने पर भी सौंदर्यवृद्धि ही हो।

विभ्रम प्रेम, हर्ष, उन्माद में शब्दों, चेष्टाओं तथा वस्त्रों का अपने उचित स्थान पर न रहना।

किलकिंचित् प्रिय से मिलन होने पर विभिन्न भावों जैसे – स्मित, रुदन, भय, हर्ष, गर्व, श्रम, अभिलाषा आदि जब मिलजुल जायें।

मोट्टायित प्रिय के विषय में बातचीत चलने पर बड़े ध्यान से सुनना।

कुट्टमित प्रिय द्वारा हर्षित मन से स्पर्श करने पर होने वाली सुखात्मक अनुभूति, परन्तु नायिका द्वारा इसके विपरीत भाव को यानी दुःखात्मक अनुभूति प्रकट करना। वास्तव में यह दुःखात्मक नहीं पीड़ा प्रदर्शित करने वाली शारीरिक क्रिया है।

बिब्बोक मन में चाही हुई वस्तु मिलने पर मिथ्याभिमान के कारण उसका तिरस्कार करना।

ललित भौंह, नेत्र, ओठों के साथ–साथ हाथ–पैर तथा अन्य अंगों का सुकुमार विन्यास।

विहृत अवसर और इच्छा होने पर भी लज्जा के कारण प्रीतिपूर्ण वचन जब न बोले जायें।

---

1 लीला विलासो विच्छतिर्विभ्रमः किलकिंचितम्।
मोट्टायितं कुट्टमितं बिब्बोको ललितं तथा।।
विहृतं चेति विज्ञेया दश स्त्रीणां स्वभावजाः।।

जब स्त्री पात्र में इन अलंकारों का प्रयोग होता है, तो उसे 'सुकुमार' तथा जब पुरुष पात्रों में इनका प्रयोग होता है, तो उसे 'दीप्त' कहते हैं। 'दीप्त' अवस्था में विलास और ललित का प्रयोग नहीं होता, ये केवल स्त्रीपात्राश्रित भाव हैं।[1]

अयत्नज अलंकार

स्त्रियों के अयत्नज अलंकार सात प्रकार के कहे गये हैं – शोभा, विलास, माधुर्य, स्थैर्य, गाम्भीर्य, ललित, औदार्य तथा तेज। वास्तव में ये अलंकार स्त्रियों में सुकुमारता एवं पुरुषों में पौरुष प्रभाव की वृद्धि करते है। स्त्रियों की उत्तमता श्रृंगार रस में एवं पुरुषों की वीर रस में मानी गई है। यही अलंकार रस तथा भाव का आधार बनते हैं।

विभिन्न नृत्य शैलियों तथा मुख्य रूप से कथक नृत्य के सन्दर्भ में देखे तो उक्त चारों ही प्रकार के अभिनयों का न्यूनाधिक प्रयोग सभी में किया जाता है। यों प्रथम दृष्ट्या प्रतीत होता है कि भरतनाट्यम्, कुचिपुड़ी, ओडिसी तथा कथकलि की तुलना में कथक नृत्य के आंगिक अभिनय में शास्त्रोक्त अंगविधान का अभाव है। यहाँ सहज अंगविक्षेप एवं लोकरूढ़ संकेतों के प्रयोग का चलन है, किन्तु ऐसा नहीं है। वास्तव में कथक नृत्य का क्षेत्र अपेक्षाकृत विस्तृत होने के कारण अनेक मार्गों के विसर्जन की सम्भावना यहाँ अधिक रही है और समय–समय पर इस नृत्य ने तत्कालीन आवश्यकताओं के अनुरूप सहज रूप से स्वयं को ढाला भी है। यों वर्तमान समय में नृत्यकार पुनः शास्त्रोक्त अंगविधान के मुखर प्रयोग पर बल दे रहे हैं।

आंगिक अभिनय की ही तरह उक्त नृत्य शैलियों का सुनिश्चित आहार्य भी है, कथककलि तो मुख्यरूप से आहार्य और सात्त्विक अभिनय पर ही टिका है। भरतनाट्यम्, कुचिपुडी, मणिपुरी तथा ओडिसी का भी अपना विशिष्ट आहार्य नियत है। इन नृत्यों में परिधान के लिये नियत कपड़ों (रेशम, ज़री आदि) के अलावा उनकी विशिष्ट बुनावट एवं सिलाई पर भी ज़ोर दिया गया है। यहाँ भी हम पाते हैं कथक नृत्य में आहार्य सम्बन्धी कोई कठोर अनुशासन नहीं है, तथापि अवश्य लखनऊ घराने के नर्तक/नर्तकियाँ मुगल दरबारों के प्रभाव से चूड़ीदार, अंगरखा, टोपी, वास्कट जैसा मुगलकालीन वेश तथा हार, बाजूबन्द, छपका, लटकन जैसे आभूषण पहनते हैं और जयपुर घराने में हिन्दु राज–दरबारों के प्रभाव से नर्तकों में धोती–कुर्ता–साफा तथा

---

1 नाट्यशास्त्र/परिमल/प्रकाशन /22/32–33

नर्तकियों में घाघरा, चोली, ओढ़नी साथ में नथ, बेसर, मांग टीका, हार, झुमके, कमरबंद आदि भारतीय वेशभूषा पहनने का चलन है। कुछ दशक पहले तक स्त्री कलाकार टखनों तक की साड़ी पहनकर भी नृत्य किया करती थीं। यों कलाकार अपनी सुविधानुसार चूड़ीदार, अंगरखा, कुर्त्ता, धोती, लहंगा–चोली–ओढ़नी–चूड़ीदार, चूड़ीदार–फ्रॉक–चुन्नी तथा सामान्यतया कुन्दन के बने आभूषण धारण करते हैं। अब इस ओर भी ध्यान दिया जा रहा है कि कथक नृत्य का एक निश्चित आहार्य हो, परिधान के लिये चयन किये जाने वाले वस्त्र से लेकर उसकी सिलाई के ढंग तक। साथ ही पहने जाने वाले आभूषण भी सुनिश्चित एवं एकरूपता लिये हुए हों।

भरतनाट्यम् आदि नृत्य शैलियों की ही तरह कथक में भी वाचिक अभिनय विधान है। इस नृत्य में अभिनय के लिये प्रयोग में लायी जाने वाली साहित्यिक रचनाओं यथा गीत–ग़ज़ल, भजन, ठुमरी, कवित्त आदि के अतिरिक्त नृत्त अंग में बोलों की सटीक पढ़न्त इस नृत्य की अनन्यतम विशेषता है। कथक नृत्य के चतुर्विध आंगिक, वाचिक, सात्त्विक तथा आहार्य अभिनयों पर विस्तृत चर्चा इस ग्रन्थ में यथास्थान की गई है।

10

लोकधर्मी और नाट्यधर्मी की अवधारणा

नृत्य और नाट्य के साधकों ने 'लोकधर्मी' और 'नाट्यधर्मी' संज्ञाएँ सुनी होंगी। समझा भी अवश्य होगा। प्रयोगधर्मा कलाओं में किस प्रसंग में ये शब्द प्रयोग में लाये जाते हैं और वहाँ इनका क्या अर्थ है? लोकधर्मी और नाट्यधर्मी के जोड़े में 'लोक' और 'नाट्य' इन शब्दों का अर्थ तो स्पष्ट है ही, 'धर्म' से बने 'धर्मी' शब्द को समझने की हमें आवश्यकता है। 'धर्म' शब्द का कोषगत अर्थ है – कर्तव्य, शास्त्रविहित आचरणक्रम, जाति, सम्प्रदाय आदि के प्रचलित आचार का पालन, मूल गुण, विशेषता, लाक्षणिक गुण, दस्तूर, प्रथा, अध्यादेश, अनुविधि, धार्मिक या नैतिक गुण, मानव अस्तित्त्व के चार' पुरुषार्थों में से एक, समरूपता, प्रणाली इत्यादि। और 'धर्मी' वह है जिसका अवलम्ब लेकर 'धर्म' प्रकट होता है। अर्थात् मोटे अर्थों में 'धर्म' वह है जो 'धारण करने यानी अपनाने योग्य है'। इस दृष्टि से 'धर्म' अपने सामान्य और बहुप्रचलित अर्थ – हिन्दु, मुस्लिम, सिक्ख, ईसाई, पारसी आदि तक सीमित नहीं रह जाता। अध्यापक का धर्म अध्ययन–अध्यापन कर्म, चिकित्सक का धर्म चिकित्सा कर्म, इसी तरह कलाकार का धर्म उसका कला कर्म है और 'धर्मी' वह जो अपने 'धर्म' को धारण करता है। यानी अध्यापक, चिकित्सक और कलाकार 'धर्मी' हुए। तो यहाँ 'धर्म' अपने रूढ़िगत अर्थ से अलग हटते हुए व्यापक अर्थों में हमारे सामने आता है।

संगीत–नृत्य–नाट्यादि कलाएँ शास्त्र विहित सैद्धान्तिक ज्ञान के प्रयोग एवं आभ्यासिक आचरणक्रम के कारण 'प्रयोगधर्मा कलाएँ' भी कहलाती हैं। इन कलाओं के सन्दर्भ में 'धर्म' का आशय **धारयतीति धर्मः** के अर्थ में मूल चरित्र का वह सबकुछ है जो अभिनेता द्वारा धारण किया जाता है। 'प्रयोग' का एक अन्य अर्थ प्रक्षेपण भी होता है। धारण करने तथा प्रक्षेपित करने के क्रम में जिस अनुविधि का पालन किया जाता है अथवा जिसका अवलम्ब लेकर कलाओं में यह 'धर्म' आकार लेता है वह 'धर्मी' कहलाता है। कुछ और सरल रूप में कहें तो नर्तक/अभिनेता जिस चरित्र को धारण करता है, अथवा जिस चरित्र का अभिनय कर रहा होता है उसका प्रक्षेपण वह दो तरीक़ों से करता है – एक ऐसा तरीक़ा जो 'लोक', अपने आस–पास की दुनियाँ को स्पर्श करता हुआ, उससे कुछ बिम्ब उधार लेता हुआ चलता है और दूसरा ऐसा तरीक़ा जो नाट्य

के सुविचारित, सुस्थापित प्रतिमानों को आदर्श मानकर उनका अनुसरण करते हुए आगे बढ़ता है। यहाँ मूलपात्र के मूल अथवा लाक्षणिक गुणों का यथासम्भव यथावत् अनुकरण अभिनेता का 'धर्म' है और इस धर्म के निर्वाह के लिये वह जिस आचार संहिता (चाहे वह शास्त्रबद्ध हो अथवा लोक के स्वानुभव पर आधारित) का अनुपालन करता है वह 'धर्मी'।

आचार्य शांर्ङ्गदेव ने नाट्य के स्वरूप के संदर्भ में चार प्रकार के अभिनयों – (आंगिक, वाचिक, सात्त्विक तथा आहार्य) की चर्चा करते हुए इन अभिनयों के प्रयोग (execution) की विधि पर भी प्रकाश डाला है जिससे कि कथावस्तु का सम्प्रेषण प्रभावी तरीके से दर्शकों तक हो सके। और **इतिकर्तव्यता तस्य द्विविधा परिकीर्तिता लोकधर्मी नाट्यधर्मी इति।** यह कहकर इस सन्दर्भ में दो प्रकार की अभिनय पद्धतियों – लोकधर्मी और नाट्यधर्मी का निरूपण किया है। नाट्य परम्परा के आदि ग्रन्थ 'नाट्यशास्त्र' में आचार्य भरत द्वारा 'धर्मी' विषय पर भी प्रकाश डाला है। इस महाग्रन्थ के छँटवें अध्याय के संग्रह श्लोक में 'धर्मी' का उल्लेख किया है –

रसा भावा ह्यभिनयाः धर्मी वृत्ति प्रवृत्त्यः।
सिद्धिः स्वरास्तथातोद्यं गानं रंगैश्च संग्रहः।।[1]

आचार्य ने धर्मी को द्विविध – लोकधर्मी एवं नाट्यधर्मी कहा है।[2] आगे 13वें अध्याय में लोकधर्मी एवं नाट्यधर्मी का विस्तृत वर्णन[3] करते हुए उन्होंने स्पष्ट किया है कि लोक में प्रचलित कार्यों एवं व्यवहारों का विशुद्ध अनुकरण 'लोकधर्मी' एवं शास्त्रीय विधि से सांकेतिक वाक्यों, स्वगतकथन या आकाशभाषित आदि से युक्त अभिनय 'नाट्यधर्मी' होता है। इस 'विशुद्ध अनुकरण' और 'शास्त्रीय विधिगत अभिनय' से मुनि का क्या आशय है?

नाट्यशास्त्र और संगीत रत्नाकर भारतीय संगीत परम्परा के अत्यन्त प्राचीन एवं प्रतिष्ठित ग्रन्थ हैं। रोचक तथ्य यह है कि यद्यपि प्रयोगधर्मा कलाएँ नित्य नवीन रूप लेते हुए आदि काल से अब तक परिवर्तित होती आई हैं तथापि उनके मूलतत्त्व, उनका शिक्षण–प्रशिक्षण–परीक्षण, उनका आँकलन, और एक हद तक उनका गुरु–गम्भीर

---

1 नाट्यशास्त्र / परिमल प्रकाशन / 6 / 10
2 लोकधर्मी नाट्यधर्मी धर्मीति द्विविधः स्मृतः।
नाट्यशास्त्र / परिमल प्रकाशन / 6 / 24
3 नाट्यशास्त्र / परिमल प्रकाशन / 13 / 70–85

बाहरी कलेवर भी एक विशेष दायरे और विशेष कार्य–पद्धति की अपेक्षा रखता है। शायद यही कारण है कि समग्र कलाजगत् में इन कलाओं की अपनी विशेष पहचान और स्थान है। यहाँ प्रयोगधर्मा कलाओं के सन्दर्भ में 'लोकधर्मी तथा नाट्यधर्मी' की अवधारणा को सरल शब्दों में समझाने का प्रयास किया जा रहा है।

स्मरणीय है कि भरत ने नाट्य को त्रिलोक के सभी प्रकार के भावों का अनुकीर्तन करने वाला कहा है।[1] लगभग यही आशय **अवस्थानुकृतिर्नाट्यम्**[2] कहते हुए आचार्य धनंजय का रहा है। उपर्युक्त दोनों कथनों में आया 'अनुकीर्तन' तथा 'अनुकृति' शब्द हमारे लिये महत्त्व का है। इन दोनों शब्दों में 'अनु' पद समान है। 'अनु' का अर्थ होता है, बाद या पीछे आने वाला। जीवन की विभिन्न वास्तविक परिस्थितियाँ और उनमें स्थित मानवीय/अमानवीय पात्रों के व्यवहार का अनुकरण नाट्य में किया जाता है। नाट्य/नाटक वास्तविक जीवन की सुःख–दुःखात्मक घटनाओं से कथ्य अथवा सामग्री लेता है और उसे इस तरह मंच पर पुनर्प्रतिष्ठित करता है कि वह प्रस्तुतीकरण सत्य घटना–सा लगे। इसका अर्थ यह हुआ कि इस जगत् के सभी भावों तथा अवस्थाओं को फिर से कहना या उनकी पुनर्रचना करना नाट्य है। तो यह मूल कृति या स्थिति की प्रतिकृति अथवा उसका अनुकरण है। नाट्य में यह अनुकरण मुख्यतः दो प्रकार से किया जाता है – एक ऐसा अनुकरण जो जीवन के, लोक के बहुत निकट का हो। सात्त्विक भावों का सूक्ष्म अभिनय इसी प्रकार का अनुकरण है, इसे लोकधर्मी माना जा सकता है। और दूसरा ऐसा अनुकरण जिसमें अनेक सांकेतिक उपादानों के प्रयोग के द्वारा कथ्य को स्पष्ट किया जाये, इसे नाट्यधर्मी माना जा सकता है। जैसे – पात्र के मन में चल रहे चिन्तन अथवा विचार को मंच पर ज़ोर से बोलकर व्यक्त करना, ताकि दर्शक सुन सके और उसे अनुमान के आधार पर समझने की चेष्टा न करनी पड़े। इस तरह अनुकरण का यह सम्पूर्ण व्यापार विशिष्ट कला का रूप ले लेता है। अनुकरण की प्रक्रिया में प्रयुक्त विधियाँ लोकधर्मी और नाट्यधर्मी के रूप में जानी जाती हैं। तो जो अभिनय लोक की रीति के अनुरूप हो, जो लोक के धर्म को अंगीकार–स्वीकार करता चले वह 'लोकधर्मी' और जो नाट्य के लिये निश्चित की गई अपेक्षित रीति के अनुसार हो, वह 'नाट्यधर्मी' होता है। इन दोनों विधियों पर

---

1 त्रैलोक्य त्रैलोक्यास्य सर्वस्यनाट्यं भावानुकीर्तनम्।
नाट्यशास्त्र/परिमल प्रकाशन/1/107

2 दशरूपकम्/प्रथम प्रकाशः/7

नाट्यशास्त्र में और बाद के ग्रंथों में भी प्रकाश डाला गया। वास्तव में अनुकृति अथवा अनुकरण का सम्पूर्ण व्यापार विशिष्ट कला का रूप ले लेता है।

जैसा कि कहा गया है, तीनों लोकों के सभी एवं भावों का अनुकीर्तन नाट्य में किया जाता है। अर्थात् जीवन में जो कुछ भी घटता है, उसका अनुकरण नाट्य का उद्देश्य होता है, परन्तु वास्तव में जीवन के यथार्थ मंच पर यथावत् प्रस्तुत नहीं किये जा सकते। जहाँ एक ओर कुछ कर्मों का मंचीकरण कतई सम्भव नहीं होता, वहीं कुछ कर्मों एवं भावों की मंच पर यथावत् प्रस्तुति सम्भव नहीं हो पाती अथवा उन्हें उस रूप में दिखाना उचित नहीं होता जिस रूप में वे यथार्थ जीवन में घट चुकी हैं। जीवन के जिन कर्मों को नाट्य में यथावत् दिखाने का प्रयास किया जाता है, उन्हें 'लोकधर्मी' तथा जिन कर्मों को मंच पर नाट्यगत संकेतों के माध्यम से प्रस्तुत किया जाता है, उन्हें 'नाट्यधर्मी' कहते हैं।

लोकधर्मी का स्वरूप

यदि कोई रूपक लोक स्वभाव के अनुसार भाव प्रदर्शित करने वाला, सादगी और बाहरी दिखावट से रहित, सामान्य कथावस्तु वाला, स्वाभाविक अभिनय वाला हो, तो उसे 'लोकधर्मी' समझना चाहिये। अभिनव गुप्तपादाचार्य ने भी लोक रूढ़ि के अनुसार, कथा की रचना तथा उसी के अनुसार उसकी प्रस्तुति को लोकधर्मी कहा है। लोकधर्मी कल्पना प्रधान नहीं होता इसलिये मन का रंजन करने वाले वैचित्र्यपूर्ण तत्त्व भी इसमें नहीं होते। इसमें मानव जीवन की सुख–दुःखात्मक स्थितियों का यथासम्भव सहज चित्रण किया जाता है। पात्रों का सामान्य वार्तालाप, पात्र द्वारा धारण किये गये सामान्य वास्तविक वस्त्राभूषण, अंगों का सहज हलन–चलन तथा करुण हास्यादि भावों की स्वाभाविक प्रस्तुति लोकधर्मी व्यापार में की जाती है।

नाट्यधर्मी का स्वरूप

यदि किसी रूपक में वाक्यविन्यास, क्रियाएँ, प्राणि वर्ग (पुरुष अथवा दिव्य जाति के पात्र) तथा भाव विशिष्ट प्रकार के हों, अंगहारों से युक्त नृत्य का प्रदर्शन हो, स्वर तथा अलंकारों की विशिष्ट योजना हो, तो उसे नाट्यधर्मी समझना चाहिये। लोक प्रतिष्ठित कथानक का कुशलतापूर्वक अभिनय, पर्वत, वाहन, यान, गत्ते तथा चमकीले कागज आदि से बने आभूषण (मुकुट, अस्त्र–शस्त्र), ध्वजादि का मूर्त रूप में प्रदर्शन, संवादों की गेय प्रस्तुति अथवा गान तथा नृत्य विशेष में नूपुर आदि के अतिरिक्त स्वगत

कथन, आकाशभाषित, कक्ष्या विधि तथा जनान्तिक विधि नाट्यधर्मी प्रयोग के अतिविशिष्ट व्यापार माने जा सकते हैं, जो नाट्य को लोक का अंश बनाये रखते हुए भी लोक से वृहद आकार और रूप में (larger than life) प्रस्तुत करने में सहायक होते हैं। आचार्य भरत ने इनका विस्तार पूर्वक विवेचन किया है। नाट्यधर्मी की कुछ विशेष तकनीकों को यहाँ स्पष्ट किया जा रहा है।

स्वगत कथन स्वयं से कहना, अर्थात् मन में चल रहे किसी द्वन्द्व को ज़ोर से बोलकर अभिव्यक्त किया जाये। इसे यों समझें, हम जानते हैं कि अभिनेता आंगिक अभिनय से सोचने का भाव तो अभिव्यक्त कर सकता है किन्तु वह क्या सोच रहा है इसे दर्शकों तक पहुँचाने के लिये ज़ोर से बोलना आवश्यक हो जाता है। मन में चल रहे विचार को स्वयं ही ज़ोर से बोलकर अभिव्यक्त करना 'स्वगत कथन' कहलाता है।

आकाशभाषित आकाशभाषित यानी दिव्य पात्रों के द्वारा अदिव्य पात्रों (पृथ्वीवासियों) के लिये वचन कहें जायें और उनका उत्तर अदिव्य पात्र दे – यह भी नाट्यधर्मी है।

जनान्तिक यह वह नाट्यधर्मी कर्म है जिसमें मंच पर उपस्थित अनेक पात्रों में से जब किन्ही दो पात्रों को अन्य पात्रों से छिपाकर कर कुछ कहने का भाव प्रदर्शित करना हो, तो वह पात्र जिसे कुछ कहना है, त्रिपताक हस्त मुद्रा अपने मुख के सामने इस तरह रख लेता है कि यह प्रतीत हो कि वह अन्य लोगों से छिपाकर, धीमी आवाज़ में अथवा फुसफुसाकर अपने साथी से कुछ कह रहा है जो अन्य पात्रों को सुनाई नहीं दे रहा। यद्यपि यहाँ भी अभिनेता ज़ोर से ही बोलता है ताकि दर्शक सुन सकें तथापि इस प्रक्रिया में मंच पर उपस्थित अन्य पात्र इस तरह का भाव प्रदर्शित करते हैं जैसे उन्हें कुछ सुनाई नहीं दे रहा। यहाँ त्रिपताका हस्त इस अर्थ का द्योतक है कि दो पात्र आपस में धीमी आवाज़ में अन्य व्यक्तियों से छिपाकर कुछ कह रहे हैं। यह कर्म भी नाट्यधर्मी है।

कक्ष्या विधि किन्हीं दो स्थानों के मध्य की वास्तविक दूरी तय करते हुए दिखाना नाट्य में सम्भव नहीं होता, इसलिये मंच पर दो–तीन चक्कर लेकर ऐसे दृश्यों में दूरी तय करने का संकेत दिया जाता है। आचार्य भरत ने इस नाट्यधर्मी तत्त्व को 'कक्ष्याविधि' कहा है। नाट्य में इस विधि के माधयम से मंच की निश्चित परिधि में ही विभिन्न देश, वन, प्रान्त आदि दिखलाए जाते हैं साथ ही समय के अंतराल को भी

इंगित किया जाता है। उदाहरणार्थ – अभिनेता घर से निकलकर मंच का एक चक्कर लगाता है और वन में पहुँच जाता है। हममें से बहुतों ने फिल्मों में यह देखा होगा कि कहानी के आरम्भ में नायक/नायिका का बचपन दिखलाया जाता है। खेल–खेल में दौड़ते हुए/घड़ी की सुईयों के माधयम से/रेलगाड़ी के गति से चलते पहिये को दिखाकर अगले ही दृश्य में नायक को युवा दिखा दिया जाता है। यहाँ दौड़ता हुआ नायक/घड़ी की घूमती हुई सुईयाँ/गति से चलता हुआ पहिया बीतते समय का सूचक है। इस तरह कक्ष्या विधि के द्वारा दो स्थानों के बीच की दूरी तथा बीते हुए समय के अन्तराल को मंच पर दर्शाया जाता है। कभी–कभी इस दौरान नेपथ्य से बोलकर इसकी सूचना भी दे दी जाती है। जैसे – 80 के दशक में दूरदर्शन पर प्रसारित 'महाभारत' सीरियल के प्रारम्भ में ही सूत्रधार कहता था – ''मैं समय हूँ।'' और इसके आगे आने वाले कथा अंश की पूर्वपीठिका बनाता था।

इसके अलावा एक अभिनेता द्वारा एक भूमिका का निर्वाह कर लेने के बाद, पुनः दूसरी भूमिका धारण की जाये और कुशलतापूर्वक दोनों भूमिकाओं का निर्वाह किया जाये, तो वह भी नाट्यधर्मी कहलाता है।[1] जैसे – कोई अभिनेता, श्रीराम के चरित्र का निर्वाह करे और वही अभिनेता किसी अन्य अवसर पर श्री कृष्ण की भूमिका भी निभाये। वास्तव में अभिनेता का यह कार्य ही है कि वह यथावश्यक भिन्न–भिन्न भूमिका का निर्वहन करे। वास्तविक जीवन में एक व्यक्ति एक ही ढब का चरित्र लेकर जीवन जीता है जो उस व्यक्ति की अच्छी या बुरी पहचान बन जाता है। वास्तविक जीवन में एक व्यक्ति दो व्यक्तियों का जीवन नहीं जी सकता। अस्तु। शास्त्रीय नृत्यों में इस नाट्यधर्मी तत्त्व को अत्यधिक उन्त्त अवस्था में देखा जा सकता है। जहाँ एक ही समय में, आहार्य को बदले बिना नर्तक/नर्तकी विभिन्न चरित्रों की भूमिका का निर्वाह करते हैं। यथा – कथक नृत्य के गतभाव को देखें। इसमें पल्टा लेकर नर्तक एक स्थान पर एक चरित्र को अपने अभिनय के माध्यम से स्पष्ट करता है और तत्क्षण उसी मंच पर पुनः पल्टा लेकर दूसरे चरित्र का निर्वाह करता है। कथानक के अनुरूप नर्तक एक पात्र से दूसरे पात्र में क्षणमात्र में प्रवेश कर जाता है और अपने कुशल अभिनय द्वारा उस पात्र को सजीव करता है। नर्तक के द्वारा इस प्रकार किया जाने

---

1 या एकां भूमिकां कृत्वा कुर्वीतैकान्तेरऽपरम्।
कौशल्यादेककत्वाद्वा नाट्यधर्मीति सा स्मृता।

वाला अभिनय, नाट्य में अभिनीत दो भिन्न पात्रों की भूमिका से कहीं अधिक चुनौतिपूर्ण होता है।

इस तरह हम यह देखते हैं कि, जीवन के सहज प्रसंगों का स्वाभाविक रूप में अभिनय 'लोकधर्मी' तथा शास्त्रीय परम्परानुसार प्रतीकात्मक अभिनय 'नाट्यधर्मी' है। इतिहास प्रसिद्ध कथावस्तु में कल्पना के योग से उसे नाट्यधर्मी बनाया जाता है। नाट्यधर्मी का क्षेत्र अपेक्षाकृत व्यापक होता है। दोनों मे अंतर होते हुए भी ये दोनों विधाएँ नाट्य प्रयोग को प्रभावित करती है और लगभग एक–साथ चलती हैं। नाट्य में एक ओर अनुकरण किया जाता है, दूसरी ओर कवि कल्पना का समावेश भी इसमें होता है। नाट्य चाहे जिस तरह का हो, अभिनय करते समय स्वाभाविकता के साथ–साथ प्रतीकात्मकता का सहारा लेना ही पड़ता हें इस दृष्टि से, आंगिक अभिनय में अंगों का सहज हलन–चलन 'लोकधर्मी' है, किन्तु शास्त्रोक्त विधि से किया गया अंग–संचालन 'नाट्यधर्मी' है। वाचिक अभिनय के अन्तर्गत सहज–स्वाभाविक संवाद जहाँ लोकधर्मी गिने जायेंगे, वहीं 'गान' तथा गेय संवादों को नाट्यधर्मी माना जायेगा। आहार्य अभिनय के अंतर्गत सामान्य वस्त्रों और अलंकारों का प्रयोग लोकधर्मी होगा, किन्तु मुकुट, गत्ते आदि के अस्त्र–शस्त्र, विशेष आभूषण, नृत्य विशेष में नूपुर आदि नाट्यधर्मी होंगे। कक्ष्या विधि, स्वगत कथन, आकाशभाषित तथा जनान्तिक व्यापार नाट्यधर्मी के अन्तर्गत आयेंगे। सात्त्विक अभिनय में सहजभाव से अश्रुपात लोकधर्मी होगा, किन्तु अश्रु न निकलने की स्थिति में भी, वस्त्र से आँखों को ढँकना अथवा पोंछना, अथवा अंगुली के संकेत से गालों पर गिरे आँसुओं (जो कि वास्तव में है ही नहीं) को दिखाना नाट्यधर्मी है। इसी तरह स्वेद (पसीना) न आने पर भी कपड़े से मुख पोंछना, पंखा झलना, शीत न लगने पर भी कंधों को सिकोड़कर शीत का अभिनय करना 'नाट्यधर्मी' होता है। इस तरह से नाट्य में किया जाने वाला वह अनुकरण जो लोक की प्रकृति के अनुकूल रहता है, 'लोकधर्मी' कहलाता है, तथा लोक का ऐसा अनुकरण जो, नाट्य की प्रकृति के कारण, नाट्यगत संकेतों की सहायता से प्रदर्शित किया जाता है 'नाट्यधर्मी' कहलाता है।

नृत्य में नाट्यधर्मिता का विशेष महत्त्व है, क्योंकि यहाँ नाट्य की भाँति कथोपकथन नहीं होता। सम्पूर्ण नृत्य व्यापार नाट्यधर्मी संकेतों पर टिका होता है। इस स्तर पर नृत्य कला, नाट्य की अपेक्षा अधिक सूक्ष्म हो जाती है। सार्थक पदों के अभिधामूलक अर्थ एवं व्यंग्यार्थ (विशिष्ट अर्थ) की प्राप्ति के लिए नृत्य को नाट्यधर्मिता

का सहारा लेना ही पड़ता है। भारतीय नृत्यों के परिप्रेक्ष्य में देखे तो जहाँ दक्षिणात्य नृत्यों में नाट्यधर्मी तत्त्व अतिशय दिखते हैं, वहीं नाट्यधर्मी और लोकधर्मी तत्त्वों का सन्तुलित स्वरूप हमें वर्तमान कथक नृत्य में दृष्टिगोचर होता है।

11

नृत्योपयोगी अंग–प्रत्यंग और उपांग

हम जानते हैं कि मानव शरीर में छः अंग – शिर, हस्त, कटि, वक्ष, पार्श्व तथा पाद, छः ही प्रत्यंग – ग्रीवा, बाहु, पृष्ठ, उदर, उरु, जंघा तथा प्रत्येक अंग के अनेक उपांग होते हैं। जैसे शिर के बारह उपांग – नेत्र, पलकें, पुतलियाँ, भौहें, कपोल, नासिका, जबड़ा, ओंठ, दाँत, जिह्वा, चिबुक तथा मुख हैं। इसी तरह पैरों के उपांग – टखने, एड़ियाँ, अंगुलियाँ तथा तलुवे तथा हाथों के उपांग – कोहनी, कलाई, अंगुलियाँ तथा हथेली हैं। प्रत्यंग शरीर के मुख्य अंगों को जोड़ने का काम करते हैं तथा अपने संचालन में स्वतन्त्र नहीं होते, जबकि उपांग अपने संचालन में स्वतंत्र होते हैं। यहाँ हम विशेष रूप से नृत्योपयोगी अंग, प्रत्यंग एवं उपांगों के विषय में विस्तार से चर्चा करेंगे।

हम सभी यह जानते हैं कि भारतीय सांगीतिक परिदृश्य में नाट्य–नृत्य परम्परा के आद्य ग्रन्थ तथा पंचम वेद के रूप में आचार्य भरतमुनि कृत नाट्यशास्त्र को प्रतिष्ठित किया गया है। पिछले लगभग बाईस सौ वर्षों की लम्बी अवधि में भी इस महाग्रन्थ में वर्णित विषयों और उनकी विधियों की समसामयिकता बनी रही है। विशेष रूप से नृत्य के क्षेत्र में नाट्यशास्त्र की ही तरह आचार्य नन्दिकेश्वर के अभिनयदर्पणम् को भी उच्च स्थान दिया गया है किन्तु इसे नाट्य–नृत्य की भरतेतर परम्परा का ग्रन्थ माना जाता है। ऊपरी तौर पर यह प्रतीत होता है कि वर्तमान भारतीय शास्त्रीय नृत्य पद्धतियाँ अभिनयदर्पणम् के निर्देशों का अनुसरण करती हैं किन्तु इन दोनों ग्रन्थों के सूक्ष्म अध्ययन तथा परस्पर आलोचनात्मक विश्लेषण से इस भ्रम का निवारण हो जाता है। यहाँ मुख्यरूप से आंगिक अभिनय के सन्दर्भ में नाट्यशास्त्र तथा अभिनयदर्पणम् में प्राप्य सामग्री का तुलनात्मक विश्लेषण किया जा रहा है साथ ही विषय को समृद्ध बनाने की दृष्टि से अन्य समकालीन ग्रन्थों में प्राप्त अतिरिक्त सूचनाओं को भी सम्मिलित किया जायेगा। इस अध्याय में शिरोभेद, हस्त भेद, पाद भेद (साथ ही गति भेद भी), ग्रीवा भेद (प्रत्यंग) तथा दृष्टि भेद (उपांग) के विषय में विस्तार से चर्चा की जायेगी। मानव देह के सर्वप्रमुख अंग 'शिर' से हम प्रारम्भ करते हैं।

शिरोभेद

आचार्य भरत ने तेरह शिरोभेद कहे हैं जो क्रमशः इस प्रकार हैं – आकम्पित, कम्पित, धुत, विधुत, परिवाहित, आधूत, अंचित, निहंचित, परावृत्त, उत्क्षिप्त, अधोगत तथा लोलित[1] जबकि आचार्य नन्दिकेश्वर ने शिरोभेद की संख्या नौ कही है – सम, उद्वाहित, अधोमुख, आलोलित, धुत, कम्पित, परावृत्त, उत्क्षिप्त तथा पारिवाहित।[2] अभिनयदर्पणम् में कहे गये कम्पित, धुत, परावृत्त, उत्क्षिप्त एवं परिवाहित ये पाँच शिर नाट्यशास्त्रानुसार ही हैं। अधोमुख शिर तथा आलोलित शिर के लक्षण एवं विनियोग नाट्यशास्त्र में कहे गये अधोगत शिर तथा लोलित शिर जैसे हैं। अभिनयदर्पणम् में कहे गये आकम्पित और विधुत ये दो शिरोभेद – कम्पित और धुत शिर की अवस्था भेद से बने प्रकार हैं। नाट्यशास्त्र में कहे गये आधूत, अवधूत, अंचित एवं निहंचित भेद अभिनयदर्पणम् में प्राप्त नहीं होते तथा समशिर और उद्वाहित शिर ऐसे भेद हैं, जो नाट्यशास्त्र में नहीं कहे गये। आइये हम नाट्यशास्त्र और अभिनयदर्पणम् में कहे गये शिरोभेद पर तुलनात्मक चर्चा करें।

समशिर

आचार्य नन्दिकेश्वर के अनुसार, न उठा हुआ और न ही झुका हुआ अर्थात् सम स्थिति में निश्चल या स्थिर शिर 'समशिर' कहलाता है। यह भेद नाट्यशास्त्र में नहीं कहा गया। सम्भवतः यह सर्वथा सामान्य अवस्था होने के कारण मुनि ने इसका पृथक्

---

1 आकम्पितं कम्पितं च धूतं विधुतमेव च।
परिवाहितमाधूतमवधूतं तथांचितम्।।
निहंचितं परावृत्तमुत्क्षिप्तं चाप्यधोगतम्।
लोलितं चैव विज्ञेयं त्रयोदशविधं शिरः।।

नाट्यशास्त्र / परिमल प्रकाशन / 8 / 17–18

2 सममुद्वाहितमधोमुखमालोलितं धुतम्।
कम्पितं च परावृत्तमुत्क्षिप्तं परिवाहितम्।
नवधा कथितं शीर्ष नाट्यशास्त्रविशारदैः।।

अभिनयदर्पणम् / नन्दिकेश्वर / सं. डॉ. मनमोहन घोष / पृ. 82

उल्लेख न किया हो। नृत्य के आरम्भ में, जप में, गर्व में, प्रणय में, कोप में, स्तम्भन तथा निष्क्रिय अवस्था के प्रदर्शन में 'समशिर' का विनियोग किया जाता है।[1]

आकम्पित तथा कम्पित शिर

नाट्यशास्त्र में आकम्पित तथा कम्पित शिर, ये दोनों ही कहे गये हैं। मस्तक को अपनी सीधी स्थिति में न रखकर, ऊपर तथा नीचे ले जाने को नाट्यशास्त्र में 'आकम्पित शिर' कहा गया है। जब यही क्रिया लगातार हो तो उसे मुनि ने 'कम्पित शिर' कहा है। अभिनयदर्पणम् में आकम्पित संज्ञा प्राप्त नहीं होती, वहाँ मात्र 'कम्पित शिर' का विवरण प्राप्त होता है जिसका लक्षण नाट्यशास्त्र में कहे अनुसार ही है। अर्थात् शिर लगातार ऊपर–नीचे करने की क्रिया 'कम्पित शिर' कहलाती है। उल्लेखनीय है कि उक्त दोनों ग्रन्थों में विनियोग समान कहा गया है। इशारा करने में, उपदेश देने में, प्रश्न करने में, आज्ञा प्रदान करने तथा बुलाने में, क्रोध, वितर्क, किसी वस्तु की विशेषता समझने में, प्रतिज्ञा करने एवं तर्जन करने में आकम्पित/कम्पित शिर का प्रयोग करना चाहिये।[2] विनियोग की समानता के आधार पर हमें यह लगता है कि आचार्य नन्दिकेश्वर ने कम्पित शिर में ही आकम्पित शिर का समावेश कर लिया है। जबकि आकम्पित शिर स्पष्टतः कम्पित शिर की प्रारम्भिक अवस्था तक आकर तिरोहित हो जाता है। तद्नुसार इसका विनियोग भी इशारा करने में, आज्ञा प्रदान करने तथा प्रश्न करने जैसी क्रियाओं के लिये उपयुक्त जान पड़ता है। शिर को बारम्बार कंपित करने की क्रिया तर्जन तथा क्रोध करने में उचित जान पड़ती है।

धुत तथा विधुत शिर

आचार्य भरत के अनुसार मस्तक को धीरे–से दायें से बायें अथवा बायें से दायें हिलाने को 'धुत' तथा इसी क्रिया को तीव्रता से करने पर 'विधुतशिर' कहते हैं। नन्दिकेश्वर ने धुत शिर का लक्षण नाट्यशास्त्र के अनुसार ही दिया है, विधुत शिर अभिनयदर्पणम् में नहीं कहा गया है। अनिच्छा, विषाद, विस्मय, विश्वास, बगल में देखने, शून्य तथा प्रतिरोध में 'धुत शिर' का तथा शीत से ग्रस्त, भयभीत होने पर, त्रास, ज्वर तथा मद्यपान में 'विधुत शिर' की योजना का निर्देश नाट्यशास्त्र में दिया गया है।[3]

---

1 अभिनयदर्पणम्/नन्दिकेश्वर/सं. डॉ. मनमोहन घोष/पृ. 82

2 नाट्यशास्त्र/परिमल प्रकाशन/8/19–22, अभिनयदर्पणम्/सं. डॉ. मनमोहन घोष/पृ. 83

3 नाट्यशास्त्र/परिमल प्रकाशन/8/23–25, अभिनयदर्पणम्/सं. डॉ. मनमोहन घोष/पृ. 84

अभिनयदर्पणम् में उक्त सभी विनियोग धुत शिर के प्रसंग में कहे गये हैं। पुनः नन्दिकेश्वर ने भरत द्वारा कहे गये उक्त दो भेदों को एक में समेट लिया है।

परिवाहित शिर

नाट्यशास्त्र के अनुसार जब दोनों पार्श्वों (बगलों) में मस्तक को क्रमशः कम्पित/डुलाया जाये तो उसे 'परिवाहित शिर' कहते हैं। अभिनयदर्पणम् में भी परिवाहित शिर का यही लक्षण दिया गया है। नाट्यशास्त्र तथा अभिनयदर्पणम् में परिवाहित शिर के विनियोग भिन्न–भिन्न दिये गये हैं। नाट्यशास्त्र में साधन, विस्मय, प्रसन्नता, स्मरण, क्रोध, विचार, भावों के छुपाने तथा लीलापूर्वक क्रीड़ा करने में परिवाहित शिर के प्रयोग की बात कही गई है, जबकि अभिनयदर्पणम् में इस शिर का प्रयोग मोह, विरह, देवताओं की स्तुति, संतोष, सम्मति और विचार करने में बतलाया गया है।[1]

उद्वाहित शिर

नाट्यशास्त्र में उद्वाहित शिर प्राप्त नहीं होता। अभिनयदर्पणम् के अनुसार ऊपर की ओर उठे सिर को उद्वाहित शिर कहते हैं। इस शिर का प्रयोग ध्वजा, चन्द्रमा, पर्वत, आकाश में घूमने वाली वस्तु और ऊँची वस्तु को बताने में किया जाता है।[2]

आधूत तथा अवधूत शिर

ये दोनों ही प्रकार नाट्यशास्त्र में बतलाये गये हैं। मस्तक को तिरछा कर जब एक बार ऊपर किया जाये तो, उसे आधूत शिर तथा जब तिरछा करके शिर एक बार नीचे किया जाये तो अवधूत शिर कहा जाता है। अभिनयदर्पणम् में यह भेद प्राप्त नहीं होता। आधूत शिर की योजना गर्व की भावना, पूर्णिमा के अवसर पर चन्द्रमा देखने में, ऊपर देखने में, आत्म सम्मान बताने में की जाती है तथा अवधूत शिर की योजना संदेश देने में, देवता के आह्वान में, किसी व्यक्ति को बुलाने का संकेत करने में की जाती है।[3]

---

1 नाट्यशास्त्र/परिमल प्रकाशन/8/26–28, अभिनयदर्पणम्/सं. डॉ. मनमोहन घोष/पृ. 84
2 अभिनयदर्पणम्/सं. डॉ. मनमोहन घोष/पृ. 82
3 नाट्यशास्त्र/परिमल प्रकाशन/8/26, 28 तथा 29

अधोमुख अथवा अधोगत शिर

अभिनयदर्पणम् के अनुसार नीचे की ओर झुका हुआ शिर अधोमुख शिर कहलाता है। नाट्यशास्त्र में इसे अधोगत शिर कहा गया है। लज्जा, दुःख, अभिनन्दन, चिन्ता, मूर्च्छा, नीचे पड़ी वस्तु को उठाने तथा पानी में डुबकी लगाने का भाव दिखाने में इसका प्रयोग किया जाता है। नाट्यशास्त्र में 'अधोमुख शिर' का लक्षण एवं विनियोग इसी प्रकार दिया गया है।[1]

अंचित तथा निहंचित शिर

नाट्यशास्त्रानुसार यदि ग्रीवा को एक ओर थोड़ा–सा झुका लिया जाये तो इसे 'अंचित' शिर तथा दोनों कँधों को ऊपर की ओर फैलाकर, गर्दन को एक ओर संकुचित किया जाये तो 'निहंचित' शिर कहते हैं। अंचित शिर की योजना बीमारी, मूर्च्छा, चिन्ता तथा दुःख का भाव बताने में तथा निहंचित की योजना स्त्रियों के गर्व, विलास, ललित, किलकिंचित्, स्तम्भ तथा मान आदि भावों के बताने में करनी चाहिये।[2]

परावृत्त शिर

नाट्यशास्त्र एवं अभिनयदर्पणम् दोनों में ही परावृत्त शिर का लक्षण एवं विनयोग एक–जैसा दिया गया है। चेहरा गोल घुमाकर, पीछे की ओर मुड़ा हुआ शिर 'परावृत्त शिर' कहा गया है। मुँह मोड़ने, पीछे की ओर देखने, लज्जा, कोप, अनादर, तरकश आदि देखने के भाव प्रकट करने में इसका प्रयोग किया जाता है।[3]

उत्क्षिप्त शिर

नाट्यशास्त्र एवं अभिनयदर्पणम् दोनों में यह शिरोभेद थोड़े अन्तर से प्राप्त होता है। नाट्यशास्त्र के अनुसार यदि ऊपर की ओर देखते हुए मस्तक स्थित हो तो वह 'उत्क्षिप्त शिर' होगा, जिसका विनियोग ऊँची वस्तु एवं दिव्य अस्त्रों की प्राप्ति में किया जाये। अभिनयदर्पणम् के अनुसार शिर को एक ओर मोड़कर ऊपर उठाने को 'उत्क्षिप्त शिर' कहते हैं। इसे लो, इधर लाओ कहने में, अंगीकार एवं सहायता करने में इसका प्रयोग किया जाता है।[4]

---

1 नाट्यशास्त्र / परिमल प्रकाशन / 8 / 35, अभिनयदर्पणम् / सं. डॉ. मनमोहन घोष / पृ. 83

2 नाट्यशास्त्र / परिमल प्रकाशन / 8 / 30, 31, 32

3 नाट्यशास्त्र / परिमल प्रकाशन / 8 / 33, अभिनयदर्पणम् / सं. डॉ. मनमोहन घोष / पृ. 83–84

4 नाट्यशास्त्र / परिमल प्रकाशन / 8 / 34, अभिनयदर्पणम् / सं. डॉ. मनमोहन घोष / पृ. 84

लोलित अथवा आलोलित शिर

नाट्यशास्त्र एवं अभिनयदर्पणम् दोनों ही ग्रन्थों में इस शिर लक्षण एवं विनियोग एक जैसा प्राप्त होता है। मंडलाकार यानी गोलाई में घूमता हुआ शिर लोलित/आलोलित शिर कहलाता है। इसका प्रयोग निद्रा, आवेग, भूत–पिशाच बाधा, मूर्च्छा, मद, व्याधि आदि में किया जाता है।[1]

1 नाट्यशास्त्र/परिमल प्रकाशन/8/36, अभिनयदर्पणम्/रां. डॉ. मनमोहन घोष/ पृ. 83

हस्ताभिनय

हाथ या कर को कर्म का प्रतीक कहा गया है। दैनन्दिन जीवन के सामान्य कार्यों से लेकर विशेष कार्यों तक हम नित ही अनगिनत कार्यों का सम्पादन अपने हाथों के माध्यम से करते हैं। हाथ हमारे शरीर के प्रमुख छः अंगों में से एक हैं। बाहें या बाहु हाथ का प्रत्यंग हैं तथा हाथों के उपांग – कोहनी, कलाई, अंगुलियाँ तथा हथेली हैं। इन सबके सहयोग से हम विभिन्न महत्त्वपूर्ण कार्यों का संचालन एवं सम्पादन करते हैं। भारतीय शास्त्रीय नृत्यों में अभिव्यक्ति के सन्दर्भ में हस्ताभिनय का विशेष महत्त्व है, क्योंकि पद (सार्थक शब्द) के अर्थ को मुख्य रूप से हस्त मुद्राओं, या हाथ के विशिष्ट संकेतों तथा मुखाभिनय के माध्यम से ही स्पष्ट किया जाता है। इस तथ्य को ध्यान में रखते हुए आचार्यों के द्वारा विभिन्न प्रकार की हस्तमुद्राएँ निरूपित की गई हैं। शरीर की विशेष भंगिमा तथा उपयुक्त स्थान पर स्थित हस्त मुद्राओं के साथ भावपूर्ण मुखज भंगिमा से नृत्य में स्पष्ट अर्थ की अभिव्यक्ति सम्भव हो पाती है।

आचार्य भरत ने नाट्यशास्त्र में मुख्यतः तीन श्रेणियों में विभिन्न हस्त मुद्राओं को वर्गीकृत किया है – असंयुक्त, संयुक्त तथा नृत्त हस्त। असंयुक्त शब्द स्पष्ट है। एक हाथ के प्रयोग से बनने वाली हस्त मुद्राएँ असंयुक्त हस्त मुद्राएँ कही गई हैं। इस श्रेणी में आचार्य ने चौबीस हस्त मुद्राएँ कही हैं। संयुक्त शब्द का अर्थ होता है, मिला हुआ, जुड़ा हुआ। किन्तु यह ध्यान रहे कि यहाँ 'संयुक्त' शब्द को मात्र संश्लेषित के अर्थ में नहीं लिया जाना चाहिये। दो हस्त परस्पर मिलकर किसी एक पूर्ण अर्थ को प्रदर्शित अवश्य करते हैं, किन्तु वे परस्पर बिना एक दूसरे को स्पर्श किये भी एक साथ हो सकते हैं। यथा – शकट हस्त में दो भ्रमर हस्त को एक साथ एक नियत स्थान में प्रदर्शित किया जाता है। दोनों हाथ स्पष्टतः एक–दूसरे से दूर होते हुए भी, अर्थ प्रतिपादन की दृष्टि से शकट हस्त को संयुक्त हस्त की श्रेणी में रखा गया है। डोला हस्त भी इसी तथ्य की पुष्टि करता है। नाट्यशास्त्र में तेरह संयुक्त हस्त कहे गये हैं।

दूसरी और महत्त्वपूर्ण बात यह है कि हस्त मुद्राओं के शुद्ध प्रदर्शन के साथ ही उनके नियत स्थान का भी ध्यान पूरी सजगता से नर्तक को रखना चाहिये, क्योंकि स्थान भेद से वही हस्त कोई अन्य अर्थ अभिव्यक्त कर सकता है। हम जानते ही हैं कि

प्रत्येक हस्त के अनेक विनियोग बतलाये गये हैं। इसलिये किसी हस्त के अर्थपूर्ण प्रदर्शन के लिये उसके शास्त्रगत लक्षण को ध्यान में रखने के साथ ही उसके विनियोग के लिये निर्दिष्ट स्थान को भी संज्ञान में लिया जाना आवश्यक है। यथाः अर्धचन्द्र हस्त को सिर से ऊँचा रखते हुए, उद्वाहित शिर तथा उल्लोकित दृष्टि का प्रदर्शन किया जाये तो वह आकाश में प्रकाशित 'अर्धचन्द्र' के अर्थ का बोध कराता है। यही अर्धचन्द्र हस्त जब सिर के ऊपर खड़ी अवस्था (vertical postion) में प्रदर्शित किया जाता है तो वह पनिहारिन के सिर पर रखे 'घड़े' का बोध कराता है। और इसी अर्धचन्द्र हस्त को गर्दन पर रखकर 'गला दबाने' का भाव भी प्रदर्शित किया जा सकता है। दो अर्धचन्द्र परस्पर अपनी विपरीत भुजाओं पर अवस्थित होकर 'वीरता' का भाव दर्शाते हैं। इसलिये प्रत्येक हस्त मुद्रा से इच्छित एवं अभीष्ट अर्थ की प्राप्ति के लिये उनका सही स्थान पर शुद्धतापूर्वक प्रयोग अत्यन्त आवश्यक है।

आचार्य भरत ने तीसरे वर्ग में तीस नृत्त हस्तों को रखा है। ये हस्त मुद्राएँ असंयुक्त तथा संयुक्त हस्तों के विशेष मेल या संयोग से बनती हैं किन्तु इनसे किसी विशेष अर्थ की पूर्ति नहीं होती। ये मात्र नृत्त में शोभावर्धन का कार्य करती हैं तथा विभिन्न करण–अंगहारों की निर्मिति में सहयोग देती हैं। उक्त तीन श्रेणी की हस्त मुद्राओं के अतिरिक्त परवर्ती ग्रन्थों में देव हस्त, दशावतार हस्त, नवग्रह हस्त आदि का उल्लेख भी प्राप्त होता है। यहाँ नाट्यशास्त्र एवं कतिपय परिवर्ती ग्रन्थों में प्राप्त लक्षण एवं विनियोग के अध्ययन के पश्चात् हस्त भेदों का सर्वसामान्य विवरण प्रस्तुत किया जा रहा है।

असंयुक्त हस्त मुद्राएँ

नाट्यशास्त्र में चौबीस प्रकार के असंयुक्त हस्त कहे गये हैं –

पताकस्त्रिपताकश्च तथा वै कर्तरीमुखः।
अर्थचन्द्रोऽह्यरालश्च शुकतुण्डस्तथैव च।।

मुष्टिश्च शिखराख्यश्च कपित्थः खटकामुखः।
सूच्यास्यः पद्मकोशश्च तथा वै सर्पशीर्षकः।।
मृगशीर्षः परो ज्ञेयो हस्ताभिमयोक्तृभिः।
कांगुलकोऽलपद्मश्च चतुरो भ्रमरस्तथा।।
हंसास्यो हंसपक्षश्च सन्दन्शो मुकुलस्तथा।

ऊर्णनाभस्ताम्रचूडश्चतुर्विंशतिरीरिता।।[1]

अभिनयदर्पणम् में असंयुक्त हस्तों की संख्या अट्ठाईस कही गई है।

पताकस्त्रिपताकोऽर्धपताकः कर्तरीमुखः।
मयूराख्योऽर्धचन्द्रश्च अरालः शुकतुण्डकः।।
मुष्टिश्च शिखराख्यश्च कपित्थः कटकामुखः।
सूचीचन्द्रकला पद्मकोशः सर्पशिरस्तथा।।
मृगशीर्षः सिंहमुखः कांगुलश्चालपद्मकः।।
चतुरो भ्रमरश्चैव हंसास्यो हंसपक्षकः।
सन्दन्शो मुकुलश्चैव ताम्रचूडस्त्रिशूलकः।
इत्यसंयुतहस्तानामष्टाविंशतिरीरिता।।[2]

पताक सभी अंगुलियों को सीधे फैलाकर यदि उनका अग्रभाग किंचित् झुका दिया जाये और अंगूठे को मोड़कर यदि तर्जनी के मूलभाग में स्थित किया जाये, तो वह पताक हस्त कहलाता है। नाट्यारम्भ में, बादल, वन, वस्तु के निषेध, कुचस्थल, निशा, नदी, काटने के भाव में, वायु, शयन, जाने का भाव दिखाने में, प्रताप, प्रसाद, चंद्रिका, धूप दरवाजा बंद करने एवं सात विभक्तियों के अर्थ में, लहरों को दिखाने में, गली में प्रवेश करने के भाव में, समता, अंगराग, शपथ लेने, तालपत्र, द्रव्यादि के स्पर्श में तथा आशीर्वाद देने में इस हस्त मुद्रा का प्रयोग किया जाना चाहिए।

त्रिपताक पताक हस्त मुद्रा में अनामिका को झुका देने पर त्रिपताक हस्त बनता है। मुकुट, वृक्ष, वज्र, इंद्र, केतकी का पुष्प, दीप, ज्वाला, जम्हाई लेने, कपोत, पत्रालेख (अंग रचना), बाण, परिवर्तन आदि भावों के अर्थ में इस मुद्रा का प्रयोग किया जाये।

अर्धपताक त्रिपताक हस्त मुद्रा में यदि कनिष्ठिका भी झुका दी जाये तो अर्धपताक हस्त बनता है। पत्ते, फलक (किसी वस्तु की किनार), नदी तट, 'दोनों' यह कहने, चाकू, ध्वज तथा मंदिर के ऊपरी भाग को

---

1 नाट्यशास्त्र / परिमल प्रकाशन / 9 / 4–7
2 अभिनयदर्पण / नंदिकेश्वर / सं. डॉ. मनमोहन घोष / पृ. 87

दिखाने में इस हस्तमुद्रा का प्रयोग किया जाये। यह हस्त नाट्यशास्त्र में नहीं मिलता।

कर्तरीमुख त्रिपताक हस्त की तर्जनी अथवा अर्धपताक हस्त की तर्जनी और कनिष्ठा यदि बाहर की ओर फैला दी जाये तो, कर्तरीमुख हस्त बनता है। स्त्री–पुरुष को अलग–अलग बताने, विरोधी शब्दों को बताने में, लुढ़कने का भाव बताने में, आँखों का कोना बताने में, भेद के भाव में, विद्युत के अर्थ में, विरहावस्था में शयन, पतन (गिरने का भाव) तथा लता का भाव दिखाने में इस हस्त का प्रयोग किया जाता है। नीचे मुख वाले कर्तरीमुख का प्रयोग मार्ग में पैर रखने का भाव तथा पैरों को अलंकृत करने का भाव दिखाने में किया जाता है।

मयूर कर्तरीमुख हस्त में अनामिका और अंगूठे को श्लिष्ट कर दिया जाये, अर्थात् उनके अग्रभाग यदि परस्पर मिला दिये जायें तो मयूर हस्त बनाता है। मयूरमुख, लता बतलाने के भाव में, शकुन (सगुन, शुभ घड़ी) वमन में, अलकों (जुल्फ) को हटाने में, माथे के तिलक, नदी के पानी को उछालने में, शास्त्रार्थ तथा प्रसिद्ध का भाव दिखाने में इस हस्त का प्रयोग करें। यह हस्त नाट्यशास्त्र में नहीं मिलता।

अर्धचन्द्र अभिनयदर्पणम् के अनुसार पताका हस्त में यदि अंगूठे को फैला दिया जाये तो 'अर्धचन्द्र हस्त' बनता है। नाट्यशास्त्र में इस मुद्रा का लक्षण पर्याप्त भिन्न बतलाया गया है, वहाँ अंगुलियों सहित अंगूठे को धनुष आकृति में झुका देने पर अर्धचन्द्र हस्त का बनना बतलाया गया है। कृष्णपक्ष की अष्टमी के चन्द्र का भाव बतलाने में, गला दबाने का भाव बतलाने में, भाला उठाने के भाव में, देवताओं के अभिषेक के कार्य में, भोजन के पात्र के अर्थ में, उद्‌भव में, कटि के भाव में, चिन्ता में, स्वगत कथन में, ध्यान में, प्रार्थना में, अंगों के स्पर्श में तथा सामान्यजनों को नमस्कार करने में इस हस्त का विनियोग किया जाना चाहिये।

अराल पताका हस्त में यदि तर्जनी वक्र/झुका दी जाये तो वह अराल हस्त बनता है। विष और अमृत के सेवन में, तेज गति से चलते हुए पवन के भाव में इसका प्रयोग किया जाये।

शुकतुण्ड अराल हस्त में अनामिका अंगुली को भी टेढ़ा/झुका देने पर शुकतुण्ड हस्त बनता है। बाण प्रयोग में, भाले के अर्थ में, घर की स्मृति का भाव दिखाने में, मर्मपूर्ण वचन में तथा उग्रता का भाव दिखाने में शुकतुण्ड हस्त का प्रयोग किया जाना चाहिये।

मुष्टि सभी अंगुलियों को हथेली की मोर मोड़कर परस्पर मिलाने तथा उन पर अंगूठा स्थित करने/लपेट देने पर मुष्टि हस्त बनता है। स्थिरता के भाव में, बाल पकड़ने में, दृढ़ता में, वस्तु आदि धारण करने में तथा मल्लों के युद्ध का भाव प्रदर्शित करने में मुष्टि हस्त का प्रयोग किया जाये।

शिखर मुष्टि हस्त में यदि अंगूठे को उठा दिया जाये तो शिखर हस्त बनता है। कामदेव को दर्शाने में, धनुष अथवा ठीक प्रकार से काम करने का भाव दिखाने में, स्तब्धता में, निश्चय में, पितृकर्म में, अधर (निचला ओंठ) बताने में, पैरों को रंगने में, बालों की लट हटाने में, प्रश्न करने में, लिंग (शिवलिंग) स्मरण में तथा अभिनय के अंत में इस मुद्रा को प्रयोग किया जाये।

कपित्थ अंगूठे के अग्रभाग पर यदि तर्जनी को वक्र करके टिका दिया जाये तो वह कपित्थ हस्त कहलाता है। इस हस्त का लक्षण दोनों ग्रन्थों में एक–सा है, किन्तु विनियोग में पर्याप्त भिन्नता परिलक्षित होती है। नाट्यशास्त्र में तलवार, बाण, चक्र तथा गदा आदि शस्त्रों के अभिनय में इस हस्त के विनियोग की बात कही गई है जबकि अभिनयदर्पणम् में लक्ष्मी अथवा सरस्वती का भाव बतलाने में, नटों के द्वारा ताल धारण करने में, गाय दुहने, अंजन लगाने, पुष्प लगाने, आँचल पकड़ने तथा घूंघट काढ़ने, धूप–दीप अर्चन के भावों में कपित्थ हस्त के विनियोग का निर्देश दिया गया है। दोनों ही ग्रन्थों में कहे गये

विनियोग उपयुक्त प्रतीत होते हैं और इनका व्यवहार किया जा सकता है।

कटकामुख नाट्यशास्त्र के अनुसार कपित्थ हस्त में यदि अनामिका और कनिष्ठा ऊपर की ओर फैला दी जाये तो वह कटकामुख हस्त बनता है जबकि अभिनय दर्पण के अनुसार कपित्थ हस्त में यदि मध्यमा अंगुली को भी अंगूठे पर टिका दिया जाये तो कटकामुख अथवा खटकामुख हस्त बनता है। फूल तोड़ने, मोती या फूलों का हार धारण करने, तीर को कमान पर चढ़ाकर खींचने में, पान देने में, कस्तूरी आदि द्रव्यों को पीसने में तथा सुगन्धित वस्तु के लेपन में इस हस्त का प्रयोग किया जाता है।

सूची नाट्यशास्त्र तथा अभिनयदर्पणम् दोनों ग्रन्थों में कहे गये लक्षण के अनुसार यदि कटकामुख हस्त में तर्जनी अंगुली को सीधा कर दिया जाये तो सूची हस्त बनता है। पाठकों का ध्यान इस ओर दिलाना चाहेंगे कि लक्षण एक जैसा ही होने पर भी हस्त मुद्रा भिन्न स्वरूप वाली बनेगी, क्योंकि कटकामुख हस्त नाट्यशास्त्र और अभिनयदर्पणम् में भिन्न तरह से कहा गया है। नाट्यशास्त्र में कहे गये लक्षण के अनुसार सूची हस्त में तर्जनी अवश्य एक ओर संकेत करती हुई रखी जायेगी किन्तु साथ ही अनामिका और कनिष्ठिका अंगुली भी खुली दशा में बाहर की ओर प्रसारित रहेगी जबकि अभिनयदर्पण में कहे गये लक्षण के अनुसार यह हस्त बनाने पर तर्जनी खुली हुई तथा एक ओर संकेत करती हुई रखी जायेगी और शेष तीन अंगुलियाँ (मध्यमा, अनामिका और कनिष्ठिका परस्पर एक साथ) हथेली की ओर मुड़ी हुई रहेंगी। इस हस्त मुद्रा को एक के अर्थ में, परब्रह्म का भाव बताने में, सौ कहने में, सूर्य, नगर, 'ऐसा ही' यह कहने में, यहाँ–वहाँ आदि कहने में, निर्जन स्थान बताने में, शलाका बताने में, मना करने में, आश्चर्य में, वेणी बनाने में, छत्र दिखाने मे तथा भेरी वादन में प्रयुक्त किया जाना चाहिये।

चन्द्रकला सूची हस्त में यदि अंगूठे को फैला दिया जाये तो, चन्द्रकला हस्त होता है। द्वादशी का चन्द्र, मुख, अंगूठे और तर्जनी के मध्य के बीच के स्थान अथवा उतनी मात्रा वाली वस्तु को बताने में, शिव के मुकुट, गंगा नदी, मुद्‌गर/छड़ी आदि का भाव बताने में इस हस्त का प्रयोग किया जाता है।

पद्मकोश सभी अंगुलियों को फैलाकर यदि उनका अग्रभाग किंचित् मोड़ दिया जाये तो, वह पद्मकोश हस्त कहलाता है। बेल आदि फल, कुच, गोलाई का भाव, गेंद, भोजन बनाने तथा करने में, घंटी, कमल तथा अंडा आदि का भाव बताने में इस हस्त का प्रयोग किया जाता है।

सर्पशीर्ष पताक हस्त में अंगुलियों के अग्रभाव को झुका देने पर सर्पशीर्ष हस्त बनता है। चन्दन, सर्प, धीमी आवाज में कुछ कहने का भाव बतलाने में, पालन–पोषण का भाव बतलाने में, देवताओं और ऋषियों को तर्पण करने, घड़ा उठाने तथा पहलवानों की भुजा बतलाने में इस हस्त का प्रयोग किया जाता है।

मृगशीर्ष सर्पशीर्ष में यदि कनिष्ठ तथा अंगूठे को फैला दिया जाये तो, मृगशीर्ष हस्त बनता है। स्त्री, गाल, चक्र, मर्यादा, भय, विवाद, बुलाने में, त्रिपुण्ड लगाने में, हरिण मुख, पैर दबाने, सर्वस्व का भाव, मिलन में, काम–मंदिर, छत्र–धारण करने तथा प्रिय को बुलाने आदि का भाव बताने में इस हस्त का प्रयोग किया जाता है।

सिंहमुख मध्यमा तथा अनामिका अंगुली के अग्रभाव को अंगूठे के अग्रभाग में मिला दिया जाये, तथा शेष दो अंगुलियाँ (तर्जनी और कनिष्ठिका) फैली हुई हों तो, वह सिंहमुख हस्त कहलाता है। यज्ञ में होम करने, खरगोश, हाथी, कमल के फूलों का हार, सिंह का मुख, वैद्य द्वारा दवा तैयार करने तथा शोधन/शुद्धि करने में इस हस्त का प्रयोग किया जाता है। यह हस्त नाट्‌यशास्त्र में नहीं कहा गया है।

कांगुल पद्मकोश हस्त में अनामिका अंगुली को नत करने अर्थात् हथेली की ओर झुका देने पर कांगुल हस्त बनता है। सुपारी, बेर आदि फल,

छोटे कंगन, घंटी, चकोर पक्षी, बाला कुच, चातक पक्षी तथा नारियल आदि का भाव प्रदर्शित करने में इस हस्त का प्रयोग किया जाता है।

अलपद्म कनिष्ठा आदि सभी अंगुलियाँ यदि सीधी होकर फैली तथा वक्र हों, तो अलपद्म हस्त बनता है। पूरे खिले कमल, कपित्थ फल, आवर्तन, विरह, पूरे चन्द्रमा, सौन्दर्य, वेणी, चन्द्रशाला, ग्राम, कोप, तालाब, गाड़ी का पहिया, चक्रवाक् पक्षी, गुनगुनाने तथा प्रशंसा आदि भावों के प्रदर्शन में इस हस्त का प्रयोग होता है।

चतुर नाट्यशास्त्र के अनुसार कनिष्ठिका अंगुली को ऊर्ध्व (खड़ा) रखते हुए अन्य तीनों अंगुलियों (तर्जनी, मध्यमा और अनामिका) को एक–साथ संश्लिष्ट करते हुए प्रसारित करें और अंगुष्ठ से मध्यमा के मूल भाग का स्पर्श करें तो वह चतुर हस्त कहा जायेगा। विनययुक्त वाक्य, लीला, रति, रुचि, स्मृति, क्षमा, प्रणय, शुद्धि, चातुर्य, माधुर्य, दाक्षिण्य (अनुकूलता), सुख, शील तथा वार्तायुक्ति आदि में इस हस्त का विनियोग किया जाये। अभिनयदर्पणम् में इस हस्त मुद्रा में अंगुष्ठ को मध्यमा के स्थान पर अनामिका के मूल भाग का स्पर्श करते हुए कहा गया है। नन्दिकेश्वर इस हस्त का प्रयोग कस्तूरी, 'कुछ अंश में' का भाव बतलाने में, सोना, ताँबा, लोहा, खोई हुई वस्तु, दुःख, रसास्वादन, आँख, जातियों के भेद, प्रमाण, माधुर्य, धीरे–धीरे चलने का भाव बतलाने, टुकड़े तोड़ने का भाव बतलाने, मुख तथा घी–तेल के भाव की अभिव्यक्ति के लिये कहते हैं।

भ्रमर मध्यमा अंगुली का अग्रभाग यदि अंगूठे के अग्रभाग पर टिका हो, तर्जनी यदि झुककर मुड़ी अवस्था में अंगूठे के मूल भाग का स्पर्श कर रही हो तथा शेष दोनों अंगुलियाँ फैली हुई हों तो भ्रमर हस्त बनता है। भ्रमर, तोता, सारस, कोयल आदि पक्षियों का भाव बतलाने में, कमल, कुमुदनी आदि लम्बे डन्ठल वाले पुष्पों को चुनने में तथा कुण्डल दिखलाने में इस हस्त का प्रयोग किया जाता है।

हंसास्य तर्जनी तथा अंगूठे का अग्रभाग यदि परस्पर मिला हुआ हो तथा शेष तीनों अंगुलियाँ एक–दूसरे से अलग रहते हुए फैली हुई हों तो हंसास्य

हस्त बनता है। मंगल कार्य में, सूत्र बांधने में, उपदेश, निश्चय में, रोमांच, मोती, दीपक की बत्ती बढ़ाने, कसौटी, चित्रादि बनाने में तथा दंश का भाव बताने में इस हस्त का प्रयोग किया जाता है।

हंसपक्ष सर्पशीर्ष हस्त में यदि कनिष्ठा को फैला दिया तो, हंसपक्ष हस्त बनता है। छः की संख्या बताने, सेतुबंध तथा ढँकने का भाव प्रदर्शित करने में इस हस्त का प्रयोग किया जाता है।

संदंश अभिनयदर्पणम् के अनुसार पद्मकोश हस्त में अंगुलियों को यदि बार–बार पास लाया जाये तथा दूर किया जाये तो संदंश हस्त बनता है। नाट्यशास्त्र में संदंश का लक्षण पर्याप्त भिन्नता लिये हुये है। वहाँ अराल हस्त में हथेली के हिस्से को थोड़ा झुका देने पर संदंश हस्त का बनना बताया गया है। तदनुसार दोनों ग्रन्थों में बतलाये गये विनियोगों में भी अंतर है। नाट्यशास्त्र में आगे की ओर रखते हुए, मुख के पास रखते हुए तथा पार्श्व या बाजू में रखने पर संदंश के विभिन्न विनियोग बतलाये हैं। आचार्य ने यज्ञोपवीत धारण में, सूक्ष्म बाण के संधान में, ध्यान और योग में, लिखने के कार्य के भाव में, नेत्रों में काजल लगाने में, स्त्रियों द्वारा पैरों में अलक्तक (आलता) लगाने का भाव बतलाने में संदंश हस्त के प्रयोग का निर्देश दिया है। अभिनयदर्पणकार ने उदर अथवा भूख का भाव बतलाने में, बलिदान, घाव, कीट, महाभय, अर्चना तथा पाँच की संख्या बताने आदि में इस हस्त के प्रयोग की बात कही है।

मुकुल पाँचों अंगुलियों के अग्रभाग को मिला देने पर मुकुल हस्त बनता है। कुमुदिनी, भोजन करने, कामदेव के पाँच बाण, केले के फूल आदि का भाव बताने में इस हस्त का प्रयोग किया जाता है।

ताम्रचूड़ भरत मुनि के अनुसार यदि अंगुलियों को कुंचित करके उनपर अंगुष्ठ स्थापित किया जाये और कनिष्ठिका अंगुली मुक्त छोड़ दी जाये तब ताम्रचूड़ हस्त बनता है। सौ, हज़ार तथा लाख की संख्या बतलाने में इस हस्त का विनियोग किये जाने का निर्देश नाट्यशास्त्र में प्राप्त होता है। आचार्य नंदिकेश्वर के अनुसार मुकुल हस्त में यदि तर्जनी को

वक्र कर दिया जाये तो ताम्रचूड़ हस्त बनता है। मुर्गा, बगुला, कौआ, ऊँट, बालक तथा लिखने का भाव बताने में इस हस्त का प्रयोग किया जाये, ऐसा अभिनयदर्पणम् में कहा गया है। दोनों लक्षण और विनियोग उपयुक्त प्रतीत होते हैं।

त्रिशूल अंगूठे तथा कनिष्ठा को झुकाकर अग्रभाग से मिला दिया जाये, शेष अंगुलियाँ यदि फैली रहें तो त्रिशूल हस्त बनता है। बेल के पत्ते, त्रिगुण आदि का भाव प्रदर्शित करने में इस हस्त का प्रयोग किया जाता है। यह हस्त नाट्यशास्त्र में नहीं मिलता।

इस तरह हम देखते हैं कि नाट्यशास्त्र में उक्त 28 असंयुक्त हस्तों में से अर्धपताका, मयूर, चंद्रकला, सिंहमुख तथा त्रिशूल ये पाँच हस्त नहीं कहे गये हैं। शेष 23 हस्तों तथा एक अन्य 'उर्णनाभ' हस्त को मिलाकर आचार्य भरत ने 24 तरह के असंयुक्त हस्त कहे हैं। अभिनयदर्पणम् में उक्त हस्तों के अलावा व्याघ्र, अर्धसूची, कटक तथा पल्लि इन चार हस्तों का भी उल्लेख प्राप्त होता है। स्मरणीय है कि अभिनयदर्पणम् में असंयुक्त हस्तों की कुल संख्या 28 कही गई है। सम्भावना यह जान पड़ती है कि अतिरिक्त रूप से कहे गये व्याघ्रादि चार हस्त बाद में इस ग्रन्थ में जोड़े गये होंगे। यहाँ नाट्यशास्त्र में कहे गये उर्णनाभ हस्त तथा अभिनयदर्पणम् के व्याघ्रादि चार हस्तों के लक्षण तथा विनियोग भी कहे जा रहे हैं।

उर्णनाभ आचार्य भरत के अनुसार यदि पद्मकोश हस्त की अंगुलियों तथा अंगुष्ठ को कुंचित कर दिया जाये तो उर्णनाभ हस्त बनता है। सिंह, व्याघ्र के अभिनय में, कुष्ठ व्याधि के निरूपण में तथा केश ग्रहण करने तथा सिर खुजलाने में इस हस्त का प्रयोग किया जाना चाहिये।

व्याघ्र मृगशीर्ष हस्त में यदि कनिष्ठा और अंगूठे को नीचे झुका दिया जाये तो, व्याघ्र हस्त बनता है। व्याघ्र मेंढक, बन्दर तथा सीप का भाव बताने में इस हस्त का प्रयोग किया जाता है।

अर्धसूची कपित्थ हस्त में तर्जनी को ऊपर की ओर फैला देने पर अर्धसूची हस्त बनता है। अंकुर, पक्षी के बच्चे तथा बड़े कीड़े का भाव बतलाने के लिये इस हस्त मुद्रा का प्रयोग किया जाता है।

कटक अभिनयदर्पणम् में इस हस्त के विषय में श्लोक खण्डित हैं जितना हिस्सा प्राप्त होता है उसके अनुसार संदंश हस्त मुद्रा में मध्यमा तथा अनामिका को सीधा कर देने पर कटक हस्त बनता है। इस हस्त का विनियोग पुकारने अथवा बुलाने तथा चलने आदि का भाव प्रदर्शित करने में किया जाता है।

पल्लि मयूर हस्त में यदि मध्यमा अंगुली को तर्जनी अंगुली के पृष्ठ भाग पर रख दिया जाये तो पल्लि हस्त बनता है। इस हस्त का विनियोग छिपकली का भाव बताने में किया जाता है। अस्तु।

संयुक्त हस्त मुद्राएँ

आचार्य भरत ने तेरह प्रकार के संयुक्त हस्त कहे हैं –

अंजलिश्च कपोतश्च कर्कटः स्वस्तिकस्तथा।।
खटकावर्धमानश्च ह्युत्संगो निषधस्तथा।
दोलः पुष्पपुटश्चैव तथा मकर एव च।।
गजदन्तोऽवहित्थश्च वर्धमानस्तथैव च।
एते तु संयुता हस्ता मया प्रोक्तास्त्रयोदश।।[1]

आचार्य नन्दिकेश्वर ने संयुक्त हस्तों को तेईस प्रकार का कहा है –

अंजलिश्च कपोतश्च कर्कटः स्वस्तिकस्तथा।।
डोलाहस्तः पुष्पपुटः उत्संगः शिवलिंगकः।
कटकावर्धनश्चैव कर्तरीस्वस्तिकस्तथा।।
शकटं शंखचक्रे च सम्पुटः पाशकीलकौ।।
मस्त्यः कूर्मो वराहश्च गरुडो नागबन्धकः।।
खट्वा भेरुण्ड इत्येते संख्याता संयुताः करा।
त्रयाविंशतिरित्युक्ताः पूर्वगैर्भरतादिभिः।।[2]

---

1 नाट्यशास्त्र / परिमल प्रकाशन / 9 / 8–10
2 अभिनयदर्पणम् / नन्दिकेश्वर / डॉ. मनमोहन घोष / पृ. 96

नाट्यशास्त्र में तेरह प्रकार के और अभिनयदर्पणम् में तेईस प्रकार के संयुक्त हस्त कहे गये हैं। अभिनयदर्पणम् में कहे गये 23 संयुक्त हस्तों में से मात्र आठ – अंजलि, कपोत, कर्कट, स्वस्तिक, डोला, पुष्पपुट, उत्संग तथा कटकावर्धन हस्त नाट्यशास्त्र में भी प्राप्त होते हैं। इन आठ हस्तों में से भी मात्र अंजलि, कपोत, कर्कट, पुष्पपुट तथा कटकावर्धन इन पाँच हस्तों के लक्षण और विनियोग दोनों ग्रन्थों में एक जैसे प्राप्त होते हैं। स्वस्तिक, डोला तथा उत्संग के लक्षण एवं विनियोग दोनों ग्रन्थों में भिन्न तरह से कहे गये हैं। निषध, मकर, गजदन्त, अवहित्थ तथा वर्धमान ये पाँच हस्त नाट्यशास्त्र में तो कहे गये हैं किन्तु अभिनयदर्पणम् में प्राप्त नहीं होते। इसी तरह शिवलिंग, कर्तरीस्वस्तिक, शकट, शंख, चक्र, सम्पुट, पाश, कीलक, मत्स्य, कूर्म, वराह, गरुड, नागबन्ध, खट्वा तथा भेरुण्ड ऐसे संयुक्त हस्त भेद हैं जो नंदिकेश्वर ने तो कहे हैं किन्तु भरत मुनि ने नहीं। मत्स्य, कूर्म तथा वराह हस्त भेदों का अभिनयदर्पणम् में उल्लेख तत्कालीन नृत्य में अवतारवाद के प्रवेश का सूचक है। यहाँ हम सर्वप्रथम अंजलि आदि पाँच हस्तों का वर्णन करेंगे जो दोनों ग्रन्थों में एक से कहे गये हैं। तत्पश्चात् इन ग्रन्थों में प्राप्त होने वाले परस्पर भिन्न अन्य संयुक्त हस्तों को भी इन्हीं के साथ क्रमशः कहा जायेगा।

अंजलि दो पताक हस्तों को मिलाने से (परस्पर हथेलियों की ओर से मिलाने पर) 'अंजलि' हस्त मुद्रा बनती है। इसे देवता, गुरुजन तथा मित्रों के अभिवादन में प्रयुक्त किया जाता है। देवताओं के अभिवादन में मस्तक पर, गुरुजनों के अभिवादन में मुख के सामने तथा मित्रों के अभिवादन में हृदय के समीप 'अंजलि' हस्त रखा जाना चाहिये।

कपोत दो सर्पशीर्ष हस्तों को परस्पर दोनों कोनों से मिलाने पर 'कपोत' हस्त मुद्रा होती है। इसे विनम्रता आदि सौजन्यपूर्ण भाव के प्रदर्शन, पूज्यजन को प्रणाम करने तथा उनसे सम्भाषण में प्रयुक्त किया जाता है। शीत तथा भय के अर्थ को प्रदर्शन करने में स्त्रियों द्वारा इस मुद्रा को वक्षस्थल पर स्थित रखना चाहिये।

कर्कट यदि दोनों हाथों की अंगुलियाँ मिलकर एक–दूसरे के बीच से निकली हुई रहें तो 'कर्कट' मुद्रा होती है। इसके द्वारा काम के मद में अंग

मरोड़ना, सोकर उठते समय जम्हाई लेना, विशाल शरीर, ठुड्डी को हाथ से सहारा देने तथा शंख का ग्रहण बतलाया जाता है।

कटकावर्धन यदि दो कटाकामुख हस्तों को स्वस्तिक दशा में (एक दूसरे की कलाई ऊपर) रखा जाए तो कटकावर्धन मुद्रा बनती है। इसे श्रृंगार के भावों तथा प्रणाम करने में प्रयुक्त करना चाहिए। कुमुद, उत्पल एवं कुन्द पुष्पों के प्रदर्शन में इसकी की योजना करना चाहिए।

पुष्पपुट दो सर्पशीर्ष हस्तों की हथेलियों को पार्श्व की ओर से परस्पर सटा देने पर 'पुष्पपुट' मुद्रा बनती है। इससे धान्य, फल, पुष्प तथा इन्हीं के सदृश अन्य वस्तुओं को ग्रहण करने का भाव, अर्पण करने का भाव और जल का लाना तथा हटाना सूचित होता है।

स्वस्तिक नाट्यशास्त्रानुसार दो अराल हस्तों को कलाई पर सामने की ओर से ऊपर मुँह रखते हुए बायीं बाजू की ओर रख देने पर 'स्वस्तिक' मुद्रा बनती है। 'स्वस्तिक' का प्रदर्शन कर दोनों हाथों को हटा लेने पर उससे दिशाएँ, आकाश, वन, समुद्र, ऋतुएँ, पृथ्वी, वेग एवं अन्य विस्तीर्ण पदार्थ प्रदर्शित होते हैं। अभिनयदर्पणम् में दो पताक हस्तों को तिर्यक रखने पर इस मुद्रा का बनना बतलाया गया है और मगर (मगरमच्छ) का भाव बताने के लिये इसका प्रयोग करने का निर्देश दिया गया है।

उत्संग नाट्यशास्त्र में दो अराल हस्त ऊपर की ओर मुँह वाले एवं स्वस्तिक दशा में दोनों कन्धों पर रखे जाने होने पर 'उत्संग' मुद्रा का बनना कहा गया है। जबकि अभिनय दर्पण में दो मृगशीर्ष हस्तों को स्वस्तिक दशा में (यानी परस्पर एक–दूसरे के कंधे पर) कन्धों पर रखने का निर्देश दिया गया है। आलिंगन में, स्त्रियों की ईर्ष्यों में और अति प्रयत्न से सम्पन्न होने वाले कार्य को दिखाने में इसका प्रयोग करना चाहिये।

दोलः / डोला नाट्यशास्त्र के अनुसार यदि दोनों कन्धों को ढीले रखते हुए दोनों पताक हस्तों को हिलाते हुए रखें तो दोल हस्त बनता है। दो पताक हस्त कहाँ रखे जायें यह स्पष्ट नहीं है। इससे सम्भ्रम, विषाद, मूर्च्छा,

नशे के झटके, आवेग, व्याधि तथा शस्त्रों से आहत दशा का अर्थ सूचित होता है। अभिनयदर्पणम् के अनुसार दो पताक हस्तों को जंघा पर रखने से दोला हस्त बनता है तथा नाट्यारम्भ में इस मुद्रा के प्रयोग का निर्देश ग्रन्थकार ने दिया है।

निषध यदि मुकुल हस्त को कपित्थ हस्त से वेष्टित कर (लपेट) दिया जाए तो 'निषध' मुद्रा बनती है। किस हाथ से मुकुल हो और किससे कपित्थ बनाया जाये इसका उल्लेख मुनि द्वारा नहीं किया गया है। इसकी योजना, संग्रह, दान, ग्रहण, प्रतिज्ञा, सत्यवचन, संक्षेप तथा समेटने के भाव में की जाये।

मकर नाट्यशास्त्र के अनुसार यदि दो पताक हस्तों को एक–दूसरे पर रख दिया जाए तो 'मकर' नामक हस्तमुद्रा बनती है। इस मुद्रा से सिंह, हाथी, गेंडा, घड़ियाल, मगर, मत्स्य तथा अन्य हिंस्र जन्तुओं को प्रदर्शित किया जाता है।

गजदन्त नाट्यशास्त्र के अनुसार यदि दो सर्पशीर्ष हस्त स्वस्तिक दशा में एक–दूसरे के कन्धों पर रखे जाएँ तो 'गजदन्त' हस्तमुद्रा बनती है। इससे वर वधु का पाणिग्रहण, अतिभार वहन, स्तम्भ ग्रहण तथा शैल एवं पाषाण का उखाड़ना प्रदर्शित किया जाता है।

अवहित्थ नाट्यशास्त्र के अनुसार यदि दो शुकतुण्ड हस्तों को छाती पर नीचे मुँह वाले और लटकते हुए रखें तो 'अवहित्थ' हस्तमुद्रा बनती है। इससे दुर्बलता, निःश्वास, शरीर का सौन्दर्य प्रदर्शन, शरीर का पतलापन तथा उत्कण्ठा का भाव प्रदर्शित किया जाता है।

वर्धमान नाट्यशास्त्र के अनुसार यदि मुकुल हस्त को कपित्थ हस्त से लपेटा जाए तो 'वर्धमान' हस्तमुद्रा बनती है। इस लक्षण के विषय में हमें संशय है। यही लक्षण मुनि द्वारा निषध हस्त का भी कहा गया है। दूसरी बात वर्धमान हस्त के उपयोग के सम्बन्ध में भरत ने कहा है कि झरोखा तथा खिड़की खोलने में, संग्रह, वस्तु का आदान–प्रदान, उद्धार, प्रतिज्ञा, सत्यवचन तथा संक्षेपीकरण के अर्थ आदि में इसे विनियोजित किया जाना चाहिये, जो कि सम्भव प्रतीत नहीं होता।

उल्लेखनीय है कि संगीत रत्नाकर में वर्धमान का लक्षण शार्ङ्गदेव द्वारा यों कहा गया है – दो हंसपक्ष हस्तों को स्वस्तिक दशा में रखकर एक–दूसरे से दूर कर दिया जाये तो वर्धमान हस्त बनता है। विनियोग ऊपर बतलाये अनुसार ही कहा गया है। संगीत रत्नाकर में कहे लक्षण के अनुसार बने हस्त का विनियोग तो तद्नुसार करना सम्भव प्रतीत होता है।

शिवलिंग अभिनयदर्पणम् के अनुसार बायें हाथ के अर्धचन्द्र हस्त पर दाहिने हाथ से शिखर बनाकर रखा जाये तो शिवलिंग हस्त बनता है। शिवलिंग के भाव को बतलाने में इसका प्रयोग किया जाता है।

कर्तरीस्वस्तिक अभिनयदर्पणम् के अनुसार दो कर्तरी हस्तों का स्वस्तिक (cross) करने पर कर्तरी स्वस्तिक हस्त बनता है। शाखाएँ, पर्वत शिखर तथा वृक्षादि बतलाने में इस मुद्रा का प्रयोग किया जाता है।

शकट अभिनयदर्पणम् के अनुसार दो भ्रमर हस्तों की मध्यमा अंगुलियों तथा अंगूठों को एक–दूसरे से मिलाकर फिर अगल कर देने पर अथवा भ्रमर हस्त की मध्यमा अंगुली यदि फैली हुई हो तो शकट हस्त बनता है। राक्षस के अभिनय में इस मुद्रा का प्रयोग किया जाता है।

शंख अभिनयदर्पणम् के अनुसार बायें हाथ की हथेली पर दाहिने अंगूठे को रखकर, बायें हाथ की चारों अंगुलियों से लपेट दी जायें, तब दाहिने हाथ की चारों अंगुलियों से बायें हाथ को आवेष्टित करते हुए उन्हें बायें हाथ के अंगूठे से मिला दिया जाये, तो शंख हस्त बनता है। शंख को बताने में तथा विष्णु का भाव बतलाने में इस हस्त का प्रयोग किया जाता है।

चक्र अभिनयदर्पणम के अनुसार दो अर्धचन्द्र हस्तों की हथेलियों को एक–दूसरे पर रखते हुए तिर्यक् कर देने पर यह हस्त बनता है। चक्र का भाव बताने में तथा सूर्य का भाव बताने में इस हस्त का प्रयोग किया जाता है।

सम्पुट अभिनयदर्पणम् के अनुसार चक्र हस्त की अंगुलियों को कुंचित करने पर सम्पुट हस्त बनता है। किसी वस्तु को ढँकने और बन्द करने का भाव बताने में इस हस्त का प्रयोग किया जाता है।

पाश अभिनयदर्पणम् के अनुसार दोनों हाथों के सूची हस्तों की तर्जनी अंगुली को मोड़कर परस्पर मिला देने अथवा परस्पर साँकल की तरह बांध देने पर पाश हस्त बनता है। झगड़ा, सांकल तथा पाश का भाव बताने में इस हस्त का प्रयोग किया जाता है।

कीलक अभिनयदर्पणम् के अनुसार यदि दो मृगशीर्ष हस्तों की कनिष्ठिकाएँ कुंचित होकर परस्पर लिपटी हों, तो यह कीलक हस्त होता है। यहाँ कनिष्ठिकाओं की परस्पर स्थिति वही है जैसी 'पाश' हस्त में दो तर्जनियों की है। नंदिकेश्वर के अनुसार इस हस्त का प्रयोग प्रेम प्रकट करने और प्रियतम से वार्तालाप के लिये होता है।

मत्स्य अभिनयदर्पणम् के अनुसार एक हाथ के पृष्ठ भाग पर दूसरा हाथ रखने तथा दोनों हाथों के अंगूठे एवं कनिष्ठा को फैला देने पर मत्स्य हस्त बनता है। मछली का भाव दिखाने में इसका प्रयोग किया जाता है।

कूर्म अभिनयदर्पणम् के अनुसार चक्र हस्त में अंगूठे एवं कनिष्ठा को छोड़कर शेष तीनों अंगुलियों को युदि कुंचित अर्थात् मोड़ दिया जाये तो कूर्म हस्त बनता है। कछुए का भाव दिखाने में इस हस्त का प्रयोग किया जाता है।

वराह अभिनयदर्पणम् के अनुसार दोनों हाथों के मृगशीर्ष हस्तों को इस तरह एक–दूसरे पर रखे कि एक हाथ का अंगुष्ठ दूसरे हाथ की कनिष्ठा से मिले, तो वराह हस्त कहलाता है। वराह का भाव बताने में इस हस्त का प्रयोग किया जाता है।

गरुड़ अभिनयदर्पणम् के अनुसार दोनों अर्धचन्द्र हस्तों को तिर्यक कर उनके अंगूठे को परस्पर लपेट देने पर गरुड़ हस्त बनता है। गरुड़ पक्षी के भाव की अभिव्यक्ति में इस हस्त का प्रयोग किया जाता है।

नागबन्ध अभिनयदर्पणम् के अनुसार दो सर्पशीर्ष हस्तों को कलाई पर स्वस्तिक/तिर्यक् दशा में रखने पर नागबन्ध हस्त बनता है। नागबन्ध को बताने में इस हस्त का प्रयोग किया जाता है।

खट्वा अभिनयदर्पणम् के अनुसार एक चतुर हस्त पर दूसरा चतुर हस्त रखकर, तर्जनी एवं अंगूठे को मुक्त कर देने पर खट्वा हस्त बनता है। इस हस्त का प्रयोग खाट अथवा पालकी का भाव बताने के लिये किया जाता है।

भेरुण्ड अभिनयदर्पणम् के अनुसार दो कपित्थ हस्तों को कलाई से परस्पर तिर्यक कर देने पर भेरुण्ड हस्त बनता है। पक्षी दम्पत्ति का भाव बताने में इस हस्त का प्रयोग किया जाता है।

यों प्रयोगधर्मा कलाओं में लक्ष्य परम्परा की शाब्दिक वर्णना अत्यन्त कठिन कार्य है तथापि असंयुक्त और संयुक्त हस्तभेदों के उक्त विश्लेषण से इस ओर ध्यान जाता है कि नाट्यशास्त्र और अभिनयदर्पणम् दोनों में ही तत्कालीन लक्ष्य परम्परा के आधार पर यथासम्भव लक्षण एवं विनियोगों को कहा गया है। किन्तु फिर भी शास्त्र अध्ययन के साथ–साथ योग्य गुरू के सान्निध्य में उनका सतत् निर्देशन प्राप्त होने पर ही इन लक्षणों के मर्म और उपयुक्त प्रयोग को जाना–समझा जा सकता है। उदाहरणार्थ – अंतिम भेरुण्ड हस्त के लक्षण को देखें। दो कपित्थ हस्तों को कलाई पर सामान्यतः तिर्यक कर देने पर पक्षी जोड़ा परस्पर विमुख बैठा प्रतीत होगा जो उनमें विरोध के भाव को प्रदर्शित करेगा। इस सम्बन्ध में गुरू से ही सही जानकारी मिलेगी कि दो कपित्थ हस्तों को कलाई पर से इस तरह जोड़ा जाये कि दोनों हाथ तो परस्पर तिर्यक प्रतीत हों, किन्तु पक्षी जोड़ा एक–दूसरे से विमुख न हो बल्कि एक–दूसरे की ओर मुख किये हुए साथ बैठा हो। ऐसी स्थिति में पक्षी जोड़ा एक–दूसरे के सामने मुख किये हुए प्रेमालाप करता प्रतीत होगा। यही स्थिति खट्वा हस्त के सम्बन्ध में भी देखें। खट्वा हस्त का जो लक्षण कहा गया है उसमें दो चतुर हस्तों की स्थिति का स्पष्ट निर्देश नहीं है या यों कहें कि चतुर हस्त में हथेली नीचे अथवा ऊपर रखने का निर्देश नहीं दिया गया है। सामान्यतया चतुर हस्त की मूल अवस्था में हथेली नीचे की ओर रहती है, ऐसे में दो चतुर हस्त एक–दूसरे पर रखकर अंगुष्ठ और कनिष्ठिका मुक्त करने पर यों प्रतीत होगा मानो चारपाई के चारों पाये आसमान की ओर हैं अथवा चारपाई उल्टी

रखी हुई है। जबकि यहाँ आशय यह है कि दो चतुर हस्तों को इस स्थिति में एक दूसरे के ऊपर रखा जाये कि उनके अंगुष्ठ और कनिष्ठिका मुक्त होने की दशा में नीचे धरती की ओर संकेत करते दीखें। ऐसा करने के लिये चतुर हस्तों की स्थिति इस तरह रखी जायेगी कि उनकी हथेली ऊपर आसमान की ओर रहे। इसीलिये मौखिक परम्परा या गुरूमुखी शिक्षण और शास्त्राध्ययन दोनों ही आवश्यक हैं, एक–दूसरे के पूरक हैं, वैरी नहीं।

नृत्त हस्त

नाट्यशास्त्र में तीस तरह के नृत्त हस्त बताये गये हैं, जबकि अभिनयदर्पणम् में तेरह प्रकार के ही नृत्तहस्त कहे गये हैं। यह उल्लेखनीय है कि अभिनयदर्पणम् कहे गये तेरह नृत्त हस्तों में पताक, कपित्थ, शिखर, हंसास्य और अलपद्म ये पाँच असंयुक्त हस्त हैं तथा शेष आठ स्वस्तिक, डोला, अंजलि, कटकावर्धन, शकट, पाश, कीलक, और कूर्म संयुक्त हस्त हैं।[1] सम्भवतः इसीलिये नन्दिकेश्वर ने इनका नामोल्लेख मात्र किया है। लक्षणों की पुनरावृत्ति नहीं की है। नाट्यशास्त्र में कहे गये तीसों नृत्तहस्त, असंयुक्त एवं संयुक्त हस्तों के संयोग से बने कहे गये हैं। चूँकि ये शोभा के सृजन हेतु बनाये जाते हैं तथा किसी अर्थ की अभिव्यक्ति में सहायक नहीं होते, इसलिये आचार्य भरत ने भी इनके लक्षण तो कहे हैं, विनियोग की बात नहीं कही। विशेष बात यह है कि भरत ने इन नृत्तहस्तों का प्रयोग करण निर्माणार्थ बताया है, साथ ही अर्थाभिनय में भी आवश्यकतानुसार प्रयोग की बात कही है। यहाँ हम नाट्यशास्त्रनुसार तीस नृत्त हस्तों को कहेंगे –

नृत्तहस्तानश्चोर्ध्वं गदतो में निबोधत।
चतुरस्रौ तथोदृत्तौ तथा तलमुखौ स्मृतौ।।
स्वास्तिकौ विप्रकीर्णौ चाव्यरालखटकामुखौ।
आविद्धवक्त्रौ सूच्यास्यो रेचितार्धरेचितौ।।
उत्तानवंचितौ वापि पल्लवौ च तथा करौ।

---

1 पताकास्वतिकाख्यश्च डोलहस्तस्थांजलिः।
कटकावर्धनश्चैव शकटः पाशकीलकौ।।
कपित्थः शिखरः कूर्मो हंसास्यश्चालपद्मकः।
त्रयोदशैते हस्ताः स्युर्नृत्तस्याप्युपयोगिनः।।
अभिनयदर्पणम्/नन्दिकेश्वर/डॉ. मनमोहन घोष/248, 49

नितम्बौ चापि विज्ञेयौ केशबन्धौ तथैव च।
सम्प्रोक्तौ करिहस्तौ च लताख्यौ च तथैव च।
पक्षवंचितकौ चैव पक्षप्रद्योतकौ तथा।।
ज्ञेयौ गरुड़पक्षौ च हंसपक्षौ तथैव च।
ऊर्ध्वमण्डलिनौ चैव पार्श्वमण्डलिनौ तथा।।
उरोमण्डलिनौ चैव उरः पार्श्वार्द्धमण्डलौ।
मुष्टिक स्वस्तिकौ चापि नलिनीपद्मकोशकौ।।
अलपद्मावल्वणौ च ललितौ वलितौ तथा।[1]

चतुरस्र छाती से आठ अंगुल के अंतर पर सामने की ओर दोनों हाथों को कटकामुख में तथा दोनों कन्धों और कोहनी को समान ऊँचाई पर रखना 'चतुरस्र' कहलाता है।

उद्वृत्त दो हंसपक्ष हस्तों को पंखे के समान हिलाना। इसका अन्य नाम 'तालवृन्तक' भी है।

तलमुख चतुरस्र दशा में हंसपक्ष हस्तों को तिरछे तथा एक–दूसरे के सामने रखना।

स्वस्तिक तलमुख नृत्त–हस्त कलाई पर से स्वस्तिक किये जायें।

विप्रकीर्ण स्वस्तिक नृत्तहस्त के प्रदर्शन के बाद उन्हें हटा लेना।

अरालकटकामुख दो अलपद्म हस्तों को ऊपर की ओर रखते, हुए पद्मकोश हस्तों में परिवर्तित कर देना।

आविद्धवक्र विपरीत बाहु के कंधे तथा कोहनी को तिरछी गति में दोनों हाथों से स्पर्श करते हुए, दोनों अराल मुद्रा की हथेलियों को ऊपर तथा नीचे की ओर कम्पित करते हुए बदलना।

सूचीमुख दो सर्पशीर्ष हस्त जब अपने अंगूठों तथा मध्यमा को स्पर्श करते हुए तिर्यक प्रसारित कर दिये जायें तो वह सूचीमुख हस्त होगा।

---

1 नाट्यशास्त्र/परिमल प्रकाशन/9/11–17

रेचित	दो हंसपक्ष हस्तों को तेज़ी से घुमाकर हथेली को ऊपर की ओर मुँह करते हुए फैला देना।
अर्धरेचित	बायें हाथ को चतुरस्र तथा दाहिने हाथ को रेचित करना।
उत्तानवंचित	दो त्रिपताक हस्तों को कुछ तिरछे और कुछ झुकाते हुए रखना तथा कंधों और कुहनियों को हिलाना।
पल्लव	कलाई से दो पताक हस्तों को मिलाना।
नितम्ब	पल्लव हस्त अथवा दो पताक हस्तों को कन्धे के ऊपर निकालकर ले जाना।
केशबन्ध	केशप्रदेश या शिखा पर से घुमाकर दोनों पताक हस्तों को दोनों बाजुओं से सीधा रखना।
लता	दोनों हाथों को तिरछे फैलाकर, बाद में दोनों पार्श्वों में फैलाकर रखना।
करिहस्त	लता हस्त करने के बाद उसे ऊँचा करते हुए एक बाजू से दूसरी बाजू की ओर झुलाना, तथा बाद में एक हाथ को त्रिपताक मुद्रा में कान के पास रखना।
पक्षवंचितक	एक त्रिपताक हस्त कमर पर तथा दूसरा सिर के बराबर रखना।
पक्षप्रद्योतक	पक्षवंचितक हस्तों को उल्टे कर देना।
गरुड़पक्ष	'आविद्ध' हस्त को अधोमुख अवस्था में रखने पर गरुडपक्ष हस्त का संधान होना बनता है। पूर्व में कहे गये 'आविद्धवक्र' हस्त में अराल हस्त विपरीत भुजाओं और कंधों से तिर्यक गति करते हैं, यहाँ अराल हस्तों की गति अपने ही ओर के अंगोंकी ओर होगी तदनुसार दो अराल हस्त कटि प्रदेश से कंधों तक अधोमुख अवस्था में कम्पित करते हुए (लहराते हुए) लयबद्धरूप में लगातार गति करेंगे। यह स्थिति किसी बड़े पक्षी के उड़ने की क्रिया को दर्शायेगी।

हंसपक्ष[1] दोनों हंसपक्ष हस्तों को क्रमशः उल्टे–सीधे घुमाकर, बाद में कुहनी से कंधे तक बाहुओं को सीधे फैलाकर रखना।

ऊर्ध्वमण्डली दण्डपक्ष हस्त को ऊपर की ओर घुमाना।

पार्श्वमण्डली एक बाजू में ऊर्ध्वमण्डली हस्तों को रखना।

उरोमण्डली एक हस्त को ऊपर की ओर तथा दूसरे नीचे की ओर झुके हुए हस्त को वक्षः स्थल के समीप घुमाते हुए रखना।

उरःपार्श्वमण्डल अलपद्म तथा अराल हस्तों को आधा घुमाकर, एक को बाजू में तथा दूसरे को ऊपर रखना।

मुष्टिस्वस्तिक दो खटकामुख हस्तों को कलाई के कानों पर झुकाते हुए तथा गोल घुमाव देते हुए उद्वेष्टित करण में रखना।

नलिनीपद्मकोश पद्मकोश हस्तों को उल्टा–सीधा घुमाव देना या पलटना।

अलपल्लव दोनों हाथों को ऊपर की ओर घुमाव देते हुए उद्वेष्टित करण में रखना।

उल्वण अलपल्लव हस्तों को ऊपर की ओर फैलाकर कंधे के बराबर घुमाया जाये।

ललित दो पल्लव हस्तों को सिर पर ले जाना।

वलित दो लता हस्तों को कलाई पर स्वस्तिक कर देना।

ध्यान देने योग्य है कि प्रत्येक नृत्त हस्त किसी विशेष क्रिया की निरन्तरता के परिणामस्वरूप बना है। क्रिया की यह निरन्तरता इन नृत्त हस्तों को जीवन्त बनाती है।

---

1 नाट्यशास्त्र परिमल प्रकाशन, प्रथम संस्करण 1984 के नौवें अध्याय के 15वें श्लोक में 'हंसपक्ष' को नृत्त हस्तों के अंतर्गत गिनाया गया है। इसी अध्याय में आगे 203वें श्लोक में इस हस्त का लक्षण इस प्रकार प्राप्त होता है –

हंसपक्षकृतौ हस्तौ व्यावृत्तपरिवर्तितौ।
तथा प्रसारितभुजौ दण्डपक्षाविति स्मृतौ।।

इससे यह प्रतीत होता है कि इस हस्त की संज्ञा 'हंसपक्ष' नही है वरन् 'दण्डपक्ष' है जो दो हंसपक्ष हस्तों की क्रिया से निर्मित होता है। अगले ऊर्ध्वमण्डली हस्त के लक्षण से इस सम्भावना को बल भी मिलता है।

असंयुक्त एवं संयुक्त हस्त मुद्राएँ जहाँ कथ्य की अर्थाभिव्यक्ति में सहायक होती हैं वहीं विभिन्न नृत्त हस्तों के लक्षण यह स्पष्ट संकेत देते हैं कि वे (नृत्त हस्त) नृत्य में गतिमान भावों की सामान्य अभिव्यक्ति में सहायक के रूप में कार्य करते हैं। यथा – पक्षवंचितक तथा पक्षप्रद्योतक ऐसे नृत्त हस्त हैं जो पक्षियों की चंचल उड़ान को नृत्य के माध्यम से दृश्यरूप करते हैं। इसी तरह करिहस्त, किसी हाथी की मतवाली चाल तथा गरुड़पक्ष, गरुड़ अथवा ऐसे ही किसी बड़े पक्षी की उड़ान को दृश्यमान करता है। शेष नृत्त हस्तों के लक्षण इस ओर संकेत करते हैं कि वे नृत्तांग में विभिन्न बोलों के साथ प्रयुक्त किये जाते रहे होंगे। तालबद्ध रचना में अवनद्ध के बोलों की प्रतिध्वनि नर्तक अपने घुंघरुओं से निकालता होगा और उन बोलों की आंगिक अभिव्यक्ति में ये नृत्त हस्त सहायक रहते होंगे। आचार्य भरत द्वारा इन नृत्त हस्तों का विनियोग न कहने का तात्पर्य यह हो सकता है कि ये नृत्त हस्त नृत्तांग में तथा किसी गेय रचना की भावाभिव्यक्ति में सामान्य रूप से सहायक तो होते हैं किन्तु असंयुक्त एवं संयुक्त हस्त भेदों की तरह किसी विशिष्ट अर्थ का प्रतिपादन नहीं करते।

अशोकमल्ल विरचित ग्रन्थ 'नृत्याध्याय' अपने नाम से नाट्यशास्त्रीय परम्परा के किसी विशाल ग्रन्थ का एक भाग प्रतीत होता है। 14–15 वीं शताब्दी के इस ग्रन्थ में भरतोक्त तीस नृत्त हस्तों को यथावत् कहा गया है साथ ही चतुरस्र, उद्वृत्त, तलमुख, रेचित तथा अरालखटकामुख नामक नृत्त हस्तों के विनियोग भी ग्रन्थकार ने कहे हैं। **हारमौलाद्याकर्षणे करौ**[1] के द्वारा चतुरस्र हस्त का विनियोग हार और मुकुट उतारने में कहा गया है। **तालवृन्तनिदर्शने** तथा **जयशब्दनिरूपणे**[2] के द्वारा पंखे के अभिनय में उद्वृत्त हस्त का विनियोग बतलाया गया है। **मधुरे मर्दलध्वनौ** के द्वारा मृदंग के वादन में तलमुख हस्त का प्रयोग, **हिरण्यकशिपोर्वक्षो दारणे नृहरेर्मतौ**[3] के द्वारा रेचित हस्त को हरिण्यकश्यप का वक्ष विदीर्ण करने में नृसिंह के लिये अभीष्ट बताया गया है तथा **वितर्के सविवादानां वणिजामेष युज्यते**[4] के द्वारा अरालकटकामुख हस्त को विवाद करते हुए बनियों का भाव प्रकट करने में प्रयुक्त करने की बात कही गयी है।

---

1 नृत्याध्याय / अशोकमल्ल / वाचस्पति गैरोला / पृ0 105 / श्लोक 256
2 नृत्याध्याय / अशोकमल्ल / वाचस्पति गैरोला / पृ0 105 / श्लोक 258, 260
3 नृत्याध्याय / अशोकमल्ल / वाचस्पति गैरोला / पृ0 107 / श्लोक 271
4 नृत्याध्याय / अशोकमल्ल / वाचस्पति गैरोला / पृ0 115 / श्लोक 315

दशावतार हस्त

अभिनयदपर्णम् में कहे गये दशावतार हस्त, देव हस्त तथा नवग्रह हस्त भी यहाँ विद्यार्थियों के लाभार्थ कहे जा रहे हैं। उक्त हस्त भेद नाट्यशास्त्र में प्राप्त नहीं होते और नृत्य में अवतारवाद के प्रवेश की सूचना देते हैं।

मत्स्यावतार कंधे तक उठे हुए हाथों से मत्स्य हस्त बनाने पर 'मत्स्यावतार हस्त' बनता है।[1]

कूर्मावतार कंधे तक उठे हुए हाथों से कूर्म हस्त बनाने पर 'कूर्मावतार हस्त' बनता है।[2]

वराहावतार दोनों हाथों की वराह हस्त मुद्रा को कमर तक उठाकर रखने पर 'वराहावतार हस्त' बनता है।[3]

नृसिंहावतार बायें हाथ से सिंहमुख म्रुदा तथा दाहिने हाथ से त्रिपताक हस्त मुद्रा धारण करने पर नृसिंहावतार हस्त बनता है।[4]

वामनावतार दोनों हाथों से मुष्टि बनाकर, एक को ऊपर तथा दूसरे को नीचे रखने पर 'वामनावतार हस्त' बनता है।[5]

---

1 मत्स्यहस्तं दर्शयित्वा ततः स्कंधसमौ करौ।
धृतौ मत्स्यावतारस्य हस्त इत्यभिधीयते।।
अभिनयदर्पणम् / नन्दिकेश्वर / डॉ. मनमोहन घोष / श्लोक 216

2 कूर्महस्तं दर्शयित्वा ततः स्कन्धसमौ करौ।
धृतौ कूर्मावतारस्य हस्त इत्यभिधीयते।।
अभिनयदर्पणम् / नन्दिकेश्वर / डॉ. मनमोहन घोष / श्लोक 217

3 दर्शयित्वा वराहं तु कटिपार्श्वसमौ करौ।
धृतावादिवराहस्य देवस्य कर इष्यते।।
अभिनयदर्पणम् / नन्दिकेश्वर / डॉ. मनमोहन घोष / श्लोक 218

4 वामे सिंहमुखं धृत्वा दक्षिणे त्रिपताकिका।
नरसिंहावतारस्य हस्त इत्यभिधीयते।।
अभिनयदर्पणम् / नन्दिकेश्वर / डॉ. मनमोहन घोष / श्लोक 219

5 ऊर्ध्वाधो धृतमुष्टिभ्यां सव्यान्थाभ्यां यदि स्थितः।
स वामनावतारस्य हस्त इत्यभिधीयते।।
अभिनयदर्पणम् / नन्दिकेश्वर / डॉ. मनमोहन घोष / श्लोक 220

परशुरामावतार बायें हाथ को कमर पर तथा दाहिने हाथ से अर्धपताका मुद्रा बनाने पर 'परशुरामावतार हस्त' बनता है।[1]

रामचन्द्रावतार बायें हाथ में शिखर तथा दाहिने हाथ में कपित्थ हस्त मुद्रा धारण करने पर 'रामचन्द्रवतार हस्त' बनता है।[2]

बलरामावतार बायें हाथ में मुष्टि तथा दाहिने हाथ में पताका हस्त मुद्रा धारण करने पर 'बलरामवतार हस्त' बनता है।[3]

कृष्णावतार दोनों हाथों से मृगशीर्ष हस्त बनाकर, उन्हें मुख के समीप, एक–दूसरे के पास विपरीतमुखी रखने पर 'कृष्णावतार हस्त' बनता है।[4]

कल्क्यावतार दाहिने हाथ से पताका तथा बायें हाथ से त्रिपताक हस्त बनाने पर 'कल्क्यावतारहस्त' बनता है।[5]

देवहस्त

ब्रह्मणश्चतुरो वामे हंसास्यो दक्षिणे करः।
शम्भोर्वामे मृगशीर्षस्त्रिपताकस्तु दक्षिणे।।
हस्ताभ्यां त्रिपताकस्तु विष्णुहस्तः स कीर्तितः।
सूचीकृते दक्षिणे च वामे चांससमकृतौ।।
कपित्थकेऽपि भारत्याः कर स्यादिति सम्मतः।

---

1 वामं कटितटे न्यस्य दक्षिणेऽर्धपताकिका।
धृता परशुरामस्य हस्त इत्यभिधीयते।।
अभिनयदर्पणम् / नन्दिकेश्वर / डॉ. मनमोहन घोष / श्लोक 221

2 कपित्थो दक्षिणे हस्ते वामै तु शिखरः करः।
ऊर्ध्वं धृतो रामचन्द्रहस्त इत्युच्यते बुधैः।।
अभिनयदर्पणम् / नन्दिकेश्वर / डॉ. मनमोहन घोष / श्लोक 222

3 पताको दक्षिणे हस्ते मुष्टिर्वामकरे तथा।
बलरामावतारस्य हस्त इत्युच्यते बुधैः।।
अभिनयदर्पणम् / नन्दिकेश्वर / डॉ. मनमोहन घोष / श्लोक 223

4 मृगशीर्षे तु हस्ताभ्यामन्योन्याभिमुखे कृते।
आस्योपकण्ठे कृष्णस्य हस्त इत्युच्यते बुधैः।।
अभिनयदर्पणम् / नन्दिकेश्वर / डॉ. मनमोहन घोष / श्लोक 224

5 पताको दक्षिणे वामे त्रिपताकः करो धृतः।
कल्क्याख्यस्यावतारस्य हस्त इत्यभिधीयते।।
अभिनयदर्पणम् / नन्दिकेश्वर / डॉ. मनमोहन घोष / श्लोक 225

ऊर्ध्वाधः प्रसृतावर्धचन्द्राख्यौ वामदक्षिणौ।
अभयो वरदश्चैव पार्वत्याः कर ईरितः।
अंसोपकण्ठे हस्ताभ्यां कपित्थस्तु श्रियः करः
उरोगताभ्यां हस्ताभ्यां कपित्थो विघ्नराट्करः।
वामे करे त्रिशूलञ्च शिखरो दक्षिणे करे।
ऊर्ध्व करे षण्मुखस्य हस्तः स्यादिति कीर्तितः।
वामे करे तु शिखरो दक्षिणे कटकामुखः।।
मन्मथस्य करः प्रोक्ता नाट्यशास्त्रार्थकोविदैः।
त्रिपताकौ स्वस्तिकश्च शक्रहस्तः प्रकीर्तितः।।
त्रिपताको दक्षिणे तु वामे कांगुलहस्तकः।
अग्निहस्तः स विज्ञेयो नाट्यशास्त्रविशारदैः।।
वामे पाशं दक्षिणे तु सूची यमकरः स्मृतः।
खट्वा च शकटश्चैव कीर्तितो निर्ऋतेः करः।।
पताको दक्षिणे वामे शिखरो वारुणः करः।।
अरालो दक्षिणे हस्ते वामे चार्धपताकिका।
धृता चेद्वायुदेवस्य करः इत्यभिधीयते।[1]

ब्रह्म बायें हाथ से चतुर हस्त मुद्रा तथा दाहिने हाथ से हंसास्य मुद्रा बनाने पर 'ब्रह्महस्त' बनता है।

ईश्वर बायें हाथ से मृगशीर्ष हस्त तथा दाहिने हाथ से त्रिपताक हस्त मुद्रा बनाने पर 'ईश्वर/शम्भु हस्त' बनता है। विद्यार्थी ध्यान दें कि यहाँ हस्त के स्थान का उल्लेख नहीं किया गया है कि बाँयें हाथ के मृगशीर्ष हस्त को दाहिनी ओर कटि के बराबर रखते हुए दाहिने त्रिपताक हस्त को बायें हस्त की कलाई से सटाने पर अभीष्ट ईश्वर हस्त की प्राप्ति होती है।

विष्णु दोनों हाथों से त्रिपताक हस्त मुद्रा बनाने पर 'विष्णु हस्त' बनता है।

---

1 अभिनयदर्पणम्/नन्दिकेश्वर/डॉ. मनमोहन घोष/श्लोक 204–215

पार्वती दाहिने हाथ से सूची हस्त तथा बायें हाथ से कपित्थ हस्त बनाकर उसे यदि कंधे के बराबर रखें तो 'पार्वती हस्त' बनता है।

सरस्वती दोनों हाथों से अर्धचन्द्र मुद्रा बनाकर बायें हाथ को ऊपर की ओर तथा दाहिने हाथ को नीचे की ओर (सीधी अवस्था) में रखने पर 'सरस्वती हस्त' बनता है। यह स्थिति वीणा वादन को दर्शाती है।

लक्ष्मी दोनों हाथों से कपित्थ हस्त मुद्रा बनाकर कंधे तक उठाकर रखा जाये, 'लक्ष्मी हस्त' बनता है।

विनायक दोनों हाथों से कपित्थ हस्त बनाकर वक्षस्थल के समीप रखने पर 'विनायक हस्त' बनता है।

षण्मुख बायें हाथ से त्रिशूल हस्त तथा दाहिने हाथ में शिखर हस्त रखने पर 'षण्मुख हस्त' मुद्रा बनती है।

मन्मथ बायें हाथ से शिखर हस्त तथा दाहिने हाथ से कटकामुख हस्त धारण करने पर 'मन्मथ हस्त' मुद्रा बनती है।

इन्द्र दोनों हाथों से त्रिपताक मुद्रा बनाकर उन्हें स्वस्तिक कर देने पर 'शक्र/इन्द्र हस्त' बनता है।

अग्नि बायें हाथ से कांगुल तथा दाहिने हाथ से त्रिपताक मुद्रा बनाने पर 'अग्निहस्त' बनता है।

यम बायें हाथ से पाश (पाश संयुक्त हस्त मुद्रा है, यह एक हाथ से कैसे सम्भव है?) तथा दाहिने हाथ से सूची हस्त बनाने पर 'यम हस्त' बनता है

निर्ऋति खट्वा तथा शकट हस्तों के क्रमशः प्रदर्शन से 'निर्ऋति हस्त' बनता है।

वरुण दाहिने हाथ में पताका तथा बायें हाथ में शिखर मुद्रा धारण करने पर 'वरुण हस्त' बनता है।

कुबेर बायें हाथ में पद्म तथा दाहिने हाथ में गदा धारण करने का भाव दिखाने पर 'कुबेर हस्त' बनता है।

नवग्रह हस्त

अंसोपकण्ठे हस्ताभ्यामलपद्मकपित्थकः।
धृतो यदि करो ह्येष दिवाकरकरः स्मृतः।।
अलपद्मोवामहस्ते दक्षिणे च पताकिका।
निशाकरकरः प्रोक्तो भरतागमदर्शिभिः।।
वामे करे तु सूची स्यामुष्टिहस्तस्तु दक्षिणे।
धृतश्चेन्नाट्यशास्त्रज्ञैरंगारककरः स्मृतः।।
तिर्यग्वामे च मुष्टि स्याद्दक्षिणे च पताकिका।
बुधग्रहकरः प्रोक्तो भरतागमवेदिभिः।।
हस्ताभ्यां शिखरं धृत्वा यज्ञसूत्रस्य दर्शनम्।
ऋषिब्राह्मणहस्तोऽयं गुरोश्चापि (प्रकीर्तितः)।।
वामेच्चभागे मुष्टिः स्यादधस्ताद्दक्षिणे तथा।
शुक्रग्रहकरः प्रोक्तो भरतागमवेदिभिः।।
वामे करे तु शिखरस्त्रिशूलो दक्षिणे करे।
शनैश्चरकरः प्रोक्तो भरतागमकोविदैः।।
सर्पशीर्षो वामकरे सूची स्याद्दक्षिणे करे।
राहुग्रहकरः प्रोक्तो नाट्यविद्याधिपैर्जनैः।।
वामे करे तु सूची स्याद्दक्षिणे तु पताकिका।
केतुग्रहकरः प्रोक्तो भरतागमदर्शिभिः।।[1]

सूर्य दोनों हाथों से क्रमशः अलपद्म तथा कपित्थ मुद्रा बनाकर उन्हें कन्धे की ऊँचाई पर रखने से 'सूर्य हस्त' बनता है।

चन्द्र बायें हाथ से अलपद्म तथा दाहिने हाथ से पताका मुद्रा बनाने पर 'चन्द्र हस्त' बनता है।

कुज बायें हाथ को सूची तथा दाहिने हाथ से मुष्टि हस्त बनाने पर 'कुज हस्त' बनता है। भूमिपुत्र मंगल को अंगारक तथा कुज भी कहते है।

---

1 अभिनयदर्पणम्/नन्दिकेश्वर/डॉ. मनमोहन घोष/श्लोक 250–258

बुध बायें हाथ को तिरछाकर मुष्टि हस्त तथा दाहिने हाथ से पताका मुद्रा बनाने पर 'बुध हस्त' बनता है।

गुरु दोनों हाथों से शिखर हस्त बनाने पर 'गुरु हस्त' बनता है।

शुक्र दोनों हाथों से मुष्टि हस्त बनाकर, बायाँ हाथ ऊपर तथा दाहिना नीचे रखने पर 'शुक्र हस्त' बनता है।

शनि बायें हाथ से शिखर तथा दाहिने हाथ से त्रिशूल मुद्रा बनाने पर 'शनि हस्त' बनता है।

राहु बायें हाथ से सर्पशीर्ष तथा दाहिने हाथ से सूची हस्त बनाने पर 'राहु हस्त' बनता है।

केतु बायें हाथ से सूची तथा दाहिने हाथ में पताका हस्त बनाने पर 'केतु हस्त' बनता है।

पाद कर्म

नाट्य अथवा नृत्य में पात्र की शारीरिक एवं मानसिक अवस्था को आंगिक अभिनय के माध्यम से व्यक्त करने के लिये विभिन्न प्रकार की गतियों तथा खड़े होने के तरीकों का सहारा लिया जाता है। नृत्य में भी शरीर की विभिन्न स्थितियों और विभिन्न क्रियाओं के कारण नर्तक/नर्तकी के पैरों की भिन्न–भिन्न गतियाँ और रखाव का विशेष स्वरूप होता है। विभिन्न प्रकार की गतियाँ पात्र के अभिनय को भिन्न–भिन्न रूप प्रदान करती है। इसलिये नाट्य/नृत्य प्रयोग में इन गतियों का विशेष महत्त्व है। भरतमुनि ने इस तथ्य को ध्यान में रखते हुए विभिन्न रसों से सम्बद्ध गतियों, विभिन्न प्रकृति के पात्रों से सम्बद्ध गतियों तथा भूमिका के अनुरूप गतियों का विस्तृत वर्णन अपने नाट्यशास्त्र में किया है। नाट्यशास्त्र का बारहवाँ अध्याय 'गति प्रचार' के विषय में है। परवर्ती ग्रन्थों में 'गति भेद' के अन्तर्गत इस विषय पर चर्चा उपलब्ध होती है। आचार्य नन्दिकेश्वर ने नृत्य में पैरों की विभिन्न गतियों और विशेष रखाव को 'मण्डल' कहा है। इसके अतिरिक्त उन्होंने पादकर्म के अन्तर्गत उत्प्लवन (उछलना या कूदकर चलना), भ्रमरी (चक्कर), पादचारी या चारी (यानी चलने का ढंग) तथा गति के विषय में भी अपने ग्रन्थ अभिनयदर्पणम् में चर्चा की है। नृत्य में विभिन्न प्रकृति के मनुष्यों (पात्रों) के साथ ही विभिन्न पशु–पक्षियों की गतियों का ज्ञान भी सहायक सिद्ध होता है। अभिनयदर्पणम् के साथ ही नर्तन–निर्णय तथा संगीत–दर्पण में भी इस तरह की गतियों का विवरण प्राप्त होता है। यहाँ हम इन सभी गति–भेदों की संक्षेप में चर्चा करेंगे।

नाट्यशास्त्र के अनुसार गति प्रचार

आचार्य भरत ने पात्रों की प्रकृति के अनुसार उत्तम पात्रों की गति स्थिर लय वाली, मध्यम पात्रों की गति मध्यलय वाली तथा अधम पात्रों की गति द्रुत लय वाली कही है।

स्थैर्यो (धैर्यो)पपन्ना गतिरुत्तमानां मध्यागतिर्मध्यसम्मतानाम्।

द्रुता गतिश्च प्रचुराधमानां लयत्रयं सत्त्ववशेन योज्यम्।।[1]

विभिन्न् रसानुकूल गतियों का निर्देश भी नाट्यशास्त्र में दिया गया है।

श्रृंगार रस में गति

श्रृंगार रस में पात्र की गति ललित एवं कोमल रखी जाती है। चरण, ताल और लय के अनुसार किन्तु मंद एवं कोमल भाव से रखे जायें।

हास्य रस में गति

हास्य रस के प्रदर्शन में पात्र की गति विक्षिप्त रखी जाती है।

करुण रस में गति

पात्र की गति शिथिल तथा नेत्र अश्रुपूरित रखे जायें। विलम्बित लय इसके लिये उपयुक्त है। उत्तम पात्र इस अवस्था का अभिनय धैर्ययुक्त गति, सहज अश्रुप्रवाह, निःश्वास तथा ऊपर देखते हुए करें।

रौद्र रस में गति

इसमें पात्र चण्ड गति रख का अनुगमन करे। दोनों पैरों का अंतर चार ताल का रखा जाये। राक्षस एवं दैत्यों में यह गति स्वाभाविक रूप से देखी जा सकती है।

वीर रस में गति

उत्तम तथा वीर पुरुषों में यह स्वाभाविक रूप से पाई जाने वाली गति है। इसमें पैरों को शीघ्रतापूर्वक उठाकर आगे बढ़ा जाता है। वीररस की गति 'गौरव गति' कहलाती है।

भयानक रस में गति

भयानक रस में गति भयत्रासित रखी जाती है। आँखों को खुली रखते हुए, दोनों बाजुओं में देखते हुए, स्खलित गति में चला जाता है। शत्रु द्वारा पीछा करने, डराने, डरावने प्राणी को देखने या उसकी आवाज़ सुनने अथवा दुःख देने की स्थिति में इस गति का प्रदर्शन करना चाहिये।

---

1 नाट्यशास्त्र / परिमल प्रकाशन / 12 / 13

वीभत्स रस में गति

इस रस में पात्र की गति संकुचित होती है। एलकाक्रीड़ित चारी में पैरों को कभी पास–पास, कभी दूर, तो कभी एक–दूसरे पर रखते हुए चला जाता है।

अद्‌भुत् रस में गति

विस्मय और हर्ष की दशा में पैरो की गति लड़खड़ाती हुई तथा चारों ओर घूमने वाली रखी जाती है। इस रस की गति आश्चर्य गति कहलाती है।

अभिनयदर्पणम् के अनुसार गतिभेद

जैसा कि हमने पहले कहा आचार्य नन्दिकेश्वर ने पादकर्म के अन्तर्गत उत्प्लवन (उछलना या कूदकर चलना), भ्रमरी (चक्कर लेना), पादचारी (यानी चलने का ढंग) तथा गति के विषय में अपने ग्रन्थ अभिनयदर्पणम् में चर्चा की है। आचार्य ने खड़े होने के तरीक़े को 'मण्डल' कहा है। अभिनयदर्पणम् में ऐसे दस तरीक़े या स्थितियाँ बतलाई हैं – स्थानक, आयत, आलीढ़, प्रत्यालीढ़, प्रेंखण, प्रेरित, स्वस्तिक, मोटित, समसूची तथा पार्श्वसूची। इनमें पैर के रखाव के आधार पर स्थानक के पुनः छः भेद कहे गये हैं – समपाद, एकपाद, नागबन्ध, ऐन्द्र (इन्द्र), गरुड़ तथा ब्रह्म। उछलने या कूदकर चलने को 'उत्प्लवन' की संज्ञा दी गई है तथा इसके पाँच प्रकार बतलाये गये हैं – अलाग, कर्तरी, अश्व, मोटित तथा कृपालग। नृत्य में अनेक प्रकार की भ्रमरियों अथवा चक्करों का प्रयोग किया जाता है। आचार्य नन्दिकेश्वर ने सात प्रकार की भ्रमरियों का उल्लेख किया है – उत्प्लुत, चक्र, गरुड़, एकपाद, कुंचित, आकाश तथा अंग भ्रमरी। चलने के ढंग को आचार्य ने 'चारी' कहा है तथा उसके चालन, चक्रमण, सरण, वेगिनी, कुट्टन, लुठित, लोलित तथा विषमसंचर ये आठ भेद कहे हैं। इसी तरह विशिष्ट पात्र के अभिनय या कहें characterization में उपयोगी दस प्रकार की गतियाँ अभिनयदर्पणम् में कही गई हैं। वर्तमान लक्ष्य में इन्हीं का प्रयोग में मुख्यरूप से प्रचलित है। वर्णन प्रस्तुत किया जा रहा है –

अथात्र गतिभेदानां लक्षणं वक्ष्यते क्रमात्।
हंसी मयूरी व मृगी गजलीला तुरंगिणी।।
सिंही भुजंगी मण्डूकी गतिर्वीरा च मानवी।
दशौता गतयो ज्ञेया नाट्यशास्त्र विशारदैः।।[1]

---

1 अभिनयदर्पणम् / नंदिकेश्वर / सं. डॉ.एम.घोष / 12–13

हंसी दोनों हाथों को कपित्थ मुद्रा में छाती के सामने रखकर, शरीर को दोनों पार्श्वों में क्रमशः हिलाते हुए, एक बित्ते के अंतर में पैरों को आगे बढ़ाते हुए हंस की तरह चलें।

मयूरी दोनों हाथों से कपित्थ मुद्रा बनाकर, दोनों पंजों एवं घुटनों से भूमि पर बैठकर, एक–एक घुटने को क्रमशः टिकाते हुए आगे बढ़ा जाये तो मयूरी गति होती है।

मृगी दोमों हाथों से त्रिपताक मुद्रा बनाकर हरिण की भाँति, कुलाँचें भरते हुए तेजी से चलने पर मृगी गति होती है।

गजलीला दोनों हाथों से पताक हस्त बनाकर, समपाद गति में धीरे–धीरे, दायें–बायें झूलते हुए चलने पर गजलीला गति होती है।

तुरंगिणी बायें हाथ से शिखर हस्त तथा दाहिने हाथ से पताक हस्त बनाकर दाहिने पैर को उठाकर, तुरग (घोड़े) की भाँति उछल–उछलकर चलने पर तुरंगिणी गति होती है।

सिंही दोनों हाथों से शिखर हस्त बनाकर, पैरों के पंजे के बल स्थिर होकर, आगे की ओर वेग से उछलने पर सिंही गति होती है।

भुजंगी दोनों हाथों से त्रिपताक मुद्रा बनाकर दोनों बगलों में सर्प की भाँति तेजी से चलने पर भुजंगी गति होती है।

मण्डूकी दोनों हाथों से शिखर हस्त बनाकर किंचित् सिंही गति की तरह चलने पर मण्डूकी गति होती है।

वीरा बायें हाथ से शिखर तथा दाहिने हाथ से पताका हस्त बनाकर, दूर से आने का भाव दिखाते हुए चलने पर वीरा गति होती है।

मानवी बायें हाथ को कमर पर रखकर, दाहिने हाथ से कटकामुख मुद्रा बनाकर, पैरों से बार–बार मंडलाकार घूमने का भाव दिखाने पर मानवी गति होती है।

उक्त दस प्रकार की गतियों में से आठ विभिन्न पशुओं तथा पक्षियों की गतियाँ हैं, नौवीं वीर रस को प्रदर्शित करती हुई तथा दसवीं मानव की गति कही गई है। मानवी गति का लक्षण हमारा ध्यान खींचता है, क्योंकि यह सामान्य रूप से किसी मनुष्य के चलने की गति नहीं है। हो सकता है कि 'मानवी गति' के द्वारा तत्कालीन किसी लोकप्रिय नृत्य की मंडलाकार गति को भरत ने इंगित किया हो।

भरतार्णवः के अनुसार गति भेद

आचार्य नन्दिकेश्वर प्रणीत एक अन्य ग्रन्थ भरतार्णव के चौथे अध्याय में तीन वर्गों में पाद भेदों का निरूपण किया गया है। प्रथमतः चलन, संक्रमण, सरण, कुट्टन, लुठित, लोलित तथा विषमसंचर ये ऐसी ही सात गतियाँ/चारियाँ बतलाई गई हैं, जो नृत्तोपयोगी हैं।[1] स्मरणीय है कि आचार्य ने अपने ग्रन्थ अभिनयदर्पणम् में इन्हीं सात भेदों को 'चारी' के अन्तर्गत कहा था। पुनः अंचित, कुंचित, सूची, अग्रतलसंचर, उद्घट्टित, सम, सारिका, अर्धपुराटिका, स्वस्तिक, स्फुरिका, निकुट्टक, तलोत्क्षेप, वेष्टन, अर्धस्खलतिका, खुत्ता, पुराटिका, आवृत्त, उद्वेष्टित, उल्लोल, समस्खलतिका तथा लताक्षेप ये बाईस पाद–गतियाँ बतलाई गई हैं। इनके अलावा पाँच अन्य गतियाँ – प्रेंखण, कुंचित, समोत्सरितमण्डल, अंचित तथा ललित कही गई हैं।

चलन अपने स्थान पर स्वाभाविक स्थिति में रहते हुए पैर यदि गतिशील हों, तो उसे चलन कहा जाता है। लोकनृत्यों में, अंगहारों में, चालि नृत्यों और झंकार नृत्यों में इस चलन पाद का विनियोग किया जाता है।[2]

संक्रमण पैरों को उठा–उठाकर यदि चला जाये, तो उसे संक्रमण गति कहा जाता है। ग्रन्थकार के मतानुसार इस पाद का उपयोग सभी प्रकार के नृत्यों के अन्त में, पाद संचालन के विधि विधान की शिक्षा प्राप्त करते समय तथा नृत्य की तीव्रता में किया जाना चाहिये।[3]

सरण जमीन से सम्पर्क न तोड़ते हुए द्रुत गति से आगे बढ़ाया जाये, तो उसे सरण गति कहते हैं। नदी की वेगवती धारा को दिखाने के लिये, नृत्य की समाप्ति पर, सात प्रकार के लास्य नृत्यों में तथा श्रृंगार नाट्य की योजना में 'सरण पाद' का विनियोग किया जाना चाहिये।[4]

---

1 आदौ तु चलनं प्रोक्तं पश्चात्संक्रमणं तथा।
सरणं तु ततः प्राज्ञैः कुट्टनं परिकीर्तितम्।।
लुठितं लोलितं पश्चात्ततो विषमसंचरः।
पादचारा (पादचारी?) इमे सप्त प्रोक्तास्तल्लक्ष्म कथ्यते।।
भरतार्णवः/नन्दिकेश्वरः/अनु0 वाचस्पति गैरोला/पृष्ठ 62

2 भरतार्णवः/नन्दिकेश्वरः/अनु0 वाचस्पति गैरोला/चतुर्थ अध्याय/श्लोक 291/पृष्ठ 62

3 भरतार्णवः/नन्दिकेश्वरः/अनु0 वाचस्पति गैरोला/चतुर्थ अध्याय/श्लोक 292, 293/पृष्ठ 63

4 भरतार्णवः/नन्दिकेश्वरः/अनु0 वाचस्पति गैरोला/चतुर्थ अध्याय/श्लोक 294, 295/पृष्ठ 63

कुट्टन एड़ी, पंजे अथवा पूरे तलवे से उछलकर यदि जमीन को कूटा जाये, तो उसे कुट्टन गति कहते हैं। प्रणय सम्बन्धी भावों की अभिव्यक्ति में तथा पाद गति प्रधान चारी नृत्यों की योजना में इसका विनियोग करना चाहिये।[1]

लुठित यदि स्वतिक मुद्रा में पैर गतिमान हो, तो उसे लुठित कहा जाता है। आकाशचारियों, स्थानकों तथा प्रान्त नृत्य (?) में लुठित पाद का विनियोग करना चाहिये।[2]

लोलन दोनों पैरों को झूले की तरह पार्श्वों में हिलाते हुए रखा जाये और एक पैर को भूमि में टिकाकर दूसरे पैर को उसके चारों ओर घुमाते हुए प्रदर्शित किया जाये, तो वह लोलन गति कहलाती है। ग्रन्थकार ने विशेषज्ञ पूर्वाचार्यों के मतानुसार लोलन पाद का प्रयोग भ्रमरी नृत्य की योजना और करणों की रचना में कहा है।[3]

विषमसंचर यदि पंजों के सहारे पैरों को गतिशील रखा जाये तो उसे विषमसंचर गति कहते हैं। अद्भुत रस के प्रदर्शन में,देशी नृत्यों और 'मुखचालि नृत्य' में विषमसंचर पाद की योजना की जानी चाहिये।[4]

उक्त सात प्रकार की गतियों में से कथक नृत्य में 'चलन' गति का विनियोग तत्कार में, 'सरण' गति का विनियोग जयपुर और रायगढ़ घराने के थाट में, 'संक्रमण' गति का विनियोग गत–निकास की सामान्य चाल में तथा 'लुठित' गति का उपयोग गत–निकास के अन्तिम आवर्तन में द्रुत गति से पीछे जाते समय, तिहाई लेने के पूर्व किया जाता है। अभिनयदर्पणम् में कही गई हंसी, मयूरी आदि सात गतियाँ नृत्याभिनय में और भरतार्णव में कही गई चलन, संक्रमण, सरण आदि सात गतियाँ नृत्त के लिये उपयोगी हैं। इनका यथावसर उपयुक्त और सजग प्रयोग किया जाना चाहिये।

---

1 भरतार्णवः / नन्दिकेश्वरः / अनु0 वाचस्पति गैरोला / चतुर्थ अध्याय / श्लोक 296, 297 / पृष्ठ 63
2 भरतार्णवः / नन्दिकेश्वरः / अनु0 वाचस्पति गैरोला / चतुर्थ अध्याय / श्लोक 298 / पृष्ठ 63
3 भरतार्णवः / नन्दिकेश्वरः / अनु0 वाचस्पति गैरोला / चतुर्थ अध्याय / श्लोक 299, 300 / पृष्ठ 64
4 भरतार्णवः / नन्दिकेश्वरः / अनु0 वाचस्पति गैरोला / चतुर्थ अध्याय / श्लोक 301 / पृष्ठ 64

संगीत दर्पण के अनुसार सप्त गतियाँ

भानवी नृत्य करते समय सूर्य की रश्मि के समान दिखने वाली गति भानवी गति कहलाती है।

मैनवी जल में स्थित मछली की भाँति बिना रुके निरन्तर होने वाली गति मैनवी गति कहलाती है।

गजलीला मतवाले हाथी की तरह, विलापूर्ण मंद गति गजलीला गति कहलाती है।

तुरंगिणी वायु की भाँति तेज़ और थकान रहित गति तुरंगिणी गति कहलाती है।

हंसिनी हंस की भाँति धीमे–धीमे डोलने वाली गति हंसिनी गति कहलाती है।

मृगी अनुराग युक्त, चकित दृष्टि एवं चंचल अंगों वाली गति मृगी गति कहलाती है।

खंजरीटी समपाद से आरम्भ कर खंजरीट पक्षी के समान क्रमशः द्रुत होने वाली गति खंजरीटी गति कहलाती है।

उल्लेखनीय है कि उक्त सात गतियों में से मात्र चार – गजलीला, तुरंगिणी, हंसिनी तथा मृगी गतियाँ, अभिनयदर्पणम् तथा संगीतदर्पण इन दोनों ग्रन्थों में प्राप्त होती हैं। यह ध्यान देने योग्य है कि संगीत दर्पण में इनके लक्षण बताते हुए ग्रन्थकार ने किसी प्रकार की हस्त मुद्रा का निर्देश नहीं दिया है, मात्र भाव की बात कही है। यह एक तरह से नाट्यधर्मी परम्परा के खण्डित होने का संकेत भी माना जाना चाहिये। अभिनयदर्पणम् में बतलाई गई मयूरी, सिंही, भुजंगी, मण्डूकी, वीरा तथा मानवी गति संगीतदर्पण में नहीं कही गईं। संगीतदर्पण में कही गईं भानवी, मैनवी तथा खंजरीटी ऐसी गतियाँ हैं जो सर्वथा नवीन हैं। अस्तु।

ग्रीवा भेद

ग्रीवा मानव शरीर का अत्यन्त महत्त्वपूर्ण प्रत्यंग है। आचार्य भरत ने कर्म के अनुसार ग्रीवा के नौ भेद तथा नन्दिकेश्वर ने उक्त भेदों से भिन्न चार भेद कहे हैं। यहाँ दोनों ही मतों से ग्रीवा भेद प्रस्तुत किये जा रहे हैं:

नाट्यशास्त्र के अनुसार ग्रीवा कर्म

आचार्य भरत ने नौ प्रकार के ग्रीवा कर्म कहे हैं।

समा नतोन्नता त्र्यस्रा रेचिता कुंचितांचिता।।
वलिता व निवृत्ता च ग्रीवा नवविधार्थतः।।[1]

समा अपनी सहज अवस्था में विद्यमान ग्रीवा 'समा' कहलाती है। इसकी योजना ध्यान, जपकर्म तथा सहजभाव में की जानी चाहिये।

नता झुकी हुई ग्रीवा 'नता' कहलाती है। इसकी योजना अलंकारों को धारण करने, किसी व्यक्ति से गले लगने का अभिनय करने में की जाती है।

उन्नता ऊपर की ओर चेहरे को उठा कर रखी हुई ग्रीवा 'उन्नता' कहलाती है। ऊपर की ओर देखने का भाव प्रकट करने में इसका प्रयोग करना चाहिये।

त्र्यस्रा किसी एक ओर मोड़कर रखी हुई ग्रीवा 'त्र्यस्रा' कहलाती है। कंधों से भार वहन करने तथा दुःख का भाव प्रदर्शित करने में इसकी योजना की जाये।

रेचिता ग्रीवा कम्पित अथवा घूमती हुई रखी जाये तो 'रेचिता' कहलाती है। इसकी योजना मथने की क्रिया दिखाने तथा नृत्त में (?) की जाये।

कुंचिता जब मस्तक सहित ग्रीवा को नीचे की ओर झुकाया जाये तो, वह कुंचिता' ग्रीवा कहलाती है। भारयुक्त होने तथा गर्दन को बचाने का भाव प्रदर्शित करने में इसकी योजना की जाये।

---

1 नाट्यशास्त्र / परिमल प्रकाशन / 8 / 171–172

अंचिता ग्रीवा को जब मस्तक सहित पीछे की ओर मोड़ा जाये, तो वह 'अंचिता' कहलाती है। फाँसी लगाकर मरने, बालों को खींचने तथा ऊपर देखने में इसका प्रयोग किया जाना चाहिये।

वलिता यदि ग्रीवा चेहरे सहित बगल में मोड़ ली जाये तो वह 'वलिता' कहलाती है। गर्दन झुकाकर देखने तथा ग्रीवा भंग के भाव में इसकी योजना की जानी चाहिये।

विवृत्ता जब ग्रीवा सामने की ओर स्थित हो तो वह 'विवृत्ता' कहलाती है। इसकी योजना अपने उद्दिष्ट स्थान की ओर जाने में की जानी चाहिये।

अभिनयदर्पणम् के अनुसार ग्रीवा भेद

आचार्य नन्दिकेश्वर ने चार तरह के ग्रीवा भेद कहे हैं –

सुन्दरीच तिरश्चीना तथैव परिवर्तिता।
प्रकम्पिता च भावज्ञैर्ज्ञेया ग्रीवा चतुर्विधा।[1]

सुन्दरी गर्दन को सुगमतापूर्वक समान रूप से इधर–उधर चलाने को 'सुन्दरी ग्रीवा' कहते हैं। स्नेहारम्भ, यत्न, विस्तार, सम्यक् अर्थ बताने, प्रसन्नतापूर्वक स्वीकृति देने आदि में इसका प्रयोग किया जाता है।

तिरश्चीना दोनों पार्श्वों में सर्प की तरह ऊपर की ओर गति करती हुई ग्रीवा 'तिरश्चीना' कहलाती है। तलवार चलाने तथा साँप की चाल दर्शाने में इसका प्रयोग किया जाता है।

परिवर्तिता अर्धचंद्राकार रूप में दाँये–बाँये चलती हुई ग्रीवा 'परिवर्तिता' कहलाती है। लास्य नृत्य, प्रिय के चुम्बन आदि में इसका प्रयोग किया जाता है।

प्रकम्पिता कबूतरी के कंठ की तरह काँपती हुई आगे–पीछे करती हुई ग्रीवा 'प्रकम्पिता' कहलाती है। हम और तुम का भाव बताने में, लोकनाट्य में, झूला झूलते हुए तथा धीरे–धीरे बड़बड़ाने का भाव बताने में इसका प्रयोग होता है।

---

1 अभिनयदर्पणम् / नंदिकेश्वर / सं. डॉ. मनमोहन घोष / पृ. 86

दृष्टि भेद

आँखें भावाभिव्यक्ति का सर्वाधिक सशक्त माध्यम हैं। कहा भी गया है – ''आँखें बोतली हैं।'' नृत्य में तो इनका महत्त्व और अधिक हो जाता है क्योंकि नर्तक अपने नेत्रों से कथ्य के भावों को व्यक्त करता है। हम जानते हैं कि नृत्य में सहायक के तौर पर कथोपकथन साथ नहीं चलता। नृत्य के वाचिक की अपनी सीमाएँ होती हैं। इसलिये अभिनय की नैसर्गिक क्षमता होने पर भी, अवसर के अनुरूप यथावश्यक भावों को आँखों द्वारा अभिव्यक्त कर पाने के लिये उपयुक्त प्रशिक्षण आवश्यक होता है। इस दृष्टि से नाट्यशास्त्रीय ग्रन्थों में बतलाये गये दृष्टिभेदों एवं उनके विनियोग को जानना तथा उनका अभ्यास आवश्यक है।

नाट्यशास्त्र के अनुसार दृष्टि भेद

आचार्य भरत ने आठ तरह की रसजा दृष्टियाँ[1], आठ ही स्थायी भावजा दृष्टियाँ[2] तथा बीस संचारी भावजा दृष्टियाँ[3] कही हैं। परवर्ती नृत्यविषयक ग्रन्थों यथाः नंदिकेश्वर प्रणीत 'भरतार्णव', अशोकमल्ल कृत नृत्याध्याय' तथा पुण्डरीक विट्ठल के 'नर्तननिर्णय' में भी भरत मत का अनुकरण किया गया है किन्तु आचार्य नन्दिकेश्वर के ही ग्रन्थ 'अभिनयदर्पणम्' में भिन्न दृष्टिकोण से आठ दृष्टि भेदों को निरूपित किया

---

1 कान्ता भयानका हास्या करुणा चाद्भुता तथा।
रौद्री वीरा च वीभत्सा विज्ञेया रसदृष्टयः।।

नाट्यशास्त्र / परिमल प्रकाशन / 8 / 40

2 स्निग्धा हृष्टा च दीना च क्रुद्धा दृप्ता भयान्विता।
जुगुप्सिता विस्मिता च स्थायिभावेषु दृष्टयः।।

नाट्यशास्त्र / परिमल प्रकाशन / 8 / 41

3 शून्या च मलिना चैव श्रान्ता लज्जान्विता तथा।
ग्लाना च शंकिता चैव विषण्णा मुकुला तथा।।
कुंचिता चाभितप्ता च जिह्मा सललिता तथा।
वितर्किताधर्मुकुला विभ्रान्ता विप्लुता तथा।।
आकेकरा विकोशा च त्रस्ता च मदिरा तथा।
षट्त्रिंशद् दृष्टयो ह्येता तासु नाट्यं प्रतिष्ठितम्।।

नाट्यशास्त्र / परिमल प्रकाशन / 8 / 41–44

गया है।[1] यहाँ हम नाट्यशास्त्र तथा अभिनयदर्पणम् में कहे गये दृष्टि भेदों पर संक्षेप में प्रकाश डालेंगे।

रसजा दृष्टियाँ

कान्ता भौहों के कटाक्ष से प्रेमपूर्वक देखने को कान्ता दृष्टि कहते हैं।

हास्या दोनों पलकें थोड़ी सिकुड़ी हुई और अधखुली हों तथा पुतलियाँ थोड़ी घूमती हुई हों तो वह हास्या दृष्टि होती है।

करुणा दोनों पलकें नीचे की ओर झुकी हुई हों, पुतलियाँ सिकुड़ी हुईं तथा आँसू गिर रहे हों तो वह करुणा दृष्टि कहलाती है।

रौद्री ऐसी क्रूर दृष्टि जिसमें पुतलियाँ, रूखी, लाल तथा घूमने वाली हों, पलकें स्थिर और भृकुटी टेढ़ी हो तो वह रौद्री दृष्टि कहलाती है।

वीरा दृष्टि चमकीली, फैली हुई, क्षुब्ध तथा गंभीर हो, पुतलियाँ बीच में स्थित हों और जिसका मध्यभाग खिला हुआ हो, वह वीरादृष्टि कहलाती है।

भयानका पलकों को यदि ऊपर उठाकर स्थिर कर दिया जाये, पुतलियों को ऊपर की ओर गोल घुमाया जायें, तो वह भयानका दृष्टि कहलाती है।

वीभत्सा पलकें नेत्र के कोनों को ढँक लें, पुतलियाँ घुमाव के कारण दबी हुई हों तथा बरौनियाँ एक–दूसरे से मिली हुई हों, तो उसे वीभत्सा दृष्टि समझें।

अद्भुता जिस दृष्टि में बरौनियाँ नोक पर थोड़ी सिकुड़ी रहें, पुतलियाँ आश्चर्य से ऊपर उठी हों तथा आँखें खिली हुई हों, वह अद्भुता दृष्टि कहलाती है।

भरत मुनि ने यद्यपि आठ ही रस माने है किन्तु अभिनवगुप्त ने शान्त रस को नौंवा रस कहा है। उपयोगिता की दृष्टि से यहाँ शान्ता दृष्टि भी बतलाई जा रही है –

---

1 सममालोकितम् साची प्राकोलितनिमीलिते।
उल्लोकितानुवृत्ते च तथा चैवावलोकितम्।।
इत्यष्टौ दृष्टिभेदाः स्युः कीर्तिताः पूर्व सूरिभिः।
अभिनयदर्पणम्/नन्दिकेश्वर/सं. डॉ. मनमोहन घोष/पृ. 84–86

शान्ता नासिका के अग्रभाग पर स्थित, अपलक नीचे की ओर देखने वाली दृष्टि, शान्ता दृष्टि कहलाती है।

स्थायी भावजा दृष्टियाँ

स्निग्धा जिस दृष्टि का मध्यभाग फैला हुआ हो, जो माधुर्य लिये हुए हो, जिसकी पुतलियाँ स्थिर हों तथा आनन्दजन्य अश्रुओं से युक्त हो, वह स्निग्धा दृष्टि कहलाती है।

हृष्टा घूमने वाली चंचल दृष्टि, पलकें थोड़ी मुँदी और सिकुड़ी हुई, पुतलियाँ भी मुँद गई हों, तो वह दृष्टि हृष्टा कहलाती हैं। हास नामक स्थायी भाव में प्रयुक्त।

दीना जिस दृष्टि में ऊपरी पलक थोड़ी झुकी रहें, पुतलियाँ थोड़ी ढँकी रहें, उनकी गति भी मंद हो, तो उसे दीना दृष्टि समझा जाये। शोक नामक स्थायीभाव में प्रयुक्त।

क्रुद्धा रूखी दृष्टि, जिसमें पलकें उठी हुई तथा गतिहीन, पुतलियाँ स्थिर, तथा भृकुटि टेढ़ी हो, तो उसे क्रुद्धा दृष्टि जानें। क्रोध नामक स्थायीभाव में प्रयुक्त।

दृप्ता आँखें स्थिर और पूरी तरह फैली हुई हों, पुतलियाँ स्तब्ध हों और सत्त्व प्रकट हो रहा हो तो उसे दृप्ता दृष्टि समझी जाये। उत्साह नामक स्थायी भाव में प्रयुक्त।

भयान्विता जब पलकें पूरी तरह फैली हों, पुतलियाँ भय से काँपती हुई अपने मध्य स्थान से थोड़ा–सा हटी हुई हो, उसे भयान्विता दृष्टि जाना जाये। भय नामक स्थायी भाव में प्रयुक्त।

जुगुप्सिता पलकें सिकुड़ी हुई, किन्तु आपस में मिली हुई न हों, पुतलियाँ किसी अरुचिकर, घृणित दृश्य को देखकर लौटने की अवस्था वाली रखी जायें, तो वह जुगुप्सिता दृष्टि कहलाती है। जुगुप्सा नामक स्थायी भाव में प्रयुक्त।

विस्मिता पूरी खुली दृष्टि, पुतलियाँ ऊपर की ओर घुमाव लेने वाली तथा पलकें स्थिर हों तो, उसे विस्मिता दृष्टि जानें। विस्मय नाम स्थायी भाव में प्रयुक्त।

संचारी भावजा दृष्टियाँ

शून्या क्षीण तथा स्थिर दृष्टि, ठहरी हुईं पुतलियाँ और पलकें हों, दूर क्षितिज को देखते हुए और अपने आस–पास के पदार्थ को न देखते हुए, इसका अभिनय करें।

मलिना पलकें कुछ सिकोड़कर, स्थिर पुतलियों तथा आँखों में मलिनता का भाव लिए इसका अभिनय करें।

श्रान्ता जैसे कि श्रम के कारण पलकें म्लान हो गई हों, आँखों के कोने सिकुड़ गए हों, दृष्टि निर्बल हो, पुतलियाँ नीचे झुकी हों, इस तरह अभिनय करें।

लज्जान्विता संकोच और डर से पलकें और पुतलियाँ नीचे झुकाते हुए इसका अभिनय करें।

ग्लाना भौहों और पलकों को म्लान रखते हुए, श्रम के कारण धीरे–धीरे घूमती पुतलियों और ढँकी या मुंदी जाती पलकों से इसका अभिनय करें।

शंकिता कभी हिलती, तो कभी स्थिर, कभी ऊपर, कभी तिरछी और कभी विस्तृत फैली दृष्टि रखते हुए, भयभीत अथवा चकित पुतलियों से शंकिता दृष्टि का अभिनय करें।

विषादिनी व्यग्रता तथा विषाद के कारण फैली पलकों तथा कुछ स्थिर पुतलियों वाली दृष्टि रखकर इसका अभिनय करें।

मुकुला दोनों पलकें परस्पर कुछ–कुछ मिली हुई, जैसी अधखुली हों और पुतलियाँ हर्ष के कारण फैली रखते हुए इसका अभिनय करें।

कुंचिता सिकुड़ी पलकों और पुतलियों के साथ इसका अभिनय करें।

अभितप्ता दुर्गति और विघ्न को प्रदर्शित करने के लिये पलकों को हल्का के हिलाते हुए तथा पुतलियों को भी धीरे–धीरे घुमाते हुए इसका अभिनय करें।

जिह्मा	पलकें झुकाकर, तिरछी चितवन के साथ, पुतलियाँ और नज़र गूढ़ यानी अर्थवान कुछ बोलती सी रखते हुए इसका अभिनय करें।
ललिता	मधुरता के साथ खिली हुई दृष्टि और भौंहों के हलन–चलन द्वारा कामजन्य विकारों को अभिव्यक्त करते हुए इसका अभिनय किया जाये।
वितर्किता	दृष्टि में अटकल यानी तर्क का भाव लाकर, पलकें ऊपर की ओर उठी रखकर और पुतलियाँ खिली या फैली हुई रखते हुए इसका अभिनय करें।
मुकुला	पलकों को आधा खुला रखते हुए और पुतलियों को नीचे की ओर घूमती हुई रखते हुए इसका अभिनय किया जाये।
विभ्रान्ता	आँखें पूर्णरूप से खिली तथा फैली रखकर, पुतलियाँ तथा पलकें घूमती हुई रखकर इसका अभिनय करें।
विप्लुता	पहले दोनों पलकें परस्पर मिलाएं और फिर खोलकर स्थिर रख लें, पुतलियों को जैसे विघ्न के कारण ऊपर की ओर फड़कता हुआ रखकर इसका अभिनय करें।
आकेकरा	पलकें और आँखों के कोने थोड़े सिकुड़े हुए रखकर, पुतलियों को गोल घुमाव देते हुए इसका अभिनय किया जाये।
विकोशा	दोनों पलकें फैली तथा खिली हुई, पुतलियाँ अव्यवस्थित गतिशील रखते हुए इसका अभिनय करें।
त्रस्ता	त्रास के कारण उठी पलकें रखते हुए, ऊपर की ओर घूमती हुई पुतलियाँ रखते हुए इस दृष्टि का अभिनय करें।
मदिरा	दृष्टि का मध्य भाग घूमने वाला और आँखें झुकी हुई रखते हुए इसका अभिनय किया जाये।

अभिनयदर्पणम् के अनुसार दृष्टि भेद

सममालोकितम् साची प्रालोकितनिमीलिते।
उल्लोकितानुवृत्ते च तथा चैवावलोकितम्।।
इत्यष्टौ दृष्टिभेदाः स्युः कीर्तिताः पूर्वसूरिभिः।[1]

सम देवांगनाओं की भाँति बिना पलकें झपकाये देखने को 'सम' दृष्टि कहते है। इसका प्रयोग नाट्य के आरम्भ में, दूसरे के विचार को जानने के प्रयास में, आश्चर्य में, तौलने का भाव दर्शाने तथा देव प्रतिमा को देखने में किया जाता है।

आलोकित आँखों का पूरी तरह खोलकर घुमाते हुए देखना 'आलोकित दृष्टि' कहलाता है। कुम्हार का चाक बतलाने, याचना करने, सभी वस्तुओं को देखने में इसका प्रयोग किया जाता है।

साची आँखों के कोने से देखने की 'साची दृष्टि' कहते हैं इसका प्रयोग संकेत करने, मूँछों को छूने, बाण से निशाना साधने, याद करने का भाव प्रदर्शित करने आदि में होता है।

प्रालोकित एक ओर से दूसरी ओर पुतलियों को चलाते हुए देखने को 'प्रालोकित' दृष्टि कहते हैं। इसका प्रयोग दोनों ओर की वस्तुओं को देखने में, गतिशील वस्तु का भाव प्रदर्शित करने, मूर्खता प्रदर्शित करने तथा विशेष प्रेम दिखाने में किया जाता है।

मीलित अधखुली आँखों से देखने को 'मीलित दृष्टि' कहते हैं। पराधीनता, जप, ध्यान, उन्माद, सूक्ष्म दृष्टि, सर्प का भाव दिखाने तथा नमस्कार आदि में इसका प्रयोग किया जाता है।

उल्लोकित ऊपर की ओर देखने को 'उल्लोकित दृष्टि' कहते हैं। ध्वजा को देखने, मंदिर के अग्रभाग, पूर्वजन्म का स्मरण करने, ऊँचाई को देखने, चाँद–चाँदनी का भाव दिखाने में इस दृष्टि का प्रयोग किया जाता है।

---

1 अभिनयदर्पणम्/सं. डॉ. मनमोहन घोष/पृ. 84–86

अनुवृत्त बड़े वेग से ऊपर–नीचे देखने को 'अनुवृत्त दृष्टि' कहते हैं। क्रोध से देखने या प्रिय को बुलाने (?) में इस दृष्टि का प्रयोग किया जाता है।

अवलोकित नीचे की ओर देखने को 'अवलोकित दृष्टि' कहते हैं। छाया, विचार करने, कार्यों तथा पढ़ने से उत्पन्न श्रम में, अपने अंगों को देखने आदि में इस दृष्टि का प्रयोग होता है।

12

करण, रेचक एवं अंगहार

आचार्य भरत ने जब भगवान शिव के सम्मुख 'अमृतमंथन' तथा 'त्रिपुरदाह' नाट्य प्रयोग प्रस्तुत किया, तब शिव ने प्रसन्न होकर उन्हें अंगहारों से युक्त नृत्त प्रदान किया तथा इसे पूर्वरंग में समायोजित करने की आज्ञा दी। करण–अंगहारों से युक्त इस पूर्वरंग को 'चित्रपूर्वरंग' की संज्ञा दी गई। स्मरणीय है कि पूर्वरंग में नाट्य के शुभत्त्व के लिये यवनिका (पर्दा) उठने के पूर्व किये जाने वाले कार्यों को गिना जाता है। इनमें से अधिकांश 'वाचिक' अथवा भारती वृत्ति के होते हैं। करण अंगहार युक्त नृत्त का समावेश होने से यह दृश्यमान स्वरूप वाला हो जाता है इसलिये इसे 'चित्रपूर्वरंग' कहा गया। नाट्यशास्त्र के चतुर्थ अध्याय में करण एवं अंगहारों का विस्तृत विवरण प्राप्त होता है। हम जानते हैं कि नृत्त में अंगहारों की प्रमुखता रहती है। अंगहार, अनेक करणों तथा रेचकों से मिलकर बनते हैं। इस कारण बिना करणों एवं रेचकों को जाने अंगहारों का बोध नहीं हो सकता।

करण

नृत्य में हाथ तथा पैरों के एक–साथ हलन–चलन को 'करण' कहते हैं। दो करणों के योग से एक 'मातृका' बनती है तथा दो–तीन अथवा चार मातृकाओं के योग से एक 'अंगहार' बनता है।

हस्तपादसमायोगो नृत्यस्य करणं भवेत्।।
द्वे नृत्तकरणे चैव भवतो नृत्तमातृका।
द्वाभ्यां त्रिभिश्चतुर्भिर्वाप्यंगैंहारस्तु मातृभिः।।[1]

'हस्तपादसमायोगः' पर अभिनव गुप्त की टीका प्रकाश डालती है। उन्होंने हस्त से तात्पर्य पूर्वकाय (शाखा, अंग, उपांग आदि) तथा पाद से तात्पर्य अपरकाय (पार्श्व, कटि उरु, जंघा, चरण आदि) लगाया है। इस दृष्टि से उपरोक्त अंगों के हलन–चलन

---

1 नाट्यशास्त्र / परिमल प्रकाशन / 4 / 30–31

से बनने वाले करण असंख्य हो सकते हैं। यहाँ परम्परा से प्राप्त प्रमुख 108 करणों को बतलाया जा रहा है।

तलपुष्पपुट बाईं और पुष्पपुट तथा अग्रतल संचर पैर रखते हुए, कमर नत/झुकी हुई हो।

वर्तित व्यावृत्त और परिवर्तित हस्तों को कलाई पर मोड़कर रखें, और फिर जंघाओं पर रख दें, तो वर्तित करण होता है।

वलितोरु शुकतुण्ड मुद्रा वाले हाथ व्यावृत्त और परिवर्तित हों और जंघाएँ वलित मुद्रा में हों, तो वलितोरु करण होता है।

अपविद्ध दाहिना हाथ शुकतुण्ड मुद्रा में दाहिनी जंघा पर हो, बायाँ हाथ वक्षस्थल पर रहे तो, अपविद्ध करण होता है।

समनख यदि दोनों पैर समनख अवस्था में एक–दूसरे को छूते रखे जायें, दोनों हाथों को लम्बे करते हुए नीचे की ओर हिलते हुए रखें और शरीर अपनी स्वाभाविक अवस्था में रहे तो, समनख नामक करण होता है।

लीन यदि दो पताक हाथों को वक्ष स्थल पर अंजलि मुद्रा में रखकर, गर्दन ऊँची ओर कंधे झुके (ढीले) रखे जायें तो, लीन नामक करण होता है।

स्वस्तिकरेचित रेचित तथा आविद्ध मुद्रा वाले हाथ को मिलाते हुए स्वस्तिक करें, तथा फिर हटा कर कटि पर रख लिया जाये तो, स्वस्तिकरेचित करण होता है।

मण्डलस्वस्तिक हाथों को संयुक्तकर घुमाते हुए स्वस्तिक मुद्रा में रखें, हाथों के तले सामने तथा ऊपर की ओर घूमते हुए रखें और शरीर को मंडल स्थान में रखें तो, मण्डलस्वस्तिक करण कहलाता है।

निकुट्टक भुजा और मस्तक के बीच हाथों तथा पैरों को निकुट्टित दशा में रखें तो, निकुट्टक करण कहलाता है।

अर्धनिकुट्टक यदि अंचित (अलपल्लव मुद्रा वाले) हाथों को सामने की ओर करें तथा पिंडलियों को ऊपर–नीचे की ओर झुकाएँ तो, अर्धनिकुट्टक करण कहलाता है।

कटिछिन्न यदि कटि क्रमशः छिन्न मुद्रा में और दोनों हाथ क्रमशः पल्लव मुद्रा में मस्तक पर रखे जायें। ऐसा यदि बार–बार किया जाये तो कटिछिन्न करण कहलाता है।

अर्धरेचित सूचीमुख मुद्रा में हाथों को हिलाते हुए, पैरों को क्रमशः ऊपर–नीचे हिलता हुआ और कोख को नत रखें तो, अर्धरेचित करण कहलाता है।

वक्षःस्वस्तिक यदि दोनों पैर परस्पर स्वस्तिक दशा में रखें, दोनों हाथ रेचित करते हुए उन्हें वक्षस्थल तक लायें, और वक्षस्थल भी झुका लिया जाये तो, वक्षःस्वस्तिक करण होता है।

उन्मत्त दोनों पैर अंचित और दोनों हाथ रेचित दशा में हों तो, उसे उन्मत्त करण कहते हैं।

स्वस्तिक यदि दोनों हाथ और पैर स्वस्तिक मुद्रा में हों तो, वह स्वस्तिक करण होता है।

पृष्ठस्वस्तिक दोनों बाहु ऊपर तथा नीचे की ओर झटके के साथ स्वस्तिक मुद्रा में किये जायें, दोनों पैर अपक्रान्ता और अर्धसूची चारियों के साथ स्वस्तिक बनाएँ तो, वह पृष्ठस्वस्तिक करण कहलाता है।

दिक्स्वस्तिक यदि कोख तथा सामने की ओर स्पर्श कर घूमते हुए दोनों हाथ–पैर स्वस्तिक मुद्रा में रखें तो, दिक्स्वस्तिक करण कहलाता है।

अलात यदि अलात चारी करते हुए सीधे हाथ को कंधे के बराबर से नीचे उतारें फिर उर्ध्वजानु चारी को करें तो, अलात करण कहते हैं।

कटिसम पैर स्वस्तिक करण के बाद पृथक् रखें, दोनों हाथ नाभि तथा कटि पर रखें और कोख उद्वाहित (उठी हुई) हो तो, कटिसम करण कहलाता है।

आक्षिप्तरेचित बायाँ हाथ हृदय पर, दाहिना रेचित मुद्रा में ऊपर तथा कोनों में उछाला जाये। फिर दोनों हाथ रेचित और अपविद्ध (चक्राकर) मुद्रा में रखें तो, आक्षिप्तरेचित करण होता है।

विक्षिप्ताक्षिप्तक यदि हाथ और पैर ऊपर उछाले जायें, और फिर उन्हें नीचे पटका जाये तो, वह विक्षिप्ताक्षिप्तक करण कहलाता है।

अर्धस्वस्तिक दोनों पैर स्वस्तिक, दाहिना हाथ करिहस्त मुद्रा में और बायाँ हाथ वक्षस्थल पर हो तो, अर्धवस्तिक करण कहलाता है।

अंचित अर्धस्वस्तिक करण की अवस्था में करिहस्त मुद्रा वाला हाथ क्रमशः व्यावृत्त और परावृत्त (एक ओर फिर विपरीत ओर घुमाते हुए) रखा जाए, फिर उसे नासिका के अग्रभाग की ओर झुका लिया जाये तो अंचित करण कहलाता है।

भुजंगत्रासित कुंचित मुद्रा में पैरों को ऊपर उछालकर, तिरछा घुमा दिया जाये, और कटि और जंघा भी उसी तरह घुमाव लें, तो वह भुजंगत्रासित करण कहलाता है।

ऊर्ध्वजानु कुंचितपाद को ऊपर उछाला जाये, घुटने को छाती के बराबर फैलाया (रखा जाये) दोनों हाथ नृत्य के प्रयोग के अनुकूल रखें जाये तो, ऊर्ध्वजानु करण होता है।

निकुंचित वृश्चिक करण में पैरों को रखकर, हाथ को कोख की ओर झुका लें, दाहिने हाथ को नाक की नोक पर झुका कर रखें तो, निकुंचित करण कहलाता है।

मतल्ली दोनों पैरों के द्वारा एक चक्करदार घुमाव लेकर, फिर उसे पृथ्वी पर पटका जाये, नृत्य करते हुए दोनों हाथ उद्वेष्टित और अपविद्ध गति प्रदर्शित करें तो, वह मतल्ली करण कहलाता है।

अर्धमतल्ली पैरों को स्खलित करण में पीछे की ओर हटा लिया जाये, बायें हाथ को रेचित करें और दाहिना हाथ कटि पर रख लें तो अर्धमतल्ली करण कहलाता है।

रेचितनिकुट्टित दाहिना हाथ रेचित, दाहिना पैर उद्घट्टित और बायाँ हाथ दोला मुद्रा में रखने पर रेचितनिकुट्टित करण कहलाता है।

पादापविद्धक हथेलियों को सामने की ओर करते हुए दोनों हाथ यदि कटकामुख मुद्रा में नाभि के समीप रखे जायें तथा दोनों पैर सूची और अपक्रान्ता चारीयुक्त हों तो, पादापविद्धक करण कहलाता है।

वलित हाथ अपविद्ध मुद्रा में, पैर सूची चारी में हो तथा त्रिक (अधोभाग सहितपीठ का भाग) को घुमा दिया जाये तो, वलित करण कहलाता है।

घूर्णित दाहिना हाथ वलित (करिहस्त) मुद्रा में तथा बायाँ हाथ दोला मुद्रा में घुमाया जाये तथा दोनों पैर स्वस्तिक दशा में रखकर एक–दूसरे से दूर कर लिये जायें तो, घूर्णित करण कहलाता है।

ललित बायाँ हाथ करिहस्त में, दाहिना हाथ अपवर्तित दशा में एक ओर घुमाया जाये और दोनों पैर ऊपर–नीचे कई बार पटके जायें, तो वह ललित करण कहलाता है।

दण्डपक्ष ऊर्ध्वजानु चारी को प्रदर्शित कर, दोनों हाथों को लता मुद्रा में घुटनों पर रखने पर, वह दण्डपक्ष करण कहलाता है।

भंजुगत्रस्तरेचित भुजंगत्रासित चारी को प्रदर्शित कर दोनों हाथों को रेचित मुद्रा में रखकर, उन्हें बाईं कोख की ओर मोड़ लेने पर वह भुजंगत्रस्तरेचित करण कहलाता है।

नूपुर त्रिक को आकर्षक पद्धति से घुमाया जाये, दोनों हाथ लता तथा रेचित मुद्रा से युक्त हों, पैरों द्वारा नूपुरचारी का प्रदर्शन हो तो, उसे नूपुर करण कहते हैं।

वैशाखरेचित हाथ, कटि और ग्रीवा भी यदि रेचित दशा में हों तथा शेष अंग वैशाखस्थान में रहें तो, वह वैशाखरेचित करण कहलाता है।

भ्रमरक स्वस्तिक पैरों को आक्षिप्त चारी में रखकर, हाथों को उद्वेष्टित अवस्था में रखा जाये तथा त्रिक को चारों ओर घुमाये तो वह भ्रमरक करण कहलाता है।

चतुर बायाँ हाथ अंचित मुद्रा में, दायाँ हाथ चतुर मुद्रा में और दहिना पैर कुट्टित मुद्रा में हो, तो वह चतुर करण कहलाता है।

भुजंगांचित पैर भुजंगत्रासित चारी में, दाहिना हाथ रेचित मुद्रा में तथा बायाँ हाथ लता मुद्रा में रहे तो भंजुगांचित करण कहलाता है।

दण्डकरेचित हाथ और पैरों को दण्ड के समान चारों ओर झटके से सीधा करें फिर उन्हें रेचित मुद्रा में रखें, तो दण्डकरेचित करण कहलाता है।

वृश्चिककुट्टित वृश्चिक करण प्रदर्शित कर दोनों हाथों को निकुट्टित करें, तो वह वृश्चिककुट्टित करण कहलाता है।

कटिभ्रान्त सूची चारी करके दाहिना पैर अपविद्ध मुद्रा में रखें, कटि घूमती हुई रखी जाये तो, उसे कटिभ्रान्त करण कहते हैं।

लतावृश्चिक एक पैर अंचित मुद्रा में पीछे की ओर घुमाकर रखा जाये, बायाँ हाथ लता मुद्रा में हो, जिसका पंजा एवं अंगुलियाँ सिकुड़ी हुई, ऊपर की ओर रखी जायें, तो वह लतावृश्चिक करण कहलाता है।

छिन्न अलपद्म मुद्रा वाले दोनों हाथ कटि पर रहें, कटि, छिन्न मुद्रा में रहे, तथा शेष अंग वैशाखस्थान में रहें, तो छिन्न करण कहलाता है।

वृश्चिकरेचित वृश्चिक चरण को प्रदर्शित कर, दोनों हाथों को स्वस्तिक मुद्रा में रखते हुए रेचित और विप्रकीर्ण किया जाये तो, वृश्चिकरेचित करण कहलाता है।

वृश्चिक दोनों हाथ झुके हुए और कंधों पर हों, पैर झुका हुआ पीठ के पीछे की ओर घूमते हुए रखा जाये, पीठ नत (झुकी) मुद्रा में हो तो, वह वृश्चिक करण कहलाता है।

व्यंसित आलीढ़स्थान के प्रदर्शन के साथ दोनों हाथ वक्षःस्थल पर रेचित मुद्रा में ऊपर–नीचे की ओर हिलते हुए रखें, तो वह व्यंसित करण कहलाता है।

पार्श्वनिकुट्टित स्वस्तिक मुद्रा वाले दोनों हाथ दोनों बाजू में तथा पैर निकुट्टित हों, तो वह पार्श्वनिकुट्टित करण कहलाता है।

ललाटतिलक वृश्चिक चरण के प्रदर्शन के बाद पैर के अंगूठे को ललाट तक ले जाकर उससे तिलक अंकित करने का भाव प्रदर्शित करें, तो वह ललाटतिलक करण कहलाता है।

क्रान्तक एक पैर कुंचित कर पीछे की ओर अतिक्रान्ता चारी में चारों ओर घुमाते हुए रखें और दोनों हाथ नीचे की ओर पटकें (झटके से फेकें), तो वह क्रान्तक करण कहलाता है।

कुंचित पैर को झुकाकर अंचित मुद्रा में करें तथा दहिने हाथ को ऊपर की ओर हथेली रखते हुए कुंचितमुद्रा में बाईं कोख पर रखें, तो वह कुंचितकरण कहलाता है।

चक्रमण्डल अपविद्ध चारी में शरीर को झुकाकर, सीधी झूलती हुई भुजाओं से युक्त रखें, तो वह चक्रमण्डल करण कहलाता है।

उरोमण्डल स्वस्तिक दशा में दोनों पैर आगे बढ़ाकर फिर अपविद्धचारी का प्रयोग करें और दोनों हाथों को उरोमण्डल मुद्रा में रखें, तो वह उरोमण्डल करण कहलाता है।

आक्षिप्त वेग से हाथ–पैर को झटका–पटका जाये तो, वह आक्षिप्त करण कहलाता है।

तलविलसित पैर की अंगुलियों और पदतल को ऊपर की ओर रखते हुए बगल की ओर फैलाया जाये, हाथों के दोनों तल सिकुड़े हुए रखे जायें तो तलविलसित करण कहलाता है।

अर्गल पैर पीछे की ओर हटाते हुए ढाई ताल तक रखें हों, हाथ भी पैरों के अनुसार सामने की ओर घूमते हुए रखे जायें तो, वह अर्गल करण कहलाता है।

विक्षिप्त हाथ और पैरों को पीछे, बगलों की ओर एकसाथ, एक–दूसरे का अनुसरण करते हुए झटके से फैकें, तो वह विक्षिप्त करण कहलाता है।

आवर्त कुंचित पाद को फैलाकर शीघ्रता से लौटा लें और दोनों हाथों को प्रयोग के अनुसार रखते हुए तेज गति से घुमाव लें तो, वह आवर्त करण कहलाता है।

दोलापाद कुंचित पाद को ऊपर उठाकर क्रमशः दोनों ओर झुलायें, हाथ भी इसी प्रकार क्रियाशील रखें, तो वह दोलापाद करण कहलाता है।

विवृत्त दोनों हाथ और पैरों को बाहर उछालकर त्रिक को एक गोल चक्कर देते हुए, हाथों को रेचित मुद्रा में रखने पर वह विवृत्त करण कहलाता है।

विनिवृत्त सूचीविद्ध चारी का प्रयोग करने के बाद त्रिक को गोल चक्कर देकर, हाथों को रेचित मुद्रा में रखने पर वह विवृत्त करण कहलाता है।

पार्श्वक्रान्त पार्श्वक्रान्त चारी का प्रयोग कर पैरों को आगे की ओर पटकें, हाथों को नृत्य प्रयोग के अनुसार सामने की ओर संचालित करें, तो वह पार्श्वक्रान्त करण कहलाता है।

निस्तम्भित छाती ऊँची रखते हुए एक पैर पीछे की ओर सिकोड़कर ले जाएँ, हाथ को तिलक लगाने की मुद्रा में ललाट पर रखें, तो वह निस्तम्भित करण कहलाता है।

विद्युद्भ्रान्त एक पैर पीछे की ओर घुमाकर मस्तक से लगाते हुए रखें, दोनों हाथ मंडलाविद्ध दशा में संचालित करें, तो वह विद्युद्भ्रान्त करण कहलाता है।

अतिक्रान्त अतिक्रान्त चारी का प्रदर्शन करने के उपरान्त दोनों हाथों को नृत्य प्रयोग के अनुसार फैला दें और फिर दूसरे हाथ को (स्पष्ट नहीं कौन सा हाथ) रेचित मुद्रा में रखें, तो वह अतिक्रान्त करण कहलाता है।

विवर्तिक एक हाथ और एक पैर को उछाल देकर त्रिक को गोल घुमाव देकर, दूसरे हाथ को रेचित मुद्रा में रखें, तो वह विवर्तिक करण कहलाता है।

गजक्रीड़ितक बायाँ हाथ बायें कान के समीप रखकर दाहिना हाथ लता मुद्रा में, पैरों को दोलापाद चारी में रखें, तो वह गजक्रीड़ितक करण कहलाता है।

तलसंस्फोटित एक पैर जल्दी से ऊपर उठाकर सामने की ओर पटकें, दोनों हाथों को तलसंस्फोटित मुद्रा में रखें, तो तलसंस्फोटित करण कहलाता है। तलसंफोटित मुद्रा कैसी हो, यह स्पष्ट नहीं है।

गरुड़प्लुतक पैर पीछे की ओर फैलाकर दोनों हाथों को क्रमशः लता और रेचित मुद्रा में रखें और मस्तक को ऊपर तान लें तो, वह गरुड़प्लुतक करण कहलाता है।

गण्डसूची पैर सूची में, कोख झुकी हुई, एक हाथ वक्षस्थल पर और दूसरा हाथ अंचित मुद्रा में कपोल पर हो, तो वह गण्डसूची करण कहलाता है।

परिवृत्त दोनों हाथ अपवेष्टित मुद्रा में ऊपर उठाये जायें, पैर सूची और त्रिक को भ्रमरी चारी के लक्षण में घुमाया जाये तो, वह परिवृत्त करण कहलाता है।

पार्श्वजानु एक पैर समपाद चारी में और दूसरा उसी के उरु भाग पर पीछे की ओर रखा हो तथा मुष्टि मुद्रा में एक हाथ वक्षस्थल पर रखें तो वह पार्श्वजानु करण कहलाता है।

गृध्रावलीनक एक पैर पीछे की ओर फैलाकर उसके घुटने को थोड़ा झुकाया जाये तथा दोनों हाथों को सामने फैलायें तो वह गृध्रावलीनक करण कहलाता है।

सन्नत एक ओर उछाल लेकर दोनों पैरों को स्वस्तिक बना सामने की ओर रखें और दोनों हाथ दोला मुद्रा में रखें, तो सन्नत करण कहलाता है।

सूची कुंचितपाद को उठाकर उसे आगे की ओर भूमि पर रख दें और दोनों हाथों को नृत्य प्रयोग के अनुसार रखें, तो सूची करण कहलाता है।

अर्धसूची अलपद्म मुद्रा वाले हाथ को सिर तक ले जाएँ, दाहिना पैर सूची को प्रदर्शित करे, तो वह अर्धसूची करण कहलाता है।

सूचीविद्ध एक पैर सूची करण की मुद्रा में दूसरे पैर की एड़ी से सटा हो, दोनों हाथ क्रमशः कटि तथा वक्षस्थल पर स्थापित किये जायें, तो वह सूचीविद्ध करण कहलाता है।

अपक्रान्त जंघा को वलित करने के बाद चरणों से अपक्रान्त चारी का प्रदर्शन किया जाये, दोनों हाथों को नाट्य प्रयोग के अनुसार रखें तो वह अपक्रान्त करण कहलाता है।

मयूरललित वृश्चिक करण को प्रदर्शित कर, दोनों हाथों को रेचित करें तथा त्रिक को एक गोल घुमाव दें तो वह मयूर ललित करण कहलाता है।

सर्पित अंचित दशा में दोनों पैरों को हटाया जाये, मस्तक परिवाहित मुद्रा में रहें, दोनों हाथ रेचित मुद्रा में रहें तो वह सर्पित करण कहलाता है।

दण्डपाद नूपुर चारी के बाद चरण यदि दण्डपाद चारी का प्रदर्शन करें, हाथ शीघ्रता से आविद्ध दशा में प्रदर्शित किये जायें तो वह दण्डपाद करण कहलाता है।

हरिणप्लुत अतिक्रान्त चारी को प्रदर्शित कर एक उछाल लें, फिर ठहर जायें, तब तक जंघा अंचित कर (सिकोड़कर) ऊपर उछाली जाये, तो उसे हरिणप्लुत करण कहते हैं।

प्रेंखोलित दोलापाद चारी का प्रदर्शन कर, एक उछाल लेते हुए त्रिक को एक घुमाव देकर भ्रमरी चारी के लक्षणानुसार स्थिर हो जायें, तो वह प्रेंखोलित करण कहलाता है।

नितम्ब दोनों भुजाओं को सिर के ऊपर उठाकर, हाथों की अंगुलियों को सामने रखते हुए, बद्धाचारी को पैरों से प्रदर्शित करें तो वह नितम्ब करण कहलाता है।

स्खलित पैरों से दोलापाद चारी का प्रदर्शन कर, रेचित मुद्रावाले हाथों को नाट्यप्रयोग के अनुसार चारों ओर घुमाने पर स्खलित करण होता है।

करिहस्त बायाँ हाथ वक्षस्थल पर, दाहिने हाथ की हथेली प्रोद्वेष्टित (सामने की ओर ढीली की हुई) तथा पैर अंचित मुद्रा में रखे जायें, तो वह करिहस्त करण कहलाता है।

प्रसर्पितक एक हाथ से रेचित, दूसरा हाथ लता मुद्रा में और पैर तलसंचर (पैर के तलवों को घिसते हुए आगे बढ़ना) में हों, तो वह प्रसर्पितक करण कहलाता है।

सिंहविक्रीड़ित अलात चारी के बाद दूसरे पैर से द्रुत गति करते हुए हाथों को पैरों की गति के अनुसार रखें, तो सिंहविक्रीड़ित करण कहलाता है।

सिंहाकर्षितम् एक पैर पीछे की ओर हटाया जाये, हाथ झुकाकर, शरीर एक गोल घुमाव लेकर सामने और पीछे की ओर सिकुड़ने वाला रहे, तो वह सिंहाकर्षितम् करण कहलाता है।

उद्वृत्त हाथ, पैर और शरीर को झटके से ऊपर उछाला जाये और उद्वृत्त चारी में शरीर को स्थित रखें, तो वह उद्वृत्त करण कहलाता है।

उपसृतक पैरों से आक्षिप्त चारी का प्रदर्शन कर, हाथों की उसीकी स्थिति के अनुसार रखें और शरीर को झुका लें, तो वह करण उपसृतक करण कहलाता है।

तलसंघट्टित दोलापाद चारी को प्रदर्शित करने के उपरान्त दोनों हाथों के तलों को एक–दूसरे से मलते हुए रखें, फिर बायें हाथ को रेचित मुद्रा में रखें, तो वह तलसंघट्टित करण कहलाता है।

जनित एक हाथ छाती पर तथा दूसरा हाथ झूलता हुआ रखें, एक पैर से अग्रतलसंचर चारी का प्रदर्शन करें, तो वह जनित करण कहलाता है।

अवहित्थक जनित करण को प्रदर्शित कर दोनों हाथों को एक–दूसरे के सामने अंगुलियों वाले बतलाकर धीरे–धीरे नीचे की ओर ले जायेा जाये, तो वह अवहित्थक करण कहलाता है।

निवेश दोनों हाथों को निर्भुग्न वक्ष स्थल पर रखकर मण्डलस्थानक का प्रदर्शन करने पर वह निवेश करण कहलाता है।

एलकाक्रीड़ित तलसंचर पाद से एक उछाल लेकर भूमि पर आयें, शरीर संकुचित करते हुए घुमाएँ, तो वह एलकाक्रीड़ित करण कहलाता है।

उरुद्वृत्त हाथ को आवृत्त दशा में रखते हुए, फिर उसे झुकाकर उरु के पृष्ठभाग पर रखें और जंघा को अंचित एवं उद्घृत मुद्रा एवं गति में रखें, तो वह उरुद्वृत्त करण कहलाता है।

मदस्खलित दोनों हाथ नीचे की ओर हिलाते हुए रखें, मस्तक को परिवाहित मुद्रा में, दाहिना और बायाँ पैर वलित होकर अपविद्ध चारी का प्रदर्शन करे, तो उसे मदस्खलित करण कहते हैं।

विष्णुक्रान्त पैर आगे की ओर फैलाकर ऊपर ले जाते हुए सिकोड़ें तथा दोनों हाथ रेचित मुद्रा में रखें, तो वह विष्णुक्रान्त करण कहलाता है।

सम्भ्रान्त हाथ को व्यावर्तित गति के साथ उरु पर सिकोड़ते हुए रखें, उरु को आविद्ध चारी से युक्त रखें, तो वह सम्भ्रान्त करण कहलाता है।

विष्कम्भ हाथ अपविद्ध मुद्रा में और पैर सूची चारी से युक्त होकर निकुट्टित (झुकी हुई) दशा को प्रदर्शित करे, बायाँ हाथ छाती पर हो तो वह विषकम्भ करण कहलाता है।

उद्घट्टित दोनों पैरों को उद्घट्टिता चारी तथा दोनों हाथों को तलसंघट्टित मुद्रा में दोनों ओर रखकर कोख को झुका लें, तो उद्घट्टित करण होता है।

वृषभक्रीड़ित अलातचारी को प्रदर्शित कर, दोनों हाथों को रेचित मुद्रा में रखें फिर उन्हें क्रमशः कुंचित और अंचित मुद्रा में रखें, तो वृषभक्रीड़ित करण कहलाता है।

लोलित दोनों हाथ रेचित मुद्रा में रखें जायें तथा मस्तक को लोलित और वर्तित मुद्रा में रखें, तो वह लोलित करण कहलाता है।

नागापसर्पित दोनों पैरों को स्वस्तिक दशा में पीछे हटाया जाये, मस्तक परिवाहित मुद्रा में तथा हाथ रेचित मुद्रा में रहें, तो नागापसर्पित करण कहलाता है।

शकटास्य स्थिर बैठकर तलसंचर चारी में पैर को फैलाएँ तथा वक्षस्थल को उद्वाहित दशा में रखें, तो उसे शकटास्य करण कहते हैं।

गंगावतरण दोनों पैर अपने तल और अंगुलियों को ऊपर की ओर उठाते हुए रखे जायें, दोनों हाथों को पृथ्वी पर त्रिपताक मुद्रा में नीचे की ओर हथेली टिकाकर रखें तथा मस्तक को सन्नत मुद्रा वाला रखें, जिसमें कमर बिल्कुल मुड़ जाये, तो वह करण गंगावरतण करण कहलाता है।

रेचक

रेचक चार प्रकार के कहे गये हैं – पाद रेचक, कटि रेचक, कर या हस्त रेचक तथा ग्रीवा रेचक।[1]

स्वतंत्र रूप में रेचक अलग–अलग एक गोल घुमाव लेने के अर्थ में प्रयुक्त होता है। दूसरे शब्दों में, विभिन्न अंगों के पृथक्–पृथक् व्यवस्थित रूप में वलन (चक्करदार घुमाव) को रेचक कहा जाता है। नृत्त, नृत्य एवं सुकुमार गति वाले विभिन्न प्रयोगों में रेचकों की योजना की जाती है।

पादरेचक स्खलित गति वाले अर्थात् दो भिन्न गतियों वाले पैरों को एक बाजू से दूसरी बाजू की ओर विभिन्न गतियों द्वारा चलाया जाये, तो वह पाद–रेचक कहलाता है।

कटिरेचक कटि को ऊपर की ओर उठाकर एक चक्कर देकर पीछे की ओर हटा दिया जाये, तो वह कटि–रेचक कहलाता है।

हस्तरेचक हाथों को ऊपर की ओर उठाना, फेंकना, सम्मुख करना, गोल चक्करदार घुमाव देना तथा पीछे की ओर हटाना, हस्त–रेचक कहलाता है।

ग्रीवारेचक ग्रीवा को ऊपर की ओर तानना, झुकाना, पार्श्व में झुकाना, घुमाव देना आदि ग्रीवा–रेचक कहलाता है।

---

1 चतुरो रेचकांश्चापि गदतो मे निबोधत।
पादरेचक एकः स्यात् द्वितीयः कटिरेचकः।।
कररेचकस्तृतीयस्तु चतुर्थः कण्ठरेचकः।

नाट्यशास्त्र / परिमल प्रकाशन / 4 / 248–249

अंगहार

हम जानते हैं कि अंगहार, करण एवं रेचकों के योग से बनते हैं। दो करणों के संयोग से एक मातृका और दो–तीन अथवा चार मातृकाओं के योग से एक अंगहार बनता है। अंगहार संख्या में 32 कहे गये हैं जो निम्नानुसार हैं –

स्थिरहस्त दोनों हाथों को ऊपर की ओर फैला कर समपाद चारी का प्रदर्शन करें, बायें हाथ को ऊपर की ओर व्यंसित तथा अपव्यंसित अवस्था में फैलाएँ (कंधे से ऊपर तक ले जायें) फिर प्रत्यालीढ़ में स्थित होकर निकुट्टक, उरुदवृत्त, आक्षिप्त, स्वस्तिक, नितम्ब, करिहस्त तथा कटिच्छिन्न करणों को क्रमशः प्रदर्शित करें, तो 'स्थिरहस्त' नामक अंगहार होता है। यह भगवान शिव को अत्यन्त प्रिय है।

पर्यस्तक यदि तलपुष्पपुट, अपविद्ध, वर्तित एवं निकुट्टक करणों को क्रमशः प्रदर्शित कर फिर प्रत्यालीढ़ तथा निकुट्टक तथा उरुदवृत्त, आक्षिप्त, उरोमण्डल, नितम्ब, करिहस्त तथा कटिच्छिन्न करणों को प्रदर्शित करें, तो 'पर्यस्तक' नामक अंगहार बन जाता है। यह भगवान शंकर से सम्बद्ध माना गया है।

सूचीविद्ध हाथों को क्रमशः अलपल्लव तथा सूची मुद्रा में प्रदर्शित करने के बाद, विक्षिप्त, आवर्तित, निकुट्टक, उरुदवृत्त, आक्षिप्त, उरोमण्डल, करिहस्त तथा कटिच्छिन्न करणों में क्रमशः प्रदर्शित करने पर 'सूचीविद्ध' अंगहार होता है।

अपविद्ध अपविद्ध तथा सूचीविद्ध करणों का प्रदर्शन कर फिर हाथों से उद्वेष्टित करण का प्रदर्शन करें, जो हाथों तथा त्रिक को एक घुमाव देते हुए हों, फिर उरोमण्डल मुद्रा में हाथों को स्थित कर कटिच्छिन्न करण का प्रदर्शन करें, तो 'अपविद्ध' नामक अंगहार होता है।

आक्षिप्तक नूपुर करण का प्रदर्शन करें फिर विक्षिप्त, अलातक, आक्षिप्त, उरोमण्डल, नितम्ब, करिहस्त तथा कटिच्छिन्न करणों का क्रमशः प्रदर्शन करें तो 'आक्षिप्तक' अंगहार होता है।

उद्घटि्टत यदि दाहिने हाथ को उद्वेष्टित तथा अपविद्ध हस्त मुद्राओं में, दाहिने पैर को निकुट्टक बायें–दायें प्रदर्शित करते हुए दोनों हाथों को उरोमण्डल मुद्रा में रखें, फिर नितम्ब करिहस्त तथा कटिच्छिन्न करणों का क्रमशः प्रदर्शन करें, तो 'उद्घटि्टत' अंगहार कहलाता है।

विष्कम्भ दोनों हाथ क्रमशः उद्वेष्टित और पैर निकुट्टक मुद्रा में रखकर फिर सिकोड़कर घुमा लिये जाएँ, उरुदवृत्त करण का प्रदर्शन करते हुए हाथों को चतुरस्र और पैरों को निकुट्टक मुद्रा में रखें, फिर भुजंगत्रासित करण कर हाथों को उद्वेष्टित मुद्रा में रखें, तब छिन्न और भ्रमरक करणों का प्रदर्शन करते हुए त्रिक को घुमाएँ और फिर करिहस्त और कटिच्छिन्न करणों का प्रदर्शन करें, तो वह 'विष्कम्भ' अंगहार कहलाता है।

अपराजित दण्डपाद करण के प्रदर्शन के बाद हाथों को विक्षिप्त और आक्षिप्त किया जाये, फिर व्यंसित करण का प्रदर्शन करें, जिसमें बायाँ हाथ, पैर के अनुसार गतिशील रहे, फिर भुजंगत्रासित करण का प्रदर्शन करें और हाथ उद्वेष्टित मुद्रा में रखें, फिर दोनों निकुट्टकों, आक्षिप्त, उपरोमण्डल करिहस्त तथा कटिच्छिन्न करणों का क्रमशः प्रदर्शन करें तो यह 'अपराजित' अंगहार कहलाता है।

विष्कम्भापसृत कुट्टित और भुजंगत्रासित करणों को प्रदर्शित कर रेचित हस्त के द्वारा पताक मुद्रा का प्रदर्शन करें। क्रमशः आक्षिप्तक, उरोमण्डल करणों तथा लताहस्त में कटिच्छिन्न करण का प्रदर्शन करें तो 'विष्कम्भापसृत' अंगहार होता है।

मत्ताक्रीड त्रिक को सुंदर घुमाव देते हुए नूपुर करण का प्रदर्शन किया जाये, फिर भुजंगत्रासित और वैशाखरेचित करणों का प्रदर्शन करें। आक्षिप्त, छिन्न, बाह्यभ्रमरक, उरोमण्डल, नितम्ब, करिहस्त तथा कटिच्छिन्न करणों को प्रदर्शित करें, तो भगवान शिव को प्रिय लगने वाला यह 'मत्ताक्रीड़' अंगहार कहलाता है।

स्वस्तिकरेचित हाथ और पैरों को रेचित मुद्रा में रखकर वृश्चिक करण का प्रदर्शन करें, फिर निकुट्टक करण को क्रमशः सीधे और बायें अंगों से प्रदर्शित

करें और फिर कटिच्छेद करण का लता हस्त के साथ प्रदर्शन करें, तो वह 'स्वस्तिकरेचित' अंगहार कहलाता है।

पार्श्वस्वस्तिक एक पार्श्व से दिक्स्वस्तिक और फिर अर्धनिकुट्टक का प्रदर्शन कर इन्हें ही दूसरे पार्श्व से पुनः आवृत्त करें, फिर हाथ को आवृत्त मुद्रा में रखकर कटि प्रदेश पर स्थापित करें और क्रमशः उरुदवृत्त, आक्षिप्त, नितम्ब, करिहस्त और कटिच्छिन्न करणों का प्रदर्शन करें, तो 'पार्श्वस्वतिक' अंगहार होता है।

वृश्चिकापसृत वृश्चिक करण का प्रदर्शन कर हाथ को लता मुद्रा में रखें फिर उसी मुद्रा को नासिका के बराबर ले जाकर झुका लें, फिर वही हाथ उद्वेष्टित मुद्रा में रखकर कमर का गोल घुमाव लें। क्रमशः करिहस्त तथा कटिच्छिन्न करणों को प्रदर्शित करें, तो 'वृश्चिकापसृत' अंगहार होता है।

भ्रमर नूपुरपाद चारी के बाद आक्षिप्तक, कटिच्छिन्न, सूचीपाद, नितम्ब, करिहस्त, उरोमण्डल और कटिच्छिन्न करणों का क्रमशः प्रदर्शन करें, तो वह अंगहार 'भ्रमर' कहलाता है।

मत्तस्खलितक मत्तल्लि करण को प्रदर्शित कर दाहिने हाथ को एक गोल घुमाव देते हुए झुकाकर गाल के बराबर रखें। क्रमशः अपविद्ध, तलसंस्फोटित, करिहस्त तथा कटिच्छिन्न करणों का प्रदर्शन करने पर वह 'मत्तस्खलितक' अंगहार कहलाता है।

मदविलसित हिलते हुए दोनों हाथों को दोला मुद्रा में और पैरों को स्वस्तिकापसृत करें, हाथों को अंचित, वलित तथा तलसंघट्टित मुद्रा में स्थित रखें। क्रमशः निकुट्टक, उरुदवृत्त, करिहस्त तथा कटिच्छिन्न करणों का प्रदर्शन करने पर वह 'मदविलसित' करण कहलाता है।

गतिमण्डल मण्डल स्थान का प्रदर्शन कर दोनों हाथों को रेचित मुद्रा में और पैरों को उद्घट्टित मुद्रा में रखें। क्रमशः मत्तल्लि, आक्षिप्त, उरोमण्डल, और कटिच्छिन्न करणों का प्रदर्शन करें, तो वह 'गतिमण्डल' कहलाता है।

परिच्छिन्न समपाद स्थान को प्रदर्शित कर, फिर परिच्छिन्न करण का प्रदर्शन करें और फिर आविद्ध पैर के द्वारा बाह्यभमरक (भ्रमरी) का प्रदर्शन करें और बायें पैर से सूची चारी के द्वारा पहले अर्धसूची करण फिर क्रमशः अतिक्रान्त, भुजंगत्रासित, करिहस्त तथा कटिच्छिन्न करणों का प्रदर्शन करें, तो वह 'परिच्छिन्न' अंगहार कहलाता है।

परिवृत्तकरेचित दोनों हाथों को मस्तक पर स्वस्तिक मुद्रा में ढीले रखते हुए स्थापित करें, फिर बायाँ हाथ रेचित करते हुए शरीर को झुका लें, पुनः शरीर को ऊपर तानकर हाथ को रेचित मुद्रा में रखें और पुनः दोनों हाथों के द्वारा लता मुद्रा का प्रदर्शन करें। क्रमशः वृश्चिक, रेचित, करिहस्त, भुंजगत्रासित और आक्षिप्तक करणों का प्रदर्शन करें। स्वस्तिक पाद को रखते हुए उक्त विधान को पुनः उलटे घुमाव के साथ दोहरायें, अंत में करिहस्त और कटिच्छिन्न करणों का प्रदर्शन करें तो वह 'परिवृत्तकरेचित' अंगहार कहलाता है।

वैशाखरेचित शरीर के साथ दोनों हाथों को रेचित कर अपविद्ध मुद्रा में रखें, फिर शरीर को झुकाते हुए उसी प्रकार पुनः आवृत्त कर दें, फिर नूपुर तथा भुजंगत्रासित, रेचित एवं मण्डलस्वस्तिक करणों का प्रदर्शन करें और बाहु तथा मस्तक को सिकोड़ने के बाद उरुदवृत्त, आक्षिप्तक, उरोमण्डल, करिहस्त तथा कटिच्छिन्न करणों का प्रदर्शन करें, तो वह 'वैशाखरेचित' अंगहार कहलाता है।

परावृत्त सर्वप्रथम जनित करण को प्रदर्शित कर एक पैर को आगे बढ़ायें, फिर अलात करण को प्रदर्शन करते हुए त्रिक को एक घुमाव देकर बायें हाथ को मोड़कर गाल पर थपकी दें और कटिच्छिन्न करण का प्रदर्शन करें, तो वह 'परावृत्त' अंगहार कहलाता है।

अलातक स्वस्तिक करण का प्रदर्शन कर दोनों हाथों को व्यंसित (रेचित) रखें फिर क्रमशः अलातक, ऊर्ध्वजानु, निकुंचित, अर्धसूची, विक्षिप्त, उद्वृत्त आक्षिप्त, करिहस्त तथा कटिच्छिन्न करणों का प्रदर्शन करने पर वह 'अलातक' अंगहार कहलाता है।

पार्श्वच्छेद निकुट्टित मुद्रा वाले हाथ को वक्षस्थल पर रखें, ऊर्ध्वजानु, आक्षिप्त तथा स्वस्तिक करणों को प्रदर्शित कर त्रिक को एक घुमाव दें, फिर क्रमशः उरोमण्डल, नितम्ब, करिहस्त और कटिच्छिन्न करणों को प्रदर्शित करें, तो वह 'पार्श्वच्छेद' अंगहार होता है।

विद्युद्भ्रान्त बायें पैर द्वारा सूची करण का प्रदर्शन कर दाहिने पैर द्वारा विद्युद्भ्रान्त करण का प्रदर्शन करें, फिर दाहिने पैर द्वारा सूची करण और बायें पैर द्वारा विद्युद्भ्रान्त करण को प्रदर्शित करें। फिर छिन्न करण को प्रदर्शित कर त्रिक को घुमाव दें तत्पश्चात् लताहस्त के साथ कटिच्छिन्न करण को प्रदर्शित करें, तो वह 'विद्युद्भ्रान्त' अंगहार कहलाता है।

उद्वृत्तक दायाँ और बायाँ हाथ झुलाते हुए नूपुरपाद चारी का प्रदर्शन करते हुए विक्षिप्तकरण और सूचीकरण का प्रदर्शन करें। त्रिक को एक घुमाव देकर लता और कटिच्छिन्न करणों का प्रदर्शन करने पर वह 'उद्वृत्तक' अंगहार होता है।

आलीढ़ आलीढ़ स्थान के साथ व्यंसित करण को प्रदर्शित करते हुए दोनों बाजुओं को थपथपाएँ और बायें पैर से नूपुर करण को तथा दाहिने से अलात करण को प्रदर्शित करें, उसीके द्वारा फिर आक्षिप्तक करण भी किया जाये। तब दोनों हाथों से उरोमण्डल मुद्राओं को प्रदर्शित करते हुए करिहस्त और कटिच्छिन्न करणों को प्रदर्शित करें, तो 'आलीढ़' नामक अंगहार होता है।

रेचित रेचित हस्त को पार्श्व में झुकाएँ और उसी रेचित अवस्था में सम्पूर्ण शरीर को झुकाते हुए रेचित, उरोमण्डल और कटिच्छिन्न करणों को प्रदर्शित करें, तो वह 'रेचित' नामक अंगहार होता है।

आच्छुरित नूपुर चरण को प्रदर्शित कर त्रिक को एक घुमाव देते हुए व्यंसित करण करें पुनः त्रिक को एक घुमाव दें और बायें पैर से अलातक करण को प्रदर्शित कर सूची, करिहस्त और कटिच्छिन्न करणों का प्रदर्शन करें, तो वह 'आच्छुरित' अंगहार होता है।

आक्षिप्तरेचित दोनों स्वस्तिक पैर रेचित हों, इसी प्रकार दोनों स्वस्तिक हाथ भी रेचित हों तथा ये रेचित क्रिया के द्वारा ही पृथक् भी किये जायें और रेचित क्रिया के द्वारा ही इन्हें ऊपर उछाला जाये और उद्‌वृत्त, आक्षिप्तक, उरोमण्डल, नितम्ब, करिहस्त तथा कटिच्छिन्न करणों को प्रदर्शित करें, तो 'आक्षिप्तरेचित' अंगहार होता है।

सम्भ्रान्त विक्षिप्त करण को प्रदर्शित करते हुए दोनों हाथों और पैरों को मुख की अनुगामिनी स्थिति में रखते हुए बायें हाथ को सूची मुद्रा में विक्षिप्त करें, दाहिने हाथ को वक्षस्थल पर रख लें, फिर त्रिक को भ्रमरी चारी में एक घुमाव दें, नूपुर, आक्षिप्तक, अर्धस्वस्तिक, नितम्ब, करिहस्त, उरोमण्डल तथा कटिच्छिन्न करणों का प्रदर्शन करें, तो वह 'सम्भ्रान्त' अंगहार होता है।

अपसर्पितक अपक्रान्त चारी को प्रदर्शित करते हुए व्यंसित करण को केवल हाथों से प्रदर्शित करें, हाथों को उद्वेष्टित मुद्रा में कम्पित करते हुए अर्धसूची, विक्षिप्त कटिच्छिन्न, उद्‌वृत्त, आक्षिप्तक, करिहस्त तथा कटिच्छिन्न करणों को प्रदर्शित करें, तो वह 'अपसर्पितक' अंगहार कहलाता है।

अर्धनिकुट्टक शीघ्रता से नूपुरपाद चारी प्रदर्शित करें, हाथों को पैर की गति के अनुसार रखते हुए त्रिक को घुमाव दें, हाथों और पैरों को निकुट्टक क्रिया से युक्त रखकर क्रमशः उरोमण्डल, कटिहस्त तथा कटिच्छिन्न करणों को प्रदर्शित करें, तो वह 'अर्धनिकुट्टक' अंगहार कहलाता है।

13

कथक नृत्य का उद्‌भव एवं विकास

यह सर्वविदित और लगभग सर्वमान्य सत्य है कि वर्तमान समय में भारतवर्ष में प्रचलित सम्पूर्ण संगीत पद्धति (शास्त्रीय गायन, वादन तथा नर्तन के सन्दर्भ में) के स्वरूप का निर्धारण मध्ययुग में हुआ है। हम यह भी जानते हैं कि प्रयोगधर्मा कला के रूप में संगीत विधा में निरन्तर परिवर्तन–परिवर्धन होते आये हैं और होते रहेंगे। जिस तरह का गायन–वादन या नर्तन हम आज देख रहे हैं, वह पचास वर्ष पहले ऐसा न था, उससे पहले कुछ और तरह का था, और आने वाले अगले सौ–पचास वर्षों में यह आज से भिन्न होगा। तो फिर ऐसी स्थिति में किसी कलारूप के वर्तमान स्वरूप को, किसी प्राचीन कलारूप के साथ यथावत् जोड़ देना, क्या उचित होगा? वह भी प्रमाण न होने की दशा में? हमें यह समझना होगा कि अन्य माध्यमों की ही तरह प्रत्येक कलारूप अपने विकासक्रम में अपने चारों ओर की परिस्थितियों के साथ तत्कालीन अन्य कलारूपों से भी प्रभावित होता है, इसलिए किसी कलारूप के इतिहास को जानने के लिए न केवल उन परिस्थितियों को जानना आवश्यक होता है जिसमें उस कलारूप का जन्म हुआ बल्कि उन सम्भावित घटकों को भी खोजने का प्रयास करना चाहिये जिनसे उस कलारूप ने अपने विकासक्रम के दौरान सामग्री का ग्रहण किया। उल्लेखनीय है कि भारत पर हुए विदेशी आक्रमणों ने समाज तथा राजनीति के साथ–साथ हमारी कला, हमारी संस्कृति को भी बहुत प्रभावित किया। हमारी सांस्कृतिक विरासत के लिखित प्रमाणों को नष्ट करने का दुष्कृत्य किया गया। परिणामस्वरूप हमारे संगीत–नृत्य की प्राचीनता एवं उसके क्रमिक विकास के विषय में बहुत स्पष्ट विवरण आज हमें उपलब्ध नहीं होता। इसीलिये वर्तमान समय में प्रचलित संगीत (गीत–वाद्य–नृत्य) के विकासक्रम को स्पष्ट और व्यवस्थित रूप से समझने की आवश्यकता अब और अधिक है।

पिछले लगभग सौ वर्षों में गीत–वाद्य–नृत्य पर स्वतंत्र लेखन की परिपाटी का चलन शुरू हुआ है। कथक नृत्य पर भी विगत 60–70 वर्षों में काफी कुछ लिखा गया है, किन्तु उपलब्ध पुस्तकों में इस नृत्य पद्धति की उत्पत्ति, विकास–यात्रा अथवा इतिहास तथा संगठक तत्त्वों के विषय में आज जो कुछ भी प्राप्त होता है उसे सर्वथा

निर्विवाद अथवा प्रामाणिक नहीं कहा जा सकता। समुचित प्रमाणों के अभाव में 'कथक' शब्द का सम्बन्ध वर्तमान कथक नृत्य से जोड़ देना युक्तिसंगत प्रतीत नहीं होता। यद्यपि कुछ–एक विद्वानों ने यह स्वीकार किया है कि प्राचीन ग्रन्थों में प्राप्त होने वाला 'कथक' शब्द कथावाचन की परम्परा को पुष्टि करता है न कि किसी नृत्य परम्परा की, तथापि वर्तमान कथक नृत्य के इतिहास को हज़ारों वर्ष पीछे खींच ले जाने का मोह संवरण नहीं किया जा सका है। सम्भवतः यही कारण है कि वर्तमान 'कथक' संज्ञक नृत्य के इतिहास को लेकर आज परस्पर विरोधी बातें हमारे समक्ष उपस्थित हैं। आज के विद्यार्थी तथा कथक साधक शिक्षित तथा अधिक जागरूक हैं। वे न सिर्फ प्रश्न करना जानते हैं बल्कि उसका तार्किक समाधान भी चाहते हैं। कला साधना के मार्ग में भीअब अंधभक्ति के स्थान पर तर्कबुद्धि को महत्त्व दिया जाने लगा है, इसलिये अब परिस्थितियाँ भिन्न हैं। और फिर तथ्यों से आँखें भी तो नहीं फेरी जानी चाहिये।

कथक नृत्य की उत्पत्ति से सम्बन्धित प्रचलित मिथक

बहुसंख्यक द्वितीयक ग्रन्थों में कथक नृत्य के इतिहास के सम्बन्ध में विस्तार से चर्चा प्राप्त होती है। इन्हीं ग्रन्थों के आधार पर कुछ एक धारणाएँ स्थिर हो गई हैं। यथा – 'कथक' शब्द को एक जातिवाचक संज्ञा मानते हुए वर्तमान समय में प्रचलित ''कथक'' नृत्य को उक्त 'कथक' जाति से उद्भूत और सम्बद्ध किया जाता रहा है। प्रश्न उठता है कि क्या मात्र 'कथक/कथिक वर्ग इस नृत्य से सम्बद्ध रहा है? जितना आज हम देखते हैं और जितने पीछे तक हमारी अथवा हमसे पिछली पीढ़ी की स्मृति जा सकती है, उससे तो ऐसा नहीं लगता कि इस नृत्य के विकास का सारा दरोमदार 'कथक' वर्ग पर रहा है। इस नृत्य को सीखने और अपनाने वालों में (चाहे जीविका के साधन के तौर पर हो अथवा स्वांतःसुखाय हो) हमेशा ही समाज के विभिन्न वर्ग के स्त्री–पुरुष शामिल रहे हैं। तो फिर क्या इस नृत्य के इतिहास को 'कथक जाति' से पूरी तरह जोड़कर देखना युक्तिसंगत हैं? लगता है, कि नहीं है। किन्तु आज उपलब्ध अधिकांश प्रकाशित साहित्य में वर्तमान कथक नृत्य के इतिहास को लेकर ऐसी मान्यताओं को स्थापित करने का प्रयास किया गया है जो तथ्यपरक नहीं हैं और जो पाठक को दिग्भ्रमित करती हैं। प्रामाणिक तथ्यों से दृष्टि फेरते हुए एक काल्पनिक कथा को बारम्बार महिमा मण्डित किया गया प्रतीत होता है। इससे कथक नृत्य की हानि ही हुई है। यहाँ वर्तमान कथक नृत्य के सम्बन्ध में कुछ प्रचलित मान्यताओं पर तर्कसंगत चर्चा की जा रही है तदुपरान्त प्रामाणिक तथ्यों के आधार पर संक्षेप में

'कथक' शब्द के इतिहास तथा वर्तमान समय में 'कथक नृत्य' के नाम से पहचानी जाने वाली नृत्य विधा के इतिहास के अन्वेषण की चेष्टा की जायेगी। किसी भी विषय की प्रामाणिकता के लिये समुचित सन्दर्भों के महत्त्व को हम समझते हैं किन्तु इस चर्चा का उद्देश्य पूर्ववर्ती विद्वानों के कार्य को मिथ्या ठहराना अथवा उनकी आलोचना नहीं है। इसलिये जहाँ बहुत आवश्यक होगा वहीं द्वितीयक ग्रन्थों के सन्दर्भ दिये जायेंगे। यों द्वितीयक साहित्य आसानी से उपलब्ध है ही, विद्यार्थी स्वयं उनका अवगाहन कर सकते हैं। हाँ, अपने कथन की पुष्टि हेतु संस्कृत तथा क्षेत्रीय भाषा के ग्रन्थों से मूल उद्धरण अवश्य प्रस्तुत किये जायेंगे ताकि विद्यार्थियों का ध्यान इन ग्रन्थों के अवगाहन तथा अध्ययन को प्रेरित हो सकें। अस्तु।

मोहन–जोदड़ो की खुदाई से प्राप्त कांस्य स्त्री प्रतिमा और कथक नृत्य

मोहन–जोदड़ो की खुदाई से प्राप्त कांस्य प्रतिमा यद्यपि अत्यन्त कलात्मक है तथापि वह किसी स्त्री के खड़े होने की स्वाभाविक स्थिति का अंकन मात्र प्रतीत होती है, कथक नृत्य की कोई विशेष भंगिमा नहीं। हाँ, इस प्रतिमा से इस बात की पुष्टि अवश्य होती है कि उस काल में metal casting की तकनीक विद्यमान थी। उल्लेखनीय है कि छत्तीसगढ़ के बस्तर जिले में तथा देश के अन्य स्थानों पर यह कार्य अब भी होता है।

कुशीलव और कथक नृत्य

कुछ विद्वानों ने महर्षि वाल्मीकि को कुशीलव वृत्ति के जनक के रूप में प्रथम 'कथक' मानते हुए कुशीलवों के साथ कथक नृत्य के वास्तविक इतिहास का प्रारम्भ माना है और यह भी कहा है कि कुशीलवों के द्वारा किया जाने वाला नृत्य वही है, जो नाट्यशास्त्र में वर्णित है।[1]

यह कुशीलव कौन हैं और उनकी वृत्ति क्या है? पहले यह समझना आवश्यक है। 'कुशीलव' शब्द लव और कुश की संधि से बना हो, यह नहीं लगता क्योंकि लव और कुश की संधि होने पर व्याकरण के अनुसार 'कुशीलवौ' संज्ञा बनती 'कुशीलव' नहीं। विभिन्न शब्दकोशों में तथा संगीत सम्बन्धी ग्रंथों में 'कुशीलव' शब्द का उल्लेख अवश्य प्राप्त होता है किन्तु यह लव और कुश के लिये संयुक्त रूप से कहा गया शब्द

---

1 कथक नृत्य शिक्षा / पुरु दाधीच / पृ0 95–97

नहीं है, न ही वहाँ इसे नृत्य से सम्बद्ध किया गया है। नाट्य–नृत्य के आदि आचार्य भरत ने नाट्यशास्त्र में कुशीलव के विषय में कहा है –

नानातोद्यविधाने प्रयोगयुक्तः प्रवादने कुशलः।
कुशलावदाताव्यथितं यस्मात्तस्मात् कुशीलवो ज्ञेय।।[1]

अर्थात् जो नाना प्रकार के आतोद्य–विधान का प्रयोक्ता हो, उत्कृष्ट वादन में कुशल हो, (नाट्य के संदर्भ में) यथावत् प्रयोक्ता हो, उसे सांगीतिक कौशल और उसके रुचिकर प्रयोग में अव्यथित (थकान रहित) रहने के कारण 'कुशीलव' कहा जाता है।

भरत ने कुशीलव को स्पष्ट रूप से आतोद्य विधान में कुशल कहा है। नाट्यशास्त्र में कुशीलव को कुशल वादक के रूप में प्रतिष्ठा मिली है, कथा गान/कथा कहने/अभिनय/नृत्य की विधा/विधाओं से उसे किसी भी प्रकार नहीं जोड़ा गया। कालान्तर में अवश्य 'कुशीलव' का एक कोषगत अर्थ 'कथक' भी प्राप्त होता है, किन्तु कथक शब्द को यहाँ – 'कथयति यः सः कथकः' (अर्थात् जो कहता है वह कथक है) के रूप में समझा जाना चाहिए, नर्तक के रूप में नहीं।

विद्यार्थियों को यह अभ्यास बनाना होगा कि वे प्रथमतः तो दिये गये उद्धरण तथा सन्दर्भों की जांच मूल ग्रन्थों से करें, साथ ही मूल ग्रन्थ से ही कथ्य को समझने का प्रयास भी करें। यह अभ्यास तथ्यों तक पहुँचने में सहायक सिद्ध होगा और भ्रम की स्थिति से बचा जा सकेगा। अनुवाद पर निर्भर रहने की प्रवृत्ति से भी यथासम्भव बचना चाहिये।

कथक जाति और कथक नृत्य

यह सामान्य धारणा है कि कथक एक जाति थी, जो कथावाचन के माध्यम से अपनी आजीविका चलाती थी। कालान्तर में कथावाचन को सरस तथा रोचक बनाने के लिये कथकों ने अपने कथावाचन में अभिनय और नृत्य का समावेश कर लिया। इस तरह वर्तमान 'कथक नृत्य' का जन्म हुआ। इस प्रसंग में 'कथा कहे सो कत्थक कहिये' या 'कथा कहे सो कथक/कथिक कहावे' कहते हुए चर्चा प्रारम्भ करने का रिवाज़–सा हो गया है।

सहस्रों वर्षों से चली आ रही 'कथावाचन' की सुदृढ़ परम्परा (जो आज भी जीवित है) का ऐसा नाटकीय पटाक्षेप, इस ओर स्पष्ट संकेत करता है कि वर्तमान

---

1 नाट्यशास्त्र/परिमल प्रकाशन/3/84

कथंक नृत्य के ऐतिहासिक अनुसंधान को अब तक गम्भीरता से नहीं लिया गया है। उक्त परिकल्पना को यदि स्वीकार कर भी लिया जाये तो कथावाचक से नर्तक बनने की प्रक्रिया या यह कहें उस transformation का ऐतिहासिक प्रमाण क्या है? क्या कथक अपने आनुवांशिक कार्य का सर्वथा त्याग कर अन्ततोगत्त्वा नर्तक ही बन बैठे? साथ ही कथकों ने जिस नृत्य को अपनाया वह क्या कोई एक नृत्य प्रकार था? अथवा एक से अधिक नृत्य प्रकारों से विभिन्न अंगों को लेते हुए वर्तमान 'कथक' नृत्य ने अपना आकार ग्रहण किया? यह परिवर्तन कब और कैसे हुआ? साथ ही कथावाचन का समाजोपयोगी उपदेशात्मक तत्त्व इस नृत्य से सर्वथा लुप्त क्यों हो गया? बेजोड़ तकनीकी पक्ष से समृद्ध वर्तमान कथक नृत्य में कथा का जितना–सा अंश हम देखते हैं, उतना तो आज प्रचलित सभी शास्त्रीय नृत्यों में पाया जाता है। वैसे भी यदि "नृत्य के माध्यम से कथा की प्रस्तुति करने" के लक्षण को आधार माना जाये तो इसके सर्वथा निकट तो आज हम 'कथकलि' को पाते हैं। कथा और कलि (यानी कहने की पद्धति) इन दो शब्दों के योग से निर्मित 'कथकलि' कर्मवाचक संज्ञा है। अभिनयात्मक कथागान की मूल प्रकृति वाले 'कथकलि' को नृत्य वर्ग में रखना परिसंवाद की अपेक्षा रखता है। अस्तु।

यों 'कथा कहे सो कत्थक कहिये' के प्रमाण से कोई भी व्यक्ति, जो कथा कहता हो, वह कथक/कथिक माना जाना चाहिये, और इस दृष्टि से यह भी कर्मवाचक पद है। किन्तु पिछली कुछ शताब्दियों में मुख्यरूप से उत्तर प्रदेश में समान कार्य करने वालों में अंतर्वैवाहिक सम्बन्धों के कारण कथावाचकों/कथागायकों का एक समुदाय विशेष विकसित हुआ जिसका संकेत 'शब्दरत्नावली' के निम्नलिखित सन्दर्भ से मिलता है –

कथाप्राणः त्रि। (कथया प्राणिति जीवति कथां श्रावयित्यैव जीवनोपायं करोतीत्यर्थः। यद्वा कथायां प्राणाः जीवनोपायाः यस्य। कथकः। स तु नाटक वक्ता)।

अर्थात् कथा में प्राण भरने वाला और कथा के माध्यम से ही जिसकी प्राण यात्रा यानी जीविका चलती हो, वह, नाटक का वक्ता। यानी काकु आदि के द्वारा (वाचिक अभिनय के माध्यम से) विषयवस्तु को दृश्यमान रूप में प्रस्तुत करने वाला (manifestation through articulation) और इस कर्म के माध्यम से अपनी जीविका चलाने वाला। यह ध्यान रहे कि उसे स्पष्टतः **नाटक–वक्ता** कहा गया है, **नाटक–कर्ता** नहीं।

इस प्रसंग में मुझे अयोध्या के मंदिरों में होने वाले कथागायन का स्मरण हो आया है। उसका उल्लेख करना रोचक होगा। बरेली के श्री शीतला प्रसाद कथिक का कथागायन श्री राजगोपाल मंदिर में देखने का सुअवसर लगभग डेढ़ दशक पूर्व मुझे मिला था। अत्यन्त रससिक्त एवं भक्तिपूर्ण इस गायन को सांगीतिक दृष्टि से यद्यपि विशुद्ध रूप से रागबद्ध नहीं कहा जा सकता, किन्तु यह निश्चित है कि उनका मानस–गान (गोस्वामी तुलसीदास विरचित श्री रामचरित मानस) कर्णप्रिय एवं सम्मोहक था। दर्शकों की जिज्ञासा को लगातार बनाये रखने की विलक्षण प्रतिभा उनमें थी। संगीतशास्त्र परम्परा के ग्रन्थों में 'कथक' के जिस स्वरूप का विवरण मिलता है, उसे पूर्णरूपेण श्री शीतला जी में देखा मैंने। लोकरंजन करते हुए लोककल्याण की ओर उन्मुख आध्यात्म के साक्षात् दर्शन उनकी प्रस्तुति में हुए और मंदिर में आये हुए भक्तजनों से उनका अद्भुत् तादात्म्य भी स्पष्ट दिखा। उनके द्वारा गाया गया एक आध्यात्मपरक पद यहाँ प्रस्तुत है –

गर्भ चढ़े, पुनि सूप चढ़े
पलना ते चढ़े, फिर गोद चढ़े
हाथी चढ़े, पुनि अश्व चढ़े
सुखपाल चढ़े .... (अस्पष्ट रिकॉर्डिंग)
सत्रु और मित्र के चित्त चढ़े
अब कांधे चढ़े चारि जना के।

कितना मार्मिक और शाश्वत् सत्य है यह। क्या चित्त के विगलन की यह अवस्था कहीं और सम्भव है? श्री शीतला प्रसाद की प्रस्तुति में एक चमत्कृत कर देने वाली बात यह थी कि वे समसामयिक सामाजिक समस्याओं के प्रति भी पूरी तरह सजग दिखे। अपने भाव प्रधान मानसगान के बीच उन्होंने ऐसे विषयों पर भी अपनी खरी राय रखी जिनके प्रति सम्भवतः हमारा तथाकथित शिक्षित वर्ग भी सजग नहीं है, अथवा स्पष्टतः कहने में हिचकिचाता है। जहाँ वे अशिक्षित गाँव वालों को नवजात शिशु के लिये breast feeding के महत्त्व को प्रतिपादित करने वाले निर्देश देते चल रहे थे, वहीं पढ़े लिखे आधुनिक अधिकारी वर्ग के लिये उनका स्वरचित पद तो जैसे जीवन की क्षणभंगुरता और निस्सारिता दर्शाने वाला था –

'प्रभु का वहाँ पार्लियामेण्ट,
उन्हीं के हाथों में है,

सबका फ्यूचर–पास्ट–प्रेज़ेंट'

उल्लेखनीय तथ्य है कि वर्तमान 'कथक' संज्ञक नृत्य को विभिन्न जातियों तथा वर्ग के लोगों ने अपनाया है। सच्चाई प्रारम्भ से यह रही कि 'सम्पूर्ण कथक' वर्ग ने नहीं, वरन् इनमें से कुछ एक परिवारों ने ही इस नृत्य को अपनाया। आज भी उत्तरप्रदेश के अधिकांश कथक घरानों के लोग कथा–गायक अथवा (शास्त्रीय) गायक–वादक के रूप में प्रतिष्ठित हैं। प्रमाण स्वरूप उत्तर प्रदेश के पूर्वी भाग में स्थित अयोध्या, इलाहाबाद, जौनपुर, आजमगढ़, गाजीपुर, बलिया, बस्ती, बाँसी, गोरखपुर, शोहरतगढ़, पायर, पड़रौना और बिहार के छपरा, मुजफ्फरपुर, आरा, गया, पटना, भागलपुर तथा दरभंगा आदि स्थानों में पीढ़ियों से बसे कथक वर्ग का जायेज़ा लिया जा सकता है। इसलिये किसी वर्ग विशेष से इस नृत्य को सम्बद्ध नहीं किया जा सकता, तब तो और भी नहीं जब अयोध्या में कथा–गान की 'कथिक' परम्परा आज भी जीवित है। उल्लेखनीय है कि देश के विभिन्न प्रान्तों में कथा–गान की अनेक परम्पराएँ आज भी फलफूल रही हैं यथा – कर्णाटक तथा केरल का यक्षगान, तमिलनाडु का कथाप्रसंगम्/कथाकलाक्षेपम्, छत्तीसगढ़ का पंडवानी तथा पश्चिम बंगाल, असम, त्रिपुरा आदि का जात्रा इत्यादि और जैसा कि पूर्व में कहा गया है, अयोध्या केन्द्रित रामभक्ति धारा में मानसगान की 'कथावाचन/कथागान परम्परा। इन सभी का प्रमुख वक्ता विद्वान, विभिन्न भाषाओं का जानकार, तीक्ष्ण बुद्धि वाला और यथासम्भव संगीत का ज्ञाता भी होता है। इस प्रकार की कथावाचन का उद्देश्य उपदेशात्मक होता है। कथावाचन/कथागान की उक्त परम्पराओं में मुख्य कथावाचक अपने पैरों में घुंघरु अवश्य बांधता है, कथा के मध्य भावों की अभिव्यक्ति हेतु स्वाभाविक अंग–विक्षेप/संचालन तथा सहज भावाभिव्यक्ति भी होती है, किन्तु क्या उस सहज अंग–विक्षेप और भावाभिनय को किसी समृद्ध शास्त्रीय नृत्य की श्रेणी में रखा जा सकता है?

मंदिरों में कथक नृत्य

वर्तमान कथक नृत्य की उत्पत्ति तथा विकास–यात्रा के सम्बन्ध में एक धारणा यह भी है कि प्राचीन समय में यह नृत्य मंदिरों से सम्बद्ध था, मुगलकाल में यह दरबारों में पहुँचा और घोर श्रृंगारी हो गया। आइये इसपर भी विचार करें। भारतवर्ष में कला और धर्म का बड़ा गहरा सम्बन्ध रहा है। 12 वीं शताब्दी में वैष्णव भक्ति आंदोलन के उत्तर–पश्चिम भारत की ओर उन्मुख होने पर उससे सम्बन्धित आलवार भक्ति के

विभिन्न सांगीतिक रूप भी उत्तर–पश्चिम भारत पहुँचे। विष्णु के दस अवतारों का प्राकट्य हुआ। अयोध्या और ब्रज क्रमशः रामभक्ति धारा और कृष्णभक्ति धारा के केन्द्र बने। अगली दो–तीन शताब्दियों में राम और कृष्ण के स्वरूप विग्रहों की स्थापना और साहित्य–संगीत आदि कलाओं में उनका यथायोग्य समावेश बहुतायत से किया गया। यही कारण है कि इस कालखण्ड से आगे हम राम और कृष्ण सम्बन्धी चरित्र को नाट्य–नृत्य का विषय बनता देखते हैं, जो इसके पहले मात्र शिव पर केन्द्रित था। इस बदली धारा में मर्यादापुरुषोत्तम श्री राम मुख्यरूप से नाट्य का विषय बने और लीलापुरुषोत्तम श्री कृष्ण को सर्वत्र नृत्य में यथेष्ट स्थान प्राप्त हुआ। 16 वीं शताब्दी के पूर्वार्द्ध में पुष्टि सम्प्रदाय के श्री वल्लभाचार्य और उनके बाद उनके सुपुत्र श्री विट्ठलेश स्वामी के प्रयत्नों से सौराष्ट्र के मंदिरों में संगीत–नृत्य का प्रवेश हुआ।[1] कुम्भनदास, सूरदास, परमानन्ददास, कृष्णदास, छीतस्वामी, गोविन्ददास, चतुर्भुजदास तथा नन्ददास इन भक्त कवियों को लेकर अष्टछाप की स्थापना और पश्चिमी भारत के मंदिरों में संगीत–नृत्य का प्रवेश इस कालखण्ड की एक महत्त्वपूर्ण घटना है। तत्कालीन पदावलियों में मिलने वाले उरप, तिरप, हस्तक, भाव, तत्कारि, त्रिभंगी जैसे पारिभाषिक शब्द और किटतक, गदिगन, तततत थेई, थुंग थुंग, धिलांग आदि बोल इन अष्टछापीय भक्त कवियों के समृद्ध सांगीतिक ज्ञान की ओर संकेत करते हैं। पुष्टि सम्प्रदाय के मंदिरों में अपनी सेवा देने वाले प्रथम नृत्यकार श्री गोविन्ददास थे। श्री विट्ठलेश स्वामी ने सन् 1567 में उनकी नियुक्ति मंदिर सेवा में की थी।

पुष्टि सम्प्रदाय के लगभग समानान्तर सन् 1535 में श्री हितहरिवंश और स्वामी हरिदास ने ब्रज में रासमण्डल का प्रवर्तन किया और श्री कृष्ण भक्ति को रास से जोड़कर, रासलीला अनुकरण को राधा–वल्लभीय सम्प्रदाय में उपासना का अंग बना दिया। रासमण्डल के प्रवर्तन के लगभग सौ वर्ष बाद दक्षिण के कुशल वीणावादक भक्त गोस्वामी नारायण भट्ट ने रासलीला को तकनीकी समृद्धि प्रदान करने के उद्देश्य से जयपुर के महाराज सवाई मानसिंह के दरबारी नर्तक 'वल्लभ' के सहयोग से कृष्णलीला में अभिनयात्मक पदों को सम्मिलित किया।

डॉ0 सुनीता द्विवेदी अपने शोध ग्रन्थ 'अयोध्या केन्द्रित रामभक्ति धारा के संगीत पक्ष का अध्ययन' में कहती हैं कि ''उपलब्ध प्रमाण इस ओर भी संकेत करते हैं कि

---

1 अष्टछापीय भक्ति संगीत – उद्भव एवं विकास/चम्पकलाल छबीलदास नायक/जिल्द 1/पृ0 121, 124, 126

अयोध्या में सन् 1880 में तत्कालीन नरेश दधुआ द्वारा मंदिरों में गायन के लिये पहली बार श्री रामपदारथ 'कथिक' को लखनऊ से अयोध्या आमंत्रित किया गया। इस समय तक श्री अयोध्या के मंदिरों में गायन अथवा नृत्य की कोई परम्परा नहीं थी। श्री अयोध्या में सन् 1910–15 में पहली बार श्री रामदत्त (लम्हुआ वाले) नाम भेद से रामदास जी के द्वारा मंदिर में नृत्य किये जाने का उल्लेख मिला है।"[1]

उक्त दोनों उद्धरण इस बात की ओर इंगित करते हैं कि पिछली कुछ शताब्दियों में हिन्दू मंदिरों में संगीत–नृत्य की पुनर्प्रतिष्ठा के लिये विषय विशेषज्ञों की सेवाएँ ली गईं। पुष्टिमार्गीय मंदिरों में जयपुर राजदरबार से और अयोध्या के मंदिरों में लखनऊ से कलाकारों को बुलाया गया। इसका अर्थ यह है कि मंदिरों में पुनर्प्रतिष्ठा से पहले ये कलारूप राजदरबारों में प्रतिष्ठित हो चुके थे। ऊपर कहे गये तथ्यों से तीन बहुत महत्त्वपूर्ण बातें हमारे सामने आती हैं –

- 16 वीं शताब्दी के पूर्वाद्ध में ब्रज और सौराष्ट्र क्षेत्र में एक ऐसी संगीत–नृत्य परम्परा उपजी और क्रमशः विकसित हुई (रास नृत्य और हवेली संगीत) जो कृष्ण चरित्र को केन्द्र में लेकर चली।

- ब्रज क्षेत्र में विकसित हुई नृत्य परम्परा को तराशने का कार्य जयपुर के नर्तकों ने किया। बहुत स्पष्ट है कि मन्दिरों में नृत्य की परम्परा का जब श्रीगणेश हुआ उस समय मन्दिरों से बाहर यह पर्याप्त फलफूल रही थी।

- लगभग इसी कालखण्ड में अयोध्या में विकसित हो रही संगीत परम्परा 'कथागान' के रूप में श्रीराम की भक्ति को केन्द्र में लेकर चली। राजनीतिक अस्थिरता के दौर में भक्त सन्त अयोध्या छोड़कर राजस्थान की ओर गये अवश्य किन्तु कालान्तर में पुनः श्री अयोध्या के मंदिरों में कथावाचन/कथा गान की परम्परा प्रवहमान हुई और उसका मुख्य विषय मानसगान ही रहा। इधर पिछली शताब्दी में जितना–सा नृत्य का भाग इस कथागान परम्परा में सम्मिलित हुआ उसमें कथक नृत्य के लखनऊ घराने के कलाकारों का सहयोग रहा क्योंकि अयोध्या और आसपास के क्षेत्रीय कथक परिवारों से वर्तमान कथक नृत्य के लखनऊ घराने वालों की वैवाहिक सम्बन्ध बने, इसलिये कला का आदान–प्रदान स्वाभाविक रूप से हुआ। ऐसा प्रतीत होता है कि विभिन्न द्वितीयक ग्रन्थों के लेखकों ने मन्दिरों में नृत्य के सन्दर्भ में उक्त तथ्य को अपनी सुविधानुसार

---

1 अयोध्या केन्द्रित रामभक्ति धारा के संगीत पक्ष का अध्ययन/ डॉ0 सुनीता द्विवेदी/पृ0 99–112 के प्रक्षिप्त अंश

अपने कथन की पुष्टि हेतु इस्तेमाल कर लिया, और यह प्रचारित हो गया कि वर्तमान कथक नृत्य मन्दिरों से उद्‌भूत और कथिकों द्वारा विकसित नृत्य शैली है। यद्यपि यह सही है कि भारतीय सन्दर्भ में प्रयोगधर्मा कलाओं को संरक्षण मुख्यतः मंदिरों से प्राप्त हुआ।

उक्त बन्दुओं पर ध्यान दें तो पश्चिम और उत्तर भारत के इन दो प्रमुख भक्ति केन्द्रों (ब्रज और अयोध्या) में होने वाली सांगीतिक गतिविधियों तथा तत्कालीन प्रचलित संगीत–नृत्य विधाओं के अन्योन्याश्रित सम्बन्ध को अनदेखा नहीं किया जा सकता। इसके साथ ही इस सम्भावना की ओर भी दृष्टि रखनी आवश्यक होगी कि वर्तमान 'कथक' संज्ञक नृत्य ने अपने विकासक्रम में उक्त दोनों भक्ति धाराओं के साथ–साथ अन्य प्रादेशिक नृत्य–गीत प्रकारों से भी सामग्री का ग्रहण अवश्य किया ही होगा। इसलिये संगीतशास्त्र के मध्यकालीन ग्रन्थों में उपलब्ध नृत्त/नृत्य तथा गीत प्रकारों को भी समझने का प्रयास हमें करना होगा, क्योंकि आज हम जिस रूप में कथक नृत्य को देख रहे हैं, उसका मूल कहीं–न–कहीं तो होना ही चाहिये। इस नृत्य के अन्तर्निहित संगठक तत्त्वों का कुछ साम्य किसी अथवा किन्हीं नृत्य प्रकारों से अवश्य ही होना चाहिये।

'कथक' शब्द की व्युत्पत्ति एवं अर्थ

'कथक' शब्द संस्कृत की दशम् गण की 'कथ्' धातु से बना (कथ्‌कर्त्तरिण्वुल) एक कृदन्त शब्द है। इसकी व्युत्पत्ति इस प्रकार कही गई है – 'कथयति यः सः कथकः।' अर्थात् कथक वह है जो कहता है। लोक में भी लगभग यही परिभाषा सुनने को मिलती है – 'कथा कहे सो कत्थक कहिये।' इस परिभाषा को प्रत्येक पारम्परिक 'कथक' तथा कथक नृत्य से जुड़ा प्रत्येक साधक जानता है, समय–समय पर दोहराता भी है। आश्चर्य यह है कि 'कथा कहने' को 'कथा नाचने' में कितनी सहजता से ढाल लिया गया। एक सर्वथा वाचिक कर्म की, आंगिक कर्म में परिणति कर दी गई और इसी रूप में इसे समझने का रियाज़ भी कर लिया गया, जबकि हर स्तर पर, विभिन्न कालखण्डों में कथकों के वाचिक कर्म में संलग्न होने के ही प्रमाण मिलते हैं।

17 वीं शताब्दी में राजा राधाकान्तदेव बहादुर कृत शब्द कल्पद्रुम में 'कथक' की व्याख्या इस तरह दी गई है – कथकः (त्रि) (कथयितृ) तृच्/ण्वुल) (कथयति यः। कथ् कर्त्तरि ण्वुल्, तृच् वा) वक्ता।

शब्द रत्नावली भी कथक के इसी रूप की पुष्टि करती है। कहा है –

कथोपजीवी, नाटकवर्णनकर्ता। तत्पर्यायः एकनटः, कथाप्राणः। कथाप्राणः त्रिः (कथया प्राणिति जीवति कथां श्रावयित्यैव जीवनोपायं करोतीत्यर्थः। यद्वा कथायां प्राणाः जीवनोपायाः यस्य। कथकः। स तु नाटकवक्ता। इति शब्दरत्नावली।

अर्थात् कथा के द्वारा अपनी जीवन यात्रा चलाने वाला, नाटक को वाचिक के द्वारा प्रस्तुत करने वाला, एकनटः यानी किसी नाटक के सभी पात्रों/चरित्रों को वाचिक अभिनय से प्रस्तुत करने वाला। ध्यान रहे कि यहाँ 'कथक' को 'नाटकवर्णनकर्ता' कहा गया है 'नाटककर्ता' अथवा नर्तक नहीं। इसलिये निश्चित ही इस व्यक्ति को योग्य वक्ता या वाचिक अभिनय में कुशल होना आवश्यक माना गया होगा। व्यास परम्परा के कथावाचकों में यह विशेषताएँ देखी जाती हैं। वाचिक पर असाधारण अधिकार रखने वाले ये ब्राह्मण कथावाचक, पौराणिक कथाओं को श्रोताओं के सम्मुख सजीव कर देने की क्षमता रखते हैं। आज यह कहते हुए मुझे 70 का दशक स्मरण हो आया है। मण्डला (मध्यप्रदेश) मेरा गृहनगर है। प्रतिवर्ष विजयादशमी से दस दिन पहले रामलीला शुरू होती थी और विजयादशमी को रावण वध से यह सम्पन्न होती थी। बड़ा उत्साह रहता था हम सब बच्चों में। शहर के ही ब्राह्मण, उपाध्याय 'कक्का जी' सबके सहयोग से प्रतिवर्ष रामलीला का आयोजन करते थे। उन्हीं दिनों इलाहाबाद से 'राधेश्याम रामायण' मण्डली का आगमन हमारे शहर में हुआ। छन्दोबद्ध सम्वाद और गीत–संगीत से सजी इस मण्डली की रामलीला ने सबको अधिक आकर्षित किया। परशुराम–लक्ष्मण सम्वाद और शूर्पनखा का अपने भाई रावण के सम्मुख उसे उकसाते हुए विलाप, ये दो प्रसंग तो मुझे पूरे–के–पूरे आज भी याद हैं। भाषा उर्दू मिश्रित खड़ी बोली है। देखिये शिव धनुष भंजन से क्रोधित परशुराम, लक्ष्मण की ढिठाई पर श्री राम से कहते हैं –

हे राम तुम्हारी बातों से नरमाई मुझमें आती है।
पर देख तुम्हारे भ्राता को छाती जलने लग जाती है।।

और इधर अपनी नाक और कान लक्ष्मण से कटवाकर शूर्पनखा लंका लौटती है और अपने भाई रावण को उकसाती है –

नागाह उधर मैं निकल पड़ी, उस नारी से मिलना चाहा।
उस समय निगोड़े लक्ष्मण ने मुझसे कुछ छल करना चाहा।।
जब मैंने तेरा नाम लिया, सुनते ही उसने दी गाली।
और मेरे कान कतर डाले और मेरी नाक काट डाली।।
भाई मेरी नाक गई सो गई, तुम अपनी नाक बचा लो जी।

जग में जब ऊँची नाक नही तो नकटा नाम धरा लो जी।।

प्रत्येक सम्वाद के बाद हारमोनियम पर ध्रुव पंक्ति बजाई जाती थी, मंचस्थ पात्र यथानुरूप अभिनय करता था और तबले पर "धिं ताक धिं ताक धिं ताक धिन्" की तिहाई के साथ अगला सम्वाद शुरू होता है। ऐसी रामलीलाओं में सूत्रधार के रूप में कथावाचक ब्राह्मण रामकथा के प्रसंगों को क्रमवार आगे बढ़ाते चलते थे और बीच–बीच में नाटक मण्डली के अभिनेता उन प्रसंगों को अपने अभिनय से सजीव करते चलते थे। इन मण्डलियों में सभी किरदार पुरुषों द्वारा ही निभाये जाते थे। लीला के स्त्री पात्रों की भूमिका कम उम्र के लड़कों को दी जाती थी। परिवर्तन के इस दौर में मनोरंजन के विभिन्न साधन प्रत्येक घर में उपलब्ध होने के कारण ये हुआ है कि मनोरंजन की ऐसी क्षेत्रीय गतिविधियाँ अब बहुत कम हो चली हैं फिर भी रामलीला मण्डलियाँ ख़त्म नहीं हो गईं। लोगों तक पहुँचने के आधुनिक साधन उन्होंने भी अपना लिये हैं। YouTube में देखें, अथवा Google करें। अब भी स्क्रीन पर वही रूप देखा जा सकता है। तो लगता यही है कि **व्यास परम्परा के कथावाचकों ने अपने कथावाचन को अधिक प्रभावशाली, नयनाभिराम और रोचक बनाने के लिये रामलीला की लोकनाट्य परम्परा का सहारा लिया।** अब चाहे ये कथावाचक रामलीलाओं में सूत्रधार के रूप में कथा का संचालन कर रहे हों अथवा मंदिरों में एकल कथावाचन (जैसा कि अब भी अयोध्या के मंदिरों में देखा जा सकता है), इस पूरे आयोजन में 'नृत्य' की भूमिका नगण्य–सी ही दिखती है। गोल गोल घूमना या फिर पैरों में घुंघरू बांधकर छन्द में बने रहने की कोशिश करते हुए पैर पटकने की क्रिया को शास्त्रीय 'नृत्य' की श्रेणी में कतई नहीं रखा जा सकता।

'कथक' शब्द का इतिहास

महाभारत (रचनाकाल ईसा पूर्व चौथी शताब्दी से ईसा की चौथी शताब्दी के मध्य, स्थान – हस्तिनापुर, वर्तमान उत्तर प्रदेश का मेरठ जिला तथा वर्तमान हरियाणा का 'कुरुक्षेत्र'), हर्षचरित (छँठवीं शताब्दी का उत्तरार्ध अथवा सातवीं शताब्दी का पूर्वाद्ध, स्थान – कन्नौज), मानसोल्लास (सन् 1131 ई0, स्थान कल्याणी, हैदराबाद), संगीत रत्नाकर (सन् 1208–1247 के मध्य, स्थान – औरंगाबाद, महाराष्ट्र), नृत्त रत्नावली (सन् 1253–54 ई0, स्थान – वारंगल, आंध्रप्रदेश), संगीत समयसार (1350 के आसपास, स्थान – महाराष्ट्र), रागतरंगिणी (17वीं शताब्दी, स्थान – मिथिला, बिहार) इन सभी ग्रन्थों में 'कथक' शब्द प्राप्त होता है। यह ध्यान दिये जाने योग्य है कि भौगोलिक

दृष्टि से नर्मदा के उत्तर तथा दक्षिण में स्थित प्रदेशों में, एक लम्बे कालखण्ड में रचे गये इन ग्रन्थों में 'कथक' का उल्लेख नर्तक के रूप में नहीं, कथावाचक/कथागायक के रूप में प्राप्त होता है। आइये देखते हैं।

महाभारत में 'कथक' शब्द

उपलब्ध ग्रन्थों में सर्वाधिक प्राचीन ग्रन्थ व्यास मुनि कृत महाभारत है जिसमें पाण्डवों के वन प्रवास के अवसर पर उनके साथ वन गमन करने वालों में 'कथक' संज्ञा भी प्राप्त होती है।

कथकाश्चापरे राजन् श्रमणाश्च वनौकसः।
दिव्याख्यानानि ये चापि पठन्ति मधुरं द्विजाः।।[1]

अर्थात् राजन् (पाण्डवों) के साथ वनों में रहने वाले श्रमण (बौद्ध भिक्षु) और कथक लोग मधुर स्वरों में दिव्य आख्यानों का **गान** करते हैं। इस प्रसंग में स्पष्टतः कथकों के गायक रूप का संकेत मिलता है।

हर्षचरित में 'कथक' शब्द

बाणभट्ट की गद्य रचना 'हर्षचरित' से संस्कृत साहित्य में ऐतिहासिक काव्य रचना का शुभारम्भ माना जा सकता है। ईसा की सातवीं शताब्दी में प्रणीत इस ग्रन्थ में अनेक संगीतजीवी जातिपरक संज्ञाएँ प्राप्त होती हैं, जिनमें 'कथक' शब्द भी है।

... शैलालियुवा शिखण्डकः, नर्तकी हरिणिका, पाराशरी सुमतिः,
क्षपणको वीरदेवः, कथको जयसेनः, शैवो वक्रघोणः, मंत्रसाधकः करालः[2] ....

बाण के इत्वर (साथ यात्रा करने वाले/रहने वाले) साथियों के रूप में नर्तक, बन्दी, चारण, शैलालि, शैलूष आदि शब्दों की तो व्याख्या टीकाकार ने की है, किन्तु इन्हीं के साथ मिलने वाले 'कथक' शब्द के विषय में वे मौन हैं। सम्भवतः 'कथक' शब्द उस काल में बहुप्रचलित एवं अपने अर्थ में एकदम स्पष्ट रहा हो इसलिये टीकाकार ने इसपर प्रकाश डालने की आवश्यकता न समझी हो। जो भी हो, उक्त प्रसंग में 'नर्तक' तथा 'शैलालि' का नृत्य के प्रसंग में उल्लेख और उनसे पृथक् रूप में 'कथक' की चर्चा से यह स्पष्ट हो जाता है कि तत्कालीन समाज में कथक चाहे जिस व्यवसाय से सम्बद्ध रहे हों, वे नर्तक नहीं थे।

---

1 महाभारत/1/213/3
2 हर्षचरित/बाणभट्ट/प्रथम उच्छवास/पृ. 75

मानसोल्लास में 'कथक' शब्द

सन् 1131 ईस्वी में कल्याणी नरेश सोमेश्वर ने मानसोल्लास की रचना की। यह सम्भवतः प्रथम ग्रन्थ है जो 'कथक' व्यक्ति द्वारा किये जाने वाले कार्य का सम्पूर्ण विवरण प्रस्तुत करता है। ध्यान देने योग्य तथ्य है कि ग्रन्थ के 'नृत्य विनोद' में न होकर 'कथा विनोद' में कथक शब्द का पाया जाना स्वतः इस तथ्य की ओर संकेत करता है कि तत्कालीन समाज में 'कथक' का सम्बन्ध नर्तन से नहीं, अपितु कथा (वाचन अथवा गायन) से था। ग्रन्थ के कथा–विनोद नामक अध्याय में चार प्रकार की कथाओं की चर्चा प्राप्त होती है – एकवक्त्रा, द्विवक्त्रा, चतुर्मुखा तथा बहुपूरुषा। बहुपूरुषा कथा के प्रसंग में प्रमुख वक्ता के रूप में 'कथक' की चर्चा, पुनः इसके गायक स्वरूप की पुष्टि करती है। ग्रन्थ के इस अंश को हम यहाँ यथावत् प्रस्तुत कर रहे हैं–

कर्णाटभाषया यस्तु षट्पदीपठनोदितः(पठनोद्यतः)
किन्नरीस्वरसंवादी ध्वनिर्यस्य विराजते।
उदारध्वनिसंयुक्ता(क्तः) सौष्ठवेन समन्विताः(तः)
वर्णकैः सह यो वक्ति स चित्रकथको वरः।
गायक्यो(का) यत्र गायन्ति विना तालैर्मनोहरम्
मार्दंगिकद्वयोपेतं सा कथा बहुपूरुषा।[1]

अर्थात् जो कर्णाट भाषा में षट्पदी के पाठ में उद्यत हो, जिसका कण्ठस्वर किन्नरी के स्वर से सम्वाद करता हो तथा उदार हो (यानी मीठी और खुली आवाज़ हो), जो सौष्ठव से युक्त हो तथा जो वर्णकों के साथ कथा कहे, वह कथकों में उत्तम, 'चित्र कथक' है और दो मार्दंगिकों की संगत के साथ गायी जाने वाली ऐसी कथा जिसमें (सह) गायिकाएँ बिना ताल के (अताल) ही मनोहर रूप में गाती हों, 'बहुपूरुषा कथा' कहलाती है।

इस सम्पूर्ण विवरण में 'कथक' शब्द 'षट्पदी कथा' की प्रस्तुति करने वाले व्यक्ति के अर्थ में आया है। इस व्यक्ति के कंठस्वर की विशेषताओं का उल्लेख यही सिद्ध करता है कि वह स्वर–व्यापार में लिप्त था। यहाँ ऐसा कोई विवरण अथवा संकेत प्राप्त नहीं होता जिसके आधार पर यह कहा जा सके कि वह 'कथक' व्यक्ति नृत्य करते हुए कथा कहता था। यदि तत्कालीन 'कथक' लोग नृत्य अथवा अभिनय के साथ

---

1 मानसोल्लासः / कथा–विनोदः / श्लोक 1425–28

कथा कहते होते, तो उसका उल्लेख 'मानसोल्लास' के उक्त प्रसंग में अवश्य किया गया होता।

उक्त विवरण में यह बताया गया है कि कथक व्यक्ति 'षट्पदी' के पाठ में उद्यत है। यह 'षट्पदी' क्या है? अष्टपदी नामक गेय प्रबन्ध की तरह यह छः पदों वाली रचना हो सकती है। यों षट्पदी का अर्थ है – छः पैरों वाला। यानी भ्रमर/भँवरा। भक्त कहता है कि यह भ्रमर रूपी षट्पदी (विशेष पद रचना) मेरे वदन रूपी कमल में सदा ही वास करे।[1] अर्थात् मैं सदा ही भगवत्भजन में लिप्त रहूँ। व्याकरण की दृष्टि से 'षट्पदी' एक विशेष प्रकार का छन्द है जिसमें प्रत्येक पंक्ति तीन चरणों वाली होती है, इस तरह दो पंक्तियों में छः चरण हो जाते हैं। मानसोल्लास के 'कथा विनोद' में षट्पदी के विनियोग के विषय में ग्रन्थकार सोमेश्वर ने कहा है कि:

कथासु षट्पदी योज्या विवाहे धवलस्तथा।
उत्सवे मंगलो गेयष्चर्या योगिजनैस्तथा।।[2]

अर्थात् कथा कहने में, विवाह में, उत्सव में, अन्य मांगलिक कार्यों में षट्पदी का प्रयोग किया जाना चाहिये।

उक्त प्रसंग में 'वर्णकैः सह यो वक्ति' वाक्यांश भी हमारा ध्यान खींचता है। वर्णकः के कोशगत अर्थों में से एक अर्थ है – भाट, चारण तथा स्तुति गायक। भाट, चारण तथा स्तुति गायक को लौकिक प्रशस्ति गायक कहा गया है। इससे यह अनुमान होता है कि बहुपूरूषा कथा में मुख्य गायक तो 'कथक' हुआ करते थे, जो सम्भवतः पौराणिक कथावाचक/गायक थे। कथक व्यक्ति के साथ अन्य भाट/चारण भी होते थे जो आश्रयदाता का प्रशस्ति–गान करते थे। 'बहुपूरुषा' संज्ञापद इस सम्भावना की पुष्टि करता है।

मानसोल्लास के 'नृत्य–विनोद' (नृत्य पर लिखे अध्याय) में नर्तकों की छह श्रेणियों का उल्लेख प्राप्त होता है। ग्रन्थकार ने नर्तक, नर्तकी, नट, वैतालिक, चारण तथा कोल्लाटिक ये छः प्रकार के नर्तक कहे हैं।[3] कथक को इनमें नहीं गिनाया गया

---

1 विदुषी उर्मिला शर्मा से मुझे 'षट्पदी' की यह व्याख्या प्राप्त हुई। उर्मिला बहिनजी, सुविख्यात संगीतशास्त्रज्ञा विदुषी स्व0 प्रेमलता शर्मा की अनुजा हैं तथा दर्शनशास्त्र की ज्ञाता हैं।

2 मानसोल्लासः/कथा–विनोदः/श्लोक 552

3 नर्तकाः षट्प्रकाराः स्युर्नर्तको नटनर्तकी।।
वैतालिकाश्चारणाश्च तथा कोल्लटिका अपि।
मानसोल्लास/नृत्य–विनोद/966–967

है। ग्रन्थ के सम्पूर्ण नृत्याध्याय में अथवा अन्य किसी स्थल अथवा प्रसंग में 'कथक' शब्द का उल्लेख नहीं मिलता। इससे पुनः इस तथ्य की पुष्टि होती है कि तत्कालीन 'कथक' नर्तन विधा से नहीं जुड़े थे अन्यथा नर्तकों के प्रकार गिनाते हुए सोमेश्वर 'कथक' नाम भी अवश्य कहते।

संगीत रत्नाकर में 'कथक' शब्द

आचार्य शार्ङ्गदेव प्रणीत 'संगीत–रत्नाकर' ऐसा पहला ग्रन्थ है जिसके **नर्तनाध्याय** में 'कथक' शब्द मिलता है। उल्लेखनीय है कि इस ग्रंथ के नर्तनाध्याय में 'कथक' शब्द प्राप्त अवश्य होता है किन्तु नृत्य के सन्दर्भ में नहीं अपितु 'सभा सन्निवेश' की चर्चा में।

आसीना वामभागे स्युरग्रे वाग्गेयकारकाः।
कथका बन्दिनश्चात्र विद्यावन्तः प्रियंवदा।
प्रशंसाकुशलाश्चान्ये चतुराः सर्वमातुषु।।[1]

राजसभा में राजा के बाईं ओर, आगे की पंक्ति में 'कथक' की उपस्थिति का उल्लेख उस युग में इनके प्रतिष्ठित स्थान की ओर संकेत है। उक्त श्लोक में उल्लिखित वाग्गेयकार, बन्दी, विद्यावन्त, प्रिय बोलने वाले, प्रशंसा करने में कुशल, सभी भाषाओं में चतुर तथा ऐसे ही अन्य व्यक्तियों का विवरण हमारा ध्यान आकर्षित करता है। उल्लेखनीय है कि उक्त समूह में 'वाग्गेयकार' आदि अन्य व्यक्ति वाक् व्यापार में कुशल माने गये हैं। प्रतीत होता है कि ग्रन्थकार द्वारा 'कथक' को उक्त समूह में समान गुण के कारण सम्मिलित किया गया है। इसलिये यह कहना होगा कि संगीत रत्नाकर में प्राप्त तथ्य इस बात के प्रमाण हैं कि 13वीं शताब्दी तक 'कथक' वर्ग नृत्य से किसी तरह सम्बद्ध नहीं था। विभिन्न सांगीतिक विधाओं में दक्ष व्यक्तियों के अन्तर्गत नट, नर्तक, वैतालिक, चारण तथा कोल्हाटिक का उल्लेख पूर्वपरम्परानुसार ग्रन्थकार द्वारा नर्तनाध्याय में किया ही गया है।[2]

नृत्त रत्नावली में 'कथक' शब्द

संगीत रत्नाकर के तुरन्त बाद और देवगिरी के सन्निकट प्रान्त वारंगल में काकतीय नरेश गणपति के आश्रय में जायेसेनापति ने 'नृत्त रत्नावली' की रचना की।

---

1 संगीतरत्नाकर / नर्तनाध्याय / 1347–48
2 संगीतरत्नाकर / नर्तनाध्याय / पृ. 391–393

इस ग्रन्थ के अष्टम् अध्याय में 'सभासन्निवेश' के प्रसंग में वाग्गेयकार, गन्धर्व, नट, नर्तक तथा वाग्मी के साथ कथक का उल्लेख भी प्राप्त होता है। जायेसेनापति ने भी कथक को वाक् व्यापार में लिप्त व्यक्ति के रूप में **पुण्यपाठक** कहा है नर्तक नहीं, जो इससे पूर्व संगीत रत्नाकर तथा अन्य ग्रन्थों में मिले प्रामाणिक उल्लेखों की पुष्टि करता है।

वाग्गेयकारः गन्धर्वस्वरादीन् गायनान्नटान्।
नर्तकान्वाग्मिनः पुण्यपाठकान्कथकानपि।
वामतो द्विविधातोद्यवादककांश्च निवेशयेत्।।[1]

संगीत–समयसार में 'कथक' शब्द

13वीं शताब्दी के उत्तरार्ध में जैन दिगम्बर आचार्य पार्श्वदेव द्वारा 'संगीत–समयसार' की रचना की गई। यह ग्रन्थ सम्भवतः महाराष्ट्र के ही किसी प्रान्त में लिखा गया। मानसोल्लास, संगीत–रत्नाकर तथा नृत्त रत्नावली की ही तरह संगीत समयसार भी तत्कालीन संगीत प्रवृत्ति के विषय में प्रामाणिक तथ्य उपलब्ध कराने में सहायक ग्रन्थ है। संगीत के विद्यार्थियों के लिये इस ग्रन्थ का महत्त्व इसलिये भी अधिक है कि इसमें गायन–वादन–नर्तन सम्बन्धी कुछ ऐसे तथ्य मिलते हैं, जो तत्कालीन अन्य ग्रन्थों में नहीं कहे गये। ग्रन्थ के पंचम अधिकरण में सूडक्रमाश्रित प्रबन्ध लक्षण के अन्तर्गत आचार्य के द्वारा छः प्रकार की गान रीतियाँ बतलाई गईं हैं – चोक्ष गायन रीति, योगी रीति, मलिन गायन रीति, योगिता रीति, पेरण रीति तथा **कथक रीति**।[2] गान की इन रीतियों में 'कथक रीति' का उल्लेख इस तथ्य की पुष्टि करता है कि 'कथक रीति' गायन से सम्बन्धित थी, नृत्य से नहीं। चोक्ष गायन यानी चोखा अथवा शुद्ध गायन, योगी रीति अर्थात् साधु–सन्यासियों द्वारा जैसा गायन किया जाता है, उसे कहा गया। मलिन गायन जैसा कि नाम से स्पष्ट है राग–ताल सम्बन्धी नियमों का पालन न करते हुए अशुद्ध गान को मलिन गायन कहा गया। योगिता यानी स्त्री, तो जिस रीति से स्त्रियाँ (सामान्यतः दैनन्दिन दिनचर्या एवं सामाजिक उत्सवों से

---

1 नृत्त रत्नावली / जायसेनापति / 8 / 29

2 चोक्षगायन रीतिश्च योगिरीतिः क्वचिद् भवेत्।
मलिनगायन रीतिश्च रीतिस्सा योगितां क्वचित्।
क्वचित् पेरणरीतिश्च रीतिः कथक संसिताः।
रीतिर्भगिरीतियोक्ता रीतिलक्षणकोविदै।।

संगीत समयसार / पंचम् अध्याय / श्लोक 222,223

सम्बन्धित गीत) गाती हैं उसे 'योगिता रीति' कहा गया। पेरणी नर्तक द्वारा जिस तरह का गान किया जाता होगा उसे पेरण रीति कहा गया। इन पाँचों से भिन्न 'कथक रीति' का उल्लेख इस ओर संकेत करता है कि 'कथक रीति' न तो मात्र गायन यानी चोक्ष गायन पद्धति थी और न ही नृत्य से सम्बन्धित गान विधि ही थी, (जैसी कि पेरण रीति है)। न तो ये साधु–सन्यासियों द्वारा किया जाने वाला गान था और न ही सम्भवतः यह अशुद्ध और राग–ताल नियमों की अवहेलना करता हुआ गान था। यह मलिन गान भी नहीं था यानी कथकों द्वारा किया जाने वाला गान अशुद्ध या राग–ताल सम्बन्धी नियमों से सर्वथा अछूता भी नहीं था। किन्तु इसे चोक्ष से भिन्न कहना यह संकेत करता है कि कथकों के गायन की पद्धति विशुद्ध शास्त्रीय गायन नहीं थी। यानी 'कथक रीति' गान की एक ऐसी पद्धति थी जो तत्कालीन गान की अन्य पद्धतियों से भिन्न थी। संगीत समयसार से पूर्व विभिन्न ग्रन्थों में प्राप्त होने वाले विवरण से यह संकेत तो मिलता ही है कि 'कथक' वर्ग 'कथागान' का कार्य करता था। (यह कथागान निश्चित ही व्यास पद्धति के सामान्य कथावाचन से भिन्न था)। तो सम्भवतः 'कथक रीति' से आचार्य पार्श्वदेव का मन्तव्य कथागान की किसी पद्धति से रहा हो। बहुत सम्भव है मानसोल्लास में 'कथा बहुपूरुषा' के नाम से जिस गान पद्धति का उल्लेख किया गया और जिसका प्रधान गायक 'कथक' को कहा गया था वही संगीत समयसार में 'कथक रीति' के नाम से कही गयी हो। कालान्तर में यही उत्तर भारत में कथकों के कथागान के तौर पर प्रचलित हुई हो, ठीक वैसी जैसी कि भारत के अन्य स्थानों यथा – केरल में यक्षगान, तमिलनाडु में कथाकलाक्षेपम्, छत्तीसगढ़ में पंडवानी तथा पश्चिम बंगाल, असम, त्रिपुरा आदि में जात्रा जैसी कथागान परम्पराएँ स्थिर हुई।

वर्तमान समय में भारत के विभिन्न प्रान्तों में प्रचलित गान/कथागान की रीतियों का उद्‌गम संगीत समयसार में वर्णित उक्त गान रीतियों में देखा जा सकता है। यथा – बंगाल का बाऊल (जिसकी उत्पत्ति के विषय में कुछ निश्चित जानकारी प्राप्त नहीं होती) सम्भवतः संगीत समयसार में वर्णित 'योगी रीति' से उद्‌भूत प्रकार हो। इसी तरह ग्रन्थ में वर्णित 'कथक रीति' से वर्तमान पण्डवानी (छत्तीसगढ़), कथाकलाक्षेपम् (तमिलनाडु) तथा अयोध्या के मंदिरों में कथकों/कथिकों की कथागान परम्परा के तार जुड़ते प्रतीत होते हैं। सम्भवतः यह बन्दिशों का विशुद्ध गायन न रहा हो, पारम्परिक कथागायन को ही संगीत समयसार में सम्भवतः 'कथक रीति' कहा गया हो, जिसमें कथा गेय रूप में बरती जाती रही हो, जैसा कि अब भी अयोध्या के मंदिरों

में देखा जा सकता है। और जैसा कि हमने पूर्व में कहा कि संगीत समयसार के पूर्ववर्ती ग्रन्थ सोमेश्वर कृत मानसोल्लास में उल्लिखित कथागान के विभिन्न प्रकारों यथा – एकवक्त्रा, द्विवक्त्रा तथा बहुपूरुषा में भी वर्तमान कथागान पद्धतियों के बीज खोजे जा सकते हैं। अस्तु।

राग तरंगिणी में 'कथक' शब्द

संगीत–रत्नाकर, संगीत समयसार तथा संगीतोपनिषत्सारोद्धार के उत्तरवर्त्ती ग्रन्थों में पण्डित लोचन कृत 'राग–तरंगिणी' को महत्त्वपूर्ण माना जा सकता है। ग्रन्थ वर्तमान बिहार प्रान्त के मैथिल क्षेत्र में 17 वीं शताब्दी में लिखा गया। इस ग्रन्थ की तीसरी तरंग में मैथिल क्षेत्र के गीतों की उत्पत्ति के प्रसंग में कवि लोचन ने सुमति नामक 'कथक' और उनकी सात पीढ़ियों का नामोल्लेख 'गीतगानैर्गरिष्ठः' पद के द्वारा 'अच्छे गायक' के रूप में किया है। इस तरह राग तरंगिणी में उपलब्ध 'कथक' विषयक विवरण इस शब्द के इतिहास को किसी हद तक पूर्व परम्परा के अनुसार ही बढ़ाने में मदद करता है।

विख्यात भूदेव सुवंशसूतिर्विद्याविभूतिर्भवभूतिरासीत्।
स देवतायाः किल सिद्धि योगात्काव्यम्पुराण प्रतिमञ्चकार।
अधीत्य तत्संसदि पार्थिवैभ्यः कथास्तदीयाः कथयाम्बभूव।
अतस्तदानीं सुमति कलावान् कायस्थ सूनुः कथको बभूव।
सुमति सुतोदय जन्मा जयतः शिवसिंह देवेन।
पंडितवर कविशेखर विद्यापतये तु सन्यस्तः।
एतैस्संगीतविद्भिः सुरनिकरसरित्कान्तमन्तर्विगाह्य।
प्रोन्मीलत्सु स्वरौघ प्रवितत गतिकाः कल्पिताः केऽपिरागाः।
तद्गानार्थन्तु विद्यापति कवि कृतिना कल्पितास्तुध्रुवायाः।
तासामेकोग्रगाताऽभवदिह जयतः संसदि श्री नृपस्य।।
पितुरन्यूनगुणः किल कलाभिरानन्ददः प्रथितः।
जयतादजनि वितृष्णः कृष्णोनिजदेशि गायकस्सदसि।

ततश्च
विमल मतिरतीष प्रायकायः कथाया–
स्सदसि कथनकारी गीतगानैर्गरिष्ठः।

सफल जनिरनन्यज्ञान सामान्यविद्या–
विदित हरिहराख्यो मल्लिकः प्रादुरास ।।
खड्गराम घनश्याम कल्लीरामास्त्रयः सुताः।
एतस्यवततेष्वेको घनष्यामस्तु गायकः।
रामान्ता लछिराघव टीकाख्याः शीलसम्पन्नाः।
सुदेशिगायकास्तेषु घनश्यामसुतास्त्रयः।
श्रीमद्विद्यापतिकवयितुः काव्यवर्णानुबद्धां
स्तत्तत्प्रायनथतदनुग ख्यातगीतैर्न्निवद्धान्।
रागानेभ्यः कथमपि तथा वर्तुलीकृत्यधीमान्।
प्रेम्णा श्रीमन्नरपतिरतो लोचन स्तांल्लिलेख।[1]

अर्थात् – महाकवि भवभूति के पुराणोपम काव्य को राजा की सभा में कथा के रूप में प्रस्तुत करने का कार्य एक कलावान कायस्थ पुत्र सुमति नामक 'कथक' करता था। उल्लेखनीय है कि आचार्य भवभूति के तीन नाटक प्राप्य हैं – महावीरचरितम्, उत्तररामचरितम् तथा मालतीमाधव। रागतरंगिणी के विवरण से यह स्पष्ट होता है कि इन काव्यों की कथारूप में प्रस्तुति 'सुमति' कथक के द्वारा की जाती थी। इस प्रसंग में यह स्पष्ट नहीं होता कि कथा का वाचन होता था, कथा का गायन होता था अथवा कथा अभिनीत की जाती थी। किन्तु आगे सुमति कथक को संगीतज्ञ कहा गया है। देखें – ग्रन्थकार कहते हैं कि – कथक सुमति के पौत्र जयत को राजा शिवसिंह ने विद्यापति के लिये नियुक्त किया था। और यह भी कि सुमति आदि संगीतज्ञों ने जो भी राग बताए उनके गायन के लिये विद्यापति ने ध्रुवाओं की कल्पना की। राज्यसभा में इन ध्रुवाओं का एक गायक स्वयं जयत कथक था। जयत का पुत्र कृष्ण कथक भी गुणों में अपने पिता से कम नहीं था। वह अपनी कला से दूसरों को आनंदित करने के कारण अपने देश के गायकों में प्रसिद्ध था। इसके बाद इस वंश में हरिहर मलिक नामक कथक हुआ, जो अत्यधिक बुद्धिमान था तथा गीत के द्वारा सभा में कथा प्रस्तुत करने में निपुण था। इसके तीन पुत्र थे– खड्गराम, घनश्याम तथा कल्लीराम, जिनमें से केवल घनश्याम ही गायक था। शेष दो क्या करते थे इसके विषय में कुछ नहीं कहा गया है। घनश्याम के भी तीन पुत्र हुए – लछिराम, राघवराम, टीकाराम। ये तीनों देशी

---

1 रागतरंगिणी / तृतीय तरंग / पृ0 37–38

संगीत के अच्छे गायक थे। सुमति कथक के वंश के लोगों ने विद्यापति के गीतों को जिन रागों में गाया उन्हीं रागों को कवि लोचन झा ने इकट्ठा करके यहाँ लिख दिया है। इस सम्पूर्ण विवरण में कथकों के लिये बारम्बार गायक कहा गया है।

उक्त विवरण में कथकों (जमींदारी इत्यादि का मालिकाना हक़ पाने पर 'मल्लिक') को राजसभा में प्रतिष्ठित गायक के रूप में चित्रित तो अवश्य किया गया है किन्तु **कायस्थसूनुः**, **उग्र** तथा **प्रायकाय** शब्द तत्कालीन समाज में कथकों के अपगमन की ओर संकेत करते हैं। सम्भव है इस समय तक उनमें आचार–विचार सम्बन्धी नियमों की शिथिलता आ चुकी होगी। इस सन्दर्भ में यह उल्लेखनीय है कि उत्तर प्रदेश और बिहार के विभिन्न क्षेत्रों से सम्बद्ध कथक जाति के लोग स्वयं को 'मिश्र' अथवा 'मिसिर' कहते हैं। मिश्र या मिसिर शब्द भी मिले–जुले, मिश्रण अथवा संकर की ओर संकेत करता है। यों संगीत समयसार में 'मिश्र' का एक अन्य अर्थ इस प्रकार बतलाया गया है –

राग रागान्तरच्छायां मिश्रयन् दोषवर्जिताम्।
प्रवीणत्वेन यौ गायेत् सोऽयं मिश्र उदाहृतः।।[1]

अर्थात् जो एक राग में दूसरे राग की छाया का प्रयोग निर्दोष रूप से तथा कुशलतापूर्वक करता है वह 'मिश्र' है। इस तरह से कथकों का स्वयं को 'मिश्र' या 'मिसिर' कहना भी उनके गायक स्वरूप की ही पुष्टि करता है। और यह भी कि 17 वीं शताब्दी तक आते–आते कथकों का वर्ग खान–पान, आचार–विचार सम्बन्धी नियमों तथा समाज में स्थापित वैवाहिक दायरों में शिथिलता के कारण अपगमन को प्राप्त हुआ होगा। इस तरह राग–तरंगिणी में प्राप्त विवरण देश के पूर्वी प्रान्त (मैथिल प्रदेश) में कथकों की उपस्थिति और उनके कथागायक रूप की पुष्टि करता है। इससे यह भी स्पष्ट होता है कि 17 वीं शताब्दी तक 'कथक' जाति के लोग 'नर्तन' से सम्बद्ध नहीं हुए थे, अन्यथा राग–तरंगिणी में, जहाँ कथकों की एक लम्बी वंशावली देशी गायक के रूप में बतलाई गई है, उनके नर्तक रूप का उल्लेख भी अवश्य किया गया होता।

स्वरूपानुभवोच्छव रसलीला में 'कथक' शब्द

सत्रहवीं शताब्दी (सन् 1652) के ही वैष्णव सम्प्रदाय के ग्रन्थ, 'स्वरूपानुभवोच्छव रसलीला' में किसी उत्सव के प्रसंग में गायक, नायक, नट–गायक,

---

1 संगीत समयसार / पार्श्वदेव / सं0 आचार्य बृहस्पति / 9 / 73

नाट्यकार तथा नृत्यकार आदि के साथ वैष्णव गायक के रूप में रामदास पूर्विया 'कथक' का उल्लेख प्राप्त होता है।[1] इस उद्धरण में तीन बातें हमारा ध्यान आकर्षित करती हैं।

- रामदास नामक व्यक्ति पूर्वी प्रान्त का निवासी था।
- यह व्यक्ति 'कथक' सम्प्रदाय का था।
- यह व्यक्ति नर्तक नहीं था। इसे वैष्णव गायक कहा गया है।

उक्त प्रसंग में गायक और वैष्णव गायक का उल्लेख अलग–अलग किया गया है। इससे यह लगता है कि गायन (सामान्य/शास्त्रीय) और वैष्णव गायन की पद्धतियों में निश्चय ही भिन्नता रही होगी। 'संगीत समयसार' में गान के प्रसंग में उल्लिखित 'कथक रीति' से सम्भवतः इसका साम्य हो। समकालीन ग्रंथ 'राग–तरंगिणी' में भी मैथिल प्रदेश के कथकों के इस रूप की हम पहले चर्चा कर चुके हैं।

'राग–तरंगिणी' में जयत आदि कथकों की सात पीढ़ियों का देशी कथागायक के रूप में नामोल्लेख और 'स्वरूपानुभवोच्छव रसलीला' में भी रामदास पूर्विया 'कथक' का उल्लेख वैष्णव गायक के रूप में प्राप्त होना, इस बात का पुष्ट प्रमाण है कि 17 वीं शताब्दी तक मन्दिर के बाहर (राजदरबारों में) अथवा मन्दिर में 'कथक' लोग मुख्यतः गायक के रूप में ही कार्य करते थे। इतना ही नहीं 'मानसोल्लास' से लेकर 'स्वरूपानुभवोच्छवरसलीला' तक (11वीं शताब्दी से 17वीं शताब्दी तक के लम्बे अन्तराल में) विभिन्न ग्रन्थों में प्राप्त 'कथक' शब्द जहाँ एक ओर उसे गान की किसी परम्परा विशेष से जोड़ता है वहीं यह तथ्य भी हमारा ध्यान आकर्षित करता है कि गान की उक्त विशिष्ट परम्परा भारत के मात्र एक प्रान्त में प्रचलित न होकर, सुदूर दक्षिण तथा सुदूर उत्तर को छोड़कर लगभग सम्पूर्ण भारत में प्रचलित थी, और जो कि अत्यन्त प्राचीन थी। इसलिये 'महाभारत' जिसकी रचना आज के पंजाब प्रान्त में हुई थी, में प्राप्त 'कथक' शब्द को भी गान परम्परा में सिद्ध व्यक्ति की ओर संकेत माना जाना चाहिये न कि किसी नृत्य विशेष के प्राचीनतम उल्लेख के रूप में। इसके बाद लगभग 150 वर्ष की अवधि के जितने भी ग्रन्थ हमें देखने को मिल सके हैं, उनमें 'कथक' शब्द कहीं नहीं मिलता। रोचक तथ्य है कि इस वृहद् कालखण्ड के सभी लक्षण ग्रन्थों में

---

1 अष्टाछापीय भक्ति संगीतः उद्भव एवं विकास/चम्पकलाला छबीलदास नायक/जिल्द 1/पृ. 201

नर्तन व्यवसाय से सम्बद्ध अन्य संज्ञाएँ यथा – नट, नर्तक, नर्तकी, चारण, कोल्लाटिक/कोल्हाटिक तथा वैतालिक प्राप्त होती हैं, किन्तु कथक नहीं।

'कथक' व्यक्ति नर्तक के रूप में

17वीं शताब्दी के बाद कुछ ऐसे ग्रन्थ भी मिलते है जिनमें कथक वर्ग के व्यक्ति का उल्लेख नर्तन के प्रसंग में प्राप्त होता है। उल्लेखनीय है कि इस समय तक शास्त्रग्रन्थों में वर्णित नर्तकों की पूर्व में कही गई श्रेणियाँ लुप्त होने लगी थीं अथवा यह हो सकता है कि उन्होंने अपना व्यवसाय बदल लिया हो। एक तरह से यह transition of profession का काल माना जा सकता है। जैसा कि हमने पूर्व में कहा 17वीं शताब्दी तक तो कथकों का उल्लेख कथा गायक अथवा देशी गायक के तौर पर स्पष्टतः मिलता है। इसके बाद लगभग डेढ़–दो शताब्दी तक इस विषय में कहीं कोई प्रमाण नहीं मिलता। दरअस्ल, यह काल भारतीय राजनीति में सत्ता परिवर्तन और सांस्कृतिक संक्रमण का काल भी रहा है इसलिये हमारी पूर्व परम्पराएँ नवीन संस्कृति से सामन्जस्य बैठाते हुए अपने अस्तित्त्व को पूरी तरह से खो देने से बचाने की जद्दोजहद में लगी थीं। छुटपुट तौर पर इधर पिछली चार–पाँच शताब्दियों में नर्मदा के उत्तरी प्रान्तों में रचित संस्कृत की अंतिम पंक्ति के ग्रन्थों में तथा विभिन्न क्षेत्रीय भाषा के ग्रन्थों में कथकों का नर्तन के प्रसंग में उल्लेख प्रायः मिलता है। पिछली डेढ़ शताब्दियों में लिखे गये ग्रन्थों में तो सुपरिचित कथक नर्तकों का नामोल्लेख भी मिलता है। किन्तु यह बात हमें स्पष्टतः समझनी होगी कि इस पूरे कालखण्ड में 'कथक' नामक नृत्य का उल्लेख किसी भी ग्रंथ में प्राप्त नहीं होता। ऐसा होना स्वाभाविक भी है क्योंकि 'कथक' नामकरण तो सन् 1940 के दशक में किया गया। यहाँ कुछ ऐसे ग्रन्थों का उल्लेख किया जा रहा है जिनमें कथक वर्ग के व्यक्ति की चर्चा नृत्य के प्रसंग में प्राप्त होती है। मआदनुल मूसिक़ी, श्री संगीत कलाधर और संगीत सुदर्शन ऐसे ग्रन्थ हैं जिनमें न सिर्फ कथक वर्ग व्यक्ति के नाम का उल्लेख नृत्य के प्रसंग में प्राप्त होता है बल्कि इन ग्रन्थों में वर्णित नृत्य पद्धति भी इसी नृत्य की प्रतीत होती है।

मआदनुल मूसिक़ी में 'कथक' वर्ग के नर्तक

लखनऊ के नवाब वाजिदअली शाह के दरबारी इतिहासकार मोहम्मद करम इमाम द्वारा सन् 1854 ई0 में रचित ग्रन्थ 'मआदनुल मूसिक़ी' में सम्भवतः पहली बार 'कथक' और 'नृत्य' शब्द को एक सन्दर्भ में एक–दूसरे के परिप्रेक्ष्य में **स्पष्ट** रूप से कहा गया है। उल्लेखनीय है कि इस ग्रन्थ में तत्कालीन दरबारी नृत्य शैली में पारंगत

कुछ प्रसिद्ध नृत्यकारों के नाम प्राप्त होते हैं। 'मआदनुल मूसिकी' के पृष्ठ 23 से लेकर पृष्ठ 50 तक तत्कालीन कलाकारों का विवरण दिया गया है। इस सूची में से मात्र उन कलाकारों का उल्लेख यहाँ किया जा रहा है जो वाजिदअली शाह के दरबार में प्रत्यक्ष अथवा परोक्ष रूप से नृत्य (आज का कथक नृत्य, जिसे तब कोई नाम नहीं दिया गया था) अथवा कथक जाति से सम्बद्ध रहे हैं –

परशद्दू कथक	खयाल और टप्पे में शादी खाँ (गामू कव्वाल?) के शिष्य, नृत्य एवं अभिनय में कुशल, बनारसवासी।
लतीफन	रहीमन बाई की बहन, गायिका और कुशल नर्तकी।
चंदाबाई	आगरा निवासिनी, खुर्शीदबाई की बहन, नाचने–गाने में कुशल, प्रकाश कत्थक के पुत्र तानसिंह की शिष्या।
गुलबदन	बनारस की कुशल नर्तकी।
जानबक्श	नर्तकी एवं बांदा नवाब जुल्फीकार अली की आश्रिता।
जतन कथक	बनारसवासी, रहीमन बाई के संगतकार (सारंगी वादक) के रूप में प्रसिद्ध।
लल्लू जी कथक	लखनऊ निवासी श्रेष्ठ नर्तक।
प्रकाश कथक	लखनऊ के श्रेष्ठ नर्तक, अभिनय कुशल।
दुर्गा कथक	प्रकाश जी का भतीजा, कुशल नर्तक, युवावस्था में मृत।
मानसिंह कथक	प्रकाश जी के पुत्र, कुशल नर्तक।
तानसिंह कथक	मानसिंह का भाई, चंदाबाई के गुरु।
बेनी प्रसाद	बनारस निवासी कथक, नृत्य और अभिनय में कुशल।
रामसहाय कथक	हण्डिया निवासी, अच्छे कथक।
रमजानी नक्काल	मोहान निवासी, कुशल नर्तक।
हुसैन बक्श	लखनऊ निवासी कुशल नर्तक।
कायम अली	कुशल नर्तक।

वाजिदमिर्जा कश्मीरी कुशल नर्तक।

कन्हैया नक्काल कुशल नर्तक, वाजिद अली शाह की प्रतिमूर्ति।

उक्त सूची अनेक महत्त्वपूर्ण तथ्यों को प्रकाश में लाने में सहायक सिद्ध हुई है। यहाँ क्रमशः उनका उल्लेख किया जा रहा है –

1/ उक्त सूची में परशद्दू, लल्लू, प्रकाश, दुर्गा, मानसिंह, तानसिंह तथा बेनी प्रसाद का नामोल्लेख स्पष्टतः 'कथक' जाति के नर्तक के रूप में हुआ है। मोहम्मद करम इमाम ने दुर्गा को प्रकाश का भतीजा तथा मानसिंह और तानसिंह को प्रकाश का पुत्र कहा है। कथक नृत्य के वर्तमान लखनऊ घराने के वरिष्ठ गुरुओं से बातचीत से प्राप्त जानकारी तथा विभिन्न ग्रन्थों में प्रकाशित इस घराने की वंश परम्परा में प्रकाश/प्रगास के तीन पुत्र बताये जाते हैं – दुर्गाप्रसाद, ठाकुरप्रसाद और मानसिंह। हो सकता है कि मआदनुल मूसिकी में श्री दुर्गाप्रसाद को भ्रमवश श्री प्रकाश के भतीजे के रूप में उल्लिखित किया गया हो, किन्तु तानसिंह का नामोल्लेख लखनऊ घराने के वर्तमान लिखित इतिहास में न करने का क्या कारण हो सकता है भला? दूसरी बात, जैसा कि हमने कहा आज ठाकुरप्रसाद को प्रकाश जी के तीन पुत्रों में गिनाया जाता है जबकि उनका नाम मआदनुल मूसिकी में नहीं मिलता। तो क्या ठाकुर प्रसाद और तानसिंह एक ही व्यक्ति के नाम थे? किन्तु ऐसा होना सम्भव नहीं प्रतीत होता क्यों कि इधर 70–75 वर्षों में कथक नृत्य पर लिखी गई अधिकांश पुस्तकों में श्री ठाकुर प्रसाद को वाजिद अली शाह के नृत्य गुरू के रूप में प्रतिष्ठित किया गया है। यदि ठाकुरप्रसाद और तानसिंह एक ही व्यक्ति होते तो तानसिंह का नाम नवाब वाजिदअली के नृत्य गुरु के रूप में मआदनुल मूसिकी में अवश्य किया गया होता। मुहम्मद करम इमाम ने चंदाबाई के नृत्य गुरु के रूप में तानसिंह का नामोल्लेख किया ही है। (सूची देखें)। यूँ भी यह सम्भव जान नहीं पड़ता कि ऐतिहासिक महत्त्व के इस तथ्य को मोहम्मद करम इमाम दर्ज करना भूल गये हों जबकि उन्होंने अपने ग्रन्थ में नवाब के अन्य गुरुओं का उल्लेख किया है। स्वयं वाजिदअली द्वारा बेग़मों को नृत्य शिक्षा दिये जाने का उल्लेख भी स्पष्टरूप से किया गया है।

2/ उक्त सूची में प्रकाश जी तथा उनके परिवार के नर्तकों के अलावा अन्य सभी नर्तकों के साथ उनके निवास स्थान का उल्लेख भी किया गया है, जबकि इन लोगों के लिये **'लखनऊ के'** विशेषण का इस्तेमाल लेखक ने किया है। प्रकाश जी, प्रकाश के

पुत्र – मानसिंह और तानसिंह तथा भतीजे के रूप में दुर्गा कथक, इन सबका उल्लेख ग्रन्थ में लखनऊ के कथकों के तौर पर किया गया है, इन्हें हण्डिया से सम्बद्ध नहीं किया गया। उल्लेखनीय है कि वर्तमान समय में कथक नृत्य के लखनऊ घराने को मूलतः हण्डिया से सम्बद्ध किया जाता है।

3/ मआदनुल मूसिकी में कही गई उक्त सूची में यद्यपि हंडिया निवासी रामसहाय का उल्लेख अच्छे कथक (नर्तक) के रूप में प्राप्त होता है तथापि वर्तमान लखनऊ घराने के वंश वृक्ष में 'रामसहाय' का नाम नहीं मिलता। वर्तमान 'लखनऊ घराने' के नर्तक अपने वंश की उत्पत्ति हण्डिया से मानते हैं। **'उस काल में हण्डिया में 989 कथक घर आबाद थे'** इस बात का उल्लेख भी इस घराने में किया जाता है किन्तु किसी एक भी अन्य परिवार का नामोल्लेख अथवा उनसे इस परिवार का सम्बन्ध आज तक प्रकाश में नहीं आया है। अंतः साक्ष्य इस ओर संकेत करते हैं कि मआदनुल मूसिकी में उल्लिखित रामसहाय हण्डिया निवासी थे और इनके पिता श्री भैरव/भैरों प्रसाद थे। सन् 2005 में कबीर चौरा, वाराणसी स्थित अपने आवास में तबला सम्राट स्वर्गीय किशन महाराज ने लेखिका को दिये साक्षात्कार में बतलाया था कि **भैरों प्रसाद के भाई लखनऊ में वाजिदअली के दरबार में थे और वे नृत्य करते थे।** स्वयं रामसहाय भी जब वाजिदअली के दरबार पहुँचे तो नृत्य ही किया करते थे। उस वक्त रामसहाय की उम्र काफी कम थी। बाद में रामसहाय बनारस आ गये, तबले के बनारस बाज का प्रवर्तन इन्हींने किया। हो सकता है कि पण्डित किशन महाराज द्वारा रामसहाय के पिता के रूप में बतलाये गये भैरों अथवा भैरवप्रसाद और बिन्दादीन एवं कालका प्रसाद के चचेरे भाई 'भैरवप्रसाद' एक ही व्यक्ति रहे हों। इसपर विशेष शोध की आवश्यकता है, मात्र एक साक्ष्य के आधार पर किसी निश्चय पर नहीं पहुँचा जा सकता।

4/ मआदनुल मूसिकी में लतीफन, चंदाबाई, गुलबदन, जानबक्श जैसी नर्तकियाँ और हुसैन बक्श, कायम अली, वाजिद मिर्जा कश्मीरी और रमजानी नक्काल ऐसे नर्तक कलाकारों का उल्लेख प्राप्त होता है जो जाति से 'कथक' नहीं थे।

5/ बनारसवासी जतन कथक का नाम सारंगी वादक के रूप में मिलता है। आज भी बनारस के अधिकांश कथक सारंगी वादक ही हैं।

6/ उक्त सूची से एक और रोचक तथ्य सामने आता है। कन्हैया नक्काल का उल्लेख कुशल नर्तक के रूप में करते हुए मोहम्मद करम इमाम ने उसे मिर्जा वाजिद अली शाह की प्रतिमूर्ति (duplicate) बतलाया है। यह एक अत्यन्त महत्त्वपूर्ण तथ्य है।

ऐसा प्रतीत होता है कि इसी कन्हैया नक्काल नर्तक को परवर्ती लेखकों द्वारा नवाब वाजिदअली समझते हुए लिख दिया गया कि रहस में नवाब स्वयं कन्हैया बनकर नाचते थे।

7/ मआदनुल मूसिक़ी में कहीं भी बिन्दादीन महाराज का नाम नहीं मिलता। उल्लेखनीय है कि कथक नृत्य पर लिखी गई लगभग हर दूसरी पुस्तक में और कथक नर्तकों के बीच ऐतिहासिक घटना के रूप में भी यह प्रचार में है कि नवाब के दरबार में बिन्दादीन महाराज की भिड़न्त तत्कालीन प्रसिद्ध पखावज सम्राट कुदऊ सिंह जी से हुई थी, जिसमें किशोर बिन्दादीन जी ने नृत्य (तत्कार) करते हुए पखावज सम्राट को पछाड़ दिया था। यहाँ यह स्पष्ट करना आवश्यक है कि 'मआदनुल मूसिक़ी' के पृष्ठ 23–50 तक प्राप्त तत्कालीन कलाकारों की सूची में कुदऊसिंह पखावजी का ज़िक्र 'युगप्रवर्तक पखावज वादक, कुँवरदास की उपाधि से विभूषित, बांदा निवासी ब्राह्मण तथा वाजिदअली शाह के दरबार में जोतसिंह पर विजयी' के रूप में प्राप्त होता है। यदि बालक बिन्दादीन द्वारा कुदऊ सिंह जी को हराये जाने की किंवदन्ती सत्य है तो यह आश्चर्य का विषय है कि इस विशेष ऐतिहासिक घटना का उल्लेख 'मआदनुल मूसिक़ी' में क्यों नहीं किया गया?

'संगीत' पत्रिका के जनवरी 2013 में छपे 'मुसलमान और भारतीय संगीत अंक' में 'मआदनुल मूसिक़ी में संगीत चर्चा' नामक लेख से भी इस बात की पुष्टि होती है।[1]

मुहम्मद करम इमाम ने 'मआदनुल मूसिक़ी' में नृत्य के कुछ तकनीकी पक्षों पर भी प्रकाश डाला है। उनके अनुसार – बैठकर इस शैली में अभिनय करना 'भाव बताना' कहलाता है। हाथ, पैर गर्दन, आँख, भौंह तथा शरीर के अन्य अंगों को ताल के अनुसार 'सम' पर लाना नृत्य है। 21 गतों की चर्चा भी ग्रन्थ में की गई है यथा – किशना गत, परी गत, सलामी, फरियाद, मुकुट, आंचल, मुस्करी, मुयद्दब, हुस्न, घूंघट, महबूब, नाज़, गम्जः गत, अदा, नेक, साइकः गत, करिट्‌टः दोस्ती, जादू, वर्क, महबूबः गत। इनमें से 7 स्वयं करम इमाम का आविष्कार है।[2]

---

1 पखावज में प्रथम लाला भवानीसिंह पूर्ण उस्ताद थे। अब उनके शिष्य कुदऊसिंह ब्राह्मण, बाँदा के निवासी पखावज वादन के अद्वितीय उस्ताद हैं।.. एक हज़ार रुपये का पुरस्कार प्राप्त किया था।

संगीत पत्रिका / जनवरी 2013 / पृ0 205

2 मादनुल मूसिकी / मुहम्मद करम इमाम / पृ0 206–210

श्री संगीत कलाधर में 'कथक' वर्ग के नर्तक

भावनगर के नरेश श्री भावसिंह के राजगायक श्री डाह्यालाल शिवराम द्वारा सन् 1985–1900 के मध्य गुजराती भाषा में श्री संगीत कलाधर नामक ग्रन्थ लिखा गया। सन् 1901 में पहली बार इस ग्रन्थ का प्रकाशन हुआ। यह तत्कालीन पश्चिमी भारत में प्रचलित गायन–वादन तथा नृत्य पर प्रकाश डालने वाला महत्त्वपूर्ण ग्रन्थ है। इस वृहद् गुजराती ग्रन्थ का हिन्दी भावानुवाद डॉ0 अनिल ब्योहार तथा इन पंक्तियों की लेखिका द्वारा किया जा चुका है जिसे संगीत नाटक अकादेमी, नई दिल्ली द्वारा 2006 में प्रकाशित भी किया गया है।

कथक नृत्य के विद्यार्थियों के लिये यह जानना अत्यन्त उपयोगी होगा कि श्री संगीत कलाधर में प्राप्त नृत्य विषयक वर्णन वर्तमान कथक नृत्य से पूरी तरह साम्य रखता है। ग्रंथकार श्री डाह्यालाल शिवराम स्वयं तो गायक थे किन्तु जब उन्होंने ग्रन्थ लिखने का निर्णय लिया तो प्राचीन शास्त्र परिपाटी का अनुसरण करते हुए संगीत के तीनों अंगों (गीत–वाद्य–नृत्य) को अपने लेखन में सम्मिलित करने का प्रयास किया। ग्रन्थ की नृत्य विषयक सोलहवीं कला में उन्होंने कहा है कि – "नृत्य का कार्य उत्तम गायक वर्ग से सम्बन्धित न होने के कारण हमारे अनुभव में भी यह विषय ठीक से नहीं आ सका है। अतः यह अलंकार दोषयुक्त रह जाये तो सुधीजन क्षमा करेंगे।" वे यह भी कहते हैं कि "भरत के नाट्यशास्त्र में नृत्य पूर्ण रूप से प्राप्त हो जाता है, जो कि नृत्य–विषयक प्राचीन मत भी है, इसलिये ग्रंथ विस्तार के भय से वे नृत्य वर्णन विस्तारपूर्वक नहीं करेंगे। फिर भी कुछ बातें लोक प्रमाण से कही जा रही हैं।"[1] वर्तमान कथक नृत्य के इतिहास की दृष्टि से ग्रन्थकार का यह कथन और इस ग्रन्थ में प्राप्त नृत्य सम्बन्धी विवरण अत्यन्त महत्त्वपूर्ण है।

श्री संगीत कलाधर की सोलहवीं कला (नर्तन को समर्पित अध्याय) में 'कथक' शब्द प्राप्त होता है किन्तु वहाँ यह शब्द नृत्य के प्रकार/भेद के तौर पर प्राप्त नहीं होता वरन् नृत्य के प्रसंग में 'कथक' वर्ग के व्यक्ति का उल्लेख ग्रन्थ में किया गया है। नर्तन के त्रिविध भेद – नृत्य, नृत्त तथा नाट्य बतलाते हुए ग्रन्थकार ने नृत्य और नृत्त के सूक्ष्म और महत्त्वपूर्ण अंतर को जिस स्पष्टता से इंगित किया है और तत्कालीन नृत्य/नृत्त भेदों की सूचना दी है, उसे संज्ञान में लिया जाना अत्यन्त आवश्यक है। ग्रंथकार कहते हैं – "संक्षेप में कथक तथा वारांगनाएँ जिस तरह नाचती हैं वह **नृत्य**,

---

1 संगीत कलाधर/द्वितीय आवृत्ति/अनु0 अनिल ब्योहार–चेतना ज्योतिषी ब्योहार/पृ0 509

अभिनय रहित आश्चर्यजनक अंगविक्षेप **नृत्त** तथा नाटक में जो बतलाया जाता है वह **नाट्‌य** है।''[1]

'अभिनय रहित आश्चर्यजनक अंगविक्षेप' पद के द्वारा ग्रन्थकार का संकेत सम्भवतः **विकट** आदि देसी नृत्त प्रकारों की ओर है। शास्त्र ग्रन्थों में भी ''सर्वाभिनयवर्जितं नृत्तं'' और ''अंगविक्षेपमात्रं तु नृत्तं'' यह परिभाषा नृत्त की कही गई है। इससे यह भी संकेत मिलता है कि ग्रन्थकार ने संगीतशास्त्र परम्परा के ग्रन्थों का समुचित अध्ययन किया था। लेकिन फिर उन्होंने नृत्य को ''पदार्थाभिनयात्मकम्'' क्यों नहीं कहा? **''कथक तथा वारांगनाएँ जिस तरह नाचती हैं''** इस परिभाषा से तो यह संकेत मिलता है कि तत्कालीन नृत्य में सिर्फ पद के अर्थ को ही अभिनय द्वारा स्पष्ट नहीं किया जाता था बल्कि उसमें और भी बहुत कुछ शामिल था। वह ''और कुछ'' क्या था? नृत्य सम्बन्धी चर्चा को आगे बढ़ाते हुए ग्रन्थकार कहते हैं कि – ''देशी रूढ़ी के प्रमाण से ताल, मान तथा रसानुसार, सविलास हावभाव सहित जो अंगक्रिया हो उसे 'नृत्य' कहा जाता है।''[2] ये तो बिल्कुल हमारे वर्तमान कथक नृत्य का वर्णन है। आगे श्री डाह्यालाल शिवराम कहते हैं कि – ''यह नृत्य मुख्य रूप से दो प्रकार का होता है – ताण्डव तथा लास्य। इन दोनों प्रकारों के लक्षण पूर्व परम्परा के अनुसरण में ही कहे गये हैं। किन्तु ग्रन्थकार ने नृत्य का एक तीसरा प्रकार भी बतलाया है। वे कहते हैं – नृत्य का तीसरा भेद 'त्रिभंगी' है जिसके कर्ता श्री कृष्ण हैं। श्री कृष्ण ने कालिय नाग को नाथकर उसके फन के ऊपर जो नृत्य किया उसे 'त्रिभंगी' नृत्य कहा गया।''[3] यानी प्राचीन परम्परा से प्राप्त नृत्य के प्रमुख प्रकार ताण्डव और लास्य को स्वीकार करने के साथ–साथ परवर्ती काल में हुए परिवर्तन को भी ग्रंथकार ने संज्ञान में लिया है। नृत्य के आदि देव महादेव माने गये हैं, इसीलिये उन्हें **नटराज** कहा गया है, किन्तु हमारे यहाँ कलाओं की धर्मानुगत प्रवृत्ति तत्तत्कालीन परिदृश्य में हो रहे धार्मिक परिवर्तनों को अपने में समेटते हुए आगे बढ़ती रही है। इसलिये शैव, स्मार्त और शाक्त के बाद वैष्णव भक्ति आंदोलन के उत्तर–पश्चिम भारत की ओर उन्मुख होने पर विष्णु के दस अवतारों को नृत्य–नाट्‌य का विषय बनाया गया। लीलापुरुषोत्तम सोलह कलाओं से पूर्ण माने गये हैं इसलिये उन्हें **नटवर** भी कहा गया। अस्तु।

---

1 संगीत कलाधर / द्वितीय आवृत्ति / अनु0 अनिल ब्योहार–चेतना ज्योतिषी ब्योहार / पृ0 509
2 संगीत कलाधर / द्वितीय आवृत्ति / अनु0 अनिल ब्योहार–चेतना ज्योतिषी ब्योहार / पृ0 509
3 संगीत कलाधर / द्वितीय आवृत्ति / अनु0 अनिल ब्योहार–चेतना ज्योतिषी ब्योहार / पृ0 509

नृत्य के उ़क्त तीनों भेदों (ताण्डव, लास्य तथा त्रिभंगी) को श्री संगीत कलाधर में परिभाषित करने के साथ उनकी प़द्धति पर भी प्रकाश डाला गया हैः

ताण्डव इस प्रकार के नृत्य में द्रुत लय में अभिनय सहित कूदना, उछलना आदि अंग–क्रिया विशेष होती है, तथा नृत्य के समय एक अन्य व्यक्ति प्रिमलु के बोलों की पढ़न्त करता है, जिसके साथ पखावजी संगत करता है और नर्तकी यथारूप प्रिमलु के बोल पैरों से निकालकर बतलाती है। यह तीनों कार्य एक साथ होते हैं। इसे 'अवघट' कहते हैं। आगे नृत्य के विशेष अंग बतलाते हुए ग्रंथकार यह भी कहते हैं कि "जिन प्रिमलुओं को पैर से निकाला जाये उन्हें हस्त क्रियाओं से भी दर्शाया जाये इसे 'हस्तक' कहते हैं।"[1] यह वर्णन शत प्रतिशत वर्तमान कथक नृत्य के नृत्तांग या शुद्ध नृत्त का है।

यहाँ प्रसंगवश पाठकों से एक विशेष महत्त्व की बात कहना चाहूँगी, मेरे गुरू पंडित कल्याण दास महन्त 'औघट' का ज़िक्र किया करते थे। वह यही 'अवघट' था। इसका तात्पर्य यह है कि राजा चक्रधर सिंह ने अपने दरबारी युवा नर्तकों को इस नृत्य की प्रयोगगत तालीम के साथ साथ इसके शास्त्रीय विधान से भी अवगत कराने का सत्प्रयास किया था। मेरे गुरू की विद्यालयीन शिक्षा न के बराबर हुई थी। किन्तु मैंने अपनी तालीम के दौरान अनेक शास्त्रसम्मत संज्ञाओं को उनसे समझा और सीखा था। इसी तरह 'पिण्डी' के विषय में भी वे बतलाया करते थे।

लास्य इस नृत्य में विलम्ब लय यानी ठाह लय रखकर सुन्दर मनोरंजक अभिनय सहित नृत्य किया जाता है।

त्रिभंगी 'त्रिभंगी' को श्री कृष्ण से सम्बन्धित किया ही गया है। उनके अनुसार कालिय नाग को नाथकर उसके फन के ऊपर जो नृत्य श्री कृष्ण ने किया उसे 'त्रिभंगी' नृत्य कहा गया। आगे सोलह प्रकार की गतें भरने की विधि बतलाते हुए 'मुकुट की गत' को उन्होंने 'त्रिभंगी' नृत्य कहा है। वे कहते हैं मुकुट की गत भरने की दो रीतियाँ हैं – प्रथमतः दोनों हाथों के पंजों को एक–दूसरे पर रखकर, अंगुलियों को सीधा रखते हुए, हाथों को माथे के ऊपर मुकुट की आकृति में रखकर नृत्य करें। दूसरे तरीके में उपरोक्त विधि से मुकुट बनाकर, दुपट्टे को कंधे पर डालकर, पैर के ऊपर

---

1 संगीत कलाधर / द्वितीय आवृत्ति / अनु0 अनिल ब्योहार–चेतना ज्योतिषी ब्योहार / पृ0 510

पैर रखकर सोलह अथवा चार कला बांधकर, सम्पूर्ण सभा का चक्कर मारते हुए नृत्य करना चाहिये। इसे 'त्रिभंगी' कहते हैं।

इस सन्दर्भ में एक बिन्दु और उल्लेखनीय है। सोलह कलाओं के वर्णन में ग्रंथकार ने जिस 'थाली की गत'[1] का वर्णन किया है वह राजस्थान के 'भवई/भवाई' नृत्य में देखी जा सकती है। अन्तर सिर्फ यह है कि अब थाली में पानी नहीं भरा जाता। भवाई नृत्य में सिर पर एक ऊपर एक अनेक कलश स्थिर रखे ये नर्तक पीतल की परात/थाली के किनारों पर स्वयं को संतुलित करते हुए पदाघातों का प्रदर्शन करते हैं। इसमें हस्तक आदि का संयोजन नहीं किया जाता। पटना के स्व0 बलराम लाल (जो स्वयं एक निष्णात लोक नर्तक थे) के सुपुत्र तथा पंडित बिरजू महाराज के शिष्य स्व0 मधुकर आनन्द को स्वयं मैंने इस प्रकार का 'थाल नृत्य' करते देखा था। 1995 से 2005 के बीच हम दोनों ने साथ–साथ अनेक युगल नृत्य कार्यक्रम भी किये थे। बनारस घराने में श्रीमती सितारा देवी के पोते श्री विशाल कृष्ण भी 'थाल नृत्य' को अपनी नृत्य प्रस्तुति का अंग अवश्य बनाते हैं। हालाँकि अधिसंख्य समकालीन कथक नर्तकों द्वारा इस अंग का अभ्यास नहीं किया गया है। कथक नृत्य में उपस्थित इस अंग से इसके भवई नृत्य से अंतःसम्बन्ध की पुष्टि होती है। उल्लेखनीय है कि 'थाल नृत्य' ओडिसी नृत्य का भी एक महत्त्वपूर्ण अंग है।

इस वर्णन से यह स्पष्ट होता है कि नृत्य के तीन भेदों में से 'त्रिभंगी' श्री कृष्ण की भंगिमा बनाकर नृत्य करने को कहा गया है। इसके अलावा विलम्बित लय में किया जाने वाला 'लास्य' भावप्रधान नृत्य है जो सम्भवतः साहित्यिक रचनाओं पर अभिनय के माध्यम से किया जाता था, मध्य तथा द्रुत लय में किया जाने वाला 'ताण्डव' नृत्य प्रिमलु आदि तालांगी बोलों के घुंघरुओं तथा हस्तकों से निकास पर आधारित नृत्य था। वर्तमान 'कथक' संज्ञक नृत्य में ताण्डव, लास्य और त्रिभंगी का यही सम्मिश्रण तो हम पाते हैं। यह नृत्य पूर्ण रूप से मात्र श्री कृष्ण चरित्र पर ही आधारित तो नहीं है। यों भी इस तथ्य को निरन्तर ध्यान में रखना होगा कि वल्लभ सम्प्रदाय के प्राकट्‌य के बाद सभी नृत्य प्रकारों (गीत भी) का कलेवर (उनमें निहित कथ्य के कारण) बदला ही है।

---

1 "इसके लिये पानी से भरी थाली के किनारों को पैरों के अंगूठों से दबाकर, दोनों हाथ नाभी पर रखकर, साँस रोककर इस तरह नृत्य करें कि पानी कहीं भी ज़रा भी न छलके। इस तरह 'कथक' लोग गत भरते हैं।"

संगीत कलाधर/द्वितीय आवृत्ति/अनु0 अनिल ब्योहार–चेतना ज्योतिषी ब्योहार/पृ0 511

नृत्य के विषय में यह सम्पूर्ण विवरण वर्तमान कथक नृत्य की ऐतिहासिक यात्रा के सम्बन्ध में अतिमहत्त्वपूर्ण माना जा सकता है। आइये श्री संगीत कलाधर के नृत्य विषयक अध्याय में उल्लिखित कुछ विशेष बिन्दुओं पर चर्चा करें –

1/ नृत्य को परिभाषित करते हुए ग्रंथकार ने कहा है कि – "संक्षेप में कथक और वारांगनाएँ जिस तरह नाचती हैं, वह नृत्य है।" आगे इस नृत्य की व्याख्या करते हुए ग्रन्थकार कहते हैं कि यह ऐसा नृत्य है जिसमें लोक में प्रचलित ताल तथा रस का अनुसरण करते हुए हावभाव सहित सविलास अंगक्रिया होती है।

2/ उल्लेखनीय है कि कथकों और वारांगनाओं के परस्पर सम्बन्धों की बहुत स्पष्ट और मुखर चर्चा तत्कालीन अनेक ग्रन्थों में प्राप्त होती है। सामाजिक कारणों से कथक वर्ग अपने परिवार की महिलाओं को सार्वजनिक रूप में प्रकट नहीं करता था, किन्तु स्वाभावतः स्त्रियों में लालित्य एवं कोमलता होने के कारण वे नृत्यकला के लिये सर्वथा उपयुक्त होती हैं, इस तथ्य को दृष्टिगत रखते हुए और अपने आश्रयदाता की प्रसन्नता के लिये भी, तत्कालीन कथकों ने अनेक वारांगनाओं को अपनी शिष्या बनाकर नृत्य निपुण बनाया था।

3/ संगीत कलाधर में ग्रन्थकार द्वारा 'त्रिभंगी' को नटवर कृष्ण से सम्बद्ध करते हुए तीसरे 'नृत्य' भेद के रूप में गिनाया गया है। यह सूचना हमारे लिये बहुत ही महत्त्वपूर्ण है जो इस ओर संकेत करती है कि इस समय तक नृत्य का एक अन्य प्रकार प्रचलन में आ चुका था जिसे सौराष्ट्र प्रान्त में या तो 'त्रिभंगी' के नाम से जाना जाता था अथवा स्वयं ग्रन्थकार ने इस नृत्य को यह नवीन संज्ञा दी थी। साथ ही इस नृत्य भेद को श्री कृष्ण से सम्बद्ध करते हुए ताण्डव और लास्य से भिन्न नृत्य के तीसरे प्रकार के रूप में गिनाना भी इस बात की सूचना देता है कि 'त्रिभंगी' ताण्डव और लास्य की मूल प्रकृति से भिन्न मात्र उद्धत अथवा मात्र सुकोमल प्रकृति का नृत्य नहीं था वरन् इन दोनों की विशेषताओं को समेटे हुए एक ऐसा नृत्य रूप था जिसमें श्रीकृष्ण की मान्य भंगिमाओं/स्थानकों का प्रयोग किया जाता था।

संगीत सुदर्शन में 'कथक' वर्ग के नर्तक

सन् 1915 में प्रकाशित ग्रंथ 'संगीत सुदर्शन' के रचयिता बनारस के सुदर्शनाचार्य थे। ग्रन्थकार ने नर्तनाध्याय में महाराज बिन्दादीन को कथकों में सर्वप्रधान कहते हुए, उनकी गणना उन वृद्ध (सम्भवतः तब बिन्दादीन जी की आयु 70–75 वर्ष रही होगी) गुणियों में की है, जिन्होंने अपने भतीजों को अच्छी शिक्षा प्रदान की। यह

बात इस नृत्य के विकास में लखनऊ घराने के विशेष योगदान की ओर संकेत करती है। जयपुर घराने के भानू जी–मालू जी शाखा के कथक 'हनुमान' का नाम भी इस ग्रन्थ में मिलता है।[1] स्मरणीय है कि महाराज बिन्दादीन तथा श्री हनुमान प्रसाद वर्तमान कथक नृत्य के लखनऊ तथा जयपुर घरानों के पूर्वपुरुष हैं, तथा परस्पर समकालीन कहे जा सकते हैं।

इस ग्रन्थ की भूमिका में ग्रंथकार सुदर्शनाचार्य ने प्रसंगवश नेपाल दरबार में उस्ताद रहीमसेन के सितार वादन के साथ श्री कालिका प्रसाद के द्वारा संगत की बात कही है। श्री कालिका प्रसाद श्री बिन्दादीन के सगे भाई थे। नृत्य के क्षेत्र में कालिका–बिन्दा की जोड़ी प्रसिद्ध कही गई है। यह भी कहा जाता है कि कालिका प्रसाद ने अपने भाई की ख़ातिर नृत्य छोड़ दिया था। संगीत सुदर्शन में प्राप्त उक्त उल्लेख से कथकों के उत्कृष्ट वादक होने की पुष्टि पुनः होती है। उल्लेखनीय है कि अमृतसेन और रहीमसेन अपने समय के अत्युत्कृष्ट बीन/सितार वादक हो गये हैं, स्पष्ट है उनके साथ तबले पर कोई सामान्य वादक संगत करने नहीं बैठा होगा। हम जानते ही हैं लखनऊ घराने के सभी आचार्य गायन तथा वादन में पारंगत रहे हैं। अस्तु।

ऊपर हमने 19 वीं तथा 20 वीं शताब्दी में लिखे गये ऐसे ग्रन्थों पर चर्चा की जिनमें 'कथक' शब्द नृत्य के सन्दर्भ में प्राप्त होता है। इतना ही नहीं उक्त ग्रन्थों में वर्तमान कथक नृत्य के लखनऊ और जयपुर घराने के नर्तकों का नामोल्लेख भी किया गया है। जिस नृत्य का विवरण उक्त ग्रन्थों में प्राप्त होता है वह निश्चित रूप से आज का कथक नृत्य ही था (यद्यपि किसी भी ग्रन्थ में वर्णित नृत्य को कोई नाम नहीं दिया गया है) किन्तु ध्यान रखने योग्य यह है कि इन ग्रन्थों में उल्लिखित नर्तक सिर्फ कथक वर्ग के व्यक्ति ही नहीं थे वरन् समाज के विभिन्न वर्ग के लोगों को प्रारम्भ से ही इस नृत्य की साधना में संलग्न देखा जा सकता है। अब हम कुछ ऐसे ग्रन्थों का विवरण प्रस्तुत कर रहे हैं जिनमें कथक नृत्य के अंगों की स्पष्ट चर्चा की गई है और जो हमें वर्तमान कथक नृत्य के पूर्वरूप का एक तरह से प्रात्यक्षिक अनुभव कराने में सहायक होगा। उस ज़माने में आज की तरह रिकॉर्डिंग की सुविधा न होने के कारण इन ग्रन्थों का महत्त्व बढ़ जाता है क्योंकि इनमें कथक नृत्य के लगभग एक–डेढ़ शताब्दी पूर्व के स्वरूप का अंकन (document) किया गया है।

---

1 संगीत सुदर्शन/सुदर्शनाचार्य/पृ0 174

15वीं से 20वीं शताब्दी के लक्षण ग्रन्थों में नृत्य की लक्ष्य परम्परा

अब तक हमने देखा कि 'कथक' शब्द तो भारतीय सांस्कृतिक, साहित्यिक तथा ऐतिहासिक ग्रन्थों में सहस्रों वर्ष पूर्व से मिल रहा है किन्तु नृत्य से भिन्न अर्थों में, नृत्य के सन्दर्भ में प्रयोग विगत लगभग दो शताब्दियों में ही किया गया। यह कहा जा सकता है कि विगत कुछ शताब्दियों में शास्त्रज्ञों द्वारा इस नृत्य पद्धति को संज्ञान में लिया गया और इसका सांगोपांग विवरण ग्रन्थों में सम्मिलित किया गया। स्पष्ट है कि इस काल तक यह नृत्य पद्धति काफी लोकप्रिय हो चुकी रही होगी, साथ ही इसका कलेवर और गाम्भीर्य इस स्तर का रहा होगा कि शास्त्र परम्परा के आचार्य इसे अनदेखा न कर सके। हालाँकि तब तक भी आचार्यों ने इस नृत्य को कोई नियत संज्ञा या नाम नहीं दिया था। यह कहना होगा कि विगत चार–पाँच शताब्दियों में प्राचीन नृत्य/नृत्त पद्धतियों का लोप हो रहा था (ठीक वैसे जैसे गायन अथवा वादन में भी बदलाव आ रहे थे) और उनके स्थान पर नवीन उद्भावनाएँ जन्म ले रहीं थीं, विकसित हो रही थीं। इस कालखण्ड में अनेक ऐसी नवीन नृत्य पद्धतियों का जन्म लगभग साथ–साथ ही हुआ जिनके बीज यद्यपि कहीं–न–कहीं किसी अथवा किन्हीं प्राचीन पद्धतियों में रहे किन्तु उनका तत्कालीन कलेवर नितान्त नवीन वैभव के साथ अवतरित हुआ। सम्भावना यह जान पड़ती है कि क्रमशः विकसित होते हुए इन नृत्य पद्धतियों ने यथासमय कथक, भरतनाट्यम्, कुचिपुडी, मणिपुरी, ओडिसी, कथकलि आदि के रूप में अपनी पहचान बनाई। यही कारण है कि विगत लगभग सौ–डेढ़ सौ सालों में लिखे गये संगीत विषयक ग्रन्थों में विकसित हो रही नवीन नृत्य पद्धतियों का विस्तृत विवरण तो उपलब्ध होता है किन्तु उनकी कोई निश्चित संज्ञा प्राप्त नहीं होती।

वर्तमान कथक नृत्य के सन्दर्भ में भी यह बात लागू होती है। हमने यह जाना कि 17वीं शताब्दी से पूर्व तक कथकों का उल्लेख कथावाचन तथा कथागायन की परम्परा में ही मिलता है। इस काल के बाद के कुछ ग्रन्थों में कथक वर्ग को नृत्य से सम्बद्ध किया गया। श्री संगीत कलाधर ऐसा ही ग्रन्थ है। यह हमेशा ध्यान में रखना होगा कि सिर्फ कथक वर्ग ही नृत्य में संलग्न नहीं रहा अन्य वर्ग अथवा जाति के लोगों ने भी नर्तक के रूप में अपनी पहचान बनाई। नर्मदा के उत्तरी भाग में लिखे गये इस कालखण्ड के ग्रन्थों में तत्कालीन नृत्य पद्धति का विवरण भी हमें प्राप्त होता है जो हमारी आशानुरूप वर्तमान कथक नृत्य से काफी साम्य रखता है। कुछ ग्रन्थ ऐसे भी प्राप्त होते हैं जिनमें वर्णित नृत्य पद्धति तो निर्विवाद रूप से वर्तमान कथक नृत्य

कही जा सकती है किन्तु न तो इन ग्रन्थों में कथक जाति/वर्ग को नृत्य से सम्बन्धित किया गया है, न वर्णित नृत्य पद्धति को कोई नाम दिया गया है। लहजाते सिकन्दरशारी, श्री राधागोविन्द संगीतसार, तोहफत–उल–हिन्द, नाजो, बनी, नाद–विनोद, नर्तन सर्वस्वम् और मुरज परण–पुष्पाकर ऐसे ही महत्त्वपूर्ण ग्रन्थ माने जा सकते हैं। ये सभी ग्रन्थ नर्मदा के उत्तरी भाग में लिखे गये (जयपुर, लखनऊ, दिल्ली, भावनगर और रायगढ़) और इन ग्रन्थों में तत्कालीन नृत्य पद्धति की विस्तृत चर्चा प्राप्त होती है, जो कहना न होगा कि वर्तमान 'कथक' नृत्य की ही है। गुजराती भाषा में लिखे गये श्री संगीत–कलाधर में उल्लिखित नृत्य पद्धति का वर्तमान कथक नृत्य से अकल्पनीय साम्य रोमांचित कर देने वाला है, इसकी चर्चा अभी हम कर ही चुके हैं। गोस्वामी पन्नालाल द्वारा लिखे गये ग्रन्थ 'नाद–विनोद' में प्राप्त विवरण लगभग सवा सौ वर्ष पूर्व दिल्ली में प्रचलित नृत्य से हमारा परिचय करवाता है जो निःसंदेह वर्तमान कथक नृत्य ही था। बीसवीं शताब्दी के चौथे दशक में राजा चक्रधर सिंह द्वारा प्रणीत 'नर्तन सर्वस्वम्' और 'मुरज परण पुष्पाकर' पूरी तरह इस नृत्य विशेष को केन्द्र में रखकर लिखे गये महाग्रन्थ हैं। उक्त ग्रन्थों का अवगाहन लेखिका के द्वारा स्वयं किया गया है। 16वीं शताब्दी के ग्रन्थ 'लहजाते सिकन्दरशाही' तथा 17वीं शताब्दी के 'तोहफत–उल–हिन्द' को इस दृष्टि से अत्यन्त महत्त्वपूर्ण माना जा सकता है। इन दोनों ग्रन्थों को यद्यपि स्वयं लेखिका ने नहीं देखा है तथापि इनकी विषयवस्तु के सम्बन्ध में रोचक जानकारी इंदिरा कला संगीत विश्वविद्यालय के संगीत संकाय में व्याख्याता के पद पर कार्यरत श्री लीकेश्वर वर्मा से प्राप्त जानकारी तथा 'संगीत' पत्रिका के जनवरी 2013 में छपे 'मुसलमान और भारतीय संगीत अंक' में पढ़ने को मिली। आइये उक्त ग्रन्थों की विषयवस्तु पर चर्चा करें।

लहज़ाते सिकन्दरशाही

'संगीत' पत्रिका के जनवरी 2013 में छपे 'मुसलमान और भारतीय संगीत अंक' में छपे डॉ0 मधु त्रिवेदी के लेख ''मध्यकालीन दिल्ली व आगरा स्थित संगीतजीवी जातियाँ एवं उनकी कला परम्पराएँ'' हमारे लिये अत्यन्त उपयोगी हो सका। यद्यपि इस लेख में छपी जानकारी का परीक्षण अभी नहीं किया जा सका है तथापि कालक्रमाधारित तथ्यों को जानने की दृष्टि से इस लेख में उपलब्ध सामग्री का ग्रहण किया जा रहा है। भविष्य में मूल स्रोत तक पहुँचने का प्रयास अवश्य किया जायेगा। अस्तु।

'लहजाते सिकन्दरशाही' के रचयिता यह्या काबुली हैं। ग्रन्थ का सम्पादन सुपरिचित विद्वान प्रो0 शहाब सरमदी ने किया है। गायन, वादन तथा नर्तन तीनों पर ही इस ग्रन्थ में प्रचुर सामग्री प्राप्त होती है जो समकालीन परिदृश्य में इन कलाओं के स्वरूप पर पर्याप्त प्रकाश डालती है। ग्रन्थकार के अनुसार नृत्य के साथ देसी पटह का वादन होता है जिसे खड़े होकर बजाये जाता है। नृत्य के बोल इसी वाद्य से निकलने वाली सत्रह प्रकार ध्वनियों से निर्मित होते हैं। इन्हें 'हस्तपाट' या 'कोतारवर' कहा जाता है।[1]

मुख्य नृत्य शैली ताण्ड (ताण्डव) तथा लास (लास्य) थी और नृत्य तीन प्रकार के होते थे – रक्से नाट्य (भावाभिनय), रक्से नृत्य (भावाभिनय और लयकारी का समन्वित रूप) तथा रक्से नृत्त (लयकारी)। यह्या काबुली ने लयकारी के लिये 'पायकूबी' और नृत्य की गतों के लिये 'जुलांगरी' संज्ञाओं का प्रोग किया है। ग्रन्थकार के अनुसार नर्तक वह था जो मार्ग नृत्त में निपुण होता था।[2]

'हस्तपाट' के विषय में भी यह्या काबुली का स्पष्टीकरण महत्त्वपूर्ण है। वे कहते हैं – ''नृत्य करते समय रक़्क़ासा हस्तपाट का उच्चारण स्वयं करती थी तथा वादक उसकी लय के अनुरूप साज़ पर उन बोलों को प्रस्तुत करता था। मुग़लकाल में नृत्य के इस क्रम में कुछ परिवर्तन हुए तथा बोलों का उच्चारण एक पृथक् कलाकार द्वारा किया जाने लगा जिसे 'गोयन्दा' कहा जाता था, तथा पटह के स्थान पर मृदंग या पखावज का प्रयोग होने लगा। बोलों के लिये हस्तपाट के स्थान पर 'अघट' संज्ञा का प्रयोग प्रारम्भ हो गया।[3] यह विवरण स्पष्टतः कथक नृत्य के सन्दर्भ को बतलाता है।

तोहफत–उल–हिन्द

तुहफत उल हिन्द ही 17वीं सदी का एकमात्र ग्रंथ है जिसमें तत्कालीन नृत्यकला के बारे में कुछ विस्तार से वर्णन किया गया है। नृत्य की चार प्रमुख शैलियाँ

1 लहज़ाते सिकन्दरशाही / यह्या काबुली / सं0 शहाब सरमदी / पृ0 204, 205,207
संगीत / मुसलमान और भारतीय संगीत अंक / पृ0 38

2 लहज़ाते सिकन्दरशाही / यह्या काबुली / सं0 शहाब सरमदी / पृ0 29, 30
संगीत / मुसलमान और भारतीय संगीत अंक / पृ0 39

3 लहज़ाते सिकन्दरशाही / यह्या काबुली / सं0 शहाब सरमदी / पृ0 92, 93
संगीत / मुसलमान और भारतीय संगीत अंक / पृ0 39

थीं – ताण्ड (ताण्डव), लास (लास्य), चैन तथा सुधांग (शुद्धांग)। ताण्डव नृत्य के प्रवर्तक शिव थे व इस नृत्य शैली में गतिशीलता व सशक्त अंग संचालन का महत्त्व था। लास्य नृत्य का प्रवर्तन पार्वती ने किया था तथा इसकी विशिष्टता सुकुमार भावाभिव्यक्ति थी। चैन कृष्ण द्वारा प्रवर्तित नृत्य था जिसमें अंग संचालन में तोड़–मोड़ की विविधता थी तथा शुद्धांग में विभिन्न प्रकार के अघट बोल (अवघट/औघट) तथा अंग (ताल लय पर बंधा विभिन्न प्रकार का अंग संचालन) प्रस्तुत किये जाते थे। इसमें अदाओं अन्दाज़ (भावाभिनय) का भी महत्त्व रहता था। मृदंगी, गोयन्दा, तालधारी तथा रक़्क़ास इन चार लोगों का सम्मिलित प्रदर्शन, जिसमें मृदंग के ताल तथा गायक और नग़में के सुरों पर रक़्क़ास द्वारा विभिन्न प्रकार के अंगों का प्रदर्शन करते हुए नृत्य किया जाता था। इसे 'पिल्लामिरु' कहा जाता था।[1] पुनः यह वर्णन कथक नृत्य का हीहै। स्मरण रहे प्रिमलु तथा पिल्लामिरू दो भिन्न चीज़ें हैं।

लहजाते सिकन्दरशाही तथा तोहफत–उल–हिन्द में वर्णित विवरण स्पष्ट तौर पर वर्तमान कथक नृत्य का है। यह नृत्य में क्रमशः हो रहे परिवर्तनों और फलस्वरूप विकसित होती नवीन उद्भावनाओं पर भी प्रकाश डालता है।

श्री राधागोविन्द संगीतसार

जयपुर नरेश महाराज सवाई प्रतापसिंह देव कृत 'श्री राधागोविन्द संगीतसार' (सन् 1800) को तत्कालीन संगीत विषयक प्रामाणिक ग्रन्थ माना जाता है। इस ग्रन्थ के नर्तनाध्याय में नर्तकों के छः भेद तथा उनके लक्षण कहे गये हैं – वेश्या, नट, भगत, नटवा, चारण तथा वैतालिक।[2] कथक का उल्लेख न तो उक्त छः प्रकार के नर्तकों में किया गया है और न ही आगे बतलाये सभा लक्षण तथा सम्प्रदाय लक्षण में, जैसा कि संगीत रत्नाकर आदि ग्रन्थों में प्राप्त होता है। श्री राधागोविन्द संगीतसार में प्राचीन समय से चली आ रही नृत्य पद्धतियों का वर्णन करते हुये शुद्ध पद्धति, पेरणी तथा गौंडली–विधि को बतलाया गया है। नृत्य के ताण्डव और लास्य दो प्रमुख भेद कहे गये हैं। भरतकृत नाट्यशास्त्र में जिन 12 लास्यांगों का विवरण हम पाते हैं, उन्हें भी

---

1 तोहफत–उल–हिन्द/मिर्ज़ा ख़ान फखरुद्दीन मुहम्मद/सं0 नूरुल हसन अंसारी/तेहरान 1950/भाग 1/पृ0 441

संगीत/मुसलमान और भारतीय संगीत अंक/पृ0 43–44

2 नृत्य करिवे वारे को छः भेद – वेश्या, नट, भगत, नटवा, चारण तथा वैतालिक।

श्री राधागोविन्द संगीतसार/नर्तनाध्याय/ पृ. 4

इस ग्रन्थ में गिनाया गया है।[1] तत्कालीन जयपुर तथा उसके आस–पास के क्षेत्रों में प्रचलित किसी विशिष्ट नृत्य पद्धति का नामोल्लेख यद्यपि इस ग्रन्थ में प्राप्त नहीं होता तथापि रासमण्डल नृत्य के लक्षण[2] के अतिरिक्त 'नृत्य' प्रारम्भ करने के पूर्व गणेश वंदना के रूप में एक प्रबंध अवश्य प्राप्त होता है।[3] इससे यह स्पष्ट होता है कि ग्रन्थकार तत्कालीन किसी ऐसे नृत्य का वर्णन कर रहे हैं जो उस क्षेत्र में प्रचलित था और जिसका प्रारम्भ गणेश वंदना से किया जाता था। हम जानते हैं कि कथक नृत्य के जयपुर घराने में नृत्य का प्रारम्भ गणेश वंदना से किया जाता है। पूर्व में हम ब्रज में रासमण्डल की स्थापना और रासलीला के विकास में जयपुर के 'वल्लभ' नामक नर्तक के सहयोग की चर्चा कर ही चुके हैं। उल्लेखनीय है कि 'वल्लभ' जयपुर के महाराज सवाई मानसिंह प्रथम के दरबारी नर्तक थे। इन्हीं के सहयोग से श्री कृष्ण लीला में अभिनयात्मक पदों को सम्मिलित किया गया था।

नाजो

मिर्जा वाजिदअली शाह ने मटिया बुर्ज, कलकत्ता में अपनी नज़रबन्दी के वर्षों में (सन् 1858 से 1887) तत्कालीन नृत्य–संगीत पर प्रकाश डालने में सहायक अनेक ग्रन्थों की रचना की जिनमें से बनी, नाज़ो, दुल्हन और सौतुल मुबारिक ये चार पुस्तकें विशेष महत्त्व की हैं। सन् 1868 में रचित 'नाजो' में स्वयं वाजिदअली शाह तथा तानसेन, बैजू, बक्शू, गोपाल नायक, इब्राहीम आदि कवियों–संगीतज्ञों द्वारा हिन्दी, उर्दू, अवधी, ब्रज, मारवाड़ी, पंजाबी तथा बंगाली भाषा में लिखी रचनाओं का संग्रह है। यह एक ऐसा गीत कोश है जिसमें गणेश स्तुति, ध्रुवपद, सादरा, सावन, दादरा, सरगम, चतुरंग, तिरवट, होरी, ख्याल, तराना, ठुमरी, चांचर, सिन्धी गीत, दोहरे, फाग, धमार, भजन, बन्नी–बन्ने, गालियाँ तथा रीत के गीतों को समेटा गया है। विचारणीय तथ्य है कि विभिन्न राग–रागिनियों तथा तालों में निबद्ध रचनाओं के इस गीत कोश में बिन्दादीन महाराज की एक भी रचना प्राप्त नहीं होती जिससे यह प्रतीत होता है कि बिन्दादीन महाराज ने नवाब के सान्निध्य में रहते हुए ठुमरियों तथा भजनों आदि की रचना नहीं की होगी। यों जब नवाब वाजिदअली शाह गद्दीनशीं हुए थे तब बिन्दादीन जी की आयु कोई 8–9 वर्ष रही होगी और जब नवाब अपदस्थ होकर मटियाबुर्ज

---

1 श्री राधागोविन्द संगीतसार / नर्तनाध्याय / पृ. 85–86
2 श्री राधागोविन्द संगीतसार / नर्तनाध्याय / पृ. 96
3 श्री राधागोविन्द संगीतसार / नर्तनाध्याय / पृ. 98

कलकत्ता में नज़रबन्द कर दिये गये तब उनके साथ जाने वाले संगीतज्ञों में भी बिन्दादीन जी अथवा उनके परिवार का नाम नहीं मिलता। वे तब 16–17 वर्ष के रहे होंगे। स्वाभाविक रूप से ठुमरियों की रचनाएँ बिन्दा महाराज द्वारा अपनी प्रौढ़ आयु में की गई होंगी।

बनी

सन् 1875–78 के मध्य रचित एवं प्रकाशित 'बनी' छः बाब यानी अध्यायों में विभक्त की गई है – सुर, ताल, रहस, रहस–विस्तृत, नकल और खिताब नामक इन अध्यायों में से पहले में ध्रुवपद, ख्याल, ठुमरी (बंदिश की ठुमरी), टप्पा, सावनी, दादरा की रचनाओं का संग्रह है। दूसरे अध्याय में ताल, टुकड़े, परन, लवनाम, अकीक नाम, मोती नाम (लव, अकीक तथा मोती सम्भवतः टुकड़ों के विशेष प्रकार रहे हों) फेरी तथा ठाह, दुगुन में तत्कार की चर्चा है। तिहाइयों को 'फेरी' कहा गया है। 'बनी' में प्राप्त गिनती की तिहाईयों में से एक उदाहरण देखें – एक दो, एक दो, एक दो तीन, इस हिसाब से तीन मर्तबा में आता है।''[1] इस तिहाई के निर्देश को ध्यान से समझने पर बड़ी खूबसूरत और पारम्परिक रूप से बरसों से नाची जा रही तिहाई बनकर सामने आती है। तीसरे 'रहस' नामक अध्याय में स्वयं नवाब रचित 16 नृत्य गतें – सलामी गत, दायाँ हत्था गत, बायाँ हत्था गत, फरियाद गत, मोअद्‌दब गत, नाज़ गत, ग़मज़ा गत, पेशवाज़ गत, मुकुट गत, लखनव्वा घूंघट गत, घूंघट गत, बंगाला घूंघट गत, सलामी गत, दाहिनी बांकी गत, बायीं बांकी गत तथा प्यारी गत बतलाई गई हैं। इसके अलावा पाँच कहरवा नाच की गतें – मछहरा गत, भैंगा गत, ठेंगा गत, लहंगा गत तथा पंखा गत भी कही गई हैं।[2] ध्यान देने योग्य है कि वाजिदअली शाह के उक्त दोनों ग्रन्थों में 'कथक' नृत्य के कुछ प्रारम्भिक नृत्तांग मिलते हैं। ग्रन्थों की सामग्री का सूक्ष्म अध्ययन इस ओर संकेत करता है कि नवाब का रुझान समूह नृत्य की ओर था।

नाद–विनोद

सन् 1895 में गोस्वामी पन्नालाल कृत 'नाद–विनोद' में प्राप्त विवरण हमें तत्कालीन दिल्ली में प्रचलित नृत्य शैली (यदि शैली कहने में हर्ज न हो तो) के काफी निकट पहुँचाता है। यद्यपि इस ग्रन्थ में भी नृत्य की पद्धतियों का उल्लेख करते हुए

---

1 बनी / वाजिदअली शाह / रूपांतरकार रौशन तकी / ताल / पृ0 66
2 बनी / वाजिदअली शाह / रूपांतरकार रौशन तकी / रहस / पृ0 67–78

ताण्डव, लास्य घोरणी (पेरणी?) तथा गोंडली का ही जिक्र किया गया है, किन्तु इसके साथ ग्रन्थ रचना के समय प्रचलित नृत्य प्रकार का किंचित् वर्णन ग्रन्थकार ने किया है। ग्रन्थ की भूमिका में कहा गया है कि, ''ताण्डव और लास्य के वर्णन के अतिरिक्त वे तत्कालीन प्रचलित नृत्य का वर्णन भी स्वल्प भाव से करेंगे।''[1] इस ग्रन्थ की रचना दिल्ली में हुई थी, इसलिए लगभग सवा सौ वर्ष पूर्व तत्कालीन दिल्ली में प्रचलित नृत्य पद्धति का प्रामाणिक विवरण हम इस ग्रन्थ से प्राप्त कर सकते हैं। ग्रन्थ के नृत्याध्याय में लास्य नृत्य का वर्णन करते हुए नृत्य का एक बोल भी दिया गया है, जो वर्तमान कथक नृत्य के नृत्त–अंग के तोड़े से पूरी–पूरी समानता रखता है।[2] इसके अलावा अनेक तालों में निबद्ध नृत्य बोल, गणेश परण, शिव परण आदि प्राप्त होते हैं। नायिका–भेद सम्बन्धी बदिशें तथा नृत्य योग्य एक–दो तराने भी प्राप्त होते हैं। हाव–भाव–कटाक्ष को सोदाहरण समझाया गया है, हम जानते हैं ये कथक नृत्य के मूलभूत अंग हैं। नाद–विनोद में न तो इस नृत्य को कोई संज्ञा दी गई है और न ही कथकों का इससे किसी प्रकार का सम्बन्ध जोड़ा गया है जबकि यह ध्यान देने योग्य है कि इस काल तक लखनऊ, बनारस अथवा जयपुर घराने के अनेक बेजोड़ कलाकार इस क्षेत्र में स्थापित हो चुके थे। इसका सीधा–सा अर्थ यही है कि इस काल तक नृत्य का तथाकथित शास्त्रीय और लोकनृत्य जैसा बहुविध वर्गीकरण नहीं किया गया था। नृत्य और नर्तक सामान्य संज्ञाएँ थीं, इन्हें विशेषीकृत नहीं किया गया था। स्मरण रखें कि इस समय दासीअट्टम्, कथकलि, मणिपुरी तथा ओडिसी आदि नृत्य प्रकार भी अपना वर्तमान आकार ले रहे थे। इन सबका वर्तमान नामकरण 20 वीं शताब्दी के चौथे दशक में किया गया। कूचिपुड़ी और अब सत्रिय भी कुछ समय पहले ही (तथाकथित) शास्त्रीय नृत्य वर्ग के सदस्य बने हैं।

श्री संगीत कलाधर

अभी हम कह ही आये हैं कि भावनगर के राजगायक श्री डाह्यालाल शिवराम द्वारा गुजराती में लिखा गया और सन् 1901 में प्रकाशित श्री संगीत कलाधर इस दृष्टि से अत्यन्त महत्वपूर्ण ग्रन्थ है कि इसमें न केवल तत्कालीन पश्चिमी भारत के सौराष्ट्र प्रान्त में प्रचलित नृत्य पद्धति के स्वरूप का स्पष्ट विवरण प्राप्त होता है वरन् कुछ नवीन संकल्पनाओं की स्थापना भी की गई है। नर्तन के त्रिविध भेद – नृत्य, नृत्त तथा

1 नाद–विनोद / भूमिका / पृ. 31–32
2 नाद–विनोद / पृ. 31–32

नाट्‌य बतलाते हुए ग्रन्थकार ने नृत्य और नृत्त के सूक्ष्म और महत्त्वपूर्ण अंतर को जिस स्पष्टता से इंगित किया है और तत्कालीन नृत्य/नृत्त भेदों की सूचना दी है, उसे संज्ञान में लिया जाना अत्यन्त आवश्यक है।

ग्रन्थकार ने नृत्यांग के अंतर्गत उरमई, सुलप, उरप, तिरिप, शुद्ध मुद्रा, लाग तथा डाट को परिभाषित किया है जिससे इस नृत्य से सम्बन्धित तत्कालीन तकनीकी शब्दावली पर प्रकाश पड़ता है। कथक नृत्य के साधकों के लिये इस नृत्य के अंगों की मूल संज्ञाओं से परिचित होना अत्यन्त आवश्यक है। यहाँ संक्षेप में विवरण प्रस्तुत किया जा रहा है –

उरमई जब नर्तक उछलकर पृथ्वी पर अपना पैर रखे।

उरप कूदकर आगे आना और सुंदर अभिनय के साथ पीछे लौटना।

तिरप तिरप यानी तिरछा। स्वस्तिक पैरों से पीछे लौटना। जैसा की गत निकास में देखा जा सकता है।

सुलप सुंदरता और नाज–नखरे से नृत्य करना। कानून–ए–मूसिकी में इसे 'सुलफ' कहा गया है। नंदिकेश्वर ने भरतार्णव में इसे ही 'सूलु' कहा है। रस कौमुदी में 'निवात दीप गति' यानी दीपक की डोलती शिखा कहा गया है। कथक में थाट की प्रारंभिक स्थिति में इस अंग को देखा जा सकता है।

लाग एक अंग में दूसरे अंग का मिश्रण।

डाट चुस्ती से नृत्य करना।

श्री संगीत कलाधर में प्राप्त विभिन्न 'गतों' के विवरण से शताब्दी भर पूर्व लक्ष्य परम्परा में प्रचलित 'त्रिभंगी' नृत्य के स्वरूप को जानने में सहायता मिलती है। माथे की गत, सलामी की गत, मुकुट की गत, परबन्द की गत, बाँसुरी की गत, जायेनशीन की गत (जिसे बैठक की गत भी कहा गया है), अर्द्धघूंघट की गत, पूर्ण घूंघट की गत, रक़्स–ए–ताउस की गत (जिसे मोरचाल की गत भी कहा गया है)। इनमें से अधिकांश गतें कृष्ण और राधा के स्वरूप की अभिव्यक्ति करने वाली हैं और आज भी कथक नृत्य की लक्ष्य परम्परा में देखी जा सकती हैं, जबकि नवाब वाजिदअली शाह कृत 'बनी' तथा 'सौत–उल–मुबारक' में कही गई गतों में से अधिकांश आज के लक्ष्य में प्राप्त नहीं

होती। श्री संगीत कलाधर में भाव की चर्चा करते हुए नेत्र भाव, अर्थ भाव, बोल भाव, सभा भाव, नृत्य भाव, गीतार्थ भाव तथा अंग भाव बतलाये गये हैं। भाव बतलाने की इन विधियों के नाम आज के वरिष्ठ कलाकारों ने अवश्य ही अपने गुरुओं से सुने होंगे। मेरे गुरू पंडित कल्याणदास महन्त 'अर्थ भाव' तथा 'सभा भाव' जैसी संज्ञाओं का प्रयोग यदा–कदा करते थे। उरप, तिरप तथा उरमई शब्द भी मैंने उनके मुख से सुने थे। हालाँकि मेरे जेहन में बस यही याद शेष है, इनके विषय में स्पष्ट जानकारी तथा अपने नृत्य से इन तकनीकी शब्दों का सरोकार मैंने बाद में समझा।

श्री संगीत कलाधर में एक और अत्यन्त विशेष और महत्त्वपूर्ण तकनीकी सूचना हमें प्राप्त होती है। वहाँ नृत्य के बोलों (प्रारम्भिक तत्कार के बोलों) की निकास विधि बतलाते हुए, आठ मात्राओं में सात मूलाक्षर कहे गये हैं। ता थै थै तत् – थै थै तत्। पाँचवीं मात्रा पर मौन रहने/रुकने का निर्देश दिया गया है। वर्तमान कथक नर्तक/नर्तकियाँ उक्त बोलों से परिचित हैं। ध्यान देने योग्य है कि आज हम पाँचवें वर्ण को 'आ' कहते हुए उसपर भी पदाघात करते हैं जबकि 'श्री संगीत कलाधर' में कहा गया उक्त विवरण अधिक व्याकरण सम्मत लगता है। वास्तव में जहाँ एक मात्रा का मौन/दम/ठहराव है वहाँ रुकना ही उचित है, पदाघात करना सही नहीं। बोलों को लिखते समय इस स्थान/मात्रा को 'ऽ' के चिन्ह से दर्शाया जायेगा। यह प्रतीत होता है कि भूलवश इस अवग्रह का भी पाठ किया जाने लगा और क्योंकि उस स्थान पर कोई निश्चित वर्ण नहीं है इसलिये उसे 'आ' कहा जाने लगा। यों भी 'ऽ' के लिये 'आ' का उच्चारण सामान्यतः किया ही जाता है। जब उच्चारण किया गया तो पदाघात भी किया जाने लगा। इसलिये यह समझा जाना चाहिये कि वर्तमान कथक नृत्य के तत्कार में मूल तीन पाटाक्षरों – 'ता थेई तत्' से आठ मात्रा में पदाघात का क्रम निर्धारित किया गया है जिनमें वस्तुतः थेई और तत् की पुनरावृत्ति होती है। 'ता' प्रारम्भिक पाटाक्षर है। पाँचवीं मात्रा मौन रहते हुए बिना किसी विशेष पादक्रिया के प्रदर्शित की जानी चाहिये। इस तरह तत्कार का स्वरूप यों होना चाहिये – 'ता थेई थेई तत्। ऽ थेई थेई तत्।' वर्तमान समय में प्रमादवश इसे 'ता थेई थेई तत्। आ थेई थेई तत्।' के रूप में बोला और नाचा जा रहा है जो कि ग़लत है।

श्री संगीत कलाधर में तत्कालीन नृत्य के कुछ तोड़ों तथा प्रिमलुओं का ताल–लिपिबद्ध संग्रह भी प्राप्त होता है।[1] ग्रन्थ में दिये गये प्रिमलुओं में से एक को यहाँ उद्धृत किया जा रहा है, जो लखनऊ घराने के नर्तक आज भी नाचते हैं। बोल मध्य लय में प्रत्येक पल्ले के बाद एक मात्रा का दम देने पर चक्करदार स्वरूप में नाचा जा सकता है।

ताओ थुंगा तक्किट थुंगा । तक्किट तकधिक किटतक थोऽ ।
तकिटधि किटतक धिधिधिधि किटथुं । थुंतक थुंतक ददधन ताऽ ।।
दिगदिग तकदिग ताऽ दधिगन । थै ऽऽ ताओ थुंगा ।
तक्किट थुंगा तक्किट तकधिक । किटतक थोऽ तकिटधि किटतक।।
धिधिधिधि किटथुं थुंतक थुंतक । ददधन ताऽ दिगदिग तकदिग ।
ताऽ दधिगन थै ऽऽ । ताओ थुंगा तक्किट थुंगा ।।
तक्किट तकधिक किटतक थोऽ। तकिटधि किटतक धिधिधिधि किटथुं ।
थुंतक थुंतक ददधन ताऽ । दिगदिग तकदिग ताऽ दधिगन ।। थै ।।

नर्तन सर्वस्वम् और मुरज परण पुष्पाकर

रायगढ़ नरेश राजा चक्रधर सिंह द्वारा सन् 1938 में प्रणीत 'नर्तन सर्वस्वम्' रायगढ़ घराने की नृत्य परम्परा का आधार ग्रन्थ माना जाता है। यह वह कालखण्ड था जब भारतवर्ष में संगीत की संस्थागत शिक्षण पद्धति का प्रारम्भ हो चुका था। गुरुओं की वाणी में यह नृत्य अपने समग्र स्वरूप में सुरक्षित था और एक तरह से मौखिक परम्परा का अवलम्ब लेकर पुष्पित–पल्लवित हो रहा था। नवाब वाजिद अली शाह द्वारा रचित नाजो, बनी, तथा दुल्हन ऐसे ग्रन्थ न थे जो पूर्णरूपेण कथक नृत्य के तकनीकी पक्ष पर प्रकाश डालते अथवा उनका स्पष्टीकरण करते। लखनऊ घराने के गुरू प्रकाश जी द्वारा कथित रूप से रचित 'प्रकाश पोथी' को उनके परिवारजनों ने तक नहीं देखा था। ऐसी स्थिति में स्पष्टतया इस नृत्य विधा का कोई लिखित दस्तावेज उपलब्ध नहीं था जिससे कालान्तर में इसके स्वरूप के भ्रष्ट होने की पूरी सम्भावना थी। भविष्य में संगीत की संस्थागत शिक्षण प्रणाली की आवश्यकता और लोकप्रियता को समझने के साथ इस नृत्य की तत्कालीन शास्त्र असम्बद्धता को महसूस करते हुए राजा चक्रधर

---

1 संगीत कलाधर/द्वितीय आवृत्ति/अनु0 अनिल ब्योहार–चेतना ज्योतिषी ब्योहार/पृ0 469–475

सिंह ने इसके मूल 'एकल' स्वरूप को संरक्षित रखने तथा उसे समृद्ध करने के उद्देश्य से अपने दरबार में इस नृत्य के सभी घरानों के विद्वान नर्तक–गुरूओं और उच्चकोटि के साहित्यकारों को आमंत्रित किया और गुरुओं के प्रयोग–प्रदर्शन को विभिन्न प्राचीन और मध्यकालीन ग्रंथों में वर्णित सामग्री के आधार पर न केवल परीक्षित करवाया वरन् गहन विचार–विमर्श के उपरान्त उन रचनाओं के समकक्ष (जोड़े की बंदिश) नवीन रचनाओं का सृजन और संकलन भी करवाया। गजविलास, दल–बादल, मधुगुंजन, कल्लोलिनी, श्रृंगारवर्धन, अद्ववादी, कादम्ब, अभ्यंजन आदि ऐसी ही रचनाएँ हैं। रायगढ़ के ग्रन्थों में नृत्य की उर्दू में प्रचलित तकनीकी शब्दावली को संस्कृतनिष्ठ प्राचीन रूप देने का प्रयास किया गया। जैसे – तोड़ा को त्रोटकम्, चक्करदार को त्रिचक्री, आमद को अवतरण तथा सम को उपोद्घात। साहित्यिक दृष्टि से समृद्ध तथा नृत्य में भाव प्रदर्शन हेतु उपयुक्त राग–तालबद्ध बंदिशों (ठुमरी, भजन, दादरा, खमसा, ग़ज़ल आदि) की रचना भी रायगढ़ नरेश द्वारा करवाई गई। उल्लेखनीय है कि रायगढ़ में रचित किसी भी ग्रंथ में 'कथक' शब्द अथवा 'कथक नृत्य' अथवा इस नृत्य की कोई अन्य संज्ञा प्राप्त नहीं होती।

इस तरह हमने यह देखा कि श्री राधा गोविन्द संगीत सार, मादनुल–मूसिक़ी, बनी, नाद–विनोद, श्री संगीत कलाधर, नर्तन सर्वस्वम् और मुरज परण पुष्पाकर में वर्णित नृत्य सामग्री निश्चित रूप से वर्तमान समय में 'कथक' के नाम से प्रतिष्ठित नृत्य की ही है। यद्यपि इनमें से किसी भी ग्रन्थ में वर्णित नृत्य का कोई नाम नहीं प्राप्त होता तथापि विवरण से यह काफी हद तक स्पष्ट हो जाता है कि तत्कालीन सौराष्ट्र, जयपुर और दिल्ली में प्रचलित नृत्य आज का 'कथक नृत्य' ही था। इसलिये इन ग्रन्थों को वर्तमान कथक नृत्य के लक्षण ग्रन्थ के रूप में स्वीकार किया जा सकता है। उक्त सम्पूर्ण चर्चा से कुछ बिन्दु उभरकर सामने आते हैं –

1/ 'कथक' एक अत्यन्त प्राचीन शब्द है जो समाज में एक समान व्यवसाय से सम्बन्धित वर्ग की ओर संकेत करता है। इस वर्ग का मुख्य व्यवसाय कथागायन था। 7वीं से 17वीं शताब्दी के मध्य तक कथकों का उल्लेख कथावाचक, देशी गायक तथा वैष्णव गायक के रूप में विभिन्न संगीत एवं संगीतेतर ग्रन्थों में प्राप्त होता है। कथावाचन की अन्य परम्पराओं से भिन्न यह कथागायन निश्चय ही सांगीतिक दृष्टि से समृद्ध था इसीलिये संगीत सम्बन्धी एकाधिक ग्रन्थों में इस सम्बन्ध में विशेष उल्लेख प्राप्त होता है।

2/ सांगीतिक विधाओं में दक्ष व्यक्तियों तथा अन्य विधाओं के विद्वानों की ही भाँति कथकों को भी लोक में स्वीकृति और राज्य का आश्रय प्राप्त था।

3/ इस कालखण्ड तक संगीतशास्त्र ग्रन्थों में नर्तन के प्रसंग में नट, नर्तक, चारण, वैतालिक, वैश्या, ढारी/ढांढी संज्ञाएँ प्राप्त होती हैं, कथक का उल्लेख नृत्य के सन्दर्भ में कहीं भी प्राप्त नहीं होता।

4/ इस तरह ईसा की 7वीं शताब्दी से 17वीं शताब्दी के प्रारम्भिक दशकों तक देश के विभिन्न प्रान्तों में बसे हुए 'कथक' वर्ग के लोग व्यावसायिक रूप से कथावाचक तथा गायक ही थे, नर्तक नहीं। उल्लेखनीय है कि आज भी उत्तर भारत के विभिन्न प्रान्तों में मिलने वाले अधिकांश कथक परिवार गायन–वादन के पेश से जुड़े हुए हैं। उत्तर प्रदेश के पूर्वी भाग में स्थित 'अयोध्या, इलाहाबाद, जौनपुर, आजमगढ़, गाजीपुर, बलिया, बस्ती, बांसी, गोरखपुर, शोहरतगढ़ पायर, पड़रौना और बिहार के छपरा, मुजफ्फरपुर, आरा, गया, पटना, भागलपुर एवं दरभंगा आदि स्थानों में कथक जाति के लोग कई पीढ़ियों से बसे हुए हैं। बनारस और लखनऊ के कथक नर्तक परिवारों से इनकी रिश्तेदारियाँ भी है, किन्तु इनमें से अधिकांश गायन--वादन के पेशे से ही जुड़े हुए हैं।

5/ कालांतर में कुछ कथक परिवारों का आगमन नृत्य के क्षेत्र में माना जा सकता है। यही कारण है कि 17वीं शताब्दी के बाद संगीत विषयक ग्रन्थों में 'कथक' व्यक्ति का उल्लेख प्रकारान्तर से नृत्य के प्रसंग में प्राप्त होता है। 'संगीत सुदर्शन' में प्राप्त बिन्दादीन महाराज, कालिका प्रसाद एवं हनुमान प्रसाद सम्बन्धी उल्लेख इस नृत्य के विकास में 'कथकों' के विशेष योगदान की ओर संकेत करता है।

6/ 19वीं शताब्दी के उत्तरार्ध तथा 20वीं शताब्दी के प्रारम्भिक दशकों में (सन् 1857–1915 के मध्य) 'कथकों' का नाम नृत्य के साथ भली–भाँति जुड़ गया। इस कालखण्ड में पश्चिमी, उत्तरी तथा मध्य भारत में लिखे गये कुछ ग्रन्थों में विस्तार से इस नृत्य के विभिन्न अंगों का विवेचन प्राप्त होता है। यानी इस समय तक उक्त क्षेत्रों में नृत्य की यह पद्धति भलीभाँति प्रचलित एवं लोकप्रिय हो चुकी थी। प्रश्न यह उठता है कि जिन कथक परिवारों (अथवा कथक/कथिकों के अलावा भी)[1] ने इस नृत्य को

---

1 इधर पिछले सौ वर्षों में तस्वीर बदली है और समाज के प्रतिष्ठित वर्ग के लड़के–लड़कियों ने भी नृत्य को अपनाया है।

अपनाया और इसके माध्यम से यश और धन प्राप्त किया उन्हें अथवा उनके पूर्वजों को इस नृत्य की आधार सामग्री कहाँ से प्राप्त हुई? जिस नृत्य को सन् 1940 के बाद 'कथक' नृत्य नाम दिया गया और जिसे ठाकुर प्रसाद, बिन्दादीन महाराज और अच्छन महाराज 'नटवरी' कहते थे, उसकी पूर्व संज्ञा 'नटवरी' ही थी, अथवा यह किसी अन्य नाम से जाना जाता था?

यह अकाट्य सत्य है कि काल अनन्त है और उसमें प्रत्येक वस्तु/व्यक्ति का अस्तित्त्व बीज रूप में कहीं–न–कहीं विद्यमान रहता है। किन्तु यह भी सत्य है कि इस अखण्ड काल में निहित विभिन्न कालखण्ड परिवर्तन की अनवरत प्रक्रिया से निरन्तर गुज़रते रहते हैं। चूँकि परिवर्तन प्रकृति का अपरिवर्तनीय नियम है इसलिये यह भी सत्य है कि कोई भी चीज़ विभिन्न कालखण्डों में नितान्त वही–की–वही रह ही नहीं सकती। ऐसे में प्रश्न यह उठता है कि पिछले कुछ पृष्ठों में हमने जिस नृत्य के बारे में बात की और जिसके बारे में उन्नीसवीं तथा बीसवीं शताब्दी के अनेक ग्रन्थों में भी बहुत मुखर चर्चा की गई है, उस नृत्य प्रकार ने अपने विकासक्रम में सामग्री का ग्रहण कहाँ से किया? या यों कहें कि आज इस नृत्य का जो रूप हम देख रहे हैं क्या यह नृत्य प्रकार अपने मूल अथवा समग्र रूप में ऐसा ही था? अथवा इसका स्वरूप कुछ भिन्न था? या फिर इसने विभिन्न नृत्य प्रकारों से अपने भिन्न–भिन्न अंगों का ग्रहण कर वर्तमान आकार प्राप्त किया? आज जितना हम इसे देख रहे हैं क्या यह इससे अधिक समृद्ध था? इस नृत्य ने किन तत्त्वों को ग्रहण किया तथा किन्हें छोड़ दिया? इन सारे प्रश्नों का उत्तर वास्तव में मध्यकालीन ग्रन्थों में ही बिखरा पड़ा है। एक लम्बे अन्तराल के बाद इधर पिछली शताब्दी में जब हिन्दी तथा अन्य क्षेत्रीय भाषाओं में सांगीतिक लेखन का कार्य प्रारम्भ हुआ तब संगीत के गायन–वादन–नर्तन वाले सम्यक् स्वरूप और उसकी 'समग्र' प्रकृति के स्थान पर 'विशिष्टीकरण' की नीति अपनाते हुए लेखकों ने संगीत विधा के सभी पक्षों को पृथक्–पृथक् रूप में अपने लेखन का विषय बनाया। यह वह कालखण्ड था जब अंग्रेज़ी के 'म्यूज़िक एण्ड डान्स' की अवधारणा का अनुसरण करते हुए हम भी 'संगीत' को मात्र गायन–वादन समझने लगे तथा नृत्य को इससे भिन्न मान बैठे। ख़ैर, प्रभावजन्य परिवर्तन और उसके परिणाम की अनिवार्यता से बचा तो नहीं जा सकता न? प्रयोगधर्मा कलाओं के सन्दर्भ में इसका दुष्प्रभाव हमें अपनी सांस्कृतिक विरासत के उच्छेद के रूप में देखने को मिला है। संगीत को उसके सम्पूर्ण स्वरूप में समझते हुए उसके किसी एक पक्ष पर लिखने वाले आधुनिक काल के

आचार्यों में कैलाशचन्द्र देव बृहस्पति, विदुषी प्रेमलता शर्मा, ठाकुर जयदेव सिंह जैसे संगीतशास्त्रियों का नाम लिया जा सकता है। इन्होंने गम्भीर चिन्तन के साथ पिछली परम्परा का अवगाहन करते हुए संगीत के क्षेत्र की नवीन उद्‌भावनाओं के मध्य एक तरह से सेतु का कार्य किया, जबकि इस उत्तर भारतीय नृत्य को ऐसा सौभाग्य नहीं मिल सका। कोई ऐसा मर्मज्ञ न मिल सका जो इसकी पहचान का दावेदार होता, इसलिये नर्मदा के उत्तरी विस्तृत भूक्षेत्र (पश्चिम, उत्तर तथा मध्य भारत) के एकमात्र प्रतिनिधि नृत्य के रूप में विस्तृत मंच और अभूतपूर्व लोकप्रियता प्राप्त करने पर भी समुचित शास्त्रगत सम्बल के अभाव में इस नृत्य को 'अशास्त्रीय', 'लोक', 'अभिनयहीन', 'मात्र चक्करों वाला' तथा 'दिशाहीन' जैसे अतर्कसंगत विशेषणों के साथ चलना पड़ा। हम इस नृत्य की प्राचीनता सिद्ध करने की लालसा में महाभारत में प्राप्त 'कथक' शब्द से इसका सम्बन्ध तो जोड़ बैठे, किन्तु इसके विस्तृत बहुआयामी कलेवर की प्रतिच्छाया को विगत कुछ शताब्दियों में बिखरे क्षेत्रीय कलारूपों में देखने से चूक गये। उल्लेखनीय है कि 16वीं से 20वीं शताब्दी के मध्य प्रचलित तत्कालीन नृत्य पद्धतियों में कुछ नृत्य प्रकार ऐसे प्राप्त होते हैं जो वर्तमान कथक संज्ञक नृत्य के अंगभूत तत्त्वों से काफी साम्य रखते हैं। यहाँ ऐसे ही नृत्य प्रकारों का विवरण प्रस्तुत किया जा रहा है। वर्तमान कथक संज्ञक नृत्य की आंतरिक बुनावट का विश्लेषण करने पर यह स्पष्ट हो जाता है कि इसके विशिष्ट अंगों का ग्रहण इन्हीं मध्यकालीन नृत्यरूपों से किया गया है।

वर्तमान कथक नृत्य की आधार सामग्री

14वीं शताब्दी के मध्य से लेकर 18वीं शताब्दी के प्रारम्भ तक लिखे गये ग्रन्थों यथाः संगीतोपनिषत्सारोद्धार (सन् 1350), संगीतराज (1430–1530), मानकुतूहल (1481–1517), नर्तन निर्णय (1545–1565), तथा अनूपसंगीत विलास, अनूप संगीत रत्नाकर, अनूप संगीतांकुश (सभी 1674–1709 के मध्य) का इस दृष्टि से हमारे लिये विशेष महत्त्व है कि इन ग्रन्थों में कुछ ऐसे नृत्य प्रकार मिलते हैं जिनसे वर्तमान कथक नृत्य के विभिन्न अंगों का अद्‌भुत् साम्य देखा जा सकता है। कहा जा सकता है कि इस नृत्य के विभिन्न संगठक तत्त्व मध्यकालीन नृत्य–परम्पराओं में प्राप्त होते हैं। चारण नृत्य, ध्रुवपद नृत्य, रास नृत्य तथा ढांढ–ढांढिन नृत्य ऐसे ही तत्कालीन नृत्य प्रकार हैं, जो देश के पश्चिमी भाग में प्रचलित एवं लोकप्रिय हुए। उक्त नृत्यों के साथ वर्तमान कथक नृत्य का तुलनात्मक विश्लेषण करने पर यह तथ्य उभरकर सामने आता है कि

कथक नृत्य के अभिन्न और विशिष्ट अंगों का ग्रहण उक्त मध्यकालीन नृत्यरूपों से ही किया गया है। वर्तमान कथक नृत्य इन्हीं नृत्य प्रकारों के समन्वय से उद्‌भूत विशिष्ट नृत्य कहा जा सकता है। चलिये देखें कि विभिन्न मध्यकालीन नृत्य प्रकारों से वर्तमान कथक नृत्य कहाँ–कहाँ साम्य रखता है।

चारण नृत्य

'चारण' शब्द का कोशगत अर्थ है – भ्रमणशील, तीर्थयात्री, घूमने–फिरने वाला, नट या गवैया, नर्तक, भाँड, भाट।[1] नाट्‌यशास्त्र में चारण शब्द नहीं मिलता। हर्षचरित में हर्ष के इत्वर साथियों के साथ सांगीतिक गतिविधियों में लिप्त अन्य व्यक्तियों के साथ 'चारण' का उल्लेख भी प्राप्त होता है।[2] सोमेश्वर द्वारा रचित ग्रन्थ 'मानसोल्लास' में चारण को छः प्रकार के नर्तकों[3] में गिनाते हुए उसका लक्षण निम्नानुसार बतलाया गया है –

किंकिणीचालने दक्षो गीतधारणकोविदः।
हास्यवाक्यप्रगल्भश्च सुस्वरश्चारणो वरः।।[4]

अर्थात् चारण को किंकिणी यानी घुंघरू वादन में दक्ष, गीत को जानने वाला, मीठे गले वाला तथा हास्यकला में चतुर कहा गया है। यहाँ **गीतधारणकोविदः** ज़रूर कहा गया है, मगर गीत किस तरह का हो, इसका संकेत नहीं मिलता।

मानसोल्लास में नर्तन के छः प्रकार – नाट्‌य, लास्य, ताण्डव, लघु, विषम तथा विकट कहे गये हैं।[5] इनमें से विषम नर्तन का लक्षण हमारे लिये जानना उपयोगी है –

विचित्रैः पदपाटैश्च नानाभंगिविवर्जितैः।
भ्रमणोत्क्षेपविक्षेपकम्पाद्यैर्विषमं भवेत्।।[6]

---

1 संस्कृत हिन्दी कोश / वामन शिवराम आप्टे / पृष्ठ 378,379

2 हर्षचरित / बाणभट्‌ट / प्रथम उच्छवास / पृष्ठ 75

3 नर्तकाः षट्‌प्रकाराः स्युर्नर्तकी नटन्नर्तकौ।
वैतालिकाश्चारणाश्च तथा कोल्लटिका अपि।।
मानसोल्लासः / तृतीयो भागः / श्लोक 965–67

4 मानसोल्लासः / तृतीयो भागः / श्लोकः 971, 72

5 नाट्‌यं लास्यं ताण्डवं च लाघवं विषमं तथा।
विकटं चेति निर्दिष्टं नर्त्तनं षट्‌प्रकारकम्।।
मानसोल्लास / तृतीयो भागः / श्लोक 959, 60

6 मानसोल्लासः / तृतीयो भागः / श्लोकः 964, 65

अर्थात् पद संचालन में विचित्र/क्लिष्ट गतियाँ तो हों किन्तु विभिन्न भंगिमाएँ न हों। अंतर्भ्रमरी, बाह्यभ्रमरी तथा कम्प आदि हों तो उसे 'विषम नर्तन' कहा जाये। यह हमारे कथक नृत्य के नृत्तांग सदृश प्रतीत होता है। यद्यपि ग्रन्थकार चारण को विषम नर्तन से नहीं जोड़ते हैं किन्तु यह सम्भावना बनती है कि किंकिणी चालन में दक्ष 'चारण' के द्वारा पद संचालन और क्लिष्ट गतियों वाला विषम नर्तन किया जाता रहा हो। इस तरह विषम नर्तन में प्रवृत्त, गीत को धारण करने में सक्षम, सुस्वर वाले, प्रगल्भ यानी तीक्ष्ण/प्रौढ़ बुद्धि वाले और हास्य वाक्यों की रचना में चतुर व्यक्ति को 'चारण' समझा जा सकता है।

मानसोल्लास की रचना के लगभग 75 वर्ष बाद सन् 1208–1247 के मध्य संगीत रत्नाकर की रचना हुई। इस ग्रन्थ में पूर्व परम्परानुसार अलग से नर्तकों के छः प्रकार नहीं गिनाए गये, किन्तु पेरणी पद्धति के कथन के बाद क्रमशः आचार्य, नट, नर्तक, वैतालिक, चारण तथा कोल्लाटिक का उल्लेख प्राप्त होता है। 'नट' को 'चतुर्धाभिनयाभिज्ञो नटो भाणादिभेदवित्' कहने से यह प्रतीत होता है कि ग्रन्थकार नाटक के अभिनेता को 'नट' कह रहे हैं, जो दस प्रकार के नाटकों को अच्छी तरह जानने वाला है। ग्रंथकार ने मार्ग नृत्त के अभ्यासी को 'नर्तक' कहा है। इसके बाद वैतालिक, चारण और कोल्हाटिक का उल्लेख प्राप्त होता है। इन तीनों के लक्षणों को देखने से यह प्रतीत होता है कि ये तीनों ही लोकरुचि वाली विभिन्न विद्याओं में पारंगत व्यक्ति हैं। इस तरह नट और नर्तक को शास्त्रीय परम्परा का और वैतालिक, चारण, कोल्हाटिक को लोक परम्परा का अनुसरण और परिपालन करने वाला वर्ग कहा जा सकता है। संगीत रत्नाकर में 'चारण' के विषय में जो विवरण प्राप्त होता है उससे वह पुनः किंकिणी यानी घुंघरू वाद्य का जानकार व्यक्ति सिद्ध होता है। इसके साथ ही शार्ङ्गदेव ने चारण को विकट नर्तकों से घिरा हुआ, और सभी रागों को गहराई से जानने वाला, साथ ही चतुर भी कहा है।[1]

संगीत रत्नाकर के बाद सन् 1253–54 में आंध्रप्रदेश के काकतीय नरेश जयसेनापति के द्वारा रचित नृत्त रत्नावली में उपलब्ध 'चारण' सम्बन्धी विवरण भी हमारा ध्यान आकर्षित करता है। ग्रन्थकार कहते हैं –

---

1 किंकणीवाद्यवेदी च वृत्तो विकट नर्त्तकैः।
मर्मज्ञः सर्वरागेषु चतुरष्चारणो मतः।।

संगीत रत्नाकरः/सप्तम्/1341

नानानुप्रासमधुरान् दोहकान् रसनिर्भरान्।
हस्ताभ्यां बहुभंगीभिः तालैश्छन्द मनोहरैः।।
यत्र सौराष्ट्रदेशीयाः चारणा ललितोद्धतम्।
स्त्रियश्चेदन्तरीयाणां पल्लवैरवगुण्ठिताः।
नृत्यन्ति मण्डलावृत्या तस्याच्चारण नर्तनम्।।[1]

अर्थात् अनेक प्रकार के अनुप्रास आदि अलंकारों से युक्त रसीले दोहों को हस्त मुद्राओं की भंगिमाओं से दर्शाते हुए जब मनोहर ताल और छन्द में सौराष्ट्र देश के चारण गोल चक्कर लेते हुए या फिर गोलाकार घूमते हुए ललित और उद्धत् नृत्य करें तो वह 'चारण नृत्य' कहलाता है। उक्त उद्धरण में 'स्त्रियश्चेदन्तरीयाणां पल्लवैरवगुण्ठिताः' यानी यदि 'स्त्रियाँ अंदर की ओर पल्लवों से अवगुण्ठित यानी ढँकी/छुपी हुई हों' यह पदांश स्पष्ट नहीं है। इसका अर्थ अवगुण्ठित अवस्था वाली स्त्रियों से यानी घूंघट लिये हुए स्त्रियों से भी लिया जा सकता है। जैसे गरबा तथा कुछ अन्य लोकनृत्यों में स्त्रियाँ घूंघट से मुँह ढँके हुए नृत्य करती हैं। बहुत सम्भव है सौराष्ट्र प्रान्त में चारणों की परम्परा दो भागों में बँट गई हो। एक – गरबा जैसे समूह नृत्य में और दूसरी वह जिसका निर्वाह कथक और वारांगनाओं द्वारा किया जाने लगा। इस दूसरी नृत्य शाखा का ही उल्लेख सम्भवतः श्री डाह्यालाल शिवराम ने अपने ग्रन्थ श्री संगीत कलाधर में किया हो।

इस सन्दर्भ में मुम्बई की कथक नृत्यांगना श्रीमती शिला मेहता से हुई मेरी चर्चा भी इसी सम्भावना को बल देती है। श्रीमती मेहता ने भारत सरकार संस्कृति मंत्रालय की सीनियर फैलोशिप के अंतर्गत 'Charani Kathak : Kathak & Kathakars of Gujarat' विषय पर शोधकार्य किया है। कथक नृत्य में चारणी साहित्य के इस्तेमाल की सम्भावना पर शिला जी ने काम किया है और इसलिये 'चारणी कथक' यह संज्ञा उन्होंने स्वयं दी है। इन पंक्तियों की लेखिका ने श्रीमती शिला मेहता का वह शोधपत्र देखा है तथा उनसे विस्तृत चर्चा भी की है। उनके शोधपत्र से भी लगभग वही तथ्य उजागर हुए हैं जिसकी ओर हम संकेत कर रहे हैं। सौराष्ट्र में चारण परम्परा अत्यन्त प्राचीन रही है। वहाँ चारण एक समान पेशे वाला वर्ग है, जिसका कार्य समाज में छन्दात्मक कथागान के माध्यम से संदेश देना रहा है। पौराणिक और सामाजिक विषयों

---

1 नृत्त रत्नावली/जयसेनापति/7/134–136

पर ये चारण अपना कथागान केन्द्रित करते हैं। चारणी साहित्य के अधिकांश छन्द 'भुजंगप्रयात' होते हैं सो वे नृत्य हेतु अधिक उपयुक्त होते हैं।

'मेघाणी लोक साहित्य केन्द्र' राजकोट के श्री अम्बादान गढ़वी से चारण के सम्बन्ध में हमारी चर्चा से इस तथ्य की पुष्टि हुई कि चारण की परम्परा तैलंगाना, महाराष्ट्र, सौराष्ट्र तथा राजस्थान से होती हुई सिन्ध प्रान्त तक फैली हुई थी। श्री गढ़वी के अनुसार "चारण स्वावलम्बी जीवन जीते थे तथा मुख्यरूप से अश्वपाल तथा गौपाल हुआ करते थे। आशु काव्य रचना और उसके माध्यम से समाज में अपनी परम्परा, राष्ट्रीयता, सांस्कृतिक एवं सामाजिक मूल्य और उच्च चारित्रिक गुणों का सम्प्रेषण इन चारणों का सहज स्वाभाविक गुण हुआ करता था। कुछ चारण अवश्य राजकवि भी हुए हैं किन्तु राज्याश्रय प्राप्त चारण भी मात्र आश्रयदाता के विरुद गायक अथवा चाटुकार तथा अंध भक्त नहीं हुआ करते थे। उच्च चरित्र के धनी ये चारण अपने पालक के अनुचित व्यवहार की निन्दा करने एवं उन्हें योग्य आचरण की सीख देने में कतई पीछे नहीं हटते थे। दम्भी और उद्दण्ड शासकों द्वारा अपनी निन्दा न सह सकने पर ऐसे सत्यशील चारणों को सपरिवार न केवल दण्ड का भागी बनना पड़ा वरन् कभी कभी अपनी जान से हाथ भी धोना पड़ा है।"[1] चारण स्वयं नर्तक थे अथवा नहीं? इस प्रश्न पर श्री अम्बादान ने कहा कि चारण एक तरह से सरस्वती पुत्र थे, वे शब्दों को नर्तन कराते थे। उनके द्वारा स्वयं नृत्य किये जाने की परम्परा की जानकारी उन्हें नहीं है। किन्तु उन्होंने यह भी कहा कि जब विभिन्न प्राचीन तथा मध्यकालीन ग्रन्थों में चारण के नर्तक स्वरूप का भी वर्णन प्राप्त होता है तो हो सकता है कि चारणों की किसी शाखा में नर्तन की परम्परा भी रही हो।

लगभग सवा सौ वर्षों के कालखण्ड में लिखे गये उक्त ग्रन्थों (मानसोल्लास, संगीत रत्नाकर तथा नृत्तरत्नावली) में प्राप्त विवरण से 'चारण' और उसके क्रमशः परिवर्तित होते रूप की झलक मिलती है। चारण का हमारे वर्तमान कथक नृत्य से गहरा सम्बन्ध जान पड़ता है। कथक नर्तक भी 'किंकिणीवाद्यवेदी' होता है, कथक नृत्य में चमत्कारपूर्ण पदाघातों का ग्रहण 'चारण नृत्य' से किये जाने की सम्भावना से इन्कार नहीं किया जा सकता। इतना ही नहीं, हम यह भी जानते हैं कि 'गीतधारण कोविदः' और 'मर्मज्ञ सर्वरागेषु' का लक्षण लगभग सभी घरानेदार कथक नर्तकों पर खरा उतरता है। इस नृत्य विधा के अच्छे नर्तक, अच्छे गायक भी हुए हैं। वास्तव में कथागान की

---

1 20 फरवरी 2018 को श्री अम्बादान गढवी से हुई टेलिफोनिक वार्ता के आधार पर।

परम्परा की अपेक्षा यह अत्यन्त सुलभ और स्वाभाविक जान पड़ता है कि चारण नर्तन की परम्परा वर्तमान कथक नृत्य के आधारभूत तत्त्वों में से एक रही हो। भविष्य में शोधार्थी अध्ययन को आगे बढ़ाएंगे ऐसी आशा है। अस्तु।

ध्रुवपद नृत्य

पंद्रहवीं शताब्दी में ग्वालियर के राजा मानसिंह तोमर ने भारतीय संगीत परम्परा का पुनः अवगाहन करते हुए ध्रुवपद गान तथा ध्रुवपद नृत्य दोनों का प्रवर्तन किया। मानसिंह के दरबार में स्थानीय नृत्त प्रकारों के परिष्कार से ध्रुवपद नृत्य का प्रादुर्भाव हुआ। इस ध्रुवपद नृत्य के आंगिक अभिनय को शास्त्र–सम्मत् बनाने के लिये राजा मानसिंह ने कर्णाटक और उड़ीसा के नर्तक तथा नर्तकियों का सहयोग भी लिया। अकबर के आश्रित आचार्य पुण्डरीक विट्ठल ने अपने ग्रन्थ नर्तन–निर्णय में 'बन्ध नृत्य' के अंतर्गत इस 'ध्रुवपद नृत्य' का वर्णन किया है। अकबर के इतिहासकार अबुल फज़्ल ने भी ऐसी 'दफजनों/डफजनों का ज़िक्र किया है जो डफ बजाकर ध्रुपद गाते हुए नृत्य करती थीं।

गीर्वाणमध्यदेशीयभाषासाहित्यराजितम्।
त्रिचतुर्वाक्यसम्पन्नं नरनारीकथाश्रयम्
श्रृंगाररसभावाढ्यं रागतालपदात्मकम्
पादान्तानुप्रासयुतं पादान्तयमकं च वा
प्रतिपादं यत्र बद्धमेवं पादचतुष्टयम्।।
उद्ग्राहध्रुवकाभोगान्तरं ध्रुवपदं स्मृतम्
गीयमाने ध्रुवपदे हावभावमनोहरे।।
नर्तनं तनुयात्पात्रं कान्तादृष्ट्यादिसन्मुखम्
नानागतिलसद्भावं लसल्लास्यांगसुन्दरम्।।
पदान्तरान्तरागा यद् दन्तोद्योतितरंगकम्
खण्डमानेन रचितं मध्ये मध्ये च कम्पनम्।
सर्वाभिनयसम्पन्नं रेखालावण्यशोभितम्
तदा ध्रुवपदं नृत्यं मुखरागविभूषितम्।।
स्यादक्षिभ्रूविकारादिश्रृंगाराकृतिसूचकः

सग्रीवरेचको हावो भावश्चित्तसमुद्‌भवः ।।[1]

अर्थात् मध्यदेशीय भाषा के साहित्य से सजा ऐसा गीत, जिसमें स्त्री–पुरुष की श्रृंगार रस प्रधान संक्षिप्त कथा (तीन–चार वाक्यों वाली), जो राग–तालबद्ध हो, उद्‌ग्राह, ध्रुव, अंतरा, आभोग – ऐसे चार पाद हों तथा जो प्रत्येक पद अंत में अनुप्रास अथवा यमक अलंकारों से सज्जित हो, 'ध्रुवपद' कहा गया है। आगे ग्रन्थकार कहते हैं कि ऐसे ध्रुवपद का गान हाव–भाव सहित तथा इसका नर्तन कान्ता आदि दृष्टियों से समन्वित हो, यह तीनों लयों वाला, अनेक गतियों वाले सुन्दर लास्यांगों से सज्जित, सभी चारों अभिनयों से पूर्ण, सौष्ठव, लावण्य तथा मुखराग से विभूषित हो। भ्रू, कटाक्ष, ग्रीवा के रेचकों (जिसे हम गर्दन का डोरा कहते हैं) आदि से श्रृंगार के हाव–भाव का जिसमें प्रकाशन होता हो।

उल्लेखनीय है कि अनूपसंगीतरत्नाकर में भी पंडित भावभट्‌ट ने 'ध्रुवपद' का लगभग यही लक्षण कहा है।[2] साथ ही भावभट्‌ट ने नृत्य के लिये उपयुक्त 'नृत्य सहकारी ध्रुवपद' रचनाओं की चर्चा भी अपने ग्रन्थ में की है।

कथक नृत्य के भावपक्ष का साम्य स्पष्टतः उक्त विवरण से देखा जा सकता है। पुण्डरीक विट्‌ठल ने ध्रुवपद नृत्य की एक तरह से पूरी निश्चित पद्धति बतलाई है। गान तथा अभिनय के निश्चित नियमों से बंधे होने के कारण ही इसे 'बन्ध नृत्य' की श्रेणी में रखा भी गया था। हो सकता है कि अकबर के दरबार में दफजनों के द्वारा इसी प्रकार का ध्रुवपद नृत्य किया जाता रहा हो। ग्वालियर नरेश मानसिंह तोमर का शासनकाल सन् 1481 से 1517 ईस्वी के मध्य रहा और इस बीच उन्होंने भारत में अपनी जड़ जमा चुकी चिश्ती परम्परा के संगीत को समाप्तप्रायः कर मंदिरों की संगीत परम्परा को पुनरूज्जीवित करने का महत् कार्य किया। सन् 1556 से 1605 ईस्वी के मध्य अकबर दिल्ली के बादशाह रहे। बादशाह अकबर की उदार राजनीतिक, सामाजिक एवं सांस्कृतिक नीतियों से हम भली भाँति परिचित हैं ही। स्वाभाविक रूप से

---

1 नर्तन निर्णय / पुण्डरीक विट्‌ठल / 867–874

2 गीर्वाणामध्यदेशीयभाषासाहित्यराजितम्।
द्विचतुर्वाक्यसम्पन्नं नरनारीकथाश्रयम्।
श्रृंगाररसभावाद्यं(ढ्यं) रागालापपदात्मकम्।
पादान्तानुप्रासयुतं पादान्त यमकं च वा।।
प्रतिपादं यत्र बद्धमेव पादचतुष्टयम्।
उद्‌ग्राहध्रुवकाभोगोत्तमं ध्रुवपदं स्मृतम्।।
अनूपसंगीतरत्नाकर / स्वराध्याय / पृ015, नष्टोद्दिष्ट प्रबोधक ध्रौपद टीका / पृ04

इसका सकारात्मक प्रभाव तात्कालीन कला परिदृश्य पर भी पड़ा। सम्राट अकबर के समय तक ग्वालियर नरेश मानसिंह तोमर द्वारा प्रवर्तित ध्रुवपद का प्रचार सम्पूर्ण पश्चिमोत्तर भारत में भली–भांति हो ही चुका था। दरबारों में ध्रुवपद कलावन्तों को सर्वोच्च स्थान प्राप्त था। दफजनों द्वारा ध्रुवपद गान तथा नृत्य का व्यवहार होता था। माना जा सकता है कि 'ध्रुवपद' दरबारों में और आम जनता के मध्य समान रूप से लोकप्रिय हो चुके थे।

ध्रुवपद नृत्य की यह परम्परा अभी हाल तक अविच्छिन्न रूप में प्रवहमान रही है। कथक नृत्य अब से 70–80 वर्ष पहले तक ध्रुवपद पर नाचा जाता था या हम इसे यूँ समझें कि वास्तव में ध्रुवपद संज्ञक नृत्य को इधर 1940 के बाद उत्तर भारतीय नर्तकों की बिरादरी 'कथक' संज्ञा से जानने लगी तथा लगभग 50–60 वर्षों में लिखे गये ग्रन्थों में भ्रमवश यह सूचना लगातार दी जाती रही कि कथक नृत्य पहले ध्रुवपदों पर नाचे जाते थे।

बहुत स्पष्ट है कि वर्तमान कथक नृत्य का लास्यांग, उसका भावाभिनय और इतना ही नहीं, अभिनय के कथ्य को लौकिक से अलौकिक तक ले जाने की क्षमता निश्चित ही ध्रुवपद नृत्य परम्परा का विकसित रूप है, जो जयपुर घराने की भक्तिप्रधान रचनाओं और उनके अभिनय में अब भी देखी जा सकती है।[1] ग़ज़ल पर भावाभिव्यक्ति कथक के लखनऊ घराने की विशेषता रही है। हालाँकि ग़ज़लों को मात्र लौकिक प्रेम की अभिव्यक्ति के साधन के रूप में सीमित इधर कुछ दशकों में ही किया गया है।

---

1 ध्रुपद की रचनाओं के अनेक उदाहरण इस बात का प्रमाण हैं कि उनके वर्ण्य विषय विविधतापूर्ण रहे हैं तदनुरूप उनमें भाव एवं विभिन्न रस भी रहे हैं। पुण्डरीक विट्ठल और भावभट्ट ने ध्रुपद को श्रृंगार रस प्रधान ही क्यों कहा? इस विषय में यह ध्यान देने योग्य तथ्य है कि ध्रुपद का यह लक्षण ऐसे युग में प्रस्तुत किया गया जब रीतिकालीन प्रवृत्तियाँ अपनी चरमावस्था पर थीं। इस समय काव्य के साथ–साथ संगीत में भी श्रृंगार रस का प्रदर्शन पाण्डित्य एवं विद्वता का मापदण्ड समझा जाता था। तत्कालीन ग्रन्थों में कहे गये राग ध्यान भी इसी तथ्य की पुष्टि करते हैं। उल्लेखनीय है आचार्य बृहस्पति के अनुसार तानसेन ने ध्रुवपद में यथावसर सम्पूर्ण रसों के प्रयोग की बात कही थी। (ध्रुवपद और उसका विकास/पृ0 244)। रीतिकाल के बाद आधुनिक युग में पुनः पं0 भातखण्डे ने ध्रुवपद को वीर, श्रृंगार एवं शान्त रस प्रधान कहा है। (क्रमिक पुस्तक मालिका/भाग 4/पृ0 46)। वास्तव में आधुनिक युग आते–आते ध्रुवपद गम्भीर गायकी की श्रेणी में गिना जाने लगा। ख्याल गायकी और ठुमरी भली–भाँति स्थापित हो गये जिनमें श्रृंगार रस की रचनाओं का प्राधान्य था।

लेखिका

रास/रासक नृत्य

लक्षण ग्रन्थों की परम्परा में 'रास' अथवा 'रासक' नामक नृत्यरूप का उल्लेख प्रायः सभी ग्रन्थों में प्राप्त होता है। लक्षणों के आधार पर यह रास अथवा रासक नृत्य सौराष्ट्र के 'रासमण्डल' के समतुल्य जान पड़ता है। रास नृत्य की वर्तमान परम्परा का प्रारम्भ रास–मण्डल से हुआ जिसकी स्थापना ब्रज में सन् 1535 में स्वामी हरिदास तथा श्री हितहरिवंश द्वारा की गई। इस परम्परा में श्री घमण्डदेव तथा श्री व्यास के द्वारा कृष्ण लीलानुकरण को राधावल्लभीय सम्प्रदाय की उपासना का अंग बनाने का कार्य किया गया। रास नृत्य के साथ कृष्ण लीलाओं को अभिनीत करने की परम्परा श्री नारायण भट्ट के द्वारा आरम्भ की गयी। उल्लेखनीय है कि इस रास नृत्य के विकास के लिये जयपुर दरबार के नर्तक श्री वल्लभ का सहायोग भी लिया गया, इसकी चर्चा पूर्व में की ही जा चुकी है।

अंतःसाक्ष्यों के आधार पर यह कहा जा सकता है कि इस समय तक जयपुर में 'ध्रुवपद नृत्य' की परम्परा का निर्वाह किया जा रहा था। इसी ध्रुवपद नृत्य से अभिनय सामग्री का ग्रहण कर रास–मण्डल में श्रीहरि लीलाओं के स्वरूप को निखारा और संवारा गया। इसके साथ ही रास नृत्य के नृत्तांग के लिये उपयोगी तालांगी रचनाओं का निर्माण पुष्टिमार्गीय भक्त कवियों द्वारा किया गया। अष्टछापीय कवियों का सांगीतिक ज्ञान निर्विवाद रहा है। आज वर्तमान कथक नृत्य में 'तोड़ा' अथवा 'नटवरी के बोल' का जो स्वरूप हम देखते हैं (जिसमें तत तत, थुन थुन, तिग्धादिगदिग, थेई, त्राम आदि वर्ण होते हैं) वह वास्तव में 'रास नृत्य' की ही देन है। इसपर आगे ''पुष्टिमार्गीय परम्परा में नृत्य' शीर्षक के अन्तर्गत चर्चा की जायेगी।

ढांढ–ढांढिन नृत्य

संस्कृत लक्षण ग्रन्थों में यद्यपि 'ढांढ' नृत्य अथवा किसी सांगीतिक विधा से सम्बद्ध इस नाम की जाति विशेष का विवरण नहीं प्राप्त होता किन्तु मआदनुल–मौसिक़ी में मुहम्मद करम इमाम के द्वारा कहे गये कलाकारों की सूची में अवश्य मुराद अली ढारी, कल्लू ढारी, धन्नू ढारी, विलायत अली ढारी 'हाजी' के नाम, खयाल गायक–सारंगी वादक–तबला वादक के रूप में प्राप्त होते हैं। आईन–ए–अकबरी में उल्लिखित विवरण इस ओर संकेत करता है कि तत्कालीन संगीतजीवी जातियाँ एक अथवा एकाधिक वाद्य के वादन में निपुण हुआ करती थीं, और

उनका प्रमुख वाद्य ही उनकी जाति का परिचायक भी होता था। जैसे – हुडुक्का या हुडुक बजाने वाले पुरुष हुड़किया जाति के कहलाते थे। इसी तरह ढढ्ढा (सम्भवतः ढक्का?) बजाने वाले ढ़ारी जाति के कहलाये। ढारी जाति के लोग ढढ्ढा के अलावा किंगरा यानी किन्नरी वीणा भी बजाते थे। इनका संगीत दिल्ली तथा जौनपुर के इलाके की गायन शैली में वीरों की प्रशस्ति के लिये प्रसिद्ध था। यह गायन शैली 'कड़क्का' नाम से जानी जाती थी। अबुल फजल ने ढारी को पंजाबी गायक कहा है जबकि 'तुहफत उल हिन्द' में ढारियों को राजस्थानी गायक बतलाया गया है, जो कि हिन्दू और मुसलमान दोनों ही हुआ करते थे। ढाड़ी जाति की स्त्रियाँ दफ और दुहुल बजाती थी इसलिये दफजन कहलाती थीं। राजस्थान की आधुनिक मांगणियार जाति इसी ढाड़ी जाति से उद्भूत मानी जा सकती है।

कथक केन्द्र, नई दिल्ली में गुरू पद पर कार्यरत श्री राजेन्द्र गंगानी तथा सुश्री प्रेरणा श्रीमाली कथक के जयपुर घराने के वरिष्ठ कलाकार हैं और दोनों ही राजस्थान से सम्बद्ध हैं। उनसे इस विषय में चर्चा करने पर उन्होंने भी इस बारे में सहमति दी कि ढांढ–ढांढिन हमारे यहाँ हुआ ज़रूर करते थे लेकिन अब ये सब खत्म हो रहा है। कुछ ही जगहों, गाँवों में ये लोग मिलेंगे लेकिन अब इन्होंने पेशा बदल लिया है। चूँकि लक्षण ग्रन्थों में 'ढांढ' अथवा 'ढांढिन' नृत्य न तो मिल सका और न ही फिलहाल खोज को इस ओर केन्द्रित किया जा सका है अतः इस सम्बन्ध में प्रामाणिक तौर पर कुछ कह पाना सम्भव नहीं है। पण्डित तीरथराम 'आज़ाद' ने अपने ग्रन्थ 'कत्थक दर्पण' में 'ढांढा–ढांढिन' के विषय अत्यन्त रोचक जानकारी दी है। जयपुर घराने के वरिष्ठ नर्तक एवं गुरू श्री तीरथराम राजस्थान के रहने वाले थे। उन्होंने 'कथक नृत्य' पर अनेक ग्रन्थों का लेखन किया है। उनके द्वारा दी गई 'ढांढा–ढांढिन' सम्बन्धी जानकारी को नकारा नहीं जाना चाहिये। सन्दर्भ सहित ढांढ–ढांढिन नृत्य का विवरण यहाँ इस आशय से दिया जा रहा है कि जिज्ञासु तथा शोधार्थी इस विषय पर अधिक खोज कर सकें।

श्री तीरथ राम आज़ाद के अनुसार – 'ढांढ' नृत्य मूलतः युद्ध नृत्य माना जाता रहा है। यह समझा जा सकता है क्योंकि ढांढ लोगों की गायन शैली कड़क्का कही गई है जो वीर रस प्रधान है। ढांढ–ढांढिन नृत्य दो पुरुषों द्वारा ही किया जाता है, इनमें से एक पुरुष, स्त्री वेष बना लेता है। 'ढांढा' नर्तक के घरों की स्त्रियाँ नृत्य–गान में भाग नहीं लेतीं। ये लोग धार्मिक स्थानों पर ही अपने नृत्य का प्रदर्शन करते हैं।

युद्ध काल में सैनिकों में ओज और उत्साह का संचार करने के लिये वीर रस प्रधान प्रसंगों का गायन इस वर्ग द्वारा किया जाता था। इनका आचार–विचार भी तब अत्यन्त शुद्ध हुआ करता था। कालान्तर में, इस वर्ग का अधःपतन हुआ और यह अपने पारम्परिक कार्य से, भी च्युत हुआ। ढांढा नृत्य के समय धोती, अंगरखा और साफा पहनते हैं। कमर में दुपट्‌टे का पटका और पैरों में घुंघरू बांधते हैं। संगत के लिये सारंगी तथा तबला होता है। सर्वप्रथम साज़ मिलाकर कोई धुन बांधी जाती है, नर्तक सर्वप्रथम ठाठ बनाता है। इसके बाद कुछ बोलों के साथ हाव–भाव का प्रदर्शन शुरू होता है। इसे 'अदा भाव' कहा जाता है, चौताला का प्रयोग होता है। फिर कवित्त और छन्द का काम प्रारम्भ होता है, इसमें चौताले के साथ राग–रागिनियों का प्रयोग भी निश्चित विधान के साथ सम्पन्न किया जाता है। रागों में श्याम कल्याण, खम्माज, बागेश्वरी, तोड़ी आदि का प्रयोग किया जाता है। सात मात्रा, नौ मात्रा, दस मात्रा, बारह मात्रा, चौदह मात्रा तथा सोलह मात्रा की तालों पर नृत्य करते हैं। इनके नृत्य में 'तीया' (तिहाई) का अत्यधिक महत्त्व है। इसके अलावा 'गत' का भी विशेष महत्त्व है। गत के समय नर्तक विशेष चाल चलता हुआ अनेक प्रकार के भाव प्रदर्शित करता है।[1]

श्री तीरथराम, 'ढांढा' वर्ग का सम्बन्ध 'चारण' से बतलाते हुए ग्राम अलोद, तहसील हिन्डोली, जिला बूंदी के जाटों के उस्ताद जुहारीला के शिष्य श्री कुमरपाल ढांढा से प्राप्त जानकारी का हवाला देते हुए कहते हैं कि – "इनकी जाति की गणना शूद्रों में की जाती है। ये लोग अपने आप को क्षत्रियों से नीचे की जाति स्वीकार करते हैं।"[2]

'ढांढ' के सम्बन्ध में पंडित तीरथराम द्वारा दी गई अंतिम सूचना निश्चित ही हमारे लिये बड़ी उपयोगी है जिसमें ढांढ वर्ग का सम्बन्ध 'चारण' से बतलाया गया है। इससे यह अनुमान होता है कि कालान्तर में 'चारण' वर्ग में जिस नृत्य का प्रवर्तन हुआ (और जो उनकी आजीविका का साधन भी बना) वह सम्भवतः उपरोक्त वर्णित 'ढाढ–ढाढिन' नृत्य था। विभिन्न नृत्यों के शास्त्रीयकरण के दौर में पुनः इस नृत्य को राज दरबारों में स्थान और संरक्षण तथा सभ्य समाज में स्वीकृति प्राप्त हुई होगी। वर्तमान कथक नृत्य के चारण नृत्य से सम्बन्ध की पुनः पुष्टि इस कथन से होती है, तथापि इस सम्भावना पर और कार्य अपेक्षित है।

---

1 कत्थक दर्पण / द्वितीय आवृत्ति / तीर्थराम आज़ाद / पृष्ठ 161–162 के आधार पर

2 कत्थक दर्पण / द्वितीय आवृत्ति / तीर्थराम आज़ाद / पृष्ठ 162

त्रिभंगी नृत्य

स्मरणीय है कि श्री संगीत कलाधर में ग्रन्थकार डाह्या शिवराम द्वारा 'त्रिभंगी' को नटवर कृष्ण से सम्बद्ध करते हुए तीसरे 'नृत्य' भेद के रूप में गिनाया गया है। यह सूचना हमारे लिये बहुत ही महत्त्वपूर्ण है जो इस ओर संकेत करती है कि इस समय तक नृत्य का एक अन्य प्रकार प्रचलन में आ चुका था, जिसे सौराष्ट्र प्रान्त में या तो 'त्रिभंगी' के नाम से जाना जाता था अथवा स्वयं ग्रन्थकार ने इस नृत्य को यह संज्ञा दी थी। साथ ही इस नृत्य भेद को श्री कृष्ण से सम्बद्ध करते हुए ताण्डव और लास्य से भिन्न नृत्य के तीसरे प्रकार के रूप में गिनाना भी इस बात की सूचना देता है कि 'त्रिभंगी' ताण्डव और लास्य की मूल प्रकृति से भिन्न मात्र उद्धत अथवा मात्र सुकोमल प्रकृति का नृत्य नहीं था वरन् इन दोनों की विशेषताओं को समेटे हुए एक ऐसा नृत्य रूप था जिसमें श्रीकृष्ण की मान्य भंगिमाओं/स्थानकों का प्रयोग भी किया जाता था।

इस सम्पूर्ण चर्चा से हम इस निष्कर्ष पर पहुँचते हैं कि प्राचीन, मध्यकालीन तथा उत्तर–मध्यकालीन संगीत ग्रन्थों में प्राप्त होने वाला 'कथक' शब्द मुख्यतः कथा–वाचन/कथा–गायन के व्यवसाय से सम्बद्ध एक वर्ग विशेष की ओर संकेत करता है। इस विस्तृत कालखण्ड में किसी भी लक्षण ग्रन्थ में नर्तन के प्रसंग में 'कथक' का उल्लेख प्राप्त नहीं होता जबकि नर्तन व्यवसाय से सम्बद्ध अन्य संज्ञाएँ यथा – नट, नर्तक, नर्तकी, चारण, कोल्लाटिक/कोल्हाटिक तथा वैतालिक प्राप्त होती हैं। इस सम्बन्ध में यह लगातार ध्यान में रखना होगा कि वर्तमान 'कथक' संज्ञक नृत्य को विभिन्न जातियों तथा वर्ग के लोगों ने अपनाया है। यह अवश्य है कि कुछ एक कथक/कथिक परिवार इस क्षेत्र में आये और उन्होंने गहन–गम्भीर चिन्तन और साधना से इस नृत्य के विकास में अपना अविस्मरणीय योगदान दिया।

इस तरह लक्ष्य–लक्षण परम्परा के अध्ययन से इस बात के पुष्ट प्रमाण मिलते हैं कि वर्तमान कथक नृत्य ने पंद्रहवीं–सोलहवीं शताब्दी के लगभग अपना वर्तमान स्वरूप ग्रहण करना प्रारम्भ किया।

वर्तमान कथक नृत्य ने अपने विकासक्रम में विभिन्न प्रादेशिक नृत्य–गीत प्रकारों से सामग्री का ग्रहण करते हुए अपना स्वरूप ग्रहण किया। चारण नृत्य, ध्रुवपद नृत्य, रास नृत्य, ढांढ–ढांढिन नृत्य तथा त्रिभंगी नृत्य ऐसे मध्यकालीन नृत्य प्रकार हैं, जिसे इस नृत्य ने अपने संगठक तत्त्वों को ग्रहण किया। चारण नृत्य की सजगता और

चटक–लयकारी, ध्रुवपद नृत्य का अंग–लावण्य और भावों की संतुलित अभिनयात्मक प्रस्तुति, वर्तमान 'कथक' नृत्य के मन–प्राण हैं। बोलों की अदायगी और दर्शकों से संवाद अवश्य कथिकों की वाचिक परम्परा का प्रभाव कहा जा सकता है। श्री संगीत कलाधर में जिस त्रिभंगी नृत्य का वर्णन प्राप्त होता है वह इन्हीं नृत्य प्रकारों के समन्वय से उद्भूत विशिष्ट नृत्य प्रकार है, जो मात्र उद्धत अथवा मात्र सुकोमल प्रकृति का नृत्य नहीं, वरन् इन दोनों की विशेषताओं को समेटे हुए एक संतुलित नृत्य प्रकार था। बहुत सम्भव है कि कथकों तथा वारांगनाओं द्वारा जिस नृत्य को बरतने की बात श्री डाह्या शिवराम ने अपने ग्रन्थ श्री संगीत कलाधर में कही है वह वर्तमान कथक नृत्य ही था।

कथक बनाम चारण–ध्रुवपद–त्रिभंगी–नटवरी नृत्य

सन् 1940 के लगभग मैरिस म्यूज़िक कॉलेज, लखनऊ में श्री रातंजनकर के नेतृत्व में इस पश्चिमोत्तर भारतीय नृत्य को 'कथक नृत्य' नाम दिया गया।[1] इस समय गुरु अच्छन महाराज लखनऊ में ही रह रहे थे और वे इसे 'नटवरी नृत्य' के नाम से पुकारते थे। उल्लेखनीय है कि इससे पूर्व जयपुर में हिन्दू राजाओं के दरबारों में अथवा नवाब वाजिदअली शाह और महाराजा चक्रधर सिंह के दरबार में रहे तत्कालीन नर्तकों ने भी अपने नृत्य को 'कथक' नाम नहीं दिया था, जबकि यह बहुत स्पष्ट है कि इन दरबारों में जो नृत्य विकसित हो रहा था, वह आज का 'कथक नृत्य' ही था। यह भी संज्ञान में लेना होगा कि 'कथक नृत्य' और 'नटवरी नृत्य' ये दोनों ही नाम संगीत–नृत्य के लक्षण ग्रन्थों में प्राप्त नहीं होते। 'संगीत कलाधर' में तत्कालीन नृत्य को नटवर श्री कृष्ण से सम्बद्ध करते हुए उसे 'त्रिभंगी' कहा गया है। जो इस ओर संकेत है कि नृत्य का यह नवीन प्रकार निश्चित रूप से सौराष्ट्र में प्रचलित 'रास नृत्य' अथवा 'रासक' से भिन्न था। सम्भावना यह जान पड़ती है कि नटवर कृष्ण से सम्बद्ध करते हुए गुरुओं द्वारा इसे 'नटवरी' संज्ञा दे दी गई, शायद इसीलिये इस नृत्य के 'कथक' नामकरण के कुछ वर्षों बाद सन् 1957 में नृत्य पर हुए प्रथम सेमिनार 'अखिल

1 कुछ लोगों में 'कथक' के स्थान पर 'कत्थक' कहने का भी प्रबल आग्रह रहा है। वे न सिर्फ स्वयं 'कत्थक' कहते, लिखते हैं वरन् 'कथक' कहने, लिखने वालों को अंग्रेज़दाँ कहकर धिक्कारना भी पसन्द करते हैं। इस सम्बन्ध में यह बतलाना प्रसंगानुरूप होगा कि संस्कृत व्युत्पत्ति के सिद्धान्त के अनुसार शुद्ध संज्ञा 'कथक' ही है, कत्थक नहीं।

भारतीय नृत्य सेमिनार' में कथक नृत्य के प्रथम शोधकर्ता स्व0 डॉ0 डी0जी0 व्यास ने अपने शोध–पत्र में कहा कि –

'Kathak dance is well known for its Natwari part and therefore, it should be rightly styled (stated?) as Natwar Nartan.'

श्री व्यास का उक्त कथन इस ओर संकेत है कि इस नृत्य के 'कथक' नामकरण को लेकर प्रारम्भ से ही उलझन रही है। शायद गुरुओं तथा चिन्तकों को लक्षण ग्रन्थों में प्राप्त 'त्रिभंगी नृत्य' के बारे में जानकारी नहीं थी। ध्यान दें कि डॉ0 व्यास ने 'नटवर नर्तन' संज्ञा का प्रयोग किया है। उन्होंने 'नटवरी अंग' की बात भी कही है। यह 'नटवरी' क्या है? क्या नटवरी बोलों की बहुतायत के कारण 'नटवर / नटवरी नृत्य' संज्ञा प्रकाश में आई? अथवा यह नृत्य का अंग विशेष है? या फिर नटवर कृष्ण से सम्बद्ध करते हुए इस नृत्य को 'नटवरी' कह दिया गया?

कथक केन्द्र में अपने कार्यकाल के दौरान मुझे लखनऊ और जयपुर घराने को काफी करीब से जानने–समझने का अवसर मिला। स्व0 पं0 शम्भू महाराज के ज्येष्ठ पुत्र श्री कृष्णमोहन मिश्र तथा पं0 बिरजू महाराज के ज्येष्ठ पुत्र श्री जयकिशन महाराज के अनुसार जिस रचना में तत तत, तिग्धादिगदिग तथा क्ड़ान बोल हों वह 'नटवरी' कहलाती है। जैसे –

तत तत तिग्धा दिगदिग । तिग्धा दिगदिग तत तत ।
थेई यथे ईय क्ड़ान । ततत तिग्धादिग तिग्धादिग ततत।। थेई।।

पं0 शम्भू महाराज की पट्ट शिष्या और वरिष्ठ गुरू श्रीमती मंजूश्री चटर्जी ने यह जानकारी दी कि गुरू शम्भू महाराज ने कभी भी नटवरी के बोलों को किसी विशेष वर्ण समूह के बंधन में नहीं बांधा। इसलिये नटवरी के बोलों में 'क्ड़ान' हो भी सकता है और नहीं भी। श्रीमती चटर्जी के अनुसार मुख्य रूप से तत तत, तिग्धा, दिगदिग, क्ड़ान, तक, थुन, थुड़ंग आदि बोलों से बनी रचना को गुरू शम्भू महाराज 'नटवरी के बोल' कहा करते थे। यह भी, कि सम्भवत नटवर कृष्ण से सम्बद्ध करते हुए गुरू जी ने इसे नटवरी नाम दिया। श्रीमती मंजूश्री जी ने उदाहरणार्थ तीनताल मध्य लय में एक बोल तथा एक कवित्त भी बतलाया जो निम्नानुसार है –

तत तत ताऽ दृग । थुन थुन झिझि कत । थोऽ थुड़ ऽंग तक । थुन तक दध गिन ।
थेई ऽऽ ऽऽ तक । थुन तक दध गिन । थेई ऽऽ ऽऽ तक । थुन तक दध गिन।।थेई।।

तीनताल में ही द्रुत लय में एक कवित्त भी मंजू दीदी ने बतलाया :

नटवर । नाऽचत । संऽगीऽ । तगीऽत ।
विविधभाँ । ऽतिगति । नईऽन । ईऽऽऽ।
ताऽपर । पगनूँऽ । नूऽपुर । बाऽजत ।
थोऽदिगदिग । त्राऽमत्राऽम । थेईऽदिगदिग । थोऽदिगदिग ।
त्राऽमत्राऽम । थेईऽदिगदिग। थोऽदिगदिग । त्राऽमत्राऽम ।। थेई ।।

यही कवित्त लेखिका को अपने गुरू स्व0 कल्याणदास महंत से तिहाई में किंचित् भेद के साथ प्राप्त हुआ था :

नटवर । नाऽचत । संऽगीऽ । तगीऽत ।
विविधभाँ । ऽतिगति । नईऽन । ईऽऽऽ।
ताऽपर । पगकोऽ । नूऽपुर । बाऽजत ।
थोऽदिगदिग । तऽततऽत । थेईऽदिगदिग । थोऽदिगदिग ।
तऽततऽत । थेईऽदिगदिग। थोऽदिगदिग । तऽततऽत ।। थेई ।।

स्व0 गुरू अच्छन महाराज रायगढ़ में काफी समय तक रहे थे और मेरे गुरू स्व0 कल्याणदास महन्त की शिक्षा जयपुर के गुरुओं के साथ ही गुरू अच्छन महाराज से भी हुई थी। बहुत सम्भव है अच्छन महाराज से उक्त कवित्त मूलतः इसी रूप में उन्हें प्राप्त हुआ हो। यों मंजूश्री दीदी द्वारा कहे गये कवित्त में आया 'त्राम' बोल जयपुर घराने से आया प्रतीत होता है जो बाद के समय में ज्यों–का–त्यों ग्रहण कर लिया गया। इसी तरह 'ता पर पग नूँ' में आये 'नूँ' शब्द का प्रयोग भी राजस्थान तथा सौराष्ट्र में किया जाता है। जो भी हो लखनऊ घराने के नर्तकों द्वारा 'नटवरी' कहते हुए जिन बोलों को बरता जाता है उनका विश्लेषण करने पर यह स्पष्ट हो जाता है कि घुंघरुओं की ध्वनि से साम्य रखते हुए वर्णों से निर्मित ये रचनाएँ जयपुर घराने में नाचे जाने वाले 'तोड़ों' से काफी कुछ समानता रखती हैं।

इस चर्चा से यह तो स्पष्ट होता है कि तत तत, तिग्धा, दिगदिग, क्ड़ान, तक, थुन, थुड़ंग आदि वर्णों से निर्मित रचना को 'नटवरी' कहा गया, किन्तु कथक नृत्य में मात्र नटवरी के बोल ही तो नहीं नाचे जाते। पखावज अंग के परण, प्रिमलु इत्यादि भी हमारे वर्तमान कथक का अविभाज्य अंग हैं। इसके अतिरिक्त भावाभिनय के लिये भजन,

ठुमरी, गीत, गज़ल इत्यादि भी उपयोग में लाये जाते हैं। तो फिर किस आधार पर इसे नटवरी अथवा कथक कहा गया?

वर्तमान 'कथक' नृत्य के सन्दर्भ में देखें तो एक नहीं अनेक नृत्य प्रकार और गान प्रकार इस नृत्य से समय–समय पर सम्बद्ध रहे हैं। मध्यकाल में चिश्ती परम्परा के प्रत्युत्तर में विष्णुपद और ध्रुवपदों का प्रादुर्भाव हुआ। ध्रुवपदों का प्रयोग नृत्य के लिये भी किया गया। यहाँ तक कि नृत्य हेतु विशेष रूप से ध्रुवपदों की रचना की गई जिनमें गेय बन्दिशों की अपेक्षा नियमों में छूट थी। पूर्व में पं0 भावभट्ट कृत अनूपसंगीतांकुश में नृत्य सहकारी ध्रुवपद के सन्दर्भ में हम इसकी विस्तृत चर्चा कर ही चुके हैं। ध्रुवपद नृत्य की संतुलित अभिनयात्मक प्रस्तुति, चारण नृत्य की चटक–चमकदार लयकारी, जक्कड़ी नृत्य की कोमलता, त्रिभंगी नृत्य की सजगता और अंग लावण्य वर्तमान 'कथक' नृत्य के मन–प्राण हैं। दर्शकों से संवाद अवश्य कथिकों की वाचिक परम्परा का प्रभाव कहा जा सकता है। यों उत्तर भारत के संगीत–नृत्य की यह विशेषता है कि यह बड़ा बेफिक्र क़िस्म का रहा है, जिसे जो कहना हो कह ले, जिस तरह से बरतना हो बरत ले। सो 'कथक' कहें या 'कत्थक', 'नटवरी' या 'त्रिभंगी' कुछ ख़ास फ़र्क नहीं पड़ेगा। शुभमस्तु।

पुष्टिमार्गीय परम्परा में नृत्य

पश्चिमी भारत के मथुरा, वृन्दावन, नाथाद्वारा, गलता आदि स्थान पुष्टिमार्गीय परम्परा विधान के मन्दिरों के लिये प्रसिद्ध हुए हैं। इन मंदिरों में गायन–वादन की विशिष्ट परम्परा रही है। गायन–वादन के साथ नृत्य का प्रवेश भी इन मंदिरों में 16वीं शताब्दी में हो चुका था। जैसा कि हमने विगत अध्याय में कहा, इन मंदिरों में स्वीकृत नृत्य को समृद्ध बनाने और उसमें अभिनय पक्ष जोड़ने के उद्देश्य से जयपुर के दरबारी नर्तक 'वल्लभ' को आमंत्रित किये जाने की सूचना अनेक ग्रंथों में प्राप्त होती है। बाद में इस परम्परा के मन्दिरों में प्रायः नृत्य निर्वाह नहीं हो पाया। आइये पहले यह जानने का प्रयास करें कि पुष्टिमार्गीय सम्प्रदाय क्या है, और इस सम्प्रदाय के मंदिरों में संगीत और नृत्य का क्या स्थान रहा है?

ईसा की 6वीं – 7वीं शताब्दी के बाद दक्षिण में भक्ति का वैष्णव रूप उदित हुआ और आलवार भक्तों के माध्यम से वैष्णव भक्ति विकासोन्मुख होने लगी। श्रीमद्भागवत् में द्रविड़ देश से भक्ति के उद्भव की कथा सुप्रसिद्ध है।[1] श्री चम्पकलाल छबीलदास नायक के अनुसार आलवार भक्तों द्वारा रचित श्रीकृष्ण लीला सम्बन्धी चार हजार पद पाये गये हैं, जिनमें उन्होंने श्रीकृष्ण को पुरुष तथा स्वयं को नायिका स्वीकार किया है।[2] विभिन्न लीला–प्रसंगों में 'कुरुवैकुडु' नामक तमिल नृत्य विशेष का उल्लेख मिलता है जो कि श्रीकृष्ण की रासलीला के समकक्ष प्रतीत होता है। अतः यह अनुमान लगाया जा सकता है कि दक्षिण के अलावार वैष्णवों में रास–लीला और राधा–कृष्ण युगल केलि का कोई–न–कोई रूप अवश्य विद्यमान था जो परवर्ती–काल में और व्यक्त तथा स्पष्ट होता गया।[3] उक्त उद्धरण से यह प्रतीत होता है कि आलवारों के समय से ही वैष्णव–भक्ति में गीत के साथ नृत्य को भी समर्थन प्राप्त था। कालान्तर में अनुकूल परिस्थितियों के परिणामस्वरूप पश्चिमी भारत में 15वीं–16वीं शताब्दी के मध्य वल्लभ सम्प्रदाय का प्राकट्य हुआ। चतुः सम्प्रदाय की विष्णुस्वामी परम्परा में

1 श्रीमद्भागवत् / 48 / 50
2 अष्टछापीय भक्ति संगीत उद्भव एवं विकास / जिल्द 1 / पृष्ठ 49
3 अष्टछापीय भक्ति संगीत उद्भव एवं विकास / जिल्द 1 / पृष्ठ 67

दीक्षित श्री वल्लभाचार्य ने सन् 1500–1521 के मध्य अष्टछाप के भक्त कवियों में से प्रथम चार – श्री कुम्भनदास, श्री सूरदास, श्री कृष्णदास तथा श्री परमानन्द जी को गायन हेतु श्री हरि सेवा में नियुक्त[1] करते हुए आठों पहर की दिनचर्या (प्रातः शैया त्याग से लेकर रात्रि शयन तक के क्रियाकलाप) में संगीतमय पूजन विधान को प्रारम्भ किया। यह माना जा सकता है कि उक्त कवियों के प्रवेश के साथ पश्चिम भारत के मन्दिरों में अष्टयाम पूजन पद्धति का श्रीगणेश हुआ। उल्लेखनीय है कि इस समय तक मन्दिरों में सामान्य रूप से सांध्यकालीन कीर्तन के साथ वाद्य–वादन (ढोल मंजीरा आदि) का व्यवहार हो ही रहा था, श्री वल्लभाचार्य ने पूजन और संगीत विधान को एक दूसरे से सम्बद्ध करते हुए एक दिशा दी। सन् 1531 में श्री वल्लभाचार्य का तिरोधान हुआ और उनके द्वितीय पुत्र श्री विट्ठलेश पुष्टि मार्ग के द्वितीय आचार्य नियुक्त हुए। श्री विट्ठलेश ने अपने बाल्यकाल से कुम्भनदास, सूरदास जैसे संगीताचार्यों को मन्दिरों में श्री हरि की संगीतमय भक्ति में रत देखा था। इन महानुभावों की सुसंगति तथा संगीत के प्रति स्वयं की रुचि होने के कारण श्री विट्ठलेश का ध्यान संगीतशास्त्र ग्रन्थों के अध्ययन की ओर भी गया। 'संगीत' को गीत–वाद्य–नृत्य के रूप में समझकर श्री विट्ठलेश ने नृत्य को भी सेवा में स्थान देने का निर्णय लिया। उल्लेखनीय है कि श्री विट्ठलेश गुसाँई ने सन् 1567 में नृत्यकार गोविन्ददास के माध्यम से मन्दिर में नृत्यकला का प्रवेश करवाया तथा गीत, वाद्य और नृत्य इन तीनों का शास्त्रोक्त समन्वय किया।[2] इस तरह भक्ति के क्षेत्र में नृत्य की भी पुनर्प्रतिष्ठा हुई। विगत अध्याय में हम कह ही आये हैं कि 17 वीं शताब्दी तक मन्दिरों अथवा मन्दिरों से बाहर 'कथक' वर्ग के लोग नर्तक के तौर पर नहीं अपितु कथागायक के रूप में प्रतिष्ठित थे। अष्टछापीय भक्त कवि गोविन्ददास जी को हरि सेवा में उनके नृत्य सम्बन्धी ज्ञान के कारण नियुक्त किया गया था। उनकी नृत्य शिक्षा के विषय में 252 'वैष्णवन की वार्ता' में कहा गया है कि – "गोविन्ददास वेस्या और भवैया से नृत्य–गान सीखे थे। जाति के सनाढ्य ब्राह्मण थे।[3] यह सूचना अत्यन्त महत्त्वपूर्ण है। ध्यान रहे, श्री गोविन्ददास कथक वर्ग से सम्बद्ध नहीं थे।

---

1 अष्टछापीय भक्ति संगीत उद्भव एवं विकास/जिल्द 1/पृष्ठ 76

2 अष्टछापीय भक्ति संगीत उद्भव एवं विकास/जिल्द 1/पृष्ठ 121, 124, 126

3 अष्टछापीय भक्ति संगीत उद्भव एवं विकास/जिल्द 1/पृष्ठ 124, 125/वार्ता 33 प्रसंग–1

उक्त विवरण से यह स्पष्ट है कि, मध्ययुग में उत्तर भारत के मन्दिरों में नृत्य का प्रारम्भ सन् 1567 मे हुआ, तथा प्रथम नृत्यकार श्री गोविन्ददास जी थे, वे सनाढ्य ब्राह्मण थे तथा उन्होंने वेश्या और भवैयों से नृत्य सीखा था। इस पूरे प्रकरण में कहीं किसी 'कथक' का उल्लेख प्राप्त नहीं होता। इस सम्बन्ध में विचारणीय है कि ब्रज में रास–मण्डल की स्थापना सन् 1535 में हुई। माना जाता है कि स्वामी हरिदास तथा श्री हितहरिवंशजी रासमण्डल के आरमिक संस्थापक थे तथा श्री घमण्डदेव एवं श्री व्यास ने रास का प्रवर्तन किया।[1] श्री चम्पकलाल के अनुसार स्वामी हरिदास तथा हितहरिवंश जी की वाणी में पर्याप्त सामग्री नहीं थी। इसलिए उन्हें अष्टछाप के भक्त कवियों द्वारा रचित पदों का प्रयोग रास–लीला के लिये करना पड़ा होगा।[2] अष्टछापीय भक्त कवियों का संगीत–विषयक ज्ञान निर्विवाद रूप से मान्य रहा है। इनकी पदावलियों में संगीत–शास्त्र के अन्य पारिभाषिक शब्दों के साथ–उरप, तिरप, हस्तक भाव, ततकारि, त्रिभंगी आदि नृत्य सम्बन्धी पारिभाषिक शब्द एवं नृत्य के बोल भी प्राप्त होते हैं। जैसे–किटतक, गदिगन, तत तत थेई, तक थुंग थुंग, घिलांग। उदाहरण स्वरूप अष्टछापीय भक्त कवि कृष्णदास द्वारा रचित निम्नलिखित पद देखिये जो मूलरूप में राग केदार और ताल झपताल में निबद्ध किया गया है –

श्रीवृषभानु–नंदिनी नाचति लाल गिरिधर संग,
लाग डाट उरप तिरप रास रंग राच्यो।
झपतालहिं मिल्यौ राग केदारो सप्त सुरनि,
अवघर वन सुघर तान, गान, रंग राच्यो।।
पाई सुखसुरति सिद्धि, भरत काव्य विविध रिद्धि,
अभिनय दर्शित सुहाग हुलास रंग–राच्यौ।
वनिता सतयूथप पिय, निरखि थक्यौ सघन चंद,
बलिहारी 'कृष्णदास' सुजस–रंग–राच्यौ।।[3]

उक्त पद में राधा और कृष्ण के युगल रूप का वर्णन किया गया है। सांगीतिक दृष्टि से अत्यन्त समृद्ध यह पद अपने राग और ताल को स्वयं स्पष्ट करता चलता है। इतना ही नहीं पद में भरत काव्य (आचार्य भरत कृत नाट्यशास्त्र) में वर्णित विषयों की

---

1 अष्टछापीय भक्ति संगीत उद्भव एवं विकास / जिल्द 1 / पृष्ठ 104
2 अष्टछापीय भक्ति संगीत उद्भव एवं विकास / जिल्द 1 / पृष्ठ 104
3 अष्टछापीय भक्तिसंगीत / भाग–1 एवं 2 / पृष्ठ 149, 150

सिद्धि की बात भी कही गई। नृत्य सम्बन्धी लाग–डाग, उरप–तिरप, अवघर/अवघट अथवा औघट विधि के प्रयोग का भी संकेत मिलता है। ये तकनीकी संज्ञाएँ उक्त पद में वर्णित नृत्य के स्वरूप को चित्रित करती हैं।

15

वर्तमान कथक नृत्य के विभिन्न घरानों का इतिहास

वर्तमान समय में कथक नृत्य के शैली आधारित चार घराने प्रमुख रूप से जाने जाते हैं – लखनऊ घराना, जयपुर घराना, बनारस घराना और रायगढ़ घराना। बनारस घराना, जयपुर घराने से उद्भूत एक शाखा माना जाता है, जबकि जयपुर और लखनऊ घराने की खूबसूरती को स्वयं में समेटते हुए, लक्ष्य–लक्षण परम्परा का समुचित निर्वाह करने वाले रायगढ़ घराने को स्वातंत्र्योत्तर भारत की एक कलात्मक उपलब्धि माना जा सकता है। कथक कलाकारों के बीच यह निरन्तर विवाद का विषय रहा है कि लखनऊ और जयपुर घराने में से कौन अधिक पहले का है? यह हमेशा कहा जाता रहा है कि लखनऊ घराने के वरिष्ठ गुरुओं से जयपुर वालों ने समय–समय पर तालीम ली, इसलिये जयपुर की तुलना में लखनऊ घराना वरिष्ठ है। किन्तु इससे बड़ा एक तथ्य यह भी है कि राजस्थान में इस नृत्य में संलग्न परिवारों की संख्या एवं उपस्थिति काफी पहले से रही है। उल्लेखनीय है कि जयपुर नगर के संस्थापक महाराज जयसिंह द्वितीय (शासनकाल सन् 1693–1743) ने सन् 1727 में प्रसिद्ध 'गुणीजनखाने' की स्थापना की। बाद में उसके अनुकरण में उदयपुर में 'संगीत प्रकाश', बीकानेर में 'संगीतशाला' तथा जोधपुर में 'तालीमखाना' भी प्रारम्भ किया गया। इन सभी स्थानों पर बड़ी संख्या में संगीत और नृत्य के विद्वान कलाकारों ने राज्याश्रय पाया। जयपुर नरेश महाराजा ज़यसिंह और महाराजा प्रतापसिंह देव के काल में यह नृत्य अपना आधुनिक रूप ग्रहण कर रहा था और इसके अभ्यासी नर्तकों की संख्या काफी अधिक थी। ध्यान रहे कि यह वह समय था जब अभी नवाब वाजिदअली शाह का जन्म भी नहीं हुआ था जबकि जयपुर, उदयपुर, बीकानेर, जोधपुर आदि स्थानों पर अनेक परिवार पीढ़ियों से इस नृत्य की साधना में रत थे और कलाकार के रूप में स्थापित हो चुके थे।

जयपुर नरेश महाराज सवाई प्रताप सिंह देव (सन् 1764–1803) के राज्यकाल के सामानान्तर अवध पर नवाब आसफुद्दौला, बनारस में चेतसिंह, रामपुर में फैजुल्लाह खाँ और रीवाँ में महाराज रघुराज सिंह का शासन था। इन सभी दरबारों में परस्पर गुणियों का लेन–देन हुआ करता था। रीवाँ नरेश महाराज रघुराज सिंह के दरबार में

पं0 विष्णु दत्त, पं0 राधिका प्रसाद, बलराम, पं0 बच्चा जी, उस्ताद नियाज़ मोहम्मद, रघुनाथ, पं0 जानकी प्रसाद, सीता प्रसाद, गिरधारी, रामलोटन, मंगली, राजाराम तथा जगन्नाथ जैसे श्रेष्ठ कलाकार थे जो "अरखा–घराने" से सम्बद्ध माने जाते थे। सन् 1776 ई0 में विष्णुपाल कथक ने बिहार प्रान्त में जाकर अनेक रियासतों में नृत्य का प्रचार किया।[1] नवाब वाजिदअली शाह के शासनकाल (1847 – 1856) के समानान्तर राजा विश्वनाथ सिंह, रईस रीवाँ, महाराज उदितनाराण सिंह रईस, बनारस, राजा रतनसिंह रईस, चरखारी, नवाब अहमदअली खाँ रईस, रामपुर, ये सभी कला मर्मज्ञ और कलाकारों के कद्रदान महानुभाव थे।[2] इसलिये 18वीं–19वीं शताब्दी में पश्चिम से चलकर उत्तर और फिर पूर्व तथा मध्य भारत की ओर भी इस नृत्य का प्रचार–प्रसार बढ़ा यह स्पष्ट प्रतीत होता है। तथ्य यह संकेत करते हैं कि सौराष्ट्र और राजस्थान में पर्याप्त लोकप्रिय हो जाने पर इस कालखण्ड में नृत्य की यह पद्धति उत्तर, पूर्वी और मध्य भारत की ओर उन्मुख हो चली थी। ऐसे में विशिष्ट प्रतिभा के धनी कलासाधकों की अथक कला साधना, सृजन के क्षेत्र में योगदान तथा अपनी भिन्न शिष्य परम्परा से 'घराने की परम्परा' का शुभारम्भ हुआ और प्रारम्भ में 'व्यक्ति विशेष' के नाम पर घराने स्थापित किये गये। साँवलदास घराना, बिन्दादीन–कालका घराना, जानकीप्रसाद घराना ऐसे घराने थे, जो प्रकाश में आये। किन्तु जब एक कुल से भिन्न अन्य कुल/कुलों द्वारा अपने शैलीगत विशिष्ट योगदान से अपनी दीर्घ शिष्य परम्परा खड़ी कर दी गई तो, इन परस्पर भिन्न शाखाओं और प्रशाखाओं में श्रेष्ठता का विवाद उत्पन्न होने लगा और तब नामकरण की समस्या सामने आई। इस समस्या के समाधान के लिये जयपुर नरेश माधोसिंह द्वितीय ने सन् 1895 में विद्वानों की एक विशेष सभा बुलवाई जिसमें सर्वसम्मति से यह निर्णय लिया गया कि अब 'व्यक्ति' विशेष के नाम के बजाये 'स्थान' के नाम से घराने कायम किये जायेंगे। इस तरह क्षेत्र को केन्द्र में रखते हुए जयपुर, लखनऊ और बनारस घराने बने। हालाँकि इससे भी कुछ खास फर्क नहीं पड़ा क्योंकि तब अनेक गाँव और शहरों के नाम पर भिन्न–भिन्न घराने सामने आने लगे।

---

1 अरखा घराने से सम्बन्धित यह जानकारी काफी महत्त्वपूर्ण है और वर्षों पूर्व लेखिका को प्राप्त हुई थी। निरी असावधानीवश सम्बन्धित सन्दर्भ मिल नहीं पा रहा है। जब और जैसे ही यह प्राप्त होगा सम्बन्धित सूचना उपलब्ध कराई जायेगी।

लेखिका

2 'संगीत' पत्रिका/मुसलमान और भारतीय संगीत अंक/जनवरी 2013/पृ0 204

बीसवीं शताब्दी के प्रारम्भिक चतुर्थांश में रायगढ़ नरेश राजा चक्रधर सिंह एक सम्वेदनशील आश्रयदाता के रूप में उभरे। यह अकाट्य सत्य है कि राजा साहब के गहरे स्नेह और सम्मान के कारण जयपुर, लखनऊ और बनारस के श्रेष्ठ और वरिष्ठ नर्तक गुरुओं ने रायगढ़ दरबार में वर्षों एक छत के नीचे साथ–साथ रहकर कलात्मक सर्जना के विभिन्न आयाम तय किये। किन्तु उनमें परस्पर श्रेष्ठता और वर्चस्व की होड़ जब–तब उभरकर सामने आती ही रही। विद्वान गुरुओं के अहम् की टकराहट रायगढ़ दरबार में भी बहुधा हुई। सन् 1936 में रायगढ़ में राजा चक्रधर सिंह के दरबार में पुनः यह विवाद उठा और अच्छन महाराज और जयलाल महाराज के परस्पर टकराव से इस नृत्य में स्पष्ट रूप से घरानों का जन्म हुआ। राजा चक्रधर सिंह एक सुशिक्षित सुलझे हुए व्यक्ति थे। संगीत की प्राचीन परम्परा के अध्ययन के साथ–साथ वर्तमान और भविष्य की आवश्यकताओं को समझते थे। उन्होंने विद्वान गुरुओं से विचार विमर्श के उपरान्त कुछ ऐसे मानदण्ड निश्चित करवाये जिनपर खरा उतरने के बाद ही कोई शैली 'घराना' कहलाने की अधिकारी हो सकती थी। यथा –

- घराने का मूलपुरुष वाग्गेयकार श्रेणी का हो।
- मूलपुरुष की उद्भावनाओं का अभ्यास और प्रदर्शन कम–से–कम तीन पीढ़ियों तक चले, तथा
- प्रयोग के साथ–साथ शास्त्र का निर्माण भी आवश्यक रूप से हो।

इसी कसौटी पर कथक नृत्य के वर्तमान चार घरानों को मान्य किया गया – जयपुर, लखनऊ, बनारस और रायगढ़। आज कथक जगत् में मुख्यतः तीन घरानों का ही नाम लिया जाता है – जयपुर, लखनऊ और बनारस। लगता है कि इरादतन रायगढ़ घराने को इस श्रेणी से अलग रखा गया है। रायगढ़ नरेश अकाल ही मृत्यु को प्राप्त हुए और रायगढ़ के चारों युवा राजनर्तक बहुत ही सामान्य ग्रामीण पृष्ठभूमि के सहज और अति भावुक प्रकृति के व्यक्ति थे, इसलिये भी इस सम्बन्ध में कोई बुलन्द आवाज़ न उठाई जा सकी। किन्तु विगत दशकों में रायगढ़ की तालीम ने क्रमशः विस्तार पाया है। अस्तु।

आज के युवा नर्तकों में यद्यपि घरानेदार तालीम के प्रति आग्रह तो है तथापि वे किसी एक घराने में बंधना पसंद नहीं करते। आज शिक्षा का प्रसार हुआ है, शिक्षित विद्यार्थी प्रत्येक घराने की विशेषता को सीखने और नवीन प्रयोग पर बल देते हैं। फिर भी इस नृत्य को उसके वर्तमान स्वरूप तक पहुँचाने में इन घरानों के महत्त्व को देखते

हुए यहाँ हम प्राप्त तथ्यों के आधार पर संक्षिप्त जानकारी देने का प्रयास कर रहे हैं। यहाँ मुख्य रूप से इन घरानों की वंशावली रक्त सम्बन्धों (पुत्र तथा कुटुम्बीजन) के आधार पर बतलाई जा रही है। यथास्थान कुटुम्ब से बाहर के अतिविशिष्ट कलाकार शिष्यों का नामोल्लेख मात्र किया जायेगा। लेखिका के अन्य प्रस्तावित ग्रन्थ 'कथक चतुर्मुख' में इन चारों घरानों और इनकी शिष्य–प्रशिष्य परम्परा के विषय में विस्तार से चर्चा की जायेगी। इस अध्याय से सम्बन्धित सामग्री का संकलन विभिन्न ग्रन्थों, शोध–पत्रों एवं कलाकारों से मौखिक चर्चा के माध्यम से किया गया है।'[1]

कथक नृत्य का जयपुर घराना

विक्रम संवत् 1545 में राव बीका जी के द्वारा बीकानेर राज्य स्थापना की गई। इनके राज्याश्रय में ढोलियों, दामिनियों तथा नगारचियों द्वारा गायन, वादन तथा नर्तन का कार्य किये जाने का उल्लेख मिलता है। आगे चलकर महाराज अनूपसिंह के शासनकाल (1669–1698 ई0) में शास्त्रीय संगीत, नृत्य और चित्रकला को पूर्ण संरक्षण मिला। विद्यानुरागी महाराज अनूपसिंह द्वारा स्थापित अनूप संस्कृत पुस्तकालय आज भी शोधार्थियों के लिये आकर्षण का केन्द्र है जहाँ अलभ्य संगीत ग्रन्थों का संग्रह सुरक्षित है। कहा जाता है कि महाराज अनूपसिंह के काल में बीकानेर में 'साँवलदास' नामक कथक हुए, जो कि श्री जीवनदास जी के पुत्र थे। साँवलदास के विषय में किंवदन्ती है

---

1 इस अध्याय में लखनऊ घराने, जयपुर घराने तथा बनारस घराने से सम्बन्धित सामग्री का संकलन हमने प्रकाशित द्वितीयक ग्रन्थों के आधार पर किया है। रायगढ़ घराने से सम्बन्धित तथ्यों के लिये मुख्यरूप से डॉ0 पी0 डी0 आशीर्वादम् के शोध ग्रन्थ 'कथक इन रायगढ़ दरबार', गुरू कार्तिक राम की पुस्तक 'रायगढ़ में कथक' तथा चक्रधर समारोह–2001 की 'स्मरण' पत्रिका का अवलम्ब लिया है। इसके साथ ही श्री कल्याणदास महंत, श्री बर्मनलाल, श्री बिरजू महाराज, श्री किशन महाराज, श्रीमती सितारा देवी, श्री बच्चा बाबू, श्री रामलाल बरेठ, श्रीमती रमा देवी मिश्र, श्रीमती कुमकुम धर, श्रीमती कपिला राज, श्रीमती रंजना श्रीवास्तव, नटराज रामकृष्ण, श्री तुलसीराम देवांगन, श्रीमती शशि साँखला, श्री कृष्ण मोहन मिश्र, सुश्री प्रेरणा श्रीमाली, श्री राजेन्द्र गंगानी, श्री जयकिशन महाराज, श्री अर्जुन मिश्र आदि संगीतज्ञों, नर्तकों एवं नृत्य गुरुओं से वर्षों के अन्तराल में समय–समय पर प्रत्यक्ष चर्चा के आधार पर संकलित तथ्यों को समझने एवं उनकी पुनर्परीक्षा करने का प्रयास किया गया है। आज इनमें से अनेक महान् नर्तक कलाकार गुरू हमारे बीच नहीं हैं, किन्तु उनके इस महत् योगदान हेतु उन्हें मेरा नमन है। इस अध्याय में उल्लिखित विषय स्वयं में पृथक् शोध की आवश्यकता रखता है। निकट भविष्य में कथक के इन चारों घरानों के प्रतिष्ठित कलाकारों और उनकी व्यक्तिगत कला यात्रा पर शोधपरक दृष्टि से कार्य करने की इच्छा अवश्य है जिसे 'कथक चतुर्मुख' के नाम से प्रकाश में लाने का संकल्प है।

लेखिका

कि वे इतने बढ़िया नर्तक थे कि पानी से भरी टंकी पर से नृत्य करते हुए गुजरने पर भी उनके घुंघरुओं की डोर तक नहीं भीगती थी।[1] सन् 1699–1743 के मध्य महाराज सवाई जयसिंह द्वितीय का राज्यकाल रहा। इन्हीं ने जयपुर नगर की स्थापना की तथा नगर के बीचोंबीच श्री गोविन्द देव जी का प्रसिद्ध मंदिर बनवाया। मंदिर में उच्चकोटि के गायक–वादक तथा नर्तकों की नियुक्ति की गई। महाराज सवाई जयसिंह द्वितीय के काल में ही जयपुर के प्रसिद्ध ''गुणीजनखाने'' की स्थापना हुई, जिसमें उस समय 750 कलाकारों के होने की बात कही जाती है।[2]

जयपुर घराने की वंश परम्परा

राजस्थान की अनेक वंश परम्पराओं को संयुक्त रूप में कथक नृत्य के जयपुर घराने के अन्तर्गत सम्मिलित किया गया है। राजस्थान के 'चूरू मण्डल' में इस नृत्य की साधना पीढ़ी–दर–पीढ़ी चली आ रही है। गोपालपुरा, कड़वारी, शोभासर, रतनसरा, गुसाईंसर, चाड़वास, बीदासर, बाड़ाबर, झारिया, मेलुसर, सरदारशहर और सारंगसर ग्राम के नृत्य साधकों का इस दृष्टि से विशेष योगदान रहा है। यहाँ हम इन्हीं वंश परम्पराओं से सम्बन्धित तथ्यात्मक जानकारी प्रस्तुत कर रहे हैं।

गोपालपुरा परिवार

जयपुर घराने के इतिहास का प्रारम्भ गोपालपुरा गाँव के भानू जी से माना जाता है। इनके मालू जी नामक एक पुत्र हुआ जो अपने पिता की ही भाँति नृत्य निपुण था। मालू जी के तीन पुत्र – लालू जी, मोती जी तथा काहन जी हुए। लालू जी को एक पुत्र गोपाल जी हुआ, मोती जी के गंगा राम तथा हरिराम ये दो पुत्र, तथा काहन जी के भी – गीधा जी तथा सहजा जी, ये दो पुत्र हुए। मालू जी के पौत्र तथा लालू जी के पुत्र गोपाल जी के चार पुत्र – शंकर लाल, शिवलाल, पन्नालाल तथा लक्ष्मण प्रसाद हुए। गोपाल जी तथा उनके पुत्र–पौत्रों ने गायन तथा वादन को प्राथमिकता दी। लालू जी के भाई मोती जी के पुत्रों एवं उनकी वंश परम्परा के विषय में कुछ अधिक जानकारी नहीं मिलती किन्तु उनके दूसरे भाई काहन जी तथा उनके पुत्र–पौत्रों ने नृत्य कला को अपनाकर धन और यश अर्जित किया। काहन जी के पुत्र

---

1 Contribution of the State of Bikaner to the Development of the Art of "Kathak"-Jaichandra Sharma/Sadarchan/1995

2 कत्थक ज्ञानेश्वरी / तीरथराम आज़ाद / पृ0 250

गीधा जी के पाँच पुत्र – पूरन जी, नाथू जी, भीमा जी, रामू जी तथा दूल्हा जी हुए। दूल्हा जी ने अपनी नृत्य कला के कारण अत्यन्त प्रसिद्धि पाई तथा वे 'गिरधारी जी' के नाम से पुकारे जाने लगे। इन दूल्हाजी/गिरधारी जी के दो पुत्र – हरिप्रसाद और हनुमान प्रसाद हुए। हनुमान प्रसाद जी अपने वंश की छँटवीं पीढ़ी में हुए और वे लखनऊ घराने के बिन्दादीन जी के समकालीन थे। हरिहर प्रसाद और हनुमान प्रसाद की जोड़ी अपने नृत्य के कारण अत्यन्त प्रसिद्ध हुई। ये दोनों भाई 'देवपरी' के नाम से विख्यात थे और तत्कालीन जयपुर दरबार के गुणीजन खाने में नियुक्त थे। हरिहर प्रसाद जी को कोई सन्तान नहीं हुई। इनके भाई हनुमान प्रसाद का विवाह किड़वारी के चुन्नीलाल जी की बहिन तथा जयलाल जी की बुआ सौ0 काली देवी से हुआ था जिनसे आपके तीन पुत्र – मोहनलाल, चिरंजीलाल तथा नारायण प्रसाद तथा एक पुत्री सौ0 का0 सरस्वती देवी हुईं। इस तरह पंडित जयलाल और नारायण प्रसाद परस्पर फुफेरे भाई हुए। सरस्वती देवी का विवाह श्री गणेशीलाल गंगानी के साथ हुआ। मोहनलाल, चिरंजीलाल तथा नारायण प्रसाद ने नृत्य के क्षेत्र में उच्च स्थान प्राप्त किया। तीनों में से दो बड़े भाइयों ने अपने छोटे भाई नारायण प्रसाद को अत्यधिक सुन्दर नृत्य करते पाकर स्वयं नृत्य करना तो छोड़ दिया किन्तु श्रेष्ठ गुरू के रूप में अनेक शिष्यों का निष्पादन किया। नारायण प्रसाद जी अपने समय के सर्वश्रेष्ठ नर्तक के रूप में स्थापित हुए। आपके पुत्र चरनगिरधर 'चांद' और तेज प्रकाश 'सूरज' वर्तमान समय में आपके प्रतिनिधि के रूप में माने जा सकते हैं।

किड़वारी का देहदड़ा/परिहार परिवार

जयपुर घराने की कड़वारी शाखा का मूल पुरुष गिरधारी लाल जी को माना जाता है। ये जिला चुरू के गाँव कड़वारी के रहने वाले थे। इनके तीन पुत्र – चुन्नीलाल जी, दुर्गा प्रसाद जी, सुखदेव जी तथा एक पुत्री – काली देवी हुईं। चुन्नीलाल के तीन पुत्र तथा एक पुत्री – जयलाल जी, लक्ष्मी देवी, सुन्दर प्रसाद जी तथा मालूराम जी हुए। कथक नृत्य जगत् जयलाल जी तथा सुन्दर प्रसाद जी की ख्याति से परिचित है ही। जयलाल जी को अपनी पहली पत्नी श्रीमती भूरी देवी से एक पुत्र – रामगोपाल प्राप्त हुए तथा दूसरी पत्नी चाँद बाई से एक पुत्री – जयाकुमारी प्राप्त हुईं। जयलाल के पुत्र श्री रामगोपाल का विवाह सुष्मिता राय से हुआ। इनकी एक पुत्री – काजल मिश्रा हैं, जिनसे हम सभी परिचित हैं। जयलाल जी के भाई सुन्दर प्रसाद के भी दो विवाह हुए। उनकी पहली पत्नी से कोई सन्तान

जीवित नहीं बची। दूसरी पत्नी भंवरी देवी से पुत्र – बिहारी लाल हुए। चुन्नीलाल जी के सबसे छोटे पुत्र मालूराम जी के विषय में कोई जानकारी नहीं मिलती।

किड़वारी का ही एक अन्य देहदड़ा परिवार भी हुआ जिसके प्रमुख देवीलाल जी हुए हैं। ये अपने समय के श्रेष्ठ तबला वादक हो गये हैं। इनके चार पुत्र थे – कुन्दन लाल, सोहन लाल, गौरी शंकर तथा रामेश्वर। कुन्दनलाल अच्छे गायक थे और बम्बई जाकर बस गये थे। गौरीशंकर तथा रामेश्वर दोनों कथक नृत्य से जुड़े। रामेश्वर जयपुर में रहकर कथक नृत्य का शिक्षण देते रहे तथा गौरीशंकर बम्बई को अपनी कर्मस्थली बनाया तथा अंतर्राष्ट्रीय स्तर की ख्याति अर्जित की। उन्हें केन्द्रीय संगीत नाटक अकादेमी तथा राजस्थान संगीत नाटक अकादेमी ने सम्मानित किया। बाद में गौरीशंकर जयपुर कथक केन्द्र के निर्देशक होकर जयपुर आ गये। आपके चार पुत्र तथा एक पुत्री हुईं – परमेश्वरी देवी, भीमाशंकर, दयालशंकर, रविशंकर तथा प्रदीपशंकर। ये सभी अपनी सन्तानों सहित संगीत–नृत्य के क्षेत्र में सेवा दे रहे हैं।

बाड़ावर का गंगानी परिवार

कथक नृत्य के जयपुर घराने में बाड़ावर गाँव के गंगानी परिवार का महत्त्वपूर्ण स्थान माना जा सकता है। वर्तमान में इस वंश के पंडित राजेन्द्र कुमार गंगानी जयपुर घराने के आधार स्तम्भ की भाँति अपने घराने की विजय पताका फहरा रहे हैं। इस वंश का प्रारम्भ दापू जी से माना जाता है। अगली पाँच पीढ़ी क्रमशः जेकोजी, पूसाराम, इन्दाराम, पड़ताराम तथा हुनताराम की हुई। इन्दाराम के पुत्र पड़ताराम नृत्य में रुचि और गति रखने पर भी परिस्थितिवशात् इस क्षेत्र में न आ सके। पड़ताराम के सुपुत्र हुनताराम बढ़िया सारंगी वादक हुए। बहुत सम्भव है हुनताराम अपने समय के नर्तकों के साथ संगत भी करते रहे हों। हुनताराम की एक पुत्री तथा छः पुत्र हुए – शोली देवी, गणेशीलाल, सत्यनारायण, बिहारीलाल, शिवनाथ, लक्ष्मीनारायण तथा हजारीलाल। हुनताराम ने अपने छहों पुत्रों को नृत्य संगीत की शिक्षा दिलवाई और इसी क्षेत्र में आगे बढ़ाया।

जैसा कि पहले कहा गया है गणेशीलाल का विवाह नारायण प्रसाद जी की बहिन सरस्वती देवी से हुआ था। गणेशीलाल एक पारंगत नर्तक थे इसीलिये पंडित हनुमान प्रसाद ने अपनी पुत्री के लिये उन्हें चुना। गणेशीलाल तथा सरस्वती देवी के चार पुत्र – कुन्दनलाल, रतनलाल, सागर तथा सोहनलाल तथा दो पुत्रियाँ – भँवरी तथा साहिर बाई हुईं।

लेखिका की पीढ़ी गुरू कुंदनलाल गंगानी के सक्षम व्यक्तित्त्व से परिचित है ही। इनके दो विवाह हुए। प्रथम पत्नी सौ0 केसर देवी से दो पुत्रों – किशनलाल तथा मुन्ना की प्राप्ति हुई तथा द्वितीय पत्नी सौ0 कमला देवी से पाँच पुत्रों तथा एक पुत्री – राजेन्द्र, फतेह सिंह, गोविन्द, दर्शिनी, हरीश तथा योगेश की प्राप्ति हुई। पंडित राजेन्द्र कुमार गंगानी आज विश्व में अपने नृत्य तथा विनम्र व्यवहार के कारण जाने जाते हैं। अन्य पुत्र भी तबले तथा नृत्य के क्षेत्र के सफल कलाकार हैं। गणेशी लाल के अन्य भाईयों ने नृत्य–संगीत कला को अपनाया तथा वे अपने–अपने क्षेत्र में कार्यरत हैं।

न्यामा का पड़िहार परिवार

चुरू जिले के प्रसिद्ध न्यामा गाँव का यह पड़िहार परिवार गायन–वादन–नृत्य में अद्वितीय रहा है। इस वंश के मूल पुरुष नायक नाथूला जी परिहार थे जो ग्वालियर दरबार में राज नर्तक थे। इनके दोनों पुत्र – चुन्नीलाल तथा रामलाल, अपने पिता की ही भाँति नृत्य कुशल थे। चुन्नीलाल के एक पुत्र – गोपाल दास हुआ तथा रामलाल के तीन पुत्र – मोहन लाल, सुखदेव तथा जगन्नाथ प्रसाद हुए। वर्तमान में न्यामा के इस पड़िहार परिवार के रमेश पड़िहार, विजय कुमार, महेन्द्र कुमार तथा राकेश कुमार दिल्ली में रहते हुए नृत्य–संगीत के क्षेत्र में कार्य कर रहे हैं।

सुजानगढ़ का जमअड़ा/जाँवड़ा परिवार

जिला सुजानगढ़ के गुसाईंसर गाँव के गणेशी लाल जी, जमअड़ा वंश के मूल पुरुष थे। इनके दो पुत्र हुए – शिवलाल तथा हीरालाल। गणेशी लाल के पहले पुत्र शिवलाल के तीन पुत्री – आचुकी देवी, किशनी देवी तथा मुन्नी देवी और एक पुत्र – कन्हैया लाल हुआ। तीनों बहिनों का विवाह क्रमशः सोहनलाल, कान्हाराम तथा ब्रजमोहन से हुआ। कन्हैयालाल का विवाह संगीत निर्देशक खेमचन्द प्रकाश की पुत्री सावित्री देवी से हुआ और उनके दस सन्तान हुईं –नाथी देवी, निर्मला देवी, सुशीला देवी, बागेश्वरी देवी, हेमन्त कुमार, तेज कुमार, राजकुमार जाँवड़ा, अशोक कुमार, उमा देवी तथा पूनम देवी।

गणेशी लाल के दूसरे पुत्र हीरालाल के दो पुत्रियाँ – सरस्वती देवी तथा शान्ति देवी तथा एक पुत्र – चन्द्रपाल हुआ। सरस्वती देवी का विवाह सोहनलाल से हुआ और इनके दो पुत्र राजू और पप्पू हुए। शान्ति देवी का विवाह श्री कुन्दनलाल गंगानी के छोटे भाई श्री रतनलाल से हुआ और इनके पाँच पुत्र हुए – मनीष कुमार,

सुरेश कुमार, प्रवीन कुमार, ललित कुमार तथा महावीर। हीरालाल जी के पुत्र चन्द्रपाल के मात्र एक पुत्र, मांगेलाल हुआ। हीरालाल जी के परिवार के सभी पुत्र, दामाद, नाती एवं पोते संगीत–नृत्य में कार्य करते हुए यश और धन अर्जित रहे हैं।

इसके अतिरिक्त शोभासर के पूरना जी पड़िहार का वंश, खूड़ी के हनुमान प्रसाद और हरिकिशन गोरेर चौहान का वंश, ढ्योढसर के ईसरा जी–केसरा जी का वंश, सारंगसर के सुखदेव प्रसाद का वंश, बीदासर के बिंजाराम का वंश, चाड़वास के प्रभु जी गंगानी (पँवार), रतनसरा के मोती प्रसाद जी हसल का वंश, नौरंगसर के नत्थूलाल देहदड़ा का वंश, गुसाईंसर के श्यामलाल जमअड़ा चौहानों का वंश, हरासर (सुजानगढ़) के शिवलाल तथा भैरोंप्रसाद का वंश, राजलदेसर के कच्छवाहों का वंश और शोभासर के बिंजो जी पड़िहारों का वंश अनेक ऐसी शाखाएँ हैं जो राजस्थान भर में फैली हैं और अद्यपर्यन्त पनप–फूल–फल रही हैं। यह अवश्य है कि इन शाखाओं में आज 21वीं सदी के भारत में भी आधुनिक अध्ययन–अध्यापन को आवश्यक नहीं समझा जाता लेकिन अपनी पारिवारिक थाती के प्रति सम्पूर्ण श्रद्धा और भक्ति भाव से सैकड़ों अनाम नवयुवा साधक इस नृत्य की अथक साधना में लीन हैं।

जयपुर घराने का नृत्य

- नृत्य का प्रारम्भ गणेश, शिव अथवा दुर्गा स्तुति से।
- पूरे पाँव का तत्कार।
- नृत्य में लयकारी की प्रधानता। आधा, पौन, एक, सवाई, डेढ़, पौने दोगुन, दुगुन, तिगुन, चौगुन, और फिर क्रमशः पाँच, छः, सात, तथा आठ की सीढ़ी चढ़ते हुए सोलह गुन तक तत्कार।
- लमछड़ यानी अनेक आर्वतनों की लम्बाई वाले तथा आड़, बिआड़, कुआड़ लय वाले परणों तथा प्रिमलुओं का चलन।
- प्रचलित तालों के अतिरिक्त बसंत, रुद्र, रास, सवारी, शिखर, लक्ष्मी, अर्जुन, गणेश, अष्टमंगल, ब्रह्म जैसे अप्रचलित तथा क्लिष्ट तालों को बरतने का शौक।
- विभिन्न शास्त्रोक्त भ्रमरियों यथा – उत्प्लुत भ्रमरी, चक्र भ्रमरी, गरुड़ भ्रमरी, एकपाद भ्रमरी, कुंचित भ्रमरी, आकाश भ्रमरी तथा अंग भ्रमरी का प्रयोग।

- सोलह श्रृंगार, राधा कृष्ण लीला, माखन चोरी, शिव ताण्डव, दुर्गा ताण्डव, काली ताण्डव, कालिय दमन आदि से सम्बन्धित कवित्तों की बहुलता।
- भाव के लिये मीराँ, तुलसी, सूरदास तथा अन्य अष्टछापीय कवियों की साहित्यिक रचनाओं के प्रयोग पर विशेष बल।
- घरानेदार गुरुओं द्वारा रचित ठुमरियों का भी प्रयोग।

कथक नृत्य का लखनऊ घराना

'कथक' नृत्य के लखनऊ घराने के इतिहास की गाथा, कथा–गायन एवं वादन के परम्परागत पेशे से जुड़े एक कथक परिवार की सतत् तपस्या, बुद्धि, कल्पना एवं असाधारण सर्जना प्रतिभा के बेजोड़ संगम की कहानी है। उपलब्ध द्वितीयक ग्रन्थों में श्री ईश्वरीप्रसाद मिश्र को इलाहाबाद की हंडिया तहसील का मूल निवासी बतलाते हुए कथक नृत्य के 'लखनऊ घराने' के मूल पुरुष के रूप में स्थापित किया गया है। उत्तर प्रदेश के इलाहाबाद की हंडिया तहसील उन क्षेत्रों में से एक है, जिनके प्रमुख निवासी कथक लोग रहे हैं। ये लोग स्वयं को 'मिश्र' कहते हैं। गायन–वादन से जुड़े अन्य कथकों से हटकर ईश्वरीप्रसाद ने वैष्णव भक्तिधारा से प्रभावित होकर नर्तन को भी अपनाया। प्रमाण स्वरूप हम इस किंवदन्ती को आधार मान सकते हैं जिसके अनुसार जब ईश्वरी प्रसाद 80 वर्ष के थे तब उन्हें भगवान श्रीकृष्ण ने नृत्य की भागवत् बनाने का आदेश दिया था। उर्वरक मस्तिष्क के धनी ईश्वरीप्रसाद जी भारतीयों की धार्मिक मनोवृत्ति से भली–भाँति परिचित थे। वे जानते थे कि नवीन प्रतिमान भी यदि धार्मिक जामा पहनाकर समाज में प्रस्तुत किये जायें, तो सहजता और पूरे विश्वास के साथ अपना लिये जाते हैं। इस तथ्य को ध्यान में रखकर उन्होंने अपने नृत्य के रुझान और कार्यों को श्रीकृष्ण द्वारा दिया गया आदेश बतलाया। 'कथक नृत्य के उद्भव एवं विकास' नामक अध्याय में इस नृत्य के विषय में व्याप्त भ्रांतियों पर पर्याप्त विमर्श किया जा चुका है। प्रसंगवश लखनऊ घराने से सम्बन्धित तथ्यों पर भी प्रकाश डाला गया है। यहाँ पिष्टपेषण योग्य नहीं। किन्तु दो–एक बिन्दुओं की ओर पाठकों का ध्यान अवश्य दिलाना चाहेंगे।

क्या कारण हो सकता है कि ईश्वरी प्रसाद जी को इतनी वृद्धावस्था में इस नृत्य को अपनाने की प्रेरणा हुई? हण्डिया में आजीवन रहते हुए वे किस व्यवसाय में संलग्न थे? या फिर वे कहीं दूसरे प्रदेश से स्थानांतरित होकर हण्डिया आये थे?

उत्तर प्रदेश में शिव और श्रीराम की विशेष मान्यता है। कथक/कथिकों की परम्परा भी मानसगान की रही है, और आज भी है। ऐसे में ईश्वरी प्रसाद जी ने यदि नृत्य को अपनाया भी तो कथक/कथिक जाति का होने के नाते सहज रूप से अपने नृत्य के माध्यम से श्रीराम की आराधना का लक्ष्य लेकर वे क्यों नहीं चले? हालाँकि आस्था नितान्त वैयक्तिक विषय है और प्रत्येक व्यक्ति को निर्गुण या सगुण, एक या अनेक की भक्ति का अधिकार है। किन्तु फिर भी प्रत्येक व्यक्ति विरासत में मिले संस्कारों को भूलता नहीं है। हम जानते हैं कि हिन्दुओं के दो प्रमुख अवतार – श्री राम अयोध्या से (उत्तर भारत) से तथा श्री कृष्ण मथुरा–वृन्दावन (पश्चिम भारत) से मूलतः सम्बद्ध किये जाते हैं। तो क्या ईश्वरी प्रसाद जी ने अपने संस्कार और अभ्यास से अपने आराध्य देव श्रीकृष्ण को अपनी कला में सहज रूप से स्थान दिया? उल्लेखनीय है कि जयपुर के नर्तक आज भी गोविन्ददेव जी के मन्दिर में हाजिरी देना अपना सौभाग्य मानते हैं। अस्तु।

इस वंश के पूर्व पुरुष ईश्वरी प्रसाद जी तथा वंशावली के प्रारम्भिक नाम यथाः अड़गूजी, खड़गूजी, तेलगूजी, प्रगास जी तथा दयाल जी उत्तर भारतीय समाज प्रचलित नामों से साम्य नहीं रखते, पश्चिम भारत में ऐसे नाम तथा व्यक्ति के नाम के बाद 'जी' लगाने की परम्परा रही है।

लखनऊ घराने की वंश परम्परा

यों उत्तर प्रदेश में इलाहाबाद, झाँसी, बनारस, बाँदा, अयोध्या, कानपुर, गोरखपुर आदि जिलों में कथिक परिवार सदियों से बसे हुए हैं और जैसा कि पूर्व में कहा गया है ये मंदिरों में कथावाचन की परम्परा से जुड़े हुए हैं। कथक नृत्य के लखनऊ घराने की स्थापना का श्रेय श्री बिन्दादीन और उनके पूर्वजों को ही दिया जा सकता है। ईश्वरीप्रसाद जी की मृत्यु के बाद खड़गूजी तथा तुलाराम जी ने नृत्य करना छोड़ दिया, किन्तु अड़गूजी ने अपने तीन पुत्रों – प्रगासजी, दयाल जी और हरिलाल जी को नृत्य की सम्पूर्ण शिक्षा दी। अपने पिता अड़गू जी की मृत्यु के बाद प्रगासजी अपने भाईयों सहित लखनऊ आ गये और दरबारी नर्तक नियुक्त हुए। प्रगास जी के तीन पुत्र हुए – दुर्गाप्रसाद, ठाकुर प्रसाद और मानसिंह। दुर्गाप्रसाद जी के दो पुत्र– बिन्दादीन, कालकाप्रसाद तथा सबसे छोटे पुत्र मानसिंह जी का एक पुत्र – भैरोंप्रसाद हुआ। ठाकुर प्रसाद जी की सन्तान के विषय में कोई उल्लेख प्राप्त नहीं होता। कालका–बिन्दादीन की युगल जोड़ी उन दिनों देशभर में अपने नृत्य के लिये प्रसिद्ध

हुई। नृत्य प्रेमी इन्हें 'राम–लक्ष्मण' के नाम से पुकारते थे। श्री कालकाप्रसाद का विवाह श्रीमती जगदेई से हुआ और उनके तीन पुत्र हुए – जगन्नाथ प्रसाद, बैजनाथ प्रसाद तथा शम्भू नाथ। ये तीनों ही उम्दा नर्तक हुए और अच्छन महाराज, लच्छू महाराज तथा शम्भू महाराज के नाम से प्रसिद्ध हुए।

कालका प्रसाद जी के बड़े पुत्र जगन्नाथ प्रसाद यानी अच्छन महाराज का विवाह श्रीमती महादेवी से हुआ और उनके के तीन पुत्रियाँ – विद्यावती, सरस्वती, चन्द्रावती तथा एक पुत्र ब्रजमोहन नाथ मिश्र (बिरजू महाराज) हुए। विद्यावती का विवाह श्री सुन्दरलाल शुक्ला से हुआ। श्री मुन्ना शुक्ला तथा श्री सतीश शुक्ला इन्हीं के पुत्र हैं। अच्छन महाराज की दूसरी पुत्री सरस्वती देवी का विवाह श्री जोगेश्वर प्रसाद मिश्र से हुआ और इनके पाँच पुत्रियाँ हुईं, और अच्छन महाराज की सबसे छोटी बेटी चन्द्रवती का विवाह श्री दयाराम जी से हुआ। स्व0 श्री ओमप्रकाश तथा ठाकुर प्रसाद इनके ही पुत्र हैं। श्री मुन्ना शुक्ला और श्री ओमप्रकाश दोनों ने नृत्य जगत् में उच्च स्थान पाया। पं0 बिरजू महाराज की बहनों के सुपुत्र होने के कारण इनमें मामा–भान्जे का सम्बन्ध है। पं0 बिरजू महाराज का विवाह श्रीमती अन्नपूर्णा देवी से हुआ और उनके दो पुत्र जयकिशन महाराज एवं दीपक महाराज तथा तीन पुत्रियाँ – कविता, अनिता एवं ममता हैं। अपना सम्पूर्ण जीवन तथा सर्वस्व कथक नृत्य की साधना एवं प्रचार–प्रसार को अर्पित करने वाले पं0 बिरजू महाराज नई दिल्ली कथक केन्द्र से वरिष्ठ गुरू और निदेशक के पद से सेवानिवृत्त होने के उपरान्त सम्प्रति दिल्ली में ही रहते हुए 'कलाश्रम संस्थान' का संचालन कर रहे हैं। उनके बड़े सुपुत्र श्री जयकिशन महाराज कथक केन्द्र में गुरू पद पर अपनी सेवाएँ दे रहे हैं।

श्री कालका प्रसाद के दूसरे पुत्र बैजनाथ प्रसाद यानी लच्छू महाराज ने श्रीमती रमा देवी से विवाह किया था। इनकी की कोई सन्तान नहीं हुई। श्री कालका प्रसाद के तीसरे पुत्र श्री शम्भू महाराज ने तीन विवाह किये जिनसे इन्हें पाँच सन्तानें हुईं जिनमें शिवमोहन और गंगू असमय मृत्यु को प्राप्त हुए। पुत्री रामेश्वरी देवी का विवाह श्री रमेश मिश्रा से हुआ किन्तु उनका स्वर्गवास भी काफी पहले ही हो गया। शम्भू महाराज के दो पुत्र – कृष्णमोहन एवं राममोहन कथक के क्षेत्र में ख्यातिलब्ध कलाकार और गुरू हैं। श्री कृष्णमोहन ने नई दिल्ली कथक केन्द्र में गुरू पद पर रहते हुए अपनी सेवाएँ दीं और अभी हाल में सेवानिवृत्त हुए हैं। श्री कृष्णमोहन मिश्र का विवाह सुश्री

शाश्वती सेन की अनुजा सुश्री वास्वती से हुआ तथा श्री राममोहन का विवाह सुश्री पारुल दानी से हुआ।

लखनऊ घराने का नृत्य

- थाट में कसक–मसक का विशेष प्रयोग।
- खड़े पाँव का तत्कार (ना धिं धिं ना)।
- प्रमुख रूप से ठुमरी में भाव प्रदर्शन।
- ठुमरी पर बैठकर भाव प्रदर्शन का इस घराने में विशेष महत्त्व है। इसे 'बैठकी भाव' कहा जाता है और विशेष बात यह है कि नर्तक/नर्तकी द्वारा स्वयं गाते हुए भाव बतलाने की परम्परा रही है। हालांकि अब ऐसा नहीं है। कुछ एक दो कलाकारों को छोड़कर शेष गायन में दखल नहीं रखते।
- लखनऊ घराने के नर्तक कवित्त पर नृत्य के चलन से इन्कार करते हैं। अपवाद स्वरूप शम्भू महाराज तथा लच्छू महाराज ने कुछ एक बढ़िया कवित्तों की रचना की, जिनमें से कुछ लेखिका ने गुरू स्व0 पी0 डी0 आशीर्वादम् जी से सीखे थे, जो कि पं0 लच्छू महाराज के गण्डाबन्ध शिष्य थे।
- स्व0 लच्छू महाराज भाव की बारीकी के लिये प्रसिद्ध थे। आपने निरर्थक वर्णों वाले नृत्त बोलों में भी विशेष भावों की कल्पना कर उन्हें विशेष अर्थ प्रदान किया था। यथा – परण आमद – 'ध त क थूं गा' में सूर्य, चंद्र, ब्रह्मा, विष्णु, महेश, लक्ष्मी तथा सरस्वती की भाव–भंगिमाओं का प्रदर्शन। 'धकिट तकिट दिगिन नगिन' परण में राधा–कृष्ण की छेड़छाड़।
- 'ता थेई तत थेई आ थेई तत थेई' मूल वर्ण समूह को इस घराने में शुद्ध आमद के रूप में नाचने का चलन है। इस वर्ण समूह के पहले आमतौर पर 'ध त क थूं गा' यह परण जोड़कर भी नाचा जाता है और उसे 'परण जुड़ी आमद' कहा जाता है।
- घुंघरू के पाटाक्षरों वाली रचनाओं को इस घराने में 'नटवरी के बोल' कहा जाता है। यथा – ता थेई, थुं थुं, तिग्धा, दिगदिग, तत तत, थेईततथेई इत्यादि।

- इस घराने में 'संगीत का टुकड़ा' नाचने का भी चलन है। यद्यपि इस वर्ग में मात्र एक ही रचना प्राप्त होती है – 'दिगदिगदिगदिग थेई ताथेई ततथेई थेई तत थोम्।' इस एक बोल को लखनऊ घराने के सभी आचार्यों ने 'संगीत का टुकड़ा' कहा है।
- पंडित बिरजू महाराज ने इस घराने के नृत्य को अप्रतिम सौन्दर्य प्रदान किया है। अंग विन्यास पर जितना काम उन्होंने किया है उतना पूर्व में किसी गुरू द्वारा नहीं किया गया। वे नृत्य के किसी एक अंग में नहीं, सर्व अंगों में निष्णात कलाकार गुरू हैं। थोड़े में वे आपादमस्तक कथक नृत्य में डूबे कलाकार हैं।
- इस घराने के नर्तकों द्वारा 'नृत्य नाटिकाओं' पर भी काफी काम किया गया है। यों कथक नृत्य की प्रकृति 'एकल नृत्य' की है, किन्तु पौराणिक तथा समसामयिक विषयों पर अनेक नृत्य नाटिकाओं के माध्यम से इस नृत्य को लोकप्रिय बनाने का कार्य इस घराने के नर्तकों ने किया है।

कथक नृत्य का बनारस घराना

कथक नृत्य के बनारस घराने को 'जानकीप्रसाद' घराना भी कहा जाता है। जैसा कि पूर्व में बतलाया गया है बीकानेर के साँवलदास जी के वंश में श्री आनन्दप्रकाश के यहाँ जानकीप्रसाद हुए जिन्होंने अपना कर्मक्षेत्र वाराणसी को बनाया। बचपन से ही जानकीप्रसाद जी सात्त्विक प्रकृति के थे। अपनी नृत्य साधना और भगवत् भजन में वे अपना समय बिताते थे। इसलिये उन्होंने विवाह भी नहीं किया और अपने बड़े भाई श्री चुन्नीलाल जी के पुत्र सबला जी तथा उनके पुत्र दूदा जी को भी अपने नृत्य की शिक्षा दी। दूदा जी के दो पुत्र हुए – हुकुमा जी और मोती जी। इन दोनों भाईयों को भी अपने परदादा जानकीप्रसाद जी से नृत्य शिक्षा प्राप्त करने का सुअवसर मिला। हालाँकि उस समय तक जानकीप्रसाद जी काफी वृद्ध हो गये थे। दूदा जी के छोटे पुत्र मोती जी भी अपने परदादा की तरह ही सात्त्विक प्रकृति के भक्त हृदय व्यक्ति थे। इनके कोई सन्तान नहीं थी, इनके बड़े भाई हुकुमा जी के दो पुत्र हुए – दूलहराम और गनेशीलाल। दूलहराम ने अपने जीवन का अधिकांश समय काशी में नृत्य साधना में बिताया। दूलहराम के तीन पुत्रों – बिहारीलाल, हीरालाल तथा पूरनलाल में से बिहारीलाल ने इस विद्या में बहुत यश अर्जित किया तथा वे इंदौर के होल्कर महाराज

के दरबारी नर्तक नियुक्त हुए। बिहारीलाल जी के तीन पुत्र हुए – किशनलाल, मोहनलाल और सोहनलाल। किशनलाल जी ने अपना कर्मक्षेत्र बम्बई को बनाया तथा शेष दो भाइयों ने देहरादून में रहकर नृत्य प्रशिक्षण का कार्य किया। दूलहराम के दूसरे पुत्र हीरालाल का व्यक्तित्त्व बहुत सुदर्शन था और नृत्य भी प्रभावशाली। इनके विवाह एवं सन्तान के विषय में कोई जानकारी नहीं मिल पाई है। दूलहराम के तीसरे पुत्र पूरनलाल को प्रारम्भ में तो नृत्य में कोई रुचि नहीं थी किन्तु बाद में वे एक उच्चकोटि के नृत्यकार के रूप में जाने गये। इनके दो पुत्र हुए – मदनलाल और रामलाल। ये दोनों भाई पटियाला में बस गये।

हुकुमा जी के दूसरे पुत्र गनेशीलाल के तीन पुत्र हुए – हनुमानप्रसाद, शिवलाल एवं गोपालदास। इनमें से हनुमानप्रसाद ने जम्मू, पटियाला, बीकानेर और नेपाल के राज दरबारों में राजनर्तक के रूप में अपनी सेवायें दीं। हनुमानप्रसाद के मात्र एक पुत्री, चुन्नी देवी हुईं जिनके तीन पुत्र हुए – नवलकिशोर, वंशीधर तथा ओंकारप्रसाद हुए। इन तीनों ने ही दिल्ली में रह कर नृत्य का प्रचार–प्रसार किया। गनेशीलाल के दूसरे पुत्र शिवलाल तबला बजाने में दक्ष थे। आपने अपना अधिकांश समय अपने बड़े भाई, हनुमानप्रसाद के साथ बिताया। आप रायगढ़ नरेश चक्रधरसिंह के दरबार में भी थे। शिवलाल के तीन पुत्र हुए – सुखदेव, कुंदनलाल और दुर्गाप्रसाद हुए। इनमें से कुंदनलाल ही नृत्य से जुड़े रहे, जबकि सुखदेव और दुर्गाप्रसाद नृत्य से सम्बन्ध न रखते हुए अन्य व्यवसाय में संलग्न हो गये। गनेशीलाल के तीसरे पुत्र गोपालदास का अधिकांश समय लाहौर में बीता। पटियाला दरबार में भी आप थे। आपके कोई पुत्र नहीं होता था। जिला चूरू, ग्राम मेलूसर में पंडित गोपालदास के एक करीबी थे जो अच्छे सारंगीवादक थे। उनके पुत्र भूरे खाँ को गोपालप्रसाद जी नृत्य सिखाया करते थे। इस होनहार बालक को कुछ समय बाद गोपालप्रसाद ने गोद ले लिया और तब इसका नाम "ज्योति प्रसाद" रखा गया। ज्योतिप्रसाद बहुत उच्चकोटि का नर्तक हुए और इन्हें "नृत्य सम्राट" की उपाधि से नवाजा गया। बम्बई फिल्मों के जब ज्योति प्रसाद ने काम करना शुरू किया तो उनका नाम "उस्ताद आशिक हुसैन" रख दिया गया। जीवन के अंतिम चरण में पंडित गोपालप्रसाद को एक पुत्र – कृष्णकुमार, की प्राप्ति हुई। जब कृष्णकुमार डेढ़ वर्ष के ही थे तब पिता गोपालप्रसाद का देहावसान हो गया। कृष्णकुमार जी ने अपने जानकीप्रसाद घराने की नृत्य शिक्षा अपने धर्म भाई ज्योतिप्रसाद उर्फ आशिक हुसैन (गोपालप्रसाद के दत्तक पुत्र) से तथा

अपने ताऊ हनुमानप्रसाद जी से प्राप्त की। बाद में लखनऊ घराने के शम्भू महाराज से भी आपने नृत्य सीखा। श्री कृष्ण कुमार को तीन पुत्रों की प्राप्ति हुई – अशोक कुमार, विजय कुमार तथा चन्दन कुमार।

कथक नृत्य के बनारस घराने की चर्चा करते समय पंडित सुखदेव महाराज और उनके परिवार के योगदान को भुलाया नहीं जा सकता। जन्म से बनारसी ब्राह्मण, श्री रामप्रसाद मिश्र के पुत्र पंडित सुखदेव एक अच्छे संगीतकार, संस्कृत विद्वान एवं कवि थे। आपका विवाह बड़कोदेवी से हुआ था तथा उनसे आपको चार सन्तानें हुईं – किशन, शैलकुमारी, तीर्थराज तथा बिन्दुदेवी। नेपाल नरेश ने उनकी प्रतिभा से प्रभावित होकर उन्हें अपना राज–गायक नियुक्त किया था। सुखदेव जी का दूसरा विवाह नेपाल नरेश के राजगुरु की कन्या महलोदेवी से सम्पन्न हुआ। इनकी पाँच सन्तानें हुई– अलकनन्दा, तारादेवी, सितारादेवी, दुर्गाप्रसाद पांडे तथा चतुर्भुज मिश्र, जिन्हें लोग चौबे महाराज कहते थे। वे सभी उच्च कोटि के नर्तक, गायक और वादक हुए। चौबे महाराज को अच्छन महाराज ने गोद लिया था और बहुत बाद में बिरजू महाराज का जन्म हुआ था। सुखदेव महाराज की पाँचों सन्तानों का नृत्य शिक्षण पहले अपने पिता से, तत्पश्चात् अच्छन महाराज, लच्छू महाराज तथा शम्भू महाराज से भी हुआ। सुखदेव महाराज ने अलकनन्दा देवी को नृत्य, तारा देवी को ठुमरी पर भाव प्रदर्शन, दुर्गाप्रसाद को गायन में, चौबे महाराज को नृत्य तथा तत वाद्यों के वादन में निपुण किया तथा सितारा देवी को नृत्य के सभी अंगों में पारंगत किया।

सुखदेव महाराज की ज्येष्ठ पुत्री अलकनन्दा देवी ने कलकत्ता में स्थायी रूप में रहकर कई शिष्य शिष्याओं को नृत्य की शिक्षा दी। बनारस घराने के सर्वाधिक प्रसिद्ध नर्तक पंडित गोपीकृष्ण हुए जो तारादेवी के पुत्र थे। इस घराने की सर्वोच्च कलाकार के रूप में श्रीमती सितारादेवी का नाम लिया जा सकता है। सितारा देवी का विवाह श्री प्रताप बारोट से हुआ जिनसे उन्हें एक पुत्र, रंजीत बारोट की प्राप्ति हुई। नृत्य की ओर पुत्र का रुझान न होने के कारण सितारा देवी ने अपने भाई चौबे महाराज की दोनों पुत्रियों – जयंती माला तथा प्रिया माला को गोद ले लिया तथा उन्हें नृत्य में पारंगत किया। श्री चौबे महाराज के चार संतान हुईं – बालकृष्ण, नरेन्द्र, जयंती माला तथा प्रियामाला। दोनों पुत्र बबलू–पहाडू के नाम से बनारस में रहते हुए अपने घराने के नृत्य का प्रसार प्रचार कर रहे हैं। श्री दुर्गाप्रसाद पाण्डे चार पुत्र तथा एक पुत्री हुई – मोहन, ब्रजराज, श्याम, राम तथा अन्नपूर्णा देवी।

बनारस घराने का नृत्य

- नृत्य के साथ केवल नृत्य के बोलों के ही प्रयोग का चलन। इस घराने में तबला और पखावज के बोल नृत्य हेतु प्रयुक्त नहीं किये जाते।
- तैयारी की अपेक्षा स्पष्टता, सौन्दर्य और लालित्य की ओर इस घराने का विशेष झुकाव रहा है।
- गति, मुद्रा और अंग में भी लखनऊ तथा जयपुर घराने से बनारस घराना स्पष्टतः पृथक् दीखता है।
- कवित्त प्रदर्शन विशेष प्रशंसनीय।
- नृत्तांगी रचनाओं में शास्त्रोक्त करण–अंगहारों तथा ताण्डव अंग का प्रयोग।
- एकपाद भ्रमरी एवं कुंचित भ्रमरी का विशेष प्रयोग।
- नृत्य में चपलता, सौन्दर्य और सौष्ठव का बेजोड़ संगम।
- एकमुखी घुंघरुओं का प्रयोग।
- एड़ी से तत्कार इस घराने की विशेषता। इस घराने में 'तत्कार' को 'तत्कारा' कहा जाता है।
- तत्कारा में ''तिगधा दिगदिग तिगधा दिगदिग'' बोलों का विशेष महत्त्व।
- पात्रनुसार आहार्य अभिनय पर विशेष ध्यान। स्व0 सितारा देवी तथा उनके दौहित्र विशाल कृष्ण ने वेश–विन्यास को एक नया आयाम दिया है।
- ठुमरी और भजन दोनों पर बारीक भाव।

कथक नृत्य का रायगढ़ घराना

नवाब वाजिदअली शाह के अपदस्थ होने तथा उनके मटियाबुर्ज में नज़रबंदी (सन् 1857–1887) के दौरान लखनऊ दरबार के अनेक कलाकार उनके साथ कलकत्ते चले गये थे जो नवाब के जीवन के अंतिम समय तक उनके साथ रहे, क़िन्तु इसके बाद रामपुर के नवाब हामिदअली शाह (शासनकाल 1889–1930) का दरबार कलाकारों के लिये ठिकाना बना। नवाब हामिद अली ज़हीन और शिक्षित इन्सान थे। कहा जाता है कि वे कलाकारों का मान अवश्य करते थे, लेकिन उनके दरबार में लखनऊ–सा उन्मुक्त वातावरण न था, वे दरबार के क़ायदों के प्रति विशेष सजग रहते थे। लखनवी तबीयत में रमे कलाकारों को नवाब हामिद अली का यह व्यवहार कठोर लगता।

लगभग उसी समय मध्यप्रदेश की रायगढ़ रियासत में राजा चक्रधरसिंह सिंहासनारूढ़ हुए। आपके दादा तथा पिता के शासनकाल से विभिन्न अवसरों पर देश के जाने–माने कलाकारों का आवागमन रायगढ़ में बना हुआ था इसलिये चक्रधरसिंह में साहित्य और संगीत के संस्कार बाल्यकाल से ही थे। ललित कलाओं पर अनुरक्त होने के साथ ही वे स्वयं एक विलक्षण संगीत मर्मज्ञ एवं साहित्यकार थे। इतना ही नहीं संगीत की तीनों विधाओं में बकायदा उनका प्रशिक्षण हुआ था। उन्होंने तबले की शिक्षा स्वयं अपने चाचा श्री पीललाल तथा पखावज की शिक्षा श्री नारायणसिंह से प्राप्त हुई थी। नन्हें बाबू ने उन्हें गायन की शिक्षा दी थी तथा उनकी नृत्य शिक्षा ढंडे खाँ, हनुमान प्रसाद तथा शिवनारायण से हुई थी। ऐसे महान कला प्रेमी तथा सक्षम मर्मज्ञ कलाकार राजा को पाकर रायगढ़ एक बड़े संगीत केन्द्र के रूप में उभरा और तत्कालीन लगभग सभी बड़े कलाकार रायगढ़ खिंचे चले आये।[1] बदलते युग में बदलती संगीत प्रवृत्ति और साथ ही गुरु–शिष्य के बीच पनपती संस्थागत शिक्षण प्रणाली की आवश्यकताओं को भाँपते हुए राजा साहब ने संगीत विषयक ग्रन्थों के प्रणयन का संकल्प लिया। 20 वीं शताब्दी के संगीत की महत्त्वपूर्ण जानकारी का संग्रह चक्रधर सिंह द्वारा प्रणीत विशालतम ग्रन्थों – नर्तन सर्वस्वम्, तालतोय निधि, रागरत्नमंजूषा तथा मुरज परण पुष्पाकार में किया गया है। संस्कृत में पद्य शैली में इन ग्रन्थों को पं0 शारदा शर्मा (कलकत्ता) एवं श्री जानकीवल्लभ शास्त्री (वाराणसी) की देखरेख में लिखवाया गया।[2] इन ग्रन्थों के लेखन कार्य के लिये सारंगगढ़ राज्य से श्री चिन्तामणि कश्यप को रायगढ़ बुलाया गया था।[3] इस तरह कथक के शास्त्र और व्यवहार पक्ष के बीच जो गहरी खाई निर्मित हो चुकी थी, उसे उन्होंने पाटने का रचनात्मक प्रयास राजा साहब द्वारा किया गया। 'नर्तन सर्वस्वम्' और 'मुरज परण पुष्पाकर' नृत्य विषयक ग्रन्थ हैं, 'तालतोय निधि' जैसा कि नाम से स्पष्ट है, ताल सम्बन्धी ग्रन्थ है तथा 'रागरत्न मंजूषा'

---

1 पं0 चुन्नीलाल, नत्थूलाल, सीताराम, झण्डे खां, शिवनारायण, हाजी मोहम्मद, नन्हेबाबू, इनायत खां, राजा लक्ष्मण सिंह, पं0 जयलाल पं0 मोहनलाल, पं0 अच्छन महाराज, पं0 लच्छू महाराज, पं0 शम्भू महाराज, पं0 सोहनलाल, ढंढे खाँ, पं0 सुखदेव प्रसाद, पं0 सुंदरप्रसाद, पं0 हनुमानप्रसाद, पं0 ज्योतिराम, पं0 मोतीराम, मुनीर खां, करामतुल्ला, आबिद हुसैन, अलाउद्दीन खां, प्यारे साहब, अहमद जान थिरकवा, पं0 पर्वतसिंह, कवि भूषण आदि ऐसे ही नाम हैं जो तत्कालीन रायगढ़ में लम्बे समय तक रहे और जिन्हें यथोचित सम्मान और रचनात्मक कार्य करने की पूर्ण सुविधा रायगढ़ नरेश द्वारा प्रदान की गईं।

2 राजा के साथ / पं. मुकुटधर पाण्डेय / संस्मरण 2001 / पृ. 45 के आधार पर

3 The Nartan Sarvaswam/Devendra Pratap Singh/Smaran 2001/page-17

में संगीत के विभिन्न प्राचीन ग्रन्थों के आधार पर राग–रागिनियों का वर्णन किया गया है। ये चारों ग्रन्थ अब तक अप्रकाशित हैं, जिससे वर्तमान संगीत जगत् लाभान्वित होने से वंचित है। यहाँ इन चारों ही ग्रन्थों की विषय सामग्री का संक्षेप में परिचय दिया जा रहा है –

नर्तन सर्वस्वम्

जैसा कि इसके नाम से ही स्पष्ट हैं, इसमें नृत्यकला के सभी पक्षों का विस्तार से वर्णन किया गया है। कहा जाता है कि, इसकी पाण्डुलिपि का वजन लगभग 6 किलो है। इसी से अनुमान लगाया जा सकता है कि, इनमें कितनी सामग्री सन्निहित है। इस ग्रन्थ की भूमिका में 'नर्तन रहस्य' नामक ग्रन्थ के आधार पर 'नर्तन सर्वस्वम्' की रचना किये जाने का उल्लेख मिलता है।[1] औरंगजेब के शासनकाल में बादशाह द्वारा दण्डित विशाखदत्त नामक नृत्याचार्य, अपने प्राणों की रक्षा हेतु बीहड़ जंगलों और नदी–नालों को पार करता हुआ छत्तीसगढ़ क्षेत्र में आया और दियागढ़ रियासत में आश्रय प्राप्त कर वहाँ की दो राजकुमारियों को नृत्य की शिक्षा प्रदान करने लगा। इन दोनों राजकुमारियों का विवाह भीलूगढ़ के राजा के साथ हुआ और उनके साथ ही पं0 विखाखदत्त भी भीलूगढ़ आ गया। उसके पास 'नर्तन रहस्य' नामक ग्रन्थ था, जो सुरक्षा की दृष्टि से सरकारी खजाने में रख दिया गया था। कालान्तर में भीलूगढ़ के राजा ने सारंगगढ़ पर चढ़ाई कर वहाँ के राजपरिवार को समूल नष्ट कर दिया। इसका प्रतिशोध लेने के लिए सारंगगढ़ के सम्बन्धी, रायगढ़ के शासकों ने भीलूगढ़ पर आक्रमण कर उसे पूरी तरह तहस–नहस कर दिया। यहीं भीलूगढ़ के खजाने के साथ उन्हें 'नर्तन रहस्य' ग्रन्थ भी मिला। इसी नर्तन रहस्य के आधार पर राजा चक्रधर सिंह ने 'नर्तन सर्वस्वम्' की रचना कर उसे मोती महल की किसी दीवार में चुनवा दिया।

नर्तन–सर्वस्वम् रायगढ़ की नृत्य परम्परा का आधार ग्रन्थ है। इसमें कथक नृत्य के ताल व भाव दोनों पक्षों पर विस्तार से प्रकाश डालते हुए उनके उदाहरण भी प्रस्तुत किये गये हैं। राजा साहब ने इसमें कथक की वर्तमान पारिभाषिक शब्दावली को भी प्राचीन रूप का प्रयास किया है जैसे – तोड़ा को त्रोटकम्, चक्करदार को त्रिचक्री आदि लिखना। इसी प्रकार राजा साहब द्वारा विभिन्न परणों की काव्यात्मक संज्ञा दी गई हैं यथा – अद्ववादी, अभ्यंजन, कादम्ब मधुगुंजन आदि। ग्रन्थ में नवरस, नायिका

---

1 कथन–रायगढ़ घराना / डॉ. बलदेव / स्मरण 2001 / पृ. 22

भेद आदि विषयों को भी सोदाहरण प्रस्तुत किया गया है। श्री बर्मनलाल जी के अनुसार इस ग्रन्थ में श्री कृष्ण और राधा लास्य, पार्वती लास्य, काली लास्य एवं दुर्गा लास्य को बतलाया गया है, साथ ही विभिन्न गतियों का विवरण भी प्राप्त होता है, जिनमें कृष्णाभिसारिका गति को अपने अत्यन्त महत्त्वपूर्ण गति बतलाया। ये गतियाँ वर्तमान कथक में गतभाव के रूप में जानी जाती हैं।

तालतोय निधि

राजा चक्रधर सिंह मूलतः एक श्रेष्ठ तबला–पखावज वादक थे। अतः अपनी रुचि के मुख्य विषय 'ताल' के सम्बन्ध में इस महाग्रन्थ का प्रणयन उन्होंने अनेक प्राचीन ग्रन्थों तथा विभिन्न आचार्यों से प्राप्त बोलों के आधार पर किया। कहा जाता है कि इस ग्रन्थ का वजन लगभग 32 किलो हैं इसमें 1 मात्रा से लेकर 380 मात्रा तक की तालों का चक्र सहित वर्णन है। ये समस्त ताल–चक्र रंगीन व अत्यन्त मनोरम हैं। विभिन्न उस्तादों को मुँहमांगी रकम देकर राजा साहब ने जिन बोल–परणों को संग्रहीत किया था, वे सब इस ग्रन्थ में लिखे हुए हैं।

रागरत्न मंजूषा

संगीत के अनेक प्राचीन ग्रन्थों के आधार पर राजा साहब ने पं0 भूषण जी संगीताचार्य की सहायता से इस ग्रन्थ का सृजन किया था। इसमें लगभग 1200 राग–रागिनियों का उनके वंशवृक्ष सहित जहाँ वर्णन किया गया है, वहीं उनकी बन्दिशें भी स्वरलिपि सहित दी गई हैं।

मुरज परण पुष्पाकर

राजा चक्रधर सिंह की सांगीतिक प्रतिभा का सर्वोत्कृष्ट उदाहरण 'मुरज परण पुष्पाकर' है। इस ग्रन्थ की विशालता का अनुमान इसी से लगाया जा सकता है कि यह वज़न में लगभग 26 किलो का बताया जाता है। 'नर्तन सर्वस्वम्' शास्त्र पक्ष का विवेचन करते हुए भाव प्रधान ग्रन्थ है और 'तालतोय निधि' ताल प्रधान किन्तु 'मुरज परण पुष्पाकर' नृत्य का सम्पूर्ण ग्रन्थ है। पं0 कीर्तिकराम जी के शब्दों में – ''इसमें नृत्य के अंग–प्रत्यंग, बोल–परण, लास्य और अभिनय सभी का एक साथ चित्रण किया गया है, साथ ही भावों और अलंकारों को स्पष्ट करने के लिए प्रकृति और नायिकाओं की चेष्टाओं के रंगीन चित्र भी अंकित किए गए हैं। कथक के शास्त्रीय पक्ष को उजागर करने वाले इस दुर्लभ ग्रन्थ में लक्षणों के अतिरिक्त कवित्त, छन्द, लास्य,

ताण्डव, तबला, पखावज, ढोल, नगाड़ा, टिमकी इत्यादि के बोलों का भी सचित्र विस्तार से वर्णन किया गया है। 'मुरज परण पुष्पाकर' नृत्तांगी परणों का कोष कहा जा सकता है। मूलग्रन्थ तो हमें देखने का सौभाग्य नहीं मिल पाया है किन्तु मेरे गुरू प्रो0 पी0 डी0 आशीर्वादम् जी के प्रकाशित ग्रन्थ **'Raigarh Darbar'** है में 430 परणों की नाम सहित सूची दी गई है।[1] इनमें से कुछ के नाम मात्र यहाँ कहे जा रहे हैं – यथाः गजमुक्ताहार, शतपत्रक, गजविलास, सुतीक्ष्ण, ललितललाम (गत परण), ओजस्विनी (गत परण), झम्पांगी सुरविलास, मणिमाला (गत परण), तत्त्वलोक (गत परण), सप्तशिखर (दर्जेदार टुकड़ा), आड़ीरंजनी प्रिया, व्रजनच्छिदः, सुवर्णराजि, परिक्रमा, वल्लभ, मृगच्छवि, सत्त्वमूर्ति, अमृतध्वनि, दलबादल आदि। कल्पना की जा सकती है कि चक्रधर महाराज किस सीमा तक इस नृत्य को पुनर्संस्कारित करने हेतु संकल्पित थे। ऐसी समृद्ध संस्कृतनिष्ठ अर्थवान संज्ञाओं की थाती हमारे पास होते हुए भी आज के अधिकतर कथक साधकों को इनकी जानकारी नहीं है। रायगढ़ में प्रणीत सभी ग्रन्थों का प्रकाश में आना अत्यन्त आवश्यक है।

रायगढ़ घराने की शिष्य परम्परा

यद्यपि यह सही है कि रायगढ़ का घराना किसी एक सांगीतिक परिवार अथवा वंश की धरोहर नहीं है तथापि यह भी उतना ही सच है कि कथक नृत्य के इतिहास में रायगढ़ दरबार का विशेष महत्त्वपूर्ण स्थान है। राजा चक्रधर सिंह ने अपने इलाके के प्रतिभावान लोक कलाकर बालकों को अपने आश्रय में रखकर श्रेष्ठ अतिथि कलाकारों से उन्हें ठोस तालीम दिलवाई। कार्तिकराम, कल्याणदास, फिरतू दास, बर्मनलाल, अनुजराम, मुकुलराम तथा रामलाल 'गम्मत' नाचने वाले ऐसे ही लोक कलाकार थे, जिन्हें महाराजा चक्रधर सिंह जी ने जयपुर के जयलाल जी महाराज से नृत्त पक्ष की और लखनऊ के अच्छन, लच्छू तथा शम्भू महाराज से भाव पक्ष की सम्पूर्ण एवं कठिन शिक्षा दिलवाई। गुरु लच्छू महाराज जी से कल्याणदास जी एवं बर्मनलाल जी को लास्य अंग और भाव पक्ष का विशेष प्रशिक्षण प्राप्त हुआ। गुरु नारायण प्रसाद जी और गुरु सीताराम जी ने भी उक्त शिष्यों को काफी शिक्षा दी। यह एक दुखद सत्य है कि महाराजा चक्रधर सिंह के असामयिक निधन ने रायगढ़ के प्रमुख चार राजनर्तकों को नृत्य से विमुख कर दिया। राजा साहब के असीम स्नेह के पात्र रहे श्री कार्तिकराम,

---

1 Raigarh Darbar/P.D. Ashirwadam/page 126-130

कल्याणदास, फिरतूदास तथा बर्मनलाल उनके निधन के बाद वर्षों तक बेनामी की ज़िन्दगी गुज़ारते रहे। बाद के वर्षों में श्री कल्याणदास महन्त पहले सम्बलपुर उड़ीसा में कुछ समय तक रहे तत्पश्चात् इंदिरा कला संगीत विश्वविद्यालय, खैरागढ़ में अपनी सेवानिवृत्ति तक रहे। मध्यप्रदेश शासन द्वारा भोपाल में 'चक्रधर कथक केन्द्र' स्थापित कर श्री कार्तिकराम को वहाँ गुरु नियुक्त किया गया। विगत दशकों में इन चारों राजनर्तक गुरुओं के प्रमुख शिष्यों में उनके पुत्र एवं पुत्रियों के अतिरिक्त एक लम्बी शिष्य परम्परा भी बनी।

पण्डित कार्तिक राम ने अपने दोनों पुत्रों श्री रामलाल तथा श्री दादूलाल को नृत्य शिक्षा दी। श्री दादूलाल ने कालांतर में नृत्य छोड़ दिया। चक्रधर कथक केन्द्र, भोपाल में आपने तथा आपके पुत्र श्री रामलाल ने भूपेन्द्र बरेठ (पं0 रामलाल के पुत्र), मीना सोन (पं0 रामलाल की पुत्री), सुचित्रा डाकवाले (हरमलकर), अल्पना बाजपेयी, विजया शर्मा, मोहिनी पूँछवाले तथा अनुराधा सिंह जैसे शिष्य–शिष्याएं तैयार किये। स्वयं लेखिका ने पण्डित रामलाल जी से अल्पकालीन प्रशिक्षण लिया है। प्रशिष्यों के विषय में यहाँ नहीं कहा जा रहा है।

पण्डित कल्याणदास महन्त ने इंदिरा कला संगीत विश्वविद्यालय, खैरागढ़ में रहते हुए राजकुमुद ठोलिया, भगवानदास, कृष्ण कुमार सिन्हा, चेतना ज्योतिषी (ब्योहार), ज्योति बक्षी, नीता चौहान (गहरवार) जैसे शिष्य–शिष्याएं तैयार किये।

पण्डित फिरतूदास के प्रमुख शिष्यों में राममूर्ति (पुत्र), बासन्ती वैष्णव (पुत्री), शरद वैष्णव, सुनील वैष्णव, ज्योति श्री वैष्णव का नाम लिया जा सकता है।

रायगढ़ घराने का नृत्य

स्वतंत्र भारत की छवि के अनुरूप कथक के विविध घरानों की खूबियों को अपने में समेटते हुए, सर्जना की प्रत्येक सम्भावना पर रायगढ़ में जितना काम हुआ, वह विलक्षण है। राजा साहब इस सत्य को स्पष्ट रूप से देख रहे थे कि आने वाले समय में ताल अथवा भावपक्ष में से किसी एक ही में समृद्ध, एकांगी नृत्य की तुलना में सर्वांगीण नृत्य विधा समाज में अपना यथेष्ट स्थान बना पायेगी। इस दृष्टि से उन्होंने अपने दरबार में इस नृत्य को तराशना और रूप देना शुरू किया। इसीलिये रायगढ़ के कथक में जहाँ एक ओर हम क्लिष्ट ताल अंग की छटा देखते हैं, वहीं दूसरी ओर उसके भावअंग में नज़ाकत और शोखी भी नज़र आती है। एक तरह से स्वतंत्र भारत की ही तरह अनेकता में एकता लिये रायगढ़ घराने का कथक हमारे सामने वर्तमान

परिदृश्य में एक सशक्त शास्त्रीय नृत्य के रूप में उभरा है। यहाँ इस घराने के नृत्य की कुछ विशेषताएँ कही जा रही हैं –

- थाट में 'शाम्भवी मुद्रा' तथा 'अर्धनारीश्वर अंगहार' का प्रदर्शन।
- अतिविलम्बित का काम, तीनताल को 64 मात्राओं में बरतने का चलन।
- पूरे पाँव का तत्कार। दर्जा चढ़ते हुए अधगुन से सोलह गुन तक जाना।
- पंचजातियों तिस्र, चतुस्र, खण्ड, मिश्र और संकीर्ण का बन्दिशों में विशेष प्रयोग। आड़, बिआड़, कुआड़ जैसी लयकारी की प्रधानता।
- चक्करदार परणों का चलन। वास्तव में परणों को चक्करदार रूप में नाचने का चलन रायगढ़ से ही प्रारम्भ हुआ।
- प्रचलित उर्दू/फारसी तकनीकी संज्ञाओं के स्थान पर संस्कृतनिष्ठ संज्ञाओं का प्रयोग। यथाः आमद के लिये अवतरण, सम के लिये उपोद्घात, चक्करदार के लिये त्रिचक्री, टुकड़े के लिये त्रोटकम् आदि।
- भाव को सर्वाधिक महत्त्व। अर्थहीन पाटाक्षरों से निर्मित बन्दिशें भी अर्थ और भाव सम्प्रेषण में बेजोड़ हैं यथाः गजमुक्ताहार, शतपत्रक, गजविलास, सुतीक्ष्ण, दलबादल आदि। ललितललाम (गत परण), ओजस्विनी (गत परण), झम्पांगी सुरविलास, मणिमाला (गत परण), तत्त्वलोक (गत परण), सप्तशिखर (दर्जेदार टुकड़ा), आड़ीरंजनी प्रिया, व्रजनच्छिदः, सुवर्णराजि, परिक्रमा, वल्लभ, मृगच्छवि, सत्त्वमूर्ति, अमृतध्वनि, दलबादल आदि।
- जोड़े की बन्दिशों का चलन।
- इस घराने का नृत्य अपने शास्त्र सम्मत दृढ़ आधार और प्रकृति प्रिया के प्रति प्रेम के लिये भी जाना जाता है।
- भावाभिनय के लिये मुख्यतः राजा चक्रधर सिंह रचित बन्दिशों का चलन यथाः अष्टनायिका, नवरस, गंगावतरण, राधिका विरह आदि।

16

कथक नृत्य में 'वस्तुक्रम'

किसी भी वस्तु में निहित अंगों की सम्यक् क्रमबद्ध प्रस्तुति उसका 'वस्तुक्रम' कहलाता है। यों कथक नृत्य का स्वरूप अपने में बंधा हुआ न होकर 'खुले नाच' का रहा है सम्भवतः इसलिये प्रस्तुति के क्रम को लेकर कोई ठोस नियम नहीं रहे हैं। जब जैसी आवश्यकता और सुविधा हो, तदनुसार नर्तक इस क्रम में फेरबदल तथा घटा–बढ़ी कर लेता है। कुछ लोग इसे नृत्य की कमी मानते हुए इसकी आलोचना करते हैं, किन्तु इसका दूसरा पक्ष यह है कि प्रत्येक कलाकार इस नृत्य में अपने सामर्थ्य के अनुसार अपने लिये जगह ढूंढ पाता है। अर्थात् नृत्य के विस्तृत कलेवर में वह स्वयं को जिस भी अंग में सर्वाधिक सक्षम पाता है उसीमें अपनी साधना को आगे बढ़ाता है। इससे यह आशय नहीं कि नर्तक नृत्य में अन्तर्निहित 'वस्तु' (content) या उसके किसी अंग को छोड़कर नृत्य की पहचान के साथ छेड़छाड़ करता है। बल्कि यह कि वह किसी अंग विशेष में साधना के द्वारा स्वयं को स्थापित कर अपनी पहचान बनाता है। तभी एक कथक नर्तक के लिये ऐसे विशेषण अक्सर सुने जाते हैं – 'अमुक का तालपक्ष बहुत मजबूत है' अथवा 'अमुक अपने भावपक्ष में बेजोड़ है' या कि 'अमुक का अंग बहुत सुन्दर है' इत्यादि। सम्भवतः यही कारण है कि वर्तमान समय में 'प्रस्तुति के कुल समय में हुई कटौती' की चुनौती को भी प्रस्तुतिक्रम के लचीलेपन के कारण कथक नर्तक पूरी ज़िम्मेदारी से उठा पाता है तथा दिये हुए समय में अपनी उत्कृष्ट प्रस्तुति से दर्शक को सन्तुष्ट करता है। यों भी दर्शक की मनोदशा और उसके व्यवहार को परखते हुए जब नर्तक नृत्य करता है, तो उन दोनों के बीच एक तरह से निकट का, एक अनौपचारिक सम्बन्ध बन जाता है। यही कारण है कि कथक नृत्य अपेक्षाकृत अधिक सहजता से पसन्द किया जाता है और आम समझ वाला दर्शक भी इस पर राय देने की इच्छा रखता है। कला और उसके विकास के लिये यह एक शुभ लक्षण है। कला और कलाकार जितना आम आदमी से परिचय बना पायेंगे, उनसे घुलमिल पायेंगे, उनकी लोकप्रियता और विकास उतना ही सहज और उपयुक्त दिशा में होगा। इस पूरी चर्चा का यह आशय नहीं है कि हम कथक नृत्य प्रस्तुति के सुनिश्चित प्रस्तुतिक्रम (repertoire) के, अथवा वर्तमान में प्रस्तुति के लिये दिये जाने वाले सिकुड़ते समय के

पक्षधर हैं। नहीं, कतई नहीं। प्रत्येक कला की कुछ निजी मूलभूत आवश्यकताएँ होती हैं जो उसका उत्कृष्टतम् रूप प्रकट करने में सहायक होती हैं। Time and space इनमें से सबसे अधिक महत्त्वपूर्ण माने जा सकते हैं। जिस तरह किसी कली को फूल बनकर खिलने के लिये एक निश्चित समय की आवश्यकता होती है, एक फल बिना कृत्रिम उपादानों के अपना समय लेकर ही पकता है, अपनी सुगन्ध और मीठापन पाता है, ठीक उसी तरह कलाओं को भी अपने पूरे निखार के साथ खड़ा होने के लिये, unfold होने के लिये, मूर्तिमान होने के लिये न्यूनतम आवश्यक समय तो चाहिये ही। अन्यथा जिस तरह कच्ची रसोई स्वादिष्ट नहीं लगती, अधखुला राग या नृत्य भी दर्शक को रसास्वादन नहीं करवा पाता। भारतीय शास्त्रीय संगीत–नृत्य के सन्दर्भ में 'वस्तुक्रम' ऐसी ही मूलभूत आवश्यकताओं में से एक है जो अमुक कलारूप के पूरे व्यक्तित्त्व को खड़ा करने में सहायक होती है। इसलिये आज शास्त्रीय गायन–वादन–नृत्य की प्रस्तुति के लिये कम समय (10 मिनट/15/20 अथवा 30 मिनट) दिये जाने की जो रिवायत चल पड़ी है उसकी आलोचना करने की और उसे रोकने की आवश्यकता है। अन्यथा इस Two minutes noodles की प्रवृत्ति का दुष्प्रभाव कला, साधक और दर्शक सबपर पड़ेगा। नृत्य के बहुत से अंग अनभ्यस्त रह जायेंगे। नर्तक लम्बी 'अवधि तक नृत्य कर सकने' (घन्टा–डेढ़ घन्टा लगातार नृत्य कर सकने) के अभ्यास से दूर हट जायेंगे साथ ही दर्शक भी इसके समूचे रूप को देखने से वंचित रह जायेंगे। वे संस्कारित न हो पायेंगे और एक 'आइटम' की तरह इस नृत्य को देखने का चलन जड़ जमा लेगा। यों भी शिक्षण के दौरान, और एक स्तर तक पहुँचने के लिये कला का सम्पूर्ण ज्ञान और तदनुसार उसकी प्रस्तुति के प्रति सजगता प्रत्येक नर्तक का लक्ष्य होना चाहिये। इन्हीं बिन्दुओं को ध्यान में रखते हुए यहाँ हम कथक नृत्य के नियत वस्तुक्रम पर चर्चा करेंगे। वर्तमान समय में सभी प्रतिष्ठित शास्त्रीय नृत्यों का अपना–अपना नियत प्रस्तुतिक्रम है, जो उनकी मूल संरचना को देखते हुए विद्वान गुरुओं द्वारा तय कर दिया गया है। 'कथक नृत्य' में भी इस तरह का प्रस्तुति 'वस्तुक्रम' गुरुओं द्वारा निश्चित किया गया है।

कथक नृत्य की प्रस्तुति के तीन प्रमुख पड़ाव माने जा सकते हैं – प्रथम, नृत्यारम्भ का हिस्सा, जिसमें ईश, गुरू आदि की वन्दना होती है। द्वितीय, 'लय' को केन्द्र में रखते हुए, विलम्बित से मध्य, और मध्य से द्रुत होती हुई लय से सम्वाद करती तालबद्ध रचनाओं वाला हिस्सा। सामान्यतया इस हिस्से में किसी चुने हुए ताल

में इन क्रमशः बढ़ती लयों में प्रस्तुति का ताना–बाना बुना जाता है। तदुपरान्त पारम्परिक अथवा किसी अन्य उत्कृष्ट साहित्यिक रचना/बन्दिश पर भावाभिनय। कुछ वर्ष पहले तक ठुमरी, भजन आदि पर भावाभिनय के बाद तराना अथवा चतुरंग किया जाता था और अंत में द्रुत से द्रुततर होते तत्कार से नर्तक अपने नृत्य की पूर्णाहुति करता था। अब तराना, तिरवट, चतुरंग जैसी रचनाएँ नाचने का चलन कम हो गया है और तत्कार भी नृत्य के अन्त में आवश्यक रूप नहीं किया जाता। विलम्बित, मध्य एवं द्रुत लय वाले हिस्से में कई स्थानों पर अपनी रुचि एवं सुविधानुसार नर्तक पैर का काम (तत्कार, लड़ी, पल्टे, उपज आदि) कर लेता है। यहाँ विद्यार्थियों की जानकारी के लिये कथक नृत्य का पारम्परिक वस्तुक्रम कहा जा रहा है –

पुष्पांजलि

कुछ दशकों पहले तक नर्तक अपना नृत्य प्रारम्भ करने से पूर्व सर्वप्रथम हाथों में पुष्पपुट मुद्रा लिये मंच पर आकर काल्पनिक पुष्पांजलि अर्पित करता था तथा भूमि का स्पर्श कर भूमि वन्दना भी करता था। कुछ कलाकार तो वास्तविक पुष्पों की अंजलि अर्पित करते थे। एक तरह से यह नृत्य करने की औपचारिक आज्ञा लेने जैसा था। अब नर्तक पर्दे के पीछे भूमि का स्पर्श कर लेते हैं और पुष्पांजलि की मंचीय क्रिया का लोप हो चुका है। हमें यह लगता है कि पुष्पांजलि की क्रिया मंच पर न करने से इस नृत्य में उपस्थित शास्त्रोक्त अंग को हम काट रहे हैं, वह भी ऐसे समय में, जब कथक की शास्त्रीयता अथवा शास्त्रबद्ध स्वरूप के विषय में संशययुक्त स्वर उठ रहे हैं। इस तरह नर्तक अपनी असावधानी से दर्शकों के बीच अनायास ऐसा संदेश प्रसारित कर बैठते हैं, जिसकी सम्भवतः उन्हें कल्पना तक नहीं होती है। वरिष्ठ साधकों, गुरुओं एवं समालोचकों की दृष्टि में भी वे अपनी छवि ऐसे नर्तक की गढ़ते हैं जो इस तरह की गूढ़ एवं सार्थक क्रियाओं के प्रति न तो सजग है, न इनके महत्त्व को समझता है। एक और महत्त्वपूर्ण बात यह कि इस तरह के असावधान व्यवहार से हमारे युवा नर्तक/नर्तकियाँ, समालोचक तथा सामान्य दर्शक यह जान ही नहीं पाते कि शास्त्रोक्त योजनाओं का विधान कथक नृत्य में भी है। परिणामस्वरूप यह निष्कर्ष निकाल लिया जाता है कि 'कथक' में "पुष्पांजलि" अथवा अन्य शास्त्रोक्त अंग या विधि है ही नहीं। इस सम्बन्ध में युवा नर्तकों के लिये यह कहना चाहूँगी कि शास्त्र में कही गई बातें किसी ग्रन्थकार की मनगढ़न्त कल्पना नहीं होती और न ही उनका अनुपालन करना स्वयं को बन्धन में बांधने जैसा होता है। वास्तव में शास्त्र उन्हीं बातों का संज्ञान लेता

है, उन्हें ही अंकित करता है जो उस कालखण्ड में अत्यन्त लोकप्रिय एवं सर्वमान्य रहती हैं।

इस सम्बन्ध में पं0 भावभट्ट प्रणीत 'अनूपसंगीतांकुश' के सन्दर्भ का उल्लेख करना चाहूँगी। सन् 1674 से 1709 के मध्य रचित इस ग्रन्थ में तत्कालीन राजस्थान की संगीत तथा नृत्य परम्परा पर प्रामाणिक जानकारी उपलब्ध होती है। भावभट्ट के ग्रंथों में मुख्यतया – पात्र (नर्तकी) द्वारा रंगभूमि प्रवेश तथा पुष्पांजलि, पंचांग प्रयोगविधि, ध्रुपदाख्य नृत्य एवं बृन्द के सन्दर्भ में नृत्य विषयक चर्चा प्राप्त होती है। 'अनूपसंगीतांकुश' का नृत्य विषयक अध्याय 'भावमंजरी' के रूप में जाना जाता है। इस ग्रन्थ में पात्र/नर्तकी द्वारा रंगभूमि प्रवेश कर पुष्पांजलि क्रिया के लिये भावभट्ट ने यों निर्देश दिया है –

बरन्यो सबद गणेस को उघटे मंगल काज।
बहुरि मृदंग बजावही करि मेलापक साज।।
पात्र जवनिका में रहै, लै अंजुलि में फूल।
ता समये गुरु ध्यान करि, हिय में बहु सुख हूल।।
पुनि अंतः पट दूरि करि, रंग भूमि में आई।
सब जन के मन को हरै, पुहप अंजलि छिटकाई।।
जो पुहप अंजलि आगे डारै, तौ नृपपीड़ा को विस्तारे।
जो दच्छिन दिसि डारै फूल, सकल सभा को उपजे सूल।।
पाछे डाले गुरु दुख पावै, ताते निज बायें पधरावे।
बायें दिसि ब्रह्मा को स्थान, करि पूजा मांगे कल्यान।।
इक इक पुहपनि अंजलि डारै, कै अगनित सो चितहि विधारै।

देशीय भाषा में कहे गये उक्त विवरण का अर्थ सुस्पष्ट है। उल्लेखनीय है कि अनूपसंगीतांकुश के पूर्ववर्ती ग्रन्थों में उक्त मत से भिन्न पुष्पांजलि कर्म का निरूपण प्राप्त होता है। नाट्यशास्त्र में रंगपीठ के मध्य में ब्रह्मा का स्थान बतलाते हुए मध्य में ही पुष्पांजलि विसर्जित करने का निर्देश दिया गया है।[1]

---

1 पुष्पांजल्यपवर्गश्च कार्यो ब्राह्मेऽथ मण्डले।
रंगपीठस्यमध्ये तु स्वयं ब्रह्मा प्रतिष्ठितः।।
नाट्यशास्त्र/परिमल प्रकाशन/चतुर्थ अध्याय/श्लोक 72

संगीत रत्नाकर में भी नृत्य की शुद्ध पद्धति तथा गौण्डली विधि बतलाते हुए शार्ङ्गदेव द्वारा पुष्पांजलि को रंगपीठ के मध्य में विसर्जित करने की बात कही गई है, क्योंकि रंगभूमि के बीच में स्वयं सुरों में ज्येष्ठ, ब्रह्मा अधिष्ठित होते हैं।[1] अनूपसंगीतांकुश के परवर्ती ग्रन्थ 'नृत्तरत्नकोष' में भी नृत्य की शुद्ध पद्धति के अंतर्गत रंगभूमि के मध्य में विधिपूर्वक पुष्पांजलि देने का निर्देश मिलता है।[2] नर्तन–निर्णय में मुखचालि नृत्य (शुद्ध पद्धति) के प्रसंग में न केवल रंगभूमि के मध्य में पुष्पांजलि डालने का निर्देश प्राप्त होता है, अपितु पुष्पांजलि हेतु निषिद्ध स्थानों का निर्देश भी दिया गया है। रंगभूमि के आगे पुष्पांजलि देने पर राजा को पीड़ा, दक्षिण अर्थात् दाहिने भाग में सभा को पीड़ा, पिछले भाग में देने पर गुरु को पीड़ा तथा बाईं ओर देने पर स्वयं को पीड़ा होने की बात कही गई है। रंगभूमि के मध्य में ब्रह्मा का स्थान होने के कारण मध्य भाग में ही पुष्पांजलि का निर्देश 'नर्तन निर्णय' में भी प्राप्त होता है।[3] भावभट्ट के ग्रन्थ अनूपसंगीतांकुश तथा पुण्डरीक विट्ठल के ग्रन्थ नर्तन–निर्णय में प्राप्त पुष्पांजलि वर्णन सिवाय एक निर्देश के पूरी तरह से समान है। अनूपसंगीतांकुश में ब्रह्मा का स्थान बाईं ओर बतलाते हुए बाईं ओर ही पुष्पांजलि देने का निर्देश दिया गया है, जबकि नर्तन–निर्णय में प्राचीन परम्परा के अनुसरण करते हुए ब्रह्मा का स्थान रंगपीठ के मध्य में ही कहा गया है। नर्तन–निर्णय और भावभट्ट के ग्रन्थों में लगभग 100 वर्षों का अन्तराल है, और ये दोनों ही ग्रन्थ राजस्थान में रचे गये। सम्भव है सौ वर्ष के अन्तराल में तत्कालीन सम्प्रदायों की लक्ष्य परम्परा में पुष्पांजलि सम्बन्धी नियमों में

---

1 सुभंगि रंगीपीठस्य मध्ये पुष्पांजलिं क्षिपेत्।
यतः स्वयं सुरज्येष्ठो मध्येरंगमधिष्ठितः।
संगीत रत्नाकर / सं0 सुब्रह्मणियम् शास्त्री / सप्तम अध्याय / श्लोक 1264, 65

2 पात्रं रंगभुवं विशेदथ समन्ताद्वाद्यमाने समं
खण्डे चोपशमाख्यके सविधिना पुष्पांजलिं मध्यतः।।
पत्रं मुंचति रंगपीठधरणौ यस्मात् सुरग्रामणीर्मध्ये।
श्रंगमधिष्ठितः स्वयमसौ तं पूजनायोचितम्।
नृत्यरत्नकोश / चतुर्थ उल्लास / परीक्षण 4 / श्लोक 45, 46

3 स्वसव्यक्रमतो नृत्त्वा मध्ये पुष्पांजलिं क्षिपेत्।।
अग्रतः क्षेपणाद्राजा पीड्यते दक्षिणे सभा।
पृष्ठे गुरुः स्वयं वामे रंगपीठान्तरे क्षिपेत्।।
रंगपीठस्य मध्ये तु ब्रह्मा स्वयमधिष्ठितः।
इष्टार्थं क्रियते पुष्पमोक्षणं रंगमध्यतः।।
नर्तन निर्णय / सं0 मंदाक्रान्ता बोस / श्लोक 668–670

अन्तर आया हो, या फिर ग्रन्थ के लिपिकार के प्रमादवश यह भूल हुई हो। दूसरी सम्भावना अधिक प्रबल जान पड़ती है क्योंकि अनूपसंगीतांकुश के परवर्ती ग्रन्थ श्री राधागोविन्द संगीतसार (यह ग्रन्थ भी राजस्थान में लिखा गया) में पुनः रंगभूमि के मध्य में पुष्पांजलि देने का निर्देश प्राप्त होता है।

इस सम्बन्ध में उल्लेखनीय है कि यद्यपि वर्तमान समय में अधिकांश नर्तक/नर्तकियाँ पुष्पांजलि की क्रिया मंच पर प्रदर्शित नहीं करते हैं, किन्तु जैसा कि मैंने अपने गुरू पण्डित कल्याणदास महन्त से सीखा, हम नृत्य के आरम्भ में अभिनय के द्वारा मध्य में पुष्पांजली डाला करते थे। कक्षा में नृत्याभ्यास के दौरान भी, और मंच पर नृत्य आरम्भ करने के पूर्व भी। यह स्थान गुरू का माना गया है, गुरू ब्रह्मा अर्थात् सृजनकर्ता हैं। गुरू की कृति उसका शिष्य है। इसलिये नृत्यारम्भ के पूर्व पुष्पांजलि सामने डालकर ब्रह्मा और गुरू दोनों से आज्ञा लेने की परम्परा रही है। इस सम्बन्ध में मेरी जयपुर घराने के दो प्रतिष्ठित कलाकारों सुश्री प्रेरणा श्रीमाली तथा श्री राजेन्द्र गंगानी से भी चर्चा हुई। पुष्पांजलि दाहिनी ओर छोड़ने की बात कहते हुए श्री राजेन्द्र गंगानी ने कहा कि कार्यक्रम के समय मंच पर संगत कलाकारों के अलावा कभी–कभी गुरू स्वयं भी बैठा करते थे इसलिये नृत्य प्रारम्भ करने से पूर्व पुष्पांजलि उन्हीं की ओर विसर्जित करना उचित है जबकि सुश्री प्रेरणा श्रीमाली ने मध्य में पुष्पांजलि विसर्जित करने की बात कही। उल्लेखनीय है कि उक्त दोनों समकालीन प्रतिष्ठित कलाकार हैं तथा एक ही गुरू के शिष्य हैं। पंडित राजेन्द्र गंगानी का तर्क विचारणीय अवश्य है किन्तु पूर्व परम्परा का अनुसरण करते हुए पुष्पांजलि मंच के मध्यभाग में ही विसर्जित करना अधिक योग्य प्रतीत होता है। ऐसे में और भी जबकि पूर्वाचार्यों द्वारा कार्यसिद्धि की बात कही गई हो। युवा नर्तक/नर्तकियों से अनुरोध है कि वे अपनी प्रस्तुति में पुष्पांजलि कर्म को सम्मिलित करें और परम्परानुसार इसका निर्वाह भी करें।

वन्दना/स्तुति

राजदरबारों में, जहाँ राजा का स्थान सर्वोपरि होता था, नर्तक को राज दरबार के कायदे–नियमों में बंधकर अपना नृत्य प्रस्तुत करना होता था। इस कारण आश्रयदाता की रुचि के अनुसार नृत्य की प्रस्तुति रूप लेती थी। यह अवश्य है कि प्रस्तुति आरम्भ होने से पहले नर्तक अपने गुरू तथा देव का स्मरण करता था, किन्तु प्रस्तुति स्थल पर आने के पूर्व, एकान्त में। जब–जब भी मंदिरों में नृत्य की प्रस्तुति के अवसर आते रहे नर्तकों ने अपने इष्टदेव का स्मरण प्रकट रूप में किया। जब

संगीत–नृत्य कला समाज में मंचीय कला के रूप में प्रतिष्ठित हुई तो इसे प्रारम्भ में Sacred Art के रूप में ही प्रतिष्ठा मिली। धीरे–धीरे बाज़ारवाद के प्रभाव ने इसे प्रदर्शनात्मक कला के स्तर पर पहुँचाया, और तब इन कलाओं का मुख्य उद्देश्य दर्शकों को रिझाना और आयोजक को लाभ पहुँचाना मात्र रह गया। इसलिये बहुसंख्य कलाकारों ने ईश और गुरू को बिसरा दिया गया।

आचार्य भरत ने उत्थापन, परिवर्तन तथा नान्दी के द्वारा चारों दिशाओं के अधिपति, विभिन्न देवताओं, ब्राह्मणों, शासक वर्ग तथा प्रेक्षक सभी की स्तुति कर उनके आशीर्वाद की कामना की थी। कथक में भी सर्वप्रथम इस उद्देश्य की पूर्ति के लिये इष्टपद पर नृत्य की प्रस्तुति की जाती है। पारम्परिक रूप से जयपुर घराने के नर्तक भारतीय संस्कृति के अनुरूप विघ्न–विनायक श्रीगणेश की वन्दना करते हैं, लखनऊ के नर्तक श्री कृष्ण की और बनारस घराने के नर्तक शिव वन्दना करते हैं। रायगढ़ घराने में यथावसर गुरू अथवा देव वन्दना की जाती है। गुरू का स्थान सर्वोपरि माना गया है और इसकी मान्यता प्रयोगधर्मा कलाओं में विशेष है, इसलिये गुरू वन्दना के लिये किसी रागबद्ध श्लोक पर अभिनय करने की परम्परा रही है। नृत्य के आदिदेव नटराज शिव तथा नटवर कृष्ण की वन्दना का भी प्रचलन रहा है। विघ्न–विनायक श्री गणेश, त्रिदेव 'ब्रह्मा–विष्णु–महेश', विष्णु, राम, कृष्ण, सरस्वती, लक्ष्मी, दुर्गा की वन्दना के साथ चारों दिशाओं, भूमि, आकाश की भी वन्दना यथारुचि की जाती है। अब इधर के वर्षों में प्रस्तुति के स्वरूप में परिवर्तन के फलस्वरूप इसमें शिथिलता आई है।

वन्दना के लिये चुने गये पद का गायन, किसी उपयुक्त राग में सताल होता है अथवा अताल भी किया जा सकता है। दोनों ही स्थितियों में पद में प्रयुक्त शब्दों के अर्थ को नर्तक विभिन्न हस्त मुद्राओं के द्वारा अभिव्यक्त करता है, साथ ही मुखज अभिनय के द्वारा भावों को अभिव्यंजित करता चलता है। आजकल किसी पद अथवा भजन के माध्यम से इष्ट–स्तुति प्रस्तुत करने का प्रचलन बढ़ गया है, जिसमें बीच–बीच में नृत्तांगी बोल तथा कथानुरूप गतभाव भी पिरो दिये जाते हैं। ईशस्तुति एक सम्पूर्ण प्रस्तुति या आइटम में रूप में अब नाची है। सम्भवतः इसके पीछे भी दर्शकों की रुचि प्राथमिक कारण हो, अन्यथा नृत्यारम्भ में इष्ट स्मरण समर्पण के भाव से ही किया जाता रहा है। यह स्थान भावों के व्यंजनार्थ अथवा तोड़े–टुकड़े–परणों की अदायगी से नृत्य के प्रत्येक पक्ष पर अपनी पकड़ साबित करने का नहीं होता। पद अथवा साहित्यिक रचना की सरल, स्पष्ट अभिनयात्मक प्रस्तुति से नर्तक अपने इष्ट का ध्यान कर उन्हें

मूर्तिमान करे, बस यही अपेक्षित रहता है। स्तुति के माध्यम से जहाँ एक ओर कलाकार अपने अहम् का विसर्जन कर वर्षों की साधना से प्राप्त कौशल और तज्जनित् आनन्द का सम्प्रेषण करने की तैयारी कर रहा होता है वहीं इससे दर्शकों के लिये भी एक भावभूमि तैयार हो जाती है। वे सजग और संयमित होकर सकारात्मक संवेदना और तादात्म्य के साथ कला का आस्वाद लेने को प्रस्तुत हो पाते हैं।

थाट

कथक नर्तक को अपने प्रदर्शन के लिये मुख्य रूप से सारंगी–वादक एवं तबला–वादक की आवश्यकता होती है। इसमें भी सारंगी अत्यावश्यक है। अच्छी संगत हो जाये तो तबला रंग भर देता है। किन्तु नियत तालचक्र को बनाये रखते हुए सांगीतिक वातावरण का निर्माण तो सारंगी ही करती है। सारंगी पर नग़मा छिड़ते ही नर्तक खुद बाखुद नृत्य में रूपायित हो जाता है। ख़ैर, वंदना के पश्चात् या तो 'उठान' लेकर अथवा फिर सीधे ही सारंगीवादक नियत ताल पर नग़मा बांधता है और तबला भी उसी ताल के ठेके को उठाता है। इस बीच नर्तक अपनी प्रस्तुति की शुरूआत करता है। त्रिताल/तीनताल सहज–स्वाभाविक रूप से कथक नृत्य के प्रत्येक अंग में आत्मसात हो जाने वाला ताल है इसलिये तीनताल में नाचने का विशेष प्रचलन है।

विलम्बित लय में निर्धारित ठेके और नग़मे के साथ नर्तक 'थाट' बांधता है। कथक नृत्य के सन्दर्भ में 'थाट' नर्तक के खड़े रहने का विशेष अन्दाज़ है, जिसमें शरीर की स्थिति 'त्रिभंग स्थानक' में रहती है। नर्तक का एक हाथ सिर के ऊपर आकाश की ओर तना हुआ तथा दूसरा हाथ कन्धे के समानान्तर सामने अथवा पार्श्व में स्थित होता है। दरअस्ल 'थाट' की यह शारीरिक भंगिमा कथक नृत्य का प्रमुख स्थानक है जो कि इसका signature pose/step बन चुका है और एक नज़र में स्पष्ट रूप से इसे अन्य नृत्यों से अलग करता है। आम दर्शक भी नर्तक के एक हाथ को सिर के ऊपर तथा दूसरे हाथ को कन्धे की ऊँचाई के समानान्तर सामने अथवा पार्श्व में लहराता देखकर यह समझ जाता है कि यह 'कथक नृत्य' है।

तकनीकी रूप से यदि नर्तक का दाहिना हाथ पताक अथवा अराल हस्त मुद्रा में सिर के ऊपर आकाश की ओर तना हुआ हो तो उसका बायाँ हाथ उसी हस्त मुद्रा में कन्धे के समानान्तर एक कोण लेते हुए सामने की ओर अथवा पार्श्व में रहता है। हाथों की इस स्थिति में नर्तक के बायें पैर पर सम्पूर्ण शरीर का भार होता है तथा दाहिना पैर स्वस्तिक मुद्रा में बायें पैर के पीछे होता है। इसके विपरीत नर्तक का बायाँ

हाथ सिर के ऊपर तने होने की स्थिति में उसके शरीर का भार दाहिने पैर पर होता है तथा बायाँ पैर स्वस्तिक मुद्रा में दाहिने पैर के पीछे होता है। मेरे गुरू स्व0 कल्याण दास महन्त कहा करते थे कि थाट में ऊपर की ओर उठा हाथ आकाश को तथा कंधे के सामान्तर रखा हाथ पृथ्वी को नमन दर्शाता है। शरीर को स्थिर करने के पश्चात् नर्तक ताल–लय समन्वित ग्रीवा, वक्ष, कलाई, भौंह तथा दृष्टि का संचालन करता है। कलाइयों का ताल–लयाधारित संचालन 'कसक' कहा जाता है, श्वास–प्रच्छ्वास और उसके अनुरूप वक्ष संचालन को 'मसक' कहते हैं, तथा इसी प्रकार भृकुटि और दृष्टि का संचालन 'कटाक्ष' कहलाता है।

'थाट' के लिये वास्तव में सुरीला नग़मा ही काफी होता किन्तु तबले की योग्य संगत के महत्त्व को नकारा भी नहीं जा सकता। यों कहने को तो सीधा ठेका बजता है किन्तु स्तरीय तबला वादक एक तरह से नर्तक के ग्रीवा, वक्ष, कलाई, भौंह तथा दृष्टि संचालन की बारीक से बारीक हरकत को पकड़कर तदनुरूप भरावदार वादन करते हैं। इतना ही नहीं अच्छी संगत नर्तक को 'थाट' में नवीन अंग संचालन तथा बढ़त करने में मदद देती है।

'थाट' में नर्तक का सम्पूर्ण शरीर अत्यन्त कोमलता एवं सुन्दरता के साथ गतिमान रहता है। आचार्य नन्दिकेश्वर ने अपने ग्रन्थ 'भरतार्णवः' में 'सूलु' का जो लक्षण दिया है वह कथक नृत्य के थाट से काफी हद तक मिलता है। ग्रन्थकार कहते हैं –

तित्तितिः सूलुमारब्धे शिर आकम्पितं भवेत्।।
दृष्टिराकम्पितं वामहस्तोरस्त्वलपल्लवः।
दक्षिणस्तु पताकोऽङ्गे पुरः पश्चात्तु चालनम्।।[1]

अर्थात् 'सूलु' (दीप के लौ की गति) धारण करने की स्थिति में सिर और दृष्टि आकम्पित होती है। बायाँ हाथ अलपल्लव मुद्रा में तथा दायाँ हाथ पताक हस्त मुद्रा में स्थित होता है, इसके साथ ही दोनों हाथ आगे–पीछे की ओर संचालित होते हैं। नन्दिकेश्वर ने 'निवात दीप गति' की तरह कम्पायमान दृष्टि और शरीर को 'सुलप' कहा है। रस कौमुदी में भी धीरे–धीरे डोलती हुई दीपशिखा की तरह अपने अंगों के संचालन की क्रिया को, 'सुलप' कहा गया है। कानून–ए–मौसिकी में कहा गया है कि

---

1 भारतर्णवः / नन्दिकेश्वरः / अनु. वाचस्पति गैरोला / परिशिष्ट 33–34

सुलप अथवा सुलफ उस अंग का नाम है, जिसमें मुलायमियत और नज़ाकत से नृत्य किया जाये तथा जिसकी प्रस्तुति पसंद की जाये। यह सम्पूर्ण क्रिया कथक नृत्य के 'थाट' से बहुत साम्य रखती है। स्व0 लच्छू महाराज इसे 'झूम' कहते थे। सम्भव है कथक में इस अंग को प्राचीन 'सूलु' से ही ग्रहण किया गया हो।

जयपुर एवं रायगढ़ घराने में पैरों की 'सरण' या सरकने की क्रिया को भी 'थाट' की प्रस्तुति में सुन्दरता के साथ पिरोया जाता है। भरतावर्णव में सप्त पादगतियों के अंतर्गत इसका उल्लेख भी प्राप्त होता है।[1] यद्यपि लखनऊ घराने के थाट में यह अंग नहीं पाया जाता तथापि आजकल लखनऊ के नर्तक भी इसे करने लगे हैं।

रायगढ़ घराने में 'थाट' के द्वारा नटराज शिव का आव्हान (invocation) किया जाता है। इसके लिये नर्तक बाँयें पैर पर शरीर का वज़न रखते हुए दाहिने पैर को पंजे पर अवस्थित रखकर 'स्वस्तिक स्थानक' में खड़ा होता है। उसका दाहिना हाथ सिर के ऊपर अर्धचन्द्र मुद्रा में तथा बायाँ हाथ सामने की ओर कुछ गोलाकार होता हुआ बहुत कोमलता और लावण्य से प्रसारित किया जाना चाहिये। हाथों की यह स्थिति 'शाम्भवी मुद्रा' कहलाती है। पैर और हाथ की इस शारीरिक स्थिति को राजा चक्रधर सिंह ने 'अर्धनारीश्वर अंगहार' कहा है। सिर के ऊपर तना हुआ दाहिना हाथ तथा बायें पैर के पीछे की ओर पंजे पर स्थित दाहिना पैर शरीर की सक्रिय ऊर्जा का द्योतक है, जो 'शिव' का प्रतिनिधित्त्व करते हुए नृत्य के 'ताण्डव' अंग को दर्शाता है। जबकि साम्यावस्था में स्थित बायाँ पैर और सामने की ओर सामानान्तर फैला बायाँ हाथ शरीर की निष्क्रिय अथवा साम्य ऊर्जा का द्योतक है, जो 'पार्वती' का प्रतिनिधित्त्व करते हुए नृत्य के 'लास्य' अंग का संकेत करता है। ताल और लयानुसार नेत्र, भौंहों, ग्रीवा और वक्ष का संचालन किया जाता है। 'नर्तन सर्वस्वम्' में बतलाई गई थाट की यह प्रक्रिया कथक नृत्य को उच्च धरातल पर स्थापित करती है तथा उस cosmic interval की तरह प्रतीत होती है जो दो evolutions के बीच जन्म लेता है।

उल्लेखनीय है कि थाट में कोई बंधी हुई रचना अथवा बोल/बंदिश नहीं नाचे जाते। मात्र ताल की विभिन्न मात्राओं से उठकर, तिहाइयाँ बनाते हुए, सम पर आकर नर्तक अथवा नर्तकी विभिन्न प्रकार की खूबसूरत शारीरिक भंगिमाएँ बनाते हैं। इस तरह विलम्बित लय में बिना किसी बंधी हुई रचना के अंग–प्रत्यंग–उपांगों का अत्यन्त संतुलित संचालन तथा ताल के आवर्तन में आने वाले 'सम' पर किसी भावपूर्ण शारीरिक

---

1 भरतार्णवः / नन्दिकेश्वरः / सम्पादक वाचस्पति गैरोला / पृ0 289 – 301

भंगिमा में मूर्तिवत् स्थिर हो जाना, नर्तक को कला–आगारों में रखे चित्र अथवा मूर्ति के निकट पहुँचाता है। यही कारण है कि 'थाट' की प्रस्तुति नर्तक की कलात्मक की गहराई और क्षमता का परिचायक मानी जाती है।

आमद

'आमद' का अर्थ होता है – प्रवेश करना, आना। विद्यार्थियों के मन में यह प्रश्न अक्सर उठता है कि मंच पर कलाकार 'वंदना' के माध्यम से प्रवेश कर ही चुका होता है, उसके बाद 'थाट' की प्रस्तुति भी हो चुकी होती है तो फिर आमद को 'प्रवेश' या 'आने' के अर्थ में कैसे समझा जाये? 'वन्दना' और 'थाट' प्रस्तुत करने के पश्चात् क्रम की दृष्टि से 'आमद' नृत्य की तीसरी प्रस्तुति होती है। इसे यों समझें, भारतीय संस्कृति के अनुरूप 'वन्दना' के माध्यम से ईश आराधना प्रारम्भ किये गये कार्य के निर्विघ्न सम्पन्न होने के लिये की जाती है तत्पश्चात् नर्तक सामाजिक का अभिवादन करता है। नर्तन के इस स्तर पर लगभग प्रत्येक नृत्य पद्धति एक समान रहती है। 'थाट' कथक नृत्य का विशेष अंग है (थाट उपशीर्षक के अन्तर्गत इसे विस्तार से बतलाया जा चुका है)। नर्तक 'थाट' के माध्यम से अपनी विधा में प्रवेश की तैयारी करते हुए वातावरण का निर्माण करता है। 'थाट' की भंगिमा देखके सामान्य दर्शक भी समझ सकता है कि 'कथक नृत्य' होने वाला है इसलिये यदि नर्तक perform न कर रहा हो, या उसने नृत्य की वेशभूषा (costume) न पहना हो यानी 'आहार्य' की अनुपस्थिति हो तब भी 'थाट' की प्रस्तुति यह स्पष्ट कर देती है कि प्रस्तुत किया जा रहा नृत्य 'कथक' है।

'थाट' के बाद 'आमद' के माध्यम से नर्तक मुख्य नृत्त में प्रवेश करता है। यानी यह कहा जा सकता है कि 'आमद' शुद्ध नृत्त में नर्तक द्वारा प्रवेश करने की सूचना देने वाला विलम्बित लय का प्रथम बोल है। जिज्ञासु यह प्रश्न भी अक्सर करते हैं कि क्या इस आधार पर नृत्त अंग का कोई भी बोल 'आमद' कहा जा सकता है? दरअस्ल लखनऊ घराने में परम्परानुसार 'आमद' एक विशिष्ट बोल संरचना मानी गई है जिसमें सामान्यतया "ता थेई तत थेई, आ थेई तत थेई, थेई तथे ईत थेई, थेई थेई तत तत, ता" ये बोल अनिवार्य रूप से होते हैं। उक्त बोल समूह 'आमद' की पहचान माने गये हैं। इन बोलों से निर्मित रचना 'शुद्ध आमद' कहलाती है। इस बोल समूह के पूर्व परण जोड़े देने पर उसे 'परण जुड़ा आमद' कहा जाता है। यहाँ दो लोकप्रिय परण जुड़े आमद प्रस्तुत हैं –

चतस्र जाति, विलम्बित लय

धात कथुं गाऽ धागे । दींगे ताऽ धादिं ताऽ ।
धेत्ता किटधा तक्का थुंगा। तकिटत काऽ तिटकत गदिगन।
ताऽथेई ततथेई आऽथेई ततथेई । थेईतथे ईतथेई थेईथेई ततत्तत।
ताऽथे ईतथेई थेईथेई ततत्तत। ताऽथे ईतथेई थेईथेई ततत्तत।। ता।।

तिस्र/त्रयस्र जाति, विलम्बित लय

धात्रेक धेकेट धात्रेक धेकेट । धाऽकृ धातेट धात्रेक धेकेट ।
धेटधे टधेट तात्रेक धेकेट । धेटधा ऽधेट धाऽ ताधा ।
धेटधे टधेट धात्रेक धेकेट । धाऽ ताऽ धेटधे टधेट ।
धात्रेक धेकेट धाऽ ताऽ । धेटधे टधेट धात्रेक धेकेट ।
ताथे ईतत थेईत तथेई । आथे ईतत थेईत तथेई।
थेईत थेईत थेई त्रामत । थेई त्रामत थेई त्रामत ।
थेईत थेईत थेई त्रामत । थेई त्रामत थेई त्रामत ।
थेईत थेईत थेई त्रामत । थेई त्रामत थेई त्रामत ।। ता ।।

गुरुओं ने आमद की कुछ ऐसी रचनाएँ भी बनाई हैं जिनमें उक्त बोल समूह (ता थेई तत थेई, आ थेई तत थेई, थेई तथे ईत थेई, थेई थेई तत तत, ता) के एक अंश मात्र का उपयोग किया गया है, सम्पूर्ण बोल समूह को यथावत् नहीं ग्रहण किया गया किन्तु इन्हें भी आमद के तौर पर नाचने की परम्परा रही है। अपने गुरू स्व0 कल्याणदास महन्त जी से त्रयस्र जाति की ऐसी ही एक रचना मैंने सीखी थी। मूल रूप से यह आमद जयपुर घराने का है, देखें –

तिस्र/त्रयस्र जाति, विलम्बित लय

त्रांऽग त्रांऽग –– त्रांऽग । तकत –– तकत तकत ।
तकत थुंऽऽ दिगदिगदिग थेईऽ । ताथेई ततथेई आथेई ततथेई ।
थुंथुंथुं नानाना थेईथेईथेई ततत्राम । थेईऽ –– थुंथुंथुं नानाना ।
थेईथेईथेई ततत्राम थेईऽ ––। थुंथुंथुं नानाना थेईथेईथेई ततत्राम।। थेई ।।

जयपुर घराने के अनेक कलाकारों की यह मान्यता है कि 'आमद' में 'ता थेई तत थेई, आ थेई तत थेई, थेई तथे ईत थेई, थेई थेई तत तत, ता' यह बोल समूह हो

ही, ये ज़रूरी नहीं। जयपुर की परम्परा में सीधे परण नाचते हुए शुरुआत की जाती थी। पुराने ज़माने में महफिलों में जब कलाकार कोई बढ़िया चीज़ नाचता था तो रसिकजन कहा करते थे कि 'वाह भई, क्या आमद हुई है'। यानी क्या बढ़िया चीज़ निकल कर आई है। कलाकर भी ऐसी ही चुनिंदा रचनाओं को नाचना पसन्द करते थे जिसपर उन्हें दाद मिले। सम्भवतः इसीलिये कलाकार ऐसी सिद्ध रचनाओं का भरपूर अभ्यास करने लगे और अपनी प्रस्तुति में आवश्यक रूप से इन्हें न सिर्फ शामिल करने लगे, बल्कि प्रस्तुति के प्रारम्भ में ही इन्हें नाचने भी लगे ताकि समा बंध सके और रसिकों से प्रशंसा मिल सके। बीतते समय के साथ ऐसे चुने हुए बोल जिनकी सफलता और प्रभाव सुनिश्चित है, 'आमद' कहलाने लगे।'' बात तर्कसम्मत तो है।

सलामी / नमस्कार

'आमद' के बाद एक छोटा–सा टुकड़ा नाचते हुए नर्तक के द्वारा नमस्कार अथवा सलामी प्रस्तुत किये जाने का चलन रहा है। मुगलकाल में जब दरबारों में इस नृत्य को आश्रय मिला तब बादशाह के सम्मुख 'सलामी' का टुकड़ा नाचने का प्रचलन हुआ। सलामी की प्रस्तुति कथक नृत्य पर मुगलकाल के प्रभाव का स्पष्ट प्रमाण है। इसके लिये नर्तक दाहिने अथवा बायें हाथ से चतुर हस्त मुद्रा बनाकर माथे को थोड़ा–सा झुकाते हुए, दृष्टि नीची रखते हुए, ज़रा–सा मुस्कुराकर, मुद्रा वाले हाथ से कोर्निश बजाता है। इस समय नर्तक के पैर 'समपाद' अथवा 'स्वस्तिक' अवस्था में रहते हैं। मुगल दरबारों में 'सलामी' प्रस्तुति का अनिवार्य अंग हुआ करती थी। नर्तक इसके माध्यम से बादशाह एवं दरबारियों का अभिवादन करता था। इसके बाद भी तवायफों के द्वारा इस अंग को बरकरार रखा गया। अब भी जब चलचित्र (फिल्मों) में किसी तवायफ का नृत्य दिखलाया जाता है तो विशेष रूप से 'सलामी' का प्रयोग किया जाता है। आजकल बहुत कम नर्तक इसका प्रयोग करते हैं। नमस्कार का टुकड़ा इसी सलामी का हिन्दू संस्करण है। इसमें बोल की समाप्ति पर दोनों हाथ जोड़कर अंजलि हस्त मुद्रा के द्वारा नमस्कार किया जाता है, पैरों की स्थिति वही 'समपाद' अथवा 'स्वस्तिक' रहती है।

तोड़े–टुकड़े–परण

विलम्बित, मध्य तथा द्रुत लय में नाचे जाने वाले तोड़े, टुकड़े तथा परण विशुद्ध नृत्त का हिस्सा होते हैं। पखावज अथवा तबले जैसे अवनद्ध वाद्य पर बजाये जाने वाले पाटाक्षरों के समूह को 'बोल' कहते हैं। इसलिये इन पाटाक्षरों से निर्मित रचना को भी

'बोल' कहने का चलन स्थिर हो गया है। घुंघरु, जो कि नृत्य कला और नर्तक का अभिन्न अंग है, शास्त्रोक्त चतुर्विध वाद्यों में से 'घन वाद्य' की श्रेणी में आता है। नर्तक अपने पैरों में बांधकर इसका वादन करता है। कथक नृत्य में बोलों की स्पष्ट अदायगी पर विशेष बल दिया जाता है। तबला/पखावज पर बजने वाले पाटाक्षरों के समकक्ष 'घुंघरू' से यथावत् बोलों का निष्पादन इस नृत्य की विशेषता है। गुरुजन इस बात पर विशेष ज़ोर देते हैं कि पैरों से स्पष्ट बोल निकलें और मुद्रा दोष भी न रहे। इसीलिये प्रारम्भ से ही तत्कार का गहन अभ्यास इस नृत्य के शिक्षण का अहम हिस्सा रहा है।

विभिन्न अवनद्ध वाद्यों के पाटाक्षरों से निर्मित बोलों की अनन्त सम्पदा से कथक नृत्य का कोष समृद्ध हुआ है। पखावज अंग के परण, प्रिमलु आदि कथक नृत्य का अविभाज्य अंग हैं। गुरुओं ने मात्र 'घुंघरू' के पाटाक्षरों के संयोजन से भी अनेक रचनाओं का निर्माण किया है। केवल नृत्त के लिए ही निर्धारित घुंघरू के पाटाक्षरों जैसे – ता, थेई, तत, तिग्दा, दिगदिग, त्राम, थुन आदि विशुद्ध नृत्त के 'बोल' या 'नृत्तांगी बोल' कहलाते हैं। यों घुंघरुओं में मात्र झनकार की ध्वनि उत्पन्न होती है, इस कारण विभिन्न वर्णों की ध्वनि से साम्य करती ध्वनि घुंघरुओं से नहीं निकल सकती। किन्तु फिर भी नृत्य का अभिन्न अंग होने के कारण पखावज तथा तबले के पाटाक्षरों से भिन्न पाटाक्षरों (राजा चक्रधर सिंह ने इन्हें घुंघरू के कूटाक्षर कहा) को घुंघरू के बोल कहा जाता है। घुंघरु के निर्माण के समय उसे किसी एक निश्चित स्वर में मिला दिया जाता है, बाद में उसमें अन्य वाद्यों की तरह आवश्यकता के अनुसार स्वर परिवर्तन नहीं किया जा सकता, इसलिये इसे 'आधा बाजा' की संज्ञा भी दी गई है। ध्यान देने की बात है कि तबला पखावज आदि में बोलों को काफी हद तक यथावत निकाला जा सकता है। जैसे – किड़तक, घेघेघेघे, धिन्नड़ान आदि। तबले पर नृत्तांगी बोल भी अपनी विशेष ध्वनि प्रकट करते हैं जैसे थुन थुन, दिगदिगदिगदिग, तिग्धादिगदिग, त्राम आदि, जबकि घुंघरुओं से किसी भी बोल को निकालने पर मात्र 'छुनछुनछुनछुन' अथवा 'झनझनझनझन' की ध्वनि निकलती है। हम पदतल के विभिन्न हिस्सों यथाः पार्श्व, एड़ी, पंजा, अंगूठा अथवा पूरे पंजे के आघात से उत्पन्न होने वाली ध्वनियों से इनका साम्य बिठाकर ही तोड़े या टुकड़े या परण के रूप में इन्हें समझते हैं।

जयपुर घराने में 'घुंघरू' के विशुद्ध बोलों से निर्मित रचनाओं को गुरुओं द्वारा 'तोड़ा' कहा गया, जबकि लखनऊ घराने में ऐसी रचनाओं को 'नटवरी के बोल' की संज्ञा दी गई है। कथक केन्द्र में अपने कार्यकाल के दौरान मुझे लखनऊ और जयपुर

घरानों को काफी करीब से जानने–समझने का अवसर मिला। स्व0 पं0 शम्भू महाराज के ज्येष्ठ पुत्र श्री कृष्णमोहन मिश्र तथा पं0 बिरजू महाराज के ज्येष्ठ पुत्र श्री जयकिशन महाराज के अनुसार जिस रचना में तत तत, तिग्धादिगदिग तथा क्ड़ान बोल हों वह 'नटवरी' कहलाती है। जैसे –

तत तत तिग्धा दिगदिग । तिग्धा दिगदिग तत तत ।
थेई यथे ईय क्ड़ान । तततत तिग्धादिग तिग्धादिग तततत।। थेई।।

पं0 शम्भू महाराज की पट्ट शिष्या और वरिष्ठ गुरू श्रीमती मंजूश्री चटर्जी ने यह जानकारी दी कि गुरू शम्भू महाराज ने कभी भी नटवरी के बोलों को किसी विशेष वर्ण समूह के बंधन में नहीं बांधा। इसलिये नटवरी के बोलों में 'क्ड़ान' हो भी सकता है और नहीं भी। श्रीमती चटर्जी के अनुसार मुख्य रूप से *तत तत, तिग्धा, दिगदिग, क्ड़ान, तक, थुन, थुड़ंग* आदि बोलों से बनी रचना को गुरू शम्भू महाराज 'नटवरी के बोल' कहा करते थे। यह भी कि सम्भवतः नटवर कृष्ण से सम्बद्ध करते हुए ही गुरू जी ने इसे नटवरी नाम दिया था। श्रीमती मंजूश्री जी ने उदाहरणार्थ तीनताल मध्य लय में एक बोल तथा द्रुत लय में एक कवित्त भी बतलाया जो निम्नानुसार है:

तत तत ता दृग। थुन थुन झिझि कत। थो थुड़ ऽंग तक। थुन तक दध गिन।
थेई ऽऽ ऽऽ तक।थुन तक दध गिन।थेई ऽऽ ऽऽ तक।थुन तक दध गिन।।
थेई।।

<u>कवित्त</u>

न ट व र । ना ऽ च त । सं ऽ गी ऽ । त गी ऽ त ।
वि वि ध भाँ । ऽ ति ग ति । न ई ऽ न । ई ऽ ऽ ऽ।
ता ऽ प र । प ग नूँ ऽ । नू ऽ पु र । बा ऽ ज त ।
थो ऽ दिग दिग । त्रा म त्रा म । थेई ऽ दिग दिग । थो ऽ दिग दिग ।
त्रा म त्रा म । थेई ऽ दिग दिग। थो ऽ दिग दिग । त्रा म त्रा म ।। थेई ।।

तोड़े, टुकड़े और परण की पहचान को लेकर आज भी विद्यार्थी आश्वस्त नहीं रहते। इस विषय में विभिन्न कलाकारों एवं विद्वानों में भी परस्पर मतभेद है। मेरे गुरु पंडित कल्याणदास महन्त ने इन बोलों का स्पष्ट भेद हमें बतलाया था। तदनुसार तोड़े, टुकड़े तथा परण को उनके मूल वाद्य के बोलों तथा रचना की लम्बाई के आधार पर वर्गीकृत किया गया है। तोड़ा घुंघरुओं के बोलों से निर्मित रचना है जिसमें आवर्तन सम्बन्धी बन्धन नहीं होता। यह सादा एवं चक्करदार दोनों तरह का हो सकता है।

सामान्यतया तोड़े विलम्बित तथा मध्य लय में नाचे जाते हैं, किन्तु द्रुत लय का निषेध नहीं है।

'टुकड़ा' जैसा कि नाम से स्पष्ट है छोटी लम्बाई की रचना है जो सामान्यतया ताल के एक आवर्तन में नाची जाती है। यह नृत्तांगी बोलों से निर्मित हो सकता है अथवा अवनद्ध वाद्य के पाटाक्षर से भी इसकी रचना हो सकती है। इसमें एक आवर्तन सम्बन्धी नियम विशेष महत्त्व का है। सामान्यतया टुकड़े मध्य एवं द्रुत लय में ही नाचे जाते हैं। दरअसल 'टुकड़ा' शब्द यह स्पष्ट करता है कि इस रचना में अपनी मूल रचना के सभी लक्षण विद्यमान होंगे मात्र इसकी लम्बाई छोटी होगी। ठीक उसी तरह जैसे कि हम कहें – काग़ज़ का टुकड़ा, कपड़े का टुकड़ा इत्यादि। तो ये काग़ज़ या कपड़े का टुकड़ा किसी बड़े आकार वाले काग़ज़ तथा कपड़े का अंश होगा, उनमें ठीक वही रंग, रूप, बुनावट तथा अन्य गुण होंगे जो मूल काग़ज या कपड़े में हों, उससे भिन्न नहीं। इसी तरह टुकड़े में अपने मूल वाद्य के वर्ण होते हैं मात्र लम्बाई छोटी होती है। इस रूप में टुकड़े चटकदार और ज़्यादातर द्रुत लय में नाचे जाने वाली रचना होती है, जो अपनी तेज़ी और तीख़ेपन से ध्यान आकर्षित करती है। प्रमादवश अब टुकड़े भी चक्करदार नाचे जा रहे हैं।

पखावज के पाटाक्षरों से निर्मित बोलों को 'परण' कहते हैं। परण अपनी प्रकृति के कारण लम्बाई में अनेक आवर्तनों वाली रचना होती है। यह कथक शैली के नृत्तांग का अपरिहार्य अंग बन चुका है। पखावज की परणों में मुख्य रूप से जाति परण, यति परण, बढ़ैया परण आदि को रखा जा सकता है। पखावज की परणों से ध्वनि–साम्य होने के कारण, अब तबले के बोलों की परणें भी नाचने का रिवाज़ हो चला है। रायगढ़ दरबार में तबले एवं पखावज के बोलों के साथ पक्षियों की ध्वनि, मेघध्वनि, बिजली की कड़क से साम्य रखने वाले बोलों को मिलाकर विभिन्न परणों की रचना की गई है, यथा – कड़क बिजली, दल बादल, किलकिला, त्रिपथगा, अमृतध्वनि इत्यादि। रायगढ़ नरेश चक्रधर सिंह प्रणीत ग्रन्थ 'मुरज परण पुष्पाकर' में चार सौ से अधिक परणों का संग्रह प्राप्त होता है। यद्यपि ग्रन्थ अब तक प्रकाशित नहीं हो सका है तथापि प्रो0 पी0 डी0 आशीर्वादम् के शोधपरक ग्रन्थ Raigarh Darbar तथा गुरू कार्तिक राम के ग्रन्थ 'रायगढ़ में कथक' से काफी हद तक प्रामाणिक जानकारी प्राप्त हो जाती है। तदनुसार 'मुरज परण पुष्पाकर' में कुछ परणों के रेखांकन भी प्राप्त होते

हैं।[1] यथा – गजविलास परण के लिये गजराज का चित्र बनाकर सम्पूर्ण बोल गज की सूंड़ से लेकर उसकी पूँछ तक लिखा गया है। बन्दिश में बोलों का चयन भी गज के शरीर के विभिन्न अंगों अनुसार किया गया है, सूंड़, पैर तथा पूँछ के लिये कुछ हल्के वर्णों वाले बोल तथा धड़ के लिये वज़नदार बोल। इस विवरण से यह प्रतीत होता है कि राजा साहब मध्यकालीन राग–परम्परा की ही भाँति निरर्थक बोलों से निर्मित रचनाओं में सार्थकता के दर्शन करते थे। अथवा यह कहा जाये कि निरर्थक बोलों के सुसंयोजन से ऐसी रचना तैयार करते थे कि पूरी बन्दिश अर्थवान हो उठे। एक तरह से यह कथक नृत्य के अतिसमृद्ध नृत्तांग और उसकी असीमित सम्भावनाओं को पुनः पुनः सिद्ध करता है। कथक नृत्य का साहित्य उसके अपने बोल हैं। यही उसका मुख्य काव्य हैं। लखनऊ घराने के लच्छू महाराज परणों में अर्थ की कल्पना के लिये जाने जाते हैं। उल्लेखनीय है कि अच्छन महाराज और लच्छू महाराज वर्षों तक रायगढ़ में रहे, बहुत सम्भव है कि वे रायगढ़ नरेश की कल्पना और सोच से प्रभावित हुए हों।

महाराजा चक्रधरसिंह ने अपने ग्रन्थ 'नर्तन सर्वस्वम्' में तोड़े, टुकड़े तथा परणों के लिये विधान निश्चित किया है जिससे इन रचनाओं को स्पष्टतः पहचाना जा सके। ग्रन्थ में कहा गया है कि – ''उपोद्घात या आमद की रचना 'ता' में समाप्त होनी चाहिये।''[2]

यथा विलम्बित लय के एक आवर्तन में ये आमद देखिये –

ततत थेई तततत थेई ।
धाऽकत् धाऽकत् धाऽकत् धिटधात्राम ।
धेत्तधेत्तधेत्त धेत्तधेत्तधेत्त ताऽत्राम धेत्तधेत्तधेत्त।
धेत्तधेत्तधेत्त ताऽत्राम धेत्तधेत्तधेत्त धेत्तधेत्तधेत्त।।ता।।

यही आमद अति विलम्बित में आठ मात्रा छोड़कर नाचा जा सकता है। इसके अतिरिक्त इसी अध्याय में 'आमद' के विवरण में अन्य उदाहरणों को देखा जा सकता है। यह ठीक है कि उपोद्घात अथवा आमद की कुछ रचनाओं का समापन 'ता' में

---

1 Raja Saheb's interest in giving water colour painting for some jenuine Parans denotes that like 'Ragas', 'Paranas' also have some internal meaning, and a particular and definite effect when played on the Pakhawaj or recited properly.
Raigarh Darbar/P.D. Ashirwadam/Page 124

2 Raigarh Darbar/P.D. Ashirwadam/Page 104-105

होता है किन्तु कुछ अन्य ऐसी भी हैं जो 'थेई' पर समाप्त होती हैं। इस सम्बन्ध में मेरी जयपुर घराने की प्रतिष्ठित नृत्यांगना विदुषी प्रेरणा श्रीमाली से चर्चा हुई। मैंने उनसे कुछ आमद की रचनाएँ सुनाने का आग्रह किया और इस सम्बन्ध में 'ता' पर समापन की बात भी बतलाई। उन्होंने कुछ एक रचनाएँ पढ़कर सुनाईं और कहा कि यों 'तऽतता तऽतता तऽतता' ऐसी तिहाई के साथ 'ता' पर रचनाएँ कही जाती रही हैं किन्तु उन्होंने तो 'थेई' के रूप में ही सीखा है। इस सम्बन्ध में तथ्य यह है कि 'आमद' की रचनाएँ दोनों ही तरह की प्रचलित हैं।

प्रो0 पी0 डी0 आशीर्वादम् ने अपने ग्रन्थ Raigarh Darbar में 'नर्तन सर्वस्वम्' के पृष्ठ 296 के हवाले से उपोद्‌घात, त्रोटकम् तथा त्रिचक्री त्रोटकम् के विषय में जो विवरण दिया है वह इस प्रकार है – "A Trotak containing more than one Avartanas and coming on 'Sam' after reading for three times and whose last sam comes on 'Dha' is called 'Trichakri Trotakam' (Chakkardar). When a group of dance syllables of more than one Avartan in any taal end on 'Sam' after reading only once, and the 'sam' comes on 'Thei' syllable it is called Trotak/Trotakam." विवरण देखकर यह प्रतीत हो रहा है कि त्रोटकम् सादे 'तोड़े' अथवा 'टुकड़े' के लिये कहा गया है तथा त्रिचक्री त्रोटकम् 'परण' के लिए। 'थेई' पर तोड़े की तथा 'धा' पर परण की समाप्ति की बात अधिक तर्कसंगत लगती है। बहुत सम्भव है राजा साहब ने तोड़े और परण की पहचान के लिये 'थेई' तथा 'धा' पर समापन को मापदण्ड माना हो।

विशुद्ध नृत्त के बोलों के भी अनेक भेद होते हैं यथा – आमद के तोड़े (ता थेई तत थेई, आ थेई तत थेई), तत्‌कार के टुकड़े (ता थेई थेई तत, आ थेई थेई तत) तथा 'तिग्धा दिगदिग' बोलों की प्रधानता वाले टुकड़े 'नटवरी के टुकड़े' कहलाते हैं। प्रो. एम. एस. कल्याणपुरकर के अनुसार – ''बोल चाहे नटवरी का हो अथवा परमेलु का, गाकर प्रस्तुत किये जाने पर 'संगीत' का टुकड़ा कहलाता है।''

'संगीत' के टुकड़े के विषय में कुछ उलझन मुझे विद्यार्थी जीवन से ही रही है और मैं अब भी इस विषय में पूरी तरह आश्वस्त नहीं हूँ। अपनी विश्वविद्यालयीन शिक्षा के दौरान मैंने पूज्य गुरू आशीर्वादम् जी से 'संगीत के टुकड़े' के रूप में जो एकमेव बोल सीखा था, वह यहाँ प्रस्तुत है –

दिगदिगदिगदिग। थेईऽऽ । ताथेईतत। थेईऽऽ ।

थेईतत। थोंऽऽ । दिगदिगदिगदिग। थेईऽऽ ।
ताथेईतत। थेईऽऽ । थेईतत। थोंऽऽऽ ।
तिग्धातातिग्। धातादिगदिग। तिग्धातातिग। धाताथों।
तिग्धातातिग्। धातादिगदिग। तिग्धातातिग। धातादिगदिग।
ताथेईताऽ । ऽदिगदिग। आथेईताऽ । ऽदिगदिग।
ताथेईता। ऽथेईता। ऽथेईता। ऽतिग्धाता ।। थों ।।

लखनऊ घराने में दीक्षित अनेक नर्तकों ने 'संगीत के टुकड़े' के नाम पर एक यही बोल सीखा, यह अनेक नर्तकों से चर्चा के दौरान पता चला। 'कथक केन्द्र' नई दिल्ली में लखनऊ घराने के गुरू द्वय – श्री कृष्ण मोहन मिश्र तथा श्री जयकिशन महाराज से इस विषय में प्रश्न करने पर दोनों ने ही उक्त बोल (थोड़े बहुत प्रकारान्तर से) को 'संगीत के टुकड़े' के रूप में स्वीकारा तथा इस वर्ग के अन्य बोलों के बारे में पूछे जाने पर अनभिज्ञता प्रकट की। इस सम्बन्ध में यह विचारणीय है कि संरचनागत आधार पर यदि बोलों को विभिन्न वर्ग (catagory) में रखा गया है तो 'संगीत के टुकड़े' वर्ग के अन्तर्गत भी एकाधिक रचनाएँ होनी चाहिये थी। प्रतीत यह होता है कि उक्त बोल कुछ melodious होने के कारण गुरू स्व0 लच्छू महाराज ने इसे 'संगीत का टुकड़ा' कहा होगा और बाद में इसे इसी नाम से सीखा – सिखाया जाने लगा होगा। गुरू के प्रति श्रद्धा हमारे मन में तर्क को स्थान नहीं देती। इसलिये पारम्परिक चीज़ों के विषय में विश्लेषण एक सीमा तक ही करना श्रेयस्कर होता है। तालगत एवं नृत्तगत विशेषताओं पर आधारित विभिन्न बन्दिशों के सादा, चक्करदार, दर्जेदार, तिस्र, मिश्र आदि जातियों में, दुपल्ली, चौपल्ली, बेदम, दमदार, फमाईशी, तीनहक्का, नौहक्का, 27 चक्कर आदि प्रकार हो सकते हैं।

गत–निकास

यह कथक शैली के 'नृत्तांग' के मध्य प्रस्तुत की जाने वाली विशिष्ट रचना है। 'गत' का अर्थ है रूप/अवस्था अथवा चाल/गति तथा 'निकास' का अर्थ है – निकलना/प्रकट करना। 'गत–निकास' में सामान्य रूप से विभिन्न पाद–गतियों तथा सार्थक हस्त–मुद्राओं के प्रदर्शन से किसी विशिष्ट अर्थ की सृष्टि की जाती है। यहाँ अर्थ में किसी कथानक की निरन्तरता नहीं होती किन्तु किसी वस्तु अथवा व्यक्ति की सार्थक छवि नर्तक स्पष्ट रूप से प्रस्तुत करता है। सामान्यतया तीन ताल की प्रथम

आठ मात्राओं में पलटा लेने के बाद चाल चलकर नर्तक किसी विशिष्ट मुद्रा में 'सम' पर आता है, अगली चार मात्राएँ छोड़कर पुनः चाल पकड़ता है और विभिन्न पाद गतियों से ताल के आवर्तन को पूरा करता है। तत्पश्चात् द्रुत लय पकड़कर अन्तिम मात्राओं में, अतिसंक्षिप्त तिहाई के साथ गत निकास पूर्ण करता है। कथक नृत्य में आज मुरली की गत, घूँघट की गत, मुकुट की गत, मटकी की गत, बिंदिया की गत, रुखसार की गत, नाव की गत, कटार की गत, तलवार की गत के साथ–साथ विभिन्न पशु–पक्षियों की गतों तथा विभिन्न नायिकाओं की गतों का चलन देखने में आता है। जब 'थाट' की प्रारम्भिक मुद्रा को बरतते हुए गत निकास में कुछ मात्राओं के विराम के पश्चात् चपलता से अगली मात्राओं को पकड़कर नृत्य किया जाता है, उसे 'छूट की गत' कहते हैं।

वाजिदअली शाह लिखित 'सौत–उल–मुबारक' में परी गत, फरियाद गत, आँचल गत, मुकुट गत, फन्दा गत, मुअद्दिब गत, हुस्न गत, महबूब गत, महबूबा गत, नाज़ गत, गमजा गत, अदा गत, नेक गत, साइका गत, करिश्मा गत, दोदस्ती गत, जादू गत, बक गत तथा नवाब साहब की ही अन्य पुस्तक 'बन्नी' में दाहिना हस्तगत, बायाँ हस्तगत, पिशवाज गत, लखनौआ घूँघट गत, राधा घूँघट गत, बंगाला घूँघट गत, बंधी सलामी गत, दाहिनी बाँकी गत, बायीं बाँकी गत, प्यारी गत, मछरी गत, भेंगा गत, लहँगा गत, पंखा गत, फरियाद गत, सलामी गत, मुअद्दिब गत, नाज़ गत, मुकुट गत, पक्षबंद गत और गमजा गत बतलाई गई हैं।

भावनगर (सौराष्ट्र) के राजगायक डाह्यालाल शिवराम द्वारा रचित गुजराती ग्रन्थ 'संगीत–कलाधर' में बतलाये गये गत–निकास इस दृष्टि से महत्त्वपूर्ण हैं कि एक तो इनमें से अनेक वर्तमान समय में बरते जाने वाले 'गत निकासों' से साम्य रखते हैं, दूसरे इनके अध्ययन से लगभग एक शताब्दी पूर्व लक्ष्य में प्रचलित पश्चिम भारतीय इस 'नृत्य' के विषय में हमें ठोस जानकारी मिलती है।

माथे की गत	हाथ माथे पर रखकर नृत्य किया जाता है।
सलामी की गत	हाथ की कनिष्ठा अंगुली को भूमध्य रखकर नृत्य किया जाता है।
मुकुट की गत	दोनों हाथों से मुकुट बनाकर नृत्य किया जाता है।
परबन्द की गत	दोनों हाथों को दोनों कन्धों के पास लाकर नृत्य किया जाता है। इसे पक्षबन्द की गत भी कहते हैं।

बाँसुरी की गत	बायीं तरफ दोनों हाथ से दुपट्टे का छोर पकड़कर बाँसुरी की आकृति बनाकर दाहिने पैर को बायें पैर पर रखकर त्रिभंगी नृत्य करें।
जायेनशीन की गत	बैठक की गत। यह नृत्यारम्भ में की जाती है।
अर्धघूँघट की गत	आधा घूँघट लेकर नृत्य करें।
पूर्ण घूँघट की गत	पूरा घूँघट लेकर मुख ढँककर नृत्य करें।
रक़्स–ए–ताउस गत	इसे मोरचाल अथवा मयूर कला की गत भी कहते हैं। इसमें पेशवाज़ को दोनों ओर से उठाकर, मोर के पंखों की तरह फैलाकर नृत्य किया जाता है।

नर्तक द्वारा अपनी प्रस्तुति में अपनी रुचि के अनुसार 'गत–निकास' एक ही समय में लगातार दिखलाये जा सकते हैं, अथवा मध्यलय के नृत्य में तोड़े–टुकड़े–परणों के बीच–बीच में भी इनका प्रदर्शन किया जा सकता है। नृत्य के बीच–बीच में इनका प्रयोग करने पर नर्तक को थोड़ा विश्राम भी मिल जाता है।

गत–भाव

गत भाव में आये 'गत' शब्द का अर्थ है 'अवस्था अथवा हालत'। सामान्य बोलचाल में कहा जाता है न कि ये क्या गत बना रक्खी है? नाट्यगत विशेषताओं को समेटे हुए 'गत भाव' कथक नृत्य का अतिविशिष्ट अंग है। प्रसिद्ध कथानक के किसी पूर्ण अंश को आंगिक और सात्त्विक अभिनय के माध्यम से 'गत भाव' में अभिव्यक्त किया जाता है। अभिनय हेतु ज्यादातर ऐसे कथानक चुने जाते हैं, जिनसे जन–सामान्य परिचित हों। प्रस्तुत किये जाने वाले कथानक में एक अथवा एक से अधिक पात्र हो सकते हैं। एक से अधिक पात्र होने की स्थिति में नर्तक द्वारा पल्टे लेकर विभिन्न पात्रों के लिये मंच पर अलग–अलग स्थान नियत कर लिये जाते हैं। लयतालबद्ध मूक अभिनय होने के कारण गत भाव एक कठिन प्रस्तुति मानी जाती है, जिसमें नर्तक की अभिनय क्षमता की परख होती है। पूर्व परिचित कथानक, नर्तक द्वारा नियत किये गये स्थान तथा सटीक अभिनय को देखकर दर्शक इस मूक अभिनय का भी उतना ही आनन्द लेता है जितना कि किसी साहित्यिक बंदिश पर किये गये अभिनय का अथवा किसी सवाक् नाटक का। 'कथक' में विभिन्न प्रकार के गत–भाव प्रस्तुत किये जाने का प्रचलन रहा है यथा – कृष्ण चरित्र से सम्बन्धित – उलूखल बन्धन, माखन चोरी,

कालिया दमन, गोवर्धन लीला, पनघट लीला, चीर हरण, होरी, द्रौपदी वस्त्रहरण आदि। श्री राम से सम्बन्धित कथानकों में सीता अपहरण, जटायु मोक्ष, लक्ष्मण शक्ति आदि।

इस सम्बन्ध में स्व0 आशीर्वादम् जी का कथन महत्त्वपूर्ण है। वे अपने ग्रन्थ 'रायगढ़ दरबार' में 'नर्तन सर्वस्वम्' के एक उद्धरण का उल्लेख करते हुए कहते हैं कि – "It seems that Raja Chakradhar Singh called the depiction of long stories 'Gatis'. For him 'Gati' means condition or state. 'Krishnabhisarika Gati', therefore means the state of the mind of a 'Nayika' who goes to meet her lover in the darkness." [1]

गत भाव की परम्परा अत्यन्त प्राचीन प्रतीत होती है। आचार्य भरत द्वारा प्रणीत नाट्यशास्त्र में इस तरह के प्रयोग की चर्चा प्राप्त होती है और इसे वहाँ 'नाट्यधर्मी प्रयोग' के अन्तर्गत माना गया है।[2] उल्लेखनीय है कि आचार्य भरत ने नाट्य को त्रैलोक्य के सभी भावों का अनुकीर्तन करने वाला कहा है।[3] नाट्यशास्त्र के 18वें अध्याय में आचार्य ने इस नाट्य के दस भेद भी कहे हैं,[4] परवर्ती आचार्यों ने इस अवधारणा को अपनाया है। इन इस नाट्य भेदों में से 'वीथी' ऐसा भेद है जिसके विषय में भरत ने कहा है कि यह एक अंक वाला तथा एक पात्र वाला अथवा दो और तीन पात्र वाला भी हो सकता है। एक पात्र होने की स्थिति में सम्वाद आकाशभाषित के रूप में प्रयोग किये जाते हैं। मुख्य रस श्रृंगार तथा वृत्ति कैशिकी होती है। सभी दसों लास्यांग होते हैं तथा नायिका परकीया अथवा सामान्या होती है। यथा – बकुलवीथी। ऐसा प्रतीत होता है कि वर्तमान कथक नृत्य का 'गतभाव' उक्त 'वीथी' से काफी हद तक तरह प्रेरित अंग है जिसमें नाट्यधर्मिता का सहारा लेते हुए एकमात्र नर्तक/नर्तकी सम्पूर्ण कथानक को अपने अभिनय के माध्यम से प्रस्तुत करता है। अन्तर मात्र यह है कि वीथी में आकाशभाषित के रूप में सम्वादों की अदायगी होती है जबकि गतभाव में

---

1 Raigarh Darbar/P.D. Ashirwadam/page 102

2 यद्वा एकां भूमिका कृत्वा कुर्वीतैकान्तेरऽपरम्।
कौशल्यादेककत्वाद्व नाट्यधर्मीति सा स्मृता।।

नाट्यशास्त्र/परिमल प्रकाशन/13/77

3 त्रैलोक्यास्य सर्वस्यनाट्यं भावानुकीर्तनम्।

नाट्यशास्त्र/परिमल प्रकाशन/1/107

4 नाटकं सप्रकरणमंको व्यायोग एव च।
भाणः समवकारश्च वीथी प्रहसनं डिमः।।
ईहामृगश्च विज्ञेया दशेमे नाट्यलक्षणे।

नाट्यशास्त्र/परिमल प्रकाशन/18/2, 3

दो या दो से अधिक पात्रों के बीच सम्वाद की अदायगी मुखर न होकर मूक अभिनय के रूप में होती है। हाँ, सम्पूर्ण कथा का सारांश प्रारम्भ में ही सूत्रधार अथवा स्वयं नर्तक द्वारा बतला दिया जाता है।

गेय रचना पर अभिनय

संगीत–कलाधर में भाव बताने के 7 तरीके बताये गये हैं। यहाँ संक्षेप में उन्हें कहा जा रहा है।

नेत्र भाव गीत के अर्थ को नेत्रों, भौहों अथवा आँख के कोने से बताने को 'नेत्र भाव' कहते हैं। इसके लिये भौहों और पुतलियों के संचालन से संकेत किया जाता है।

अर्थ भाव गेय बंदिश के अर्थ को बताना अर्थात् गायन के अर्थानुसार चेहरे पर श्रृंगार, करुणा, हास्य इत्यादि भाव बताने को 'अर्थ भाव' कहते हैं।

बोल भाव ठुमरी के प्रत्येक बोल का अलग–अलग अर्थ मुखज एवं आंगिक अभिनय के द्वारा बताने को 'बोल भाव' कहते हैं।

नृत्य भाव नृत्य करते हुए भाव बताने को 'नृत्य भाव' कहते हैं।

गीतार्थ भाव गीत गाते हुए नृत्य करना और भाव बताना, 'गीतार्थ भाव' कहलाता है।

अंग भाव गीत के अर्थ को शारीरिक चेष्टाओं के माध्यम से प्रकट करना 'अंग भाव' कहलाता है।

सभा भाव दर्शकों के समक्ष इस तरह भाव प्रदर्शित करना कि प्रत्येक दर्शक को यही लगे कि उसी को देखकर भाव बताया जा रहा है, सभा भाव कहलाता है।

यों पिछले पचास वर्षों में किसी गेय रचना पर अभिनय की सामान्यतया दो विधियाँ कथक नर्तकों द्वारा अपनाई जाती रही हैं – एक, खड़े होकर नृत्य करते हुए भाव बतलाने की विधि। इसमें किसी बन्दिश के अर्थ को मुख, अंग तथा हाथों की विभिन्न मुद्राओं से अभिव्यक्त किया जाता है, शब्दार्थ तथा व्यंजनार्थ को भावों से रंजित करने का कार्य नेत्रों द्वारा किया जाता है तथा पदाघात ताल का अनुसरण करते हैं। इस प्रकार के अभिनय का निर्देश संगीत मकरन्द तथा अभिनयदर्पणम् आदि ग्रन्थों में भी प्राप्त होता है।

आस्येनालम्बयेद्गीतं हस्तेनार्थम् प्रदर्शयेत्।

चक्षुभ्यां दर्शयेद्भावं पादाभ्यां तालमाचरेत् ।।[1]

दूसरे प्रकार का अभिनय नर्तक द्वारा विशेष अन्दाज़ में बैठकर किया जाता है। नर्तक/नर्तकी बैठी अवस्था में अपने पैरों को एक वस्त्र से ढँककर (क्योंकि पुरानी परम्परा में दर्शकों की ओर पैर इंगित करना निषिद्ध रहा है। यहाँ तक कि महफिल में नटराज की मुद्रा बनाते समय भी बायाँ पैर मोड़कर दाहिने घुटने के पीछे ले जाने का निर्देश गुरुजन देते थे), सम्पूर्ण बंदिश का भाव हस्त मुद्राओं तथा मुखज अभिनय, विशेष रूप से आँखों द्वारा किया जाता है। सम्प्रेषण के स्तर पर इस तरह का अभिनय दर्शकों के अधिक निकट पहुँच पाने में सक्षम माना गया है। गेय रचना पर अभिनय के इस दूसरे प्रकार में एक विशेष बैठक में बैठकर मुख्यतः मुखज अभिनय के माध्यम से भावों की अभिव्यक्ति की जाती है, इसलिये इसे 'बैठकी भाव' भी कहते हैं। 'कथक' नर्तक के लिये यह कहा जाता है कि, अभिनय करते समय वह अपने अभिनय के प्रति सचेत अथवा सजग नहीं होता। यह देखा गया है कि कथक नृत्य में सामान्यतया भावाभिनय तात्कालिक परिकल्पना पर आधारित होता है। कथक में पूर्व निर्धारित (Pre-composed) अभिनय कम ही किया जाता है। नर्तक अपने दैनन्दिन जीवन के अनुभव के साथ ही अमुक परिस्थिति में होने वाली क्रिया–प्रतिक्रिया की कल्पना करते हुए अपनी नैसर्गिक अभिनय क्षमता के आधार पर अभिनय की अनन्त सम्भावनाओं को तलाशता चलता है। यह अभिनय उसके भूतकालीन लोकगत सामान्य अनुभवों से प्रेरित भी होता है, और सर्वसामान्य अनुभव–प्रतिक्रिया से भिन्न कलाकार की अपनी काव्यमयी कल्पना पर आधारित भी। एक प्रतिभावान सर्जक कलाकार की दृष्टि जीवन की विभिन्न परिस्थितियों के प्रति निश्चित रूप से सर्वसाधारण से भिन्न भाव रखती है। जिस तरह संवेदनशील कलाकार की ग्राह्य क्षमता सामान्य व्यक्ति की तुलना में अधिक होती है, उसी तरह भावों के सम्प्रेषण के स्तर पर भी वह विशिष्ट होता है। अनुभव और कल्पना का बेजोड़ सम्मिश्रण और अपनी बात को कलात्मक किन्तु सहज तरीके से कह सकने की क्षमता सम्भवतः कथक नर्तक में अपने विशिष्टतम रूप में प्रकट होती पायी गयी है। अन्य भारतीय शास्त्रीय नृत्यों में अभिनय करते हुए जिसे 'संचारी' बताना कहा जाता है, उससे कहीं आगे बढ़कर व्यंजना के असीम क्षेत्र में कथक नर्तक प्रवेश कर जाता है,

---

1 संगीत मकरंद/ पृ. 27
अभिनयदर्पणम्/नन्दिकेश्वर/सं0 मनमोहन घोष/श्लोक 36

जहाँ अभिनय को मात्र तैंतीस संचारी भावों तक सीमित नहीं किया जा सकता। इस सन्दर्भ में कथक नर्तक के लिये कहा जा सकता है Sky is the limit.

तत्कार:

द्रुत तथा अतिद्रुत लय में मुख्यरूप से तीनताल या फिर इच्छानुसार किसी अन्य ताल में भी प्रस्तुत किये जाने वाला तत्कार कथक नृत्य का महत्त्वपूर्ण एवं आधारभूत अंग है। नन्दिकेश्वर विरचित 'भरतार्णव' में भी 'तत्कार' शब्द प्राप्त होता है। वहाँ झम्पा ताल (एक द्रुत, एक द्रुत–विराम और एक लघु)[1] के अनुसार तत्कार का प्रयोग करने का निर्देश दिया गया है, साथ ही यह भी कहा गया है कि, 'नान्दी के अन्त में अड्डुताल और 'रिदि' (वाद्ययंत्रों के संयोजन) के साथ तत्कार किया जाये।[2] यह जानना सुखद है कि कथक नृत्य में तत्कार का यह प्राचीन अंग वर्तमान समय में भी यथावत् देखा जा सकता है। नर्तक दर्शक को स्तब्ध एवं चमत्कृत करने के लिये द्रुत लय में तबला, पखावज, सारंगी, तथा अन्य वाद्ययंत्रों के संयोजन के साथ 'तत्कार' का प्रदर्शन करते हैं। सामान्यतः ठाह, दुगुन, तिगुन, चौगुन, अठगुन तक इसे ले जाया जाता है, किन्तु लय पर असामान्य अधिकार रखने वाले नर्तक चमत्कार पैदा करने के लिये आड़–कुआड़–बिआड़ या आध, पौन, सवाई, डेढ़ पौने–दो, दो इस तरह भी बढ़त लेते हैं। इस तरह की बढ़त को सीढ़ी–दर–सीढ़ी आगे बढ़ना कहते हैं।

कथक नर्तक द्वारा ''तत्कार'' में उपज का काम काफी प्रचलित और लोकप्रिय रहा है। यद्यपि यह उपज, विशुद्ध उपज नहीं कहला सकती क्योंकि नर्तक तथा तबलावादक आमतौर पर नियत 'पलटों' को ही 'उपज' के नाम पर प्रस्तुत करते हैं तथापि तालपक्ष के समुचित ज्ञान से तात्कालिक 'उपज' भी सम्भव है। सक्षम वरिष्ठ नर्तक ऐसी उपज करते भी हैं। वास्तव में वही कथक नर्तक गुरुपद का अधिकारी है जो नृत्य के प्रत्येक अंग में उपज करने का सामर्थ्य रखता हो। तबलावादक द्वारा बजाये जाने वाले पल्टों के स्वरूप एवं सम्भावित क्रम का ज्ञान नर्तक को होने पर, वह भी अपने घुंघरुओं से तद्नुरूप ध्वनिसाम्य वाले बोलों का निकास कर चमत्कार उत्पन्न

---

1 कर्णाटक ताल पद्धति अनुसार द्रुत का काल दो मात्रा, द्रुत विराम का काल तीन मात्रा का तथा लघु का काल चार मात्रा का कहा गया है। भरतार्णवः में यही मान स्वीकार किया गया है।

2 तत्कारश्च प्रयोक्तव्यो झम्पातालानुसारतः।
अड्डुतालेन तत्कारं नान्द्यते रिदिरिष्यते।

भरतार्णवः / अनु. वाचस्पति गैरोला / परिशिष्ट 7–8

कर सकता है। तबले पर जो भी बोल बजाये जाते हैं, उसका एक गणित होता है, जिस तरह गायन में तान प्रस्तार होता है, ठीक उसी तरह ताल प्रस्तार भी होता है और बोलों के निश्चित क्रम में संयोजन से विभिन्न पल्टे बनते हैं। इसलिये ताल एवं तबले की बन्दिशों की समझ होने पर नर्तक द्वारा तद्नरूप योजना की जा सकती है। इसके अलावा दर्शकों को चमत्कृत करने के लिये, विभिन्न छन्द की तिहाईयाँ, गिनती की तिहाईयाँ, तबला वादक के साथ सवाल जवाब आदि भी कथक नर्तक द्वारा प्रस्तुत किये जाते हैं। इस स्तर पर 'विशुद्ध उपज' भी नर्तकों द्वारा की जाती है। सामान्यतया विलम्बित लय में बंधे ठेके और नग़में की स्वर लहरियों के साथ खेलता हुआ नर्तक अपने घुंघरुओं से विभिन्न लय संरचनाओं को प्रस्तुत करता है। जैसा कि हम पिछली पंक्तियों में कह आये हैं, तालपक्ष का यथेष्ट ज्ञान इस तरह की प्रस्तुति के लिये अत्यावश्यक माना जाता है। इस तरह जितना कल्पनाशील और जितना लयदार कलाकार होगा, उतना ही वैविध्य वह अपने प्रस्तुतीकरण में उत्पन्न कर सकेगा।

भावनगर राजगायक श्री डाह्यालाल शिवराम कृत संगीत कलाधर (सन् 1885 से 1900 तथा 1901 में प्रकाशित) में इस नृत्य के सवा सौ वर्ष पूर्व के रूप का प्रामाणिक विवरण हमें मिल जाता है। 'तत्कार' के विषय में ग्रन्थ में दिया गया विवरण उल्लेखनीय है। ग्रन्थ में एक चार्ट बनाया गया है जिसमें ताल, मात्रा तथा बोल कहे गये हैं। बोल प्रारम्भिक तत्कार के ही हैं: **ता थै थै तद्। – थै थै तत्।** विशेष बात यह है कि पाँचवीं मात्रा पर मौन रहने तथा किसी भी प्रकार की अन्य क्रिया न करने का निर्देश दिया गया है। पैरों से बोलों को निकालने का तरीक़ा भी बतलाया गया है। ग्रन्थकार कहते हैं – पहली मात्रा 'ता' बोल को दाहिने पैर के आघात से निकालें तथा इस बोल में मुट्ठी खोल देनी चाहिये। दूसरी मात्रा पर 'थै' बोल को बायें पैर की एड़ी के आघात से निकालें तथा इस बोल में मुट्ठी बन्द रखें। तीसरी मात्रा पर पुनः 'थै' बोल होगा जिसे दायें पैर के आघात से निकालें, मुट्ठी बन्द ही रखें। चौथी मात्रा पर 'तत्' बोल को बायें पैर के आघात से निकालें और मुट्ठी बन्द रखें। पाँचवीं मात्रा में एक मात्रा का विश्राम है, अर्थात् एक मात्रा तक चुप रहना है। छँटवीं मात्रा में 'थै' बोल को दाहिने पैर के आघात से निकाला जायेगा और मुट्ठी बन्द ही रहेगी। सातवीं मात्रा पर 'थै' बोल होगा जिसे बायें पैर के आघात से निकालें अब भी मुट्ठी बन्द रक्खें।

आठवीं मात्रा पर 'तत्' बोल को दाहिने पैर की एड़ी के आघात से निकालें तथा इस बोल में मुट्ठी खोलना प्रारम्भ कर देना चाहिये।[1]

इस विवरण से यह तो स्पष्ट है कि ग्रन्थकार 'तत्कार' के निकास को बतला रहे हैं। यह भी स्पष्ट है कि तत्कार की आठ मात्राओं में सात वर्ण कहे गये हैं जिनमें तीन मूलाक्षर हैं "ता, थै और तत्"। ध्यान देने योग्य है कि आज हम पाँचवें वर्ण को 'आ' कहते हुए पाँचवीं मात्रा पर भी पदाघात करते हैं जबकि 'श्री संगीत कलाधर' में कहा गया उक्त विवरण अधिक व्याकरण सम्मत लगता है। वास्तव में जहाँ एक मात्रा का मौन/दम/ठहराव है वहाँ रुकना ही उचित है, पदाघात करना सही नहीं। बोलों को लिखते समय इस स्थान/मात्रा को 'ऽ' के चिन्ह से दर्शाया जायेगा। यह प्रतीत होता है कि कालान्तर में भूलवश इस अवग्रह का भी पाठ किया जाने लगा और क्योंकि उस स्थान पर कोई निश्चित वर्ण नहीं है इसलिये उसे 'आ' कहा जाने लगा। जब उच्चारण किया गया तो पदाघात भी किया जाने लगा। इसलिये यह समझा जाना चाहिये कि वर्तमान कथक नृत्य के तत्कार में मूल तीन पाटाक्षरों – 'ता थेई तत्' से आठ मात्रा में पदाघात का क्रम निर्धारित किया गया है जिनमें वस्तुतः थेई और तत् की पुनरावृत्ति होती है। 'ता' प्रारम्भिक पाटाक्षर है। पाँचवीं मात्रा मौन रहते हुए बिना किसी विशेष पादक्रिया के प्रदर्शित की जानी चाहिये। इस तरह तत्कार का स्वरूप यों होना चाहिये – **'ता थेई थेई तत्। ऽ थेई थेई तत्।'** वर्तमान समय में प्रमादवश इसे 'ता थेई थेई तत्। आ थेई थेई तत्।' के रूप में बोला और नाचा जा रहा है। इतना ही नहीं, पाँचवीं मात्रा पर पहली मात्रा की ही तरह अधिक बल या ज़ोर देकर पदाघात किया जाता है। यह क्रम सर्वमान्य हो चला है इसलिये इसमें परिवर्तन सम्भव प्रतीत नहीं होता, किन्तु सजग होकर विचार करने पर विसंगति स्पष्ट दिखाई देती है।

---

1 श्री संगीत कलाधर/डाह्यालाल शिवराम/पृ0 511

17

नृत्य के सहयोगी गीत प्रकार

(कथक नृत्य के विशेष सन्दर्भ में)

नृत्य में गीत (पदयुक्त गीत) तथा वाद्य का विशेष महत्त्व होता है। अभिनयात्मक होने के कारण नृत्य में पद/गीत के महत्त्व को नकारा नहीं जा सकता क्योंकि अभिनय गीत का अवलम्ब लेकर ही प्रस्फुटित होता है। साथ में चल रहा ताल कालमापन के साथ साथ रंजन का कार्य करता है। हम जानते हैं कि नृत्य में पद के अर्थ तथा भाव को अभिनय के माध्यम से सम्प्रेषित किया जाता है। आचार्य पाणिनी ने सार्थ शब्द को 'पद' की संज्ञा दी है सम्भवतः इसीलिये सार्थक शब्दों से निर्मित गेय रचनाओं को 'पद' कहने की प्रथा स्थिर हो गई। यथा – ध्रुवपद, विष्णुपद, रासक–पद, सूर के पद, तुलसी के पद, मीराँ के पद आदि। नृत्य में अभिनय का मूल आधार यह पद या गीत ही होता है। भारतीय सन्दर्भ में नृत्य के इतिहास पर दृष्टिपात करने से यह ज्ञात होता है कि हमारे यहाँ विभिन्न कालखण्डों में तत्कालीन प्रचलित गीत–प्रकारों के आधार पर नृत्य पद्धतियाँ भी बनती रही हैं। वैदिककाल, रामायणकाल व महाभारतकालीन समाज में गीतसहित नृत्य के कई उल्लेख मिलते हैं। महादेव शिव द्वारा तण्डु को नृत्त की शिक्षा दिये जाते समय इसके साथ गीत के प्रयोग के निर्देश का उल्लेख नाट्यशास्त्र में प्राप्त होता ही है। आचार्य भरत कहते हैं कि "गीत सम्बद्ध नृत्त प्रायः देवस्तुति हेतु प्रयुक्त किया जाता है"।[1] आचार्य नन्दीकेश्वर ने भाव–तालयुक्त गीताभिनय को नृत्य की संज्ञा दी है तथा कहा है कि नर्तक को स्वयं गीत गाते हुए, हाथ की मुद्राओं से उसके अर्थ को, नेत्रों से भावों को और चरणों से ताल को स्पष्ट करना चाहिये।[2]

---

1 गीतप्रयोगमाश्रित्य नृत्तमेतत्प्रवर्त्यताम्।
प्रायेण ताण्डवविधिर्देवस्तुत्याश्रयो भवेत्।।

नाट्यशास्त्र/परिमल प्रकाशन/4/268

2 आस्येनालम्बयेद्गीतं हस्तेनार्थम् प्रदर्शयेत्।
चक्षुभ्यां दर्शयेद्भावं पादाभ्यां तालमाचरेत् ।।

अभिनयदर्पणम्/नन्दिकेश्वर/सं0 मनमोहन घोष/श्लोक 36

नृत्य से सम्बन्धित प्राचीन एवं मध्यकालीन गीत प्रकार

नाट्यशास्त्र में ध्रुवा[1] और गीतक[2] जैसे सार्थक गीत प्रकारों को नृत्य के साथ संयोजित करने की चर्चा की गई है। मतंग मुनि कृत ग्रन्थ 'बृहद्देशी' का नृत्याध्याय यद्यपि आज अनुपलब्ध है, किन्तु परवर्ती ग्रन्थ 'संगीत–रत्नाकर' में जिन देशी प्रबन्धों को नृत्य के साथ सम्बद्ध किया गया है, वे 'प्रबन्ध' बृहदेशी के प्रबन्धाध्याय में भी मिलते हैं। सम्भव है मतंग मुनि ने अपने ग्रन्थ के नृत्याध्याय में इन प्रबन्धों को नृत्य के साथ सम्बद्ध किया हो। परवर्तीकाल में गीत के साथ नृत्य की सुदृढ़ परम्परा अनवरत प्रवहमान रही। मानसोल्लास में 'रागकदम्बक' नामक प्रबन्ध के साथ सताल नृत्य की बात कही गई है।[3] 'नृत्त रत्नावली' में रासक नृत्य के साथ चर्चरी[4] तथा घटिसणी नृत्य के साथ चर्या[5] नामक गीत प्रबन्धों के प्रयोग की बात कही गई है। इसी ग्रन्थ में 'पेरणि' नृत्य पद्धति के प्रसंग में एला और ध्रुवपद के प्रयोग की चर्चा प्राप्त होती है।[6] नृत्तरत्नकोश में 'चर्चरी' नृत्य के साथ द्विपदी, 'दोहक' नृत्य के साथ दोहक[7] और प्रबन्ध तथा नाट्यरासक में राजाओं के चरित्र–चित्रण से युक्त गीतों का उल्लेख प्राप्त होता है।[8] बाणभट्ट रचित 'हर्षचरित' में रासक पदों के गान के साथ नृत्य किये जाने की चर्चा की गई है।[9] अकबर के युग में दफजन यानी डफ बजाकर गाने वाली पंजाबी स्त्रियों द्वारा 'ध्रुवपद' गान एवं ध्रुवपद नृत्य का उल्लेख मिलता है।[10] चौदहवीं शती में रास की प्रायः तीन पद्धतियाँ प्रचलन में आ चुकी थीं – रासक, नाट्यरासक तथा चर्चरी।[11] नृत्यसंगीत युक्त 'चर्चरी' का प्रदर्शन प्रायः बसंतोत्सव (होली) के अवसर पर होता था। बसंत वर्णन एवं बसंत क्रीड़ा इसके मूल विषय होते थे। सूर और तुलसी के

---

1 नाट्यशास्त्र / परिमल प्रकाशन / 32 / 324
2 नाट्यशास्त्र / 31 / अभिनवभारती / पृ. 199
3 मानसोल्लास / पृ. 63
4 नृत्त रत्नावली / पृ. 218 / श्लो. 95
5 नृत्त रत्नावली / पृ. 223 / श्लो. 130–131
6 नृत्त रत्नावली / पृ. 212 / श्लो. 64–65
7 नृत्त रत्नकोश / 11 / पृ. 212
8 संगीतराज / गीतरत्नकोश / पृ. 576–577
9 हर्षचरितम् / बाणभट्ट / 4 / पृ. 217–218
10 आइन–ए–अकबरी / अनु. फ्रांसिस ग्लेडविन / पृ. 734
11 भरतकोष / वेम / पृ. 211

होली वर्णन में भी चाँचर और झूमा/झूमक नृत्य–गीत का उल्लेख मिलता है।[1] इसके अतिरिक्त धमार/धमाल/धुमाली तथा झूमर/झूमरि नामक गीत प्रकार और इसी नाम के ताल एवं नृत्य की चर्चा भी अनेक मध्यकालीन ग्रन्थों में मिलती है।

संगीतशास्त्र के ग्रन्थों में प्राप्त उक्त उल्लेखों के अतिरिक्त लोक में भी प्राचीन काल से नृत्य के साथ विशिष्ट गीत रचनाओं के प्रचलन में होने की चर्चा प्राप्त होती है। यह कहा जाता है कि जयदेव की अष्टपदियों के साथ उनकी पत्नी नृत्याभिनय करती थीं। इन अष्टपदियों पर वर्तमान समय में भी नृत्य किया जाता है। 15वीं शती में मानसिंह तोमर द्वारा 'ध्रुवपद' तथा 'विष्णुपदों' का आविष्कार करवाया गया। 'विष्णुपदों' का वर्ण्य विषय भक्तिपरक तथा ध्रुवपदों का लौकिक श्रृंगार था। शाह जी के सभापंडित वेद ने ध्रुवपद के साथ नृत्य की बात कही है।[2] पूर्व में हमने अकबर के दरबार में दफजनों के द्वारा ध्रुवपद गीत–नृत्य का उल्लेख किया ही है। 70–75 वर्ष पूर्व तक नेपाल के राजदरबार में भी यह परम्परा जीवित थी। श्री टी. एल. राणा की पाँच गुरु माताओं में से एक या दो स्वयं ध्रुवपद गाकर 'हेला' प्रधान कथक नृत्य करती थीं।[3] (इसका नाम उस समय 'कथक' नहीं था किन्तु यह तथ्य ठाकुर जयदेव जी ने के द्वारा विदुषी प्रेमलता शर्मा को बतलाया गया था, जो लेखिका की गुरू थीं, सम्भवतः ठाकुर जयदेव ने लक्षण साम्य और वर्तमान संज्ञा के आधार पर उक्त वक्तव्य दिया हो।

अष्टछापीय भक्त कवियों तथा अन्य मध्यकालीन भक्त कवियों के द्वारा अपनी रचनाओं को गाते हुए भावविह्वल होकर नृत्य करने के उल्लेख बहुतायत से मिलते हैं।[4] मीराँ का उद्धरण सुप्रसिद्ध है ही। इस तरह मध्यकालीन रचनाओं पर आज भी नृत्य की परम्परा जीवित है।

वर्तमान शास्त्रीय नृत्य पद्धतियों से सम्बन्धित गीत प्रकार

यहाँ हम प्रसंगवश बहुत संक्षेप में वर्तमान समय की अन्य भारतीय शास्त्रीय नृत्य पद्धतियों में प्रयुक्त गीत प्रकारों का उल्लेख कर रहे हैं।

---

1 धिंगरि धिग चाँचरि करैं

सूरसागर/पद सं. 3475

चाँचरि झूमक कहैं सरस राग

तुलसीदास/गीतावली/7/22

2 भरतकोष/पृ. 299

3 ध्रुवपद वार्षिकी/सन् 1987/ पृ. 71

4 अष्टाछापीय भक्ति संगीत/भाग 3,4,/पृ.78, पृ. 301

भरतनाट्यम्

भरतनाट्यम में शब्दम्, वर्णम्, पदम्, जावली, कीर्तनम्, श्लोकम् नृत्याभिनय के उपयुक्त गीत रचनाएँ हैं। शब्दम्, कीर्तनम् तथा श्लोकम् सामान्य रूप से ईश स्तुतिपरक रचनाएँ होती हैं। पदम् तथा जावली कृष्ण–चरित से सम्बन्धित श्रृंगारपरक रचनाएँ होती हैं। अभिनय के लिए पदों का ग्रहण संस्कृत, तमिल, तेलगु तथा कन्नड़ साहित्य से किया जाता है। महाकवि जयदेव, संत पुरन्दरदास आदि कवियों के पद भी प्रयोग में लाये जाते हैं।

ओडिसी

ओडिसी में गीताभिनय की परम्परा का शुभारम्भ जयदेव की अष्टपदियों के साथ हुआ। कवि जयदेव की अष्टपदियों के अलावा अन्य वैष्णव कवियों के उड़िया गीतों का उपयोग भी भावाभिनय हेतु इस नृत्य पद्धति में किया जाता है। ओडिसी की विभिन्न प्रस्तुतियों में प्रमुख रूप से 'पल्लवी' नृत्याभिनय वाली नृत्य–रचना होती है, जिसमें विभिन्न रागाधारित पल्लवियों पर नृत्य किया जाता है। इनमें से प्रमुख हैं – बसन्त पल्लवी, कल्याण पल्लवी तथा मोहन पल्लवी।

कुचिपुड़ी

कुचिपुड़ी में नृत्य की प्रस्तुति प्रमुख रूप से शब्दम्, श्लोकम् और पदम् में होती है। कुचिपुड़ी के बहुप्रचलित शब्दम् 'मण्डूक' तथा 'दशावतार' हैं। कृष्ण–शब्दम् नायिका–भेद पर आधारित रचनाएँ होती हैं। कवि क्षेत्रज्ञ के पदम् कुचिपुड़ी शैली में अत्यन्त प्रचलित एवं प्रसिद्ध हैं, इनका विषय नायक–नायिका भेद हैं। इसके अलावा गीत–गोविन्द की अष्टपदियों तथा संत त्यागराजा की कृतियों पर भी अभिनय किया जाता है।

मणिपुरी

मणिपुरी नृत्य में प्रमुखतः जयदेव, विद्यापति तथा चण्डीदास जैसे वैष्णव भक्त–कवियों के संस्कृत, मैथिली तथा ब्रज भाषा की रचनाओं पर नृत्याभिनय की परम्परा रही है।

कथकलि

कथकलि में 'मन्जूधरा'/मन्जूथरा नामक गीतामाला, जो कवि जयदेव कृत गीत–गोविन्द का ही एक अंश है, नृत्याभिनय के लिए प्रयोग में लाई जाती है। इसके अलावा संस्कृत के श्लोकों को भी गेय रूप में प्रयोग में लाया जाता है।

कथक नृत्य का स्वरूप 'खुले नाच' का रहा है। यद्यपि यह अपने वस्तुक्रम में एक निश्चितता लिये हुए है किन्तु इसके प्रत्येक पक्ष में सर्जना की असीमित सम्भावनाओं को देखा जा सकता है। इस लचीनेपन के ही कारण कहीं बीस मिनट में इसे समेटा भी जा सकता है तो कहीं घंटों की निर्द्वन्द्व यात्रा भी यह करता है। भावाभिनय हेतु उपयुक्त गीत प्रकारों की विविधता भी उसकी इसी विशेषता की ओर संकेत करती है। कथक नृत्य में उपयोग में लाये जाने वाले गीत प्रकारों में इष्टपद, भजन, ठुमरी, होरी, चाँचर, दादरा, धमार, गजल, अष्टपदी, चतुरंग, तराना तथा तिरवट के नाम उलेखनीय हैं। तराना जो कि एक 'निर्गीत' है, वह भी कथक की प्रस्तुति का एक विशिष्ट अंग है। 'कवित्त' यद्यपि कोई शास्त्रीय अथवा उपशास्त्रीय गीत प्रकार नहीं है, तथापि 18वीं–19वीं शताब्दी में 'कवित्त' अत्यधिक लोकप्रिय हुए और तब कथक नृत्य में भी इनका समावेश सहयोगी काव्य के रूप किया गया। यहाँ हम कथक नृत्य से सम्बन्धित गीत प्रकारों पर विशेष चर्चा करेंगे।

कथक नृत्य से सम्बन्धित गीत प्रकार

इष्टपद

प्रत्येक शुभ कार्य के प्रारम्भ किये जाने से पहले उसकी सफलता एवं निर्विघ्न सम्पन्न होने की आकांक्षा से ईश–स्तुति की परम्परा भारतवर्ष में रही है। प्रयोगधर्मा कलाओं में इस परम्परा का निर्वहन किया जाता रहा है। इच्छित रागबद्ध इष्टपद का गायन सताल अथवा अताल किया जाता है।

भजन

भजन की परम्परा अति प्राचीन है। कीर्तन की परम्परा से इसका विकास हुआ है। सगुण एवं निर्गुण सम्प्रदाय के भक्त सन्तों द्वारा पदशैली में भजनों की रचना की गई। सूरदास, मीराँ, तुलसी, कबीर, विद्यापति, चंडीदास आदि के पद प्रसिद्ध हैं। श्रीराम अथवा श्रीकृष्ण से सम्बन्धित इन पदों के केन्द्र में भावाभिव्यक्ति ही मूल उद्देश्य रहा है इसलिये इनका गायन प्रायः सीधा–सादा होता है। आलाप–तान अथवा विशेष बोल–बनाव इनमें नहीं किया जाता। ताल की दृष्टि से विचार किया जाये तो क्लिष्ट तालों की अपेक्षा रूपक, दादरा, कहरवा जैसे सरल ताल भजनों के लिए उपयुक्त माने जाते हैं। सम्भवतः इसीलिये नृत्य में सहज भावाभिव्यक्ति के लिये भजन जैसी रचनाओं का उपयोग किया जाता है। कथक नर्तक अपनी रुचि के अनुसार प्रस्तुति क्रम में प्रारम्भ, मध्य अथवा अन्त में भजन पर नृत्याभिनय करता है। साथ ही भजन की वस्तु

से सम्बन्धित गतभाव का प्रयोग, अर्थ और भाव की दृष्टि से अभिनय को पूर्णता देने के लिये नर्तक के द्वारा किया जाता है।

होरी

यह श्रृंगार प्रधान गीत हैं, जिसमें कृष्ण रास तथा होरी का वर्णन रहता है। दीपचंदी और चाँचर ताल में गाये जाने पर 'होरी' तथा 'धमार' ताल में गाये जाने पर यही 'धमार' कहलाता है। मुख्यरूप से होली के अवसर पर गाकर इस पर नृत्य किया जाता है इसीलिये इसे 'होरी' कहते हैं।

दादरा

यह ठुमरी से मिलता–जुलता गीत प्रकार है। मूलतः यह दादरा ताल में गाया जाता है, इसलिये इसे 'दादरा' कहने का प्रचलन हुआ, किन्तु अब अनेक ठुमरियाँ दादरा ताल में एवं दादरा की अनेक रचनाएँ कहरवा ताल में गायी जाने लगी हैं। ठुमरी और दादरा काफी हद तक मिलते–जुलते लगते हैं, परन्तु दादरा द्रुत अथवा कभी–कभी मध्यलय में गाया तथा नाचा जाता है। लय झूलती चलती है। 'बनावो बतियाँ' प्रसिद्ध दादरा है। इसमें बोल–बनाव भी लयदारी के साथ होता है।

धमार

धमार ब्रज भाषा में रचित ऐसे गीत हैं जिनमें प्रायः कृष्ण लीला अथवा होली का वर्णन होता है। धमार ताल में निबद्ध इस रचना में स्थायी और अन्तरा ये दो खण्ड ही होते हैं। ध्रुवपद के जैसे नोम् तोम् की लयकारी का काम धमार में भी किया जाता है। यह गीत मुख्यतः होली पर गाया जाता है जिसके साथ नृत्य भी होता है। धमार की प्राचीन रचनाओं में आज की तरह 3–2–2–3–2–2 के खण्ड न होकर 3–2–3–2–2 के खण्ड होते थे। ऐसी रचनाएँ गाने में कठिन प्रतीत होती थीं। धमार में उपज का काम काफी होता है। पुराने समय में धमार दो तरह के हुआ करते थे – पहला प्रकाश और दूसरा गुप्त। बन्दिश के 'सम' के सन्दर्भ में ये दोनों प्रकार कहे गये हैं। पहले प्रकार में बंदिश का 'सम' स्पष्ट और निश्चित स्थान पर होता था जबकि दूसरे प्रकार में 'सम' गुप्त होता था, बंदिश के प्रारम्भ में पहली पंक्ति को तीन बार गा चुकने के बाद अंतिम बार 'सम' समझ में आता था। यह दूसरा प्रकार अब अप्रचलित–सा है। प्रकाश धमार ही प्रचलन में रहे हैं। वर्तमान धमार ताल में 3–4 3–4

के खण्डों के होते हैं तथा होरी तथा रास के पदों का गायन किये जाने से इनमें ध्रुपद जैसी गम्भीरता नहीं दिखती।

सादरा

यह मुख्यरूप से सात, दस तथा बारह मात्राओं में गाया तथा नाचा जाने वाले गीत प्रकार है। इसकी बन्दिश सामान्यतः वीर रस प्रधान होती है। अब यह नृत्य से विलुप्तप्रायः है। 'शेष फन डगमग्यो' कथक के लखनऊ घराने के नर्तकों द्वारा अब भी नाचा जाता है।

तराना

स्वर, ताल, अवनद्ध वाद्यों के पाट, तेन (त, न आदि) जैसे निरर्थक वर्णों से बनी ऐसी रचना है जो प्रायः द्रुत लय में गायी, बजाई अथवा नाची जाती है। इसमें केवल द्रुत लय तथा वर्णवैचित्र्य का चमत्कार रहता है। द्रुत तीनताल, आड़ा चौताल, एकताल आदि तालों में इसे बांधा जाता है। तराना प्रायः नृत्य प्रस्तुति के अंतिम चरण में प्रस्तुत किया जाता है।

तिरवट

पखावज के विशुद्ध वर्णों से निर्मित स्वरबद्ध गेय रचना 'तिरवट' कहलाती है। कुछ लोग यह मानते हैं कि चतुरंग में चार अंग और तिरवट में तीन अंग होते हैं। किन्तु जिस तरह तराना मुख्यतः तंत्री वाद्य के निरर्थक वर्णों से निर्मित रचना है उसी तरह तिरवट पखावज के पाटाक्षरों से निर्मित रचना है। तालबद्ध होते हुए भी यह मात्र तालांगी रचना नहीं है। यह राग एवं तालबद्ध होती है।

चतुरंग

चतुरंग/चतरंग नामक रचना मतंग मुनि के काल (6 वीं शताब्दी) से ही प्रचलन में रही है। उल्लेखनीय है कि मतंग मुनि ने चतुरंग को चार खण्डों वाली रचना कहा है जो कि चार राग, चार ताल तथा चार भाषा के पदों से युक्त होती थी।[1] अर्थात् उस काल में यह अत्यन्त विशिष्ट रचना हुआ करती थी जिसके चार खण्डों में से प्रत्येक खण्ड भिन्न राग, ताल तथा भिन्न ही भाषा वाला होता था। परवर्ती ग्रन्थ 'नर्तन–निर्णय' में भी लोकप्रसिद्ध प्रबन्धों के अंतर्गत 'चतुरंग' का उल्लेख मिलता है। वहाँ इसका लक्षण निम्नानुसार कहा गया है –

---

1 बृहद्देशी / खण्ड–2 / 404

चतुरंगैश्चतुः खण्डः षडंगैरागरंजितैः।
तेनकान्तैः कृतश्चान्त्यपदैस्त्रैर्वर्णनं स्मृतम्।।[1]

अर्थात् चतुरंग, चार खण्डों, छः अंगों (प्रबन्ध के छः अंगों – स्वर, बिरुद, पद, तेन, पाट तथा ताल)[2] और राग से बंधा हुआ तथा इन सबसे सुशोभित (विशेष रूप से तेन से युक्त) तथा तीन वर्णों से (स्थायी, आरोही एवं अवरोही) युक्त पदों वाला जाना जाये।

वर्तमान समय में प्रचलित चतुरंगों में चार अंग तो पाये जाते हैं, किन्तु चार राग, चार ताल एवं चार भाषा सम्बन्धी नियम आज इसमें देखने को नहीं मिलता। आजकल सामान्यतया चतुरंग में सर्वप्रथम पद, फिर तराने के बोल, तत्पश्चात् सरगम तथा अंत में तबला/पखावज के पाटाक्षर का प्रयोग किया जाता है। गायन के लिये प्रयुक्त चतुरंग की रचनाओं में अवश्य इस क्रम का पूर्ण ध्यान रखा जाता है, किन्तु नृत्य में कभी–कभी व्यतिक्रम भी देखने को मिलता है। प्रायः सरगम, तराने के बोल, तबले–पखावज के बोल तथा अंत में बंदिश वाले चतुरंग नृत्य प्रयोग में देखने में आते हैं। मालकौंस राग तथा तीनताल में बद्ध ऐसा ही एक पारंपरिक चतुरंग देखिये।

धा धिं धिं धा । धा धिं धिं धा । धा तिं तिं ता । ता धिं धिं धा ।
                                                    ध नि

स म म म । ग सा सा सा । नि़ सा ध़ ऽ । ऽ ऽ ध नि।

धनिसाममम गसासासा निसाध़ऽ (सरगम)
ऽऽओदे नादिरदानी तुमदिरदानी देरेनाऽ (तराने के बोल)
ऽऽधेत्ता तकधिलांगधे त्ताधुमकिटतक धातित्धा (पखावज के बोल)
ऽऽमोहे छेड़ो नदे खोनन्दके छैऽऽला (साहित्य अथवा बंदिश)

इस चतुरंग में मुखड़े की ही तरह दोनों अंतरों में भी सरगम, तराने के बोल, पखावज के बोल तथा बंदिश का क्रम अंत तक निर्वाह किया जायेगा।

---

1 नर्तननिर्णय /3/559

2 प्रबन्धोऽङ्गानि षट् तस्य स्वरश्च बिरुदं पदम्।।
तेनकः पाटतालौ च प्रबन्धपुरुषस्य ते।
संगीत रत्नाकर/4/12–13

ग़ज़ल

मूल रूप से 'ग़ज़ल' गायकी अंग की रचना मानी जाती है किन्तु मध्यकालीन भारतीय मुगल दरबारों में नृत्य के साथ 'ग़ज़ल' का प्रयोग नृत्याभिनय के लिये किया जाने लगा था। अरबी भाषा के स्त्रीलिंग शब्द 'ग़ज़ल' का अर्थ है – प्रेमपात्र से वार्तालाप। यह प्रेमालाप लौकिक भी हो सकता है और अलौकिक भी। यानी किसी मनुष्य का मनुष्य के प्रति अथवा मानव का उस परमपिता परमेश्वर के प्रति। ग़ज़ल ईरानी चिश्ती परम्परा से भारतीय संगीत में आया हुआ गीत प्रकार है। इस तरह इसे श्रृंगारपरक गीत प्रकार माना जा सकता है। इस तरह के गीत भारतीय परम्परा के लिये नये नहीं रहे हैं। सूफियों के आगमन से पूर्व भारत में इस तरह के आध्यात्मिक गीतों का प्रचलन था, जिनका कलेवर तो लौकिक श्रृंगारपरक होता था किन्तु वस्तु आध्यात्मिक होती थी। 12वीं शताब्दी के ग्रन्थ मानसोल्लास में इस तरह के गीतों का विवरण प्राप्त होता है।

गूढ़ार्थैः परमार्थैश्च संसारसुखमुख्यकैः ।
पदैर्नियोजितं गीतं साध्यात्म योगिवल्लभम् ।।[1]

इन पदों का अभिधार्थ भौतिक सुख को प्रकट करने वाला होता था किन्तु इनमें अभिहित व्यंग्यार्थ पारलौकिक तथा परमार्थ से सम्बद्ध था। आचार्य बृहस्पति के मतानुसार महाराजा मानसिंह तोमर ने चिश्ती परम्परा के गीत प्रकारों के प्रत्युत्तर में भारतीय परम्परा और संस्कृति के परिचायक विष्णुपदों एवं ध्रुवपदों की रचना करवाई। जयदेव एवं विद्यापति की शैली के अनुकरण में अष्टछापीय भक्तिपरक पद विकसित हुए, ये विष्णुपद कहलाये। ग़ज़लों के जवाब में ध्रुवपदों की रचना करवाई गई।[2]

भारतीय ग़ज़ल की रचनाओं में सामान्यतया उर्दू, फारसी तथा मिश्रित हिन्दी का प्रयोग किया जाता रहा है। ग़ज़ल में कम–से–कम पाँच और अधिक–से–अधिक ग्यारह शेर होते हैं। प्रत्येक शेर एक स्वतन्त्र भाव लिये होता है। ग़ज़ल का पहला शेर 'मत्ला' और अंतिम शेर 'मक़्ता' कहलाता है। यों कुछ समय पहले तक कथक नृत्य के साथ वाजिदअली शाह, बिन्दादीन महाराज, लच्छू महाराज तथा महाराजा चक्रधर सिंह की ग़ज़लों पर नृत्य किये जाने की परम्परा थी तथापि पिछले लगभग पच्चीस वर्षों में नृत्य के साथ ग़ज़लों का प्रचलन अपेक्षाकृत काफी कम रह गया है। अब विगत कुछ

---

1 मानसोल्लास / तृतीय भाग / अध्याय 16 / श्लोक 106

2 खुसरो, तानसेन एवं अन्य कलाकार / सुलोचना यजुर्वेदी–आचार्य बृहस्पति / पृ0 68

वर्षों से कुछ कलाकारों ने 'सूफी कथक' के नाम पर आध्यात्मिक ग़ज़लों को पुनः नृत्य में स्थान दिया है।

ठुमरी

ठुमरी और कथक आज एक–दूसरे का पर्याय माने जाते हैं। कथक नृत्य में 'भाव बताना' कहने पर ठुमरी पर 'अभिनय', यह अर्थ समझा जाता है। शब्द व्युत्पत्ति, भाषाशास्त्रीय विकासक्रम, व्याकरण तथा अर्थ की दृष्टि से ठुमरी मूलतः एक नृत्य–गीत है। 'ठुम' के साथ र + ई = री (स्त्रीलिंग) प्रत्यय संयुक्त होकर 'ठुमरी' शब्द बनता है, जिसका शब्दार्थ 'नृत्य वाली गेय रचना' है। व्यापक अर्थ में नृत्य के साथ गाई जाने वाली या नृत्य करते हुए गाई जाने वाली गेय रचना को ठुमरी कहा जाता सकता है।

प्राचीन एवं मध्यकालीन चर्चरी की भाँति वर्तमान समय में प्रचलित ठुमरी भी राससंगीत से उद्‌भूत, श्रृंगार रसपूर्ण गीत विधा मानी जा सकती है। नृत्य और भावाभिनय सहित गाये जाने वाले गीतों की श्रृंखला में ठुमरी को चाँचर/चर्चरी के बाद की कड़ी कहा जा सकता है। स्व. ठाकुर जयदेव सिंह ने ठुमरी का प्रचलन लगभग दो सौ वर्षों से मानते हुए उसे नृत्य और अभिनय से सम्बद्ध माना है सौरीन्द्र मोहन टैगोर ने अपने ग्रन्थ Universal History of Music में भी इसी आशय से लिखा है कि, "ब्रजभाषा के कवित्त–सवैये–पद तत्कालीन नृत्य का आधार रहे हैं, और अब लगभग पिछले दो सौ वर्षों से कथक में भाव–प्रदर्शन का मुख्य आधार 'ठुमरी' नामक गीत प्रकार हो गया है।" मुख्यतः श्रृंगार रस प्रधान तथा नायिका भेद पर आधारित ठुमरी गान तथा उस पर भावाभिव्यक्ति की परम्परा उत्तर भारत में वेश्याओं, भाण्डों तथा कथकों में रही है। कुछ दशकों पहले तक महफिलों में वेश्याएँ ही भावाभिनय सहित ठुमरी गाती थीं। किन्तु अब प्रतिष्ठित ख्याल गायक भी अपनी प्रस्तुति में ठुमरी को स्थान देने में नहीं हिचकिचाते। उत्तर भारतीय नृत्य 'कथक' के लिये तो भावाभिव्यक्ति का प्रमुख और लोकप्रिय माध्यम ठुमरी है। कथक नृत्य में ठुमरी के समायोजन एवं प्रचार के लिये महाराज बिन्दादीन को सर्वसम्मति से मान्य किया जाता है। गुरू बिन्दादीन के भतीजे सुप्रसिद्ध नर्तक गुरू स्व. शम्भू महाराज के कथनानुसार उनके घराने में ठुमरी का प्रारम्भ सबसे पहले महाराज बिन्दादीन जी से हुआ। महाराज बिन्दादीन ने उस्ताद सादिक अली खाँ से गान सीखकर स्वयं अनेक ठुमरियों की रचना की और उन्हें महफ़िलों में भावाभिनय सहित प्रस्तुत करना आरम्भ किया। लखनऊ के नवाबी युग में ठुमरी का विकास हुआ और इस तरह कथक नृत्य की लखनवी शैली से

इसका विशेष सम्पर्क रहा। कथक में 'भाव बताना' अभिनय के लिए ही कहा जाता है। इसे 'अरंथ भाव' भी कहते हैं जो कि शास्त्रोक्त पदार्थाभिनय के काफी निकट इस नृत्य को ले जाता है।

18 वीं शती के अंतिम चतुर्थांश में अवध के तत्कालीन नवाब वाजिदअली शाह के संरक्षण में ठुमरी और कथक का विशेष प्रचार–प्रसार हुआ। इस समय लखनऊ की ठुमरी में दो धाराएँ प्रचलित थीं। एक धारा मुख्यतः कथक नर्तकों और वेश्याओं द्वारा प्रयुक्त ठुमरियों की थी, जिनमें भावाभिव्यक्ति नृत्य तथा अभिनय द्वारा की जाती थी तथा गीत की स्थिति सहायक जैसी होती थी। दूसरी धारा गायक–गायिकाओं द्वारा व्यवहृत ठुमरी की थीं, जिसमें स्वर–सन्निवेश एवं काकु के समन्वित प्रयोग से भावाभिव्यंजना की जाती थी। इस तरह दूसरे प्रकार की ठुमरी में गायकी की प्रधानता होती थी तथा स्वाभाविक तौर पर सम्यक् आंगिकाभिनय का अभाव रहता था। हाँ, भावाभिव्यक्ति हेतु मुख पर सहज भाव एवं तदनुरूप स्वाभाविक अंग–विक्षेप अवश्य होता था, जो कि नृत्य में सात्त्विक अभिनय के लिए दिशा निर्देश का कार्य अवश्य कर सकता है। बनारस की श्रीमती बागेश्वरी देवी सन् 2000 में इंदिरा कला संगीत विश्वविद्यालय, खैरागढ़ में कुछ काल तक विज़िटिंग फैलो रहीं। उस दौरान मुझे उनसे अंतरंग होने का सौभाग्य मिला। ऐसी ही कुछ अंतरंग बैठकों में स्वयं मैंने बागेश्वरी जी का अभिनययुक्त गायन सुना। वर्णनातीत वह बारीक़ अभिनय, सच कहूँ तो अद्यपर्यन्त किसी कथक नर्तक/नर्तकी में भी नहीं देख पाई हूँ। अस्तु। उक्त लक्षणों के आधार पर पहली को 'नृत्यप्रधान' एवं दूसरी को 'गानप्रधान' ठुमरी कहा जा सकता है। महाराज बिंदादीन, चाँदपिया, बेग़म आलमआरा आदि ठुमरीकारों की ठुमरियाँ नृत्यप्रधान कही जा सकती हैं। उस्ताद सादिक अली खाँ और वाजिदअली शाह (कदरपिया) आदि की ठुमरियाँ गान प्रधान श्रेणी की मानी जा सकती हैं।

लयात्मकता तथा भावाभिव्यंजना के आधार पर भी ठुमरियों को दो प्रकार की कहा गया है, एक गतिप्रधान ठुमरी जिसे बोल–बाँट की ठुमरी कहा जाता है तथा दूसरी भावप्रधान ठुमरी जिसे बोल–बनाव की ठुमरी कहा जाता है। बोल–बाँट वाली ठुमरी में 'बाँट' शब्द खण्ड या प्रस्तार के लिये तथा बोल–बनाव वाली ठुमरी में 'बनाव' शब्द सजाने या अलंकरण के लिये प्रयुक्त किये गये हैं। विभिन्न प्रकार की लयकारी तथा ताल प्रस्तार, बोल–बाँट की ठुमरी की विशेषता है, जबकि भाव प्रधान बोल–बनाव की ठुमरी में विभिन्न स्वर–विन्यासों की सहायता से बन्दिश के शब्दों के सामान्य और

व्यंजनामूलक अर्थ अभिव्यक्त किये जाते हैं। इस तरह की ठुमरी में गहरे अभिनय से बन्दिश को सजाया जाता है, बढ़त की जाती है। वेश्याओं तथा कथकों में प्रायः नृत्यप्रधान ठुमरी के प्रदर्शन में बोल–बाँट की ठुमरी को खड़े होकर तथा बोल–बनाव की ठुमरी को बैठकर अभिनीत करने की परम्परा रही है। वर्तमान समय में नर्तक/नर्तकी उक्त दोनों प्रकार की ठुमरियों का सम्मिश्रित रूप प्रस्तुत करते पाये जा रहे हैं। ज्यादहतर ठुमरियाँ खड़ी अवस्था में नृत्य करते हुए बरती जाती हैं। पैरों से लयकारी के काम के साथ ही भावाभिव्यक्ति हेतु प्रतिष्ठित गुरुओं द्वारा स्थापित कुछ गिने–चुने स्थापित idioms को ही दोहरा लिया जाता है। अभिव्यक्ति में मौलिकता का अभाव अब नर्तकों का एक सामान्य लक्षण बनता जा रहा है।

जहाँ तक अभिनय का प्रश्न है यह उल्लेखनीय है कि संजीदा नर्तक बोल–बाँट अथवा बोल–बनाव की ठुमरी में सहज ही शास्त्रधारित निर्देशों का अनुपालन करते पाये गये हैं और यह ध्यान देने योग्य बात है कि बोल–बाँट की ठुमरी में वे **आस्येनालम्बयेत् गीतं हस्तेनार्थं प्रदर्शयेत्, चक्षुर्भ्यां दर्शयेद् भावं, पादाभ्यां तालमाचरेत्** के निर्देशानुसार, हस्त मुद्राओं से गीत के शब्दार्थ, नेत्रों से भाव तथा पादगतियों से ताल का अनुसरण करते हैं। इस तरह गीत सम्पूर्ण देह का आश्रय/आलम्बन लेकर प्रदर्शित किया जाता है। एक तरह से देह की भाषा का अवलम्ब लेकर गीत मुखरित होता है। बोल–बनाव की ठुमरी में अभिनय के लिये नाट्यशास्त्र के सामान्याभिनय सम्बन्धी निर्देशों का व्यवहार भी एक कुशल नर्तक द्वारा सहज ही किया जाता है। भरत मुनि द्वारा कहे गये 'गेयपद' का लक्षण बोल–बनाव की ठुमरी में भाव प्रदर्शन अथवा बैठकी भाव के समकक्ष किसी प्राचीन परम्परा की पुष्टि करता है। आचार्य कहते हैं कि – "जहाँ बैठी हुई दशा में नायिका अपने प्रियतम की प्रशंसा के अभिव्यंजक गीत गाती हो और साथ ही अंगमुद्राओं से उसका भाव भी बतलाती हो तो इसे 'गेयपद' समझें।"[1] हमें यह समझना होगा कि नृत्य की विभिन्न पद्धतियों और उनमें अभिनय की परम्परा का मूल नाट्यशास्त्र में खोजा अवश्य जा सकता है, मिलता भी है किन्तु यह भी ध्यान रखना होगा कि प्रयोगधर्मा कलाएँ नित्य परिवर्तनशील होती हैं, देश और काल भेद से इन कलाओं की अनन्त शाखाएँ–प्रशाखाएँ अस्तित्त्व में आईं और कालान्तर में विलीन हो गईं अथवा नवीन कलेवर के साथ पुनः अवतरित हुईं। इसलिये नाट्यशास्त्र भारतीय कलाओं की लम्बी परम्परा की पुष्टि अवश्य करता है लेकिन वर्तमान में प्रचलित किसी

---

1 नाट्शास्त्र/परिमल प्रकाशन/19/122–123

कलारूप विशेष की ऐतिहासिकता पर मुहर लगाने का कार्य नहीं करता। यों भी नाट्यशास्त्र में वर्णित सिद्धान्त सामान्य रूप से सभी प्रयोगधर्मा कलारूपों के लिये कहे गये हैं जो इस ग्रन्थ की सार्वकालिक तथा सार्वदेशिक उपादेयता की पुनः पुनः पुष्टि करते हैं। अस्तु।

कवित्त

कवित्त एक छन्दोबद्ध साहित्यिक रचना है जिसमें किसी एक घटना का संक्षिप्त वर्णन होता है। कथक नृत्य में कवित्त पर नृत्याभिनय करने की परम्परा रही है। नृत्य में कवित्तों का प्रयोग तालबद्ध होता है और ये सामान्यतः मध्य लय में नाचे जाते हैं। कथक में प्रयुक्त कवित्त विशुद्ध साहित्यिक रचना भी हो सकते हैं अथवा साहित्य और नृत्य के बोलों के संयोजन से बनी रचना भी। तालबद्ध रचना होने के कारण अधिकांश कवित्त एक तिहाई के साथ सम्पन्न होते हैं। उदाहरणार्थ –

<u>विशुद्ध कवित्त</u>

माखन खात चुराय चुराय के ढीठ बड़ो है ये तेरो कन्हैया।
काहू के खींचत जाये के चूनर बाल गोपाल गोपाल कहैया।।
ठाढ़ कदम्ब के छाँह तले रस भीनी बजावत बाँसुरी दैया।
कासे कहूँ कित जाऊँ सखी जित जाऊँ उतै वो चरावत गैया।।
हा हा हा दैया, हा हा हा दैया, हा हा हा दैया। (तिहाई)

<u>साहित्य तथा नृत्य के बोलों के संयोजन से बना कवित्त</u>

नटवर नाऽचत संऽगीऽ तगीऽत । विविधभाँ ऽतिगति नईऽन ईऽतत ।
ताऽथेई ऽऽतत आऽथेई ऽऽतत । ताऽथेई ऽऽतत आऽथेई ऽऽतत ।
ताऽपर पगनूँऽ नूऽपुर बाऽजेऽ।
नादिगदिगना दिगदिगदिगदिग थोदिगदिगथो दिगदिगदिगदिग।
थोऽदिगदिग तऽततऽत थेईऽदिगदिग थोऽदिगदिग।
तऽततऽत थेईऽदिगदिग थोऽदिगदिग तऽततऽत।।थेई।।

नर्तक पहले कवित्त की सताल पढ़न्त करता है, फिर उसे विभिन्न पादगतियों, आंगिक एवं मुखज अभिनय के माध्यम से प्रस्तुत करता है। कथक नृत्य में मध्यकालीन भक्त कवियों और कथक गुरुजनों द्वारा रचित कवित्तों पर अभिनय की परम्परा रही है। यह आम धारणा है कि 'कवित्त' जयपुर घराने के नृत्य की विशेषता है और लखनऊ

घराने में इसे नहीं नाचा जाता। गुरू लच्छू महाराज जी द्वारा रचित अनेक सुन्दर कवित्त रचे गये थे। ऊपर उदाहरण के रूप में बतलाये गये दो कवित्तों में से पहला गुरू लच्छू महाराज की ही रचना है। उनकी पट्ट शिष्या श्रीमती कुमकुम धर को जिन लोगों ने 'अर्धनारीश्वर' कवित्त करते देखा होगा वे इस तथ्य से भलीभाँति परिचित होंगे। श्रीमती विभा दधीच भी गुरू शम्भू महाराज द्वारा रचित कवित्तों की चर्चा और उनका प्रदर्शन करती रही हैं। यों हमारे मत में कथक नृत्य के किसी भी अंग को 'घराने' की सीमा में बांधकर उसका बहिष्कार करने का अधिकार हममें से किसी को नहीं है। विद्वान गुरुओं द्वारा अनेक खूबसूरत फूलों से इस माला को सजाया गया है। कथक की अन्तर्निहित वस्तु का यथोचित सम्मान करते हुए, संकुचित दायरे से बाहर आकर इस नृत्य के प्रत्येक अंग को साधने का प्रयास प्रत्येक कथक नर्तक का कर्तव्य होना चाहिये।

अष्टपदी

अन्य भारतीय शास्त्रीय नृत्य पद्धतियों की भाँति कथक नृत्य में भी कवि जयदेवकृत अष्टपदियों पर अभिनय करने की परम्परा रही है। अब इनका बरताव काफी कम हो चला है। लखनऊ घराने में महाराज बिन्दादीन द्वारा रचित अष्टपदियों पर भी अभिनय किया जाता रहा है। हे निरतत ढंग (सुधंग). . . . यानी शुद्ध अंग। इस तरह की पदावलियाँ पुष्टिमार्गीय संगीत परम्परा में बहुतायत से मिलती हैं। वास्तव में जयदेव और विद्यापति की शैली के अनुकरण में अष्टछापीय भक्तिपरक पद विकसित किये गये जिन्हें 'विष्णुपद' कहा गया। मंदिरों की अष्छापीय भक्ति परम्परा में संगीत और नृत्य के समावेश पर पूर्व में हम विस्तृत चर्चा कर ही चुके हैं। कालांतर में मंदिरों में नृत्य की परम्परा का लोप होता चला गया और नृत्यकला दरबारों और जनसामान्य के बीच लोकप्रिय हुई किन्तु उसका कथ्य लम्बे समय तक अपरिवर्तित रहा। या तो यथावत् अष्टछापीय परम्परा में प्रचलित पदों का ग्रहण नर्तकों द्वारा कर लिया गया या फिर उन्हीं पदों को कवि की छाप हटाकर ज्यों का त्यों अपना लिया गया। मूल कवि का नाम हटाकर अपने नाम के प्रयोग की प्रवृत्ति भी देखी गई है। जिन्होंने मध्यकालीन भक्ति तथा रीति साहित्य पढ़ा होगा वे ऐसी रचनाओं को सहज ही पहचान लेंगे जो आज किसी अन्य गुरू के नाम की 'छाप' के साथ कथक में नाची जा रही हैं।

18

नायिका भेद

नाटक के प्रमुख स्त्री पात्र को 'नायिका' तथा प्रमुख पुरुष पात्र को 'नायक' समझा जाना चाहिये। अन्य विषयों की तरह नायक और नायिका सम्बन्धी सम्पूर्ण विवरण (चाहे वह नाट्यशास्त्रीय हो या काव्यशास्त्रीय) बीजरूप में हमें आचार्य भरत के नाट्यशास्त्र में उपलब्ध हो जाता है। नाट्यशास्त्र में तत्सम्बन्धी अभिनय प्रक्रिया के लिये आवश्यक निर्देश भी दिये गये हैं जो नृत्य के विद्यार्थियों के लिये अत्यन्त उपयोगी सिद्ध हो सकते हैं। विषय को समग्रता प्रदान करने तथा पाठ्यक्रमाधारित शिक्षण की आवश्यकता को देखते हुए यहाँ संस्कृत तथा हिन्दी साहित्य, दोनों के आधार पर हम अपनी चर्चा को आगे बढ़ायेंगे।

उपलब्ध संस्कृत ग्रन्थों की श्रृंखला में नाट्यशास्त्र वह प्रथम ग्रन्थ है, जिसमें नायिका के लक्षण एवं उसके भेदोपभेद प्राप्त होते हैं। साथ ही अग्नि–पुराण, काव्यालंकार, श्रृंगार–प्रकाश, काव्य–प्रकाश, भावप्रकाशनम् एवं साहित्यदर्पणम् में भी इस विषय पर प्रकाश डाला गया है। भानुदत्त कृत 'रस–मंजरी' मात्र नायिका–भेद विषय को केन्द्र में रखकर लिखा गया ग्रन्थ है। संस्कृत ग्रन्थों के अलावा अपभ्रंश साहित्य भी नायिका भेद के उदाहरणों से भरा पड़ा है।

भरतमुनि ने नाटक के मुख्य स्त्री पात्र के रूप में 'नायिका' को रखते हुए उसके जिन भेदोपभेदों का उल्लेख नाट्यशास्त्र में किया है, परवर्ती साहित्य में नायिका वर्गीकरण के सन्दर्भ में उन्हें आधार के रूप में ग्रहण किया गया। नाट्यशास्त्र में उल्लिखित कुछ भेदों को यथावत् स्वीकार कर लिया गया और कुछ की संज्ञाओं में परिवर्तन कर दिया गया। कुछ अन्य नवीन भेदों को गढ़ते हुए परवर्ती ग्रन्थकारों द्वारा नायिकाओं की संख्या में वृद्धि भी की गई। हिन्दी साहित्य के इतिहास में 'रीतिकाल' लौकिक श्रृंगार वर्णन की सामान्य प्रवृत्ति के कारण 'रीतियुग' अथवा 'श्रृंगार युग' के रूप में जाना जाता है। अपने आश्रयदाताओं की मानसिक तुष्टि के लिये इस काल में लौकिक श्रृंगार भावनाओं से ओतप्रोत काव्य एवं साहित्य की खुलकर रचना की गई तथा नायिका भेद को आधार बनाकर अनेक स्वतंत्र ग्रन्थों का प्रणयन भी हुआ। रीति साहित्य में नायिका भेद की संख्या 384 और कहीं कहीं 1050 तक बतलाई गई है।

साहित्य और प्रयोगधर्मा कला इन दोनों में सर्जना का माध्यम भिन्न–भिन्न होता है इसलिये किसी बात को कहने की सीमा और अंदाज़ भी अलग होता है। साहित्य का एकांतिक क्षेत्र उसे बेबाक अभिव्यक्ति की सम्भावना प्रदान करता है, यही कारण है कि नायिका के रूप–सौन्दर्य, अंग–सौष्ठव से लेकर उसकी अष्टयाम दिनचर्या, यहाँ तक कि रतिक्रीड़ा का भी उन्मुक्त और कहीं–कहीं अमर्यादित वर्णन करने में साहित्यशास्त्रियों को परहेज नहीं रहा, निर्बाध कल्पना के फलस्वरूप नायिका के सैकड़ों रूपों का वर्णन किया गया है। जबकि संगीत–नृत्य–नाटक आदि प्रयोगधर्मा कलाएँ एकांतिक नहीं होतीं, सामाजिक/प्रेक्षक इनमें बराबरी का सहभागी होता है, इसलिये अभिव्यक्ति के व्यापार में **समूह औचित्य** का विशेष ध्यान रखना होता है। नाट्य और नृत्य में वे ही विषय समाविष्ट किये जा सकते हैं, जो ग्राम्यत्त्व के दोष से मुक्त हों। अर्थात् जीवन के प्रत्येक रंग का अनुकरण करते हुए भी नाट्य में उन अवस्थाओं की अनुकृति में मर्यादा भाव का ध्यान विशेष रूप से रखा जाता है। नाट्यशास्त्र उन्हीं अवस्थाओं के अनुकरण की अनुमति देता है, जो नाट्यधर्म से बाहर नहीं हैं। जबकि साहित्यशास्त्रियों का कल्पनालोक निःसीम है। इसलिये प्रयोगधर्मा कलाओं के लिये नायक तथा नायिका के समस्त भेदों का उपयोग सम्भव नहीं हो पाता। नृत्य के लिये तो यह दायरा कुछ अधिक सिमट जाता है। इसके अलावा प्रयोग के स्तर पर कलाकार की स्वयं की क्षमता भी मायने रखती है। अस्तु।

'नायिका' व्युत्पत्तिमूलक अर्थ

नायिका का शाब्दिक अर्थ है, स्वामिनी, पत्नी या किसी काव्य या नाटक का स्त्री पात्र। नी + ण्वुल् + टाप से बने 'नायिका' शब्द में 'नी' का अर्थ है, ले जाना। हम जानते हैं कि 'अभिनय' का अर्थ भी 'पास ले जाना' होता है। दूसरे शब्दों में, अभिनय वह प्रक्रिया है, जिसके द्वारा अभिनेता अथवा नट, दर्शक को मूल चरित्र के पास ले जाता है, या मूल चरित्र को दर्शक तक ले आता है। कथावस्तु के मूल–चरित्र और दर्शकों के बीच की दूरी नायक अथवा नायिका के द्वारा अपने अभिनय के माध्यम से कम या दूर कर दी जाती है। इन अर्थों में नायक अथवा नायिका नाटक का प्रधान पात्र होता है जो कथावस्तु के मूल पात्र की प्रतीति, अपने चतुर्विध अभिनय के माध्यम से दर्शकों को कराता है। इसलिये नाट्य/नृत्य के सम्पूर्ण आयोजन में नायक/नायिका का चरित्र केन्द्रीय तथा अत्यन्त महत्त्वपूर्ण माना गया है।

नाट्यशास्त्र के अनुसार नायिका भेद

आचार्य भरत ने नाटक के प्रधान स्त्री चरित्र की संवाहिका के रूप में नायिका का लक्षण इस प्रकार किया है – रूपवती, गुणवती, शीलवती, यौवनवती, सुन्दरवर्ण वाली, माधुर्ययुक्त, स्निग्ध, पवित्र, लावण्ययुक्त, मीठे गले वाली, लय ताल और रसों से युक्त, इस प्रकार विविध गुणों से युक्त नायिका होनी चाहिए।[1] नाट्यशास्त्र में सामाजिक प्रतिष्ठा, काम–दशा, वयगत विशेषता, प्रकृति–भेद, उपचार विधि एवं शील के आधार पर नायिका के भेद किये गये है। यहाँ संक्षेप में इनपर प्रकाश डाला जायेगा तथा इनमें से नृत्योपयोगी भेदोपभेद के विषय में हम विस्तार से चर्चा करेंगे।

सामाजिक प्रतिष्ठा के अनुसार नायिका

नाट्य की कथावस्तु के अनुसार सामाजिक प्रतिष्ठा को दर्शाते हुए आचार्य भरत ने नायिका के चार भेद कहे हैं – दिव्या, नृपपत्नी, कुलस्त्री तथा गणिका। ये चारों परस्पर भिन्न प्रकृति वाली होती हैं। दिव्या तथा राजांगनाएँ अथवा नृपस्त्री की प्रकृति धीरा (धैर्य वाली), ललिता (सुन्दर), उदात्त (श्रेष्ठ, उदात्त वह अवस्था है जहाँ सभी गुण अपनी उत्कृष्ट अवस्था में होते हैं) एवं निभृता (मृदु एवं सौम्य, छिपाकर रखने वाली) होती है। कुलस्त्री अथवा कुलवधु की प्रकृति उदात्ता एवं निभृता होती है जबकि गणिका, ललिता एवं उदात्त प्रकृति वाली होती हैं।[2] आचार्य भरत मुनि ने नृपस्त्री यानी रानी के लिये तो उक्त सभी गुणों का होना अनिवार्य माना है। पत्नी तथा वधु के लिये भी उक्त सभी गुण हों तो बहुत अच्छा किन्तु यदि इनमें से कुछ कम हों तो भी हर्ज़ नहीं। ऐसी स्थिति में पत्नी अथवा कुलवधु के लिये यह आवश्यक है कि वह सद्गुण सम्पन्न तथा सौम्य अवश्य हो, पत्नी या वधु रूपशालिनी नहीं है तो कोई दोष नहीं किन्तु उसे मृदु, सौम्य और गुणवती तो होना ही चाहिये, क्योंकि वह मात्र पत्नी नहीं एक परिवार की धुरी होती है। वंश की संवाहिका होती है। गणिका के लिये ललिता और उदात्ता होना आवश्यक बतलाया गया है। गणिका के लिये रूपवती होना अत्यन्त आवश्यक है। उसके रूप के आकर्षण से ही उसका महत्त्व होता है। इसीलिये तो वह रूपाजीवा कहलाती है। गणिका सौम्य हो यह आवश्यक नहीं किन्तु उसे अन्य गुणों से युक्त होना ही चाहिये। यहाँ यह ध्यान दिये जाने योग्य है कि भरत मुनि ने चारों ही नायिकाओं को आवश्यक रूप से 'उदात्त प्रकृतिवाला' कहा है।

---

1 नाट्यशास्त्र / काव्यमाला / 4 / 111–112
2 नाट्यशास्त्र / परिमल प्रकाशन / 24 / 24–26

कामदशागत अवस्था भेद से नायिका

नाट्यशास्त्र के 'सामान्याभिनय' नामक 22 वें अध्याय में नायिका के प्रति नायक के व्यवहार और फलस्वरूप किसी विशेष मनस्थिति में पहुँची नायिका के आठ भेद कहे गये हैं – वासकसज्जा, विरहोत्कण्ठिता, स्वाधीनपतिका, कलहान्तरिता, खण्डिता, विप्रलब्धा, प्रोषितभर्तृका तथा अभिसारिका।[1] नायिका इनमें से किसी एक अथवा दो अथवा उक्त सभी अवस्थाओं से गुज़र सकती है। आचार्य भरत ने नाट्य में इन्हीं आठ अवस्थाओं में नायिका के नियोजन का स्पष्ट निर्देश भी दिया है –

आस्ववस्थासु विज्ञेया नायिका नाटकाश्रया।[2]

वासकसज्जा

सम्भोग की लालसा से प्रेरित होकर जो स्त्री योग्य वस्त्राभूषणों को प्रसन्नतापूर्वक धारण कर सज्जित होती है तथा अपने घर पर ही अपने प्रिय की बाट जोहती है उसे 'वासकसज्जा' समझना चाहिए।[3] सखियों के साथ हँसी मजाक, प्रिय के मिलन की कल्पना, ठहरी–छूटती साँस, दूती के लौटने की चिन्ता ये वासकसज्जा के लक्षण हैं।

विरहोत्कण्ठिता

अनेक कार्यों में व्यस्त होने के कारण जिस स्त्री का प्रिय नहीं आ पाता उसके न आने के दुःख से आर्त्त नायिका 'विरहोत्कण्ठिता' कहलाती है।[4] कृशता, कम्पन, स्मृति के प्रति द्वेष, संताप, आँसू निकलना, सखी पर विश्वास कर उसे अपनी दशा दिखलाना आदि इस नायिका के विकार होते हैं।

---

1 तत्र वासकसज्जा च विरहोत्कण्ठितापि वा।
स्वाधीनभर्तृका चापि कलहान्तरितापि वा।।
खण्डिता विप्रलब्धा वा तथा प्रोषितभर्तृका।
तथाऽभिसारिका चैव ज्ञेयास्त्वष्टौ तु नायिकाः।।

नाट्यशास्त्र / परिमल प्रकाशन / 22 / 211–212

2 नाट्यशास्त्र / परिमल प्रकाशन / 22 / 221

3 उचिते वासके या तु रति संभोगलालसा।
मण्डनं कुरुते हृष्टा सा वै वासकज्जिका।

नाट्यशास्त्र / परिमल प्रकाशन / 22 / 213

4 अनेक कार्यव्यासंगाद्यस्य नागच्छति प्रियः।
तदनागतदुःखार्ता विरहोत्कण्ठिता तु सा।।

नाट्यशास्त्र / परिमल प्रकाशन / 22 / 214

स्वाधीनभर्तृका

रसमय सुरत से अति आकृष्ट होकर जिसका प्रिय सदैव पास बना रहे, उस अत्यन्त हर्ष, सौभाग्य और अभिमानशालिनी नायिका को 'स्वाधीनभर्तृका' समझना चाहिये।[1] उद्यानक्रीड़ा, जलक्रीड़ा, वसन्तोत्सव, मदनोत्सव तथा सभी प्रकार के अन्य विलास स्वाधीनभर्तृका नायिका के विकार हैं।

कलहान्तरिता

ईर्ष्या एवं कलह से त्रस्त होकर जिसका प्रिय पास नहीं आता, उस ईर्ष्याजनित क्रोध से संतप्त, असहिष्णु तथा प्रिय के चले जाने पर पश्चाताप करने वाली नायिका को 'कलहान्तरिता' समझना चाहिए।[2] हृदय में जलन, घबराहट, मूर्च्छा, निःश्वास, ज्वर, बार–बार विलाप, कुछ भी अच्छा न लगना इस नायिका के विकार हैं। उन्हीं के द्वारा इस नायिका का अभिनय किया जाना चाहिये।

खण्डिता

अन्य स्त्री पर आसक्त होने के कारण जिसका प्रिय समीप नहीं आता। उस नायक के न आने के दुःख से आर्त नायिका 'खण्डिता' कहलाती है।[3] यह नायिका डरती है, चिन्ता करती है, चुप रहती है, चिन्तित होती है, खेद करती है, भ्रमण करती है, बार–बार लम्बी साँस लेती है और विलाप करती है।

विप्रलब्धा

दूती भेजने तथा संकेत स्थल स्थिर करने पर भी प्रिय के न पहुँचने पर अपमानित होने वाली निराश नायिका 'विप्रलब्धा' कहलाती है।[4] चिन्ता, निःश्वास, खेद,

---

1 सुरतातिरसैर्बद्धो यस्याः पार्श्वे तु नायकः।
सान्द्रामोदगुणप्राप्ता भवेत् स्वाधीनभर्तृका।।

नाट्यशास्त्र / परिमल प्रकाशन / 22 / 215

2 ईर्ष्याकलहनिष्क्रान्तो यस्य नागच्छति प्रियः।
सामर्षवशसंप्राप्ता कलहान्तरिता भवेत्।।

नाट्यशास्त्र / परिमल प्रकाशन / 22 / 216

3 व्यासंगैदुचिते यस्या वासके नागतः प्रियः।
तदनागमदुःखार्ता खण्डिता सा प्रकीर्तिता।।

नाट्यशास्त्र / परिमल प्रकाशन / 22 / 216

4 यस्या दूतीं प्रियः प्रेष्य दत्वा संकेतमेव वा।
नागतः कारणेनेह विप्रलब्ध तु सा भवेत्।।

नाट्यशास्त्र / परिमल प्रकाशन / 23 / 218

हृदय में संताप, बार–बार मूर्च्छा आना, प्रलाप, जागरण, कृशता आदि विप्रलब्ध नायिका के विकार होते हैं।

प्रोषितभर्तृका

अनेक कार्यों के कारण से जिसका प्रिय (परदेस) चला गया हो, वह केशसंस्कार–रहित शिथिल वेणी वाली नायिका 'प्रोषितभर्तृका' होती है।[1] मलिनता, कृशता, जागरण, प्रिय के आगमन के शकुन आदि देखना, चिन्ता, जड़ता, सदा लेटे रहना आदि प्रोषितर्भृका के विकार हैं।

अभिसारिका

मद एवं मदन के आवेशवश लज्जा का त्याग कर जो प्रिय से मिलने के लिए अभिसरण करे उसे 'अभिसारिका' समझना चाहिये। यह रूप यौवन से सम्पन्न, कुलीन, भोग एवं धन के आधिक्य से युक्त होती है। अंगराग, सुगन्ध, चन्द्रोदय आदि से उद्दीप्त कामदेव के पंचबाणों से घायल, नायक को निश्चित संकेत स्थल पर बुलाती है और स्वयं वहाँ जाती है। हाथ के कंगन को चढ़ाना, ढीली करधनी को कसकर बांधना, पैरों की पायल उतारना, डरना, छुपना, सहम जाना इस नायिका के विकार होते हैं।[2]

नायिका के प्रति नायक के व्यवहार पर आधारित ये भेद परवर्ती काल में इस विषय पर काम करने वाले प्रत्येक ग्रन्थकार द्वारा 'अष्टनायिका' के नाम से इसी रूप में ग्रहण किये गये।

यौवनगत अवस्था भेद से नायिका

नाट्यशास्त्र के 23 वें 'वैशिकोपचार' नामक अध्याय में आचार्य भरत ने स्त्रियों की यौवनगत चार अवस्थाएँ कही हैं – प्रथमावस्था, द्वितीयावस्था, तृतीयावस्था तथा चतुर्थावस्था। प्रणयानंद का उपभोग करने वाली इन चार अवस्थाओं की पहचान स्त्री के वेष, रूप, चेष्टा तथा गुणों के द्वारा होती है।[3] आयु आधारित इन भेदों में किसी स्त्री

---

1 नानाकार्याणि सन्धाय यस्या वैप्रोषितः प्रियः।
सा (प्र?) रूढ़ालककेशान्ता भवेत् प्रोषितर्भृका।।

नाट्यशास्त्र / परिमल प्रकाशन / 23 / 219

2 हित्वा लज्जां तु या श्लिष्टा मदेन मदनेन च।
अभिसारयते कान्तं सा भवेदभिसारिका।।

नाट्यशास्त्र / परिमल प्रकाशन / 23 / 220

3 सर्वासां नारीणां यौवन भेदाः स्मृतास्तुचत्वारः
नेपथ्य रूप चेष्टा गुणेन श्रृंगारमासाद्य।।

नाट्यशास्त्र / परिमल प्रकाशन / 23 / 42

की शारीरिक एवं मानसिक स्थिति के वर्णन के साथ ही उसके व्यवहार का अत्यन्त सटीक मनोवैज्ञानिक विश्लेषण आचार्य ने प्रस्तुत किया है। परवर्ती काल में इसे आधार बनाते हुए मुग्धा, मध्या, प्रौढ़ा तथा धीरा, धीरा–धीरा, तथा अधीरा भेद कहे गये।

प्रथमावस्था

यौवन की प्रथमावस्था में युवती की जंघाएँ, कपोल तथा अधर मोटे तथा सुन्दर, उरोज बड़े और कड़े तथा उसमें रति के प्रति उत्साह हो जाता है। स्त्री इस अवस्था में अतिशय कष्टों को सहन करने में असमर्थ होती है, दूसरी स्त्रियों से न तो वह प्रसन्न होती है, न ही अप्रसन्न साथ ही नायक के सौम्य गुणों पर आसक्त होती है।[1]

द्वितीयावस्था

यह वह आयु है जब नायिका के शरीर के सभी अवयव पूर्णरूपेण विकसित हो जाते हैं। वक्षःस्थल विशाल एवं मांसल हो जाता है, और इस कारण झुके अंगों वाली काम की सारभूत यह द्वितीया अवस्था है। इस अवस्था वाली नायिका थोड़ा मान करती है, थोड़ा क्रोध और थोड़ा द्वेष करती है। साथ ही क्रोध आने पर चुप्पी साध लेती है।[2]

तृतीयावस्था

तृतीयावस्था में स्त्रियों में सभी प्रकार की सुन्दरता छा जाती है तथा उन्हें रति सुख की चरम उपलब्धि होती है। मादकता एवं अनेक गुणों से सम्पन्न स्त्री काम की अतिशय अपेक्षा करने लगती है। ऐसी स्त्री रति में निपुण होती है, प्रतिपक्ष यानी सौतों से ईर्ष्या करने लगती है, गुणों से युक्त तथा गर्व एवं अन्य चेष्टाओं का स्पष्ट प्रदर्शन करने लगती है।[3]

---

1 नात्यर्थ क्लेशसहा न कुप्यति न हृष्यति स्त्रीभ्यः।
सौख्यगुणेष्ववसक्ता नारी नवयौवना ज्ञेया।।

नाट्यशास्त्र / परिमल प्रकाशन / 23 / 48

2 किंचित्करोति मानं किंचित् क्रोधं च मत्सरं चैव।
क्रोधे च भवति तूष्णीं यौवनभेदे द्वितीये तु।।

नाट्यशास्त्र / परिमल प्रकाशन / 23 / 49

3 रतिसम्भोगे दक्षाः प्रतिपक्षासूयिनी रतिगुणाढ्या।
अनिश्रृतगर्वितचेष्टा नारी ज्ञेया तृतीये तु।।

नाट्यशास्त्र / परिमल प्रकाशन / 23 / 50

चतुर्थावस्था

प्रथम, द्वितीय तथा तृतीय अवस्था के बीत जाने पर श्रृंगार भावनाओं की शत्रुरूप चतुर्थ अवस्था आती है। कपोल, जंघाओं, ओठों एवं उरोजों का सौन्दर्य मलिन हो जाता है। लावण्य थोड़ा घट जाता है, तथा रति के प्रति उत्साह नहीं रहता किन्तु स्त्री इस अवस्था में पुरुष के चित्त को ग्रहण करने में समर्थ हो जाती है। काम में कुशल एवं ईर्ष्याविहीन होती है। प्रिय के समीप सदैव बनी रहना चाहती है।[1]

प्रकृति भेद से नायिका

तेइसवें अध्याय में ही भरत ने स्त्रियों को प्रकृति–भेद से त्रिविध बतलाते हुए क्रमशः उत्तमा, मध्यमा एवं नीचा (अधमा) कहा है। ये भेद भी परवर्ती काल में सभी ग्रन्थकारों द्वारा यथावत् स्वीकार कर लिये गये। आचार्य कहते हैं कि मूलरूप से सभी स्त्री–पुरुष उत्तम, मध्यम या अधम प्रकृति के होते हैं। नाटक में इनका चित्रण एवं अभिनय इन्हीं तीन प्रकृतियों के अनुरूप किया जाता है। अतः की प्रकृति भी तीन प्रकार की मानी जानी चाहिये – उत्तमा, मध्यमा और नीचा। वेश्याओं के विषय में आचार्य का मत है कि उनकी प्रकृति अपने स्वभावानुसारी होती है।

सर्वासामेव नारीणां त्रिविधं प्रकृतिः स्मृता।
उत्तमा मध्यमा नीचा वेश्यानां तु स्वभावजाः।।[2]

उक्त चर्चा में जहाँ सामान्य रूप से स्त्रियों की प्रकृति की बात की जा रही है, वेश्याओं की प्रकृति की बात अस्थानस्थ लगती है। चौखम्बा संस्करण (25 वाँ अध्याय, 36 वाँ श्लोक) में थोड़े पाठान्तर के साथ यद्यपि यह बात आई है, परन्तु वहाँ भी वह स्पष्ट रूप से अस्थानस्थ ही है। तदनुसार प्रतीत यही होता है कि प्रस्तुत प्रसंग में भरत स्त्रियों की तीन प्रकृतियों का ही उल्लेख कर रहे हैं, जिनका आगे के श्लोक में क्रमशः लक्षण भी बताया गया है। फिर भी यदि प्रस्तुत संस्करण को महत्त्व देने हुए चतुर्थ चरण की संगति बिठाने का प्रयास किया जाये, तो यह कहा जा सकता है कि सामान्य रूप से लोक में स्त्रियाँ उत्तमादि तीन प्रकार की प्रकृति वाली बतलाई गई हैं, वेश्याएँ

---

1 चित्तग्रहणसमर्था कामाभिज्ञा त्वमत्सरोपेता।,
अविरहितमिच्छति सदा पुरुषं नारी चतुर्थे तु।।
नाट्यशास्त्र / परिमल प्रकाशन / 23 / 51

2 नाट्यशास्त्र / परिमल प्रकाशन / 23 / 35

इनमें समाविष्ट नहीं है, क्योंकि उनकी प्रकृति उनके अपने प्रयोजन (धन प्राप्ति) और भावानुसार समय–समय पर कुछ भी हो सकती है।

उत्तमा

अप्रिय बोले जाने पर भी जो स्त्री अप्रिय वचन नहीं कहती अपितु प्रिय ही बोलती है, जो अधिक देर तक क्रोध नहीं करती अर्थात् जिसका क्रोध क्षणिक होता है। जो कलाओं में कुशल हो तथा कुल, लौकिक सुख और धन आदि के कारण पुरुषों के द्वारा जिसकी कामना की जाये। जो कामशास्त्र में कुशल, अनुकूल, रूपवती, सकारण क्रोध करने वाली, ईर्ष्यारहित, किस समय कौन–सा काम करना चाहिये इसकी समझ रखने वाली हो तथा जो सुन्दर रूप वाली हो, उसे उत्तमा कहा गया है।[1]

नाट्यशास्त्र के 24 वें अध्याय में पुनः उत्तमा स्त्री का लक्षण इस प्रकार दिया गया है – कोमल स्वभाव वाली, चंचलता रहित, मुस्कुराकर बोलने वाली, अक्रूर, पूज्यजन का मान करने वाली, लज्जा और विनय से युक्त, रूपशालिनी, कुशल, शील तथा माधुर्य से सम्पन्न, धैर्य और तेज से युक्त हो, उसे उत्तमा स्त्री जानें।[2]

मध्यमा

उत्तमा के ही जैसे गुणों वाली किन्तु साथ ही कुछ दोषों से युक्त मध्यमा प्रकृति कही गई है।[3] जो पुरुषों के द्वारा चाही जाती है और उनको चाहती है। जो कामोपचार में कुशल है, अपने प्रतिपक्षी से असूया और ईर्ष्या करती है, जो अनिभृता है, जो अधिक

---

1 या विप्रियेऽपि तिष्ठन्ति प्रियं वदति नाप्रियम्।
न दीर्घरोषा च तथा कलासु च विचक्षणा।।
शीलशोभाकुलाधिक्यैः पुरुषैयां च काम्यते।
कुशला कामतन्त्रेषु दक्षिणा रूपशालिनी।।
गृण्ह्याति कारणाद्रोषं विगर्तेर्ष्या ब्रवीति च।
कार्यकालविशेषज्ञा सुरूपा सा स्मृतोत्तमा

नाट्यशास्त्र / परिमल प्रकाशन / 23 / 36,37,38

2 मृदुभावा चाचपला स्मितभाषिण्यनिष्ठुरा।
गुरुणां वचने दक्षा सलज्जा विनयान्विता।।
रूपाभिजनमाधुर्यैर्गुणैः स्वाभाविकैर्युता।
गाम्भीर्यधैर्यसम्पन्ना विज्ञेया प्रमदोत्तमा।।

नाट्यशास्त्र / परिमल प्रकाशन / 24 / 9,10

3 नात्युत्कृष्टैरनिखिलैरेभिरेवान्विता गुणैः
अल्पदोषानुबिद्धा च मध्यमा प्रकृतिः स्मृता।।

नाट्यशास्त्र / परिमल प्रकाशन / 24 / 11

क्रोध नहीं करती तथा जो अतिमानिनी है, जो शीघ्र प्रसन्न हो जाती है, वह स्त्री मध्यमा कही गई है।[1]

अधमा

गलत स्थान पर क्रोध करने वाली, दूषित शील वाली, अत्यन्त मान करने वाली, चंचल, रूक्ष/कठोर तथा अधिक देर तक क्रोध करने वाली स्त्री अधमा कही गई है।[2]

उत्तमा, मध्यमा और अधमा सम्बन्धी उक्त विवरण से यह स्पष्ट होता है कि उत्तमा, मध्यमा एवं अधमा प्रकृतियों की अपनी–अपनी शारीरिक एवं मानसिक विशेषताएँ होती हैं। सद्गुणों एवं दुर्गुणों के अल्पत्त्व या बहुत्त्व के आधार पर किसी की प्रकृति का निश्चय किया जाता है। भरत द्वारा कही गई चारित्रिक विशेषताओं में कुछ तो प्रकृति प्रदत्त या जन्मजात होती हैं और कुछ व्यक्ति के द्वारा प्रयासपर्वूक अर्जित की जाती हैं। संस्कार पीढ़ी के संचित परिणाम भी होते हैं और स्वयं व्यक्ति सजग भाव से स्वयं को संस्कारित भी करता चलता है। जैसे किसी व्यक्ति का कुल एवं सौन्दर्य उसे जन्म से प्राप्त होता है, शील भी व्यक्ति के संस्कारों पर कुछ हद तक निर्भर करता है, किन्तु इसके अलावा अनेक उदात्त लक्षणों का विकास वह सतत् अभ्यास के द्वारा करता है। इसलिये ऐसे स्त्री–पुरुष जो शारीरिक सौन्दर्य तथा मानसिक शक्ति के धनी हैं, सुसंस्कारी भी हैं, साथ ही जो अनेक सद्गुणों से युक्त व दोषों से लगभग विहीन होते हैं, उत्तम प्रकृति के माने जाते हैं। इसके विपरीत शारीरिक व मानसिक रूप में अक्षम, कुसंस्कारी, अनेक दोषों से युक्त स्त्री–पुरुष अधम प्रकृति के माने गये हैं। इन दोनों ही तरह के स्त्री–पुरुषों के अतिरिक्त ऐसे स्त्री–पुरुष भी होते हैं, जिनमें संस्कारगत एवं प्रकृतिप्रदत्त विशेषताओं के साथ–साथ कुछ दोष भी होते हैं, किन्तु जो अपने दोषों को कम करने तथा सद्गुणों का विकास करने का प्रयास करते हैं, वे मध्यम प्रकृति के कहलाते हैं।

---

1 पुरुषैः काम्यते या तु तथा कामयते च तान्।
कामोपचारकुशला प्रतिपक्षाभ्यसूयिनी।।
ईर्ष्यातुरा त्वनिश्रृता क्षीण क्रोधातिगर्विता।
क्षण प्रसादा या चैव सा नारी मध्यमास्मृता।।

नाट्यशास्त्र/परिमल प्रकाशन/23/39,40

2 अस्थानकोपजा या तु दुष्टशीलातिमानिनी।
चपला परुषा चैव दीर्षरोषाधमा स्मृता।।

नाट्यशास्त्र/परिमल प्रकाशन/23/41

नाट्यशास्त्र के परवर्ती ग्रन्थों में नायिका भेद

यद्यपि नाट्यशास्त्र में नायिका को श्रृंगार रस का आलम्ब नहीं कहा गया है किन्तु भरतमुनि ने प्रकारान्तर से श्रृंगार प्रसंगों में ही नायिका की चर्चा की है। कालक्रम की दृष्टि से उपलब्ध ग्रन्थों में 'अग्नि पुराण' वह पहला ग्रन्थ है जिसमें पहली बाहर नायक–नायिका को स्पष्टतः श्रृंगार रस का आलम्बन मानते हुए इनकी चर्चा की गयी है।[1] काव्यालंकार, दशरूपकम्, भावप्रकाशनम्, साहित्यदर्पण, रसमंजरी जैसे परवर्ती ग्रन्थों में इसी आधार पर नायिका भेद सम्बन्धी विवरण प्राप्त होता है। उल्लेखनीय है कि आचार्य भरत ने अपने वर्गीकरण में परकीया नायिका को स्थान नहीं दिया है। हिन्दी साहित्य की परम्परा में केशव जैसे सामाजिक आदर्शों का ध्यान रखने वाले आचार्य को भी परकीया नायिका स्वीकार न हो सकी, तथापि स्वकीया भाव के साथ–साथ परकीया भाव की धारा साहित्य में वर्षों से सवेग प्रवाहित होती रही है। सम्भवतः सामाजिक मर्यादा एवं नैतिकता के दृष्टिकोण से ऐसा किया गया हो। परकीया भाव का सम्बन्ध कृष्ण साहित्य से मानते हुए गोस्वामी तुलसीदास जैसे मर्यादावादी भक्त कवि ने भी गोपियों की त्याग–भावना और परकीया प्रेम को कल्याणकारी मार्ग बताया–

जाके प्रिय न राम वैदेही, तजिये ताहि कोटि बैरी सम जद्यपि परम सनेही।
तज्यो पिता प्रल्हाद, विभीषण बंधु, भरत महतारी।
बलि गुरु तज्यो कंत ब्रज वनितनि, भय मुद मंगलकारी।।[2]

यों उत्तर मध्यकाल आते–आते परिस्थितियों में भारी परिवर्तन आया। साहित्य के प्रसंग में विशेष प्रकार की चमत्कारपूर्ण रचना को 'रीति' कहा गया है – विशिष्टा पदरचना रीतिः।[3] आचार्य वामन जैसे संस्कृत परम्परा के काव्यशास्त्रियों ने रीति को रस और ध्वनि की ही तरह काव्य की आत्मा माना है। उत्तर मध्यकाल के प्रमुख कवियों यथाः केशव, चिन्तामणि, भूषण, मतिराम, सेनापति, बिहारी, देव, घनानन्द, दास, पद्माकर आदि ने ऋतु वर्णन तथा नायिका के नख–शिख वर्णन को आधार मानते हुए श्रृंगार रस प्रधान साहित्य की रचना की। इस कालखण्ड की लगभग सभी रचनाओं का

---

1 परवर्ती काल के आचार्यों ने नायिका को स्पष्ट रूप से श्रृंगार रस का आलम्बन मानते हुए भरत द्वारा कहे गये नायिका–भेदों को न केवल दोहराया बल्कि उनके भेदोपभेद कहते हुए नायिकाओं की संख्या में वृद्धि की।

2 विनय पत्रिका / गोस्वामी तुलसीदास / पद संख्या 174

3 काव्यालंकार सूत्र 1, 2, 6

कथ्य श्रृंगार रस प्रधान रहा। एक लक्ष्य तथा कथ्य के प्रस्तुति की एकरूपता के कारण या यों कहें कि रचनाओं में 'रीति विशेष' के निर्वाह के कारण हिन्दी साहित्य जगत् में इस कालखण्ड को 'रीति काल' अथवा 'श्रृंगार काल' के नाम से जाना गया।

हालाँकि ओज और उत्साह से परिपूर्ण वीर–काव्य और भक्ति काव्य की रचना का सिलसिला भी इस काल में बना रहा। कवि भूषण, लाल, सूदन, चंद्रशेखर, जोधराज आदि वीरकाव्य के प्रमुख कवि माने गये, तो जगजीवन, यारी, दरिया, शिवनारायण आदि ने निर्गुण शाखा का भक्तिकाव्य रचा। यह अवश्य है कि ऐसा साहित्य तुलनात्मक रूप से कम रचा गया और प्रवृत्ति प्रमुखतः श्रृंगार ही बनी रही। आश्रयदाता की प्रशंसा और तुष्टि प्रत्येक युग की आवश्यकता रही है, रीतिकाल में यह प्रवृत्ति कुछ अधिक दिखाई देती है। इसलिये तत्कालीन कला के उद्देश्यों में भी परिवर्तन आया। संगीत और उसके तीनों घटक – गायन, वादन और नर्तन भी इस परिवर्तन से अछूते नहीं रहे। 'सामवेदोऽस्मि' कहकर जिस संगीत में स्वयं परब्रह्म की उपस्थिति का घोष हमारे भारतवर्ष में किया गया था, जिसे मोक्ष प्राप्ति का सर्वोपरि साधन माना गया था, उसी संगीत की धारा ने इस काल में अपना लक्ष्य बदला और फलस्वरूप मार्ग भी। इस काल के कवियों का दृष्टिकोण आध्यात्मिक नहीं रह पाया, आश्रयदाताओं की तुष्टि के लिए लौकिक श्रृंगार से ओतप्रोत काव्य एवं साहित्य की खुलकर रचना होने लगी। सामाजिक मर्यादा और नैतिकता के बंधन के परे नायिका के हर सम्भावित रूप को उकेरा गया। इस काल में परकीया ही नहीं सामान्या के भी भेदोपभेद कहे गये।

रीतिकाल के आचार्यों ने नायिका के स्वकीया, परकीया तथा सामान्या भेद कहते हुए स्वकीया नायिका को मुग्धा, मध्या तथा प्रगल्भा के रूप में पुनः विभाजित किया। मुग्धा को एक ही कहते हुए उसके उपभेद नहीं कहे गये किन्तु मध्या और प्रगल्भा दोनों के धीरा, धीरा–धीरा, अधीरा उपभेद किये गये। मध्या और प्रगल्भा को ज्येष्ठा और कनिष्ठा के भेद से पुनः द्विविध कहा गया। इस तरह स्वकीया नायिका के निम्नलिखित भेद बने –

- स्वकीया मुग्धा
- स्वकीया मध्या धीरा
- स्वकीया मध्या धीरा–धीरा
- स्वकीया मध्या अधीरा

नायक की दो पत्नियाँ होने की स्थिति में दोनों में से पहली को (सम्भवतः आयु में बड़ी होने के कारण) 'ज्येष्ठा' कहा गया और दूसरी को (आयु में छोटी होने के कारण) 'कनिष्ठा' कहा गया। नायिका के प्रति नायक का प्रेम भी ज्येष्ठा और कनिष्ठा के निर्धारण का कारण बनता है। अर्थात् जिस नायिका को नायक अधिक चाहे वह ज्येष्ठा तथा जिसे अपेक्षाकृत कम चाहे वह कनिष्ठा की श्रेणी में गिनी जायेगी। इस तरह स्वकीया मध्या धीरा, स्वकीया मध्या धीरा–धीरा और स्वकीया मध्या अधीरा या तो ज्येष्ठा होगी अथवा कनिष्ठा। इस आधार पर वर्गीकरण करते समय आयु को केन्द्र में नहीं रखा गया। यह भेद निम्नानुसार बनते हैं –

- स्वकीया मध्या ज्येष्ठा धीरा
- स्वकीया मध्या ज्येष्ठा धीरा–धीरा
- स्वकीया मध्या ज्येष्ठा अधीरा

अथवा

- स्वकीया मध्या कनिष्ठा धीरा
- स्वकीया मध्या कनिष्ठा धीरा–धीरा
- स्वकीया मध्या कनिष्ठा अधीरा

अब स्वकीया प्रगल्भा के भी ठीक इसी तरह भेद बनेंगे। यथा –

- स्वकीया प्रगल्भा ज्येष्ठा धीरा
- स्वकीया प्रगल्भा ज्येष्ठा धीरा–धीरा
- स्वकीया प्रगल्भा ज्येष्ठा अधीरा

अथवा

- स्वकीया प्रगल्भा कनिष्ठा धीरा
- स्वकीया प्रगल्भा कनिष्ठा धीरा–धीरा
- स्वकीया प्रगल्भा कनिष्ठा अधीरा

उपरोक्त वर्गीकरण के अनुसार स्वकीया नायिका के तेरह भेद बनते हैं। स्वकीया मुग्धा (1), स्वकीया मध्या (6) तथा स्वकीया प्रगल्भा (6)।

जैसा कि हमने देखा नाट्यशास्त्र में 'परकीया' नायिका को स्थान नहीं दिया गया है। समाज में स्थापित आदर्श मानदण्ड और तदनुरूप उनके व्यवहार का संकेत इससे मिलता है, किन्तु इसका यह अर्थ नहीं कि परकीय सम्बन्ध तत्कालीन समाज में

नहीं रहे होंगे। प्रश्न मात्र इसकी सामाजिक एवं साहित्यिक स्वीकृति का है। आगे चलकर इस ढाँचे में परिवर्तन आया। परकीया को सामाजिक स्वीकृति तो खैर नहीं मिली (जो कि अब भी नहीं मिली है) किन्तु साहित्य में परकीय प्रेम पर भारी मात्रा में लिखा गया, फलस्वरूप मंचस्थ विधाओं में भी इस भाव को अपनाया गया! लगता यह है कि परकीया से प्रेम सुलभ न होने के कारण वर्ण्य विषय में वैविध्य और रोचकता की अपार सम्भावना को देखते हुए परवर्ती आचार्यों ने परकीया नायिका को अपने लेखन में स्थान दिया और उसके प्रकार भी कहे। परकीया नायिका को कन्या और ऊढ़ा, इन दो भेदों में बाँटा गया। हाँ, सामान्या नायिका का कोई उपभेद नहीं कहा गया, वह एक ही कही गयी। इस तरह स्वकीया (13), परकीया (2) तथा सामान्या (1) कुल मिलाकर सोलह नायिकाएँ कही गईं। इन सोलह नायिकाओं को पुनः अवस्थानुसार अष्टविध बतलाते हुए उनके 128 भेद बने। इन 128 प्रकारों को अंततः उत्तमा, मध्यमा और अधमा के भेद से त्रिविध कहा गया और नायिकाओं की कुल संख्या 384 तक पहुँची। यहाँ संक्षेप में इनका विवरण दिया जा रहा है –

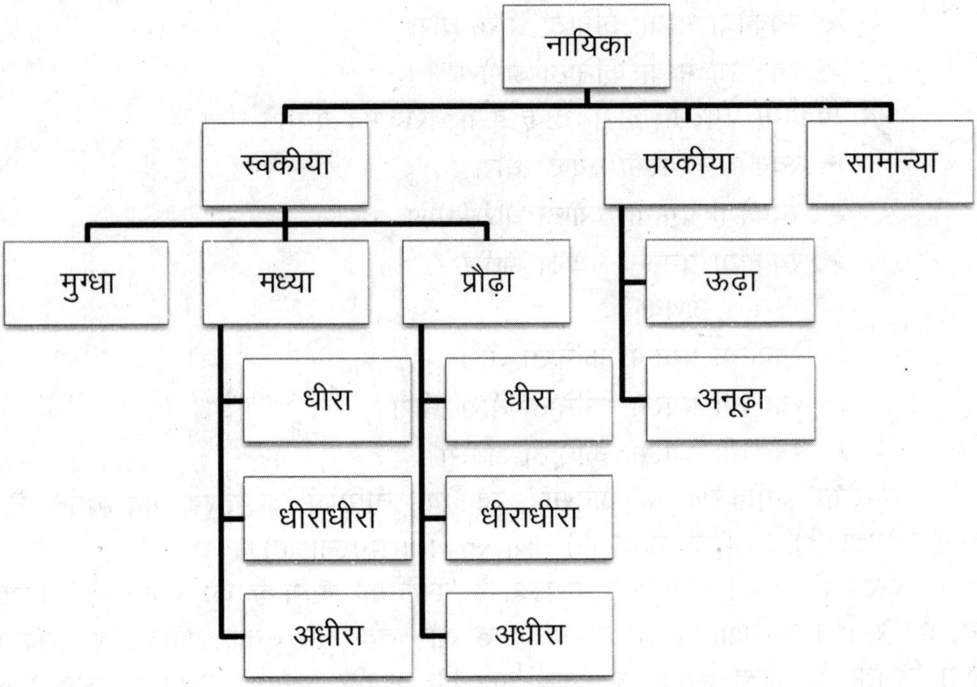

स्वकीया मध्या और स्वकीया प्रौढ़ा के कनिष्ठा और ज्येष्ठा भेद पुनः किये जायेंगे तथा इस तरह प्राप्त सोलह भेद पुनः अष्टविध होंगे। अंततः उत्तम, मध्यम तथा अधम भेद से कुल 384 नायिकाएँ बनेंगी।

स्वकीया

शील, आर्जव (सरल तथा निष्कपट) एवं कुशलता से सम्पन्न जिस स्त्री से पुरुष अग्नि को साक्षी मानकर विवाह करता है, वह स्वकीया होती है। यह नायिका दुःख तथा सुख दोनों में कभी भी अपने प्रिय को नहीं छोड़ती। स्वकीया नायिका के मुग्धा, मध्या एवं प्रगल्भा ये तीन भेद कहे गये हैं –

मुग्धा

आयु एवं काम दोनों में नई नायिका 'मुग्धा' कहलाती है। यह रति से वाम रहती है एवं मृदु क्रोध वाली होती है। काममुग्ध, रतवामा एवं कोपमृदु मुग्धा के ये तीन भेद हैं। काममुग्ध अर्थात् काम सम्बन्धी विषयों में भी अनभिज्ञ–सी तथा भोली है। वयः संधिजन्य मनोविकारों को समझ नहीं पाती। अर्थात् न तो शारीरिक परिवर्तनों को समझती है और न प्रेम को। रतवामा यानी सुरतक्रीड़ा से डरती है इस कारण सदैव नायक से दूर रहती है। जैसे कि नायक द्वारा कुछ कहने पर जवाब नहीं देती, एक ही शैया पर सोने पर दूसरी ओर मुख करके सोती है। नायक द्वारा पकड़े जाने पर स्वयं को छुड़ाने की चेष्टा करती है। कोपमृदु का अर्थ है कि इस नायिका का क्रोध भी कोमल होता है। नायक द्वारा अपराध करने पर (किसी अन्य नायिका के प्रेम में पड़े नायक के विषय में जानने पर) भी वह क्रोध करना नहीं जानती, अर्थात् क्रोध आने पर भी अपनी सरलता के कारण वह यह नहीं जानती कि किन विकारों द्वारा क्रोध को प्रकट किया जाये। इस नायिका को आसानी से प्रसन्न किया जा सकता है।

मध्या

मध्या नायिका यौवन एवं काम को प्राप्त हो चुकी होती है तथा सुरतक्रीड़ा को मोह के अन्त तक सह सकती है। यह शारीरिक एवं मानसिक परिवर्तनों को समझती है, नायक से कहना भी चाहती है, पर लज्जावश कह नहीं पाती। अपराधी नायक के प्रति कोप करने के ढंग के अनुसार मध्या के तीन भेद कहे गये हैं – धीरा, अधीरा एवं धीरा–धीरा। 'मध्या धीरा नायिका' नायक के अपराध करने पर टालमटोल करने वाली बात श्लेषपूर्ण ढंग से कहती है और व्यंग्यपूर्ण वचन कहती है। 'मध्या धीरा–धीरा

नायिका' नायक द्वारा अपराध किये जाने पर न सिर्फ रोती है वरन् नायक को ताने भी सुनाती है। 'मध्या अधीरा नायिका' अपराधी नायक को दुःखी करने के लिये क्रोध करते हुए कटु वचनों को कहती है। अपराधी नायक द्वारा बार–बार क्षमा–याचना करने पर भी वह प्रसन्न नहीं होती है यहाँ तक कि नायक को अपने पास से चले जाने के लिये कहती है। नायक के वहाँ से चले जाने की स्थिति में यही अधीरा मध्या 'कलहांतरिता' कहलाती है।

प्रगल्भा

यह नायिका पूर्णरूपेण, परिपक्व और चतुर होती है, प्रिय/पति के अंगों में विलीन हो जाना चाहती है। यौवनभार से युक्त प्रगल्भा नायिका की चाल कुछ मन्थर प्रतीत होती है। इसके नेत्र बड़े एवं भौंहें टेढ़ी होती हैं किन्तु इन भौंहों से भी ज्यादह टेढ़े इसके वचन होते हैं, अर्थात् व्यंग्य बाण चलाना खूब जानती है। नायक के पास स्थित होने या उसके न होने पर भी उसकी स्मृति में ही अत्यधिक भावमग्न होने के कारण यह 'भावप्रगल्भा या स्मरोन्मत्ता' कहलाती है। प्रगल्भ नायिका सुरतक्रीड़ा में इतनी अधिक विभोर हो जाती है कि उसे उस समय किसी भी बात का ज्ञान नहीं रह जाता। प्रगल्भा नायिका के समस्त व्यापार लज्जा से सर्वथा रहित होते हैं तथा अत्यधिक विदग्धतापूर्ण होते हैं। अपराधी नायक के प्रति व्यवहार की भिन्नता के आधार पर प्रगल्भा नायिका के धीरा, अधीरा एवं धीरा–धीरा ये तीन भेद किये जा सकते हैं। प्रगल्भा धीरा नायिका अपराधी नायक के सामने अपनी पराजित दशा को छिपाते हुए ऊपरी तौर पर नायक के प्रति सम्मान प्रदर्शित करती है, किन्तु रति के प्रति उदासीन रहती है। प्रगल्भा धीरा–धीरा नायिका, मध्या धीरा–धीरा की ही तरह रोते हुए ताने मारती है और प्रगल्भा अधीरा क्रोधित होते हुए अपराधी नायक को न सिर्फ डाँटती है, बल्कि उसे पीट भी देती है।

परकीया

परकीया दो तरह की होती है – किसी की अविवाहित पुत्री 'कन्योढ़ा' कहलाती है, और किसी दूसरे की परिणीता स्त्री 'अन्योढ़ा' कहलाती है। शारदातनय कहते हैं कि नाटक के प्रधान रस के आलम्बन के रूप में अन्योढ़ा का वर्णन कभी नहीं करना चाहिये, कन्योढ़ा के प्रति अनुराग का वर्णन अंगी रस में करने में कोई दोष नहीं है।[1]

1 भावप्रकाशन्/4/135

स्वकीया यदि किसी अन्य के साथ बहुत समय तक रहती है, तो वह परकीया कहलाती है। इसी तरह यदि वेश्या भी किसी एक के साथ बहुत समय तक रहे तो, वह भी परकीया जानी जाती है।[1]

सामान्या

साधारण स्त्री वेश्या होती है, वह धन चाहती है। वह न तो निर्गुण व्यक्ति के प्रति अनासक्त और न गुणी व्यक्ति के प्रति आसक्त होती है। इसलिये सामान्या नायिका का सम्बन्ध मात्र धन के आश्रित होने के कारण वहाँ कभी वास्तविक श्रृंगार की अनुभूति नहीं होती वरन् श्रृंगाराभास ही होता है।

---

1 दशरूपकम्/2/141

19

नायक भेद

वस्तु, नेता और रस, ये नाटक के तीन तत्त्व माने गये हैं। इनके आधार पर ही नाट्य के विभिन्न प्रकार बनते हैं। वस्तु अर्थात् नाट्य की कथावस्तु, रस यानी नाट्य का प्रधान रस और नेता से तात्पर्य नायक तथा नायिका से है। यों कथावस्तु में पुरुष पात्र की स्थिति के आधार पर नाटक के प्रमुख पुरुष पात्र 'नायक' के अतिरिक्त सहनायक, अनुनायक तथा प्रतिनायक भेद कहे गये हैं। मूल कथा में दो या दो से अधिक प्रमुख पुरुष पात्रों की उपस्थिति होने पर नायक के ही गुणों वाले पात्र को 'सहनायक' कहा जाता है। जैसे आजकल की मल्टी स्टारर फ़िल्मस् में। अनुनायक, नायक से कुछ न्यून गुण वाला तथा प्रमुख नायक का सहयोगी मित्र पात्र होता है, और प्रतिनायक स्वयं में स्पष्ट है कि वह कथानक में नकारात्मक चरित्र का वाहक होता है। पिछले अध्याय में नायिका एवं उसके भेदोपभेद के विषय में विस्तार से चर्चा की गई। यहाँ हम कथानक के प्रमुख पुरुष पात्र 'नायक' एवं उसके भेदों को संक्षेप में बतलायेंगे।

नायक का लक्षण

नायक विनम्र, मधुर, त्यागी, चतुर, प्रियंवद, रक्तलोक अर्थात् लोगों को प्रसन्न रखने वाला, शुचि यानी पवित्र मनवाला, बातचीत में कुशल, कुलीनवंश में उत्पन्न, स्थिर चित्त वाला तथा युवा अवस्था वाला होना चाहिये। वह बुद्धि, उत्साह, स्मृति, प्रज्ञा, कला तथा मान से युक्त होता है। शूर, दृढ़, तेजस्वी, शास्त्रज्ञाता एवं धर्मिक होता है। इस नायक के धीरोदत्त, धीरोद्धत, धीरललित तथा धीरप्रशांत ये चार भेद कहे गये हैं। यह ध्यान दिये जाने योग्य है कि जिस प्रकार आचार्य ने सभी नायिकाओं में 'उदात्त' गुण का होना आवश्यक बतलाया है, उसी प्रकार उन्होंने सभी नायकों के लिये आवश्यक रूप से 'धैर्य/धीरता' के गुण की बात कही है।

धीरोदत्त

धीरोदत्त वह नायक है, जो महासत्त्व, अत्यन्त गंभीर, क्षमाशील, अविकत्थन (निराभिमानी), स्थिर, निगूढ़ अहंकार वाला तथा दृढ़व्रत होता है। महासत्त्व का अर्थ है कि नायक का अंतःकरण क्रोध, शोक आदि विकारों से अभिभूत नहीं होना चाहिये।

अविकत्थन का अर्थ है कि वह अपनी ही प्रशंसा करने वाला न हो। निगूढ़ाहंकार का अर्थ है कि उसमें अहंकार व स्वाभिमान अवश्य हो किन्तु वह विनम्रता के द्वारा दबाया एवं छिपाया हुआ हो। दृढ़व्रत अर्थात् जिस बात का प्रण करे उसका अन्त तक निर्वाह करने वाला हो। इसके साथ ही धीरोदात्त नायक में उदात्तता प्रथम गुण के रूप में जानी जाये। उदात्त का तात्पर्य उस वृत्ति से है, जो सबसे बढ़कर उत्कृष्टता प्रकट करती है। यह तभी हो सकती है जब नायक में दूसरों को जीतने की अर्थात् उनसे उत्कृष्ट होने की इच्छा विद्यमान हो।

धीरोद्धत

यह वह नायक है जो घमण्ड तथा ईष्या से भरा हुआ है। यह माया और कपट से युक्त, घमण्डी, चंचल, क्रोधी तथा आत्मश्लाघी होता है। शौर्य का घमण्ड, दूसरों के उत्कर्ष से ईर्ष्या, मंत्र बल द्वारा झूठी वस्तुओं को प्रकट करना, दूसरों को ठगना, अस्थिर मन वाला एवं अपनी ही प्रशंसा स्वयं करने वाला और क्रोधी 'धीरोद्धत नायक' होता है।

धीरललित

यह वह नायक है जो सर्वथा निश्चिन्त रहता है। कोमल स्वभाव का, सुखी रहने वाला तथा कलाओं (नृत्य गीतादि) के प्रति आसक्त रहता है। धीरललित के योगक्षेम की चिन्ता उसके मंत्री द्वारा की जाती है। इस प्रकार वह चिन्ताओं से रहित रहता है। इसी वजह से वह गीतादि कलाओं का प्रेमी व भोगविलास में प्रवीण रहता है। उसमें श्रृंगार रस की प्रधानता होने के कारण वह सुकुमार आचरण वाला तथा कोमल स्वभाव वाला होता है।

धीरप्रशान्त

यह वह नायक है, जिसमें सामान्य रूप से विनय आदि गुण उपस्थित रहते हैं। धीरोदात्त से गुणों में न्यून होता है।

नायक के उक्त चार भेदों के अतिरिक्त अन्य चार भेद भी कहे गये हैं – अनुकूल, दक्षिण, शठ एवं धृष्ट। ये भेद भिन्न–भिन्न नायकों में हो सकते हैं अथवा एक ही नायक विभिन्न अवस्थाओं में अपने व्यवहार के कारण इन अवस्था आधारित भेदों में गिना जा सकता है। चाहे वह प्रधान नायक हो अथवा अंगभूत। वास्तव में धीरोदात्तादि चार भेद श्रृंगार के साथ ही अन्य रसों में भी पाये जाते हैं, परन्तु श्रृंगार रस के प्रसंग

में धीरोदात्तादि नायकों के दक्षिण, शठ, धृष्ट और अनुकूल ये चार–चार भेद किये गये हैं। इस तरह श्रृंगार रस के सन्दर्भ में नायक के सोलह भेद हो जाते हैं। उल्लेखनीय है कि अष्टनायिका भेदों की ही तरह दक्षिण आदि नायक के अवस्थानुसारी भेद श्रृंगार अथवा प्रणय व्यापार में अपनी नायिका के प्रति नायक के व्यवहार के आधार पर निर्धारित किये गये हैं। इन नायकों के लक्षण देखें।

दक्षिण नायक

दक्षिण यानी योग्य, कुशल, निपुण, चतुर, निष्पक्ष। यह वह नायक है, जिसे एक से अधिक नायिकाओं पर समान रूप से अनुराग रखने वाला कहा गया है। यह नायक नवीन नायिका से प्रेम हो जाने पर भी पूर्वा के प्रति सहृदय बना रहता है। दूसरी नायिका से प्रेम होने पर भी वह पूर्वा के प्रति अपने व्यवहार में कमी नहीं आने देता तथा उसे इस बात का अनुभव नहीं होने देता कि वह उसकी ओर से उदासीन हो गया है। (अनुभव न होने देना एक बात है और वस्तुतः प्रेम का भाव न होना या तटस्थता का होना दूसरी बात) दक्षिण नायक पूर्वा के प्रति आसक्त न होते हुए भी हृदय से यही चाहता है कि पूर्वा दुःखी न हो। इसी कारण वह अपनी उदासीनता को छिपाये रखकर पहले ही की भाँति उससे व्यवहार की चेष्टा करता है। (जहाँ व्यवहार की चेष्टा की जाये, दूसरे शब्दों में स्वतः कार्य न हो, वहाँ स्वाभाविकता का अभाव हो जाता है।) यानी ज्येष्ठा नायिका से पूर्ववत् व्यवहार बनाये रखने की चेष्टा में यह दक्षिण नायक कभी–कभी अपूर्व प्रेम प्रदर्शित करता है। दक्षिण नायक की यह उपचार विधि, यह प्रेम, यह व्यवहार चाहे पूर्वापेक्षा अधिक हो, किन्तु भाव एवं प्रेम से शून्य होता है। दक्षिण नायक अपनी कुशलता से अपने नवीन प्रेम को ज्येष्ठा से छिपाये रखता है। सखियों एवं विश्वासपात्र सेवकों से नायक का नवीन प्रेम ज्ञात होने पर भी पूर्वा/ज्येष्ठा नायिका दक्षिण नायक के सहृदय व्यवहार के कारण भरमाई रहती है।

धृष्ट नायक

शास्त्रों में कहा गया है कि धृष्ट नायक वह है जो प्रेम में अपराधी होने पर भी, अपनी प्रेमिका के कोप की चिन्ता नहीं करता, प्रेमिका की झिड़कियाँ खाने पर भी लज्जित नहीं होता और स्पष्टतया अपने दोषों के प्रकट हो जाने पर भी झूठ बोलकर उन्हें छिपाने की कोशिश करता रहता है। स्वच्छन्द प्रवृत्ति वाला, आंतरिक प्रेम के भावों को न समझने वाला, बाह्य सौन्दर्य (दैहिक सौन्दर्य) पर मोहित होने वाला और निःसंकोच अनेक स्त्रियों से निर्भीक प्रेम सम्बन्ध बनाने वाला नायक 'धृष्ट' कहलाता है।

शठ नायक

शास्त्रों में शठ नायक के लिये कहा गया है कि वह वस्तुतः किसी दूसरी नायिका से प्रेम करता है और अपनी पहली प्रेमिका से बाहरी प्रेम जताकर, छिपे रूप में उसका अनिष्ट करता है। शठ नायक ज्येष्ठा के प्रति सहृदयता का ढोंग ही करता है। पूर्वा से नवीना के प्रेम को छिपाता है और कभी चिन्हों के प्रकट हो जाने पर, बहाना बनाकर नायिका को झूठी सांत्वना देने की कोशिश करता है।

हमें यह लगता है कि यहाँ मूल प्रवृत्ति वाली बात लागू होती है। जब व्यक्ति मूलरूप से इस प्रवृत्ति का हो कि वह किसी के भी हृदय को दुःखी न करना चाहता हो तो उस ज्येष्ठा पर, जिसके प्रति वह नायक कभी एकनिष्ठ था, अपना नवीन प्रेम प्रकट हो जाने पर भी वह उसके हृदय को दुःखी नहीं करना चाहेगा, और इसलिये पकड़े जाने पर स्वयं धृष्ट होकर उसके द्वारा नवीन प्रेम को स्वीकार करना स्वाभाविक जान नहीं पड़ता। यह अलग बात है कि उसे कनिष्ठा के साथ देखकर ज्येष्ठा का मानभंग हुआ है, वह अपने प्रेम की असफलता पर स्वयं ही दुःखी है किन्तु इस मानभंग और नायक के द्वारा धृष्टतापर्वूक कहे गये कठोर वचनों द्वारा हुए मानभंग में फिर भी अंतर है। अतः जो नायक प्रवृत्ति से धृष्ट है, वह प्रारम्भ से ही धृष्ट आचरण करेगा और सामान्य रूप से अपने नवीन प्रेम को छिपाये जाने के विषय में असजग रहेगा। वह नायक अंग विकारयुक्त होकर भी पूर्वा के पास जाने में नहीं हिचकिचाता, जबकि दक्षिण नायक असावधनीवश छूटे अंगविकारों के ज्येष्ठा पर प्रकट होने मात्र से संकुचित हो उठता है। शठ नायक न तो ज्येष्ठा से नवीन प्रेम छिपाने की चेष्टा करता है, और न प्रेम प्रकट होने पर संकुचित होता है। न ज्येष्ठा के प्रति सहृदय होता है, और न ही कनिष्ठा के प्रति एकनिष्ठ। नायक के नवीन प्रेम का पता पूर्वा को लग जाने पर भी शठ नायक को पूर्वा के लिये कोई खेद नहीं होता वरन् वह उसके सामने अपने नवीन प्रेम को निर्दयतापूर्वक स्वीकार भी करता है। इतना ही नहीं वह कनिष्ठा से की गई रति क्रीड़ाओं के चिन्हों से युक्त पूर्वा नायिका के पास जाने में संकोच नहीं करता। यहाँ शठ नायक के विषय में यह सम्भव है कि वह धृष्ट में परिवर्तित हो, क्योंकि प्रारम्भ से ही उसके हृदय में पूर्वा के प्रति अनासक्ति के साथ–साथ छल का भाव भी समाहित है।

अनुकूल नायक

उक्त तीनों नायकों के अतिरिक्त शास्त्रों में अनुकूल नायक भी कहा गया है। अनुकूल नायक वह है जो कि एक नायिका के प्रेम में पगा रहा रहता है। अभिप्राय यह

है कि एक ही प्रेमिका के प्रति असक्ति रखने वाला एकपत्नी व्रत व्यक्ति 'अनुकूल' नायक कहा जाता है।

20

कथक नृत्य की लक्ष्य परम्परा में नायिका भेद

वास्तविक जीवन एवं कला दोनों ही में अन्य भावों की अपेक्षा रति–भाव का प्रभाव अधिक दिखलाई देता है, साथ ही इसकी व्यापकता भी अधिक है, भले ही यह रति, व्यापक अर्थ में, ईश्वर के प्रति ही क्यों न हो। इसी कारण श्रृंगार को 'रसराज' कहा गया है। अपनी व्यापकता में 'श्रृंगार' का विस्तार क्षेत्र एक ओर लौकिक सम्बन्धों से लेकर दूसरी ओर भक्ति अथवा अलौकिक श्रृंगार तक जाता है। श्रृंगार का प्रारम्भ परस्पर आकर्षण के द्वैतभाव से होता है, और परिणति अद्वैत में। श्रृंगार के द्वैतभाव को भारतीय साहित्यशास्त्र में नायक–नायिका के रूप में रूपायित किया गया है। उक्त द्वैत भाव की अद्वैत में परिणति एक प्रक्रिया है अथवा प्रस्तुति का विषय है जिसका उत्कृष्टतम् रूप हमें दृश्य–श्रव्य माध्यम यानी नाट्य और नृत्य में प्राप्त होता है।

नृत्य के अभिनयात्मक सन्दर्भों में श्रृंगार रस के आलम्बन रूप नायिका–भेद को प्रमुख विषय की तरह देखा जाता रहा है। नायिका भेद पर आधारित रचनाओं का महत्त्व इतना अधिक है कि इन्हें एक तरह से भावाभिव्यक्ति का पर्याय मान लिया गया है। दादरा, होरी, चाँचर जैसे गीत प्रकारों का साहित्य कम–ओ–बेश नायिका–भेद पर अवलम्बित होता है और ठुमरी तो जैसे नायिका–भेद निरूपण का पर्याप्त ही बन गई है। ठुमरी चाहे केवल गेय हो अथवा नृत्य सम्बन्धी, उसमें नायिका–भेद सम्बन्धी चित्रण का प्राधान्य रहा है। स्मरणीय है कि ठुमरी का उद्‌भव और विकास उसी देशकाल में हुआ जिस देशकाल में कथक नृत्य ने अपना वर्तमान स्वरूप ग्रहण किया। 18वीं शताब्दी के अन्त तथा 19वीं शताब्दी के आरम्भ में ठुमरी और कथक नृत्य के प्रति लखनऊ के लोगों में आकर्षण बढ़ने लगा था। नवाब वाजिदअली शाह के दरबार में इन दोनों विधाओं को एक–साथ प्रतिष्ठा मिली। पिछली दो शताब्दियों में सशक्त नृत्य के रूप में उभरे 'कथक नृत्य' और 'ठुमरी' में अन्योन्याश्रित सम्बन्ध रहा है। उपलब्ध प्रमाणों को देखने पर लगता है कि इस काल में उत्तर प्रदेश के बनारस, कानपुर, आगरा तथा लखनऊ जैसे शहरों में रोज़मर्रा की ज़िन्दगी में ठुमरी और कथक नृत्य रच–बस गये थे। आम और विशिष्ट, दोनों ही वर्गों नृत्य संगीत के प्रति गहरा लगाव इस क्षेत्र में देखा जा सकता था। ठुमरी के विकास एवं प्रचार में बनारस और लखनऊ

की तवायफों के योगदान को अनदेखा नहीं किया जा सकता। वास्तव में 18वीं शताब्दी के उत्तरार्ध में नर्मदा के उत्तरी हिस्से में व्याप्त राजनैतिक उथल–पुथल के फलस्वरूप रजवाड़ों के संरक्षण में पल रहे कलाकारों का विस्थापन बड़े पैमाने पर हुआ। अंग्रेज़ों द्वारा शाहजहाँपुर, रामपुर, बुलन्दशहर, नजीबाबाद, मुजफ्फरनगर आदि स्थानों के नवाबों की निजी सेना को बेदखल कर दिया गया। सेना में कार्यरत 'मिरासी' और 'ढारी' कौम के संगीतज्ञों ने तब लखनऊ में शरण ली। सैनिकों की बहुसंख्य विधवाओं को कोठों में पहुँचा दिया गया। कथक नृत्य के तत्कालीन नर्तक गुरुओं द्वारा इन तवायफों को ठुमरी गान और अभिनय की तालीम दिये जाने का उल्लेख द्वितीयक साहित्य में मिलता ही है। सम्भावना यह भी बनती है कि हुआ ठीक इससे विपरीत हो। यानी हो सकता है कि तवायफों से कुछ–एक कथकों ने भाव बताने की तालीम पाई हो। जो भी हुआ हो, तत्कालीन तवायफों का संगतकार सारंगियों और पुरुष नर्तकों से गहरा सम्बन्ध था, इस तथ्य को नकारा नहीं जा सकता। इनके परस्पर मेल–जोल और सृजनात्मक आदान–प्रदान से भावप्रधान ठुमरियाँ प्रकाश में आई हों, यह असम्भव नहीं। उन दिनों ठुमरियाँ दो तरह से बरती जाती थीं – एक तो मुख्यतः कथक नर्तकों तथा वेश्याओं द्वारा प्रयुक्त ठुमरियाँ, जिनमें नृत्य, हाव–भाव एवं अभिनय के माध्यम से भावाभिव्यक्ति की जाती थी, तथा दूसरी गायक–गायिकाओं द्वारा बरती जाने वाली ठुमरियाँ। इनमें स्वर–सन्निवेश तथा काकु के समन्वित प्रयोग द्वारा भावों को अभिव्यक्त किया जाता था। उक्त वर्गीकरण का आधार ठुमरी का वर्ण्य–विषय नहीं, वरन् उसकी प्रस्तुति का माध्यम और तरीका होता था। वर्ण्य विषय अधिकतर नायक–नायिका सम्बन्धी ही होता था।

यों तो शास्त्र–परम्परा में नायिकाओं की संख्या 58[1], 128[2], 384[3] आदि बतलाई गई है, किन्तु अभिनय की दृष्टि से इनमें से अष्टनायिका, धर्मानुसारी त्रिविध (स्वकीया, परकीया एवं सामान्या) में से प्रथम दो नायिकाएँ तथा वयानुसारी त्रिविध (मुग्ध, मध्या, प्रौढ़ा) नायिकाएँ ही हमारे लिये उपयोगी हैं। वैष्णव भक्ति परम्परा में 'सामान्या' को श्री कृष्ण की नायिका के रूप में चित्रित करने का निषेध है क्योंकि 'सामान्या' की

---

1 हिन्दी काव्यालंकार / पृष्ठ 378–387

2 दशरूपकम् / 2 / 15–23

3 रसमंजरी / पृष्ठ 139

अर्थाधारित रति रसाभास की स्थिति उत्पन्न करती है और अलौकिक प्रेम में अर्थाधारित व्यापार का कोई स्थान नहीं होता। जैसा कि श्री रूपगोस्वामी कहते हैं –

नासौ नाट्ये रसे मुख्यो यत्परोढ़ा निबध्यते।
तत्तु स्यात्प्राकृतक्षुद्रनायिकाद्यनुसारतः।।[1]

वैष्णव भक्ति परम्परा से प्रभावित होने के कारण कथक नृत्य की प्रयोग परम्परा में भी 'सामान्या' को कृष्ण की नायिका के रूप में चित्रित नहीं किया जाता है। जहाँ तक 'परकीया' का प्रश्न है, नाट्य के मुख्य रस में यद्यपि परकीया (अन्योढ़ा) को निबद्ध करने का निषेध है। नृत्य में सम्पूर्ण अभिनय–व्यापार कृष्णलीला की आधारभूमि लेकर चलता है, जहाँ परकीया का चित्रण साधारण स्त्रियों के रूप में नहीं, कृष्ण की शक्ति रूप में किया जाता है। भगवद्भक्ति विषयक अलौकिक श्रृंगार में परिकीया के चित्रण को दोषपूर्ण नहीं माना गया है। इसलिये नृत्य में परकीयत्त्व को स्वीकार किया गया है। इस सम्बन्ध में एक दृष्टिकोण यह भी है कि जो स्वयं अपनी भी नहीं रही, 'कृष्ण की हो गई' वह परकीया है।[2] इस दृष्टि से यहाँ परकीया चित्रण मान्य है। वयानुसारी त्रिविध नायिकाओं के चित्रण में कोई बाधा नहीं है। अष्टविध (स्वाधीनपतिकादि) नायिकाएँ वास्तव में नायक द्वारा नायिका के प्रति किये गये व्यवहार पर आधारित अवस्थाएँ हैं, जिन्हें मुग्धा, प्रौढ़ा तथा स्वकीया, नायिका में आरोपित कर अभिनीत किया जा सकता है। नायिका की मनोदशा पर आधारित इन अष्टविध अवस्थाओं में अभिनय की असीम सम्भावनाएँ निहित हैं। नर्तक शास्त्रगत निर्देशों के अतिरिक्त अपने वैयक्तिक अनुभवों तथा सृजनशील कल्पना के द्वारा नायिका की उक्त अवस्थाओं के अभिनय में विविध रंगों की छटा बिखेर सकता है। यहाँ यह ध्यान दिये जाने योग्य है कि 'कथक' में अष्टनायिकाओं में से स्वाधीनपतिका, अभिसारिका, विरहोत्कंठिता तथा खण्डिता नायिका से सम्बन्धित रचनाएँ ही अधिक मिलती है। इसका कारण यह है कि यद्यपि मनमाने ढंग से विविध नायिकाओं को एक दूसरे पर आरोपित कर नायिकाओं की कुल संख्या बढ़ाने की परम्परा प्राचीन समय से रही है, किन्तु वास्तव में ऐसा वर्गीकरण व्यावहारिक नहीं जान पड़ता। सम्भवतः इसीलिए आचार्य रुद्रट ने अपने काव्यालंकार में अवस्थानुसारी नायिकाओं को अष्टविध नहीं, अपितु चतुर्विध कहा है – स्वाधीनपतिका, प्रोषितपतिका, अभिसारिका और खंडिता। इनमें भी उनके अनुसार स्वाधीनपतिका तथा

---

1 उज्जवलनीलमणि / पृ. 99 / श्लोक 2
2 श्रीवत्स गोस्वामी द्वारा बी0एच0यू0 में प्रस्तुत शोधपत्र के आधार पर।

प्रोषितपतिका भेद, मात्र स्वकीया पर ही आरोपित किये जा सकते हैं।[1] उक्त कथन न केवल 'कथक' नृत्य वरन् सभी नृत्य शैलियों के लिये समान रूप से उपयोगी है।

हालांकि साहित्य में वर्णित सभी भेदों को नृत्य में अभिनय के लिये नहीं लिया जा सकता, इनमें से मुख्यतः स्वकीया एवं परकीया नायिका की मुग्धा, मध्या एवं प्रौढ़ा अवस्थाओं और इनमें भी नायक के द्वारा उसके प्रति किये गये व्यवहार पर आधारित स्वाधीनपतिका आदि अष्टनायिकाओं पर अभिनय करने की परम्परा रही है। अभिनय की दृष्टि से ऐसी बंदिशें अधिक उपयोगी भी होती हैं। वर्तमान समय में यह दायरा और भी छोटा हो गया है। बारीकी से अमुक नायिका का स्वकीयत्त्व अथवा परकीयत्त्व बताने में या उसके आयुगत व्यवहार को बतलाने में कलाकारों की रुचि नहीं रही है, या इतनी पैठ नहीं रही। हमसे पिछली पीढ़ी के कलाकार वयानुसारी – मुग्धा, मध्या, प्रौढ़ा नायिकाओं को प्रस्तुत किया करते थे। पं0 रामकृष्ण शुक्ल को स्वयं लेखिका ने मुग्धा, मध्या और प्रौढ़ा नायिकाओं को बतलाते हुए देखा है।[2] तथापि वर्तमान समय के अधिकांश प्रतिष्ठित कलाकार यह स्वीकार करते हैं कि आज कथक में मुख्यरूप से अष्ट नायिकाओं पर ही अभिनय किया जाता है। इतना ही नहीं कुछ एक प्रतिष्ठित कथक गुरुओं ने यह भी स्वीकार किया है कि सभी आठों नायिकाएँ भी आज प्रस्तुत नहीं की जाती। कोई विरला कलाकार ही इसमें सक्षम होता है। खण्डिता, अभिसारिका, विरहोत्कंठिता और स्वाधीनपतिका ही आज ज्यादहतर कथक में दीख रही है।[3]

हमें लगता है कि वास्तव में आज कथक में अभिनय ही कम हो गया है। कुछ एक कलाकारों को छोड़कर अन्य सभी तकनीक नाच रहे हैं। इस विषय में कलाकारों से चर्चा के दौरान अन्य तथ्य भी समाने आये। पिछली पीढ़ी तक के अधिकांश नृत्य–गुरु अक्षर ज्ञान से वंचित थे। मौखिक परम्परा से उन्हें नृत्य की शिक्षा मिली थी

---

1 द्वेधाभिसारिका खण्डिता त्वयोगादभवन्ति तास्तासु।
स्वीया स्वाधीनपतिः प्रोषितपतिका पुनर्द्वेधा।

हिन्दी काव्यालंकार/12/4

2 सन् 1988 में ई. क. सं. वि. वि. में आयोजित एक कार्यक्रम में।

3 समय–समय पर सुश्री दमयन्ती जोशी, श्रीमती रोहिणी भाटे, श्रीमती सितारादेवी, श्रीमती रमादेवी मिश्र, श्रीमती सुनयना हजारीलाल, श्रीमती कुमकुम धर, श्रीमती रंजना श्रीवास्तव, गुरु बर्मनलाल, पं. रामलाल, श्रीमती उर्मिला नागर, सुश्री प्रेरणा श्रीमाली, श्रीमती उमा डोगरा से लिये गये साक्षात्कारों के आधार पर। स्वयं लेखिका ने पिछले लगभग तीन दशकों में यह अनुभव किया है कि भाव का बारीक काम और variety of character अब लगभग खत्म हो चला है।

और इसी रूप में उन्होंने इसे अपनी शिष्य परम्परा को हस्तान्तरित किया था, किन्तु इन गुरुओं की कलात्मक ऊँचाई तक फिर अन्य कोई कलाकार नहीं पहुँच पाया। एक तरह से कहा जा सकता है कि 'कथक नृत्य' अपनी सम्पूर्णता में इन्हीं कलाकार गुरुओं के शरीर में खिला। यह आम धारणा है कि उस ज़माने में लखनऊ घराने के कलाकारों की अभिनय में अच्छी पैठ थी। यह भी कहा जाता है कि स्व. शम्भू महाराज – 'कौन गली गये श्याम....' में विरहोत्कंठिता नायिका की अवस्था का चित्रण करते हुए महफिलों में सारी रात बिता दिया करते थे। अभिनय की गहरी समझ के साथ–साथ विषय की विविधता भी इन गुरुओं के पास थी। अष्टनायिका के अलावा मुग्धा, मध्या तथा प्रौढ़ा और स्वकीया, परकीया और सामान्या नायिकाओं को वे अपने अभिनय में बखूबी उतारते थे। हाँ, यह अवश्य है कि नायिकाओं की शास्त्रोक्त संज्ञाओं से सम्भवतः उनका परिचय नहीं था। कारण स्पष्ट है कि शास्त्र ग्रन्थों से इन गुरुओं का सीधे सम्पर्क नहीं था। अभिनय के लिये जिस गेय रचना का वे उपयोग करते थे, उसके द्वारा उन्हें नायिकाओं के अभिनय के लिये सामग्री मिल जाती थी, साथ ही मूलभाव को भी वे ग्रहण कर पाते थे, किन्तु नायिकाओं की शास्त्रीय संज्ञा तथा भेदोपभेद से उनका परिचय फिर भी नहीं हो पाता था। इस बात की पुष्टि सुश्री कुमकुम धर से चर्चा के दौरान हुई। उन्होंने बतलाया कि उनके गुरु श्री लच्छू महाराज ने किसी विशेष नायिका का नाम लेकर उसके अभिनय की शिक्षा उन्हें कभी नहीं दी, किन्तु विभिन्न परिस्थितियों में नायिका की दशा का बारीक चित्रण वे अवश्य बतलाते थे। श्रीमती धर ने यह भी कहा कि 'खण्डिता और विरहिणी' शब्द उन्होंने अपने गुरुजी से अनेक बार सुने थे तथा तत्सम्बन्धी बन्दिशें भी सीखीं थीं, किन्तु अन्य नायिकाओं के लिये गुरुजी 'संकोची और छोटी उम्र वाली नायिका', 'अपने रूप पर अभिमान करने वाली नायिका', 'कम उम्र वाली नायिका', 'अधिक उम्र वाली नायिका', 'अपने प्रेम अनुभवों में परिपक्व नायिका', 'अपने प्रेम अनुभवों को छिपाने वाली नायिका' आदि वाक्यांशों का सहारा लेते थे। उल्लेखनीय है कि, उक्त सभी नायिकाएँ लक्षणों की दृष्टि से शास्त्रोक्त हैं, तथा इन्हें क्रमशः – मुग्धा, रूपगर्विता, मध्यमा, प्रौढ़ा प्रगल्भा तथा सुरतगोपना नायिका के नाम से जाना जाता है।

यों वर्तमान समय में अनेक वरिष्ठ कलाकार अपनी घरानेदार बंदिशों के अलावा अनेक उपयुक्त पदों/रचनाओं पर अभिनय करते हैं। श्रीमती उमा शर्मा रास के पदों तथा उर्दू की ग़ज़लों पर नृत्य करने के लिये जानी जाती हैं। सुश्री प्रेरणा श्रीमाली ने

मीराँ और कबीर की रचनाओं को नृत्य देह में उतारने का साहस दिखलाया है। ध्रुपद नृत्य की परम्परा यद्यपि खण्डित हो चुकी है किन्तु पण्डित बिरजू महाराज कहते हैं कि उन्होंने ऐसा प्रयोग किया है। वर्षों पूर्व लेखिका ने कुछ एक वरिष्ठ कलाकारों से स्वयं मिलकर विशेष गीत प्रकारों पर अभिनय की सम्भावनाओं के सम्बन्ध में विस्तृत चर्चा की थी। श्रीमती दमयन्ती जोशी ने बतलाया था कि उन्होंने 'ख्याल' पर नृत्याभिनय किया है। बाद में इसकी वीडियो रिकॉर्डिंग 'भारत–भवन' भोपाल में लेखिका ने देखी भी थी। श्रीमती रोहिणी भाटे से इस सम्बन्ध में चर्चा होने पर उन्होंने भी ख्याल पर नृत्य की बात स्वीकार की थी किन्तु श्रीमती रमादेवी मिश्र ने ख्याल पर नृत्य की सम्भावना से स्पष्ट इन्कार करते हुए कहा था कि – 'प्रयोग के तौर पर ख्याल पर नृत्य करना अलग बात है, किन्तु सम्पूर्ण कार्यक्रम में एक नियमित प्रस्तुति के तौर पर इसे अपेक्षित सफलता नहीं मिल सकती।'

श्रीमती रमा देवी के मत से लेखिका सहमत है। ख्याल की बन्दिशें विशुद्ध गायकी अंग की होती है तथा उनमें 'पद' का स्थान गौण होता है। इस कारण आंगिक अभिनय की सम्भावना कम हो जाती है। जबकि विशेष तौर पर नृत्य के लिये बनाई गई बन्दिशों में उन्हीं शब्दों को संजोया जाता है, जिनके अर्थ आंगिक अभिनय के माध्यम से सरलता से स्पष्ट किये जा सकें तथा जिनमें व्यंजनार्थ प्रदर्शन की सम्भावना भी हो। 'विष्णुपद', 'ध्रुवपद' और 'नृत्य सहकारी ध्रुवपद' के सन्दर्भ में हम इसकी चर्चा पूर्व में चर्चा कर ही आये हैं। सम्भवतः अपने इसी लक्षण और प्रयोजन के कारण इन्हें 'नृत्य सहकारी ध्रुवपद' जैसा नाम दिया गया था। गायकी और नृत्याभिनय के लिये उपयुक्त रचना के रूप में यह अन्तर 'बोल बनाव की ठुमरी' और 'बोल बाँट की ठुमरी' में भी देखा जा सकता है।

रीतिकालीन साहित्य में हमें कुछ ऐसी गेय बन्दिशें भी मिली हैं, जिनमें किसी नायिका–विशेष के समस्त शास्त्रोक्त लक्षणों को कहने के बाद बन्दिश की अन्तिम पंक्ति में रचयिता के नाम के साथ ही नायिका का नाम भी कहा गया है। विभिन्न रागों एवं तालों में निबद्ध इस तरह की बन्दिशें ठीक उस तरह की होती हैं, जिस तरह रागों के लक्षण गीत होते हैं। इन्हें हम 'नायिका भेद की लक्षण–परक बन्दिशें' कह सकते हैं। यहाँ ऐसी दो बंदिशें बतलाई जा रही हैं –

रागः आसावरी **तालः चौताल**

नैना अलसाने भारे, ऐसे आज अँजना रे,
देख मन मेरो पिय, अत ही अकुलात है।
बसन मलीन भये, अँजन हूँ नैन धरूँ
भाव रतन साजत, औंग राग आत है।
कौन तोहे मिली नार, जाके मुख को निहार
जाग सारी रात प्यारे, ढीठ न शरमात है।
सगरी निपट गई, जावो ये सिमट गई
कहे 'हरिवल्लभ' ये, 'खण्डिता' कहात है।

अब इस 'कलहान्तरिता' को देखिये। कितना सजीव चित्रण है इस रचना में। 'जन के अवमाने, पच्छाताप भईला' के द्वारा अपने प्रिय की अवमानना और फिर उनके चले जाने पर पश्चाताप की स्थिति में पड़ी नायिका ही तो 'कलहान्तरिता' है।

सखि आज प्रमाद भईला, सखि साजन आप तजीला
चाटु वचन कछु श्रवन न कीने, अर्पित हार तजीला,
बोध सखि, जन के अवमाने, पच्छाताप भईला
चरनन ते गिर पर्यो 'चतुर' सखी, तबहुँ न हाथ गहीला
'कलहान्तरिता' कहत नायिका, जिय में दाग रहीला।[1]

मौखिक चर्चा के दौरान कलाकारों से उक्त लक्षणपरक बन्दिशों पर नृत्य किये जाने के विषय में पूछने पर सभी कलाकारों ने कहा कि न तो उन्होंने किसी अन्य कलाकार को इस तरह की बन्दिशों पर नृत्य करते देखा है और न स्वयं कभी ऐसी बन्दिशों पर नृत्य किया है, किन्तु सभी ने ऐसी बन्दिशों पर नृत्य किये जाने की सम्भावना को पूरी सकारात्मकता से स्वीकार भी किया। हमारी दृष्टि में 'कथक' में इस तरह की लक्षणपरक बन्दिशों को शामिल किया ही जाना चाहिए। विशेष रूप से पाठ्यक्रमाधारित शिक्षण पद्धति में। इससे जहाँ एक ओर प्रारम्भिक स्तर पर अभिनय के लिये सुगठित तथा विद्वान गुरुओं द्वारा अभिनय निबद्ध सामग्री प्राप्त हो सकेगी, वहीं दूसरी ओर लक्षणपरक बन्दिशें सम्पूर्ण विषय को समृद्ध और व्यवस्थित करने में भी सहायक सिद्ध होंगी। अस्तु।

---

1 क्रमिक पुस्तक मालिका / विष्णुनारायण भातखंडे / भाग–2 / पृ. 379, 402

वर्तमान समय में 'कथक' नृत्य में जो प्रवृत्ति स्पष्ट रूप से परिलक्षित हो रही है, उसमें अभिनय और उसके सूक्ष्म चित्रण का अवकाश बहुत कम रह गया है। जहाँ तक बन्दिशों के स्रोत की बात है तो आज मुख्यरूप से महाराज बिन्दादीन जी की बन्दिशों पर अभिनय किया जाता है। इसके अलावा रायगढ़ नरेश राजा चक्रधरसिंह द्वारा प्रणीत 'नर्तन सर्वस्वम्' में नृत्य सम्बन्धी बंदिशों का संग्रह है। दुर्भाग्य से न तो इस ग्रन्थ का प्रकाशन हो सका है, और न ही यह हमें अपने मूलरूप में देखने को मिल सका है। पं0 कीर्तिकराम जी की पुस्तक 'रायगढ़ दरबार में कथक' से तथा अपने गुरुजी स्व. पं0 कल्याणदास महन्त एवं पं0 रामलालजी से हमें रायगढ़ की बंदिशें अवश्य प्राप्त हुई हैं। यहाँ हम नायिका के विभिन्न प्रकारों से सम्बन्धित कुछ एक बंदिशों पर चर्चा करेंगे जो वर्तमान कथक नृत्य के लक्ष्य में अभिनय हेतु प्रयुक्त की जा रही हैं।

स्वाधीनपतिका

रसमय सुरत से अति आकृष्ट होकर जिसका प्रिय सदैव पास बना रहे, उस अत्यन्त हर्ष और सौभाग्य से सम्पन्न अभिमानिनी नायिका को 'स्वाधीनपतिका' समझना चाहिये। इस लक्षण के अनुसार सामाजिक मर्यादा से मात्र विवाहिता ही स्वाधीनपतिका हो सकती है, परन्तु जैसा हम कह आये हैं उक्त नियम लौकिक नायिकाओं पर लागू होता है, उन गोपियों पर नहीं, जो कृष्ण की इच्छानुसार उनके निकट रासलीला के लिये अवतरित हुई थीं।

<u>स्वकीया स्वाधीनपतिका</u>

कमरिया लचके रे सैयाँ झूला धीरे–धीरे झुला
लरजे जियरा पेंग न मारो
रसरिया तड़के रे सैयाँ।। झूला ...
कारी बदरिया घिर–घिर गरजत
बिजुरिया चमके रे सैयाँ।। झूला ...
'चक्रपिया' तोरी पैयाँ परत हूँ
नजरिया छलके रे सैयाँ ।।। झूला ...

परकीया स्वाधीनपतिका

मोहे छेड़ो न नन्द के सुनहुँ छैल।
तोरी पैयाँ परूँ घर जाने दे मोहे ।
बड़ी देर भई, मोरी रोको न गैल ।। मोहे ...
पकरो न कर, ब्रज नारी देखे सारी ठाड़ी
ननद सुनेगी देगी, गारी तुम मानो नाहीं।
'बिन्दा' कहे, जिया राखत मैल ।। मोहे ...

वासकसज्जा

सम्भोग की लालसा से प्रेरित होकर जो स्त्री, योग्य वस्त्राभूषण को प्रसन्नतापूर्वक धारण करके सज्जित होकर प्रिय की बाट जोहती है, उसे वासकसज्जा समझना चाहिये।

पिया के आवन की सुनत खबरिया।
राह तकत हूँ मैं नेक नजरिया।।
तरपत हूँ मोहे कल न परत है।
'बिन्दा' कहत यूँ ही बीती उमरिया।।

उक्त बंदिश में 'वासकसज्जा' को चित्रित किया गया है। नायिका में प्रिय से मिलन की उत्कण्ठा स्पष्ट दिखलाई देती है। प्रिय के आने का समाचार सुन वह उसके आगमन के लिये स्वयं को मानसिक एवं शारीरिक रूप से तैयार करते हुए 'वासकसज्जा' के रूप में हमारे सामने आती है, किन्तु प्रिय के न आने पर नायिका की मिलन की उत्कण्ठा, विरह–व्यथा में परिणत हो जाती है।

खण्डिता

अन्य स्त्री में आसक्त होने के कारण जिसका प्रिय समीप नहीं आता, उसके न आने के दुःख से आर्त नायिका खण्डिता कहलाती है।

स्वकीया वासकसज्जा अथवा परकीया विप्रलब्ध, दोनों ही नायिकाएँ प्रिय की प्रवंचना के कारण 'खण्डिता' की अवस्था प्राप्त करती हैं। जहाँ स्वकीया खंडिता नायिका अपराधी नायक को उलाहने देने तथा प्रताड़ित करने का अवसर सहज ही पा जाती है, वहीं परकीया के लिये बहुधा ऐसे अवसर पाना कठिन होता है। सम्भवतः यही कारण है कि परकीया खंडिता से सम्बन्धित बंदिशें विरली ही प्राप्त होती हैं।

स्वकीया खण्डिता

काहे को मेरे घर आये हो
प्रीतम तुम रैन सौतन संग जागे, नैना रतनारे।
पैयाँ न परो अब प्यारे ।। काहे ...
उनहीं के घर रहो, जावो नहीं बोलो मोसे
'बिन्दा' सुनो नहीं माने, जिया जारे–जारे ।। काहे ...

उक्त बंदिश में स्वकीया खण्डिता नायिका का सजीव चित्रण किया गया है। नायक की राह देखते–देखते जब नायिका थक जाती है और तब भी नायक नहीं आता, तो उसके मन में अनेक आशंकाएँ जन्म लेती हैं, जिनका कोई समाधान नायिका के पास नहीं होता। काफी इन्तज़ार करने के बाद जब अगली सुबह नायक घर लौटता है, तो प्रथम तो नायिका प्रसन्नतापूर्वक उसकी अगुवानी करती है, किन्तु फिर उसे परस्त्रीगमन के चिन्हों से युक्त देखकर क्षुब्ध हो उठती है और उलाहना देती हुई कहती है कि – अरे, मेरा विप्रिय करने वाले, सौतन के साथ रात बिताकर अब यहाँ क्यों आये हो? तुम्हारी लाल आँखें तुम्हारी कहानी कह रही हैं, इसलिये अब पैर न पड़ो। बार–बार समझाने पर भी तुम हो कि सुनते नहीं हो, इसलिये अब मुझसे बात न करो, उसी सौत के घर जा रहो।

कलहान्तरिता

खंडिता द्वारा प्रताड़ित नायक जब किसी भी तरह प्रिया को मना नहीं पाता, तो वह कलह से त्रस्त होकर चला जाता है। प्रिय के चले जाने पर अपने व्यवहार पर पश्चाताप करती हुई, अनुतप्त हृदय वाली यह नायिका कलहान्तरिता कहलाती है।

कहाँ प्यारे सजनवा बिलम रहे हैं हो
नहीं आँसू हमारे ये थम रहे हैं हो। कहाँ ...
वन–वन भटकी खोज न पायी
कौन गलिन में वे रम रहे हैं हो ।। कहाँ ...
घन अंधियारी बिजली चमके
काले बदरवा पे जम रहे हैं हो।। कहाँ ...
साँझ कियो सजके अभिसार, उतावली नींद निसीत अरी
द्योत सहेट में तीसर याम, वियोगिन ही रह्यो प्रात करी

द्योत रह्यो कलहान्तर, खेत भई अति खंडित दोपहरी
'चक्रपिया' अब अष्टम् याम में, अष्टम् नायिका की जेहरी ।। कहाँ

अभिसारिका

मद एवं मदन के आवेशवश लज्जा का त्याग कर, जो नायिका प्रिय से मिलने के लिये अभिसरण करे, उसे अभिसारिका समझना चाहिये।

भूसन बसन सजाये, सहेटवा पे गोरी चली है।
कुंजन–कुंजन ढूंढत पिया को, ताकत आस लगाये ।। सहेटवा पे...
अनत रमे मनमोहन कान्हां
पिया तज सेज सिधाये ।। सहेटवा पे ...
'चक्रपिया' जब आये अचानक
सुख सनेह सरसाये । सहेटवा पे ...

सोलह श्रृंगार किये सहेट पर सजनी द्वारा अभिसरण, विकलता से अपने प्रिय को ढूंढना और फिर अचानक ही मनमोहन का आकर सुन्दरी के अभिसार को सार्थक करना, इन सभी भावों का मोहक चित्रण उक्त बंदिश में किया गया है।

नायिका द्वारा संकेत स्थल पर न पहुँच पाने की विवशता का चित्रण भी कुछ एक बंदिशों में प्राप्त होता है। नवाब वाजिदअली शाह रचित निम्नलिखित बंदिश में अभिसार को तत्पर नायिका की इसी अवस्था का चित्रण है –

चमक–चमक चमके बीजुरिया।
कैसे के आऊँ पिया तोरी सेजरिया।।
बादर गरजै जियरा लरजे।
'अख़्तर पिया' संग भेजी खबरिया।।

विप्रलब्ध

दूती भेजने तथा संकेत–स्थल स्थिर करने पर भी प्रिय के न पहुँचने पर अपमानित होने वाली निराश नायिका विप्रलब्ध कहलाती है।

नैना दरसन को ललचाये हुए हैं
कहना नहीं माने अकुलाये हुए हैं ।। नैना ...
मोहनी मूरत पिया की, भूलती पलभर नहीं
प्यार की बोली रसीली, सुन रही हूँ हर कहीं

हैं छिपे प्यारे हमारे इन निकुंजों में कहीं
पर न जाने क्यों मुझे घनश्याम वे मिलते नहीं
मेरे दिल को जो ऐसे लुभाए हैं ।। नैना ...
मैं विरह में बावली हूँ आभरन भाते नहीं
ये वसन चंदन पवन घन मन को भरमाते नहीं
प्राण कलपाते हैं जी को और कल पाते नहीं
लौ लगी जिनसे मेरी वो 'चक्रप्रिय' आते नहीं
कोई कह दो कि प्रीतम आये हुए है। नैना ...

विरहोत्कण्ठिता

अनेक कार्यों में व्यस्त होने के कारण जिसका प्रिय नहीं आता, उस प्रिय के न आने के दुःख से आर्त नायिका विरहोत्कण्ठिता कहलाती है।

स्वकीया विरहोत्कण्ठिता

उठी है घनघोर घटाएँ बरसन लागे
कासे काहूँ नीद नहीं आये
गरज रहे बिजुरी चमके
सुन कोयल की कूक मुझ बिरहन को सताये ।। उठी ...
इक तो अंधेरी, पिया बिन डर लागे
सूनी सेज जिया तरसे,
कासे कहूँ ए री सखी, बीती सगरी रैन
'बिन्दा' देखो घर श्याम नहीं आये ।। उठी ...

परकीया विरोत्कण्ठिता

गोविन्द दरसन दीजो आय, तुम बिन रह्यो न जाये
गोविन्द दरसन दीजो आय
जल बिन कमल, चन्द्र बिन रजनी
ऐसे तुम देख्या बिन सजनी
आकुल–व्याकुल फिरूँ रैन–दिन
विरह कलेजो खाय, दरसन दीजो आय

क्यों तरसाओ अन्तर्यामी, आन मिलो किरपा कर स्वामी
मीराँ दासी जनम–जनम री, परी तिहारे पाय
दरसन दीजो आय

(2)

मोरी गलिन कब ऐहो मोहन
विरह घटा देखी घिर–घिर आवत
कब मोहे दरस दिखैहो मोहन ।। मोरी ...
बिजुरी चमके जियरा लरजे
कब तक हरि कलपै हो
मो मन धीर धरत ना 'चक्रपिय'
साँची कहो कब ऐहो मोहन ।। मोरी ...

प्रोषितपतिका

अनेक कार्यों के हेतु जिसका प्रिय (परेदश) चला गया हो, वह केश–संस्कार रहित वेणी वाली नायिका प्रोषितभर्तृका होती है।

जाये काउ कहाँ, इतना संदेसवा कोई कहो
जबसे गये मोरी सुधहुँ न लीन्हीं
बिरहा के बान हमसे न सहो
बरसन जो बीते दरस बिन
'बिन्दा' बिन मिले श्याम हमसे ना रहो
जाये कोई कहो।

नायिका से सम्बन्धित कुछ ऐसी बन्दिशें भी प्राप्त होती हैं, जिन्हें स्वाधीनपतिकादि आठ अवस्थाओं में वर्गीकृत नहीं किया जा सकता, किन्तु ये वे अवस्थायें हैं जिनसे प्रत्येक नायिका कभी न कभी गुज़रती ही है।

साँवरी सुन्दर कितनी बनी।
जहर भरे नैन कहर मचावें ।। साँवरी ...
अंग आरसी जोबन झलके
कोकिल बैन सुनत सुखकारी प्यारी सारी ।। साँवरी ...
'चक्रपिया' को ध्यान धरत है

साँकरि खोर डरत उजियारी छबिवारी ।। साँवरी ...

उक्त बन्दिश की अन्तिम दो पंक्तियों – 'चक्रपिया' को ध्यान धरत है, साँकरि खोर डरत उजियारी छबिवारी'' से यह प्रतीत होता है कि सम्भवतः यह परकीया वासकसज्जा नायिका है। यूँ जैसा कि हमने पूर्व में कहा स्वाधीनपतिका के ही वासकसज्जा होने की बात आचार्य रुद्रट ने कही है किन्तु बदलते सामाजिक परिवेश में परकीया भी परपुरुष को घर बुलाने और वासकसज्जा के रूप में उसका इंतज़ार करने का साहस सम्भवतः अब करने लगी हो।

इसके अतिरिक्त 'कथक' नृत्य में अध्यात्म से जुड़ी अनेक रचनाएँ प्राप्त होती हैं, जो लौकिक प्रेम के माध्यम से अलौकिक प्रेम की प्राप्ति को दर्शाती हैं। यथा –

डगर चलत देखो श्याम, कर गहियाँ
नीर भरन मैं गई पनघट को
देख्यो वहाँ पर श्याम नटखट को
हस्यो निरख्यो मेरो मन खटक्यो
आन अचानक चुनरी झटक्यो
गरे लगा लीन्हीं मोहे कन्हैया ।। डगर ...
गहो कृष्ण को जाने न पाये
आज इन्हें हम नारी बनायें
नथ, बेसर सिर चोटी गुथाएँ
बेंदी भाल साड़ी पहनाएँ
'बिन्दा' कहत अद्‌भुत छबि बनियाँ ।। डगर ...

उक्त बंदिश में कृष्ण द्वारा किसी गोपी से छेड़छाड़ का वर्णन है। नायिका परकीया स्वाधीनपतिका है। वह अपनी आपबीती अपनी सखियों को सुना रही है। वह कहती है – हे सखी, कृष्ण के कारण राह चलना कठिन हो गया है। हमें कोई उपाय सोचना चाहिये ताकि उन्हें सबक सिखाया जा सके। योजनानुसार वे सब मिलकर एक दिन कृष्ण को घेरती हैं, और उन्हें लज्जित करने के लिये नारी वेश में सजाती हैं, किन्तु यह क्या? उस अलौकिक रूप के दर्शन कर वे स्वयं को भी भूलकर श्री कृष्ण को निहारती रह जाती है।

उक्त ठुमरी में लौकिक श्रृंगार को जिस सूक्ष्मता से अलौकिक श्रृंगार की ओर ले जायेा गया है, वह देखते ही बनता है। ठुमरी का आरम्भ कृष्ण द्वारा छेड़छाड़ के रसिक प्रसंग के साथ, संयोग श्रृंगार से होता है, और मान–मनुहा़र, शरारत–ठिठोली आदि से होता हुआ अन्त में निर्वेद और दैन्य संचारी के माध्यम से भक्ति में परिणत हो जाता है। यहाँ गोपी रूपी आत्माएँ परमात्मा में लीन होने के लिये विनती करने लगती हैं।

इनके अलावा मुग्धा–मध्या–प्रौढ़ा नायिकाओं को, बंदिश की प्रकृति देखकर समझा जा सकता है। यहाँ हमने मुख्य रूप से अष्टनायिकाओं का आधार लेते हुए, उसमें से प्रत्येक प्रकार की एक–एक बंदिश दी है।

नायिका भेद सम्बन्धी कतिपय बंदिशों के अभिनय का विश्लेषण

पूर्व में हम कह चुके हैं कि आज कथक के अभिनय में मुख्यरूप से अष्टनायिका तथा वयानुसार त्रिविध मुग्धा–मध्या–प्रौढ़ा नायिकाओं की बंदिशें मिलती हैं। 'कुट्टमित्त'[1] भाव की भी अनेक बन्दिशें प्राप्त होती हैं। धर्मानुसार त्रिविध – स्वकीया, परकीया एवं सामान्या में से प्रथम दो नायिकाओं से सम्बन्धित बन्दिशें मिलती है। स्मरणीय है कि यद्यपि नाट्य में परकीय प्रसंग का अभिनय निषिद्ध किया गया है, किन्तु नृत्य में इसी परकीय प्रसंग की अनेक बन्दिशें प्राप्त होती हैं। कृष्ण–केलि–वर्णन की बंदिशों में कृष्ण–राधा और गोपियों को लेकर स्वकीयत्त्व एवं परकीयत्त्व, संयोग एवं वियोग, दोनों पक्षों से सम्बद्ध विविध श्रृंगारिक परिस्थितियों का चित्रण विस्तारपूर्वक किया गया है। जैसा कि हम पहले ही स्पष्ट कर चुके हैं, कृष्ण के प्रति गोपियों अथवा राधा की रति अलौकिक रति है, इसलिये उन पर पकीयत्त्व का आरोप नहीं किया जाता है। हाँ, 'गणिका' या 'सामान्या' से सम्बन्धित कोई बन्दिश़ प्राप्त नहीं होती। इसका कारण भी स्पष्ट है कि गणिका की रति, अर्थाधारित होने के कारण रसाभास उत्पन्न करती है, इसलिये दिव्य पात्र (कृष्ण) की नायिका के रूप में इसे चित्रित नहीं किया जाता है। यहाँ हम अभिनय बिन्दुओं के आधार पर कुछ बन्दिशों का विश्लेषण करने का प्रयास करेंगे।

---

1 कुट्ट्मित्त – प्रिय द्वारा हर्षित मन से स्पर्श करने पर सुखात्मक अनुभूति तो हो, परन्तु नायिका द्वारा इसके विपरीत भाव – यानी दुःखात्मक अनुभूति प्रकट की जाये तो उसे 'कुट्टमित्त' भाव कहते हैं।

विरहोत्कण्ठिता नायिका

पिया के आवन की सुनत खबरिया।
राह ताकत हूँ मैं नेक नजरिया।
तड़पत हूँ मोहे कल न परत है।
'बिन्दा' कहत यूँ ही बीती उमरिया।।

उक्त बन्दिश में 'विरहोत्कण्ठिता' नायिका का अतिसजीव चित्रण किया गया है, किन्तु जैसा कि हम पूर्व में ही स्पष्ट कर चुके हैं, इस तरह के अभिनय को तथा इस तरह की बन्दिशों को भी किसी एक निश्चित अवस्था पर stick नहीं किया जा सकता, क्योंकि कोई भी अवस्था तात्कालिक रूप में कम–से–कम अपने पूर्व वाली अवस्था एवं तुरन्त बाद वाली अवस्था से जुड़ी होती ही है। इसलिये इनमें भावों का सूक्ष्म परिवर्तन निरन्तर होता चलता है। यह परिवर्तन इतना सूक्ष्म होता है कि इसके लिये कोई विभाजन रेखा तय कर पाना बहुत कठिन होता है, साथ ही इस तरह का विभाजन किये जाने पर बन्दिश अथवा भाव को उसकी समग्रता में नहीं समझा जा सकता। जैसे कि उक्त बन्दिश में नायिका 'प्रोषितभर्तृका' है। वह प्रिय के समीप न होने से विरहार्त है ही, किन्तु प्रिय के आने का समाचार सुन, उसके आगमन के लिये स्वयं को मानसिक एवं शारीरिक रूप से तैयार करते हुए 'वासकसज्जा' के रूप में हमारे सामने आती है। 'वासकसज्जा' के रूप में मिलन की उत्कण्ठा उसमें स्पष्ट रूप से देखी जा सकती है। लेकिन जब प्रिय नहीं आता तो नायिका की वह उत्कण्ठा, विरहोत्कण्ठा में परिणत हो जाती है। इस तरह से हम प्रस्तुत बन्दिश में विप्रलम्भ एवं संयोग श्रृंगार की मिली–जुली छटा देखते हैं।

नायिका द्वारा प्रारम्भ में प्रिय के आगमन का समाचार सुनकर प्रिय की प्रतीक्षा की जायेगी। इसके लिये नायक से संयोग हेतु नायिका का तैयार होना बतलाया जायेगा। पल्टा लेकर एक स्थान पर अलंकार प्रसाधन एवं श्रृंगार प्रसाधन का अभिनय किया जायेगा। इसमें विस्तापर्वूक नायिका का अच्छे वस्त्र पहनना, बालों को सँवारना, बिन्दी लगाना, काजल लगाना, होंठों को रंगना, इत्र लगाना, विभिन्न आभूषणों यथा – कानों में झुमके, नाक में नथ, माथे पर बेंदी, गले में हार, हाथों में कंगन, बाहों में बाजुबन्द, कमर में करधनी, पैर में पाजेब आदि पहनना दिखाया जायेगा।

इस तरह पूर्णरूपेण तैयार होकर नायक की प्रतीक्षा करते हुए नायिका 'नाडिका' (समय) बतलाने को कहे अथवा 'नाडिका' की ध्वनि का श्रवण करे। उक्त

अवस्थाओं के अभिनय के लिये 'आकेकरा दृष्टि' से अर्थात् अधखुली आँखों से देखना, अपने कड़े या करधनी पर हाथ जाना, बार–बार साँसे लेना, प्रिय के विषय में चिन्ता करना, किसी काम में मन न लगना, न बैठने में चैन, न लेटने में और न उठने में चैन इस तरह का भाव व्यक्त किया जाये, हर समय प्रिय के प्रति उत्सुकता बनी रहे, ऐसी 'उद्वेग–दशा' का चित्रण करना चाहिये। फिर मन में घबराहट लिये हुए खिन्न हृदय से बाहर के द्वार तक बढ़ जाये। एक हाथ से दरवाजे की चौखट एवं एक हाथ से दरवाजे को थमाकर, दरवाजे से सटकर नायक की बाट जोहने का अभिनय करे। दरवाजे का सहारा लेकर खड़ी रहे तथा प्रिय की प्रतीक्षा करते हुए शंका, चिन्ता, भय के भावों को प्रदर्शित करे और प्रिय को न आता पाकर थोड़ी खिन्नता का भी प्रदर्शन करे। यदि इस समय तक भी प्रिय का आगमन न हो तो, जोर से उसाँस भरते हुए नयनों से आँसू टपकाते हुए, खिन्न हृदय होकर शैया पर शरीर को लुढ़काने का अभिनय करे। तत्पश्चात् नायक के न आने के कारणों पर विचार करने का अभिनय करे। प्रिय किसी कार्यवश, मित्रों के द्वारा रोके जाने पर अथवा किसी अन्य प्रिया के द्वारा रोक लिये जाने पर नहीं आया है इन सम्भावनाओं पर विचार करने का अभिनय करे तथा इन विचारों से उत्पन्न शुभ–अशुभ स्थिति की सूचना अपने शरीर के फड़कने एवं कम्पन के द्वारा अभिनीत करे। इस स्थिति में आकर अशुभ सम्भावनाओं (किसी अन्य प्रिया के पास प्रिय के होने की सम्भावना) के विषय में सोचते हुए विरहणी नायिका में 'खण्डितात्त्व' का भाव पाया जाता है।

बन्दिश की अन्तिम दो पंक्तियों में नायिका की विरह–व्यथा का चित्रण किया गया है। नायक के न आने की चिन्ता में नायिका अपने हाथ को गाल पर टिकाये, अपनी सजावट पर ध्यान न दे, गहनों को उतारकर फेंकती हुई, रोने का अभिनय करे। ''मैं व्यथित हूँ कहीं राह देखते मेरी उमर ही न बीत जाये और तुम न मिलो'' ये दोनों पक्तियाँ लौकिक एवं अलौकिक अर्थों को प्रकट करते हुए अभिनीत की जा सकती हैं। ऊपरी तौर पर लौकिक श्रृंगार का पद जान पड़ते हुए भी इसमें भक्ति की जो व्यंजना हो रही है, भक्त की ईश्वर के प्रति जो तड़प दिखलाई दे रही है, वह भाव इसे अलौकिक श्रृंगार की ओर मोड़ देता है। 'कथक' में इस तरह के भाव–परिवर्तन की अनन्त सम्भावनाएँ विद्यमान हैं जो अतन्तः भक्ति के क्षेत्र की ओर हमें ले जाती हैं। वैसे भी श्रृंगार एवं भक्ति के बीच की विभाजक रेखा इतनी सूक्ष्म होती है कि बड़े स्वाभाविक रूप से लौकिक श्रृंगार, अलौकिक श्रृंगार के क्षेत्र में प्रवेश कर जाता है।

खण्डिता नायिका

काहे को मेरे घर आये हो
प्रीतम तुम रैन सौतन संग जागे, नैना रतनारे।
पैयाँ न पड़ो अब प्यारे ।। काहे को ...
उनहीं के घर रहो, जावो नहीं बोलो हमसे
'बिन्दा' सुनो नहीं यह माने
जिया जारे जारे ।। काहे को ...

उक्त बन्दिश में स्पष्ट रूप से खण्डिता नायिका का चित्रण किया गया है। नायक की राह देखते–देखते नायिका थक जाती है और तब भी नायक नहीं आता। नायिका के मन में अनेक तरह की आशंकाएँ जन्म लेने लगती हैं, किन्तु इन सब आशंकाओं का समाधान उसके पास नहीं है। काफी इन्तज़ार के बाद जब अगली सुबह नायक घर लौटता है, तो प्रथम तो नायिका प्रसन्नतापूर्वक नायक की अगुवानी करती है, किन्तु उसे परस्त्रीगमन के चिन्हों देखकर क्षुब्ध हो जाती है और उलाहना देती हुई कहती है कि – अरे मेरा विप्रिय करने वाले, सौतन के साथ रात बिनाकर अब यहाँ क्यों आये हो? तुम्हारी लाल आँखें तुम्हारी कहानी कह रही है, इसलिये अब मेरे पैर न पड़ो। बार–बार मना करने पर तुम हो कि सुनते ही नहीं, इसलिये अब मुझसे बात भी मत करो, उसी सौत के घर जा रहो।

इस बन्दिश के पूर्व भाग में पल्टा लेकर नायिका विधिपूर्वक श्रृंगार करे, स्वकीया वासकसज्जा के रूप में नायक का इन्तजार करे। उसके न आने पर शंका–आशंकाओं से घिरी रात भर उसकी राह देखने का अभिनय करे। यहाँ तक पिछली बन्दिश में बतलाई गई प्रविधि के अनुसार अभिनय किया जाये, और जब अगली सुबह नायक घर पहुँचे तो प्रसन्नतापूर्वक आगवानी के लिये बढ़े। किन्तु नायिका जब नायक को परस्त्रीगमन के चिन्हों से युक्त देखे तो पीछे हटते हुए 'वैमनस्य' का भाव प्रदर्शित करे। इसके लिये क्रोध से अपने होंठ कँपाते हुए – 'वाह' अपने बड़ा अच्छा किया, आपकी शोभा के क्या कहने, ऐसा अभिनय करे। अपराधी नायक को नायिका अपने व्यवहार, कार्य और उलाहने भरे वचनों से लज्जित करे। नायक के द्वारा प्रिय बोलने किन्तु अप्रिय आचरण करने से नायिका में 'विप्रिय' भाव उत्पन्न होता है। इसका अभिनय क्रोध, उपहास, रोदन तथा अस्वीकृतिसूचक मस्तक कम्पन्न के द्वारा करना चाहिये।

यहाँ यह ध्यान दिये जाने योग्य है कि नायिका द्वारा क्रोध अथवा उपहास अथवा परिहास का अतिशय न हो, यानी उक्त भावों का अभिनय संतुलित रूप में किया जाना चाहिये। वह अपनी दशा का अभिनय आँसुओं के साथ मिले हुए वचनों के अभिनय से करे। इस स्थिति में अभिनय के लिये मध्यमा अंगुली और अंगुष्ठ की नोक मिलाकर अपने हृदय के समीप रखते हुए, उल्लोकित दृष्टि से (आँखों को ऊपर उठाते हुए) बार–बार देखते हुए अभिनय किया जाये।

'अवहित्थ' भाव का प्रदर्शन करती हुई नायिका अपनी अंगुलियों को मरोड़ते हुए, सुन्दरतापूर्वक परिहास करते हुए कहे –

- 'आप तो बड़े सुशोभित हो रहे हैं'
- 'भले दर्शन दिये' 'पधारिये'
- 'अपनी उसी प्रिया के पास जाइए, जो आपके मन में बसी है।'
- 'हटिये जाइये' आदि का अभिनय करे।

बिन्दा सुनो नहीं यह माने........ बार–बार मना करने पर भी जब शठ नायक पुरानी आदत को न छोड़े और नायिका का अप्रिय करे, तो संघर्ष और मत्सर के कारण नायिका में 'व्यलीक' भाव उत्पन्न हो जाता है। इस भाव अभिनय छाती पर बायाँ हाथ रखते हुए और दाहिना हाथ क्रोध से हिलाते हुए किया जाये।

नायक द्वारा नायिका को छूने, पकड़ने या उसका आँचल, उसके केश, आदि को पकड़ने पर नायिका द्वारा धीरे–से छुड़ा लेने का अभिनय किया जाये। इसके लिये 'अश्वक्रान्ता चारी' का प्रदर्शन करना चाहिये। (अंगों को झुकाते हुए पैरों के पंजों पर खड़े होने पर अश्वक्रान्ता चारी बनती है) आलिंगन करने पर हट जाने का अभिनय किया जाये और इसी तरह विविध प्रकार से तब तक नायक को तंग करने का भाव दिखलाया जाये, जब तक कि वह (नायक) पैरों पर न गिर पड़े।

परकीया स्वाधीनपतिका

डगर चलत देखो श्याम, कर गहियाँ
नीर भरन में गई पनघट को
देख्यो वहाँ पर श्याम नटखट को
हस्यो निरख मेरो मन खटक्यो
आन अचानक चुनरी झटक्यो

गरे लगा लीन्हीं मोहे कन्हैया ।। डगर ...
गहो कृष्ण को जाने न पाये
आज इन्हें हम नारी बनायें
नथ, बेसर सिर चोटी गुथाएँ
बेंदी भाल साड़ी पहनायें
'बिन्दा' कहत अद्‌भुत छबि बनियाँ ।। डगर ...

उक्त बन्दिश में कृष्ण के द्वारा किसी गोपी से छेड़छाड़ का वर्णन है। गोपी अपनी आपबीती अपनी सखियों को सुना रही है। वह कहती है– हे सखी, कृष्ण के कारण राह चलना कठिन हो गया है, वे राह चलते छेड़खानी करते हैं। हमें मिलकर कोई उपाय सोचना चाहिये, ताकि उन्हें सबक सिखाया जा सके। योजनानुसार वे एक दिन कृष्ण को घेरकर उन्हें लज्जित करने के लिये नारी–वेश में सज्जित करती हैं, किन्तु स्वयं ही उस अलौकिक छबि के दर्शन कर जड़मति हो जाती हैं। वे अपना स्थान और स्थिति बिसरा बैठती हैं और उनकी आत्माएँ, परमात्मा में लीन होने के लिये विनती करने लगती हैं। इस तरह जिस ठुमरी का प्रारम्भ कृष्ण की छेड़छाड़ के रसिक प्रसंग के साथ संयोग श्रृंगार से हुआ था वही अन्त में निर्वेद और दैन्य संचारी से होते हुए, भक्ति में परिणत हो जाती है।'[1]

इस ठुमरी के अभिनय के लिय स्थायी पंक्ति 'डगर चलत देखो श्याम, कर गहियाँ' में कई तरह से कृष्ण द्वारा गोपी की बाँह पकड़ने तथा उसका रास्ता रोकने का भाव बतलाया जायेगा। कभी राह छेककर, कभी बाँह पकड़कर, कभी चोटी खींचकर तो कभी चुनरी झटककर, कभी पीछे से आकर आँख मूँदकर कृष्ण द्वारा गोपी को रोकने का अभिनय किया जा सकता है।

---

1 नोट – वात्सल्य और भक्ति, ये दोनों श्रृंगार के ही रूप माने गये हैं। व्यवहार में भी हम पाते हैं कि माँ का बालक से प्रेम उसी तरह का होता है, जैसा प्रिय और प्रेयसी के मध्य होता है। उस परमतत्त्व से लौ लगने पर उसके प्रति भी मन में वही आकर्षण और शेष संसार के प्रति वैराग्य का भाव जागृत हो जाता है। भक्त, प्रिय और प्रेयसी की ही भाँति, और अपने उपास्य के बीच किसी तीसरे की उपस्थिति सहन नहीं कर पाता। वह अपने उपास्य में लीन होकर एकाकार हो जाना चाहता है। कथक नृत्य में इस तरह अध्यात्म से जुड़ी अनेक रचनाएँ प्राप्त होती हैं, जो लौकिक प्रेम के माध्यम से अलौकिक प्रेम की प्राप्ति को दर्शाती हैं।

अन्तरे की पहली पंक्ति 'नीर भरन मैं गई पनघट को' इसे बतलाने के लिये पनघट जाने से पूर्व की तैयारी दिखाई जायेगी। स्वयं तैयार होना, दर्पण देखना, सामान्य श्रृंगार करना और फिर यदि कुएँ पर पानी लेने जाने का भाव दिखलाना है, तो खूँटे से रस्सी निकालना तथा बाल्टी और गगरी उठाने का अभिनय किया जायेगा। तत्पश्चात् द्वार खोलकर बाहर आना, पुनः द्वार उढ़काकर साँकल चढ़ाने का भाव विभिन्न हस्त मुद्राओं एवं मुखज अभिनय के द्वारा किया जायेगा। यदि पानी लेने नदी जाने का भाव दिखलाना है, तो उसके लिये नायिका गागर लेकर घर से चले तथा नदी पर पहुँचकर, गागर मांजे और धोये तत्पश्चात् स्वयं अपने हाथ–मुँह धोने का अभिनय भी किया जा सकता है।

अन्तरे की द्वितीय पंक्ति 'देख्यो वहाँ पर श्याम नटखट को' इस पंक्ति का भाव प्रथम पंक्ति में बतलाये गये भाव के परिप्रेक्ष्य में भिन्न तरह से दिखलाया जा सकता है। यदि प्रथम पंक्ति में नायिका को कुएँ पर पानी भरने जाते हुए बतलाया गया है, तो इस पंक्ति में उसे कुएँ से पानी खींचते हुए बतलाया जायेगा। अचानक कृष्ण को देखने पर, घबराहट में उसके हाथ से रस्सी छूट जाना और रस्सी–बाल्टी का कुएँ में गिरना दर्शाया जायेगा। कुएँ में झाँककर बाल्टी देखने और परेशान होने का अभिनय किया जायेगा। कृष्ण की उपस्थिति से घबराई हुई नायिका के द्वारा तुरन्त दौड़कर घूँघट की ओट कर लेने का अभिनय किया जायेगा। यदि नायिका को नदी पर पानी लेने जाते हुए दिखाना हो, तो द्वितीय पंक्ति में नायिका हाथ–मुँह धोते हुए किसी की आहट सुनने का अभिनय करे और अपने समीप कृष्ण की परछाई देखकर चौंक उठे और उनके द्वारा छेड़े जाने का स्मरण कर घबरा जाये।

अन्तरे की तीसरी पंक्ति 'हस्यो निरख्यो मेरो मन खटक्यो' के अभिनय के लिये उक्त दोनों ही परिस्थितियों में घूँघट की ओट से पहले घबराई हुई नायिका को कृष्ण की ओर ताकते हुए बतलाया जाये, तब कृष्ण के द्वारा अर्थपूर्ण ढंग से नायिका को देखते हुए हँसने का भाव बतलाया जाये। इसे देखकर नायिका का झेंपना तथा मन में किसी प्रकार का खुटका अथवा आशंका का भाव प्रदर्शित किया जाये। इस हेतु 'शंकिता' दृष्टि का प्रयोग किया जाना चाहिये।

अन्तरे की चतुर्थ पंक्ति 'आन अचानक चूनर झटक्यो' को बतलाने के लिये पलटा लेकर श्री कृष्ण को पूर्व की भाँति अर्थपूर्ण ढंग से मुस्कुराते हुए दिखलाया जायेगा और फिर दौड़कर नायिका की चुनरी खींच देने और इस तरह नायिका के

अवगुण्ठित मुख को अनावृत्त कर देने का भाव दिखलाया जायेगा। पलटा लेकर कृष्ण द्वारा घूंघट खींचे जाने पर नायिका द्वारा स्वयं में सिमट जाने का भाव भी दर्शाया जाये। इस समय 'लज्जिता' दृष्टि का प्रयोग किया जाये।

अन्तरे की पंचम पंक्ति, 'गरे लगा लीन्हीं मोहे कन्हैया' इस पंक्ति का भाव दिखलाने के लिये कृष्ण के द्वारा नायिका के आलिंगन का भाव दिखाया जाये और नायिका द्वारा पहले तो निषेध तथा अन्त में सम्मोहित होते हुए समर्पण का भाव दिलाया जाये। इस समय क्रमशः 'साँची तथा लज्जिता' दृष्टि का प्रयोग किया जाये।

प्रथम अन्तरे में जो कुछ भी दिखलाया जाये, उसे इस तरह अभिनीत किया जाये, मानो, नायिका अपनी आपबीती अपनी सखियों को सुना रही हो। द्वितीय अन्तरे में कृष्ण से बदला लेने तथा उन्हें सबक सिखाने की नीयत से नायिका तथा उसकी सखियों द्वारा योजना बनाई जाये।

दूसरे अन्तरे की पहली पंक्ति 'गहो कृष्ण को जाने न पाये' में योजना को मूर्त्तरूप देने के लिये नायिका द्वारा सखियों से यह कहना कि – हे सखी, दौड़ो–पकड़ो इस कृष्ण को, देखो यह बचकर भागने न पाये और सब सखियों द्वारा कृष्ण को घेरकर पकड़ लेने का अभिनय किया जाये।

दूसरी पंक्ति – 'आज इन्हें हम नारी बनायें' कृष्ण को पकड़ने के बाद, उनका परिहास करते हुए यह कहना कि आज इन्हें लज्जित किया ही जाये, इसके लिए इन्हें नारी–वेश से सजाया जाये।

'नथ, बेसर, सिर चोटी गुथाएँ, बेन्दी भाल साड़ी पहनाएँ।' यह पंक्ति कृष्ण के नारी–वेश में श्रृंगार करने से सम्बन्धित है। नायिका द्वारा एक–एककर अपने आभूषण उतारे जायेंगे और उन्हें कृष्ण को पहनाने का अभिनय किया जायेगा। कृष्ण की चोटी गूँथकर, नायिका अपनी ही ओढ़नी से उन्हें साड़ी भी पहनाने का अभिनय करे। यह सब करते हुए नायिका द्वारा कृष्ण से छेड़छाड़ तथा सखियों के साथ मिलकर कृष्ण का उपहास करने का भाव दिखलाया जाये।

अन्तरे की पंचम पंक्ति 'बिन्दा कहे अद्‌भुत छबि बनिया' अत्यन्त मार्मिक है, इसलिये इसके भाव–प्रदर्शन में भी अत्यधिक निपुणता की आवश्यकता है। दरअसल, जब कृष्ण को स्त्रीवेश देने की कल्पना नायिका तथा गोपियों ने की थी, तब और जब वे सब मिलकर कृष्ण को स्त्रीरूप में सजा रही थीं, तब भी, उन सबके मन में यह भाव था कि किस तरह से कृष्ण को लज्जित किया जाये, ताकि वह दोबारा किसी गोपी को

परेशान करने की सोचे भी नहीं। इसलिये कृष्ण को सजाते समय वे बात–बात पर कृष्ण की हँसी उड़ा रही थीं, किन्तु कृष्ण को पूर्णरूपेण तैयार कर चुकने पर उनके अद्भुत् रूप के दर्शन कर नायिका तथा समस्त गोपियाँ हतप्रभ होकर उन्हें निहारती रह जाती हैं, परिहास के स्थान पर उनमें दैन्य भाव उत्पन्न हो जाता है। यह भाव वही है, जो इस असार संसार की समस्त आत्माओं को उस परमात्मा से मिलने के लिये व्याकुल एवं प्रेरित करता है। इस तरह श्रृंगार की कोमल भावनाओं से युक्त छेड़–छाड़ से जिस ठुमरी का आरम्भ हुआ, वह आध्यात्मिक मोड़ लेते हुए 'भक्ति रस' पर समाप्त होती है।

जैसा कि पूर्व में हमने कहा है अष्टनायिकाओं के अलावा ऐसी अन्य अवस्थाएँ भी होती हैं, जिनमें से प्रत्येक नायिका को गुजरना पड़ता है, इससे सम्बन्धित बन्दिशें भी प्राप्त होती हैं। यथा – किसी नायिका में यौवन के आगमन से होने वाले शारीरिक एवं मानसिक परिवर्तनों के फलस्वरूप उसके मनोभावों में परिवर्तन होता है, वह अपने सौन्दर्य के प्रति सजग हो जाती है तथा उसका अनायास प्रदर्शन करने लगती है। साथ ही उसके मन में अपनी सराहना करने वाले व्यक्ति की कामना भी जाग उठती है। इस प्रबल 'उत्कण्ठा' के कारण नायिका को 'उत्कण्ठिता' जानना चाहिये। इस 'उत्कण्ठिता' को 'विरहोत्कण्ठिता' से जोड़कर नहीं देखना चाहिये क्योंकि 'विरोत्कंठिता' किसी नायिका की वह स्थिति है, जब वह अपने प्रिय से दूर है तथा उसके वियोग में दुःखी है, जबकि 'उत्कण्ठिता' वह नायिका है जिसके जीवन में अभी तक किसी नायक/प्रिय का आगमन नहीं हुआ है, ऐसी नायिका में नैसर्गिक रूप से नायक से मिलने की उत्कण्ठा है, प्रेम की लालसा है।

यथा – चाँचर (उत्कण्ठिता)

मैं तो खेलूंगी उनहीं से होरी गुइँया
लेके अबीर गुलाल कुंकुमा
रंग से भरी पिचकारी गुइँया।।
जाये घेरूँ डगर, नाही जाने दूँ घर
ऐसो ढीठ लंगर नाही माने निडर
अब श्याम सुन्दर से रंग मचाओ
'बिन्दा' लाऊँगी गहि बरजोरी।।

कुछ एक बन्दिशों में 'विरहोत्कण्ठिता' एवं उत्कण्ठिता' का मिला–जुला रूप भी दिखता है। यथा –

परकीया विरहिणी नायिका

कासे खेलूँ पिया घर नाहीं
होरी खेलत लाज आवत
हमसे कहत छिपकर चलो सखी,
यही बसी तुमरे मन माहीं
कैसे 'बिन्दा' उनके सन्मुख हूँ
जिन नहीं देखी मोरी परछाहीं।

उक्त बंदिश की प्रारम्भिक पंक्ति नायिका के अपने पति के प्रति विरह भाव को व्यक्त कर रही है, किन्तु बाद की पंक्तियों में कृष्ण के लिये यह कहना कि "उनके साथ कैसे होली खेलूँ, कैसे उनके समक्ष जाऊँ, जिन्होंने मेरी परछाई तक नहीं देखी" से यह स्पष्ट होता है कि नायिका का साक्षात्कार नायक से अब तक नहीं हुआ है। कृष्ण के प्रति उसकी उत्कण्ठा और इच्छा प्रकट हो रही है। इस बन्दिश में उत्कण्ठिता और विरहोत्कण्ठिता दोनों का समावेश है।

21

कथक नृत्य में अभिनय का स्वरूप

जहाँ तक चतुर्विध अभिनय का प्रश्न है नृत्य में आहार्य को छोड़कर शेष तीनों अभिनयों का प्राधान्य रहा है। ऐसा इसलिये है क्योंकि सभी नृत्य पद्धतियों की एक विशिष्ट वेशभूषा विद्वान गुरुओं द्वारा बहुत सोच समझकर निश्चित की गई है जो आकर्षक होने के साथ–साथ उस नृत्य पद्धति की आंगिक आवश्यकताओं को पूरा भी करती है। अपने क्षेत्र के उपलब्ध संसाधनों के उपयोग से निर्मित ऐसा आहार्य, अमुक नृत्य पद्धति की विशिष्ट पहचान बन जाता है। सोचकर देखें कथक, भरतनाट्यम, कथकलि तथा मणिपुरी अथवा यही क्यों भांगड़ा, गरबा या कालबेलिया नृत्य के नर्तक यदि मात्र खड़े भी हों तो उन्हें देखकर बतलाया जा सकता है कि इनमें से कौन, किस नृत्य पद्धति का नर्तक है। इसका अर्थ यह है कि सामान्य दर्शक सबसे पहले किसी नृत्य पद्धति को उसके आहार्य अथवा वेशभूषा से जोड़कर देखता है। तो इस रूप में 'आहार्य' को नर्तक या नर्तकी की वेशभूषा मात्र नहीं समझा जाना चाहिये, वह उस नृत्य पद्धति की विशिष्ट पहचान होता है। इसलिये किसी नृत्य पद्धति के लिये एक बार निश्चित किया गया उसका आहार्य बारम्बार बदला नहीं जाता। फलस्वरूप नृत्य में प्रत्येक नवीन प्रयोग अथवा प्रस्तुति के लिये अन्य तीन अभिनयों (आंगिक, वाचिक एवं सात्त्विक) की तुलना में आहार्य का स्थान गौण रहता है। कथक नृत्य का आहार्य अपेक्षाकृत उपेक्षित रहा है या फिर यह कह लें कि इस नृत्य के स्वरूप की ही तरह इसके आहार्य प्रसाधन सम्बन्धी मानदण्ड भी तुलनात्मक रूप से लचीले रहे हैं। अन्य नृत्य पद्धतियों की भाँति इस नृत्य की कोई बहुत विशेष और सुनिश्चित वेशभूषा नहीं रही है। स्त्री कलाकार अपनी इच्छानुसार साड़ी, कभी घाघरा–चोली तो कभी चूड़ीदार और घेरदार अंगरखा पहन लेती हैं। पुरुष कलाकार कुर्ता–पायजामा या फिर धोती पहनते हैं। इनमें भी किसी प्रकार की एकरूपता का बंधन नहीं देखा गया है। अस्तु।

शेष त्रिविध अभिनयों में से वाचिक तो नृत्य के साथ आधार रूप में साथ–साथ चलता है। कथक में वाचिक के दो रूप प्राप्त होते हैं – नृत्तपक्ष में 'बोलो' की अदायगी स्वयं नर्तक द्वारा की जाती है, जो इस नृत्य पद्धति की प्रमुख विशेषता भी है। भाव पक्ष में भी कवित्त–छन्द तो नर्तक स्वयं पढ़ता है, और जब गेय बंदिश पर भावाभिनय हो

तब या तो वह स्वयं गीत गाते हुए नृत्य करता है अथवा अन्य गायक कलाकार द्वारा गीत गाया जाता है। कथक के पुराने कलाकार स्वयं गाकर अभिनय किया करते थे। जैसा कि हम जानते हैं, पुराने समय की महफिली नृत्य प्रस्तुतियाँ बिल्कुल अलग ढंग की हुआ करती थीं। नृत्त पक्ष और अभिनय पक्ष की प्रस्तुति एक ही समय में, एक ही प्रस्तुतीकरण में नहीं होती थी। इसलिये नर्तक के लिये स्वयं गा सकना सम्भव होता था, स्वयं गा सकने के ही कारण पहले के कलाकार संचारी भाव तथा व्यंजनार्थ बतलाने में दक्ष होते थे। दर्शक भी एक ही कलाकार को सारी–सारी रात देखने के लिये प्रस्तुत रहते थे। अब सीमित समय के भीतर नृत्य की सम्पूर्ण प्रस्तुति किसी कलाकार को करनी होती है इसलिये नृत्तपक्ष और भावपक्ष बिल्कुल जुड़कर चलते हैं। ऐसी स्थिति में नृत्तपक्ष की प्रस्तुति के तुरन्त बाद स्वयं गाते हुए भाव दिखलाना, न तो कलाकार के लिये सुविधाजनक होता है, और न प्रस्तुति उतनी प्रभावोत्पादक हो पाती है। सम्भवतः यही कारण है कि वर्तमान समय में अधिकांश नर्तक स्वयं गाते नहीं हैं, किन्तु इस स्थिति का एक सहगामी दुष्प्रभाव यह पड़ा है कि आज अधिकांश नर्तक गाने की समझ रखने में प्रति भी जागरूक नहीं है। हालाँकि गाते हुए नृत्य करना सुविधजनक नहीं होता, किन्तु गाने के प्रति उपेक्षा या उदासीनता का भाव किसी भी नर्तक के लिये हानिप्रद हो सकता है, क्योंकि जिस तरह ताल का ज्ञान नृत्तपक्ष के लिये आवश्यक है उसी तरह राग के स्वरूप एवं उसकी प्रकृति का ज्ञान भावाभिनय के लिये आवश्यक है। बंदिश के प्रति सजगता और बरते जा रहे राग को ग्रहण करते हुए आनन्द लेने की प्रवृत्ति नर्तक के अभिनय को निखारती है। गायकी के स्वरूप एवं उसकी बारीकियों को समझ लेने पर भावों की व्यंजना में भी काफी सहायता मिलती है। इसलिये चाहे नृत्य करते हुए स्वयं गाया न भी जाये, किन्तु नर्तक में इसकी समझ अवश्य होनी चाहिए।

नाट्यशास्त्र तथा अभिनयदर्पण में आंगिक अभिनय के अन्तर्गत जिन हस्त, पाद, चारी, मण्डल, स्थानक, आदि का विवरण मिलता है, वैसा प्रयोग कथक नृत्य में प्रायः नहीं मिलता। इसलिये सामान्यतः यह कह दिया जाता है कि कथक शास्त्राधारित नहीं है। इस बारे में हमें यह मानस तैयार करना ही होगा कि शास्त्राधारित न होना अपने में कोई disqualifying factor नहीं है। क्योंकि वास्तविकता यह है कि प्रयोग शास्त्र के अनुसार नहीं चलता बल्कि किसी स्थापित तथा लोकप्रिय प्रयोग को देखकर तदनुसार शास्त्र के निर्माण की परम्परा रही है। स्वयं आचार्य भरत ने कहा है कि प्रयोग को

महत्त्वपूर्ण माना जाये। कथक नृत्य में प्रारम्भ से ही अभिव्यक्ति को अधिक सम्प्रेषणीय बनाने पर ज़ोर रहा है। कथक नर्तक द्वारा अपनी बात कहने के लिये जिन मुद्राओं या आंगिक संकेतों का सहारा लिया जाता है, उनका ग्रहण सीधे लोक से किया गया प्रतीत होता है। इस दृष्टि से कथक का आंगिक अभिनय लोक व्यापार के निकट होने के कारण अधिक सहज प्रतीत होता है। भावों की विविधता दिखलाने के लिये स्वयं कलाकार अनूठी सर्जना करता है।

जैसे– कौन गली गये श्याम.....

सामान्य रूप से उक्त पंक्ति का अभिनय मात्र कहाँ गये, इस अभिधार्थ से किया जा सकता है। पूछने का भाव भिन्न भिन्न हो सकता है यथाः कभी परेशानी में, कभी जिज्ञासा में, कभी करुणा में, कभी नटखटपन से, कभी हताशा में इत्यादि। किन्तु एक व्यंजनार्थ होता है, कलाकार अपनी सोच, अपनी कल्पना से पद के स्थूल अर्थ से बिल्कुल भिन्न अर्थ का सृजन कर सकता है। वह दर्शकों का साक्षात्कार उन सम्भावनाओं से कराता है जहाँ पद के स्थूल अथवा श्लेष अर्थ की परछाई भी साथ नहीं जाती। स्व. शम्भू महाराज आज भी उक्त पंक्ति पर भाव के लिये याद किये जाते हैं। कहते हैं कि वे इस एक पंक्ति पर रात–रातभर विभिन्न भावों को करके दिखाया करते थे यथा – केश के बीच में माँग को गली मानकर पूछना कि, कौन गली गये श्याम? विशेष रूप से उत्तर भारतीय पारम्परिक विवाह में पुरुष द्वारा स्त्री की 'माँग में सिन्दूर भरना' एक बहुत महत्त्वपूर्ण रस्म मानी गई है। विवाहोपरान्त स्त्रियाँ आवश्यक रूप से नित्य ही सिन्दूर से अपनी माँग भरती हैं। एक तरह से यह स्त्री के विवाहित होने का परिचायक है। नायिका द्वारा कृष्ण के लिये माँग को गली मानकर पूछना दो अर्थों की अभिव्यंजना करता है – हे सखि, मैं उनकी विवाहिता हूँ, वे कहाँ गये मुझे छोड़कर? और दूसरा – हे सखि, क्या वे मुझे अंगीकार करेंगे? या हे सखि, वो किसी दूसरी को कृतार्थ करने तो नहीं गये? देखें यहाँ वाचिक एक–सा ही है, आंगिक अभिनय भी एक–सा रहे तो कोई हर्ज नहीं, किन्तु भावाभिव्यक्ति में अभिव्यंजना का अवकाश भिन्न–भिन्न है।

इसी तरह दो नयनों को गली मानकर पूछना कि, कौन गली गये श्याम? वो जो मेरे नयनों में बसते हैं, कहाँ गये? और जब वो मेरे नयनों में बसे हैं तो इनमें नींद कहाँ? तो अब मुझे अकेला इस अंधेरी रात में जागता छोड़कर वो कहाँ गये? गहरी श्वास लेते हुए जब इस पंक्ति को दोहराया जाये तो – हे सखि, वो जो मेरी साँसों की

राह मेरे दिल में उतर चुके हैं, अब फिर बाहर कहाँ गये? कैसे गये? इसी गहरी साँस को लेते हुए नायिका किसी दूसरी स्त्री की गंध महसूस करके स्वयं सीधे नायक से कटाक्ष करते हुए भी पूछ सकती है – कि कैसे सौत के पास गये? इत्यादि।

इस तरह की विभिन्न सम्भावनाओं को दिखलाना 'उपज का काम' या 'संचारी' दिखलाना कहलाता है। कथक नर्तकों के सन्दर्भ में यह देखने में आया है कि इस तरह के संचारी भावों के प्रति कलाकार सजग नहीं होता और उसे इन संचारियों के विषय में अथवा उनके अभिनय के विषय में शास्त्रों में उल्लिखित अभिनय सम्बन्धी निर्देशों का ज्ञान भी नहीं होता तथापि परिस्थिति को visualize करते हुए, यानी परिस्थिति के प्रत्यक्ष न होते हुए भी, उसमें स्वयं को रखकर, अनुमान करते हुए तथा लोक से ग्रहण किये गये अनुभवों के आधार पर कलाकार इन भावों का अतिसजीव चित्रण प्रस्तुत करता है। आज 'संचारी' दिखाना बड़ी चुनौती माना जाता है। ठीक है, किन्तु क्या कथक नृत्य मात्र संचारी भावों की अभिव्यक्ति तक सीमित है? क्या इस नृत्य में भावाभिव्यक्ति का स्तर कुछ भिन्न, कुछ अधिक सहज और स्वाभाविक नहीं जान पड़ता? ऐसा क्या है जो यद्यपि शास्त्रबद्ध प्रतीत नहीं होता परन्तु फिर भी सम्प्रेषण के स्तर पर अधिक प्रभावकारी है? कथक नृत्य में भावाभिव्यक्ति का विश्लेषण करने पर हम पाते हैं कि भले ही यह लगे कि कथक नृत्य का कोई शास्त्र नहीं है अथवा यह नृत्य किसी शास्त्र का अनुगमन नहीं करता किन्तु यह सोच पूरी तरह सही नहीं है। सच यह है कि कथक नृत्य में उन सभी अंगों का संतुलित समन्वय देखा जा सकता है जिनका वर्णन विभिन्न संगीतशास्त्र तथा नाट्यशास्त्रीय ग्रन्थों में प्राप्त होता है। गुरूमुख से प्राप्त इस प्रात्यक्षिक शिक्षा को शिष्य अपने गहन अभ्यास से ऐसे स्तर पर ले आता है जहाँ नृत्य के क्लिष्ट अंगों का प्रयोग अत्यन्त सहज–स्वाभाविक लगने लगता है। इसलिये आमतौर पर कथक नृत्य को शास्त्रसम्मत् मानने में संकोच होता है। यों यह हमेशा ध्यान में रखना चाहिये कि शास्त्र का निर्माण प्रयोग का आधार लेकर चलता है, प्रयोग शास्त्र पढ़कर नहीं किया जाता। शास्त्र मात्र सामान्य निर्देश देने का दायित्त्व निभाता है। अस्तु।

किसी भाव के प्रदर्शन के लिये कथक नर्तक सर्वप्रथम उसके अभिधार्थ को आंगिक एवं मुखज अभिनय द्वारा स्थूल रूप में प्रकट करता है। इस तरह उस कथ्य का सामान्य मन्तव्य नर्तक द्वारा दर्शा दिया जाता है। कथ्य के मुख्य या स्थायी भाव को अभिव्यक्ति करने के लिये नर्तक विभिन्न संचारी भावों की सहायता भी लेता है।

किसी मूल भाव के गूढ़ार्थ को अभिव्यक्त करने में संचारी भाव सहायक तो होते हैं क्योंकि कुछ–एक को छोड़कर शेष संचारी भाव सामान्य रूप से सभी स्थायी भावों के प्रकटीकरण में उनके साथ उत्प्रेरक के रूप में कार्य करते हैं, फिर भी इनका क्षेत्र सीमित ही रहता है। किन्तु व्यंजना का क्षेत्र तो इसकी (33 संचारी भावों की) अपेक्षा कहीं अधिक विस्तृत माना जा सकता है। जहाँ एक ओर कलाकार अपनी अभिव्यक्ति में स्वतंत्र होता है वहीं दूसरी ओर प्रेक्षक उस अभिव्यक्ति को किस रूप में ग्रहण करे, यह उसकी सहृदयता, बौद्धिक स्तर, प्रात्यक्षिक अनुभव और मानसिक अवस्था पर निर्भर करता है। यानी कलाकार से प्रेक्षक तक आते–आते अभिव्यंजना के बहुगुणित होने की सम्भावना बनी रहती है।

कलाकारों का मन्तव्य

इस विषय में एक अहम् प्रश्न यह उठता है कि कथक में अभिनय, चाहे वह नायिका–भेद पर हो या फिर किसी अन्य प्रसंग में, पूर्व नियोजित (pre-composed) रूप में किया जाता है, अथवा तात्कालिक परिकल्पना पर आधारित (improvised) होता है? इस महत्त्वूपर्ण प्रश्न पर हमारी अनेक कलाकारों से चर्चा हुई। लगभग सभी कलाकारों ने अपना–अपना स्पष्ट दृष्टिकोण हमारे सामने रखा। सुश्री दमयन्ती जोशी[1] ने कहा कि – "अभिनय दोनों तरह का हो सकता है। उनके अनुसार pre-composed अभिनय भी अलग–अलग प्रस्तुतियों में improvised की तरह लगने लगता है।

श्रीमती रमादेवी मिश्र का यह कहना था कि "कथक में तो अभिनय improvised ही होता है pre-composed नहीं। पूर्व–नियोजित अभिनय तो भरतनाट्यम् आदि पद्धतियों में होता है।" हमारी समझ में इसका कारण यह है कि दक्षिण के गायन–वादन की प्रकृति ही एक तरह से बंधी हुई है इसलिये नृत्य–अभिनय भी एक तरह से बंधा हुआ चलता है। इसके साथ ही अधिकांश दक्षिणी नृत्य नाट्यधर्मी अभिनय के अधिक निकट होते हैं। उक्त कारणों से तत्काल प्रयोग की सम्भावना वहाँ कम होती जाती है। हम जानते हैं कि उत्तर भारतीय गायन–वादन मूलतः खुली प्रकृति का रहा

---

1 सम्भवतः सन् 1991–92 में सुश्री दमयन्ती जोशी, श्रीमती रोहिणी भाटे, श्रीमती रौशन कुमारी, श्रीमती सितारा देवी, श्रीमती कुमकुम धर, श्री अर्जुन मिश्रा, श्री ओमप्रकाश महाराज, श्रीमती रमा देवी मिश्र, श्रीमती गीतांजलि लाल, सुश्री प्रेरणा श्रीमाली आदि कलाकारों से प्रत्यक्ष भेंट कर लेखिका ने विस्तृत चर्चा की थी। इनमें से कुछ तो अब हमारे बीच नहीं रहे, किन्तु कथक में अभिनय के सन्दर्भ में इन गुरुओं के विचारों का मूल्य हमारी और भविष्य की पीढ़ियों के लिये सदा रहेगा।

है। यहाँ राग या ताल के इच्छित बरताव की एक छूट कलाकार को होती है। वह अपनी क्षमता के अनुसार कला में अपनी कल्पना के रंग भरने के भरपूर अवसर पाता है। इस सुविधा का लाभ लेते हुए कलाकार अपने आस–पास की दुनियाँ और अपने निजी अनुभवों के निष्कर्षों को आसानी से अपनी कला में जोड़ता चलता है। लोकधर्मी तत्त्वों से कलाकार की निकटता उसकी कल्पना को अधिक सहज, प्रभावी और विविधतापूर्ण बनाती है। परिणामस्वरूप प्रत्येक प्रस्तुति नवीन आकर्षण और जिज्ञासा लेकर आती है। श्रीमती रोहिणी भाटे का मानना था कि यद्यपि कथक में तात्कालिक कल्पना आधारित अभिनय के लिये काफी गुंजाइश होती है, लेकिन इसके लिये यह आवश्यक है कि कलाकार की अभिनय पर पकड़ मज़बूत हो। इसलिये यदि कोई कलाकार अधिक और अच्छी कल्पना कर सकने में अक्षम है, तो उसके लिये यही बेहतर है कि वह पूर्व–नियोजित ही नाचे। हाँ, यह अवश्य है कि अभ्यास के द्वारा इस pre-composed अभिनय में भी गहराई लाई जा सकती है।

श्रीमती रंजना श्रीवास्तव ने इस सन्दर्भ में कहा कि एक स्थिति तक, जबकि विद्यार्थी गुरु की देखरेख में होता है वह pre-composed ही नाचता है, किन्तु इस सीमा के बाद, जब उसकी अपनी प्रतिभा जागृत हो जाती है, तब वह स्वकल्पनाधारित अभिनय करता है।

श्रीमती कुमकुमधर ने सभी पुराने नृत्य गुरुओं के विषय में कहा कि वे स्वकल्पनाधारित अभिनय ही करते थे। वर्तमान समय में भी उनके अनुसार अभिनय में improvisation होता है, लेकिन पुराने और अब के नृत्य में मूलभूत अन्तर यह है कि पहले का नृत्य महफिल और दरबारों का नृत्य था जिसमें कलाकार इत्मीनान से अपनी बात रख सकता था। जबकि वर्तमान समय में बदलते मानदण्डों ने कला के रूप में परिवर्तन किया है। आज जो नृत्यादि के कार्यक्रम होते हैं उनमें समय का बन्धन रहता है। समय सीमा में रहते हुए कलाकार को प्रस्तुति देनी होती है। ऐसी स्थिति में कभी–कभी यकायक कोई उपज न कर पाने की स्थिति में प्रस्तुति का स्तर गिर सकता है। बहुधा देखा गया है कि अधिकांश कलाकार बंधा अभिनय ही करते हैं। हाँ, अनुभवी कलाकार अभिनय के लिये एक खाका खींचकर उसे अंजाम देते हैं और यह कोशिश करते हैं कि उनकी प्रस्तुति पिछली प्रस्तुति से भिन्न हो, और कुछ नवीन उपज का काम हो सके। चाहे वह एक gesture या एक glance की ही उपज क्यों न हो।

यहाँ हम पुनः ध्यान दिलाना चाहेंगे कि अभिनय के दौरान आधार स्वरूप गायन साथ–साथ चलता है, इसलिये यदि नर्तक कलाकार स्वयं गा रहा है तो उसके लिये यथारूप उपज करना आसान हो जाता है। गायन के लिये किसी अन्य पर निर्भरता एक तरह से pre-composed नाचने को बाध्य करती है क्योंकि यह कतई आवश्यक नहीं कि सहयोगी गायक कलाकार का गायन उसी दिशा में बढ़े जिस दिशा में नर्तक कलाकार बन्दिश के अभिनय को आगे बढ़ाना चाह रहा हो। यद्यपि परस्पर पूर्वाभ्यास द्वारा एक सीमा तक प्रस्तुति को आगे बढ़ाया तो जा सकता है किन्तु कभी ऐसा भी हो जाता है कि मंच पर नर्तक का सहयोगी गायक कलाकार नया हो। ऐसे में न तो नर्तक को उसकी गायकी के अंदाज़ की जानकारी होती है और न ही गायक कलाकार को नर्तक के मिजाज़ की। तब गायन और नृत्याभिनय के दो भिन्न दिशाओं में जाने की आशंका बन जाती है। हालाँकि कथक नृत्य का कलेवर ऐसा है कि इसके हर पक्ष में एक अन्तरंगता और अनौपचारिकता बसी हुई है इसलिये किसी अन्य गायक पर निर्भर रहने पर भी, यदि कलाकार की कल्पना उसे बन्दिश को आगे बढ़ाने को उकसा रही हो, तो वह अपने साथी गायक कलाकार से पुनः पुनः अमुक पंक्ति अथवा बंदिश के उस हिस्से को दोहराने का अनुरोध कर सकता है। हो सकता है कि गायक कलाकार की बढ़त नर्तक की अपेक्षाओं को पूरा न कर सके किन्तु फिर भी कुछ हद तक improvisation की सम्भावना बनी रहती है। अन्य नृत्य पद्धतियों में मंच पर ऐसे अनौपचाहिरक व्यवहार को unprofessional माना जा सकता है तथा कलाकार को अपरिपक्व। किन्तु इस तरह के व्यवधान की छूट 'कथक' में है, क्योंकि यहाँ दर्शक एवं नर्तक कलाकार का आपसी तालमेल भिन्न तरीके का होता है। अभिनय के पूर्व का नृत्त पक्ष भी एक तरह से बंधा हुआ नहीं होता। फिर भी किसी अन्य गायक पर निर्भरता से नर्तक के अभिनय में वह सहजता नहीं आ पाती, जो स्वयं उसके द्वारा गाये जाने पर सम्भव है। ऐसा इसलिये है क्योंकि किसी विशेष 'भाव' के प्रति गायक और नर्तक इन दोनों के नज़रिये में अन्तर हो सकता है और सूक्ष्म रूप से देखने पर गायक की गायकी और नर्तक के अभिनय को, नज़रिये का यह अन्तर निश्चित तौर पर प्रभावित करता है। इसके अलावा गायन की समझ स्वयं कलाकार की अभिनय क्षमता को परिपक्व करने में अत्यन्त सहायक सिद्ध होती है। इस सम्बन्ध में प्रायः सभी कलाकारों ने इस तथ्य को स्वीकार किया है कि नृत्यकार स्वयं अच्छा गायक हो तो उसके नृत्याभिनय में निखार आ जाता है। जयपुर घराने की वरिष्ठ नृत्यांगना तथा गुरु

श्रीमती गीतांजलि लाल, जिन्हें गायकी का भी पक्का प्रशिक्षण प्राप्त हुआ है, कहती हैं कि "मुझे बड़ा अजीब लगता है जब कोई डांसर सुर को नहीं जानता, वो कैसे बंदिश को महसूस करता होगा?" इसलिये नर्तक यदि स्वयं न भी गा सके तो उसे सुर/स्वर का ज्ञान तो अवश्य होना चाहिये और इसलिये संगीत के तीनों अंगों (गायन–वादन–नर्तक) का ज्ञान नर्तक को होना आवश्यक है तभी उसके नृत्य प्रस्तुतीकरण में सम्पूर्णता आ सकती है। पूर्वाभ्यास के दौरान किसी कथ्य के प्रस्तुतीकरण को लेकर नर्तक अपनी कल्पना अपने साथी गायक कलाकार से साझा कर सकता है ताकि गायक भी अपने गायन को उस दिशा में लेते हुए अभिनय के लिये सांगीतिक भावभूमि के निर्माण द्वारा सहयोग दे सके।

इस विषय में हमारा विचार यह है कि कथक में pre-composed एवं improvised दोनों तरह का अभिनय किया जाता है। हाँ, यह अवश्य है कि स्वकल्पनाधारित अभिनय की सम्भावना अन्य नृत्य पद्धतियों की तुलना में कथक में अपेक्षाकृत अधिक होती है। इसका कारण यह प्रतीत होता है कि कथक में नाट्यधर्मी तत्त्वों की अपेक्षा लोकधर्मी तत्त्वों का बाहुल्य है। पूर्वनियोजित अभिनय तो वह होता है जब किसी बन्दिश के भावार्थ को विशेष रूप से आंगिक अभिनय के माध्यम से, पहले से तय किये हुए तरीकों से स्पष्ट किया जाता है। इस तरह के अभिनय के लिये बन्दिश में बतलाई गई परिस्थिति में डूबने की या visualize करने की आवश्यकता नहीं होती। यानी कोई नौसीखिया भी कुछ अभ्यास द्वारा इस तरह के पूर्व–नियोजित अभिनय को साध सकता है अथवा खूबसूरती से प्रस्तुत कर सकता है। जबकि कथक में अभिनय की जो परम्परा रही है उसमें बन्दिश की एक पंक्ति के गाये जाने पर सर्वप्रथम नर्तक उसका अभिधामूलक अर्थ आंगिक अभिनय के माध्यम से बतलाता है। कुछ दूर तक तो कलाकार pre-composed ही नाचता है, तत्पश्चात् उस पंक्ति के बारम्बार दोहराये जाने या अनुकीर्तन किये जाने के साथ–साथ अभिनय भी आगे बढ़ता चलता है। विभिन्न तरीकों से बन्दिश का अभिधार्थ व्यक्त करने के साथ–साथ कलाकार अपनी कल्पना और अभिनय–क्षमता के अनुसार उसका व्यंजनार्थ भी स्पष्ट करता चलता है। तब उपज की भावभूमि में क़दम रखते हुए वह बन्दिश की पंक्ति के गूढ़ार्थ को अपनी अभिनय क्षमता, कल्पना और जीवन के अनुभवों के आधार पर साकार करने लगता है। स्वकल्पनाधारित अभिनय के लिये नर्तक अमुक स्थिति में होने वाली विभिन्न

सम्भावित प्रतिक्रियाओं को visualize करते हुए आगे बढ़ता है। 'न छेड़ो' के कथन में 'छेड़ो' का भाव भी तब ही झलक पाता है।

इस सम्पूर्ण प्रसंग में यह अवश्य है कि यदि नर्तक स्वयं अच्छा गायक हो, तो उसके प्रस्तुतीकरण में चार चाँद लग जाते हैं। अभिनय सहज लगता है। स्मरणीय है कि कथक नृत्य में भाव–प्रदर्शन चाहे पूर्व–नियोजित हो अथवा स्वकल्पनाधारित, इसका कोई औपचारिक शिक्षण प्रयोक्ता को दिये जाने की परम्परा नहीं रही है। पुराने नृत्य गुरुओं में से अधिकांश साक्षर नहीं थे। उन्हें इस कला का ज्ञान मौखिक परम्परा से प्राप्त हुआ था तथा इसी रूप में उन्होंने अपनी शिष्य परम्परा तक इसे हस्तांतरित किया। उल्लेखनीय है कि पुराने समय में गुरुओं के ज्यादहतर शिष्य उनके अपने परिवार के होते थे। ऐसी स्थिति में अभिनय–गायन–वादन–नर्तन इन शिष्यों को पारिवारिक विरासत में मिलता था। बचपन से उन्हें उपयुक्त सांगीतिक वातावरण भी सहज रूप में उपलब्ध होता था। इसलिये अशिक्षित, अर्थात् निरक्षर और कला के विशिष्ट औपचारिक प्रशिक्षण से विहीन होते हुए भी ये अपनी कला के मर्मज्ञ होते थे।

बदलते समय एवं परिस्थितियों ने इस नृत्य को सामाजिक स्वीकृति प्रदान करने के साथ–साथ उसे बेहद लोकप्रिय भी बना दिया है। इसे चाहने वालों और अपनाने वालों का दायरा बढ़ा है। परिणामस्वरूप नृत्य जगत् में पारम्परिक परिवारों से इतर अन्य वर्ग के प्रतिभासम्पन्न लोगों का भी प्रवेश हुआ है। इन जिज्ञासुओं में एक बड़ा वर्ग शिक्षित लोगों का भी है। घरानेदार गुरुओं से पारम्परिक शिक्षा प्राप्त करने वाले ऐसे प्रतिभाससम्पन्न शिक्षित कलाकार इस विषय में प्रयत्नशील रहे हैं कि कथक नृत्य की विभिन्न प्रस्तुतियों को शास्त्रीय आधार देकर प्रामाणिक बनाया जाये।

हम सब यह जानते हैं कि वर्तमान समय में संगीत की औपचारिक शिक्षण पद्धति प्रचलित है। निश्चित रूप से यह व्यवस्था संगीत जैसी ललित कला को अधिक लोकप्रिय बनाने एवं जनसाधारण को आसानी से उपलब्ध कराने के लिये की गई है। संस्थाओं के अपने नियम, व्यवस्थाएँ और सीमाएँ होती हैं। ललित कलाओं का शिक्षण–प्रशिक्षण मात्र इन व्यवस्थाओं में बंधकर कितना हो पाता है, यह पृथक् रूप से विचार का विषय है किन्तु व्यावहारिक स्तर पर संगीत की गुणवत्ता के सन्दर्भ में इसके दुष्परिणाम सामने आ रहे हैं, इससे इन्कार नहीं किया जा सकता। महाविद्यालय एवं विश्वविद्यालयीन स्तर पर विज्ञान और भाषा विज्ञान जैसे विषयों की भाँति इन ललित कलाओं का शिक्षण भी नियत समय (लगभग 5 से 8 वर्षों) से पूर्ण कर दिया जाता है।

ऐसे प्रशिक्षण पाठ्यक्रमों में प्रवेश देते समय अधिकांश संस्थाओं में न तो विद्यार्थियों में पूर्व योग्यता देखी जाती है, न कोई apptitude test यानी अभिरुचि परीक्षण लिया जाता है। हाँ, कई बार खानापूर्ति अवश्य कर ली जाती है। हम जानते हैं कि बालक–बालिकाओं को उनकी बाल्यावस्था से हिन्दी, अंग्रेज़ी, गणित, विज्ञान, सामान्य ज्ञान आदि विषयों का अध्ययन कराया जाता है। किशोरावस्था आते आते वे अपनी अभिरुचि का विषय चुनते हैं और स्नातक तथा स्नातकोत्तर स्तर तक उस अध्ययन को आगे बढ़ाते हैं। कुछ विद्यार्थी उस विषय में शोधपरक गहन अध्ययन के माध्यम से विशेषज्ञता भी प्राप्त करते हैं। कहने का तात्पर्य यह कि उक्त विषयों से विद्यार्थियों का परिचय उनकी बाल्यावस्था से रहता है। जबकि संगीत आदि ललित कलाओं के सम्बन्ध में ऐसी कोई व्यवस्था हमारे यहाँ नहीं है। यह अवश्य है कि स्कूली विद्यार्थियों के लिये हमारे चुनिन्दा शिविद्यालयों में कुछ डिप्लोमा कोर्स चलाए जा रहे हैं। कुछ बच्चे इनका लाभ लेते हुए इन विषयों का अध्ययन भी करते हैं किन्तु फिर भी महाविद्यालयीन स्तर पर सीधे ऐसे अनेक छात्र प्रवेश पा जाते हैं जिनका दूर–दूर से संगीत से कोई नाता नहीं होता। बग़ैर किसी पृष्ठभूमि अथवा सहज योग्यता के अभाव में पाठ्यक्रम में प्रवेश पाने वाले ऐसे छात्रों की स्थिति आठ दस वर्ष बीतने पर भी कम–ओ–बेश पहले की ही तरह रहती है। ऐसे व्यक्ति न तो स्वतन्त्र रूप से सफल प्रयोक्ता (performer) बन पाते हैं, और न ही अच्छे शिक्षक बनकर कला के प्रचार–प्रसार में सक्रिय भूमिका निभा पाते हैं। आवश्यकता इस बात की है कि ऐसे प्रशिक्षण कार्यक्रमों के लिये अभिरुचि परीक्षण तथा पूर्व प्रशिक्षण को अनिवार्य किया जाये। संगीत नृत्य के पाठ्यक्रमों को बोझल न किया जाये। उनमें क्रमानुसार आधारभूत बातों का समावेश किया जाये। दूसरी बात आज विज्ञान आदि विषयों की तरह संगीत कला में भी semester system लागू कर दिया गया है जो इस कला की प्रकृति पर आघात है। संगीत कला पूर्वसंस्कार, धैर्य, लगन, अभ्यास, गुरू के प्रति विश्वास और स्वयं पर आत्मविश्‍वास माँगती है। बदलते सामाजिक परिदृश्य ने चाहे इस कला को महाविद्यालयों और विश्वविद्यालयों के आहातों में अवश्य ला दिया हो किन्तु इससे इन कलाओं की मूल प्रकृति अप्रभावित रही है। यहाँ short cuts और two minutes noodle जैसा अब भी कुछ नहीं है। प्रयोगधर्मा कलाओं का शिक्षण और परीक्षण पहले भी विशिष्ट था, आज भी विशिष्ट है और भविष्य में भी इसमें किसी प्रकार के परिवर्तन की सम्भावना नहीं दीखती। आज के वैश्वीकरण के युग में हम एक तरह से सामाजिक

और सांस्कृतिक संकरता से गुज़र रहे हैं। भौगोलिक दूरियाँ सिमट गई हैं। नवीनता को किसी भी कीमत पर अपनाने की धुन आज हर व्यक्ति में स्पष्ट देखी जा सकती है। अपने परिवेश, अपनी संस्कृति, अपनी मान्यताएँ, अपने आचार–विचार, अपनी ज़मीन तलाशने और जानने समझने से पहले ही लोग अपरिचित तथा अन्जानी संस्कृति को ओढ़ बैठते हैं। इस तरह के घालमेल को बड़े गर्व से आज Fusion का नाम दिया जाता है, जबकि हमारा मानना यह है कि इससे बड़ा confusion कोई हो ही नहीं सकता। आज के समय में घरानेदार गुरुओं का नज़रिया भी काफी हद तक व्यावसायिक हो गया है। ऐसे में प्राचीन शास्त्रों का अध्ययन, विश्लेषण और उनका अनुगमन दुष्कर कार्य जान पड़ता है। पढ़ने–पढ़ाने अथवा किसी से पूछने–समझने में किसी की रुचि बची ही नहीं है। सब ही स्वयंभू अधिकारी बन बैठे हैं। फिर भी मुझे और मुझ जैसों को ये आशा है कि शास्त्र और प्रयोग की सम्यक् साधना जिज्ञासु और कर्मठ विद्यार्थियों का मार्ग प्रशस्त करेगी। हमें लगता है कि जब तक शास्त्र और प्रयोग, इन दोनों पक्षों का तारतम्य बिठाकर प्रशिक्षण नहीं दिया जायेगा यथेष्ट परिणाम परिलक्षित नहीं होंगे।

संगीत एक प्रयोगधर्मी विधा (perorming art) है। इसके तीन घटकों में से गायन और वादन तो श्रव्य मात्र हैं, जबकि नृत्य, दृश्य और श्रव्य दोनों है। गीत और वाद्य पर आश्रित होने के कारण नृत्य, श्रव्य है और दृश्यमयता होने के कारण दृश्यमान भी है। इसके साथ ही नाट्य के समान प्रयोगधर्मी अर्थात् निरन्तर गतिशील भी है। इन विविध आयामों की कालाधारित गतिशीलता का शब्दों में विवेचन प्रस्तुत करना अत्यन्त दुरूह कार्य है। यद्यपि हमारे प्राचीन शास्त्र ग्रन्थ इस दृष्टि से अत्यधिक विकसित हैं, तथापि शास्त्र–अध्ययन–अध्यापन की परमपरा का उच्छेद हो जाने के कारण उनकी पारिभाषिक शब्दावली से आज हम भली–भाँति परिचित नहीं हैं। इतना ही नहीं हमारे पास उस स्तर की कोई वैकल्पिक शब्दावली भी नहीं है, जिसके द्वारा हम कला के प्रयोगात्मक पक्ष का विश्लेषण, भाषा के माध्यम से प्रस्तुत कर सकें। आवश्यकता इस बात की है कि शास्त्राधारित पारिभाषिक शब्दावली को आज के प्रयोग के सन्दर्भ में समझने की चेष्टा की जाये, साथ ही उपयोगी पाये जाने पर इस शब्दावली को आज की कला–समीक्षा में समुचित स्थान भी दिया जाये। इतना ही नहीं प्राचीन तथा मध्यकालीन तकनीकी शब्दों के समकक्ष उपयुक्त शब्दावली का निर्माण कर तत्काल

प्रभाव से उपयोग में लाना प्रारम्भ किया जाये। अन्यथा अधकचरा और अधूरा ज्ञान इस अत्यन्त समृद्ध और बेजोड़ नृत्यविधा के लिये किसी अभिशाप से कम नहीं। अस्तु।

अभिनय के लिये उपयोगी नाट्यशास्त्रीय निर्देश

'कथक' का Repertoire (रंगपटल/खाका) अत्यन्त विस्तृत है। इस रूप में इसमें निहित सभी तत्त्वों की शास्त्रग्रन्थों में उपलब्ध कलातत्त्वों से तुलना एवं प्रमाणीकरण अत्यन्त व्यापक कार्य है, जो फिलहाल इस अध्याय की सीमा से परे भी है। इसलिये यहाँ मात्र 'कथक में अभिनय' विषय तक स्वयं को सीमित रखते हुए इस बात पर प्रकाश डालने का प्रयास किया जायेगा कि तद्विषयक शास्त्रपक्षीय ज्ञान किस सीमा तक किसी प्रस्तुतीकरण को प्रभावित कर सकता है अथवा उसे सफल बनाने में सहायक सिद्ध हो सकता है। हम इस सन्दर्भ में स्वयं को श्रृंगार रस के आलम्बन के रूप में मात्र 'नायिका–भेद' तक सीमित रखेंगे। विभिन्न प्राचीन नाट्यशास्त्रीय ग्रन्थों में विस्तार से अभिनय–विधि पर प्रकाश डाला गया है। यद्यपि यह सही है कि अभिनय करते समय कोई भी कलाकार शास्त्रोक्त नियमों और पद्धति को सोचते हुए अभिनय नहीं करता तथापि यह अवश्य है कि अभिनय विधि का शास्त्रोक्त ज्ञान उसके प्रस्तुतीकरण को सटीक बनाता है। इस ज्ञान के आधार पर एक खाका बनाकर कलाकार अपनी कल्पना एवं अभिनय क्षमता के आधार पर सर्जना करता चलता है। अतः आज आवश्यकता इस बात की है कि कथक नृत्य के प्रारम्भिक विद्यार्थियों को अभिनय के सामान्य सिद्धान्तों एवं प्रविधि से परिचित कराया जाये। शास्त्राधारित इन सिद्धान्तों का ज्ञान हो जाने पर विद्यार्थियों का अभिनय–पक्ष निश्चित रूप से समृद्ध होगा। किसी की नकल या अनुकरण पर किये जाने वाले अभिनय और अभिनय कला की बारीक़ियाँ जानकर तदनुसार किये जाने वाले अभिनय में ज़मीन आसमान का अन्तर होता है। जहाँ पहले में एक छिछलापन और बेकार की कवायद जान पड़ती है वहीं दूसरे में बन्दिश के कथ्य के आधार पर कब, क्या, कैसे और कितना किया जाना चाहिये इसकी समझ का विकास होता है। इस तरह के application से कलाकार स्वयं रचना से मानसिक रूप से जुड़ जाता है, उसमें आत्मविश्वास पनपता है और तब प्रस्तुति खिलकर सामने आती है। हमारे विचार में शास्त्राध्ययन कतई प्रयोग के मार्ग की बाधा नहीं है वरन् वह तो प्रयोगधर्मिता में नये आयाम गढ़ने का मार्ग प्रशस्त करता है। यहाँ इसी विचार के साथ हम विभिन्न नाट्यशास्त्रीय ग्रन्थों में प्राप्त अभिनय के उन

सामान्य सिद्धान्तों का विवेचन प्रस्तुत कर रहे हैं, जो कथक नृत्य के सन्दर्भ में विशेष रूप से नायिका–भेद के अभिनय के लिये उपयोगी हो सकते हैं।

अष्टनायिकाओं की अभिनय विधि

खण्डिता, विप्रलब्ध, कलहान्तरिता तथा प्रोषितभर्तृका नायिका के अभिनय के लिये चिन्ता, निःश्वास, खेद, हृदय में जलन, सखियों से अपनी तकलीफ बताना, स्वयं की दशा देखना, ग्लानि, दैन्य, आँसू बहाना, क्रोधित होना, अपने आभूषण और साज–सज्जा की सामग्री छोड़ देना या उतार फेंकना, दुःख तथा रुदन (रोने) की योजना करनी चाहिये।[1] स्वाधीनभर्तृका नायिका को अभिनीत करने के लिये सुन्दर एवं उज्जवल वस्त्रादि धारण करके, प्रसन्न मुख, आकर्षण एवं शोभा को प्रकट करने वाले अंगों के साथ लावण्य के पूर्ण स्वरूप को प्रस्तुत करना चाहिये।[2]

वासकसज्जा एवं अभिसारिका अपने–अपने अवसरों पर स्वाधीनभर्तृका के तुल्य होती है, इसलिये इन नायिकाओं के अभिनय के लिये उन्हीं बातों का ध्यान रखना चाहिये जो स्वाधीनभर्तृका के अभिनय के लिये कही गई हैं। किन्तु स्वाधीनभर्तृका नायिका कुलांगना (स्वकीया) है या परकीया/परांगना? वह वेश्या है अथवा प्रेष्या? इन नायिकाओं के वासकसज्जा अथवा अभिसारिका होने की स्थिति में अभिनय की विधि क्या हो? परिस्थिति की भिन्नता से नायिका के अभिनय में भी अन्तर आ जायेगा। तदनुसार यहाँ स्वकीया, परकीया, वेश्या तथा प्रेष्या द्वारा अभिसार के अभिनय की विधि पर प्रकाश डाला जा रहा है।

कुलांगना अथवा स्वकीया द्वारा अभिसरण

कुलस्त्री को जब अभिसारिका के रूप में दिखलाना हो तो संकोच से शरीर सिकोड़े हुए, मुख को झुकाये हुए, चंचल गति तेज़ी से और बिना आवाज़ के चलने का अभिनय किया जाना चाहिये।[3]

---

1 नाट्यशास्त्र/परिमल प्रकाशन/22/222, 223, 224
भावप्रकाशनम्/4/159, 160, 164, 165

2 नाट्यशास्त्र/परिमल प्रकाशन/22/225
भावप्रकाशनम्/4/162, 163

3 संलीना स्वेषु गात्रेषु त्रस्ता विनमितानना ।
अवगुण्ठनसंवीता गच्छेत्तु कुलजांगना ।।

नाट्यशास्त्र/परिमल प्रकाशन/22/219

परकीया / परांगना द्वारा अभिसरण

परांगना नायिका के अभिसरण के अभिनय के लिये शरीर को कपड़ों से ढँककर, चलने में पैरों की आवाज नहीं होने देना, कदम–कदम पर शंकित होते हुए पीछे देखना, काँपना, पसीने से नहा जाना, शेर को देखकर डरे हुए मृगशावक भाँति दृष्टि रखना, चाँदनी रात में अभिसरण के लिये जाते समय तथा अंधेरी रात में अभिसरण के लिये जाते समय यथानुरूप वेशभूषा और आभूषण धारण करना, इस तरह से परकीया नायिका के अभिसरण को अभिनीत किया जाये।

वेश्या अभिसरण

वेश्या नायिका के पात्र का अभिसारिका के रूप में अभिनय आनन्द से मुस्कराते हुए, मदहोश नेत्रों, बहुत से आभूषण धारण किये हुये, हर्षित और रोमान्च युक्त, करधनी और नूपुरों को झनकाते हुए तथा अनेक सेवकों से घिरे हुए आगे बढ़ते हुए किया जाना चाहिये।[1]

प्रेष्या अभिसरण

नायिका द्वारा जब दूती अथवा प्रेष्या को सन्देश लेकर नायक के पास भेजा जाता है और जब वह 'दूती' ही नायिका को छलकर नायक का अभिसरण करती है, तो यह 'प्रेष्या अभिसरण' कहलाता है। नायक के अभिसरण का मन बना चुकी ऐसी गर्वीली प्रेष्या का अभिनय लड़खड़ाती हुई चाल से, आँचल को लहराते हुए, भू–विलास की शोभा को दिखलाते हुये, चमकती आँखों और अटपटी बातों से करना चाहिये।[2]

विरहोत्कण्ठिता नायिका के लिये आगे बताई गई अनुरागावस्था में होने वाली दशविध दशाओं का अभिनय करना चाहिये क्योंकि ये दशाएँ वियोगावस्था के कारण उत्पन्न होती है। इसके अलावा अन्य नायिकाओं के अभिनय में भी ये सहायक सिद्ध हो सकती हैं।

---

1 समदा मृदुचेष्टा च तथा परिजनावृता ।
नानाभरणचित्रांगी गच्छेद्वेष्यांगना शनैः ।।

नाट्यशास्त्र / परिमल प्रकाशन / 22 / 227

2 मदस्खलितसंलापा विभ्रमोत्फुल्ललोचना ।
आविद्धगतिसंचारा गच्छेत्प्रेष्या समुद्धतम् ।।[2]

नाट्यशास्त्र / परिमल प्रकाशन / 22 / 227

अनुरागावस्था में अभिनय

अभिलाष प्रिय से मिलन की इच्छा 'अभिलाष' कहलाती है। इसका अभिनय बार–बार नायक के सामने जाकर नज़रों से अपना अनुराग प्रकट करते हुए करें।

चिन्ता सखी या दूती से अपने मन की बात कहकर प्रिय प्राप्ति का उपाय पूछना 'चिन्ता' कहलाता है। इस अवस्था का अभिनय आधी खुली आँखों से, आकेकरा दृष्टि से देखकर, अपने कड़े या करधनी, नाभी और पिंडली को छूकर किया जाये।

अनुस्मृति प्रिय के प्रति चिन्ता और स्मरण, 'अनुस्मृति' है। इसका अभिनय बेचैन दिखते हुए, न बैठने में, न सोने में और न किसी काम में मन लगने का भाव दिखाते हुए किया जाना चाहिये।

गुणकीर्तन प्रिय की ऐसी प्रशंसा करना, मानो उसके जैसा कोई दूसरा हो ही नहीं सकता 'गुणकीर्तन' कहलाता है। इस अवस्था का अभिनय रोमांच, अश्रु, स्वेद पोंछने, दूती को संदेश देकर भेजने से करना चाहिए।

उद्वेग किसी कार्य में संतोष न हो और प्रिय के प्रति उत्सुकता बनी रहे तो उस स्थिति को 'उद्वेग' कहते हैं। इस अवस्था का अभिनय चिन्ता, उसाँसे यानी गहरी साँसें लेते हुए, खेद तथा हृदय की पीड़ा प्रकट करते हुए करना चाहिये।

विलाप 'विलाप' की दशा का अभिनय – ये यहाँ रहते थे, यहाँ बैठते थे, यहाँ मुझसे मिले थे, ऐसे वचन कहकर करे। इसके साथ ही रोते हुए, इधर–उधर भटकते हुए भी विलाप की स्थिति को साकार किया जा सकता है।

उन्माद सिर्फ अपने प्रिय के विषय में ध्यान रहना अथवा सिर्फ उसकी के बारे में बातचीत करना तथा दूसरों के प्रति विराग होना, 'उन्माद' कहलाता है। इस अवस्था का अभिनय अपलक दृष्टि से देखते हुए, लम्बी साँस भरते हुए, ध्यानमग्न रहते हुए प्रत्येक कार्य और अवस्था में रोने के जैसी दशा दिखाते हुए किया जाना चाहिये।

व्याधि किसी भी तरह प्रिय की प्राप्ति न हो, तो वह दशा 'व्याधि' कहलाती है। इसका चित्रण सिर के दर्द, शरीर की जलन, कहीं भी चैन न आने के अभिनय से करना चाहिये।

जड़ता बात करने पर उत्तर न देना, न देखना, न सुनना, स्मृति न रहना 'जड़ता' कहलाता है। इस अवस्था को शरीर के अंग ढीले छोड़कर, लम्बी साँस लेते हुए अभिनीत करें।

मरण वियोग श्रृंगार के प्रसंग में कामाग्नि के दाह को न सह सकने के कारण 'मरण' दशा मानी गई है। जहाँ तक हो सके मंच पर इस अंतिम दशा का प्रदर्शन नहीं करना चाहिये।

दरअसल नाट्य और नृत्य में नायिका भेद के प्रस्तुतीकरण का माध्यम अभिनय होते हुए भी दोनों की अभिनय प्रविधि भिन्न होती है। नृत्य में विभिन्न भावों के सम्प्रेषण के लिये आंगिक संकेतजन्य अभिनय नियत किया जाता है। इस दृष्टि से एक तरह से प्रयोक्ता और प्रेक्षक दोनों के ही विषय विशेषज्ञ होने की अपेक्षा रहती है। परन्तु देखा यह गया है कि प्रयोक्ता आंगिक अभिनय के साथ ही सटीक मुखज अभिनय के द्वारा जनसामान्य तक उन सूक्ष्म भावों का सम्प्रेषण करने में सफल हो पाता है, जो मात्र हस्त संकेतों में बंधकर आम व्यक्ति की समझ से परे का व्यापार बना रहता है। इस स्तर पर प्रयोक्ता (नर्तक/नर्तकी) आंगिक क्रियाओं का कम–से–कम प्रयोग करता है तथा सम्पूर्ण भावों को सात्त्विक अभिनय के माध्यम से प्रस्तुत करता है।

नाट्यशास्त्र में यूँ तो यत्र–तत्र अनेक स्थलों पर अभिनय की चर्चा मिलती है किन्तु यहाँ हम सातवें 'भावाध्याय' एवं बाइसवें 'सामान्याभिनय' की विषयवस्तु का विवेचन प्रस्तुत कर रहे हैं। वैसे तो सातवें अध्याय में सभी रसों को ध्यान में रखते हुए आठ स्थायी भाव, आठ सात्त्विक भाव तथा तैंतीस संचारी भावों की अभिनय विधि एवं विनियोग का निरूपण किया गया है, किन्तु नायिका–भेद का सम्बन्ध (आलम्ब रूप) केवल श्रृंगार रस से होने के कारण यहाँ हम अन्य रसों के स्थाई भावों को छोड़ते हुए केवल उन्हीं भावों की अभिनय–विधि पर विचार करेंगे जो श्रृंगार रस के निरूपण में उपयोगी हैं। इसके अलावा नाट्यशास्त्र के आठवें 'उपांगाभिनय' नामक अध्याय में कही गई संचारी भावजा दृष्टियों को भी यहाँ बतलाया जा रहा है।

स्थायी भाव 'रति' का अभिनय

मुस्कुराते हुए मधुर वाक्यों को कहकर, भ्रूविक्षेप द्वारा, कटाक्षपात आदि अनुभावों से इसका अभिनय करना चाहिये। संयोग श्रृंगार के अभिनय के प्रसंग में त्रास, आलस्य और उग्रता इन तीन संचारी भावों को छोड़कर शेष 30 संचारी भावों का अभिनय करना चाहिये, क्योंकि 'त्रास' प्राकृतिक विपदा जैसे – भूकम्प, उल्कापात, मेघध्वनि, हिंसक पशु की ध्वनि आदि विभावों से उत्पन्न होता है। 'आलस्य' की उत्पत्ति थकावट, व्याधि, गर्भावस्था, श्रम, अतितृप्ति आदि विभावों से होती है तथा अपराध करने वाले के पकड़े जाने, झूठी बकवास करने आदि से 'उग्रता' उत्पन्न होती है। इसलिये संयोग श्रृंगार के प्रसंग में इन संचारियों का प्रदर्शन नहीं करना चाहिये। यहाँ विभिन्न संचारियों की अभिनय विधि बतलाई जा रही है। विद्यार्थियों को अभ्यासपूर्वक इन्हें अपने प्रयोग में सम्मिलित करना चाहिये।

संचारी भावों का अभिनय

निर्वेद इष्टजन के वियोग, दरिद्रता, व्याधि (रोग) आदि से होने वाले दुःख से 'निर्वेद' की उत्पत्ति मानी गई है। इस संचारी भाव का अभिनय चिन्ता करने, निःश्वास लेने, आँसुओं से लबालब भरी आँखों से, उसाँसे लेते हुए, चेहरे पर दीनता लिये हुए तथा योगी की तरह ध्यानस्थ (प्रिय के ध्यान में मग्न) रहते हुए करना चाहिए।

ग्लानि उल्टी, जुलाब लगने, बीमारी, तप और बुढ़ापे आदि से 'ग्लानि' उत्पन्न होती है। इसका अभिनय कमज़ोरी, धीरे–धीरे चलने तथा शरीर के काँपने आदि अनुभावों द्वारा करना चाहिये।

शंका प्रिय के अपने प्रति किये गये अप्रिय आचरण से 'शंका' की उत्पत्ति होती है। इसका अभिनय बार–बार यहाँ–वहाँ देखने, संकुचित होने यथा घूंघट में खुद को छिपाने, मुँह सूखने, अधरों को जीभ से चाटने, मुख पर हवाई उड़ने, स्वर के बदल जाने, कम्पन, प्रयास करने पर भी कण्ठ से शब्द न निकल पाने आदि अनुभावों के द्वारा करना चाहिये।

असूया दूसरे व्यक्ति के सुख, सौभाग्य, समृद्धि, बुद्धि, क्रीड़ा एवं उत्कर्ष को देखकर अपराधी प्रवृत्ति वाले मनुष्य के हृदय में 'असूया' उत्पन्न होती है। भृकुटि चढ़ाने, मुँह घुमाने या टेढ़ा करने, चेहरे पर घबराहट, ईर्ष्या एवं क्रोध करने के अनुभावों के द्वारा इसका अभिनय करना चाहिये।

मद मद्यपान से 'मद्य' उत्पन्न होता है। यह तीन प्रकार का एवं पाँच भावों से युक्त होता है। 'मद' का अभिनय गाकर, सोकर, रोकर, हँसकर, असम्बद्ध प्रलाप करते हुए किया जाना चाहिये।

श्रम नृत्त, लम्बी यात्रा तथा व्यायाम करने से मनुष्य के शरीर में 'श्रम' उत्पन्न होता है। इसका अभिनय लम्बी साँस लेने तथा थकावट के कारण धीमी गति से चलने आदि अनुभावों के द्वारा करना चाहिये।

दैन्य चिन्ता, औत्सुक्य, दुःख आदि से मनुष्यों में 'दैन्य' भाव उत्पन्न होता है। सभी प्रकार की शुद्धता का निषेध करने अर्थात् बाल न बनाने, स्नान न करने, मलिन वस्त्र पहनने, ढीले बदन, मुँदी आँखों, सूखे चेहरे आदि विविध अनुभावों द्वारा इसका अभिनय करना चाहिये।

चिन्ता चिन्ता की उत्पत्ति ऐश्वर्य नाश, अभीष्ट वस्तु की चोरी तथा दरिद्रता आदि विभावों से होती है। इसका अभिनय निःश्वास, उसाँस लेना, सन्ताप, ध्यानस्थ होकर नीचा मुख करके सोचना तथा शरीर की कृषता दिखाना आदि अनुभावों द्वारा करना चाहिए।

मोह मोह की उत्पत्ति आकस्मिक चोट लगने, दुःख, व्याधि, भय, आवेग, पूर्वशत्रुता का स्मरण होने आदि विभावों से होती है। निश्चेष्टता, चक्कर आना, गिरना, आँखें घुमाना तथा ठीक से न देखना आदि अनुभावों से इसका अभिनय करना चाहिये।

स्मृति सुख–दुःख से पूर्ण बातों को याद करना स्मृति कहलाता है। नींद न आना, प्रिय के समान व्यक्ति के दिखने पर उससे बात करना, प्रिय के विषय में बात करना, सिर उठाने, देखने, भौहों के ऊपर चढ़ाने आदि अनुभावों से इसका अभिनय करना चाहिये।

धृति 'धृति' की उत्पत्ति शौर्य, विज्ञान, विद्या, समृद्धि, पवित्रता, सदाचार, गुरुजन, भक्ति अधिक अर्थलाभ तथा क्रीड़ा–विनोद आदि विभावों द्वारा होती है। इसका अभिनय सम्प्राप्त सभी सुखों का उपभोग, अप्राप्त सुखों के प्रति शोक न करने आदि अनुभावों द्वारा करना चाहिये।

व्रीड़ा अनुचित कार्यों को करने की वृत्ति मूलतः 'व्रीड़ा' में होती है। यह गुरुजन की आज्ञाओं के उल्लंघन, अपमान, प्रतिज्ञा की अपूर्णता तथा पश्चाताप आदि विभावों द्वारा उत्पन्न होती है। इसका अभिनय मुँह

छिपाने, सर झुकाकर विचार करने, पृथ्वी पर लिखने, वस्त्र और अँगूठी को पलटने, ज़मीन को अंगूठे के नख से कुरेदने आदि अनुभावों द्वारा करना चाहिये।

चपलता राग, द्वेष, क्रोध, ईर्ष्या तथा विरोध आदि विभावों के द्वारा 'चपलता' उत्पन्न होती है। इसका अभिनय कठोर शब्दों द्वारा डाँटने, मारने, बांधने, प्रहार करने, पीटने आदि अनुभावों के द्वारा करना चाहिये।

हर्ष 'हर्ष' मनुष्य में तब उत्पन्न होता है, जब अप्राप्य वस्तु की प्राप्ति, प्रिय समागम अथवा मनचाहे मनोरथ की प्राप्ति हो जाये। इस विभाव का अभिनय नेत्र तथा चेहरे के खुशी से खिलने, प्रियभाषण, आलिंगन, रोमांच, शरीर के अवयवों को सुन्दरतापूर्वक घुमाने (ललितांगविहार) तथा स्वेद आने आदि अनुभावों के करना चाहिये।

आवेग उत्पात, हवा, वर्षा, अग्नि, प्रिय या अप्रिय वृत्त का श्रवण, विपत्ति तथा प्रहार आदि विभावों से 'आवेग' की उत्त्पति होती है। श्रृंगार अथवा नायिका–भेद के प्रसंग में प्रिय अथवा अप्रिय वृत्त के श्रवण से उत्पन्न 'आवेग' का होना पाया जाता है, इसलिये हम यहाँ मात्र इसी सन्दर्भ में 'आवेग' के अभिनय की चर्चा करेंगे। प्रिय श्रवण से उत्पन्न आवेग का अभिनय आगवानी करने, आलिंगन करने, वस्त्र तथा अलंकारों को देने, हर्षाश्रु, रोमांच आदि अनुभावों से किया जाना चाहिये। अप्रिय श्रवण से उत्पन्न आवेग का अभिनय पृथ्वी पर गिरने आदि अनुभावों से करना चाहिये।

जड़ता किसी भी कार्य में प्रवृत्त न होना 'जड़ता' क़हलाता है। यह इष्ट या अनिष्ट वस्तु के दर्शन अथवा व्याधि आदि विभावों से उत्पन्न होती है। कुछ भी न कहने, मौन रखने, अपलक देखते रहने तथा पराधीन होने आदि अनुभावों के द्वारा इसका अभिनय करना चाहिये।

गर्व ऐश्वर्य, उच्चकुल, रूप, यौवन, विद्या, बल तथा आकस्मिक धन–लाभ आदि विभावों से गर्व उत्पन होता है। इसका अभिनय असूया, अथवा दूसरों को टक्कर देना, उत्तर न देना, न बोलना, अपने बाजू आदि अंगों को देखना, उतावलापन प्रदर्शित करना, हँसी उड़ाना, कड़े शब्द बोलना, पूज्यजन की मर्यादा का अतिक्रमण करना एवं उनका अपमान

करना तथा सम्भाषण बन्द करना (या व्यंग्य करना) आदि अनुभावों द्वारा करना चाहिये। गर्व अथवा अभिमान तथा घमंड में एक बारीक़ विभाजन होता है। उक्त लक्षण घमंडी व्यक्ति की नकारात्मकता को प्रदर्शित करते हैं। गर्व और अभिमान व्यक्ति की सकारात्मक उपलब्धियों से उपजता है और जिसके छिछले प्रदर्शन की आवश्यकता नहीं होती। वह व्यक्तित्त्व को गरिमामयी बनाकर एक प्रभामण्डल के रूप में स्वयं प्रतिष्ठित होता है। प्रस्तुत किये जा रहे चरित्र के अनुसार नर्तक को इस बारीक अन्तर को समझते हुए अभिनय करना चाहिये।

विषाद प्रारम्भ किये हुए कार्य के समाप्त न होने तथा देव की प्रतिकूलता रहने से 'विषाद' की उत्पत्ति होती है। उत्तम तथा मध्यम प्रकृति के पात्रों में विषाद को दिखाना हो तो उसका अभिनय सहायक ढूँढने, दीर्धनिःश्वास लेने आदि अनुभावों द्वारा करना चाहिये, और यदि अधम–प्रकृति के व्यक्तियों में स्थित विषाद का अभिनय करना हो तो दूर भागने, नीचे देखने, मुख सूखने, अधर चाटने, सोने, उसाँसे लेने तथा ध्यान करने आदि अनुभावों द्वारा किया जाना चाहिये।

औत्सुक्य प्रियजन के वियोग एवं उनकी याद आना तथा उद्यान दर्शन आदि से 'औत्सुक्य' उत्पन्न होता है। दीर्घनिःश्वास, नीचा मुँह कर सोचने, निद्रा, तन्द्रा तथा भूमि पर लेट जाने की अभिलाषा करने आदि अनुभावों के द्वारा इसे अभिनीत करें।

निद्रा दुर्बलता, मद, श्रम, आलस्य, अतिशय चिन्ता, अतिआहार, रात्रि जागरण आदि विभावों से 'निद्रा' उत्पन्न होती है। इसका अभिनय चेहने के भारीपन, शरीर के न हिलाने–डुलाने, आँखों के बन्द करने, जड़ता, जम्भाई लेने, शरीर के गर्दन करने आदि अनुभावों से किया जाये।

अपस्मार देव, यक्ष, नाग, ब्रह्मराक्षस, भूत–प्रेत तथा पिशाच के लगने या उनके स्मरण हो जाने, जूठा भोजन करने तथा सूने भवन से जाने, अपवित्र तथा दुर्गम वन–मार्ग पर चलने और धातु की विषमता आदि विभावों से 'अपस्मार' उत्पन्न होता है। (आयुर्वेद में सप्त धातुएँ कही गई हैं – रस, रक्त, मांस, मेद, अस्थि, मज्जा तथा शुक्र। इनके सम्यक् योग से मनुष्य शरीर का निर्माण होता है तथा इनका असंतुलन ही किसी रोग

का कारण बनता है)। इस 'अपस्मार' का अभिनय कम्पन, निःश्वास लेने, जोर से उठने, दौड़ने, गिरने, स्वेद आने, शिथिल हो जाने, मुख से झाग निकलने, हिचकी आने तथा जीभ चाटने आदि अनुभावों से किया जाना चाहिये।

सुप्त / स्वप्न 'सुप्त' भाव निद्रा से उत्पन्न होता है। गहरी साँस लेते हुए, शरीर को चेष्टाविहीन रखते हुए, आँखों को मींचते हुए, नींद में बड़बड़ाते हुए, इन्द्रियों की सुन्नता प्रदर्शित करते हुए, कभी बैठी अवस्था में तो कभी पृथ्वी पर अथवा किसी बिछौने पर फैलकर या सिकुड़कर लेटते हुए, अर्थात् नींद आने पर जिस जिस शारीरिक स्थिति में मनुष्य के होने की सम्भावना होती है, उस उस तरह से 'सुप्त' भाव का अभिनय किया जाना चाहिये।

विबोध निद्रा का नाश 'विबोध' कहलाता है। यह भोजन के न पचने, नींद के टूटने, बुरा स्वप्न देखने, ज़ोर की आवाज़ या स्पर्श से नींद के उचट जाने आदि विभावों के द्वारा उत्पन्न होता है। इसका अभिनय जम्भाई लेते हुए, आँखें मलते हुए, बिछौना छोड़ते हुए आदि अनुभावों के द्वारा किया जाना चाहिये।

अमर्ष विद्या, ऐश्वर्य तथा शक्ति सम्पन्न व्यक्तियों के द्वारा निन्दित या तिरस्कृत होने पर किसी व्यक्ति में 'अमर्ष' भाव उत्पन्न होता है। मस्तक हिलाने, पसीना आ जाने, नीचा मुख कर सोचने और देखने, निश्चय करने, उपाय तथा सहायक ढूंढने आदि अनुभावों के द्वारा इसका अभिनय किया जाना चाहिये।

अवहित्थ अपने स्वरूप का आच्छादन 'अवहित्थ' कहलाता है। अर्थात् जो हम नहीं हैं वह स्वयं को बतलाना 'अवहित्थ' कहलाता है। यह लज्जा, भय, पराजय, गौरव, छल आदि विभावों से उत्पन्न होता है। इसका अभिनय झूठ बोलने, दूसरी ओर देखने, बात बन्द कर देने और बनावटी धीरज धारण करने के द्वारा किया जाना चाहिये।

मति अनेक शास्त्रों के चिन्तन तथा अनेक विषयों पर तर्क–वितर्क करने जैसे विभावों से 'मति' उत्पन्न होती है। इसका अभिनय शिष्य को

उपदेश देने, छिपे अर्थों की खोज करने, संशयों को दूर करने का प्रयास करने जैसे अनुभावों द्वारा किया जाना चाहिये।

व्याधि वात, पित्त और कफ में से किसी एक या एकाधिक की विकृति के कारण जब मनुष्य की धातु असंतुलित हो जाती है तो 'व्याधि' उत्पन्न होती है। ज्वर/बुखार/ताप आदि उसके विभेद हैं। यहाँ नायिका में नायक के वियोगजन्य ताप से उत्पन्न पित्त ज्वर के अभिनय की विधि बतलाया जायेगा। इसका अभिनय वस्त्रों को फेंकने, हाथ पैरों को पटकने, भूमि पर लोटने की इच्छा करने, चन्दन लेप का उपयोग करने, शीतल वस्तु की इच्छा करने, विलाप करने, ज़ोर से चिल्लाने आदि अनुभावों द्वारा किया जाना चाहिये।

उन्माद प्रिय अथवा प्रियजनों के वियोग, सम्पत्ति की हानि, धक्का या चोट लगने, वात–पित्त–कफ के कुपित होने आदि विभावों से 'उन्माद' उत्पन्न होता है। उन्माद का अभिनय अकारण हँसने या रोने, गाली देने तथा बेसिर–पैर की बातें कहने, नीचे सो जाने या बैठ जाने, उठ भागने, नाचने, गाने, पढ़ने, अकारण शरीर पर राख–मिट्टी उछालने, फेंकी हुई वस्तुओं (बेकार समझकर फेंकी हुई वस्तुओं) को इकट्ठा करके उनका उपभोग करने आदि इसी प्रकार की अव्यवस्थित चेष्टाओं के द्वारा किया जाना चाहिये।

मरण रोग अथवा आकस्मिक दुर्घटनाजन्य चोट के द्वारा 'मरण' होता है। आचार्य भरत ने मरण के दो प्रकार बतलाकर उनका विस्तारपूर्वक वर्णन किया है। भरत के उत्तरवर्ती आचार्यों ने 'मरण' का मंच पर प्रदर्शन वर्जित बतलाया है, जबकि आचार्य भरत ने मुख्य नायक/नायिका के वध का निषेध किया है, न कि सामान्य/नाटकेतर पात्र की मृत्यु का। मरण का अभिनय शिथिल शरीर तथा चेष्टाहीन इन्द्रियों के द्वारा किया जाना चाहिये।

वितर्क आशंका, विमर्श ऊहापोह आदि विभावों के द्वारा 'वितर्क' उत्पन्न होता है। अनेक वाद–विवाद, विचार, प्रश्न एवं परिभाषाओं के स्थापन तथा रहस्य अथवा मंत्रणाओं के छिपा लेने आदि अनुभावों के द्वारा इसका अभिनय करना चाहिए।

श्रृंगार रस के प्रसंग में निषिद्ध 3 संचारी भावों – त्रास, आलस्य और उग्रता को भी यहाँ अभिनय के लिये उपयोगी मानते हुए बताया रहा है :–

आलस्य आलस्य की उत्त्पति थकावट, व्याधि, गर्भावस्था, स्वभाव, श्रम अतितृप्ति आदि विभावों के द्वारा होती है। यह स्त्री तथा नीच प्रकृति के पात्रों में उत्पन्न होता है। किसी भी कार्य में रुचि न लेने, बिछौने पर लेटने, बैठने, सोने तथा तन्द्रायुक्त रहने आदि अनुभावों से इसका अभिनय करना चाहिये।

उग्रता चोरी में पकड़े जाने, राजा के प्रति अपराध करने तथा झूठ बकवास करने आदि विभावों से 'उग्रता' उत्पन्न होती है। वध, बन्धन, ताड़न तथा डाँटने आदि अनुभावों के द्वारा इसका अभिनय करना चाहिये।

त्रास बिजली गिरने, उल्का, भूकम्प, मेघध्वनि तथा हिंसक पशु के शब्दों आदि विभावों से 'त्रास' उत्पन होता है। शरीर के अवयवों को सिकोड़ने, सिहराने, काँपने, शरीर के जड़ हो जाने, रोमांच तथा असम्बद्ध प्रलाप आदि के द्वारा इसे अभिनीत किया जाना चाहिये।

विप्रलम्भ श्रृंगार में निर्वेद, ग्लानि, शंका, असूया, श्रम, चिन्ता, औत्सुक्य, निद्रा, स्वप्न, दैन्य, विबोध, व्याधि, उन्माद, अपस्मार, जड़ता तथा मरण इन संचारी भावों का अभिनय किया जाना चाहिये। जबकि संयोग श्रृंगार में स्मृति, धृति, व्रीड़ा, चपलता हर्ष, आवेग, गर्व आदि संचारी भावों का अभिनय किया जाये। इस निर्देश को ध्यान में रखते हुए विद्यार्थीगण बंदिश की प्रकृति के अनुसार अभिनय का अभ्यास ऊपर बतलाई गई विधि के अनुसार कर सकते हैं।

संचारी भावों में दृष्टियों की योजना

चिन्ता में 'शून्या' तथा 'अभितप्ता' दृष्टि की, निर्वेद तथा वैवर्ण्य में 'मलिना' दृष्टि की, अपस्मार, व्याधि तथा ग्लानि में 'ग्लाना' दृष्टि की, विषाद में 'विषादिनी' की, निर्वेद, आकस्मिक चोट एवं अतिसंताप में 'अभितप्ता' दृष्टि की, असूया, जड़ता और आलस्य में 'जिह्मा' दृष्टि की, चपलता, उन्माद, दुःख, मानसिक व्यथा और मरण में 'विप्लुता' तथा त्रास में 'त्रस्ता' दृष्टि की योजना करनी चाहिए। श्रम तथा स्वेद में 'श्रान्ता' दृष्टि की, लज्जा में 'ललिता' की, शंका में 'शंकिता' की, निद्रा, स्वप्न तथा प्रसन्नता में 'मुकुला' दृष्टि की, असूया, अनिष्ट तथा कष्ट से अनवलोकनीय वस्तु और आँखों की पीड़ा में 'कुंचिता' दृष्टि की, धैर्य तथा हर्ष में 'ललिता' की तथा स्मृति और

तर्क में 'वितर्किता' दृष्टि की योजना की जाये। मधुर गन्ध तथा स्पर्श से होने वाले आनन्द में 'अर्धमुकुला' दृष्टि की और आवेग, सम्भ्रम तथा विभ्रम में 'विभ्रान्ता' दृष्टि की योजना करनी चाहिये। दूरी के कारण न दिखलाई देने वाले पदार्थ और वियोग में 'आकेकरा' दृष्टि की, विबोध, मति, गर्व, अमर्ष, उग्रता में 'विकोशिता' दृष्टि की तथा मद में 'मदिरा' दृष्टि की योजना करनी चाहिए।

सात्त्विक भावों का अभिनय

सात्त्विक भावों की संख्या आठ कही गई है – स्तम्भ, स्वेद, रोमांच, स्वरभंग, वेपथु, वैवर्ण्य, अश्रु तथा प्रलय। इनके अभिनय की विधि यहाँ बतलाई जा रही है।

स्वेद क्रोध, भय, हर्ष, लज्जा, दुःख, श्रम, रोग, ताप, चोट, व्यायाम, क्लेश, घाम (धूप) तथा अंगों के दबाने आदि से स्वेद उत्पन्न होता है। इसका अभिनय पंखा उठा लेने, पसीना पोंछने, वायु की अभिलाषा रखने आदि अनुभावों से करना चाहिये।

स्तम्भ हर्ष, भय, शोक, विस्मय, दुःख तथा क्रोध आदि से स्तम्भ उत्पन्न होता है। इसका अभिनय संज्ञाहीन, चेष्टाहीन, गतिहीन तथा जड़ आकृति वाले स्तब्ध अंगों से करना चाहिये।

वेपथु शीत, भय, हर्ष, क्रोध, स्पर्श, जरा (वृद्धावस्था) और रोग से वेपथु (कम्प) उत्पन्न होता है। इसका अभिनय अंगों के काँपने, फड़कने, हिलने आदि अनुभावों से करना चाहिए।

अश्रु आनन्द अथवा क्रोध से, आँखों में धुआँ अथवा अंजन लगने से, जम्हाई से, भय से, एकटक देखने से, शीत और रोग से अश्रु उत्पन्न होता है। इसका अभिनय नेत्रों को आँसुओं से भरते हुए, आँखें पोंछते हुए तथा आँसुओं के गिरने आदि अनुभावों से करना चाहिये।

वैवर्ण्य शीत, क्रोध, भय, थकावट, रोग तथा क्लेश से 'वैवर्ण्य' उत्पन्न होता है। इसका अभिनय चेहरे के रंग परिवर्तन और नाड़ी को दबाने के द्वारा प्रयत्नपूर्वक किया जाना चाहिये।

स्वरभंग भय, हर्ष, क्रोध, बुढ़ापा, गला सूखने, रोग तथा मद से स्वरभंग होता है। इसका अभिनय खिन्न तथा गद्गद् स्वरों से करना चाहिये।

प्रलय श्रम, मूर्च्छा, मद, निद्रा, चोट तथा मोह से प्रलय की उत्पत्ति होती है। इसका अभिनय चेष्टाहीन, निष्कम्प, श्वास को रोकने तथा पृथ्वी पर गिरने आदि अनुभावों से करना चाहिये।

रोमांच स्पर्श, भय, शीत, हर्ष, क्रोध तथा रोग से रोमांच उत्पन्न होता है। इसका अभिनय अंगों को सिकोड़कर शरीर का स्पर्श करते हुए तथा चेहरे से पुलक प्रदर्शित करते हुए किया जाना चाहिये। अस्तु।

रस एवं भाव

'रस' का सामान्य तथा विशिष्ट अर्थ

'रस' शब्द से हम सब परिचित हैं ही। सामान्य बोलचाल में 'रस' शब्द का बहुविध प्रयोग किया जाता है यथाः बातों का रस, भोजन में रस, जीवन में रस, कलागत रस इत्यादि। व्याकरण की दृष्टि से रसः शब्द 'रस्' धातु में 'अच्' प्रत्यय लगकर बनता है, जिसका कोशगत अर्थ है – सार, तरल, द्रव, स्वाद, रुचि तथा आनन्द (सामान्य आनन्द तथा कलागत आनन्द)। उक्त अर्थों में से 'स्वाद' तथा 'आनन्द' को संज्ञान में लें तो पायेंगे कि 'रस' शब्द कहते ही किसी पदार्थ की तीन अवस्थाओं (गैस, द्रव तथा ठोस) में से हमारे चित्त में तरल अवस्था की कल्पना होती और अनायास उसे हम 'स्वाद' से जोड़ते हैं। स्वाद के अर्थ में हमारा परिचय कटु, अम्ल, मधुर, लवण, तिक्त एवं कषाय यानी कड़वा, खट्टा, मीठा, नमकीन, तीखा तथा कसैला – इन छः रसों से है। इन्हें संयुक्त रूप से 'षड्रस' भी कहा जाता है। ये छहों रस रसनेन्द्रिय (जिह्वा) के विषय हैं। अर्थात् इनका आस्वाद हम अपनी जिव्हा/रसना/जीभ के द्वारा करते हैं। 'रस' का क्या स्वरूप है? यह कैसा दिखता या प्रतीत होता है? इसके उत्तर में आद्याचार्य भरत ने कहा है –

रसं ह्येवायं लब्ध्वाऽनन्दी भवति।

अपूर्व या विलक्षण आनन्द की प्राप्ति कराने वाले 'रस' का स्वरूप स्वयं में आनन्दात्मक है। इसीलिये मोटे तौर पर 'रस' को आनन्द भी कहा जाता है। कला के प्रसंग में भी 'रस' शब्द का प्रयोग बहुशः किया जाता है। 'रस' शब्द के सामान्य अर्थ से भिन्न कलाओं में 'रस' को विशिष्ट अर्थ और दर्जा प्रदान किया गया है। भरत मुनि ने स्पष्टतः कहा है कि रस के बिना किसी भी अर्थ की प्राप्ति नहीं होती।

न हि रसादृते कचिदर्थः प्रवर्तते।

कलाओं का चरम लक्ष्य 'रस' को मानते हुए इसकी प्राप्ति के लिये सम्पूर्ण आयोजन किया जाता है। कलागत रस के सम्बन्ध में कुछ प्रश्न हमेशा से चर्चा का विषय रहे हैं यथा – क्या कला से रस की उत्पत्ति होती है? यदि रस की उत्पत्ति होती

है तो उसकी प्रक्रिया क्या है? इस प्रक्रिया में संलिप्त तत्त्व और परिस्थितियाँ कौन–सी हैं, जो रसोत्पत्ति में सहायक अथवा बाधक होती हैं? कलागत रस की प्राप्ति किसे होती है? अर्थात् यह रस दर्शक को प्राप्त होता है अथवा प्रयोक्ता (कलाकार) को? आदि आदि। यहाँ हम भारतीय संगीतशास्त्र में कलागत रस के विषय में किये गये चिन्तन के आधार पर इस विषय को समझने का प्रयास करेंगे।

क्षिति (पृथ्वी), जल, पावक (अग्नि), गगन और समीर – ये पाँच महाभूत कहे गये हैं। ये जीवन के मूल तत्त्व हैं। इनमें से प्रत्येक महाभूत का एक निश्चित गुण होता है यथा – पृथ्वी का गुण गंध है, जल का रस, अग्नि का रूप, आकाश या गगन का गुण शब्द तथा समीर यानी वायु का गुण स्पर्श है। मानव शरीर भी इन्हीं पंच तत्त्वों से बना है और मानव की पाँच इंद्रियों का सम्बन्ध इन पंच महाभूतों से स्वभावतः है। उक्त पंच तत्त्वों में से प्रत्येक के गुण का ग्रहण मनुष्य की अलग–अलग इंद्रीय द्वारा किया जाता है। पृथ्वी का गुण गन्ध है इसका ग्रहण घ्राणेन्दिय से किया जाता है। जल का गुण रस है, जिसका ग्रहण जिह्वा से, अग्नि के रूप गुण को नेत्रों से, आकाश के गुण शब्द को श्रवणेन्द्रिय से और वायु के गुण स्पर्श को त्वचा से ग्रहण किया जाता है। नीचे बतलाई गई तालिका से स्पष्टतः इसे समझा जा सकेगा।

महाभूत / तत्त्व	**गुण**	**मानव इंद्रीय से सम्बन्ध**
क्षिति (पृथ्वी)	गंध	घ्राणेन्द्रिय या नाक
जल (पानी)	स्वाद	स्वादेन्द्रिय या जीभ
प्रावक (अग्नि)	रूप	दृष्टि या नेत्र
गगन (आकाश)	शब्द	श्रवणेन्द्रिय या कान तथा
समीर (वायु या हवा)	स्पर्श	त्वचा

रसनेन्द्रिय और कलागत 'रस' में परस्पर सम्बन्ध तथा समानता के सन्दर्भ में उक्त पंचमहाभूतों और उनके गुणों का बड़ा महत्त्व है। उल्लेखनीय है कि कलाओं से प्राप्त होने वाले आनन्द को 'रस' कहते हुए उसकी तुलना रसनेन्द्रिय से प्राप्त होने वाले रसानन्द से की गई है। कलागत रस / आनन्द को गन्ध, रूप, शब्द अथवा स्पर्श न कहकर 'रस' ही क्यों कहा गया? जिह्वा के रस और कला के रस में क्या समानता है?

रसनेन्द्रिय 'रस' और कलागत 'रस' में समानता

ऊपर बतलाई गई तालिका से स्पष्ट है कि पंचमहाभूतों के पाँच गुण मानव की पाँच इंद्रियों से सम्बन्धित हैं। प्रत्येक इंद्रिय का एक विशेष कार्य होता है। नाक गंध लेने का कार्य करती है तो आँख देखने का, कान से हम ध्वनि को सुनते हैं तो त्वचा हमारे आस–पास के प्रत्येक एहसास से हमें परिचित कराती है, उसका ज्ञान कराती है। जीभ में उपस्थित लार–ग्रंथियों से खाद्य पदार्थ का स्वाद हम ले पाते हैं। यह ध्यान देने की बात है कि प्रत्येक इंद्रिय का अपना क्षेत्र और अपना काम है। नाक देखने का काम नहीं करती तो कान से हम खा नहीं सकते। गुलाब के फूल को दूर से देखकर हम उसकी खुशबू नहीं ले सकते, उसकी कोमलता को महसूस नहीं कर सकते। बस उसके रूप और उसके रंग को ही अपनी आँखों से परख सकते हैं। आँख बंद करके हम गुलाब के फूल कीं खुशबू तो ले सकते हैं लेकिन उसके रंग और आकार के बारे में नहीं बता सकते। गुलाब के फूल के आकार, रंग और खुशबू के प्रसंग में हमारे कानों का कोई काम/रोल नहीं है। कान का काम ध्वनि को सुनना है, मगर हम आँखों से न तो ध्वनि को देख सकते हैं न महसूस कर सकते हैं। इस तरह सभी इंद्रियों के अपने–अपने कर्मक्षेत्र हैं। रोचक तथ्य है कि मनुष्य की पाँचों इंद्रियों में से जीभ ही एक ऐसी इंद्रिय है जो अन्य चारों इंद्रियों के कार्यों को कुछ हद तक समेटती चलती है। इसे यों समझें। भोजन का स्वाद मात्र खाकर ही व्यक्ति नहीं लेता। गौर करें – आप किसी दुकान में गोल–गप्पे (पानी पूरी/बताशे) देखते हैं, आपने गोल–गप्पे खाये नहीं लेकिन आपके मुँह में पानी आ जाता है। यह इस बात का द्योतक है कि अपनी पसन्द के किसी खाद्य पदार्थ को मात्र देखने, सूंघने, उसका स्पर्श करने अथवा यदि किसी तरह का शब्द उससे सम्बन्धित हो तो उसे सुनने से भी हमारी स्वाद इंद्रिय सक्रिय हो जाती है और एक तरह से हमें उस पदार्थ के स्वाद की कल्पना होने लगती है। एक अबोध शिशु के व्यवहार में भी इसे देखा जा सकता है। मैंने इन्हीं दिनों इसे प्रत्यक्ष महसूस किया। मेरी दो माह की पोती अद्विका को जब ग्राइप वॉटर पिलाने के लिये ड्रॉपर और शीशी हाथ में लेती हूँ, और उसका ध्यान इस ओर खींचती हूँ तो उसकी आँखें चमकने लगती हैं, वो मुँह खोलकर यूँ ठुनकने लगती है, मानो माँग रही हो, साथ ही उसकी लार भी निकलने को होने लगती है। तो इसका आशय तो यह हुआ न कि ग्राइप वॉटर के स्वाद का संस्कार इस नन्हें शिशु को हुआ है। सम्भवतः इसीलिये ड्रॉपर और शीशी को देखकर उसे उस स्वाद का स्मरण हो आता हो और

वह अपनी प्रतिक्रिया देती हो। किसी पसंदीदा चीज़ के साथ ही नापसंद आने वाले खाद्य पदार्थ के लिये भी यह बात समान रूप से लागू होती है। तो ये जो गुण है जीभ का, वह एक तरह से multifaceted या बहुआयामी कहा जा सकता है। जीभ के इसी गुण के कारण स्वाद से मिलने वाले रस की तुलना कला से मिलने वाले रस से की गई है और कलागत रस को भोजन से प्राप्त होने वाले रस से जोड़ा गया है। सामान्यतः जिस तरह भोजन के रसास्वादन में हमारी पाँचों इंद्रियाँ साथ काम करती हैं और तृप्ति मन को होती है उसी तरह किसी कलात्मक कृति के साक्षात्कार में भी हमारी सभी इंद्रियाँ लगभग एकसाथ काम करती हैं और आनन्द हमारे मन को प्राप्त होता है।

विषय तथा विषयी का तादात्म्य

पंचमहाभूतों एवं पंचइंद्रियों के गुण–धर्म एवं उनके परस्पर व्यापार सम्बन्ध के विषय में विचार करने पर एक बात स्पष्ट रूप से सामने आती है कि 'जल' तत्त्व और उसके गुण, 'रस' को ग्रहण करने में सक्षम मानव इन्द्रिय 'जिव्हा' में जिस तरह का एकात्म सम्बन्ध है वैसा शेष चार महाभूतों (क्षिति, पावक, गगन और समीर) और उनके गुणों (गन्ध, रूप, शब्द तथा स्पर्श) को ग्रहण करने में सक्षम मानव इन्द्रियों (घ्राण, नेत्र, श्रवणेन्द्रिय तथा त्वचा) के बीच नहीं है। इनमें परस्पर किसी भी तरह के व्यापार के दौरान विषय और विषयी के बीच एक निश्चित दूरी बनी रहती है। साथ ही उक्त इन्द्रियों के कार्य का स्वक्षेत्र निश्चित होता है। इसे कुछ एक उदाहरणों द्वारा यों समझें – किसी सुरीले गीत का आनन्द श्रवणेन्द्रिय के माध्यम से ही लिया जा सकता है। गीत के सुरीलेपन का आनन्द उसके लिखित पाठ्य (text) अथवा उसके सांगीतिक लिप्यंतरण (notation) को पढ़कर अथवा पन्ने में लिखित काव्य रचना (poetry) को छूकर या सूंघकर नहीं लिया जा सकता। यानी सुरीले गीत का सुरीलापन श्रवणेन्द्रिय का विषय है। इसी तरह सुगन्ध/दुर्गन्ध को छूकर, देखकर अथवा खाकर अनुभव नहीं किया जा सकता। गुलाब की खुशबू का आनन्द हम घ्राणेन्द्रिय के माध्यम से ही प्राप्त कर सकते हैं। एक बात और, वह यह कि आनन्द प्राप्ति के इस व्यापार में विषय (गीत) और विषयी (श्रवणेन्द्रिय) के बीच एक निश्चित दूरी हमेशा बनी रहती है। न तो दूर बज रहे गीत को सुनकर उसका पूरा आनन्द लिया जा सकता है और ऐसा भी नहीं है कि गीत को कान के अन्दर किसी तरह निचोड़कर सुन लिया जाये। न तो दूर बागीचे में लगे सुगन्धित गुलाब की खुशबू हमें कमरे में बैठे–बैठे मिल सकती है और न

ही हम गुलाब को मसलकर अपनी नाक में उसका रस डालकर सुगन्ध का आनन्द लेते हैं। इस तरह यह कहा जा सकता है कि अपने–अपने व्यापार में ये इंद्रियाँ अपने विषय से एक नियत दूरी बनाये रखती हैं और एक–दूसरे के क्षेत्र में प्रवेश नहीं करतीं। दूसरे शब्दों में एक इंद्रिय का विषय दूसरी इंद्रिय के आनन्द का कारण नहीं बन पाता। एकमात्र रसना/जिव्हा का व्यापार ऐसा है जो रसास्वादन की प्रक्रिया में शेष चारों इंद्रियों के गुणों का लाभ लेता है और उनके सहयोग से रसास्वादन को पूर्णता प्रदान करता है। देखिये और सोचिये, किसी खाद्य पदार्थ के सेवन से पहले और सेवन करते समय भी हम उसे छूकर, देखकर, सूँघकर और यहाँ तक कि सुनकर भी (कुरकुरे पदार्थों के सन्दर्भ में) सुख का अनुभव करते हैं न? यह अनुभव रसास्वादन की प्रक्रिया में उत्प्रेरक (catalyst) का कार्य करता है। यह विशेषता रसनेन्द्रिय के अलावा अन्य इन्द्रियों में नहीं होती। जैसा कि पहले कहा गया है प्रत्येक इन्द्रिय का कर्मक्षेत्र निश्चित है, और इन्द्रिय के कर्मफल पर किसी अन्य वस्तु अथवा उसके अन्य गुण–धर्म का प्रभाव नहीं पड़ता। किन्तु रसनेन्द्रिय से प्राप्त 'रस' के विषय में ऐसा नहीं है। इमली को देखकर मुँह में पानी आ जाता है। चाट के ठेले के बगल से गुज़रकर देखिये भला। इसे यों समझें – किसी स्वादिष्ट वस्तु का स्वाद पाने के लिये उसे खाना, चबाना, और पूरी तरह अपने में ले लेना होता है यानी रसना/जिव्हा एवं वस्तु के मध्य की दूरी समाप्त हो जाती है। विषय और विषयी एकाकार हो जाते हैं। रसोई में बनते स्वादिष्ट व्यञ्जन की गन्ध से ही व्यक्ति उसके स्वाद के निकट पहुँच जाता है। बिना देखे बता सकता है कि क्या बन रहा है (हाँ, उस वस्तु का पूर्व संस्कार आवश्यक है)। इसका अर्थ यह हुआ कि रसनेन्द्रिय के स्वाद को प्राप्त करने के लिये अन्य इन्द्रियों के सहयोग की आवश्यकता होती है। यह इन्द्रियों के एकीकृत प्रयास का परिणाम होता है। इन्द्रीय स्तर पर स्वाद की यही विशेषता 'रस' को कलागत आनन्द से जोड़ती है। कला में भी विषय और विषयी में ऐसा तादात्म्य स्थापित हो जाता है कि देश–काल का भेद, पात्र अथवा अन्य सामाजिकों की उपस्थिति का व्यवधान, यहाँ तक कि स्वयं के होने की अनुभूति भी सहृदय को नहीं रह जाती। आनन्दातिरेक के उस क्षण की प्राप्ति के लिए ही तो समस्त आयोजन किए जाते हैं।

एकीकृत परिणाम

रसनेन्द्रिय के रस और कलागत रस में एक साम्य और देखा जा सकता है। ज़रा गौर करें तो हम रोज़ ही भोजन करते हैं, कहिये आलू की तरकारी में क्या आप

प्याज़, लहसुन, मिर्च, आलू, टमाटर, हल्दी, धनियाँ, तेल, नमक तथा गर्म मसाले का स्वाद अलग–अलग बता सकते हैं? क्या खीर का रसास्वाद करते समय आप कहते हैं कि ये दूध का स्वाद है, ये रहा चावल, ये शक्कर, ये मेवे और ये रही इलायची। आप समझ रहे हैं न? वास्तव में निश्चित विधि से बने व्यंजन में उसके घटक द्रव्यों का स्वाद सम्मिलित होते हुए भी, उन द्रव्यों का अलग–अलग स्वाद नहीं होता। खीर के स्वाद में उक्त सभी द्रव्यों का सम्मिलित स्वाद होते हुए भी, उन सबका न तो अलग–अलग स्वाद होता है और न ही सबका सम टोटल स्वाद होता है। उन सबके स्वाद से भिन्न एक विलक्षण स्वाद होता है। क्या यही बात आप किसी कलाकृति को देखते हुए नहीं महसूस करते? पीला, लाल, हरा, नीला रंग या फिर कलाकार के विविध स्ट्रोक्स चित्र को पूर्ण बनाते हैं लेकिन इन उपादानों को हम अलग अलग करके नहीं देखते वरन् एक पूर्णता में किसी कलाकृति को देखते परखते हैं। किसीका गायन सुनते समय श्रोता तबले की थाप, तानपूरे की झनकार और गायन का आनन्द सम्मिलित रूप से लेता है, अलग अलग नहीं। अस्तु।

अलौकिक आनन्द की प्राप्ति

भोजन के सभी घटक द्रव्य भौतिक जगत् के होते हैं, इनसे निर्मित स्वादिष्ट भोजन भी इसी जगत् का होता है, उस भोज्य पदार्थ का सेवन करने वाला व्यक्ति भी इसी जगत् का होता है किन्तु भोजन से मिलने वाले आनन्द को किसी भौतिक मापदण्ड में व्यक्त नहीं किया जा सकता है। यदि आपसे पूछें कि कहो खीर कैसी है? तो क्या जवाब देंगे – अच्छी/बुरी/ठीक–ठाक/बहुत अच्छी/ऐसी कभी नहीं खाई/बता नहीं सकते इतनी बढ़िया/वाह, मज़ा आ गया। ध्यान देने की बात है कि ये सभी उत्तर अच्छे लगने की 'मात्रा' नहीं बतलाते। तृप्त व्यक्ति यह नहीं कहता कि खीर एक किलो या एक मीटर अच्छी लगी। ये मात्र भाववाचक शब्द हैं और भाव का कोई रूप नहीं होता। उस आनन्द को हम शब्दों में बांध नहीं सकते। तृप्ति की अनुभूति अलौकिक होती है। बिल्कुल यही कलागत रस के साथ होता है। कला में भी विभिन्न भौतिक उपादानों यथा – पात्र, कथा, रंगमंचीय साधन आदि के द्वारा प्रस्तुति का सम्पादन होता है और पात्र, कथा, रंगमंचीय साधन तथा प्रेक्षक, इन सबके इस लोक के होते हुए भी, आयोजन से प्राप्त होने वाली अनुभूति विलक्षण, अलौकिक होती है। किसी कलाकृति या कार्यक्रम के आयोजन के सारे तत्त्व इसी दुनियाँ के होते हैं लेकिन

उसे देखकर दर्शक जिस भाव जगत में चला जाता है वह इस दुनियाँ का नहीं होता, वहाँ सिर्फ आनन्द का एहसास होता है, उसे आप शब्दों में बांध नहीं सकते।

'अपूर्व' की प्राप्ति

इतना ही नहीं, यह आनन्द विलक्षण और अलौकिक होने के साथ–साथ 'अपूर्व' भी होता है। यानी जिस तरह पूर्वनिर्धारित द्रव्यों तथा निश्चित विधि के संयोग से बनने वाले व्यंजन का स्वाद, लाजवाब होते हुए भी हर बार पहले से भिन्न होता है, पिछली बार के स्वाद से हटकर होता है, ठीक उसी प्रकार, पूर्वज्ञात कथा तथा पूर्वपरिचित अभिनेता द्वारा कथा का मंचन किये जाने पर प्राप्त होने वाला आनन्द भी हर बार भिन्न होता है, अपूर्व होता है। इसीलिए कुछ लोग एक ही नाटक या फिल्म देखने के लिये बार–बार जाते हैं। एक बार देखी और जान ली गई कहानी भी ठीक वैसी नहीं लगती जैसी पहली बार लगी थी। उससे मिलने वाला आनन्द अपूर्व होता है। हमने सामान्यरूप से समझाने के लिये फिल्म की बात कही किन्तु प्रयोगधर्मा कलाओं (Performing arts) के सन्दर्भ में यह बात शत प्रतिशत लागू होती है। रस सिद्धान्त इसी प्रसंग में कहा भी गया है।

मनुष्यकृत प्रयत्न का परिणाम

एक और महत्त्व की बात यह है कि रसना के द्वारा हम जिस रस या स्वाद का ग्रहण करते हैं, उसमें मनुष्यकृत प्रयत्न सम्मिलित रहता है। हम जिस तरह किसी पदार्थ को उसकी मूल अवस्था में सीधे ग्रहण नहीं करते, उसे संस्कारित करते हैं यानी उसे साफ करते हैं, अथवा पकाते हैं। उसी तरह कला व्यापार भी मनुष्यकृत प्रयत्न का परिणाम है, यानी कथावस्तु से पटकथा का निर्माण, पात्रों का चयन, नाटक का निर्देशन, पात्रों द्वारा अभिनय इत्यादि सभी पक्ष मनुष्यकृत प्रयत्न के कारण ही रूप ले पाते हैं।

सामाजिक कृत्य किन्तु नितान्त निजी अनुभव

यह ध्यान देने की बात है कि किसी विशेष परिस्थिति को छोड़कर, आमतौर पर कोई भी व्यक्ति अकेले भोजन नहीं करना चाहता, हम सभी साथ ढूंढते हैं। घरों में विभिन्न अवसरों पर होने वाले आयोजन इस बात का प्रमाण हैं। कलागत रस का आस्वाद अकेले में लेना असम्भव तो नहीं किन्तु आमतौर पर इसके आयोजन किसी एक व्यक्ति के लिये नहीं होते और न ही एक व्यक्ति उसका आनन्द लेता है। एक और

रोचक तथ्य यह है कि हालांकि भोजन और कला दोनों का ही आस्वाद/आनन्द या मज़ा हम समूह/ग्रुप में लेते हैं लेकिन यह ध्यान देने की बात है कि समूह/ग्रुप में होते हुए भी आनन्द अथवा मज़े की मात्रा या उसका स्वरूप प्रत्येक व्यक्ति में एक–सा नहीं होता। दस लोगों ने खीर खाई, वही खीर सभी ने खाई, लेकिन सबको एक जैसी अच्छी नहीं लगी। तो खाई तो सबने साथ मिलकर, मगर आनन्द का स्तर सबका भिन्न–भिन्न रहा। बिल्कुल यही बात कला के लिये भी लागू होती है। उसी बोल, उसी भाव को देखकर सबने ताली बजाई, मगर अच्छा लगने या न लगने अथवा उस अच्छा लगने का स्तर सबका अलग–अलग था। जिस तरह भोजन करते हुए एक ही व्यंजन का स्वाद अलग–अलग व्यक्तियों को भिन्न–भिन्न लग सकता है, ठीक उसी प्रकार कलागत आनन्द भी प्रत्येक व्यक्ति की अपनी निजी अनुभूति होती है। इस विलक्षण, इस अपूर्व की अनुभूति प्रत्येक व्यक्ति को भिन्न–भिन्न प्रकार से होती है।

शास्त्रों में कलागत रस, उसकी उत्पत्ति अथवा उद्भावना, उससे मिलने वाले आनन्द का प्रकार, आनन्द किसे मिलता है – स्वयं प्रदर्शनकर्ता को या फिर दर्शक को आदि प्रश्नों पर काफी विस्तार से बड़ी रोचक चर्चा की गई है। हम जानते हैं कि प्रयोगधर्मा कला के सन्दर्भ में नृत्य, संगीत तथा अभिनय ये तीनों रस की अभिव्यक्ति में प्रधान अथवा गौण रूप में सहकारी साधन के रूप में कार्य करते हैं। जब सम्पूर्ण कला व्यापार का केन्द्र बिन्दु रस ही है, तो यह प्रश्न उठता है कि इस 'रस' की उत्पत्ति/निष्पत्ति कैसे होती है? आचार्य भरत ने नाट्यशास्त्र के छँटवे अध्याय में रस, रसों की संख्या, रस–निष्पति, रस तथा भावों का सम्बन्ध, रसों के वर्ण, रसों के देवता आदि पर विस्तार से चर्चा की है। यहाँ हम संक्षेप में रस–निष्पति, रस–संख्या तथा रस और भाव के सम्बन्ध पर प्रकाश डालेंगे।

रससूत्र

रसनिष्पत्ति के विषय में आचार्य भरत का सूत्र प्रसिद्ध है –

विभावानुभावव्यभिचारिसंयोगाद्रसनिष्पत्तिः।

अर्थात् विभाव, अनुभाव तथा व्यभिचारी भावों के संयोग से रस निष्पत्ति होती है। विभाव, अनुभाव और व्यभिचारी भाव क्या हैं? सीधे–सरल रूप में कहें तो जीवन की विशेष परिस्थितियाँ हममें किसी भाव को जन्म देती है, मन में उठे भावों से मन, एक स्थिति–विशेष में आ जाता है। मन के भावों का सम्प्रेषण, दूसरे के मन तक सीधे

सम्भव नहीं होता इसलिये हमारा शरीर माध्यम के रूप में कार्य करता है। फलस्वरूप अनेक शारीरिक क्रियाओं का जन्म होता है, जो मन के उन भावों का संकेत देती हैं। उद्देश्य की सफलता या प्राप्ति तक यानी जब तक भाव सम्प्रेषित न हो जाये, वह भाव हमारे हृदय में अन्य भावों की अपेक्षा अधिक प्रभावी ढंग से बना रहता है, इसे 'स्थायी भाव' कहा जाता है। उदाहरणार्थ – किसी परिस्थिति विशेष में किसी व्यक्ति विशेष के प्रति क्रोध का भाव मन में उत्पन्न होने पर इसका सम्प्रेषण सीधे उस व्यक्ति के मन तक नहीं हो सकता। हमारी विभिन्न शारीरिक चेष्टाओं अथवा संकेतों यथा – लाल आँखें, गर्जन–तर्जन, फड़कते होंठ इत्यादि से ही इसका बोध उस व्यक्ति को हो पाता है। इस तरह से व्यावहारिक जीवन की विशेष परिस्थितियाँ, हृदय के भावों तथा तज्जनित शारीरिक विकारों का कारण होती है। सामान्य जीवन में किसी क्रिया में, जो कारण–कार्य सम्बन्ध होता है वह नाट्यान्तर्गत उस रूप में हमें दिखलाई नहीं देता। जिस स्थायी भाव का प्रदर्शन नाट्य अथवा नृत्य में, अभिनेता/नर्तक के द्वारा किया जाता है, उसका कारण सामान्य जीवन की कोई विशेष परिस्थिति नहीं होती, वरन् अभिनय की विशेष शिक्षा प्राप्त होने के ही कारण, अथवा अमुक परिस्थिति में अपनी प्रतिक्रिया के अनुमान के आधार पर अभिनेता/नर्तक किसी भाव का प्रदर्शन कर पाता है। इसलिये इतना तो स्पष्टतः कहा जा सकता है कि व्यावहारिक जीवन की परिस्थितियों और स्थायीभाव में जो सम्बन्ध होता है, ठीक वही सम्बन्ध रंगमंचीय परिस्थितियों और नायकगत भाव में नहीं होता। इसे ही स्पष्ट करने के लिये परिस्थिति को भाव का कारण न कहकर **विभाव**, शारीरिक परिवर्तनों को कार्य न कहकर **अनुभाव** तथा संचारी भावों को सहकारी न कहकर **व्यभिचारी** भाव कहा गया है।

विभाव

'विभाव' वह भावोत्तेजक परिस्थिति है, जिसे रंगमंच पर प्रदर्शित किया जाता है। वास्तव में यह कारण रूप न होकर प्रतीक रूप होती है, इसकी सहायता से अभिनेता में स्थायीभाव जागृत होता है। इसके दो रूप हैं – आलम्बन एवं उद्दीपन। आलम्बन स्थायी भाव का आधार रूप है तथा उद्दीपन स्थायी भाव के उत्प्रेरक के रूप में कार्य करता है। यथा – नायक–नायिकादि आलम्बन विभाव है तथा प्रसंगानुकूल देश–काल, वातावरण आदि उद्दीपन विभाव हैं।

अनुभाव

'अनुभाव' वे हैं, जिनके माध्यम से रंगमंचीय पात्रों को नायक में स्थित स्थायी भाव के स्वरूप का ज्ञान होता है। इन्हें अनुभाव इसलिये भी कहते हैं, क्योंकि ये दर्शकों में समान स्थायी भाव (वह स्थायी भाव जो विभाव की सहायता से नायक में जागृत हुआ है) को जागृत करते है। अनु यानी पीछे। ये अनुभाव इसलिये भी कहलाते हैं क्योंकि वे विभाव के पीछे या बाद में आते हैं, उनका अनुसरण करते हैं।

अनुभाव दो तरह के होते हैं – इच्छाजन्य और स्वयंभूत। कुछ शारीरिक चेष्टाएँ ऐसी होती हैं, जिनको स्थायीभाव युक्त व्यक्ति निश्चित ही प्रकट करता है। जैसे – रति नामक स्थायीभाव की उपस्थिति में भौंहों और आँखों का विशिष्ट परिचालन। स्थायीभाव के आवेग में ये शारीरिक चेष्टाएँ दूसरों पर अपना भाव प्रकट करने के लिये की जाती हैं। ऐसी 'इच्छाजन्य' चेष्टाओं को हृदय में स्थायी भाव के न होने पर भी सायास प्रकट किया जा सकता है। इच्छाजन्य चेष्टाएँ जितनी स्वाभाविक एवं भावपूर्ण होंगी उतना ही व्यक्ति के हृदय में अमुक स्थायी भाव के होने का अनुमान किया जायेगा। यद्यपि इच्छाजन्य चेष्टाएँ भी स्थायी भाव के मन में होने पर ही किसी व्यक्ति में प्रकट होती हैं तथापि इनके अभिनय से स्थयी भाव के होने का भ्रम उत्पन्न किया जा सकता है। दूसरे प्रकार की चेष्टाएँ वे होती हैं, जो स्थायी भाव की उपस्थिति में स्वतः प्रकट होने लगती हैं। अनायास प्रकट होने के कारण ही ये 'स्वयंभूत' कहलातीहैं। जैसे – रति के उदित होने पर रोमांच, स्वेद आदि। ये स्वयंभूत चेष्टाएँ सात्त्विक भाव कहलाती है। मन में स्थायीभाव हों, तब ही सात्त्विक भाव अभिव्यक्त होते हैं, जबकि इच्छाजन्य चेष्टाएँ स्थायी भाव की अनुपस्थिति में भी प्रकट की जा सकती हैं।

संचारी / व्यभिचारी भाव

व्यभिचारी भाव अस्थाई होने के कारण संचरण करते हैं। किसी एक स्थायी भाव के अंतःकरण में होने पर, तद्नुकूल व्यभिचारी भाव उसे पुष्ट करने में सहायता करते हैं तथा शेष व्यभिचारी भाव उस समय गौण हो जाते हैं। यह क्रिया सतत् होती रहती है। आने–जाने अथवा संचरण करने के कारण ही इन्हें 'संचारी–भाव' कहा जाता है। इन संचारी–भावों की सहायता से ही रस दर्शकों के सामने प्रत्यक्ष रूप में उपस्थित हो पाता है। आचार्य भरत ने उनन्चास भावों का वर्णन करते हुए इन्हें रसानुभव में अत्यन्त उपयोगी बतलाया है। उन्होंने आठ तरह के स्थायी भाव, आठ ही सात्त्विक भाव

और तैंतीस संचारी भाव कहे हैं। इन्हें भाव उपशीर्षक के अन्तर्गत कहा जायेगा। यहाँ हम संक्षेप में रस–निष्पत्ति की प्रक्रिया को बतलाने का प्रयास करेंगे।

हमने रस सूत्र ''विभावानुभावव्यभिचारिसंयोगाद्रसनिष्पत्तिः'' में विभाव, अनुभाव एवं व्यभिचारी भाव के विषय में जाना। उक्त सूत्र में 'संयोग' शब्द विशेष महत्त्व का है। 'संयोग' का अर्थ मात्र 'मिला हुआ' नहीं, वरन् सम्यक् योग है। यानी सानुपातिक योग या जिसकी जितनी आवश्यकता है, उतना योग। जैसे – खीर बनाते समय दूध, चावल, शक्कर, मेवे अथवा इलायची का उपयोग किया जाता है। इन सामग्रियों को आवश्यकतानुसार योग्य मात्रा में परस्पर मिलाया जाता है। इनका परस्पर अनुपात तय रहता है, बराबर मात्रा में अथवा किसी भी मनचाही मात्रा में इन पदार्थों को मिलाकर पका देने पर खीर नहीं बनाई जा सकती। उपयुक्त अनुपात में उक्त सामग्री के योग से बनी खीर ही स्वादिष्ट लगती है। ठीक इसी प्रकार विभाव, अनुभाव तथा व्यभिचारी भावों के सम्यक् योग से रस की निष्पत्ति होती है।

रस निष्पत्ति की प्रक्रिया के सम्बन्ध में भरत के परवर्ती आचार्यों ने अपने–अपने मत व्यक्त किये हैं। आधुनिक युग में रस निष्पत्ति सम्बन्धी ये मत विभिन्न 'वादों' के रूप में जाने जाते हैं। भट्टलोल्लट का उत्पत्तिवाद, श्रीशंकुक का अनुमितिवाद, भट्टनायक का भुक्तिवाद तथा आचार्य अभिनवगुप्त का अभिव्यक्तिवाद, इस क्षेत्र के प्रसिद्ध वाद हैं। ''सौन्दर्य के प्रति भारतीय दृष्टिकोण'' नामक अध्याय में उक्त चारों आचार्यों के मतों पर चर्चा की जायेगी।

रस संख्या

रसों की संख्या के विषय में भी विभिन्न आचार्यों के मत भिन्न–भिन्न रहे हैं। आचार्य भरत ने प्रमुख रस चार कहे हैं – श्रृंगार, वीर, रौद्र और वीभत्स, और इन रसों से क्रमशः हास्य, अद्भुत्, करुणा तथा भयानक रस की उत्पत्ति मानी है। इस तरह भरतमुनि ने आठ रस माने हैं।[1] भोज ने श्रृंगार को ही एकमात्र रस घोषित करते हुए उसे 'रसराज' की उपाधि दी है। भवभूति के मतानुसार 'करुणा' सभी भावों के मूल में होती है इसलिये 'करुण' ही अन्य रसों का कारणभूत रस माना जाना चाहिये। अभिनवगुप्त ने भरतमुनि द्वारा कहे गये आठ रसों में शान्त रस को जोड़ते हुए, इसे

1 श्रृंगारहास्यकरुणा रौद्रवीरभयानकाः।
वीभत्साद्भुद्संज्ञौ चेत्यष्टौ नाट्ये रसाः स्मृताः।।
नाट्यशास्त्र / परिमल प्रकाशन / 6 / 15

सभी रसों का मूल माना है और इसकी सप्रमाण व्याख्या भी की है। इस तरह अभिनवगुप्तपादाचार्य ने कुल नौ रस माने हैं। परवर्ती काल में वात्सल्य, लौल्य एवं भक्ति को मिलाकर रसों की संख्या दस से बारह तक स्वीकार की गई। यद्यपि रसों की संख्या के विषय में विभिन्न विद्वानों में मतभेद है, किन्तु भरतोक्त आठ रस सभी ने स्वीकार किये हैं। नाट्यनृत्योपयोगी इन आठ रसों का संक्षिप्त विवरण प्रस्तुत यहाँ प्रस्तुत किया जा रहा है।

श्रृंगार रस

श्रृंगार रस का स्थायी भाव रति है। नायक एवं नायिका इसके आलम्बन विभाव है। काव्य, ऋतु, माला, संगीत, चन्दन, चन्द्रोदय आदि इसके उद्दीपन विभाव हैं। स्तम्भ, रोमांच, स्वेद, वेपथु, गद्गद् होना आदि इसके सात्त्विक भाव हैं तथा संचारी भावों में आलस्य, उग्रता तथा जुगुप्सा को छोड़कर शेष सभी उपस्थित होते हैं। श्रृंगार रस में तीन प्रकार के अनुभाव होते हैं स्वेदादि, कटाक्षादि तथा प्रियभाषणादि अनुभावों द्वारा इसका अभिनय किया जाना चाहिये। श्रृंगार रस के संभोग और विप्रलम्भ ये दो भेद होते हैं जो प्रिय से संयोग और वियोग की दशा में स्पष्ट होते हैं। करुण रस में भी विप्रलम्भ होता है किन्तु श्रृंगार और करुण के विप्रलम्भ में यह अन्तर है कि करुण के विप्रलम्भ में निराशा के भाव की प्रबलता होती है इस कारण जीवन दुःखमय रहता है। अपने किसी प्रिय व्यक्ति से इस जीवन में कभी भी न मिल पाने की आशंका से करुण रस के विप्रलम्भ की उत्पत्ति होती है, जबकि श्रृंगार के विप्रलम्भ में प्रिय मिलन की आशा का बन्धन होने से प्रेमभाव की स्थिरता रहती है।

हास्य रस

इसका स्थायी भाव हास है। यह विकट आकार, विलक्षण वेश, विचित्र व्यवहार और वाक्य वाला तथा विकृत अंग–प्रदर्शन के विभाव वाला होता है। इसमें अवहित्थ, आलस्य तथा तन्द्रा को छोड़कर सभी संचारी भाव होते हैं। यह संक्रमणशील स्वरूप वाला होता है। इसके आत्मस्थ और परस्थ दो भेद होते हैं। मनुष्यों की प्रकृति के अनुसार यह छः प्रकार का होता है। उत्तम प्रकृति के पात्रों में स्मित तथा हसित, मध्यम प्रकृति के पात्रों में विहसित, उपहसित तथा अधम प्रकृति के पात्रों में अपहसित तथा अतिहसित हास्य पाया जाता है।

- उत्तम प्रकृति के पात्रों में हास्य 'स्मित' तथा 'हसित' के रूप में विद्यमान रहता है। 'स्मित' के अभिनय के लिये किंचित् विकसित कपोल, कटाक्ष सहित देखते हुए मात्र

इतना मुस्कुराया जाये कि दाँत दिखाई न दें। मुख का खिल उठना तथा दाँतों का दिखना 'हसित' के अभिनय के लिये प्रयुक्त करें।

- मध्यम प्रकृति के पात्रों में हास्य 'विहसित' तथा 'उपहसित' के रूप में विद्यमान रहता है। आँखे सिकोड़कर, मुख लाल करते हुए, सस्वर मधुर हास्य से 'विहसित' का अभिनय करें तथा उपहसित का अभिनय टेढ़ी दृष्टि से देखते हुए, नथुने फुलाते हुए, सिर को झुकाते और विकसित कपोल द्वारा करें।

- अधम प्रकृति के पात्रों में हास्य 'अपहसित' और 'अतिहसित' के रूप में विद्यमान रहता है। 'अपहसित' हास्य का अभिनय अकारण तथा अनवसर जोर से हँसते हुए, आँखों से आँसू गिराते हुए साथ ही सिर तथा सम्पूर्ण शरीर को हिलाते हुए किया जाये। 'अतिहसित' का अभिनय कर्णकटु स्वर, आँखों में आँसू, हाथों से पसलियों को दबाकर तथा उद्धत हँसी के साथ किया जाये।

वीर रस

इसका स्थायी भाव उत्साह है। धृति, गर्व, मति, प्रहर्ष, स्मृति आदि इसके संचारी भाव होते हैं। स्वेद, रोमांच, मद हर्षादि इसके सात्त्विक भाव होते हैं। प्रताप, विनय, कार्यकुशलता, बल, अविषाद, विस्मय तथा शौर्य आदि विभावों से वीर रस की पुष्टि होती है। दयावीर, रणवीर तथा दानवीर इस तरह यह त्रिविध होता है। दयावीर जैसे – नागानंद नाटक में जीमूतवाहन की वीरता, दानवीर जैसे – बलि, कर्ण का दानसम्बन्धी उत्साह तथा युद्धवीर जैसे – महावीर चरित्र में श्री रामचन्द्र का उत्साह।

अद्भुत रस

इसका स्थायी भाव विस्मय है। इसमें स्तम्भ, अश्रु, रोमांच आदि संचारी भाव होते हैं। अलौकिक पदार्थ के दर्शन तथा श्रवण से इस रस की उत्पत्ति होती है। उस पदार्थ की प्रशंसा करना, आँसू आना, काँपना, गद्गद् होना इसके अनुभाव हैं। इन्हीं के प्रदर्शन से इसका अभिनय करना चाहिये। यह दिव्य और आनन्दज भेद से दो तरह का होता है। यथा – श्रीराम द्वारा शिवधनुष का भंजन।

रौद्र रस

इसका स्थायी भाव क्रोध है। इसका साथी क्षोभ है। शस्त्र को बार–बार चमकाना, डींगे मारना, जमीन पर चोट करना, प्रतिज्ञा करना इसके अनुभाव हैं। रौद्र रस में अमर्ष, स्मृति, मद, चपलता, असूया तथा उग्रता संचारी भाव होते हैं। जैसे –

श्रीराम द्वारा शिवधनुष के भंजन पर राजर्षि परशुराम का रौद्ररूप। अथवा धृतराष्ट्र की सभा में द्रौपदी का अपमान होने पर भीम का रौद्र रूप।

करुण रस

इष्ट वस्तु के नाश पर या अनिष्ट वस्तु की प्राप्ति पर उत्पन्न होने वाले करुण रस का स्थायी भाव शोक है। निःश्वास, उच्छ्वास, रुदन, स्तम्भ, प्रलाप इसके अनुभाव हैं। इनके ही द्वारा इसका अभिनय किया जाना चाहिये। करुण रस में अपस्मार, दैन्य, मरण, आलस्य, सम्भ्रम, विषाद, जड़ता, उन्माद, चिन्ता आदि व्यभिचारी भाव पाये जाते हैं। यथा – कुमारसम्भव में शिव द्वारा क्रोधाग्नि से भस्म कामदेव को देखकर रति का विलाप।

वीभत्स रस

कृमि, दुर्गन्धि, वमन आदि विभावों से उत्पन्न वीभत्स रस का स्थायी भाव जुगुप्सा है। खून, अँतड़ियाँ, हड्डियाँ, चर्बी तथा माँस आदि विभावों से वीभत्स रस उत्पन्न होता है। नाक को टेढ़ा करके, सिकोड़कर, इन अनुभावों से इस रस का अभिनय करें। आवेग, शंका आदि इसके संचारी भाव है। यथा – मालतीमाधव के श्मशान अंक में श्मशान का वर्णन।

भयानक रस

किसी व्यक्ति के स्वर, शरीर आदि का डरावनापन देखकर, भय नामक स्थायी भाव उत्पन्न होता है, जिससे भयानक रस की उत्पत्ति होती है। शरीर का काँपना, पसीना छूटना, मुँह सूखना, मुख का पीला पड़ना, चिन्तित होना, इन अनुभावों से इसका अभिनय किया जाना चाहिये। इसमें दैन्य, सम्भ्रम, सम्मोह, त्रास आदि व्यभिचारी भाव होते हैं।

रस, रस–निष्पत्ति तथा रसों की संख्या जानने के बाद यह प्रश्न सहज रूप से सामने आता है कि भाव क्या है? रस और भाव का परस्पर क्या सम्बन्ध हैं? हम जानते हैं कि भाव रस–निष्पत्ति में सहायक होते हैं। तो क्या रस भी भावों को उत्पन करते हैं? अथवा ये अन्योन्याश्रित हैं?

भाव क्या है?

'भाव', 'भू' धातु से कारण (हेतु) अर्थ में निष्पन्न शब्द है। 'भावयन्तीति भावाः' से स्पष्ट है कि ये भावन करते है। भावन का अर्थ है व्यापना, अर्थात् भाव वाणी, शरीर के

अवयवों तथा सात्त्विक भावों के द्वारा दृश्य–काव्य के अर्थ को दर्शकों तक पहुँचाते हैं।[1] भावों के तीन प्रकार कहे गये है – स्थायी, संचारी तथा सात्त्विक। जिसमें से स्थायी भाव आठ प्रकार के, सात्त्विक भी आठ प्रकार के तथा संचारी भाव तैंतीस प्रकार के कहे गये हैं।

स्थायी भाव

आठ स्थायी भाव आठ रसों से सम्बद्ध हैं। तदनुसार श्रृंगार रस का स्थायी भाव रति, हास्य का हास, करुण का शोक, रौद्र का क्रोध, वीर का स्थायी भाव उत्सारह, भयानक का भय, वीभत्स का जुगुप्सा तथा अद्भुत् रस का स्थायी भाव विस्मय है।

सात्त्विक भाव

यद्यपि ये अनुभाव हैं, किन्तु 'सत्त्व' से उद्भूत होने के कारण इनकी अलग से गणना की गई है। इन सात्त्विक भावों की संख्या भी आठ ही कही गई है यथा – स्तम्भ, स्वेद, रोमांच, स्वरभंग, वेपथु, वैवर्ण्य, अश्रु तथा प्रलय।

स्तम्भ हर्ष, भय, शोक, विस्मय, दुःख तथा क्रोध आदि से स्तम्भ उत्पन्न होता है।

स्वेद क्रोध, भय, हर्ष, लज्जा, दुःख, श्रम, रोग, ताप, चोट, व्यायाम, क्लेश, घाम तथा अंगों के दबाने आदि से स्वेद उत्पन्न होता है।

रोमांच स्पर्श, भय, शीत, हर्ष, क्रोध तथा रोग से रोमांच उत्पन्न होता है।

स्वरभंग भय, हर्ष, क्रोध, बुढ़ापा, गला सूखने, रोग तथा मद से स्वरभंग होता है।

वेपथु शीत, भय, हर्ष, क्रोध, स्पर्श, जरा (वृद्धावस्था) और रोग से वेपथु (कम्प) उत्पन्न होता है।

वैवर्ण्य शीत, क्रोध, भय, थकावट, रोग तथा क्लेश से 'वैवर्ण्य' उत्पन्न होता है।

अश्रु आनन्द अथवा क्रोध से, आँखों में धुआँ अथवा अंजन लगने से, जम्हाई से, भय से, एकटक देखने से, शीत और रोग से अश्रु उत्पन्न होता है।

---

1 वागांगमुखरागेण सत्त्वेनाभिननयेन च।
कवेरन्तर्गतं भावं भावयन्भाव उच्यते।।

नाट्यशास्त्र / परिमल प्रकाश / 7 / 2

प्रलय श्रम, मूर्च्छा, मद, निद्रा, चोट तथा मोह से प्रलय की उत्पत्ति होती है।

संचारी भाव

'चर' धतु में 'वि' और 'अभि' उपसर्ग लगकर 'व्यभिचारी' शब्द बना है। जिसका अर्थ है – जाना, हिलना। अर्थात् वे, जो रसों की ओर विभिन्न प्रकारों से आगे बढ़ते हों तथा शब्दों, शारीरिक मुद्राओं और सात्त्विक भावों से युक्त होकर रसों तक पहुँचते हों। प्रयोग को आगे बढ़ाने या ले जाने के कारण ये व्यभिचारी या संचारी भाव कहलाते हैं। दूसरे शब्दों में, व्यभिचारी या संचारी भाव वे हैं, जो श्रृंगार रस में भी रहते हैं, वीर रस में भी, करुण रस में भी, इस तरह यथावश्यक वे संचरण करते रहते हैं। जब हृदय में कोई भाव उदित होता है तो उसे और उद्दीप्त करने के लिये इन संचारी भावों में से कुछ अथवा अनेक संचारी भाव उस ओर जाते हैं। ये भाव लगातार गतिशील रहते हैं, और इन्हीं के कारण कोई अवस्था 'स्थायी' (permanent) अथवा 'एक स्तर की' बनकर नहीं रह जाती। जैसे – क्रोध आने पर एक–सी तीव्रता वाला क्रोध नहीं बना रहता, क्रोध की तीव्रता घटती–बढ़ती रहती है। तीव्रता का घटना–बढ़ना और शांत होना, पुनः जागृत होना, यह संचारी भावों के कारण ही होता है। किन्तु ऐसा नहीं है कि ये तैंतीस संचारी भाव विभिन्न रसों में बँट गये हों। अर्थात् ऐसा नहीं है कि तैंतीस संचारी भावों में से कुछ श्रृंगार रस के संचारी हों, कुछ रौद्र रस के तथा कुछ हास्य अथवा करुण के। वास्तव में ये संचारी भाव विभिन्न रसों में यथावश्यक कम या अधिक संख्या में उपस्थित रहकर, उसे पुष्ट करने में सहायता करते हैं, और इसलिए प्रयोग को आगे बढ़ाने या आगे ले जाने के कारण ये व्यभिचारी कहलाते हैं। निर्वेद, ग्लानि, शंका, असूया, मद, श्रम, आलस्य, दैन्य, चिन्ता, मोह, स्मृति, धृति, व्रीड़ा, चपलता, हर्ष, आवेग, जड़ता, गर्व, विषाद, औत्सुक्य, निद्रा, अपस्मार, सुप्त, विबोध, अमर्ष, अवहित्थ, उग्रता, मति, व्याधि, उन्माद, मरण, त्रास तथा वितर्क, ये तैंतीस संचारी भाव कहे गये हैं। ''कथक नृत्य में अभिनय का स्वरूप'' नामक अध्याय में इनका विस्तृत विवरण दिया जा चुका है।

रस तथा भाव में परस्पर सम्बन्ध

भावों से ही रसों की उत्पत्ति होती है, रसों से भावों की नहीं। हाँ, इतना अवश्य है कि रस और भाव के पारस्परिक सम्बन्ध से अभिनय में सिद्धि दिखलाई देती है। इसीलिये कहा गया है कि न तो रस भावहीन होता है और न ही भाव रसहीन होता

है।[1] आचार्य भरत इसके लिये उदाहरण देते हुए कहते हैं कि जैसे हल्दी, नमक तथा अन्य मसालों के द्वारा व्यंजन स्वादिष्ट बनता है, उसी प्रकार रस और भाव मिश्रित होकर मनोरंजन का साधन बनते हैं तथा एक–दूसरे को भावित करते हैं। जिस तरह स्वादिष्ट व्यंजन बनाने के लिये मसाले आदि द्रव्य, साधनभूत हैं एवं 'रस' (यानी स्वाद) इनका साध्य है, ठीक उसी प्रकार कलाओं के लिये 'भाव' साधन हैं और साध्य 'रस'।[2]

---

1 न भावहीनोऽस्ति रसो न भावो रसवर्जितः।
परस्परकृता सिद्धिस्तयोरभिनये भवेत्।।

नाट्यशास्त्र / परिमल प्रकाशन / 6 / 36

2 व्यंजनौषधिसंयोगो यथाऽन्नं स्वादुतां नयेत्।
एवं भावा रसाश्चैव भावयन्ति परस्परम्।।

नाट्यशास्त्र / परिमल प्रकाशन / 6 / 37

23

सौन्दर्य के प्रति भारतीय दृष्टिकोण

सौन्दर्य के प्रति जहाँ पश्चिमी दृष्टिकोण एक हद तक स्थूल अथवा यथार्थवादी रहा है वहीं भारतीय दृष्टिकोण सूक्ष्म और पारलौकिक। पश्चिमी दृष्टि बहिर्मुखी है तो पूर्वी अन्तरमुर्खी। भारत, चीन और पश्चिमी एशिया में मिस्र जैसे देशों की संस्कृतियाँ योरोप की संस्कृति से अधिक प्राचीन रही हैं। इनमें से किसी भी देश के चिन्तक ने सौन्दर्य के भौतिक या इंद्रिय रूप पर चिन्तन–मनन कभी नहीं किया। हमारे यहाँ भौतिक सौन्दर्य को क्षणभंगुर, इंद्रियजनित तथा सतही समझकर दार्शनिक सोच से परे रखा गया। हमारे यहाँ यह माना जाता है कि **कवि या चित्रकार वह अभिव्यक्त नहीं करता जो उसकी आँखें देखती हैं बल्कि वह अभिव्यक्त करता है जिसकी अनुभूति उसकी आत्मा करती है।** सम्भवतः इसी तथ्य को संज्ञान में लेते हुए पर्सी ब्राउन ने कहा कि – The oriental is a philosopher first and artist afterwards, the westerner is an artist first and philosopher afterwards. अर्थात् ''पूर्वी पहले दार्शनिक है, बाद में कलाकार, जबकि पश्चिमी पहले कलाकार और बाद में दार्शनिक।''

भारतीय संस्कृति में सौन्दर्य को मुख्यरूप से ''रस'' के रूप में ही देखा गया है। इसलिये भारतीयों की सौन्दर्य दृष्टि को समझने के लिये 'रस' के स्वरूप को समझना आवश्यक है। पिछले अध्याय में इस सम्बन्ध में विस्तृत चर्चा की ही जा चुकी है। हमारे यहाँ कलाकृति को 'रसवन्त', प्रेक्षक या दर्शक को 'रसिक' और रस अनुभूति की प्रक्रिया को 'रसास्वादन' कहा गया है। रस की अनुभूति ही सौन्दर्य की अनुभूति है। हमारे वेदों और महाकाव्यों में सौन्दर्य के आध्यात्मिक रूप के दर्शन होते हैं। भगवान कृष्ण ने महाभारत में अर्जुन को उपदेश देते हुए कहा था – ''संसार में जो कुछ भी सुन्दर, ओजस्वी, कांतिमय और लालित्यपूर्ण है उसका उद्‌गम मैं ही हूँ। सुन्दर वस्तुओं का सौन्दर्य मैं हूँ। मेरे सौन्दर्य से प्रभावित होने के कारण वस्तुएं सुन्दर प्रतीत होती हैं। सौन्दर्य मेरी दिव्यकांति का एक अंशमात्र है।'' इस परम सौन्दर्य की अनुभूति योग द्वारा ही सम्भव है। सम्भवतः इसीलिये अग्निपुराण में कलाकार के लिये योगियों के समान संयम, नियम और आचरण बतलाया गया है। तो देखिये हमारी सोच, हमारा दृष्टिकोण

किस उच्च धरातल से प्रारम्भ होता है। स्पष्ट है कि हम अंतर के दर्शन को महत्त्व देते हैं, बाहरी और नश्वर सौन्दर्य प्रतिमान हमारे विचार क्षेत्र में नहीं आता।

भारतीय साहित्य में आज तक प्रयोगधर्मा कलाओं के सन्दर्भ में सौन्दर्य या रस पर आचार्य भरत का कथन सर्वमान्य रहा है। भरत के बाद अनेक विचारक हुए किन्तु उन्होंने काव्य के सन्दर्भ में सौन्दर्य की या रस की व्याख्या की। भरत मुनि के बाद कला में सौन्दर्य या रस पर भट्ट लोल्लट, शंकुक, भट्टनायक और अभिनवगुप्त का चिन्तन महत्त्वपूर्ण कहा जा सकता है। यहाँ हम अतिसंक्षेप में इनपर विचार करेंगे।

भट्ट लोल्लट का उत्पत्तिवाद

भट्ट लोल्लट नाट्यशास्त्र के प्रथम व्याख्याकारों में से थे। आपके अनुसार – "रस केवल आध्यात्मिक स्थिति है। रस उस पात्र में दिखता है जिसका अभिनय अभिनेता करता है।" इसका अर्थ यह है कि जिस चरित्र की कल्पना काव्य में की गई और जिसे नाट्य या नृत्य में अभिनेता/नर्तक के माध्यम से पुनः सजीव रूप में मंच पर प्रस्तुत किया जाता है, उस मूल चरित्र में 'रस' का वास होता है। यथाः किसी कथानक अथवा नृत्य की किसी बन्दिश में यदि राधा विरह की व्यथा चित्रित की गई है तो वियोग श्रृंगार और करुणा राधा में होगी। नर्तक या नर्तकी उसे दर्शक तक सम्प्रेषित करते में सिर्फ माध्यम का कार्य करेंगे। भरत के रससूत्र में आये शब्द "संयोग और निष्पत्ति" के विषय में भट्ट लोल्लट कहते हैं कि संयोग का अर्थ मेल है और निष्पत्ति का अर्थ उत्पत्ति। विभाव स्थायी भाव की उत्पत्ति का कारण होते हैं, और व्यभिचारी भावों के द्वारा स्थायी भाव पुष्ट होता है और अनुभावों से रस की अभिव्यक्ति होती है।

शंकुक का अनुकृतिवाद/अनुमितिवाद

श्री शंकुक ने सौन्दर्यानुभूति को 'अलौकिक' कहा है। उनके मतानुसार सत्–चित् और आनन्द की अनुभूति ही सौन्दर्य है। शंकुक ने रस के दो स्परूप बताये हैं – पहला वह जो रंगमंच पर प्रदर्शित होता है और दूसरा वह जो दर्शक के मन में उसके निजी अनुभव के रूप में विद्यमान होता है। यानी मंच पर जो हो रहा है वह सच नहीं है यह जानते हुए भी दर्शक उसकी तुलना अपने जीवन के किसी तद्रूप अनुभव से करते हुए मंच की घटना में डूब जाता है, उसका आस्वादन सत्य घटना की ही तरह लेता है। दर्शक का यह ज्ञान झूठा ज्ञान नहीं होता। जैसे कि पहाड़ के पीछे से उठते धुँए को देखकर यह अनुमान लगाया जा सकता है कि उस तरफ आग लगी है।

आग को देखा नहीं लेकिन पूर्व अनुभव से यह अनुमान लगाया, जो कि सही भी है। जैसे कि चित्र में बने घोड़े को देखकर हम कहते हैं कि यह घोड़ा है। हम जानते हैं कि वह वास्तविक घोड़ा नहीं है किन्तु फिर भी घोड़े से साम्य बिठाते हुए उसे घोड़ा ही समझते हैं। अनुभव के इस स्वरूप को न तो यथार्थ माना जा सकता है, और न मिथ्या। शंकुक कहते हैं कि यह अनुमान आधारित स्थायीभाव यथार्थ या वास्तविक स्थायीभाव की अनुकृति/प्रतिकृति/नकल होती है। इस अनुमान का आधार लेकर ही शंकुक यह समझाते हैं कि रति, शोक, करुणा, उत्साह आदि मूल स्थायीभाव वास्तविक पात्र (character) में होते हैं। मंच पर इन स्थायी भावों का अभिनय देखकर दर्शक अपने जीवन के अनुभवों से उनका साम्य बैठाते हुए उसका अनुमान लगाकर रसास्वाद करता है। इस प्रकार श्री शंकुक यह मानते हैं कि रस की उत्पत्ति नहीं होती वरन् केवल अनुमान आधारित अनुभूति होती है।

भट्टनायक का भुक्तिवाद

भट्टनायक ने रसानुभूति को वेदान्त के आधार पर ढालकर समझाने की कोशिश की है। आपने रस की उत्पत्ति या अभिव्यक्ति को नकारा। उनके अनुसार यदि रस की निष्पत्ति पात्र में होती है तो उसकी अनुभूति दर्शक को कैसे होगी और अगर रस को दर्शक में स्वीकार करें तो वह शोक आदि भाव में स्वयं भी डूब जायेगा ऐसी स्थिति में उसे आनन्द का बोध कैसे हो सकता है? इसलिये भट्टनायक ने एक नया सिद्धान्त प्रस्तुत किया जिसे 'भुक्तिवाद' कहा गया। आपके अनुसार सारी सृष्टि त्रिगुणमयी है – सत्त्व, रजस् और तमस्। जब मानव के मन में सत्त्व गुण अधिक मात्रा में होता है तो उसे आनन्द की अनुभूति होती है। रजस् अधिक हो तो मेरा–तेरा का भेदभाव आ जाता है और अंततः यह दुःख की अनुभूति का कारण बनता है। तमस् गुण अधिक होने पर वह मानव को अनुभूति शून्य बना देता है। काव्य–नाट्य आदि कलाएँ दुर्भावना से हमें मुक्त कर हमारे अंदर सतोगुण का संचार करती हैं और इस तरह हमें आनन्द अनुभव कर सकने योग्य बनाती हैं। हम देखते हैं कि श्री भट्टनायक ने कलाओं के आंतरिक मूल्यों पर ज़ोर दिया। उन्होंने रस सम्बन्धी सम्पूर्ण प्रक्रिया को दर्शकों से जोड़ने का प्रयास किया और साधारणीकरण की स्थिति की बात कही जो व्यावहारिक और नाट्यशास्त्र सम्मत थी।

अभिनवगुप्त का अभिव्यक्तिवाद

आचार्य भरत के बाद सौन्दर्य दर्शन के क्षेत्र में अभिनवगुप्त का योगदान सर्वाधिक महत्त्वपूर्ण माना जाता है। आपके अनुसार – प्रेक्षक को सर्वप्रथम उन सब बाधाओं और चिन्ताओं से स्वयं को मुक्त कर लेना चाहिये जो उसके ध्यान को भटकाती हों, क्योंकि स्थायीभाव का अनुभव चित्तवृत्ति के शान्त हो जाने के बाद ही सम्भव है। जैसे योग की अवस्था होती है लगभग वही अवस्था रसानन्द की होती है। यह अमूर्त और अलौकिक अनुभूति है। इसलिये जब तक चित्त एकाग्र और शान्त नहीं होगा आनन्द की अनुभूति नहीं हो सकती। इसीलिये आचार्य भरत द्वारा कहे गये आठ रसों के अलावा अभिनवगुप्त ने शान्त रस को भी कहा और इसे सभी रसों के मूल में माना। उनके मत से सौनदर्यानुभूति इसी स्थायी भाव के आने पर सम्भव हो पाती है और तभी आत्मा को परमानन्द की अनुभूति भी होती है। पश्चिमी विचारक प्लेटो ने इसे ही 'एब्सोल्यूट ब्यूटी' कहा है। आदिगुरू शंकराचार्य ने भी यही कहा – ''ब्रह्म रस है और रस दिव्य अनुभूति''। इस अर्थों में कला को वास्तविक जीवन की अनुकृति मात्र नहीं कहा जा सकता वरन् वह तो उसे एक नई दृष्टि से देखने का ढंग है। अभिनवगुप्त कहते हैं कि – वास्तव में रति, शोक, घृणा आदि भाव दर्शकों के मन में संस्कार के रूप में सदा विद्यमान रहते हैं। विभाव आदि से उनके संयोग होने पर रसानुभूति होती है। इसलिये रस की निष्पत्ति नहीं होती बल्कि पहले से उपस्थित भावों की केवल अभिव्यक्ति होती है। इसलिये काव्य या नाट्य आदि कलाएँ नये भावों की सृष्टि नहीं करतीं बल्कि वे मानव मन में पहले से उपस्थित भावों को उत्तेजित करने का साधन मात्र हैं। अस्तु।

24

मार्ग और देशी ताल

ताल की अवधारणा

संगीत के अन्य विषयों की ही भाँति 'ताल' सम्बन्धी मूल सिद्धान्त भी पहली बार हमें 'नाट्यशास्त्र' में ही प्राप्त होते हैं। इस दृष्टि से 'ताल' विषयक आधार ग्रन्थ भी भरतमुनि प्रणीत नाट्यशास्त्र ही है। यद्यपि नाट्यशास्त्र में 'मार्ग' शब्द तो प्राप्त होता है तथापि मार्ग और देशी की वैसी चर्चा नहीं मिलती जैसी कि परवर्ती ग्रन्थों में प्राप्त होती है। मार्ग और देशी एक अवधारणा के रूप में स्थापित हुए। संगीत के परवर्ती ग्रन्थों में भरतोक्त वचन को (ब्रह्मप्रोक्त होने के कारण) 'मार्ग' कहा गया। इसलिये नाट्यशास्त्र में उल्लिखित ताल भी 'मार्ग ताल' कहलाये तथा लोक में प्रचलित अन्य तालों को 'देशी' के अंतर्गत रखा गया। आचार्य भरत ने ताल को विशेष महत्त्व देते हुए कहा है –

यस्तु तालं न जानाति न स गाता न वादकः।
तत्मात् सर्वप्रयत्नेन कार्यं तालावधारणम्।।1

अर्थात् जो ताल नहीं जानता, वह न तो गायक है और न ही वादक। इसलिये प्रयत्नपूर्वक ताल को धारण करना चाहिये। इसके साथ ही 'गीतताल विकल्पनम्' और 'नाट्यताले प्रतिष्ठितम्' कहकर आचार्य ने गीत तथा नाट्य में ताल की महत्ता की ओर संकेत किया है।

ताल का स्वरूप

वाद्यं तु यद्घनं प्रोक्तं कलापातलयान्वितम्।
कालस्तस्य प्रमाणं हि विज्ञेयं तालयोगतः।।[2]

अर्थात् कला, पात और लय से अन्वित जो घनवाद्य कहा गया है, उसका प्रमाण 'काल' ही है, ऐसा काल जिसमें ताल का योग है। इस प्रकार भरत ने ताल के स्वरूप को स्पष्ट किया है।

---

1 नाट्यशास्त्र / 32 / 268–369
2 नाट्यशास्त्र / 31 / 1

'ताल' शब्द की व्युत्पत्ति

संगीत–रत्नाकर में ताल शब्द की व्युत्पत्ति इस प्रकार बतलाई है –

तालस्तलप्रतिष्ठायामिति धातोर्घञि स्मृतः।
गीतं वाद्यं तथा नृत्तं यतस्ताले प्रतिष्ठितम्।।[1]

प्रतिष्ठा अर्थ वाली 'तल' धातु में 'घञ्' प्रत्यय लगाने पर 'ताल' शब्द बनता है। 'तल' का अर्थ होता है सबसे निचला हिस्सा या आधार। यथा – हस्ततल शब्द हथेली के लिये प्रयुक्त किया जाता है। सम्पूर्ण शरीर को धारण करने के कारण पैर 'पदतल' कहलाते हैं। पृथ्वी के लिये तल, भूतल शब्द का प्रयोग इसी कारण किया जाता है कि वह अपने ऊपर हर वस्तु को धारण करती है। गीत, वाद्य और नृत्त तीनों ही इसपर प्रतिष्ठित होते हैं तथा इन तीनों के प्रयोग में लगने वाले कालखण्ड को धारण करने के कारण भी इसे 'ताल' कहा गया है। प्रतिष्ठा का अर्थ एक सूत्र में बाँधना, व्यवस्थित करना, आधार प्रदान करना और स्थिरता लाना आदि है। ताल एक तरह से एक केनवस का कार्य करता है, जिस पर ध्वनि एवं अंगरूपी रंगों से सर्जना की जाती है। आजकल 'ताल' शब्द कहते ही इसे अवनद्ध वाद्यों से जोड़कर देखने की दृष्टि का प्रचलन हो गया है, किन्तु प्राचीन समय में गीत प्रयोग में लगने वाले कालखण्ड का मापन इससे भिन्न रूप से होता था। चतुर्विध वाद्यों में धनवाद्य को ही 'काल' का मापक कहा गया है। इसके पीछे भी एक विशेष कारण है। हम जानते हैं कि स्वर की मूल उत्पत्ति मनुष्य के कण्ठ में होती है और उसका लगभग यथावत् अनुकरण तन्त्री तथा सुषिर वाद्यों में हो पाता है, इसीलिये उक्त दोनों ही वर्गों के वाद्यों को 'स्वरवाद्य' भी कहा जाता है, जबकि अवनद्ध वाद्यों को किसी एक निश्चित स्वर में मिलाना ही सम्भव है। एक बार मिला लेने के बाद इन वाद्यों से वही स्वर उत्पन्न किया जा सकता है, जिसमें कि वे मिलाये गये हैं। दूसरे स्वर की प्राप्ति हेतु इन्हें पुनः मिलाना पड़ता है, किन्तु घनवाद्यों को किसी भी स्वर में मिलाना सम्भव है ही नहीं। घन की धातु की मोटाई, पतलापन, चौड़ाई तथा गहराई आदि के कारण उनमें एक बार (निर्माण के समय) जो स्वर स्थिर हो जाता है, उसे बदलना सम्भव नहीं होता, इस वाद्य के स्वर से उतरने अथवा बेसुरे होने की सम्भावना भी नहीं रहती है। इसके अलावा घनवाद्य के ठोस होने के कारण उनमें खिंचाव, ढीलापन या दबाव नहीं होता, इसलिये उनमें

1 संगीत–रत्नाकर / 5 / 2

कालखण्ड दिखाना अधिक सरल होता है। यद्यपि अवनद्ध वाद्यों में भी ताल होता है, किन्तु उनका प्रयोजन मुख्यरूप से गीत का रंजन करना होता है, कालमापन नहीं। इस सबके अतिरिक्त एक कारण और है – गान, वादन और नृत्त तीनों का एक साथ प्रयोग होने पर गायक तो हाथ से ताल क्रियाएँ कर सकता है, किन्तु वादक और नर्तक के लिये ऐसा करना सम्भव नहीं हो पाता, साथ ही गायक के हाथ की क्रियाओं का सहारा लेने पर कदाचित् भूल होना सम्भव है, क्योंकि हाथ की क्रियाओं की ध्वनि उतनी स्पष्ट नहीं सुनाई देती जितनी कि घनवाद्य की। इसलिये यदि घनवाद्य पर ताल के ठोके दिये जाते हैं तो गायक, वादक और नर्तक तीनों को सुविधा रहती है। इसे यों समझें कि 16 मात्राओं की जो beats हैं, वही ताल है। तबले अथवा किसी अन्य अवनद्ध वाद्य पर 16 मात्रा की ताल बजाने के लिये उसके निर्धारित बोल बजाये जाते हैं। किन्तु लगातार ये बोल – 'धा धिं धिं धा, धा धिं धिं धा' नहीं बजते रहते, रंजकता लाने के लिये वादक अन्य बोलों का भराव भी 16 मात्रा के आवर्तन में करता है। किन्तु ताल के ठेके के माध्यम से ताल की 16 मात्राएँ स्पष्ट न होने पर भी हम गायक अथवा नर्तक के ताल से हटने पर यह कहते हैं कि वह 'बेताला' है। इसका अर्थ यह हुआ कि कहीं हमारे अन्दर 16 मात्राओं की गिनती चल रही होती है। किन्तु ऐसे में ताल की मात्राओं की गिनती भूलने की सम्भावना लगातार बनी रहती है। स्वयं प्रयोक्ता के लिये भी अपने गायन अथवा नर्तन के साथ ताल की मात्राओं को गिनते चलना कठिन कार्य होता है। इसलिये ताल के सुस्पष्ट मापन हेतु घनवाद्य को ही उपयोगी माना गया है। भरत परम्परा में गायक–वादक के प्रमाद निवृत्ति (बेताला न होने) के लिये कांस्य तालधारी सहायक का होना अनिवार्य माना गया है। शांर्ङ्गदेव ने इसका उल्लेख किया है –

गान्धर्वमार्गकुशलः कांस्यतालधरोऽपरः।
गातुः सहायः कर्तव्यः प्रमादविनिवृत्तये।।1

आज भी दक्षिण भारतीय संगीत पद्धति में कांस्य तालधरी (तालम्) का होना गायन, वादन एवं नर्तन तीनों के लिये आवश्यक माना जाता है।

ताल के विभिन्न अर्थ

'ताल' शब्द का प्रयोग अनेक अर्थों में किया जाता है। पहला अर्थ है एक प्रकार का घनवाद्य, जिसे ताल या कांस्यताल कहा जाता है, दूसरा अर्थ है 'क्रिया

---

1 संगीत–रत्नाकर / 5 / 38–39

सामान्य' यानी हाथ से ताल देना, तीसरा – 'क्रिया विशेष' यानी सशब्द क्रिया, चौथा अर्थ है 'विशिष्ट कालखण्ड' जैसे तीन ताल आदि में, पाँचवा अर्थ है 'अर्न्तवस्तु' यानी ताल वह है जो विभिन्न क्रियाओं के द्वारा प्रयोग को अर्थात् गीत, वाद्य एवं नृत्त को धारण करता है। संगीत–रत्नाकर में ताल के एक अन्य अर्थ की भी चर्चा प्राप्त होती है। शार्ङ्गदेव के कथन – सूचीपादःस्वपार्श्वे वा समस्तालान्तरे स्थितः[1] से यह संकेत मिलता है कि नृत्य के तत्कालीन सन्दर्भों में 'ताल' एक विशेष प्रकार का नाप भी था।

तालों के यथाक्षर, द्विकल तथा चतुष्कल रूप

प्रत्येक ताल के तीन–तीन रूप होते हैं – यथाक्षर, द्विकल एवं चतुष्कल।

यथाक्षरकृतैः पातैस्तालो ज्ञेयो यथाक्षरः।
गुर्वक्षरैश्च विश्लिष्टैः स एवद्विकलो भवेत्।।
द्विर्भावाद् द्विकलस्यापि विज्ञेयोऽथ चतुष्कलः।।[2]

अर्थात् ताल के नाम में अक्षरों का जैसा मान है (यानी लघु, गुरु, प्लुत् की जो स्थिति है) उसी हिसाब से क्रियाएँ होने पर 'यथाक्षर' कहलाता है। आचार्य भरत ने इसे शुद्ध कहा है।[3] संगीत रत्नाकर में यथाक्षर का लक्षण इस प्रकार मिलता है –

नामगतैर्गलैस्तत्र यथाक्षरः अयमेककलः।[4]

अर्थात् ताल के नाम में रहने वाले लघु–गुरु के अनुसार यथाक्षर अथवा एककल होता है। उदाहरण स्वरूप –

चच	चत	पु	टः
ऽ	ऽ	।	ऽ'
गुरु	गुरु	लघु	प्लुत

यथाक्षर में कुल जितने गुरु हों (यानी सभी लघु, गुरु तथा प्लुत का योग), उसके दुगने द्विकल में तथा ठीक चौगुने चतुष्कल में होते हैं। दरअसल किसी ताल के यथाक्षर रूप में लघु, गुरु अथवा प्लुत में से कोई भी अथवा तीनों ही हो सकते हैं।

---

1 संगीत–रत्नाकर / 7 / 1066
2 नाट्यशास्त्र / 39 / 40
3 एवमेककलो ज्ञेयः शुद्धश्चच्चत्पुटादिकः ।
नाट्यशास्त्र / 31 / 26
4 संगीत–रत्नाकर / 5 / 19

द्विकल रूप प्राप्त करने के लिये यथाक्षर की कलाओं की संख्या दुगनी और चतुष्कल रूप प्राप्त करने के लिये यथाक्षर की संख्या चौगुनी करके उन्हें गुरुओं में परिवर्तित कर दिया जाता है और फिर प्रत्येक पादभाग में दो–दो कलाएँ रखी जाती हैं। इस तरह में ताल में 'कला' के रूप के द्वारा यह पता चलता है कि उसमें कितने गुरु हैं। द्विकल में दो, चतुष्कल में चार तथा अष्टकल की प्रत्येक कला में तद्नुसार ही गुरुओं की संख्या देखी जा सकती है। यथा –

चच्चत्पुटः द्विकल

यथाक्षर अथवा एककल	चच	चत	पु	टः
मूल रूप – गुरु, गुरु, लघु तथा प्लुत	S	S	I	S'
कलाओं को दुगना करने पर (एक प्लुत=तीन मात्रा)	SS	SS	II	S'S'
सभी इकाईयों को गुरु में परिवर्तित करने पर	SS	SS	S	SSS
अन्त में प्रत्येक भाग में 2–2 कलाएँ रखने पर	SS	SS	SS	SS

अन्त में दो–दो गुरुओं वाली चार कलाएँ बनीं। इस तरह चच्चत्पुटः द्विकल में कुल मात्रा आठ हुई।

चाचपुटः द्विकल

चा	च	पु	टः
S	I	I	S
SS	II	II	SS
SS	S	S	SS
SS	SS		SS

चाचपुटः का मूलरूप गुरू, लघु, लघु, गुरू है। चाचपुटः के द्वितीय चरण में प्रत्येक पादभाग की कलाओं को दुगुना कर दिया गया है। द्विकल रूप बनाने के तीसरे चरण में सभी लघु भी गुरू में परिवर्तित कर दिये गये, इस तरह दो–दो लघुओं से एक–एक गुरू बना। चौथे चरण में प्रत्येक पादभाग में दो–दो कलाओं को साथ रखने के नियम के अनुसार तीसरे चरण के दूसरे और तीसरे पादभाग के दोनों गुरुओं को एकसाथ रखा गया, इस तरह दो–दो गुरुओं वाली तीन कलाएँ बनीं और चाचपुटः

द्विकल में कुल मात्रा छः हुईं। अब चच्चत्पुटः और चाचपुटः, इन दोनों का चतुष्कल रूप भी देखें।

चच्चत्पुटः चतुष्कल

	चच	चत	पु	टः
मूल रूप –	ऽ	ऽ	।	ऽ'
कलाओं को चौगुना करने पर	ऽऽऽऽ	ऽऽऽऽ	।।।।	ऽ'ऽ'ऽ'ऽ'
सभी इकाईयों को गुरु में परिवर्तित करने पर	ऽऽऽऽ	ऽऽऽऽ	ऽऽ	ऽऽऽऽऽऽ
प्रत्येक भाग में 2–2 कलाएँ रखने पर	ऽऽ ऽऽ	ऽऽ ऽऽ	ऽऽ	ऽऽ ऽऽ ऽऽ

अन्त में दो–दो गुरुओं वाली आठ कलाएँ बनीं और इस तरह चच्चत्पुटः चतुष्कल में कुल मात्राएँ सोलह हुईं।

चाचपुटः चतुष्कल

चा	च	पु	टः
ऽ	।	।	ऽ
ऽऽऽऽ	।।।।	।।।।	ऽऽऽऽ
ऽऽऽऽ	ऽऽ	ऽऽ	ऽऽऽऽ
ऽऽ ऽऽ	ऽऽ	ऽऽ	ऽऽ ऽऽ

मूलतः गुरू, लघु, लघु, गुरू वाले चाचपुटः ताल के चतुष्कल रूप में पूर्वानुसार क्रिया के उपरान्त अन्त में दो–दो गुरुओं वाली छः कलाएँ बनीं और चाचपुटः चतुष्कल में कुल मात्रा बारह हुईं।

ताल के प्रकार

चतुरश्रस्तथा त्रयश्र इति तालो द्विधा मतः।
चच्चत्पुटश्चाचपुटः इति नाम्नी तयोः क्रमात्।।[1]

ताल दो प्रकार के होते हैं – चतुरश्र और त्रयश्र। इनके प्रतिनिधि ताल क्रमशः चच्चत्पुटः और चाचपुटः हैं। चार संख्या 'सम' और तीन 'विषम' की द्योतक है। जिस ताल में चार पादभाग हों वह 'चतुरश्र' और जिसमें तीन हों वह 'त्रयश्र' कहलाता है।

1 संगीत–रत्नाकर / 5 / 17–18

मार्गतालों में 'गुरु' को मौलिक इकाई माना गया है, क्योंकि लय स्थापना का आधार यही है। हम देख ही चुके हैं कि तालों के द्विकल तथा चतुष्कल रूप भी गुरु के आधार पर ही बनते हैं।

चच	चत्	पु	टः	चा	च	पु	टः
ऽ	ऽ	।	ऽ'	ऽ	।	।	ऽ
सं	श	ता	श	सं	श	ता	श

यहाँ देखा जा सकता है कि सं, श, ता, श अर्थात् सन्निपात, शम्या, ताल तथा पुनः शम्या के क्रम से चच्चत्पुटः और चाचपुटः इन दोनों तालों में क्रिया हो रही है। उक्त दोनों तालों में अक्षर, क्रिया और पादभागों की संख्या समान होने के कारण दोनों एक जैसे लगते हैं, किन्तु दोनों की क्रियाओं के काल में अन्तर है। चच्चत्पुट में 2 + 2 + 1 + 3 और चाचपुट में 2 + 1 + 1 + 2 के क्रम से क्रियाएँ होती हैं। इस तरह इनमें कुल गुरु क्रमशः 8 और 6 होते हैं, गुरु इकाई के द्योतक अंक 2 से उक्त संख्याओं को भाग देने पर 4 और 3 अंक प्राप्त होते हैं, इसीलिये चच्चत्पुट को 'चतुरश्र' और चाचपुट को 'त्रयश्र' कहा गया है।

मार्गताल

आचार्य भरत ने पाँच ताल कहे हैं, इनके स्वरूप में कभी कोई परिवर्तन नहीं होता। चच्चपुट, चाचपुट, षट्पितापुत्रकः, सम्पक्वेष्टाक और उद्घट्ट। इन पाँचों तालों में मात्र चच्चत्पुटः ही चतुस्र ताल है, शेष चारों त्रयश्र ताल हैं। इनमें से दो के यथाक्षर रूप हम पहले देख चुके हैं शेष तीनों के यथाक्षर रूप इस प्रकार हैं –

षट्पितापुत्रकः

इस ताल में कुल 6 अक्षर, 6 क्रियाएँ, कुल 6 गुरु और 6 ही पादभाग होते हैं। छः मात्राओं वाले दो खण्ड दिखते हैं – ऽ' । ऽ प्लुत, लघु तथा गुरु और – ऽ । ऽ' गुरु, लघु तथा प्लुत के। पहले खण्ड का प्रतिबिम्ब दूसरा खण्ड है, जैसे पिता का प्रतिबिम्ब पुत्र होता है। छह मात्रा होने के कारण पितापुत्रकः से पहले 'षट्' लगाकर इस ताल को 'षट्पितापुत्रकः' कहा गया है। यह त्रयश्र ताल है।

षट्	पि	ता	पु	त्र	कः
ऽ'	।	ऽ	ऽ	।	ऽ'

उक्त यथाक्षर रूप में मोटे तौर पर कुछ विसंगति दिखाई देती है। जैसे – 'पु' ह्रस्व होने के कारण इसका मान लघु होना चाहिये जबकि यहाँ 'गुरु' कहा गया है। इस सम्बन्ध में यह उल्लेखनीय है कि जब किसी ह्रस्व के बाद में कोई संयुक्त अक्षर आये तो उसे गुरु के रूप में गिना जाता है। जैसे – 'युद्ध' शब्द में 'यु' लघु होने पर भी संयुक्ताक्षर 'द्ध' के तुरन्त बाद आने के कारण 'यु' वर्ण को गुरु के रूप में गिना जाता है। ठीक वैसे ही षट्पितापुत्रकः में भी 'पु' के बाद संयुक्ताक्षर 'त्र' आने के कारण 'पु' को गुरु गिना जायेगा।

दूसरी बात, यों 'षट्' और 'कः' का मान गुरु है किन्तु यहाँ देखा जा सकता है कि उन्हें प्लुत गिना गया है। पूर्व में 'चच्चत्पुटः' तथा 'चाचपुटः' दोनों में आये 'टः' का मान भी अलग अलग बतलाया गया है। 'टः' को चच्चत्पुटः में प्लुत और चाचपुटः में गुरु बतलाया गया है। आगे हम देखेंगे कि उद्घट्टः में आये 'टः' को गुरू और सम्पक्वेष्टाकः में आये 'कः' को प्लुत कहा गया है। प्रश्न विचारणीय है किन्तु ये कुछ ऐसे सिद्धान्त हैं जो पूर्वाचार्यों द्वारा कह दिये गये हें और इनमें तर्क की गुंजाइश नहीं है। इन्हें आप्त की श्रेणी में रखना उचित होगा। यानी जो कहा गया वह बस वैसा–का–वैसा ग्रहण कर लिया जाये। अस्तु।

सम्पक्वेष्टाकः

'सम्पक्व' का अर्थ है – अच्छी तरह पकाई हुई, और 'इष्टिका' का अर्थ है 'ईंट'। अर्थात् अच्छी तरह पकाई हुई ईंट वाला। इस ताल में लघु नहीं होता। प्रारम्भ एवं अन्त में प्लुत एवं बीच में गुरु होता है। इस कारण इस ताल में भारीपन एवं गम्भीरता की कल्पना होती है। इसका प्रयोग पूर्वरंग में गीतकों में होता था। गीतकों का उद्देश्य सामाजिकों के चित्त को नाट्य की ओर एकाग्र करके नाट्य के रसास्वादन हेतु आधार या नींव तैयार करना होता था। सम्भव है सब गुरुओं के कारण इस ताल को नींव तैयार करने में सहायक समझकर 'सम्पक्वेष्टाकः' संज्ञा दी गई हो। यह त्रयश्र ताल है।

सं	प	क्वे	ष्टा	कः
ऽ'	ऽ	ऽ	ऽ	ऽ'

उद्घट्टः

उद्घट्टः ताल में तीन गुरु होते हैं, और यह भी त्रयश्र ताल है इसका यथाक्षर रूप इस प्रकार है –

उ दृघ टट्टः

ऽ ऽ ऽ

देशीतालों का स्वरूप और विकास

नाट्यशास्त्र में 'देशी' शब्द प्राप्त नहीं होता। देशी तालों के विषय में भी कोई चर्चा नहीं की गई है। चतुरश्र और त्रयश्र प्रकार के पाँच तालों का उल्लेख और उनका पूर्वरंग में गीतकों और निर्गीतों के साथ प्रयोग नाट्यशास्त्र में विस्तार से बतलाया गया है किन्तु इसका यह आशय नहीं है कि इन पाँच मार्गतालों के अतिरिक्त उस काल में अन्य ताल नहीं रहे होंगे। ध्रुवाओं के निरूपण में, पात्र की प्रकृति और चित्तवृत्ति के अनुसार 'ताल' के प्रयोग का निर्देश नाट्यशास्त्र में दिया गया है, जो इस ओर संकेत करता है कि मार्गतालों से भिन्न तालों का प्रयोग भी उस काल में मान्य था, अन्यथा वहाँ उक्त पाँच मार्गतालों में से ही किसी ताल के प्रयोग का स्पष्ट निर्देश भरत द्वारा दिया गया होता।

हम जानते हैं कि नियमबद्ध और उससे भिन्न (यानी नियमों में छूट वाली), संगीत की दो धाराएँ सदा साथ–साथ चलती रही हैं। इसलिये जब हम नाट्यशास्त्र की बात करते हैं और उसे मार्ग पद्धति का ग्रन्थ निरूपित करते हैं, तब हमें यह नहीं भूलना चाहिये कि लोक में उस काल में भी जातियों के अलावा अन्य अंगों का, गीतकों के अलावा अन्य प्रबन्धों का, तथा मार्गतालों के अलावा अन्य तालों का अस्तित्त्व रहा होगा और उनका प्रयोग भी होता रहा होगा। 'मानसोल्लास' और 'संगीतचूड़ामणि' में देशी संज्ञा के बिना ही उन तालों का स्पष्ट उल्लेख प्राप्त होता है जो बाद के ग्रन्थों में 'देशी' के अन्तर्गत वर्गीकृत किये गये। 'संगीत–रत्नाकर' वह प्रथम उपलब्ध ग्रन्थ है, जिसमें सर्वप्रथम देशी तालों का निरूपरण प्राप्त होता है।

देशी तालों की संख्या विभिन्न ग्रन्थों में भिन्न–भिन्न प्राप्त होती है। मानसोल्लास में 30, संगीतचूड़ामणि में 96, संगीतरत्नाकर में 120 तथा संगीतराज में 138 देशी ताल कहे गये हैं। ये चारों ही ग्रन्थ मार्ग परम्परा के माने जाते हैं। संगीतराज में जो 138 ताल कहे गये हैं, इनमें से 119 ताल संगीत–रत्नाकर में मिलते हैं। संगीत–समयसार लगभग संगीत–रत्नाकर के ही समय का ग्रन्थ है। इसमें 101 ताल कहे गये हैं। इसमें अनेक ऐसे तालों का उल्लेख प्राप्त होता है, जो रत्नाकर अथवा इससे पूर्व के ग्रन्थों में नहीं मिलते, किन्तु परवर्ती काल के अनेक ग्रन्थों से मिलते है। संगीतोपनिषत्सारोद्धार में 74, संगीतदर्पण में रत्नाकरोक्त 120 ताल तथा

मतान्तर से 104 अन्य ताल, संगीत मकरन्द में 101, रसकौमुदी में 37, नर्तननिर्णय में 85/86 (भिन्न पाण्डुलिपि) अनूपसंगीतविलास में 244, अनूप संगीत–रत्नाकर में 50, अनूपसंगीतांकुश में 15 तालों का उल्लेख प्राप्त होता है। संगीत सारामृत में संगीत–रत्नाकर का नाम लिये बिना ताल के प्रसंग में उसीके श्लोक यथावत् उद्धृत किये गये हैं। संगीत सूर्योदय में रत्नाकरोक्त 120 तथा उनसे भिन्न 121 अन्य ताल इस तरह कुल 241 ताल, संगीत सारोद्धार में 36 तथा तालदीपिका में 223 ताल कहे गये हैं।

17वीं शती के प्रथम चरण में तालों के स्वरूप में एक बड़ा परिवर्तन आया जिसने दक्षिण भारतीय ताल पद्धति को जन्म दिया। इसका निरूपण सर्वप्रथम हमें चतुर्दण्डीप्रकाशिका और संगीत–पारिजात में मिलता है। चतुर्दण्डीप्रकाशिका में प्रसिद्ध आठ अलंकार बतलाये गये हैं, जो तालबद्ध स्वरसमूह हैं। इनमें जिन आठ तालों का प्रयोग कहा गया है वे इस प्रकार है – झोंपट, ध्रुव, मंठ्य, रूपक, झंपा, त्रिपुट, अठताल और एकताल। झोंपट को छोड़कर शेष 7 ताल आज भी कर्णाटक संगीत में प्रचलित हैं और इनका स्वरूप आज भी लगभग वही है, जो चतुर्दण्डीप्रकाशिका में बतलाया गया है।

देशीताल के अवयव एवं भेद

देशीतालस्तु लघ्वादिमितया क्रियया मतः।
यथाशोभं कांस्यतालध्वननादिकया मतः।।[1]

अर्थात् देशीताल शोभा के अनुसार लघु आदि से नापी गई क्रिया के द्वारा कांस्यताल के नाद के द्वारा माना गया है। संगीत रत्नाकर के टीकाकार कल्लिनाथ ने इसे यों स्पष्ट किया है – ''मार्ग ताल में नियत रूप से पाँच लघु अक्षरों के उच्चारण काल को 'लघु' कहा गया है, लेकिन देशीताल में इसका मान नियत नहीं है। देशीताल में लघु शोभा के अनुसार चार, पाँच या फिर छः अक्षरकाल के बराबर हो सकता है। तदनुसार गुरू, प्लुत का अक्षरकाल भी भिन्न हो जाता है। जैसे – यदि लघु किसी ताल में चार अक्षरकाल का हो तो गुरू आठ अक्षरकाल का और प्लुत बारह अक्षरकाल के बराबर हो जायेगा। इसी कारण समान लक्षण वाले देशीताल लघु के भिन्न नाप के कारण भिन्न हो जाते हैं। उल्लेखनीय है कि देशीतालों के सन्दर्भ में लघु को 'मात्रा'

---

1 संगीत–रत्नाकर/5/238

का पर्याय माना गया है इसका मूल्य या मान एक माना गया है, द्रुत इसका आधा यानी आधी मात्रा का है, गुरु इसका दुगना यानी दो मात्रा का और प्लुत का मान तीन लघु या तीन मात्रा के बराबर माना गया है।

जैसा कि हमने पूर्व में देखा पाँच मार्गतालों में से केवल चच्चत्पुटः ही चतुरश्र और चाचपुट त्रयश्र ताल था। इन दोनों को मिलाकर एक नयी गति वाला 'षट्पितापुत्रकः' ताल बना जो 'मिश्र' प्रकृति का था। प्रतीत होता है कि उस काल में अधिक प्रयोग त्रयश्र तालों का ही होता था, किन्तु वर्तमान लक्ष्य परम्परा में देशीतालों में केवल दादरा ही त्रयश्र है, शेष सब चतुरश्र ताल हैं। रसकौमुदी और संगीत–पारिजात में अक्षरकाल में अनुसार ताल की चतुरश्र, त्रयश्र, खण्ड, मिश्र और संकीर्ण ये पाँच जातियाँ बतलाई गई है। स्मरणीय है कि नाट्यशास्त्र और संगीत रत्नाकर में मुख्यतः चतस्र और त्र्यस्र को ताल की जाति नहीं वरन् ताल का प्रकार कहा गया है। कालान्तर में इस अवधारणा में अन्तर आया और एक मात्रा में आनेवाले बोलों या मात्राक्षरों की संख्या से ताल की जाति निर्धारित की गई। यह पाँच प्रकार की मानी गई है –

जाति का नाम	**एक मात्रा में बोल**	**ताल**
चतुरश्र / चतस्र	4 बोल (तकतक)	तीनताल
त्रयस्र / तिस्र	3 बोल (तकिट)	दादरा
खण्ड	5 बोल (तक तकिट)	झपताल
मिश्र	7 बोल (तकिट तकतक)	रूपक
संकीर्ण	9 बोल (तकतकिट तकतक)	मत्तताल

25

ताल के दशप्राण

अनेक मध्ययुगीन ग्रन्थों में ताल के आधारभूत तत्त्वों का निरूपण किया गया है। ये तत्त्व ताल के स्वरूप निर्धारण में महत्त्वपूर्ण भूमिका निभाते हैं। इसीलिये तालरूपी शरीर में ये प्राणस्वरूप वास करते हैं। श्रीकण्ठ ने अपने ग्रन्थ 'रसकौमुदी' में ऐसे दस आधारभूत तत्त्वों (Basic essential elements) का उल्लेख करते हुए इन्हें ताल के सन्दर्भ में 'दशप्राण' कहा है।

कालो मार्गक्रियाङ्गानि ग्रहो जातिः कला लयः।
यतिः प्रस्तार इत्युक्ताः ताले प्राणा दशक्रमात्।

अर्थात् काल, मार्ग, क्रिया, अंग, ग्रह, जाति, कला, लय, यति और प्रस्तार ये ताल के दशप्राण कहे गए हैं।

काल

काल अनादि, अनन्त तथा निःसीम माना गया है, किन्तु ताल के रूप में जिस काल के खण्ड बनाये जाते हैं, वह काल प्रमाण माना गया है। इसके लिये सैकेण्ड, मिनट, घण्टे, दिन, महीने, वर्ष आदि के रूप में काल को विभाजित किया जाता है। जिस तरह घड़ी की टिक्–टिक् से समय का तथा हृदय की निरन्तर होने वाली धड़कन से जीवन का बोध होता है, ठीक उसी तरह संगीत में काल को नापने का साधन ताल और माध्यम धनवाद्य है। ताल में अणुद्रुत, द्रुत, लघु, गुरु, प्लुत, काकपाद के द्वारा काल को नापा जाता है। लघु का काल एक मात्रा का माना गया है, इसका आधा अर्थात् आधी मात्रा का काल द्रुत का, चौथाई मात्रा काल को अणुद्रुत माना गया है। गुरु का मान लघु से दुगुना अर्थात् दो मात्राकाल का, प्लुत का तीन मात्रा का तथा काकपाद का मान चार मात्राकाल का कहा गया है।

मार्ग

'मार्ग' का अर्थ होता है रास्ता। जिस तरह आम भाषा में मार्ग दो स्थानों के बीच की दूरी का द्योतक शब्द है, उसी तरह ताल में भी इस शब्द के द्वारा दूरी यानी ताल के आवर्तन की कुल लम्बाई का बोध होता है। यद्यपि भरत, मतंग, शार्ङ्गदेव आदि

ने इसकी कोई परिभाषा नहीं कही है, तथापि अभिनवगुप्त ने ध्रुवपात पर टीका करते हुए कहा है –

नियतकालकलासम्पातश्च मार्ग उच्यते।[1]

अर्थात् भरत ने तीन प्रकार के मार्गों का उल्लेख किया है – चित्रा, वार्तिक और दक्षिण। शांर्ङ्गदेव ने इनके अलावा ध्रुवमार्ग भी कहा है।

मार्गा स्युस्तत्रा चत्वारो ध्रुवश्चित्राश्च वार्तिकः।
दक्षिणश्चेति तत्रा स्याद् ध्रुवके मात्रिका कला।
शेषद्वे चतस्त्रोऽष्टौ क्रमान्मात्राः कला भवेत्।।[2]

ध्रुव मार्ग में 1 मात्रा की कला कही गई है, चित्रा मार्ग में 2 मात्रा की, वार्तिक मार्ग में 4 मात्रा की और दक्षिण मार्ग में 8 मात्रा की कला कही गई है। मार्ग के द्वारा प्रत्येक क्रिया का मान पता चलता है और फिर उसके आधार पर ताल की कुल लम्बाई निश्चित होती है।

क्रिया

.... तत्राद्यस्य क्रिया द्विधा।
निःशब्दा शब्दयुक्ता च निःशब्दा तु कलोच्यते।।
स्यादावापोऽथ निष्क्रामो विक्षेपश्च प्रवेशकः।
निःशब्देति चतुर्धोक्ता सशब्दापि चतुर्विधा।।
ध्रुवः शम्या ततस्तालः संन्निपात इरीरिता।
पातः कला तु सा ज्ञेया तासां लक्ष्माभिदध्महे।।[3]

ताल के सन्दर्भ में 'क्रिया' दो तरह की कही गई हैं – सशब्द और निःशब्द क्रिया। 'पात' सशब्द क्रिया है और 'कला' निःशब्द क्रिया की द्योतक है। सशब्द क्रिया चार प्रकार की कही गई हैं – ध्रुव, शम्या, ताल और सन्निपात। और निःशब्द क्रिया भी चार प्रकार की कही गई हैं – आवाप, निष्क्राम, प्रवेश और विक्षेप। सर्वप्रथम चारों सशब्द क्रियाओं का लक्षण देखेंगे।

ध्रुवो हस्तस्य पातः स्याच्छोटिकाशब्दपूर्वकः।

---

1 नाट्यशास्त्र/31/अभिनवभरती/पृ0 174
2 संगीत–रत्नाकर/5/10–11
3 संगीत–रत्नाकर/5/4–6

शम्या दक्षिणहस्तस्य तालो वामकरस्य तु।।
उभयोः सन्निपातः स्यात् तासां मार्गवशान् मितिः।

ध्रुव चुटकी बजाते हुए हाथ को नीचे की ओर ले जाना।

शम्या दाहिने हाथ से बायें हाथ पर ताली बजाना 'शम्या' है।

ताल बायें हाथ से दाहिने हाथ पर ताली बजाना 'ताल' है। शम्या और ताल इन दोनों में क्रिया एक–सी होती है और ध्वनि भी एक–सी ही उत्पन्न होती है।

सन्निपात दोनों हाथों का परस्पर टकराना सन्निपात कहलाता है।

उक्त सभी क्रियाओं का माप मार्ग के अनुसार होता है। उल्लेखनीय है कि शम्या, ताल और सन्निपात इन तीनों ही क्रियाओं में ध्वनि उत्पन्न होती है, किन्तु अन्तर यह है कि प्रथम दो में क्रिया एक हाथ से होती है और दूसरा हाथ स्थिर रहता है जबकि अंतिम में दोनों हाथ समान रूप से क्रियाशील रहते हैं। निःशब्द क्रिया भी चार प्रकार ही कही गई हैं। इनका लक्षण देते हुए शार्ङ्गदेव ने कहा है कि –

आवापस्तत्र हस्तस्योत्तानस्यांगुलिकुंचनम्।
निष्क्रामोऽअधःतलस्य स्यादंगुलीनां प्रसारणम्।।
क्षेपो दक्षिणपार्श्वस्योत्तानस्य प्रसृतांगुलेः।
विक्षेपोऽधस्तलस्यास्य प्रवेशोऽगुलिकुंचनम्।।[1]

आवाप हथेली ऊपर की ओर रखते हुए अंगुलियों को संकुचित करना यानी उनको हथेली की ओर सिकोड़ना 'आवाप' कहलाता है। सरल शब्दों में हथेली सीधी रखते हुए मुट्ठी बांधना 'आवाप' की क्रिया है।

निष्क्राम इसका अर्थ है – बाहर निकालना। निष्क्राम में हथेली को उल्टा करके अंगुलियों को फैला दिया जाता है। कुछ तरह से समझें, आवाप में बनी मुट्ठी को पलटकर खोल दिया जाये तो यह क्रिया 'निष्क्राम' कहलायेगी।

विक्षेप इसका अर्थ है – विशेष रूप से फेंकना, विस्तार करना। 'क्षेपो दक्षिणपार्श्वस्योत्तानस्य प्रसृतांगुले' अर्थात् अंगुलियाँ खुली रखते हुए

---

1 संगीत–रत्नाकर/5/7

हाथ को दाहिनी ओर फेंकना। जैसे आज हम किसी ताल में जिस तरह 'खाली' को दिखाते हैं उस तरह।

प्रवेश प्रवेश का अर्थ है – आना। यह क्रिया विक्षेप के ठीक विपरीत होती है, अर्थात् बाहर की ओर फेंकी गई हथेली को पलटकर अंगुलियाँ सिकोड़ते हुए वापस लाना 'प्रवेश' कहलाता है।

अंग

ताल में काल की गिनती करने के लिये प्रयुक्त किये जाने वाले प्रामाणिक नाम ही 'अंग' कहलाते हैं। इन्हीं अंगों से विभिन्न ताल बनाये जाते हैं। अणुद्रुत, द्रुत, द्रुतविराम, लघु, लघुविराम, गुरु, प्लुत, और काकपाद, ये आठ अंग कहे गये हैं।

<u>अणुद्रुत</u> यानी चौथाई मात्रा। इसका चिन्ह ˘ है।

<u>द्रुत</u> यानी आधी मात्रा। इसे **0** से दर्शाया जाता है।

<u>द्रुतविराम</u> द्रुत के साथ उसका आधा भाग और मिला देना, यानी पौनी मात्रा 'द्रुतविराम' कहलाती है।

<u>लघु</u> लघु का मान एक मात्रा होता है तथा इसे **।** चिन्ह द्वारा दर्शाया जाता है।

<u>लघुविराम</u> लघु के साथ लघुकाल के आधे भाग को मिलाना 'लघुविराम' कहलाता है। इसका चिन्ह **ो** है। इसका कालमान डेढ़ मात्रा का होता है।

<u>गुरु</u> गुरू को ऽ दर्शाया जाता है और इसका मान दो मात्राओं का होता है।

<u>प्लुत</u> यानी तीन मात्रा और इसे **ऽ'** इस चिन्ह से दर्शाया जाता है।

<u>काकपाद</u> इसका चिन्ह **+** है और कालमान चार मात्रा का है।

ग्रह

आजकल 'ग्रह' शब्द को 'गृह' शब्द समझते हुए अनेक पुस्तकों में ताल के सन्दर्भ में 'ग्रह' के विषय में लिखा गया है कि 'ग्रह' शब्द का अर्थ 'घर' होता है और जिस तरह हम सुबह घर से निकलकर शाम को वापस घर आते हैं इसी तरह किसी रचना का आरम्भ 'ग्रह' यानी ताल की पहली मात्रा से होता है और वह लौटकर उसी पहली मात्रा यानी अपने 'घर' आती है। भाषा की समझ न होने अथवा असावधानीवश ऐसे कथन सामने आते हैं किन्तु जब यही बातें पाठ्यपुस्तकों के माध्यम से विद्यार्थियों तक पहुँचती हैं तो वे उसे ब्रह्मवाक्य की तरह ग्रहण करते हैं। इसलिये शिक्षकों और

लेखकों के लिये यह अत्यन्त आवश्यक है कि किसी विषय पर पूरी ज़िम्मेदारी से अपनी बात कहने का प्रयास करें।

'ग्रह' शब्द का सामान्य अर्थ 'ग्रहण करना' या पकड़ना है। सम्भवतः इसीलिये इसे 'पाणि' भी कहा गया है। हाथ को संस्कृत में 'पाणि' भी कहा जाता है। हम सामान्यतया अपने हाथ से ही कुछ ग्रहण करते हैं न? ताल के सन्दर्भ में इस 'ग्रह' अथवा 'ग्रहण करने' या 'पकड़ने' से क्या तात्पर्य है? तो उत्तर है – यहाँ ताल की पहली मात्रा को पकड़ने से तात्पर्य है। गीत, वाद्य अथवा नृत्त के साथ ताल का प्रारम्भ कब हो, गीत के साथ में, गीत के पहले अथवा गीत के पीछे। यानी बन्दिश किस स्थान से उठती है इस आधार पर ताल में 'ग्रह' के प्रकार कहे गये हैं।

समाऽतीतोऽनागतश्च ग्रहस्ताले त्रिधा मतः।[1]

अर्थात् ताल में ग्रह के तीन प्रकार हैं – सम, अती तथा अनागत। गीत/नृत्य और ताल के एक साथ आरम्भ होने पर 'सम' ग्रह और आगे अथवा पीछे आरम्भ होने पर 'विषम' ग्रह कहा गया है। विषम ग्रह में पहली मात्रा से पहले अथवा उसके बाद में, दो तरह से उठान हो सकती है, इसलिये इसके भी दो प्रकार कहे गये हैं – गीत आरम्भ होने के बाद यदि ताल का आरम्भ हो अर्थात् ताल की पहली मात्रा शुरू होने से ठीक पहले गीत अथवा नृत्य उठ जाये तो वह 'अनागत ग्रह' कहलाता है इसी तरह यदि गीत अथवा नृत्य आरम्भ होने से पूर्व ताल का आरम्भ हो जाये यानी ताल की पहली मात्रा के शुरू हो जाने के बाद गीत/नृत्य का प्रारम्भ हो तो उसे 'अतीत ग्रह' कहते हैं। संगीत–रत्नाकर के टीकाकार कल्लिनाथ ने कहा है – 'विषम समादन्यः अतीतानागतयोरेकतर इत्यर्थः'[2] अर्थात् विषम, सम, अतीत तथा अनागत में से कोई भी ग्रह वाग्गेयकार को स्वेच्छा से प्रयोग करना चाहिये। आचार्य भरत और दत्तिल ने 'ग्रह' के स्थान पर 'पाणि' शब्द का प्रयोग किया, और उसके तीन भेद कहे –

समापाणिश्च विज्ञेयो ह्यवपाणिस्तथेव च।
तथैवोपरिपाणिश्च गीतवाद्यसमाश्रया।[3]

अर्थात् गीत और वाद्य के आश्रित तीन प्रकार का 'पाणि' होता है – समपाणि, अवपाणि और उपरिपाणि। गीतादि समकाल में हों तो 'समपाणि' होता है। गीत के

1 संगीत–रत्नाकर/5/50
2 संगीत–रत्नाकर/कल्लिनाथ/पृ. 218
3 नाट्यशास्त्र/31/373

पहले प्रवर्तित होने वाला पाणि 'अवपाणि' तथा बाद में प्रवृत्त होने वाला 'उपरिपाणि' माना जाता है। इन्हें ही शार्ङ्गदेव ने ताल, अनुताल और प्रतिताल कहा है। आचार्य भरत ने उक्त तीन प्रकार के 'पाणि' या 'ग्रह' के साथ तीन लयों का सम्बन्ध भी निश्चित किया है। समपाणि में मध्य लय, अवपाणि में विलम्बित लय तथा उपरिपाणि में द्रुत लय का प्रयोग कहा गया है।[1]

जाति

नाट्यशास्त्र और संगीतरत्नाकर में 'ताल' की त्रयश्र और चतुरश्र संज्ञा प्राप्त होती है, किन्तु वहाँ इन्हें ताल की जाति नहीं कहा गया है, वरन् ताल के प्रकार के रूप में इनका उल्लेख किया गया है।

चतुरश्रस्तथा त्रयश्र इति तालो द्विधा मतः।
चच्चत्पुटश्चाचपुटः इति नाम्नो तयोः क्रमात्।।[2]

त्रयश्र और चतुरश्र के प्रतिनिधि ताल के रूप में चाचपुट और चच्चपुट का उल्लेख प्राप्त होता है। इन दोनों तालों को मिलाकर एक नयी गति वाली जाति 'मिश्र' उत्पन्न हुई। इसका उदाहरण 'षट्पितापुत्रकः' ताल है। इसका यथाक्षर रूप प्लुत, लघु, गुरु, गुरु, लघु तथा अंत में प्लुत (ऽ' । ऽ ऽ । ऽ') है। परवर्ती काल में ताल के प्रकार अथवा जाति सम्बन्धी उक्त धारणा लुप्त हो गई और 'जाति' शब्द नये अर्थ में प्रयुक्त होने लगा। रसकौमुदी और संगीतदर्पण में इसकी चर्चा प्राप्त होती है। इन ग्रन्थों में चतुरश्र, त्रयश्र, खण्ड, मिश्र एवं संकीर्ण इन पाँच जातियों में क्रमशः 4, 3, 5, 7 एवं 9 वर्ण कहे गये हैं[3] किन्तु 'वर्ण' से क्या तात्पर्य है, यह स्पष्ट नहीं किया गया है। वर्ण संख्या का सम्बन्ध ताल के विभागों से है अथवा प्रत्येक विभाग में आने वाली मात्रा संख्या से है? यह स्पष्ट नहीं किया गया है। वर्तमान समय में उत्तर भारतीय संगीत में 'चतस्र' और 'तिस्र' संज्ञाएँ प्राप्त होती हैं। चतस्र और तिस्र संज्ञाएँ किसी ताल के प्रत्येक विभाग की मात्रा संख्या को दर्शाती हैं। जैसे – तीनताल इसलिये 'चतस्र' कहलाता है, क्योंकि इसके प्रत्येक विभाग में 4–4 मात्राएँ होती हैं। इसी तरह दादरा 'तिस्र' जाति का ताल इसलिये है क्योंकि इसके प्रत्येक विभाग में 3–3 मात्राएँ हैं।

---

1 नाट्यशास्त्र / 31 / 377
2 संगीत–रत्नाकर / 5 / 17–18
3 रसकौमुदी 4 / 127 तथा संगीतदर्पण / 698–699

कला

ताल के तीन घटक बतलाये गये हैं – कला, पात और लय। इनमें से कला अत्यन्त महत्त्वपूर्ण है। 'कला' शब्द के अनेक अर्थ हैं – अंश या भाग, जैसे चन्द्रमा की 16 कलाएँ, अभिव्यक्ति का माध्यम जैसे –संगीत, काव्य, चित्र, नाट्य आदि कलाएँ, गुरु एवं लघु इकाइयों द्वारा काल का माप, जैसे द्विकल और चतुष्कल में 'कला' गुरु की सूचना देती है। चतुरश्र और त्रयश्र तालों के भेद बतलाते समय चतुष्कल, अष्टकल, अष्टचत्वारिंशत्कल, और षण्णवतिकल में 'कल' शब्द के द्वारा ताल में कलाओं की कुल संख्या व्यक्त की गई है। प्राचीन काल में जो चच्चत्पुटादि पाँच ताल कहे गये थे, उनमें से प्रत्येक ताल के अंग को दुगुना चौगुना और अठगुना करके नवीन तालों की कल्पना की जाती थी। इन्हें द्विकल, चतुष्कल, अष्टकल आदि नाम दिये जाते थे। ये रूप किस तरह बनते हैं इसकी चर्चा हम पहले कर ही आये हैं, पिछले पृष्ठों में इन्हें देखा जा सकता है। यहाँ पिष्टपेषण करने पर मात्र पृष्ठपोषण ही होगा।

लय

लय शब्द का सामान्य अर्थ है, लीन होना या विश्रान्ति। शार्ङ्गदेव के अनुसार–

विश्रान्तियुक्तया काले क्रियया मानमिष्यते।
क्रियानन्तरविश्रान्तिर्लयः, स त्रिविधो मतः।
द्रुतो मध्यो विलम्बश्च, द्रुतः शीघ्रतमो मतः।।
द्विगुणद्विगुणै ज्ञेयौ तस्मान्मध्यविलम्बिती।[1]

अर्थात् विश्रान्ति से युक्त सशब्द और निःशब्द क्रिया के द्वारा काल में माप इच्छित होता है। और क्रिया के अनन्तर यानी बिलकुल साथ होने वाली विश्रान्ति 'लय' कहलाती है। यह लय तीन प्रकार की कही गयी है – द्रुत, मध्य तथा विलम्बित। द्रुत शीघ्रतम लय होती है, उससे दुगुनी विश्रान्ति वाली मध्य तथा इससे भी दुगुनी विश्रान्ति वाली विलम्बित लय होती है। ध्यान रहे कि यहाँ 'क्रिया' की निरन्तरता आवश्यक है। किसी क्रिया के मात्र एक बार होने के बाद आने वाली विश्रान्ति 'लय' नहीं कही जा सकती। क्रिया की निरन्तरता में, दो क्रियाओं के सम्पन्न होने के बीच का काल, जो पहली क्रिया का विस्तार है, वही 'लय' है। इस विस्तार के कम या अधिक होने पर लय तेज़ या मन्द हो जाती है। इस विश्रान्तियुक्त क्रिया के द्वारा ही काल का माप

---

1 संगीत–रत्नाकर / 5 / 44–45

होता है। तीनों ही लय एक–दूसरे से सम्बद्ध और एक दूसरे पर आधारित होती हैं। इनमें से किसी एक को आधार मानने पर ही शेष को निश्चित किया जा सकता है।

साधारणतः संगीत में समय की एक समान गति को लय कहते है। वास्तव में दो क्रियाओं के बीच की विश्रान्ति (pause) और फिर निरन्तर (continous) आने वाली अगली मात्राओं के बीच ठीक उतनी ही विश्रान्ति (pause) से 'लय' का जन्म होता है। इस तरह हम दो क्रियाओं के बीच की विश्रान्ति (pause) और इसकी निरन्तरता (continuity) को लय कह सकते हैं। इन अर्थों में लय स्वयं में कोई क्रिया नहीं, बल्कि एक श्रृंखला में होने वाली प्रत्येक दो क्रियाओं के बीच का अन्तराल या (pause) है। इस अन्तराल के घटने अथवा बढ़ने पर हम सामान्य तौर पर कहते हैं कि लय घट अथवा बढ़ गई। इसे यों समझें, तीनताल के ठेके में विलम्बित लय रखते हुए प्रत्येक दो मात्राओं के बीच जितने समय का अन्तराल रखा जाता है, उस अन्तराल को ठीक आधा कर देने पर उतने ही काल में दो क्रियाएँ होने लगती हैं। इसी तरह प्रत्येक दो मात्राओं के बीच के अन्तराल को विलम्बित की तुलना में एक चौथाई कर देने पर उसी काल में एक के स्थान पर चार क्रियाएँ होने लगती हैं। अर्थात् जैसे जैसे प्रति दो मात्राओं के बीच का समय अन्तराल घटाया जाता है, लय बढ़ती जाती है। यों हम बोल–चाल में इसके ठीक उलट कहते है। कहा यह जाता है कि – लय बढ़ाओ या लय घटाओ। जबकि होता यह है कि मात्राओं के बीच की विश्रान्ति या अन्तराल (pause/gap) घटाया या बढ़ाया जाता है।

यति

यति का शाब्दिक अर्थ होता है – रोक या नियंत्रण। किसी सांगीतिक क्रिया के बीच के विराम की प्रवृत्ति। देखिये, इसे यों समझिये, हम यह जानते हैं कि दो क्रियाओं के मध्य के अन्तराल या विराम को 'लय' कहा जाता है। इस विराम के कुछ नियम होते हैं जो उस सम्पूर्ण प्रक्रिया का स्वरूप निर्धारित करते हैं। एक तरह से किसी सांगीतिक क्रिया में विराम सम्बन्धी इन नियमों को 'यति' कहा जा सकता है। आचार्य शार्ङ्गदेव ने 'यति' को परिभाषित करते हुए कहा है –

लयः प्रवृत्तिर्नियमो यतिरित्यभिधीयते ।[1]

---

1 संगीत–रत्नाकर / 5 / 46

अर्थात् लय के प्रयोग के नियम को 'यति' कहा गया है। 'प्रवृत्ति' का अर्थ संगीत–रत्नाकर के टीकाकार सिंह भूपाल ने 'प्रयोग' बलताया है। द्रुत, मध्य और विलम्बित इन तीन लयों का कितने प्रकार से, किन–किन क्रमों में प्रयोग हो सकता है, यह 'यति' से निर्धारित होता है। इन लयों को सुन्दर रूप से मिलाने का मार्ग ही 'यति' है। भरत ने समा, स्रोतोगता और गोपुच्छा, इन तीन यतियों के मात्र नाम गिनाये हैं, शार्ङ्गदेव ने इनके लक्षण भी दिये हैं। नर्तन निर्णय आदि मध्ययुगीन ग्रन्थों में इन तीन यतियों के अलावा मृदंगायति, खर्जूरिका तथा पिपीलिका यति भी कही गयीं हैं।

समायति

आदि से अंत तक यानी प्रारम्भ से लेकर आखिर तक जब लय का प्रयोग बिल्कुल एक–सा चले तो 'समा यति' होती है। यह विलम्बित, मध्य तथा द्रुत के भेद से तीन प्रकार की होती है।

आदिमध्यावसानेषु लयैकत्त्वे समा त्रिधा।[1]

अर्थात् आदि से अन्त तक लय यदि एक सी हो, तो वहाँ समा 'यति' होती है। यह त्रिविध होती है – आदि से अन्त तक द्रुत, आदि से अन्त तक मध्यम तथा आदि से अन्त तक विलम्बित।

धागे तिट तागे तिट । गदि गन नागे तिट।
कति टता गेन तिट । कत गदि गन धाति ।।धा।।

स्रोतोगता/स्रोतोवहा यति

अर्थात् स्रोत जैसी गति वाली यति। यानी जिस तरह जल का प्रवाह अपने उद्गम स्थल पर धीमा अथवा कम और बाद में क्रमशः तेज़ होता जाता है उसी तरह यह यति भी प्रारम्भ में विलम्बित, मध्य में मध्य तथा अंत में द्रुत या फिर प्रारम्भ में मध्य और अंत में द्रुत होती है। इस प्रकार की यति में प्रारम्भ में बोल कम और अंत में बोल अधिक हो जाते हैं और अधिक बोल होने की वजह से गति भी बढ़ जाती है। यह भी तीन तरह की हो सकती है – 1/ प्रारम्भ में विलम्बित, मध्य में मध्य, अन्त में द्रुत, 2/ प्रारम्भ में विलम्बित मध्य में मध्य तथा 3/ प्रारम्भ में मध्य और बाद में द्रुत।

ताऽ ऽथे ईऽऽ तऽत।
ता थेई थेई तत।

---

1 सधीत–रत्नाकर/5/47

ताथेई थेईतत आथेई थेईतत।

ताथेईथेईतत आथेईथेईतत ताथेईथेईततआथेई थेईतततताथेईथेईतत।। ता।।

गोपुच्छा यति

गाय की पूँछ वाली यति अर्थात् जिस तरह गाय की पूँछ प्रारम्भ में घनी और अंत में कुछ पतली होती है। उसी तरह यह यति भी प्रारम्भ में अधिक बोलों के साथ द्रुत लय वाली और क्रमशः बोलों के घनत्त्व में कमी लाती हुई क्षीण होती जाती है। यह यति तीन तरह की हो सकती है। 1/ द्रुत से शुरू करके फिर मध्य और अन्त में विलम्बित 2/ द्रुत से मध्य और 3/ मध्य से विलम्बित।

तिटकतगदिगन धातिटकतगदि गनधातिटकत गदिगनधाऽ।

तिटकत गदिगन धाऽतिट कतगदि।

गनधाऽ तिटकत गदिगन धाऽऽ।

तिट कत गदि गन ।। धा ।।

मध्य काल में स्रोत और गोपुच्छ यतियों के समायोजन से दो और यतियाँ प्रकाश में आईं – मृदंग और डमरू।

मृदंगायति

मृदंग के आकार की तरह यह यति प्रारम्भ और अंत में द्रुत अथवा मध्य तथा बीच में विलम्बित अथवा मध्य होती है। यानी इस यति में अक्षर संख्या प्रारम्भ में अधिक होती है जो मध्य भाग आने तक क्रमशः घटती जाती है। मध्य भाग आ जाने के बाद अक्षर संख्या पुनः बढ़ना शुरू होती है जो कि अन्त में अधिकतम होती है।

डमरू यति

मृदंग यति से बिल्कुल विपरीत। यानी पहले स्रोतोगता और बाद में गोपुच्छ यति मिलकर डमरू यति बनाती हैं। यानी प्रारम्भ में विलम्बित गति जो क्रमशः बढ़ते हुए मध्य भाग तक आते आते द्रुत हो जाती है और पुनः घटना प्रारम्भ कर देती है। इस तरह उत्तरार्ध में मध्य गति और अंत में पुनः विलम्बित हो जाती है। तदनुसार मृदंगायति में अक्षर संख्या प्रारम्भ और अन्त में कम होती है। ठीक मध्य भाग में अधिकतम अक्षर संख्या होती है।

पिपीलिका यति

'पिपीलिका' का अर्थ होता है – चींटी। मध्यकालीन ग्रंथों में इस यति का उल्लेख मिलता है। किसी किसी ग्रन्थ में पिपीलिका यति को 'वेद मध्यम यति' भी कहा गया है। इसे ऐसी यति कहा गया है जिसकी चाल कतई निर्धारित न हो, बिल्कुल चींटी की तरह। कभी तेज़, कभी धीमी और कभी अचानक रुकती सी। इस तरह की चाल में आवश्यक रूप से कोई व्यवस्था नहीं होती।

धेऽत्ता ऽमधेत्त तामदगदग थुंतकथोऽ।
तकिटधिकिटतक थुंतकगदिगन थूननूनतक थुंतकगदिगन।
थेईऽ ऽऽ थूननूनतक थुंतकगदिगन।
थेईऽ ऽऽ थूननूनतक थुंतकगदिगन ।। थेई।।

उक्त यतियों का विवरण देखने पर यह प्रतीत होता है कि इनमें समा यति और पिपीलिका यति तो चाल के आधार पर कही गई हैं जबकि स्रोतोवहा, गोपुच्छा, मृदंग तथा डमरू यति आकार के आधार पर बतलाई गई हैं। उल्लेखनीय है कि वर्तमान प्रयोग परम्परा पर दृष्टिपात करें तो हम पायेंगे कि उत्तर भारतीय संगीत में 'ताल' के सन्दर्भ में 'यति' की अवधारणा अब प्रयोग में नहीं रह गई है, यहाँ 'गति' को ही 'यति' के रूप में समझ लिया जाता है हाँ, कर्णाटक संगीत पद्धति में यति की अवधारणा अब भी मिलती है। वहाँ सम, विषम, मृदंग, गोपुच्छ, स्रोतोवहा तथा वेदमध्यम ये छः प्रकार की यतियाँ कही गई हैं।

प्रस्तार

प्रस्तार अर्थात् विस्तार। प्रत्येक ताल के अनेक अंग होते हैं। इन अंगों के काल प्रमाणों को मिलाने पर सम्पूर्ण ताल का कालप्रमाण प्राप्त होता है। इन लघु–गुरु आदि अंगों में क्रम भेद के आधार पर ताल के अनेक भेद बनते हैं, इस विधि को ही 'प्रस्तार' कहते हैं। वास्तव में इन रूपों की कल्पना हम भिन्न–भिन्न तरीके से करते हैं, किन्तु प्रस्तार विधि के द्वारा इन रूपों की कल्पना को एक ठोस आधार मिल जाता है जिससे कल्पना निश्चित क्रम और दिशा में आगे बढ़ाई जा सकती है, और किसी ताल के अधिकतम रूपों की योजना सम्भव हो पाती है। निश्चित क्रम में आगे बढ़ने से यह लाभ होता है कि एक तो कोई भी रूप छूटता नहीं, दूसरे किसी भी रूप का दोहराव (repetition) नहीं होता।

उत्तर भारतीय ताल–पद्धति के कुछ प्रचलित ताल

त्रिताल

सर्वाधिक प्रचलित एवं लोकप्रिय ताल है। इस ताल में 16 मात्राएँ, चार विभाग तथा प्रत्येक विभाग में 4–4 मात्राएँ होती हैं। तीन ताली एवं एक खाली होती है। पहली, पाँचवीं एवं तेरहवीं मात्रा पर ताली एवं नौवीं मात्रा पर खाली होती है। यह चतस्र जाति का ताल है, इसका प्रयोग गायन–वादन–नर्तन तीनों में समान रूप से किया जाता है।

मात्रा संख्या	1	2	3	4	5	6	7	8	
बोल	धा	धिं	धिं	धा।	धा	धिं	धिं	धा।	
चिन्ह	+				2				
मात्रा संख्या	9	10	11	12	13	14	15	16	
बोल	धा	तिं	तिं	ता।	ता	धिं	धिं	धा।।	धा।।
चिन्ह	0				3				+

कुछ विद्वानों का मत है कि अति विलम्बित लय में त्रिताल को ही तिलवाड़ा के नाम से जाना जाता है। यद्यपि दोनों तालों के विभाग, उनमें मात्राएँ तथा ताली, खाली एक समान हैं तथापि दोनों के बोल एकदम अलग हैं।

तिलवाड़ा

तिलवाड़ा को एक तरह से त्रिताल का प्रकार कहा जा सकता है। इस ताल सभी लक्षण त्रिताल की ही तरह होते हैं, मात्र बोल अलग होते हैं। तिलवाड़ा का प्रयोग ख्याल गायकी के साथ किया जाता रहा है किन्तु अब इसके स्थान पर त्रिताल तथा एकताल अधिक प्रचलित हैं।

मात्रा संख्या	1	2	3	4	5	6	7	8	
बोल	धा	तिर किट	धिं	धिं।	धा	धा	तिं	तिं।	
चिन्ह	+				2				
मात्रा संख्या	9	10	11	12	13	14	15	16	
बोल	ता	तिर किट	धिं	धिं।	धा	धा	धिं	धिं।।	धा।।
चिन्ह	0				3				+

अद्धा

अद्धा ताल को 'सितारखानी' भी कहते हैं। इसमें तीनताल की ही भाँति 16 मात्राएँ, 4 विभाग, 1, 5 व 13 पर ताली तथा 9वीं मात्रा पर खाली होती है।

मात्रा संख्या	1	2	3	4	5	6	7	8	
बोल	धाऽ	ऽधिं	ऽन	धाऽ।	धाऽ	ऽधिं	ऽन	धाऽ।	
चिन्ह	+				2				
मात्रा संख्या	9	10	11	12	13	14	15	16	
बोल	धाऽ	ऽतिं	ऽन	ताऽ।	ताऽ	ऽधिं	ऽन	धा।।	धा।।
चिन्ह	0				3				+

दादरा

यह तबले और ढोलक का ताल है। इसमें मात्राएँ छः एवं दो विभाग होते हैं। पहली मात्रा पर ताली तथा चौथी मात्रा पर खाली होती है। यह त्रयस्र जाति का ताल है। इस ताल की प्रकृति चंचल होती है। दादरा ताल का उपयोग ज्यादहतर फिल्मी संगीत, लोक संगीत एवं भजनों में किया जाता है।

मात्रा संख्या	1	2	3	4	5	6	
बोल	धा	धी	ना।	धा	ती	ना।।	धा।।
चिन्ह	+			0			+

रूपक

रूपक शास्त्रीय तथा उपशास्त्रीय दोनों ही संगीत में प्रयुक्त होने वाला तबले का ताल है। इसमें 7 मात्राएँ होती हैं तथा 3 विभाग होते हैं, जिसमें 3–2–2 के क्रम से मात्राओं का विभाजन होता है। पहली मात्रा पर खाली तथा चौथी व छँटवीं मात्रा पर ताली होती है। प्राचीन परम्परा में रूपक ताल ताली से ही आरम्भ किया जाता था किन्तु वर्तमान लक्ष्य में इस ताल का प्रारम्भ खाली से किया जाता है। यह अवश्य है कि ताल की पहली मात्रा 'सम' होने के कारण लिखते समय '×' अथवा '+' तथा खाली दर्शाने के लिये '0' इन दोनों ही चिन्हों का प्रयोग एकसाथ किया जाता है। इसका प्रयोग सुगम संगीत और ग़ज़लों में किया जाता है।

मात्रा संख्या	1	2	3	4	5	6	7	
बोल	ती	ती	ना।	धी	ना।	धी	ना।।	ती।।
चिन्ह	+ 0			2		3		0

कहरवा

इस ताल में आठ मात्राएँ तथा दो विभाग होते हैं। पहली मात्रा पर ताली एवं पाँचवी मात्रा पर खाली होती है। यह चंचल प्रकृति का ताल है। इसका उपयोग फिल्मी संगीत, लोक संगीत एवं भजनों में ज्यादातर किया जाता है।

मात्रा संख्या	1	2	3	4	5	6	7	8	
बोल	धा	गे	न	ति।	न	क	धि	न।।	धा।।
चिन्ह	+				0				+

धुमाली

धुमाली ताल में भी आठ मात्राएँ होती है। 2–2 मात्राओं वाले दो अथवा चार विभाग होते हैं। दो विभाग होने की स्थिति में पहली मात्रा पर ताली और पाँचवीं मात्रा पर खाली तथा चार विभाग होने पर 1, 3 व 7वीं मात्रा पर ताली 5वीं मात्रा पर खाली होती है।

मात्रासंख्या	1	2	3	4	5	6	7	8	
बोल	धिं	धिं।	धा	तिं।	त्रक	धिं।	धागे	त्रक।।	धिं।।
चिन्ह	+		2		0		3		+

बसन्त

नौ मात्राओं वाले इस ताल में नौ ही विभाग होते हैं। 1, 2, 3, 4, 6 तथा 8 पर ताली एवं 5, 7, 9 पर खाली होती है। इस तरह इस ताल में छः ताली और तीन खाली होती हैं।

मात्रा संख्या	1	2	3	4	5	6	7	8	9	
बोल	धा।	दिं।	ता।	धे।	त्ता।	तेटे।	कत।	गदि।	गन।।	धा।।
चिन्ह	+	2	3	4	0	5	0	6	0	+

झपताल

यह 10 मात्राओं वाला ताल है। इसमें 2–3–2–3 मात्राओं वाले 4 विभाग होते हैं। 1, 3 तथा 8 वीं मात्रा पर ताली एवं 6वीं मात्रा पर खाली होती है।

मात्रा संख्या	1	2	3	4	5	6	7	8	9	10	
बोल	धी	ना।	धी	धी	ना।	ती	ना।	धी	धी	ना।।	धी।।
चिन्ह	+		2			0		3			+

सूल

यह भी 10 मात्राओं का ताल है जिसमें 2–2 मात्राओं वाले 5 विभाग होते हैं। 1, 5 तथा 7वीं मात्रा पर ताली तथा 3 और 9वीं मात्रा पर खाली बरती जाती है।

मात्रा संख्या	1	2	3	4	5	6	7	8	9	10	
बोल	धी	धा।	दिं	ता।	किट	धा।	तिट	कत।	गदि	गन।।	धा।।
चिन्ह	+		2			0		3			+

रुद्र

यह 11 मात्राओं वाला ताल है। आठ विभाग तथा प्रत्येक विभाग में 2–1–1–2–1–1–1, 2 के क्रम से मात्राएँ होती हैं। इस ताल में सभी तालियाँ होती हैं अर्थात् खाली नहीं बरती जाती।

मात्रा संख्या	1	2	3	4	5	6	7	8	9	10	11
बोल	धा	तत।	धा।	तिरकिट।	धी	ना।	तिरकिट।	तू।	ना।	कत	त्ता।।धा।।
चिन्ह	+		2	3	4		5	6	7	8	+

चौताल

यह मृदंग या पखावज का ताल है। इसमें 12 मात्राएँ, 6 विभाग तथा प्रत्येक विभाग में 2–2 मात्राएँ होती हैं। चार ताली तथा दो खाली होती हैं। पहली, पाँचवी, नौवीं तथा ग्यारहवीं मात्रा पर ताली तथा तीसरी और सातवीं मात्रा खाली होती है।. चौताल का सममात्रिक ताल 'एकताल' है।

मात्रा संख्या	1	2	3	4	5	6	7	8	9	10	11	12	
बोल	धा	धा।	दिं	ता।	किट	धा।	दिं	ता।	तिट	कत।	गदि	गन।।	धा।।
चिन्ह	+		0		2		0		3		4		+

एकताल

यह 12 मात्रा का तबले का ताल है जिसमें चौताल की ही तरह विभाग तथा ताली–खाली का क्रम होता है। मात्र इसके बोलों में अन्तर है।

मात्रा संख्या	1	2	3	4	5	6	7	8	9	10	11	12	
बोल	धिं	धिं।	धागे	तिर किट	तू	ना।	क	त्ता।	धागे	तिर किट।	धी ।	ना।	धिं
चिन्ह	+		0		2		0		3		4		+

धमार

यह मूलतः पखावज का ताल है, अब तबले पर भी बजायेा जाने लगा है। इस ताल में 14 मात्राएँ तथा 4 विभाग होते हैं। 1, 6 तथा 11वीं मात्रा पर ताली तथा 8वीं मात्रा पर खाली होती है। पखावज में बजाये जाने पर 9, 10, 11 तथा 12 वीं मात्रा पर 'ति ट ति ट' वर्ण बजाये जाते हैं जबकि तबले में इनका निकास 'दि न दि न' के रूप में किया जाता है। धमार ताल गायन शैली तथा नृत्य में प्रयुक्त होता है।

मात्रा संख्या	1	2	3	4	5	6	7	
बोल	क	धि	ट	धि	ट।	धा	ऽ।	
चिन्ह	+					2		
मात्रा संख्या	8	9	10	11	12	13	14	
बोल	ग	ति	ट।	ति	ट	ता	ऽ।।	क।।
चिन्ह	0			3				+

झूमरा

मूलतः विलम्बित ख्याल गायकी के लिये प्रयुक्त होने वाला यह 14 मात्रा का ताल है। वर्तमान समय में इसका प्रयोग काफी कम हो गया है। ख्याल गायकी में झूमरा ताल का स्थान एकताल ने ले लिया है। झूमरा ताल में 3–4–3–4 मात्राओं वाले 4 विभाग होते हैं। दीपचंदी ताल की तरह 1, 4 व 11वीं मात्रा पर ताली तथा 8वीं मात्रा पर खाली होती है। मात्र ठेका भिन्न होता है।

मात्रा संख्या	1	2	3	4	5	6	7	
बोल	धिं	ऽधा	तिरकिट।	धिं	धिं	धागे	तिरकिट।	
चिन्ह	+			2				
मात्रा संख्या	8	9	10	11	12	13	14	
बोल	तिं	ऽता	तिरकिट।	धिं	धिं	धागे	तिरकिट।।	धिं।।
चिन्ह	0			3				

दीपचन्दी

फागोत्सव का प्रमुख ताल है दीपचन्दी, इसे 'चाँचर' भी कहते हैं। लोकसंगीत तथा उपशास्त्रीय संगीत यथा ठुमरी, चैती आदि के साथ दीपचन्दी बजाये जाता है। बोलचाल में इसे 'होली का ठेका' भी कहा जाता है। मूलरूप से इस ताल में 14 मात्राएँ होती हैं तथा 4 विभाग होते हैं जिनमें क्रम से 3–4–3–4 मात्राएँ होती हैं। 1, 4 व 11वीं मात्रा पर ताली तथा 8वीं मात्रा पर खाली होती है। सरल बनाने की दृष्टि से दीपचन्दी को 16 मात्राओं में बरतने की परम्परा भी चल निकली।

मात्रा संख्या	1	2	3	4	5	6	7	
बोल	धा	धिं	ऽ।	धा	धा	तिं	ऽ।	
चिन्ह	+			2				
मात्रा संख्या	8	9	10	11	12	13	14	
बोल	ता	तिं	ऽ।	धा	धा	धिं	ऽ।।	धा।।
चिन्ह	0			3				+

आड़ा चारताल

इस ताल में 14 मात्राएँ, 7 विभाग, चार ताली एवं 2 खाली होती हैं। प्रत्येक विभाग में दो–दो मात्राएँ होती हैं। पहली, तीसरी, सातवीं और ग्यारहवीं मात्रा पर ताली तथा पाँचवीं, नौवीं और तेरहवीं मात्रा पर खाली होती है।

मात्रा संख्या	1	2	3	4	5	6	7	8
बोल	धिं	तिर किट	धिं	ना	तू	ना	कत्	ता
चिन्ह	+		2		0		3	
मात्रा संख्या	9	10	11	12	13	14	15	
बोल	तिर किट	धिं	ना	धिं	धिं	ना	धिं	
चिन्ह	0		4		0		+	

सवारी

यह 15 मात्रा वाला ताल है। इसमें 4 विभाग होते हैं, जिसमें मात्राओं का विभाजन 3–4–4–4 होता है। 1, 4 तथा 12वीं मात्रा पर ताली तथा 8वीं मात्रा पर खाली होती है।

पंचम सवारी का अप्रचलित ठेका

मात्रा संख्या	1	2	3	4	5	6	7	
बोल	धिंऽधा	ऽगधिं	धाऽग।	कत्ता	त्रिक्धी	नाधी	धीना।	
चिन्ह	+			2				
मात्रा संख्या	8	9	10	11	12	13	14	15
बोल	तीक्ड	तीना	किड़नग	तूना।	कत्ता	त्रिक्धी	नाधागे	नाधातिरकिट।धिं।
चिन्ह	0				3			+

सवारी ताल का प्रचलित ठेका

मात्रा संख्या	1	2	3	4	5	6	7	
बोल	धिं	ना	धीधी।	कऽत्	धिंधिं	नाधिं	धिंना।	
चिन्ह	+			2				
मात्रा संख्या	8	9	10	11	12	13	14	15
बोल	तीक्ड	तिंना	किड़नग	तूना।	कत्ता	धीधी	नाधी	धीना।। धिं।।
चिन्ह	0				3			

गजझम्पा

इस ताल में 15 मात्राएँ होती हैं, 4 विभाग में क्रमशः 4–4–3–4 मात्राएँ होती हैं।

1ली, 5वीं, तथा 13वीं मात्रा पर ताली तथा 9वीं मात्रा पर खाली होती है।

मात्रा संख्या	1	2	3	4	5	6	7	8	9	10	11	12	13	14	15	
बोल	धा	धिं	नक	तक	धा	धिं	नक	तक	तिं	नक	तक	तिट	कत	गदि	गन	धा
चिन्ह	+				2				0				3			+

शिखर

यह 17 मात्राओं का ताल है। पाँच विभाग होते हैं जिसमें 4–4–3–2–4 के क्रम से मात्राएँ होती हैं। 1, 5, 9, 12 तथा 14वीं मात्रा पर तालियाँ होती हैं। इस ताल में कोई खाली नहीं होती।

मात्रा संख्या	1	2	3	4	5	6	7	8	9
बोल	धा	त्रक	धिन	नक।	थुं	गा	धिन	नक।	धुम
चिन्ह	+				2				3
मात्रा संख्या	10	11	12	13	14	15	16	17	
बोल	किट	तक।	धेत्त	ता।	तिट	कत	गदि	गन।।	धा।।
चिन्ह					4				+

मत्त

यह 18 मात्राओं वाला ताल है। इसमें 4–2–4–2–2–4 मात्राओं वाले 6 विभाग होते हैं तथा छः ही ताली होती हैं। कोई खाली नहीं बरती जाती।

मात्रा संख्या	1	2	3	4	5	6	7	8	9	
बोल	धा	ऽ	कि	ट।	त	क।	धे	ऽ	त्ता	
चिन्ह	+				2		3			
मात्रा संख्या	10	11	12	13	14	15	16	17	18	
बोल	ऽ।	त	क।	धि	न।	द	धि	गि	न।।	धां।।
चिन्ह		4		5		6				+

अष्टमंगल

अष्टमंगल ताल में 22 मात्राएँ होती हैं। आठ विभाग होते हैं जिनमें 4, 2, 4, 2, 4, 2, 2, 2 के क्रम से मात्राओं का विभाजन होता है। इस ताल में 1ली, 5वीं, 7वीं, 11वीं 13वीं, 17वीं 19वीं तथा 21वीं मात्रा पर ताली होती है। कोई खाली नहीं होती। धा किट तक धुम किट तक धेत्ता कत गदि गन।

मात्रा संख्या	1	2	3	4	5	6	7	8	9	10	11	
बोल	धा	ऽ	कि	ट	त	क	धु	म	कि	ट	त	
चिन्ह	+				2		3				4	
मात्रा संख्या	12	13	14	15	16	17	18	19	20	21	22	
बोल	क	धे	ऽ	ता	ऽ	क	त	ग	दि	ग	न	धा
चिन्ह		+				5		6		7		

27

कर्णाटक ताल पद्धति

प्राचीन तथा मध्यकालीन तालांकन पद्धतियों के अनुसरण पर ही दक्षिण भारतीय ताल पद्धति विकसित की गई है। उत्तर भारतीय संगीत की तरह कर्णाटकी संगीत में मृदंग अथवा किसी अवनद्ध वाद्य को केन्द्र में रखकर ताल की अवधारणा विकसित नहीं हुई है, वरन् वहाँ ताल को गायन–वादन के कालमापन के माध्यम के रूप में लिया जाता है। इन अर्थों में यह कालमापन हाथ की क्रियाओं द्वारा अथवा किसी घनवाद्य (कांस्यताल) के माध्यम से किया जाता है। कर्णाटकी पद्धति में आज जो ताल की अवधाणा है, उसका मूल हमें संगीत पारिजात, संगीत शिरोमणि, चतुर्दण्डीप्रकाशिका आदि ग्रन्थों में प्राप्त होता है। चतुर्दण्डीप्रकाशिका में आठ प्रसिद्ध अलंकारों का निरूपण किया गया है। जिनमें से झोंपट को छोड़कर ध्रुव आदि सात ताल आज भी कर्णाटक संगीत में प्रचलित है और उनका स्वरूप भी लगभग वही है, जो चतुर्दण्डीप्रकाशिका में कहा गया है। गणित के सिद्धान्तों का दक्षिण भारतीय तालों में अत्यन्त सूक्ष्मता से प्रयोग किया जाता है। दक्षिण भारतीय/कर्णाटक संगीत पद्धति में तीन प्रमुख ताल पद्धतियों का प्रचार रहा है – प्राचीन अष्टोत्तरशत् तालम्, अपूर्व तालम् तथा सप्त तालम्।

वर्तमान समय में दक्षिण भारत में सात तालों के आधार पर कर्णाटक संगीत की रचना की गई है। 16वीं शताब्दी में सन्त पुरन्दरदास ने अलंकार, गीत, कीर्तन आदि में इन सप्त तालों का प्रयोग किया। उनके बाद भद्राचल, रामदास, क्षेत्रैया, त्यागराज स्वामी आदि संगीतज्ञों ने अपनी रचनाओं में इन्हीं सप्त तालों का बहुलता से प्रयोग किया और इस तरह ध्रुव आदि सप्त ताल प्रसिद्ध हुए।

सप्त ताल

ताल का नाम	चिन्ह	विभाग	मात्राओं का विभाजन	कुल मात्रा संख्या
ध्रुवताल	I 0 I I	4	4, 2, 4, 4	14
मण्ठ ताल	I 0 I	3	4, 2, 4	10
रूपक ताल	I 0	2	4, 2	6
झंपताल	I ◡ 0	3	4, 1, 2	7
त्रिपुट ताल	I 0 0	3	4, 2, 2	8
अठ ताल	I I 0 0	4	4, 4, 2, 2	12
एकताल	I	1	4	4

लघु का मान 4 मात्रा

द्रुत का मान 2 मात्रा तथा

अणुद्रुत का मान 1 मात्रा

षडंग

चिन्ह	नाम	(कालमान)मात्रा
	अणुद्रुत	1
0	द्रुत	2
।	लघु	4
ऽ	गुरु	8
ऽ'	प्लुत	12
× या +	काकपाद	16

1/ अणुद्रुत यानी चौथाई मात्रा। इसका चिन्ह ˘ है।

2/ द्रुत यानी आधी मात्रा। इसे **0** से दर्शाया जाता है।

3/ द्रुत के साथ उसका आधा भाग और मिला देना, यानी पौनी मात्रा 'द्रुतविराम' कहलाती है। इसका चिन्ह **ὁ** है।

4/ लघु को **।** चिन्ह से दर्शाया जाता है। इसका मान एक मात्रा होता है।

5/ लघु के साथ लघुकाल के आधे भाग को मिलाना 'लघुविराम' कहलाता है। इसका चिन्ह **ो** है। इसका कालमान डेढ़ मात्रा का होता है।

6/ गुरु को **ऽ** दर्शाया जाता है और इसका मान दो मात्राओं का होता है।

7/ प्लुत यानी तीन मात्रा और इसे **ऽ'** इस चिन्ह से दर्शाया जाता है।

8/ काकपाद का चिन्ह **+** है और इसका कालमान चार मात्रा का है। चार मात्राओं वाला होने के कारण इसे 'काकपाद' क्योंकि कौअे के प्रत्येक पैर में चार–चार अंगुलियाँ होती हैं।

ताल के सन्दर्भ में षडंग महत्त्वपूर्ण शब्द माना जाता है। उल्लेखनीय है कि कर्णाटक ताल में षडंग के अन्तर्गत सिद्धान्ततः – अणुद्रुत, द्रुत, लघु, गुरू, प्लुत, काकपाद, द्रुतविराम और लघुविराम को गिना जाता है। तब फिर इन आठ अंगों के समूह को 'अष्टांग' कहा जाना चाहिये। दूसरी बात, उक्त आठ में से मात्र तीन अणुद्रुत,

द्रुत तथा लघु ही वहाँ प्रयोग में लाये जाते हैं। शेष गुरू, प्लुत, काकपाद, द्रुतविराम और लघुविराम ये पाँच व्यवहार में नहीं लाये जाते। इस विसंगति के पीछे सम्भवतः विभिन्न कालखण्डों में स्थापित विभिन्न धारणाएँ हों। दरअस्ल कर्णाटक ताल पद्धति में लघु को अत्यन्त महत्त्वपूर्ण माना गया है। लघु के परिवर्तन से वहाँ तालों की विभिन्न जातियाँ बनती हैं। 'लघु' शब्द का अर्थ यों तो 'छोटा' होता है किन्तु कर्णाटक पद्धति में लघु का मान, पूर्वकाल की तरह 4–6 तक न होकर और अधिक बढ़ा हुआ रखा जाता है। सप्त तालों में लघु का मान 12 मात्रा काल तक विस्तृत हो जाता है। सम्भतः लघु के इस बढ़े हुए मान के ही कारण वहाँ सप्त तालों में से गुरु, प्लुत और काकपाद को हटा दिया गया हो। कर्णाटक ताल पद्धति में द्रुत और अणुद्रुत का मान तो नियत रहता है, किन्तु लघु का मान क्रमशः 3, 4, 5, 7 और 9 अक्षरकाल का माना गया है। लघु के मान के आधार पर ताल की जातियाँ पाँच प्रकार की कही गयी हैं – त्रयस्र जाति, चतस्र जाति, खण्ड जाति, मिश्र जाति तथा संकीर्ण जाति। कर्णाटक पद्धति के सप्त तालों में पाँच–पाँच जातियाँ इसी आधार बनाई गई हैं और इस तरह कुल 35 ताल बनते हैं। पाँच जातियों के साथ पाँच तरह की ही गतियाँ भी दक्षिणी संगीत में स्वीकार्य हैं। वहाँ किसी काल को चौगुन में बजाने पर चतस्र गति, तिगुन में बजाने पर त्रयस्र गति, पचगुन में बजाने पर खण्ड गति, सतगुन में बजाने पर मिश्र गति और नौगुन में बजाने पर संकीर्ण गति मानी जाती है। उत्तर भारतीय ताल पद्धति में सामान्यतः उक्त पंचगतियों को ही पंचजाति के नाम पर व्यवहार में लाया जाता है।

पाँच जातियों के अनुसार सप्त तालों के 35 प्रकार

ताल	जाति	चिन्ह	लघु का नाम	मात्रा
ध्रुव ताल	चतस्र	I 0 I I	4 (4+2+4+4)	14
ध्रुव ताल	तिस्र	I 0 I I	3 (3+2+3+3)	11
ध्रुव ताल	खण्ड	I 0 I I	5 (5+2+5+5)	17
ध्रुव ताल	मिश्र	I 0 I I	7 (7+2+7+7)	23
ध्रुव ताल	संकीर्ण	I 0 I I	9 (9+2+9+9)	29

मंठ ताल	चतस्र	| 0 |	4 (4+2+4)	10
मंठ ताल	तिस्र	| 0 |	3 (3+2+3)	8
मंठ ताल	खण्ड	| 0 |	5 (5+2+5)	12
मंठ ताल	मिश्र	| 0 |	7 (7+2+7)	16
मंठ ताल	संकीर्ण	| 0 |	9 (9+2+9)	20

रूपक ताल	चतस्र	| 0	4 (4+2)	6
रूपक ताल	तिस्र	| 0	3 (3+2)	5
रूपक ताल	खण्ड	| 0	5 (5+2)	7
रूपक ताल	मिश्र	| 0	7 (7+2)	9
रूपक ताल	संकीर्ण	| 0	9 (9+2)	11

झम्प ताल	चतस्र	|‿0	4 (4+1+2)	7
झम्प ताल	तिस्र	|‿0	3 (3+1+2)	6
झम्प ताल	खण्ड	|‿0	5 (5+1+2)	8
झम्प ताल	मिश्र	|‿0	7 (7+1+2)	10
झम्प ताल	संकीर्ण	|‿0	9 (9+1+2)	12

त्रिपुट ताल	चतस्र	|00	4 (4+2+2)	8
त्रिपुट ताल	तिस्र	|00	3 (3+2+2)	7

त्रिपुट ताल	खण्ड	I00	5 (5+2+2)	9
त्रिपुट ताल	मिश्र	I00	7 (7+2+2)	11
त्रिपुट ताल	संकीर्ण	I00	9 (9+2+2)	13

अठ ताल	चतस्र	I I00	4 (4+4+2+2)	12
अठ ताल	तिस्र	I I00	3 (3+3+2+2)	10
अठ ताल	खण्ड	I I00	5(5+5+2+2)	14
अठ ताल	मिश्र	I I00	7 (7+7+2+2)	18
अठ ताल	संकीर्ण	I I00	9 (9+9+2+2)	22

एक ताल	चतस्र	I	4	4
एक ताल	तिस्र	I	3	3
एक ताल	खण्ड	I	5	5
एक ताल	मिश्र	I	7	7
एक ताल	संकीर्ण	I	9	9

35 तालों में से प्रत्येक की पंचविध गतियों के अनुसार पाँच–पाँच भेद और बनते हैं। इस तरह कुल 35 × 5 = 175 ताल दक्षिणी संगीत में जाने जाते हैं। यहाँ हम मात्र गतिभेद के अनुसार ध्रुव ताल के 25 प्रकार बतला रहे हैं। मण्ठ आदि शेष छः तालों को इसी के अनुसार समझा जाये।

गतिभेद के अनुसार ध्रुवताल के 25 प्रकार

ताल	जाति	मात्रा	गति भेद	गति भेद के अनुसार कुल मात्रा संख्या
ध्रुवताल I 0 I I 4244	चतस्र (जहाँ लघु का मान 4 है)	14	चतस्र त्रयस्र खण्ड मिश्र संकीर्ण	14 × 4 = 56 14 × 3 = 42 14 × 5 = 70 14 × 7 = 98 14 × 9 = 126
ध्रुवताल I 0 I I 3233	त्रयस्र (जहाँ लघु का मान 3 हैद्ध)	11	चतस्र त्रयस्र खण्ड मिश्र संकीर्ण	11 × 4 = 44 11 × 3 = 33 11 × 5 = 55 11 × 7 = 77 11 × 9 = 99
ध्रुवताल I 0 I I 5255	खण्ड (जहाँ लघु का मान 5 है)	17	चतस्र त्रयस्र खण्ड मिश्र संकीर्ण	17 × 4 = 68 17 × 3 = 51 17 × 5 = 85 17 × 7 = 119 17 × 9 = 153
ध्रुवताल I 0 I I 7277	मिश्र (जहाँ लघु का मान 7 है)	23	चतस्र त्रयस्र खण्ड मिश्र संकीर्ण	23 × 4 = 92 23 × 3 = 69 23 × 5 = 115 23 × 7 = 161 23 × 9 = 207

ध्रुवताल I 0 I I 9299	संकीर्ण (जहाँ लघु का मान 9 है)	29	चतस्त्र त्रयस्त्र खण्ड मिश्र संकीर्ण	29 × 4 = 116 29 × 3 = 87 29 × 5 = 145 29 × 7 = 203 29 × 9 = 261

उत्तर और दक्षिणी ताल पद्धति में तुलना

1 उत्तर भारतीय ताल पद्धति एवं कर्णाटक ताल पद्धति दोनों में ही यों तो ताल के सन्दर्भ में प्राचीन पद्धति के मूल सिद्धान्त मान्य हैं किन्तु उनके वर्तमान स्वरूप एवं प्रयोग में पर्याप्त अन्तर आ चुका है। दोनों पद्धतियों में भरतोक्त तालों को 'मार्ग' ताल कहा गया है।

2. सैद्धान्तिक रूप से ताल के षडंग – अणुद्रुत, द्रुत, लघु, गुरू, प्लुत एवं काकपाद को दोनों ही पद्धतियों में संज्ञान में लिया जाता है किन्तु प्रयोग के स्तर पर उत्तर भारतीय ताल पद्धति में जहाँ इनके आधार पर ताल का व्यवहार नहीं किया जाता वहीं दक्षिण भारतीय ताल पद्धति में भी अब गुरू, प्लुत और काकपाद की अवधारणा व्यवहार में नहीं है क्यों कि वहाँ लघु का मान इनसे बड़ा हो जाता है। जैसा कि हम बता चुके हैं उक्त अंगों में लघु कस मान परिवर्तनीय होता है और इसी के आधार पर दक्षिणी तालों के विभिन्न प्रकार बनते हैं।

उत्तर और दक्षिण भारतीय ताल पद्धतियों में उक्त छह अंगों के मान में भिन्नता देखी जा सकती है।

- कर्णाटक ताल पद्धति में 'अणुद्रुत' का मान 1 माना गया है जबकि उत्तर भारतीय ताल पद्धति में यह चौथाई मात्रा है। इसका चिन्ह ˘ है।
- कर्णाटक ताल पद्धति में 'द्रुत' का मान 2 कहा गया है जबकि उत्तर भारतीय ताल पद्धति में यह आधी मात्रा है। इसे **0** से दर्शाया जाता है।
- कर्णाटक ताल पद्धति में द्रुतविराम को 3 मात्रा का कहा गया है जबकि उत्तर भारतीय ताल पद्धति में पौनी मात्रा 'द्रुतविराम' कहलाती है।

- कर्णाटक ताल पद्धति में 'लघु' का मान सामान्यतः 4 मात्रा का होता है किन्तु यथावश्यकता इसे 12 मात्रा तक बढ़ाया जा सकता है जबकि उत्तर भारतीय ताल पद्धति में 'लघु' अपने अर्थ की ही तरह छोटे मान वाला होता है। इसका मान यहाँ एक मात्रा काल का होता है और इसे । चिन्ह से दर्शाया जाता है।
- लघु के साथ लघुकाल के आधे भाग को मिलाना 'लघुविराम' कहलाता है। इसका चिन्ह ा है तथा उत्तर भारतीय ताल पद्धति में इसका कालमान डेढ़ मात्रा का माना गया है। कर्णाटक ताल पद्धति में इसका मान 5 मात्रा काल कहा गया है।
- 'गुरु' को S दर्शाया जाता है। कर्णाटक ताल पद्धति में इसका मान 8 मात्रा कहा गया है जबकि उत्तर भारतीय ताल पद्धति में गुरू को दो मात्राओं के कालमान वाला माना जाता है।
- 'प्लुत' को S' इस चिन्ह से दर्शाया जाता है। उत्तर भारतीय ताल पद्धति में इसे तीन मात्रा के कालमान वाला तथा कर्णाटक ताल पद्धति में इसका मान 12 मात्राओं का कहा गया है।
- कर्णाटक ताल पद्धति में 'काकपाद' कालमान 16 मात्राओं का तथा उत्तर भारतीय ताल पद्धति में चार मात्राओं का कहा गया है। इसका चिन्ह + है। 'षडंग' के कालमान के विषय में उक्त विवरण देखने से यह प्रतीत होता है कि कर्णाटक ताल पद्धति में उत्तर भारतीय ताल पद्धति की अपेक्षा प्रत्येक अंग का मान चौगुना रखा गया है।

3. दोनों ही ताल पद्धतियों में 'सशब्द' और 'निःशब्द' संज्ञाओं का लोप हो चुका है। उत्तर भारतीय ताल पद्धति में 'सशब्द' के स्थान पर 'ताली' अथवा 'भरी' शब्द का प्रयोग किया जाता है, जिसमें उस विभाग की पहली मात्रा पर हाथ से ताल देकर, शेष मात्राओं को अंगुलियों से गिना जाता है। निःशब्द क्रिया के लिये 'खाली' शब्द का प्रयोग किया जाता है। इसमें भी सम्बन्धित विभाग की पहली मात्रा पर बाहर की ओर हस्त विक्षेप करके, शेष मात्राओं को अंगुलियों से गिना जाता है। कर्णाटक पद्धति में उक्त दोनों क्रियाओं का प्रयोग उत्तर भारतीय ताल पद्धति की ही भाँति होता है, परन्तु वहाँ 'ताली' के लिये 'घातम्' और 'खाली' के लिये 'विसर्जितम्' संज्ञा का प्रयोग किया जाता है।

4. उत्तर भारतीय ताल पद्धति में प्रत्येक ताल का ठेका निश्चित होता है और किसी ताल के ज्ञान के लिये उस ताल के ठेके को जानना अत्यन्त आवश्यक होता हे। दक्षिण में यद्यपि 'ठेके' की अवधारणा नहीं है, वहाँ विभिन्न तालों के 'पाट' होते हैं, फिर भी अभ्यास के लिये के बोल नियत किये गये हैं यथा – तत्, दित्, तों, नं। प्रत्येक ताल की पहली मात्रा पर आवश्यक रूप से 'तत्' का प्रयोग किया जाता है। तालों के 'पाटाक्षर' तथा इनके वादन की विधि विभिन्न सम्प्रदायों में भिन्न–भिन्न होती है।
5. वर्तमान उत्तर भारतीय ताल पद्धति में तालों की संख्या अनिश्चित है, शास्त्र परम्परा के ग्रन्थों में भी देशी तालों की संख्या भिन्न–भिन्न बतलाई गई है। 30, 50, 86, 101, 119, 120, 138 तथा 244 प्रकार के ताल विभिन्न ग्रथों में कहे गये हैं। कर्णाटक ताल पद्धति में 'सप्तताल' नियत हैं, इन्हीं के जाति–भेद से 35 ताल तथा पुनः गति–भेद से $35 \times 5 = 175$ भेद स्वीकार किये गये हैं और यह संख्या वहाँ निश्चित है।
6. उत्तर भारतीय ताल पद्धति में प्रमुख ताल वाद्य तबला एवं पखावज हैं। ताल की गम्भीर अथवा चंचल प्रकृति के अनुसार इन वाद्यों का प्रयोग किया जाता है। कर्णाटकी ताल पद्धति का मुख्य ताल वाद्य 'घटम्' है, साथ ही मृदंग का भी प्रयोग कर्णाटक संगीत पद्धति में बहुशः किया जाता है।
7. दोनों पद्धतियों में विभागों की अवधारणा में भी अन्तर है। कर्णाटकी ताल पद्धति में ताल चिन्हों के अनुसार विभाग तय होते हैं यथा – ध्रुवताल में । 0।। (लघु, द्रुत, लघु, लधु) का क्रम होने के कारण विभाग भी चार ही होंगे। उत्तर भारतीय ताल पद्धति में ऐसी कोई अवधारणा नहीं है।
8. दोनों पद्धतियों में काललिपि की भिन्नता है। उत्तर भारतीय काललिपि पद्धति में ताली एवं खाली को भिन्न–भिन्न विभागों में स्पष्टतः दर्शाया जाता है, जबकि कर्णाटकी काललिपि पद्धति में विसर्जितम् वाले विभाग का लोप अपने पूर्ववर्ती विभाग में हो जाता है, उसे अलग से लिपिबद्ध नहीं किया जाता। हालांकि हस्तक्रिया में 'खाली' या 'विसर्जितम्' दिखाया जाता है।

उत्तर भारतीय ताल लिपि पद्धति में त्रिताल इस तरह लिखा जायेगा –

1	2	3	4	5	6	7	8	9	1 0	1 1	12	1 3	1 4	1 5	16	
ध	ध्दि	ध्दि	धा	ध	ध्दि	ध्दि	धा	ध	तिं	तिं	ता	ता	धिं	धिं	धा।	धा।
T	Ṫ	Ṫ	|	T	Ṫ	Ṫ	|	T			|				|	|
+				2				0				3				+

दक्षिण भारतीय ताल लिपि पद्धति में त्रिताल इस तरह लिखा जायेगा –

1	2	3	4	5	6	7	8	9	10	11	12	13	14	15	16	
धा	धिं	धिं	धा।	धा	धिं	धिं	धा	धा	तिं	तिं	ता।	ता	धिं	धिं	धा।।	धा।।
+				2								3				+

28

तकनीकी शब्दावली

अंग

नृत्य के सन्दर्भ में 'अंग' शब्द के भिन्न–भिन्न अर्थ समझे जाते हैं। मानव शरीर के छः प्रमुख अंग तथा ताल के दश प्राणों में से एक अवयव। यों सामान्य रूप से मानव शरीर के विभिन्न अवयवों को अंग कहा जाता है जो संख्या में छः हैं – शिर, हस्त, कटि, उदर, पार्श्व तथा पाद। आचार्य नन्दिकेश्वर ने ग्रीवा को भी अतिरिक्त अंग के रूप में माना है। इन अंगों का ज्ञान नाट्य एवं नृत्य के लिये अत्यन्त उपयोगी होता है। अभिनय के लिये उपयोगी होने के कारण नाट्यशास्त्र में उक्त अंगों के भेदोपभेद, उनके लक्षण एवं विनियोग विस्तारपूर्वक कहे गये हैं।

ताल के प्रसंग में अंग का भिन्न अर्थ होता है। ताल का विशुद्ध शास्त्रीय रूप 'अंग' कहलाता है। ताल में काल की गिनती करने के लिये प्रयुक्त किये जाने वाले प्रामाणिक नाम ही उसके 'अंग' कहलाते हैं। ताल में समय अथवा काल की गिनती इनसे की जाती है तथा विभिन्न मात्राओं वाले ताल इनकी सहायता से ही बनाये जाते हैं। अणुद्रुत, द्रुत, द्रुतविराम, लघु, लघुविराम, गुरु, प्लुत, और काकपाद, ताल के ये आठ अंग कहे गये हैं।

- अणुद्रुत यानी चौथाई मात्रा। इसका चिन्ह ˘ है।
- द्रुत यानी आधी मात्रा। इसे **0** से दर्शाया जाता है।
- द्रुत के साथ उसका आधा भाग और मिला देना, यानी पौनी मात्रा 'द्रुतविराम' कहलाती है। इसे **ò** द्वारा दर्शाया जाता है।
- लघु को **।** चिन्ह से दर्शाया जाता है। इसका मान एक मात्रा होता है।
- लघु के साथ लघुकाल के आधे भाग को मिलाना 'लघुविराम' कहलाता है। इसका चिन्ह **।̀** है। इसका कालमान डेढ़ मात्रा का होता है।
- गुरु को **ऽ** दर्शाया जाता है और इसका मान दो मात्राओं का होता है।
- प्लुत यानी तीन मात्रा और इसे **ऽ́** इस चिन्ह से दर्शाया जाता है।
- काकपाद का चिन्ह **+** है और इसका कालमान चार मात्रा का है।

कर्णाटक ताल पद्धति में इन अंगों का मान भिन्न कहा गया है जो निम्नानुसार है –

अणुद्रुत	–	इसमें एक मात्रा होती है।
द्रुत	–	इसमें दो मात्रा होती है।
द्रुत विराम	–	इसमें तीन मात्रा होती है।
लघु	–	इसमें चार मात्रा होती है।
लघुविराम	–	इसमें पाँच मात्रा होती है।
गुरु	–	इसमें आठ मात्रा होती है।
प्लुत	–	इसमें बारह मात्रा होती है।
काकपाद	–	इसमें सोलह मात्रा होती है।

उक्त अंगों में से लघु का मान परिवर्तनीय माना गया है। लघु के मान के आधार पर ही वहाँ ताल की पाँच जातियाँ कही गई हैं – चतस्र, त्रयस्र, खण्ड, मिश्र तथा संकीर्ण। उत्तर भारतीय ताल पद्धति में ताल के इन अंगों में से मात्र लघु और गुरु को ग्रहण किया गया है, लेकिन यहाँ लघु का मान 1 मात्राकाल तथा गुरु का मान 2 मात्राकाल माना गया है।

प्रत्यंग

प्रत्यंग शरीर के वे सहायक अवयव हैं, जो अंगों को जोड़ने का कार्य करते हैं। अंग की ही तरह ये भी 6 प्रकार के कहे गये हैं – दोनों कलाइयाँ, दोनों कोहनियाँ तथा दोनों घुटने। कुछ विद्वान ग्रीवा को भी प्रत्यंग मानते हैं।

उपांग

ये अंगों के छोटे–छोटे भाग हैं, जो प्रत्येक अंग में अलग–अलग होते हैं। जैसे – सिर के उपांग बारह हैं – नेत्र, पलकें, पुतलियाँ, भौंहे, कपोल, नासिका, जबड़ा, ओंठ, दाँत, जिह्वा, चिबुक तथा मुख। हाथों के उपांग – कोहनी, कलाई, एवं अंगुलियाँ हैं। पैरों के उपांग – टखने, एड़ियाँ, अंगुलियाँ तथा तलुवे हैं।

रेचक

रेचन अथवा रेचक का अर्थ है, घुमाव या चक्राकार गति। यह गति शरीर के विभिन्न अंगों में व्यवस्थित रूप से की जाती है। दूसरे शब्दों में विभिन्न अंगों के पृथक्–पृथक् व्यवस्थित रूप में वलन (यानी चक्करदार घुमाव) को रेचक कहा जाता है। नृत्त, नृत्य एवं सुकुमार गति वाले विभिन्न प्रयोगों में रेचकों की योजना की जाती

है। करण एवं अंगहारों के निर्माण में रेचकों का प्रयोग किया जाता है। रेचक चार तरह के कहे गये हैं – पादरेचक, कटिरेचक, हस्तरेचक तथा ग्रीवा रेचक।[1]

पादरेचक स्खलित गति वाले अर्थात् दो भिन्न गतियों वाले पैरों को एक बाजू से दूसरी बाजू की ओर विभिन्न गतियों द्वारा चलाया जाये, तो वह पाद–रेचक कहलाता है।

कटिरेचक कटि को ऊपर की ओर उठाकर एक चक्कर देकर पीछे की ओर हटा दिया जाये, तो वह कटि–रेचक कहलाता है।

हस्तरेचक हाथों को ऊपर की ओर उठाना, फेंकना, सम्मुख करना, गोल चक्करदार घुमाव देना तथा पीछे की ओर हटाना, हस्त–रेचक कहलाता है।

ग्रीवारेचक ग्रीवा को ऊपर की ओर तानना, झुकाना, पार्श्व में झुकाना, घुमाव देना आदि ग्रीवा–रेचक कहलाता है।

स्थानक

शरीर की सौन्दर्यमयी स्थिर शारीरिक अवस्था को स्थान अथवा स्थानक कहा जा सकता है। किसी भी शारीरिक हलन–चलन के ठीक पूर्व तथा उस क्रिया की समाप्ति पर नर्तक को किसी आकर्षक शारीरिक मुद्रा में अवश्य स्थिर खड़े रहना चाहिये। इस तरह खड़े होने की अवस्था विशेष को 'स्थान' अथवा 'स्थानक' कहा जाता है। नाट्यशास्त्र में 6 तरह के पुरुष स्थानक कहे गये हैं – वैष्णव, समपाद, वैशाख, मण्डल, आलीढ़ तथा प्रत्यालीढ़।[2] आचार्य भरत मुख्य रूप से तीन तरह के स्त्री स्थानकों का उल्लेख करते हैं – आयत, अवहित्थ तथा अश्वक्रान्त।[3] अशोकमल्ल ने

---

1 चतुरो रेचकांश्चापि गदतो मे निबोधत।।
पादरेचक एकः स्यात् द्वितीयः कटिरेचकः।
कररेचकस्तृतीयस्तु चतुर्थः कण्ठरेचकः।।

नाट्यशास्त्र / परिमल / 4 / 248–249

2 वैष्णवं समपादं च वैशाखं मण्डलं तथा।
प्रत्यालीढं तथालीढं स्थानान्येतानि षण् नृणाम्।।

नाट्यशास्त्र / परिमल / 10 / 51

3 स्त्रीणां स्थानानि कार्याणि गतिष्वाभरणेषु च।
आयतं चावहित्थं च अश्वक्रान्तमथापि च।।

नाट्यशास्त्र / परिमल / 10 / 51

अपने ग्रन्थ 'नृत्याध्याय' में "मुनिस्तु यानि चत्वारि तानि स्थानान्यहं ब्रुवे"[1] कहते हुए भरतमुनि के मतानुसार चार अन्य स्त्री स्थानकों – गतागत, वलित, मोटित तथा विनिवर्तित का उल्लेख किया है।[2] उल्लेखनीय है कि ये नवीन प्रकार नाट्यशास्त्र के किसी भी संस्करण में नहीं मिलते, किन्तु अन्य ग्रन्थकारों ने इन स्थानकों को अपने वर्गीकरण में सम्मिलित किया है। संगीत रत्नाकर में भरतोक्त छः 'पुरुष स्थानकों यथावत् ग्रहण किया है तथा इनसे भिन्न सात 'स्त्री स्थानक' भी कहे गये हैं – आयत, अवहित्थ, अश्वक्रान्त, गतागतम्, वलितम्, मोटितम् तथा विनिर्वितम्। स्पष्ट है कि उक्त स्त्री स्थानकों में अशोकमल्ल द्वारा कहे गये स्त्री स्थानक भी सम्मिलित किये गये हैं। शार्ङ्गदेव तथा अशोकमल्ल ने तेईस देशी स्थानक भी कहे हैं जो इस प्रकार हैं – समपाद, स्वस्तिक, संहत, वर्धमानक, नन्द्यावर्त, एकपाद, चतुरस्र, पृष्ठोत्तानतल, पार्ष्णिविद्ध, समसूची, विषमसूची, खण्डसूची, पार्ष्णिपार्श्वगत, एकपार्श्वगत, परावृत्त, एकजानुगत, ब्राह्म, वैष्णव, शैव, कूर्मासन, गरुड़, वृषभासन तथा नागबंध।

इनके साथ ही उक्त दोनों आचार्यों ने उपविष्ट तथा सुप्त स्थानकों की भी चर्चा की है। उपविष्ट वे स्थानक हैं जो बैठी अवस्था में बनाये जाते हैं, ये संख्या में आठ प्रकार के कहे गये हैं – स्वस्थ, मदालसा, विषकम्भित, उत्कट, स्रष्टालसा, जानुगत, मुक्तजानु तथा विमुक्त। सुप्त स्थानक संख्या में छः कहे गये हैं – सम, आकुंचित, प्रसारित, विवर्तित, उद्वाहित तथा नत। नर्तन निर्णय में कुल 27 स्थानक कहे गये हैं, इनमें भरतोक्त 6 तथा संगीत रत्नाकरोक्त 7 स्त्री स्थानकों में से 3 स्थानक सम्मिलित हैं।

मण्डल

करणानां समायोगः खण्डमित्यभिधीयते।
खण्डैः त्रिभिश्चतुर्भिर्वा संयुक्तं मण्डलं भवेत्।।[3]

करणों (करणानां यानी कम से कम तीन करण) के योग से 'खण्ड' तथा तीन या चार खण्डों संयुक्त होने पर एक 'मण्डल' बनता है। मण्डलों का प्रयोग युद्ध, संचरण बाहुयद्ध आदि में लीलापूर्ण अंग–संचालन तथा वाद्यों के वादन के अनुरूप किया जाता

1 नृत्याध्याय / अशोकमल्ल / सं0 वाचस्पति गैरोला / 868

2 गतागतं च बलितं मोटितं विनिवर्तितम् ।
अत्रैव केचिदिच्छन्ति पंचमं प्रोन्नताभिधम्।।
तनृत्याध्याय / अशोकमल्ल / सं0 वाचस्पति गैरोला / 868–869

3 नाट्यशास्त्र / परिमल / 1 / 4

है। भरतमुनि ने मण्डल के दो प्रकार कहे हैं – आकाशिकी तथा भौमिक। नाट्यशास्त्र में इन दोनों के पुनः दस–दस भेद कहे गये हैं।[1] इन भेदों का यहाँ मात्र नामोल्लेख किया जा रहा है। संगीतरत्नाकर तथा नृत्याध्याय में आचार्य भरत के मत का अनुसरण किया गया है।

आकाशिक मण्डल अतिक्रान्त, विचित्र, ललितसंचर, सूचीविद्ध, दण्डपाद, विहृत, अलातक, वामबद्ध/वामबन्ध, ललित तथा क्रान्त।

भौमिक मण्डल भ्रमर, आस्कन्दित, आवर्त, समोत्सरित, एलकाक्रीड़ित, अड्डिता, शकटास्या, अध्यर्धक, पिष्टकुट्ट तथा चाषगत।

चारी

एवं पादस्य जंघाया ऊर्वोः कट्यास्तथैव च।
समानकरणे चेष्टा सा चारीत्यभिधीयते।।[2]

अर्थात् पैर, जंघा, घुटने तथा कमर का समान और विशिष्ट हलन–चलन चारी कहलाता है। दूसरे शब्दों में एक पैर से की जाने वाली निश्चित गति 'चारी' कहलाती है।[3] स्वाभाविक तौर पर पैर के साथ जांघ, घुटना तथा कमर भी सक्रिय हो जाते हैं। उल्लेखनीय है कि चारी एक पैर से सम्पन्न क्रिया है। दोनों पैरों से होने वाली गति को 'करण' समझा जाना चाहिये। इस करण को 'नृत्त करण' से भिन्न माना गया है। विभिन्न गतियों के प्रदर्शन में चारियाँ उपयोगी मानी गई हैं।

नाट्यशास्त्र में भौमी चारी तथा आकाशिकी चारी के 16–16 भेद बतलाये गये हैं। समपाद, स्थितवार्ता, शकटास्या, अध्यर्धिका, चाषगति, विच्यवा, एडकाक्रीडित, बद्धा, उरुद्वृत्ता, अड्डिता, उत्स्यन्दिता, जनिता, स्यन्दिता, अपस्यन्दिता, समोत्सरित तथा

---

1. अतिक्रान्तं विचित्रं च तथा ललितसंचरम्।
सूचीविद्धं दण्डपादं विहृतालाके तथा।।
वामबन्धं सललितं क्रान्तंचाकाशगामि च।
भ्रमरास्कन्दिते स्यातामावर्तं च ततः परम्।
समाक्रन्दितमप्याहुरेडकाक्रीडितं तथा।।
अड्डितं शकटास्यं च तथाऽध्यर्धकमेव च।
पिष्टकुट्टं च विज्ञेयं तथा चाषगतं पुनः।।

नाट्यशास्त्र/परिमल/11/2–3

2. नाट्यशास्त्र/परिमल/10/1
3. एकपादप्रचारो यः सा चारीत्यभिसंज्ञिता।

नाट्यशास्त्र/परिमल/11/3

मत्तल्ली ये सोलह भौमी चारी कही गई हैं।[1] तथा अतिक्रान्ता, ह्यपक्रान्ता, पार्श्वक्रान्ता, ऊर्ध्वजानु, सूची, नूपुरपादिका, डोलापाद, आक्षिप्ता, आविद्ध, उद्वृत्त, विद्युतभ्रान्त, अलाता, भुजंगत्रासिता, मृगप्लुता, दण्डा तथा भ्रमरी ये सोलह आकाशिकी चारी कही गई हैं।[2]

संगीत रत्नाकर में देशी चारी के नाम से चारियों के कुछ अन्य प्रकार भी मिलते हैं। जिनमें 35 भौमी तथा 29 आकाशिकी चारी हैं। नर्तन निर्णय में 51 भूमि चारी तथा 31 आकाश चारी कही गई हैं। वर्तमान समय में कुछ विद्वान 'चारी' शब्द को 'चाल' के अर्थ में लेते हैं, जो 'विशेष तरीके से चलने' का द्योतक है। इस सम्बन्ध में यह स्पष्ट करना चाहेंगे कि 'चाल' अथवा 'गत निकास' को प्राचीन ग्रन्थों में वर्णित 'गति भेद' समझा जा सकता है किन्तु चारियों को नृत्तांग के सन्दर्भ में समझना ही उपयुक्त होगा। आचार्य भरत चारियों की योजना के सम्बन्ध में कहते हैं कि जहाँ पैर जायें वहाँ हाथ भी बढ़े तथा जिस ओर हाथ बढ़े वहीं त्रिक अर्थात् कमर का हिस्सा भी घूमे। पैर के एक डग बढ़ने पर ही उपांगों की तद्नुरूप योजना करनी चाहिये।

त्रिभंग

भगवान् कृष्ण की एक विशिष्ट मुद्रा का नाम 'त्रिभंग' है। इसमें घुटने, कमर एवं ग्रीवा को विशेष तरीके से मोड़ा/वक्र किया जाता है। शरीर के तीन स्थानों पर वक्र होने के कारण ही इसे 'त्रिभंग' संज्ञा दी गई है। गुजराती में लिखे गये संगीत–ग्रन्थ 'संगीत–कलाधर' में नृत्य के तीन भेद – ताण्डव, लास्य एवं त्रिभंगी कहे गये हैं, तथा ताण्डव को शिव से, लास्य को देवी पार्वती से और त्रिभंगी को श्रीकृष्ण से सम्बद्ध किया गया है। कालिया नाग के अभिमान का दमन करने के बाद उसके शीश पर नृत्य करते हुए श्रीकृष्ण इसी मुद्रा में यमुना से अवतरित हुए थे, इसलिये उस नृत्य

---

1 समपादा स्थितावर्ता शकटास्या तथैव च।
अध्यर्धिका चाषगतिर्विच्यवा च तथापरा।।
एडकाक्रीडिता बद्धा ऊरुद्वृत्ता तथाड्डिता।
उत्स्यन्दिता च जनिता स्यन्दिता चापस्यन्दिता।।
समोत्सरितमत्तल्ली मत्तल्ली चेति षोडश।

नाट्यशास्त्र/परिमल/10/8–10

2 अतिक्रान्ता ह्यपक्रान्ता पार्श्वक्रान्ता तथैव च।
ऊर्ध्वजानुश्च सूची च तथा नूपुरपादिका।।
डोलापादा तथाक्षिप्ता आविद्धोद्वृत्तसंज्ञिते।
विद्युद्भ्रान्ता ह्यलाता च भुजंगत्रासिता तथा
मृगप्लुता च दण्डा च भ्रमरी चेति षोडश।

नाट्यशास्त्र/परिमल/10/11–13

को 'त्रिभंगी' नृत्य कहा गया। कथक नृत्य की मूलस्थिति या ठाठ भी त्रिभंगी का अनुकरण करता है। यह स्थिति नृत्तांग में 'सम' आने पर भी अनेक बार प्रदर्शित की जाती है। कानून–ए–मौसिकी में त्रिभंगी के लिये एक पर्यायवाची शब्द मिलता है – चैन। अर्थात् इत्मीनान, आनन्दमय विश्राम की अवस्था।

पिण्डी / पिण्डीबन्ध

पिण्डी अथवा पिण्डीबन्ध नृत्य की एक आकृति विशेष है, जिसमें करण एवं अंगहारों का समायोजन होता है। आचार्य अभिनवगुप्तपाद ने आकार सादृश्य को पिण्डीबन्ध की संज्ञा दी है। मेरे गुरु जी स्व. पं0 कल्याणदास महन्त कथक की प्रारम्भिक 'थाट' मुद्रा को 'पिण्डी' ही कहते थे। पिण्डीबन्धों द्वारा देवगण प्रसन्न होते हैं। इन पिण्डीबन्धों के माध्यम से विभिन्न देवताओं के आयुध, वाहन, कर्म तथा भावों का अभिनय प्रस्तुत किया जाता है। नाट्यशास्त्र में देवताओं एवं देवियों के नाम पर जो पिण्डीबन्ध कहे गये हैं, वे इस प्रकार हैं – ईश्वर की पिण्डी का नाम ईश्वरी, नन्दी की पट्टसी, चण्डिका की सिंहवाहिनी, विष्णु की तार्क्ष्य, स्वयंभू (ब्रह्मा) की पद्म, शक की ऐरावती, मन्मथ की झष, कुमार की शिखी, श्री की रूप, जाह्नवी की धरा, यम की पाश, वरुण की नदी, कुबेर की याक्षी, बलराम की हली, भोगियों की सर्प, गणों की दक्षयक्ष विमर्शिनी तथा शिव की रौद्री पिण्डी मानी गई है।

भाव–हाव–हेला

शारीरिक परिवर्तन के फलस्वरूप अंगों में जो विकार उत्पन्न होते हैं, वे तीन तरह के होते हैं – अंगज, स्वभावज तथा अयत्नज। स्वभावज वे अलंकार से जो व्यक्तिगत प्रवृत्ति के अनुसार स्वाभाविक रूप से उपस्थित रहते हैं। अयत्नज वे अलंकार से जो अनायास प्रकट होते हैं इनके लिये प्रयत्न नहीं करना होता। जैसे – घबरा जाने पर पसीना आना, डर जाने अथवा ठंड लगने पर कँपकँपी आना। और अंगज वे अलंकार हैं जो किसी विशेष स्थायी भाव की मन में उपस्थिति होने पर व्यक्ति प्रकट करता है। ये त्रिविध कहे गये हैं – भाव, हाव तथा हेला।

भाव – वाणी, अंग, मुखराग तथा सात्त्विक अभिनय द्वारा भावों का भावन करवाने के कारण यह 'भाव' कहलाता है। भाव रागात्मक अनुभूति की प्रारम्भिक अवस्था है, जो प्रेम की अनुभूति होने पर शब्द तथा आंगिक चेष्टाओं के माध्यम से अभिव्यक्त होती है। यथा – रति नामक स्थायी भाव के हृदय में उद्भूत होने पर व्यक्ति अपने शब्दों, अपने चेहरें

के भावों तथा आंगिक चेष्टाओं से अपनी भावनाओं को सम्बन्धित व्यक्ति पर प्रकट करने की चेष्टा करने लगता है।

हाव – भाव की वह अवस्था जो चित्तवृत्तियों से उद्‌भूत होकर, नेत्र–भौहों, ग्रीवा आदि की आंगिक चेष्टाओं से श्रृंगार रस की अभिव्यक्ति करती हो – हाव कहलाती है। यह वह स्थिति है, जिसमें किसी व्यक्ति के भाव उसकी आंगिक चेष्टाओं के माध्यम से स्पष्ट रूप से सामने आ जाते हैं।

हेला – पात्रों का जो हाव, श्रृंगार रस के आश्रित होकर ललित शारीरिक चेष्टाओं का अभिव्यंजक हो, उसे 'हेला' समझा जाये। हेला वह अवस्था है, जब मन में श्रृंगार का अतिशय आवेग होता है। इस तरह यह कहा जा सकता है कि किसी श्रृंगारिक परिस्थिति में भाव, हाव तथा हेला ये तीनों उत्तरोत्तर विकसित होती हुई अवस्थाएँ हैं।

'संगीत–कलाघर' में उल्लिखित उरमई, सुलप, उरप, सरन, शुद्धमुद्रा, लाग तथा डाट नृत्य से सम्बन्धित ऐसे मध्यकालीन तकनीकी शब्द हैं जिन्हें जानना उपयोगी होगा। यहाँ हम इनका यथावत् विवरण प्रस्तुत कर रहे हैं –

उरमई

जब नर्तक हवा में उछलकर, पृथ्वी पर एक तरफ अपना पैर रखे तो उसे 'उरमई' कहते हैं। सम्भवतः अभिनयदर्पण में कही गई 'उत्प्लुत भ्रमरी' यही है। विलम्बित लय के नृत्य में इसका प्रयोग सम्भव है, किन्तु द्रुतलय में इसका प्रयोग पर्याप्त अभ्यास के बाद ही सधे हुए रूप में हो सकता है।

उरप

एकदम कूदकर आगे आना तथा फिर सुन्दर अभिनय के साथ पीछे लौटना 'उरप' कहलाता है। गत निकास में पल्टा लेकर नियत मुद्रा में स्थिर होना और फिर लौटती चाल से पीछे जाने को 'उरप' की क्रिया माना जाता है।

जैसे – पल्टा लेने के लिये, धा क्ड़िधा तूना कत्त, धा क्ड़िधा तूना कत्त, ता ऽऽ थेऽ ईऽ, तथे ईऽ तथे ईऽ।।ता।। तो सम पर आये इस 'ता' पर जिस तरह एक झटके से, और कभी कभी उछलकर भी नर्तक आता है, और विशेष मुद्रा बनाने के बाद सामने देखते हुए लौटती चाल से पुनः पीछे जाता है, इस सम्पूर्ण क्रिया को 'उरप' कहते हैं।

तिरप

इसे 'तिरिप' भी कहते हैं। वास्तव में तिरप/तिरिप से तात्पर्य तिरछे भ्रमण करने से है। पैरों को स्वस्तिक दशा में रखकर तिरछे घूमने पर तिर्यक भ्रमरी होती है। इससे स्पष्ट होता है कि तिर्यक का ही अपभ्रंश रूप तिरप/तिरिप है। गुजराती ग्रन्थ संगीत–कलाधर में नृत्य के अंगों के प्रसंग में 'उरप' के कथन के पश्चात 'तुरन' कहा गया है, जिसका लक्षण 'उरप' की ही तरह बतलाया गया है। अन्तर मात्र यह है कि पीछे लौटते हुए तिरप में पैर स्वस्तिक दशा में हों और गति तिरछी रखी जाये। यह 'तुरन' ही तिरप/तिरिप है। उरप की क्रिया सम्पन्न होने पर मुख्य चाल चलने के बाद नर्तक स्वस्तिक पैर रखते हुए द्रुत लय में जब तिरछी दिशा में पीछे लौटता है तो उसे 'तिरप' समझना चाहिये। जिस तरह कसक–मसक, लाग–डाट परस्पर पूरक हैं, उसी तरह उरप–तिरप का भी प्रयोग साथ–साथ ही किया जाता है।

सुलप

कोमलता एवं नाज़नखरे से सबको समझ में आये इस तरह नृत्य करना 'सुलप' कहलाता है। कानून–ए–मौसिकी में कहा गया है कि सुलप अथवा सुलफ उस अंग का नाम है जिसमें मुलायमियत और नज़ाकत से नृत्य किया जाये तथा जिसकी प्रस्तुति पसंद की जाये। नन्दिकेश्वर के भरतार्णव में 'निवात दीप गति' की तरह कम्पायमान दृष्टि और सम्पूर्ण शरीर को 'सुलप' कहा गया है। रस कौमुदी में भी धीरे–धीरे डोलती हुई दीपशिखा की तरह अपने अंगों के संचालन की क्रिया को, 'सूलु कहा गया है।' उल्लेखनीय है कि 'कथक' में थाट की प्रारम्भिक अवस्था में जब दो अधोमुख अराल अथवा हंसास्य हस्तों को छाती के समझ रखकर ताल की मात्राओं अनुसार शरीर को धीमी गति में चलायमान रखा जाता है, तो वह क्रिया 'सूलु' के उक्त लक्षण से बहुत मिलती है।

शुद्धमुद्रा

संगीत–कलाधर में अंगुली पकड़कर अथवा अंगुली को माथे के ऊपर या छाती के सामने रखकर नृत्य करने को 'शुद्धमुद्रा' कहा गया है। वर्तमान लक्ष्य में हथेलियाँ परस्पर बाँधकर नृत्य करने को 'शुद्धमुद्रा' कहा जाता है। तत्कार इसी मुद्रा में किया जाता है।

लाग

एक अंग में दूसरे अंग का अत्यनत सुन्दरतापूर्वक मिश्रण 'लाग' कहलाता है।

डाट

चुस्ती और चालाकी के साथ सुन्दर अभिनय सहित नृत्य करना 'डाट' कहलाता है।

धिलांग

इस अंग में नर्तक उछलकर प्रसन्नता के साथ पृथ्वी पर लौटता है।

थर्र

पैर के अंगूठे के अग्रभाग को जमीन पर टिकाकर रगड़ते हुए गति देने पर घुंघरुओं की जो छनछनाहट होती है, वह 'थर्र' कहलाती है। कथक नृत्य में इसका प्रयोग आज भी देखा जा सकता है।

जमनका

जमनका वास्तव में यवनिका का अपभ्रंश रूप है। यवनिका का अर्थ है पर्दा। नर्तकी जब सर्वप्रथम घूंघट लेकर सभा/मंच पर बैठती है, तो वह अंग 'जमनका' कहलाता है। प्राचीन नाट्य परम्परा में इसका उल्लेख मिलता है तथा वर्तमान समय में कथक नृत्य के बनारस घराने में इसे आज भी देखा जा सकता है। कथकलि में भी इस अंग का प्रभाव जान पड़ता है, जहाँ पात्र को पर्दे की आड़ में मंच पर लाया जाता है।

स्तुति

जब नर्तकी घूंघट उठाकर मंच पर ईशस्तुति का भाव प्रकट करे। पारम्परिक रूप से स्तुति यवनिका के पीछे, मंच पर आने से पूर्व सम्पन्न की जाती थी। गुरु का आशीर्वाद तथा विघ्न बाधाविहीन नाट्य/नृत्य की प्रस्तुति इसका प्रयोजन था, किन्तु वर्तमान समय में सम्पूर्ण प्रस्तुति का प्रारम्भ स्तुति/वन्दना से किया जाता है, जिसमें स्वर–तालबद्ध श्लोक अथवा कभी–कभी रागबद्ध सम्पूर्ण बन्दिश ही ईशस्तुति के लिये प्रयुक्त की जाती है।

पुहुपपुंजरी

यह शब्द पुष्पांजलि का अपभ्रंश रूप है। नर्तक/नर्तकी के द्वारा जब मंच पर पुष्प बिखेरकर, विघ्नों के नाश, प्राणियों की रक्षा, ऐश्वर्यवृद्धि, गुरु द्वारा सिखाई विद्या की सफलता के लिये इष्ट से कामना की जाती है, तो वह पुहुप–पुंजरी कहलाती है। कथक नृत्य में इस क्रिया के लिये पुष्पपुट हस्त मुद्रा के सांकेतिक प्रयोग से कार्य सम्पन्न किया जाता है।

अवघट अथवा औघट

संगीत कलाधर में अवघट के विषय में कहा गया है कि ताण्डव नृत्य में द्रुत लय में अभिनय सहित कूदना, उछलना आदि अंग क्रियायें विशेष होती है तथा नृत्य के समय एक अन्य व्यक्ति प्रिमलु के बोलों की पढ़न्त करता है, जिसके साथ पखावजी संगत करता है और नर्तकी यथारूप प्रिमलु के बोल पैरों से निकालकर दिखलाती है। जब ये तीनों कार्य एक साथ होते हैं तो इसे 'अवघट' कहते हैं। 'अवघट' स्पष्ट रूप से कथक का अंग है।

कानून–ए–मौसिकी में भी इसी आशय का उल्लेख मिलता है, वहाँ इसे 'औघट' कहा गया है, साथ ही इस औघट में प्रयुक्त के बोल भी दिये हैं – यथा थेई, धिलांग, थुनतक, दिग जग, तरांग, तिलांग, तकिट–धिकिट, ताव थुंगा आदि।

चक्रमण

नर्तक/नर्तकी द्वारा लगातार चक्कर लगाने को 'चक्रमण' कहते हैं। कठिन अभ्यास द्वारा कुशल नर्तक इसे प्रस्तुत कर सकता है। इसे देख दर्शक अत्यन्त प्रभावित होते हैं। कथक नृत्य में इसका प्रयोग किया जाता है। मेरे गुरु पण्डित कल्याणदास महन्त अक्सर 'चक्रमण' शब्द का प्रयोग किया करते थे।

चेलाँचल

'चेल' का अर्थ – कपड़ा–वस्त्र और आँचल का अर्थ है – 'छोर'। इसमें नर्तक/नर्तकी ओढ़नी का छोर पकड़कर घूंघट, स्त्रियों के विभिन्न भाव तथा चाल (चलने के तरीकों) का प्रदर्शन करती है। परम्परागत नर्तक गमछा आदि ओढ़कर भाव बताते थे, किन्तु व्यावसायिक मंचीय कलाकार मात्र मुद्राओं के द्वारा भावाभिव्यक्ति करते हैं। मेरे गुरुजी इस शब्द का भी प्रयोग अक्सर किया करते थे।

सरण/सरन

यह संस्कृत के 'सरण' शब्द का अपभ्रंश रूप है, जिसका अर्थ है – सरकना या खिसकना। नर्तक/नर्तकी जब पैरों को न उठाकर केवल सरकते हुए अंग–संचालन करता है, तो उसे 'सरन' कहते है। कथक नृत्य के जयपुर तथा रायगढ़ घराने के थाट अंग में 'सरन' का प्रयोग स्पष्ट रूप से देखा जा सकता है।

इसके अलावा कथक नृत्य से सम्बन्धित वन्दना, ठाठ, आमद, सलामी, कसक, मसक, कटाक्ष, गतनिकास, गतभाव, कवित्त आदि के विषय में 'कथक प्रदर्शन में

वस्तुक्रम' शीर्षक के अन्तर्गत विस्तृत विवरण दिया गया है। यहाँ 'ताल' अंग से सम्बन्धित के पारिभाषिक शब्दों को बताया जा रहा है।

भ्रमरी / घुमरिया

घुमरिया / भ्रमरी का अर्थ है, गोल घूमना या चक्राकार घूमना। कथक नृत्य में यह एक विशिष्ट अंग के रूप में विख्यात है, बल्कि यह कहना उपयुक्त होगा कि 'कथक' की पहचान है। अभिनय दर्पण में सात प्रकार की भ्रमरियाँ कही गई हैं।

उत्प्लुत भ्रमरी पैरों को सम स्थिति में रखकर, उछलते हुए चक्कर लेने को उल्प्लुत भ्रमरी कहते हैं।

चक्रभ्रमरी हाथों में त्रिपताक हस्त धारण कर भूमि पर दोनों पैरों से चक्र की भाँति लगातार चक्कर लगाने को 'चक्रभ्रमरी' कहते है।

गरुड़भ्रमरी एक पैर को तिरछा फैलाते हुए पार्श्व की ओर घुटने को भूमि पर टिकाते हुए, दोनों बाहुओं को सम्यक् रूप से फैलाते हुए चक्कर लेने को गरुड़ भ्रमरी कहते हैं। कथक नृत्य में कुछ समय पहले तक इसका प्रयोग बहुतायत से देखा जाता था, आज यह प्रचलन में कम हो गया है।

एकपादभ्रमरी एक पैर के द्वारा, दूसरा पैर भूमि पर न टिकाते हुए चक्कर लगाने को 'एकपाद भ्रमरी' कहते हैं। कथक नृत्य में इसका प्रयोग देखा जा सकता है।

कुंचित भ्रमरी घुटने और जांघ को झुकाकर चक्कर लगाने को कुंचित भ्रमरी कहते हैं। कुछ लोग कमर झुकाकर चक्कर लगाने को कुंचित भ्रमरी कहते हैं। राजस्थानी लोकनृत्य में यह भ्रमरी बहुतायत में देखने को मिलती है।

आकाशभ्रमरी दोनों पैरों को दूर–दूर रखते हुए उछलते हुए घूमा जाये तो वह आकाश भ्रमरी कहलाती है।

अंगभ्रमरी एक बित्ते के अंतर पर पैरों को स्थित करते हुए चक्कर लेने को 'अंगभ्रमरी' कहते हैं।

इसके अलावा अर्धचक्र (आधा घूमकर ही लौट आना), विपरीत चक्र (एक बार दायें दूसरी बार बायें घूमना) भी नृत्य में प्रयुक्त होने वाली भ्रमरियाँ हैं। कथक में इन दोनों ही भ्रमरियों का प्रयोग किया जाता है।

पात्र के गुण

सौष्ठवं रूपसंपत्तिश्चारुविस्तीर्णवक्त्रता।
विशालनेत्रता बिम्बाधरता कान्तदन्तता।।
सुकम्बुकण्ठता वेल्लल्लता सरलबाहुता।
तनुमध्योन्नतिस्थूलनितम्बकरभोरुता।
अत्युच्चखर्वपीनत्वराहित्यमशिरालता।
लावण्यकान्तिमाधुर्यधैर्यौदार्यप्रगल्भता।।
गौरताष्यामता वेति तज्ज्ञैः पात्रगुणा मताः।
यत्पात्रं गात्रविक्षेपैः कोमलैर्विलसल्लयैः।।
सुतालैरक्षराणीव प्रोद्‌गिरद्‌गीतवाद्ययोः।
गीतवाद्यध्वनिं चांगेश्चाक्षुषत्वमिवानयत्।।
सुमनांसीव गात्राणि रसपूर्णताया दधत्।
नृत्यत्युत्तममाचष्ट तदिदं करणाग्रणीः।।

सौष्ठव युक्त, रूप सम्पन्न, सुन्दर मुख, बड़ी आँखें, लाल ओंठ, सुन्दर दाँत, सुन्दर शंख जैसी गर्दन, लता जैसी लचीली बाँहें, पतली कमर, ऊँचे स्थूल नितम्ब, हाथी की सूँड जैसी जाँघें, बहुत ऊँचेपन, ठिगनेपन, मोटापे से रहित, जिसकी नसें न दिखती हों, लावण्य, कान्ति, माधुर्य, धैर्य, औदार्य, प्रगल्भता, गोरापन अथवा साँवलापन ये पात्र के गुण माने गये हैं। कोमल गात्रविक्षेपों से शोभित, लय तथा ताल को जानने वाली, गीत और वाद्य के अक्षरों का सुस्पष्ट उच्चारण करने वाली, गीत और वाद्य की ध्वनि को अंगों के द्वारा दृश्यमान करते हुए सुगन्धित पुष्पों के समान अंगों को रस से परिपूर्ण करते हुए जो नाचती है, उसे आचार्य शांर्ङ्गदेव ने उत्तम कहा है। इस वर्णन से प्रतीत होता है कि 'पात्र' से रत्नाकरकार का आशय स्त्री पात्र अर्थात् नायिका से है।

ताल

तालस्तलप्रतिष्ठायामिति धातोर्घञि स्मृतः।
गीतं वाद्यं तथा नृत्तं यतस्ताले प्रतिष्ठितम्।।[1]

---

1 नाट्यशास्त्र / परिमल प्रकाशन / 31 / 338–369

अर्थात् 'तल' धातु में 'घञ्' प्रत्यय लगाने पर 'ताल' शब्द बनता है। 'तल' धातु प्रतिष्ठा अर्थ वाली होती है। गीत, वाद्य तथा नृत्त तीनों इसमें प्रतिष्ठित होने के कारण इसे 'ताल' कहा गया है। प्रतिष्ठा का अर्थ होता है एक सूत्र में बांधना, व्यवस्थित रखना, आधार प्रदान करना आदि। इन अर्थों में 'ताल' गायन–वादन अथवा गायन–वादन–नर्तन को व्यवस्थित रखते हुए एक सूत्र में बांधने का कार्य करता है। गायन–वादन–नर्तन 'ताल' का आधार लेकर ही आगे बढ़ते हैं। सामान्य बोलचाल की भाषा में भी 'तल' का अर्थ सबसे नीचे रहने वाला यानी आधार देने वाला या अपने ऊपर धारण करने वाला होता है। सम्पूर्ण शरीर को धारण करने के कारण ही पैरों को 'पदतल' कहा जाता है। पृथ्वी के लिये भूतल शब्द सुना ही होगा। इसलिये गीत, वाद्य तथा नृत्त के प्रयोग में लगने वाले समय को धारण करने के कारण इसे 'ताल' कहा गया है। एक तरह से 'ताल' एक कैनवस का कार्य करता है जिस पर ध्वनि तथा अंगरूपी रंगों से कलात्मक सर्जना की जाती है।

मात्रा

संगीत में लय दिखलाने के लिये मात्रा को महत्त्वपूर्ण माना जाता है। संगीत में समय नापने की इकाई को 'मात्रा' कहते हैं। लय दिखलाने के लिये एक ताली से दूसरी ताली के बीच के अवकाश को मात्राओं के द्वारा ही दिखलाया जाता है।

विभाग

किसी ताल के पूरे ठेके को छोटे–छोटे भागों में बाँट दिया जाता है, जिसे 'विभाग' कहते हैं। ताली और खाली का रूप निश्चित करने में ये विभाग सहायक होते हैं। प्रचलित तालों में कम–से–कम एक मात्रा और अधिक से अधिक पाँच मात्रा तक के विभाग मिलते हैं।

सम

ताल की शुरुआत प्रथम मात्रा से की जाती है। अतः पहली मात्रा को ही 'सम' अथवा 'ग्रह' की संज्ञा दी गई है। यद्यपि गायन एवं वादन की बन्दिशें एक अथवा अनेक आवर्तन वाली भी होती हैं तथा उन बंदिशों के 'मूल–सम' भिन–भिन्न होते हैं तथापि तबलावादक अपना वादन, ताल की पहली मात्रा से करते हैं और पहली मात्रा पर ही समाप्त भी करते हैं। नर्तक भी सामान्यतः पहली मात्रा से ही नृत्य शुरु करता है और किसी रचना का समापन भी सामान्यतः पहली मात्रा अर्थात् 'सम' पर होता है। इस 'सम' या 'ग्रह' के प्रमुखतः दो भेद कहे गये हैं –

सम ग्रह जब तबले, गीत और नृत्य का 'सम' समान मात्रा पर हो। सामान्य तौर पर जब दोनों, ताल की पहली मात्रा पर एक साथ आयें।

विषम ग्रह जब वादन, गीत और नृत्य का 'सम' एक ही मात्रा पर न हो, तो वह विषम ग्रह कहलाता है। इसके भी दो भेद कहे गये हैं – अनागत ग्रह, अतीत ग्रह।

अनागत ग्रह तबले के 'सम' से पूर्व जब गायक अथवा नर्तक 'सम' दिखलाये तो उसे अनागत ग्रह कहते हैं।

अतीत ग्रह जब गायक अथवा नर्तक तबले के 'सम' के बीत जाने के बाद 'सम' दिखलाये तो उसके अतीत ग्रह कहते हैं।

ताली

किसी भी ताल की पहली मात्रा अर्थात् 'सम' पर ताली अथवा सशब्द क्रिया की जाती है – अपवाद स्वरूप रूपक ताल है। इसके अलावा ताल के अन्य विभागों की पहली मात्रा पर भी सशब्द तथा निःशब्द क्रिया दोनों बरती जाती हैं। जिन मात्राओं पर सशब्द क्रिया की जाती है उन्हें 'ताली' कहते हैं। यथा – की 16 मात्राओं के चार विभागों में पहली, पाँचवी तथा तेरहवीं मात्रा पर ताली दी जाती है।

खाली

ताल के किसी विभाग की प्रथम मात्रा पर निःशब्द क्रिया की जाये, अर्थात् ताली न देकर दोनों हथेलियाँ अलग–अलग कर ली जायें अथवा एक हथेली का विक्षेप बाहर की ओर किया जाये, तो उसे 'खाली' कहते हैं। दो खाली वाले विभाग एक साथ नहीं रखे जाते। ताली–खाली के विभाग प्राचीन ग्रन्थों में नहीं मिलते, यह मध्ययुगीन परिवर्तन है। सामान्यता जब ताल में खाली का एक ही विभाग होता है, तो उसे यथासम्भव बीच में रखा जाता है।

आवृत्ति / आवर्तन

यह संस्कृत भाषा का शब्द है, जिसका अर्थ है– गोलाकार या चक्कर। अर्थात् एक स्थान से प्रारम्भ कर क्रिया सम्पन्न होने पर पुनः उस बिन्दु / स्थान पर आना 'आवर्तन' कहलाता है। संगीत में किसी ताल की प्रथम मात्रा से अंतिम मात्रा तक के क्षेत्र को आवृत्ति या आवर्तन कहा जाता है। उल्लेखनीय है कि भारतीय ताल गोलाकार वृत्ति में ही चलाता है। तीन ताल की एक आवृत्ति 16 मात्रा की या दादरा ताल की एक आवृत्ति 6 मात्रा की होती है।

ठेका

वर्तमान उत्तर भारतीय संगीत पद्धति में 'ठेका' शब्द ताल का पर्याय बन चुका है। सभी इससे परिचित हैं। लगभग दो शताब्दी पूर्व जब ध्रुपद गायन प्रचलन में था तो गायक के साथ एक तालधारी बैठता था जो हाथ से अथवा घनवाद्य की सहायता से समय की गणना करता चलता था। इसमें लगभग पूर्व नियोजित गायन के साथ पखावज–वादक भी तदनुरूप पाटाक्षरों का प्रयोग करते हुए वादन करता था। ख्याल गायन के आविष्कार के साथ–साथ ताल के ऐसे आधार की आवश्यकता महसूस की गई, जिसमें प्रत्येक मात्रा, विभाग, ताली, खाली आदि स्पष्ट रूप में दिखलाई पड़े और गाते समय गायक यह पहचान सके कि वह ताल के सम्पूर्ण चक्र में क़िस स्थान पर है। इसी बात को ध्यान में रखते हुए ठेकों का निर्माण किया गया। ठाकुर जयदेवसिंह के कथनानुसार -- 'ठेका कब से प्रचलन में आया यह कहना कठिन है, किन्तु 13 वीं शती से इसके होने के संकेत मिलते है।' ठेके की रचना तबले या पखावज़ के तालों के अनुरूप वर्णों के उस समूह से होती है जिसे सुनकर ताल को पहचाना जा सकता है। इस वर्ण समूह की ही बार–बार आवृत्ति की जाती है। प्रत्येक ताल का ठेका भिन्न–भिन्न बोलों से निर्मित होता है। इसलिये समान मात्रा, विभाग और समान ताली–खाली होने पर भी दो ताल अलग–अलग पहचाने जा सकते हैं। एकताल और चौताल इसका अच्छा उदाहरण हैं। एकताल और चौताल में 12–12 मात्राएँ हैं, छह–छह विभाग हैं, प्रत्येक विभाग में दो–दो मात्राएँ ही हैं, ताली–खाली भी एक समान है, किन्तु इन दोनों की पहचान का आधार भिन्न वर्णसमूह से निर्मित 'ठेका' है।

नग़मा / लहरा

नग़मा उर्दू में तथा लहरा हिन्दी में सामान्य बोलाचाल का शब्द है। ताल–वाद्यों पर स्वतन्त्रा वादन के साथ तथा कथक नृत्य के साथ इसका प्रयोग किया जाता है। सारंगी, हारमोनियम, सरोद, वायलिन, आदि स्वर वाद्यों पर किसी राग में निबद्ध निश्चित मात्राओं वाली एक स्वरावली कायम की जाती है, और उसी की पुनरावृत्ति की जाती है। आवश्यकतानुसार लय में वृद्धि की जाती है। नग़में अथवा लहरे का महत्त्व इसी से समझा जा सकता है कि तबला–पखावज के स्वतन्त्र वादन अथवा नृत्य प्रदर्शन की सफलता बहुत के सटीक लहरे पर निर्भर करती है।

पढ़न्त

तालवाद्यों की बन्दिशों तथा कथक नृत्य के बोलों को ताली–खाली सहित विभाग दिखाते हुए पढ़ना 'पढ़न्त' कहलाता है। कथक नृत्य में इसे वाचिक अभिनय का उत्कृष्टम रूप माना जाता है। अवनद्ध वाद्य के स्वतन्त्र वादन तथा कथक नृत्य के नृत्तांग की अदायगी में पढ़न्त का विशेष महत्त्व है। नर्तक हर बोल के निकास के पूर्व ताल देकर उसे पढ़ता है तथा फिर अंग एवं पाद संचालन के द्वारा उसे प्रस्तुत करता है। 'पढ़न्त' का महत्त्व इसलिये भी है कि इससे श्रोता एवं दर्शकों को एक आधार मिल जाता है तथा बजने वाले बोल अथवा नृत्य में प्रस्तुत किये जाने वाल बोल को वे अच्छी तरह समझ सकते हैं। संगीत के क्षेत्र में यह मान्यता है कि अच्छी पढ़न्त से आधा मैदान जीत लिया जाता है तथा जिस कलाकार की पढ़न्त जितनी अच्छी होती है, उसका प्रस्तुतीकरण भी उतना ही श्रेष्ठ माना जाता है।

उठान

इसका शाब्दिक अर्थ है – उठने की क्रिया या गति की प्रारम्भिक अवस्था। तबला वादक स्वतंत्र वादन प्रस्तुत करते समय अथवा नृत्य की संगत करते समय इसे बजाते हैं। इंदिरा कला संगीत विश्वविद्यालय से प्राध्यापक के पद से सेवानिवृत्त हुए डॉ0 जमुना प्रसाद पटेल जी ने लेखिका को बतलाया कि तंत्रीवाद्य में भी आलाप, जोड़ झाला के बाद मसीतखानी गत के प्रारम्भ के साथ 'उठान' बजाने की परम्परा रही है। साधारण टुकड़ों की अपेक्षा यह ज़ोरदार होता है। आजकल कथक नृत्य में भी 'उठान' नाचने का प्रचलन हो गया है। कुछ नर्तक वन्दना के बाद उठान से ही नृत्य शुरु करते हैं और तब ठाठ, आमद आदि करते हैं, तो कुछ ठाठ के बाद उठान/उठानों को प्रस्तुत करते हैं।

लय तथा लयकारी

लय शब्द का सामान्य अर्थ है – गति। इस अर्थ में गायन, वादन अथवा नर्तन में लगने वाले समय की समान गति को 'लय' कहते हैं। सूक्ष्म रूप से 'क्रियानन्तरविश्रान्तिर्लयः' अर्थात् दो क्रियाओं के बीच की विश्रान्ति 'लय' कहलाती है। यहाँ यह ध्यान रहे कि, क्रिया में निरन्तरता बनी रहे। यह लय मुख्यरूप से तीन तरह की मानी गंई है तथा उसका निर्धरण प्रयोक्ता की अपनी सामर्थ्य के अनुसार होता है। यानी प्रयोक्ता जितनी विलम्बित लय साध सकता है और जितनी द्रुत गति तक जा सकता है उसके अनुसार वह अपनी 'मध्यलय' ठहराता है।

विलम्बित इस लय में दो क्रियाओं के मध्य की विश्रान्ति अधिक होती है और इस कारण लय धीमी होती है।

मध्य इस लय में दो क्रियाओं के मध्य की विश्रान्ति, विलम्बित लय की विश्रान्ति से ठीक आधी होती है और इसलिये तय तलुनात्मक रूप से दुगनी होती है। यह लय न बहुत धीमी होती है, न बहुत तेज।

द्रुत इस लय में दो क्रियाओं के मध्य की विश्रान्ति, मध्य लय की विश्रान्ति की अपेक्षा आधी तथा विलम्बित लय की विश्रान्ति से चाथाई होती है। इसलिय लय तुलनात्मक रूप से मध्य लय से दुगुनी और विलम्बित लय से चौगुनी होती है। यह अत्यन्त तेज़ गति की लय होती है। इसके अलावा प्रयोक्ता के सामर्थ्य के अनुसार अतिविलम्बित एवं अतिद्रुत तथा आड़, कुआड़, बिआड़ लयें भी होती हैं।

आड़ – कुआड़ – बिआड़

एक मात्राकाल में दो बोल गाने/बजाने/नाचने को दुगुन लय कहते है। इसी तरह तीन, चार, पाँच, छः सात अथवा आठ बोल जब एक मात्रा में गाये–बजाये अथवा नाचे जाते हैं, तो वह तिगुन, चौगुन, पँचगुन, छःगुन, सतगुन, अथवा अठगुन की लय कहलाती है। यह सीधी लयकारी है। इन सीधी लयकारियों के अलावा के कठिन लयकारियाँ भी होती हैं, जिनमें दो मात्रा में तीन मात्रा, तीन मात्रा में दो मात्रा, तीन मात्रा में चार मात्रा, चार मात्रा में पाँच मात्रा, पाँच मात्रा छः मात्रा अथवा चार मात्रा में सात मात्राओं को दिखाया जाता है।

आड़ लय दो मात्राओं में तीन अर्थात् एक में डेढ़ मात्रा को बरतना 'आड़ लय' कहलाता है। यह तिगुन की लयकारी से आधी होती है। किसी ताल की डेढ़ गुन कितनी मात्राओं में आयेगी यह जानने के लिये, उस ताल की कुल मात्राओं को 3/2 से भाग देना चाहिये। जैसे – दादरा में आड़ लय प्रदर्शित करनी है तो 6 – 3/2 यानी 6 ÷ 2/3 = 4। अर्थात् 2 मात्राएँ छोड़कर तीसरी मात्रा से उठना होगा।

<u>दादरा की आड़ लय</u>

	123	123			
1	2	3	4	5	6

— — धाऽधी ऽनाऽ धाऽती ऽनाऽ ।।धा।।

कुआड़ लय जब पाँच मात्रा में चार मात्राएँ गायी, बजायीं या नाची जायें तो उसे कुआड़ या सवा गुन की लय कहते हैं।

झपताल की कुआड़ – दो मात्रा छोड़कर उठना होगा –

1	2	3	4	5
–	–	धीऽऽऽना	ऽऽऽधीऽ	ऽऽधीऽऽ।
ऽनाऽऽऽ	तीऽऽऽना	ऽऽऽधीऽ	ऽऽधीऽऽ	ऽनाऽऽऽ।।धी।।

बिआड़ लय चार मात्रा में सता मात्रा अर्थात् एक मात्रा में पौने दो मात्रा की लय को बिआड़ लय कहते हैं।

दादरा की बिआड़ लय

1	2	3
धाऽऽऽधीऽऽ	ऽनाऽऽऽधाऽ	ऽऽतूऽऽऽना
+		
4	5	6
ऽऽऽधाऽऽऽ	धीऽऽऽनाऽऽ	ऽधाऽऽऽतूऽ
0		
1	2	3
1	2	3
ऽऽनाऽऽऽधा	ऽऽऽधीऽऽऽ	नाऽऽऽधाऽऽ
+		
4	5	6
ऽतूऽऽऽनाऽ	ऽऽधाऽऽऽधी	ऽऽऽनाऽऽऽ
0		
1	2	3
धाऽऽऽतूऽऽ	ऽनाऽऽऽधाऽ	ऽऽधीऽऽऽना
+		
4	5	6
ऽऽऽधाऽऽऽ	तूऽऽऽनाऽऽ	ऽधाऽऽऽधीऽ

0

1	2	3
ऽऽनाऽऽऽधा	ऽऽऽतूऽऽऽ	नाऽऽऽधाऽऽ
+		
4	5	6
ऽधीऽऽऽनाऽ	ऽऽधाऽऽऽतू	ऽऽऽनाऽऽऽ ।।धा।।
0		+

पल्टा

'पल्टा का शाब्दिक अर्थ है, उलटना–पलटनां अवनद्ध वाद्य में किसी कायदा या पेशकार आदि के बोलों को सुन्दर तरीके से उलट–पुलटकर विस्तार करना 'पल्टा' कहलाता है। 'पल्टा' बनाते समय ताल तथा मूल कायदे का स्वरूप दिखना चाहिये। किसी कलाकार की रचनात्मक क्षमता का मूल्यांकन उसके द्वारा बनाये पल्टों से सहज लगाया जा सकता है। नृत्य में भी पैर के काम में किसी बोल समूह को लेकर उलट–पलटकर उसका विस्तार 'पल्टा' कहलाता है। इसके अलावा गतनिकास के समय क़िसी विशेष मुद्रा को धारण करने से पहले अर्धचक्र लेते हुए घूमने को भी कथक में 'पल्टा' कहते हैं।

जाति

नाट्यशास्त्र और संगीत–रत्नाकर में ताल की त्रयश्र और और चतुरश्र संज्ञा प्राप्त होती है, किन्तु वहाँ इन्हें ताल की जाति कहीं कहा गया है वरन् ताल के प्रकार के रूप में इनका उल्लेख प्राप्त होता है। त्रयश्र और चतुरश्र के प्रतिनिधि ताल के रूप में चाचपुट और चच्चत्पुट ताल कहे गये हैं। परवर्ती काल में संगीत में पाँच जातियाँ मानी गईं। जाति की यह अवधारणा सर्वप्रथम रस–कौमुदी एवं संगीत–दर्पण में प्राप्त होती है। ताल के प्रत्येक विभाग में मात्राओं की संख्या अथवा प्रत्येक मात्रा में वर्णों की संख्या से 'जाति' का निर्धारण होता है। 3, 4, 5, 7 एवं 9 मात्राक़ाल वाली जातियाँ क्रमशः त्रयश्र, चतुरश्र, खण्ड, मिश्र एवं संकीर्ण कही गई हैं। कथक नृत्य में यों उक्त सभी जातियों के बोलों का प्रयोग किया जाता है किन्तु तुलनात्मक रूप से चतुरश्र एवं त्रयश्र जाति का वर्चस्व देखने में आता है।

वर्तमान समय में जाति की अवधारणा मूलरूप से कर्णाटक संगीत के प्रसंग में कही गई है। वहाँ 'लघु' के मान के आधार पर जाति का निर्धारण किया जाता है।

कर्णाटक ताल पद्धति में अणुद्रुत (एक मात्रा कालमान), द्रुत (दो मात्रा कालमान), लघु (चार मात्रा कालमान), गुरू (आठ मात्रा कालमान), प्लुत (बारह मात्रा कालमान) तथा काकपाद (सोलह मात्रा कालमान) ये ताल के 'षडंग' कहे गये हैं। इनमें लघु के कालमान के बढ़ने अथवा घटने के आधार पर ताल की जाति का निर्धारण किया जाता है। इस तरह कर्णाटक तालों में लघु के मान के आधार पर प्रत्येक ताल के पाँच–पाँच प्रकार कहे गये हैं। उत्तर भारतीय संगीत में जब लघु के कालमान के बदलने की पद्धति अथवा परम्परा ही नहीं है तो फिर जातियों के होने का प्रश्न ही नहीं उठता। लेकिन हुआ यह है कि हमने संगीत के क्षेत्र में दक्षिण में प्रचलित सिद्धान्तों को अपनाकर उत्तर भारतीय संगीत की प्रयोग परम्परा पर लागू करने की कोशिश की है। फलस्वरूप एक अधकचरापन हम अपनी प्रयोग परम्परा और शास्त्रीय सिद्धान्तों के बीच पाते हैं। इस सच्चाई के बावजूद आज ऐसी अनेक अवधारणाएँ हैं जो बिना किसी सपष्ट स्वरूप के हमारे उत्तर भारतीय संगीत पर लागू कर दी गई हैं। एक तरह से दक्षिण के concept को उत्तर के प्रयोग पर थोपा गया है। पंच–जाति की अवधारणा भी इसी तरह की एक अवधारणा है। वास्तव में उत्तर भारत में आज हम जिसे 'जाति' के रूप में ग्रहण करते, समझते और प्रयोग में लाते हैं वह 'जाति' न होकर 'गति' है। हमारे यहाँ किसी ताल में लघु के मान के आधार पर जाति का निर्धारण नहीं होता बल्कि किसी विभाग में मात्राओं की संख्या अथवा किसी मात्रा में वर्णों की संख्या के आधार पर जाति कह दी जाती है। ऐसा शायद इसलिये कि हमारे यहाँ तो 'लघु' का मान बदला ही नहीं जाता उसे एक मात्राकाल का और गुरू को दो मात्राकाल का माना जाता है। (लघु का मान भी उत्तर और दक्षिण में अलग--अलग है)। इसलिये आज हम जिसे जाति कहते हैं वह वास्तव में ताल की गति है। हम विशेष रूप से किसी ताल के प्रत्येक मात्रा में बोल अथवा वर्णों की संख्या के आधार पर जाति का निर्धारण करते हैं। ताल के विभाग में चार/तीन/पाँच/सात/नौ मात्राएँ होने अथवा प्रत्येक मात्रा में वर्णों की संख्या चार/तीन/पाँच/सात/नौ होने पर तदनुसार उसकी जाति चतस्र/तिस्र/खण्ड/मिश्र अथवा संकीर्ण कही जाती है। अब यहाँ यह ध्यान देना जरूरी है कि चार, तीन, पाँच, सात अथवा नौ की संख्या पर पहुँचने का कोई निश्चिंत तरीका नहीं तय किया गया है। उदाहरण के तौर पर देखें –

तकिट तकिट तकिट तकिट को हम त्रयश्र समझते हैं। इसे खण्ड में बदलने के लिये तगतकिट तगतकिट तगतकिट तगतकिट अथवा तकिटतग

तकिटतग तकिटतग तकिटतग गिना जा सकता है। इसे ही मिश्र बनाने के लिये तगतगतकिट तगतगतकिट तगतगतकिट तगतगतकिट या तगतकिटतग तगतकिटतग तगतकिटतग तगतकिटतग अथवा तकिटतगतग तकिटतगतग तकिटतगतग तकिटतगतग कहेंगे। और संकीर्ण बनाने के लिये तगतकिटतगतग तगतकिटतगतग तगतकिटतगतग तगतकिटतगतग या इसके कोई अन्य combinations इस्तेमाल कर सकते हैं।

तिहाई

यदि किसी एक बोल–समूह को एक ही ढंग से बिना किसी परिवर्तन के तीन बार इस तरह प्रयोग किया जाये कि उसका अंतिम बोल 'सम' अथवा अन्य किसी निश्चित मात्रा पर आये तो वह 'तिहाई' कहलाता है। संगीत की सभी विधाओं में तिहाई का प्रयोग होता है। इससे किसी रचना, तान, तोड़ा, परन, आदि की समाप्ति का ज्ञान भी होता है। दक्षिण भारतीय संगीत में भी इसका प्रयोग होता है, वहाँ इसे 'तिरमानम्' कहते हैं। रायगढ़ नरेश चक्रधर सिंह जूदेव ने तिहाई को 'त्रिवाचा' नाम दिया था। तिहाई दो तरह की होती हैं – दमदार तिहाई एवं बेदम तिहाई।

दमदार तिहाई 'दम' का अर्थ होता है ठहराव, विश्राम या रुकना। जब तिहाई के बीच की दो समाप्तियों या दो पल्लों के बीच रुका जाता है तो उसे 'दमदार तिहाई' कहते हैं। इस ठहराव की अवधि निश्चित नहीं होती, यह रचना पर निर्भर करता है, किन्तु इतना अवश्य है कि तिहाई के परस्पर तीन पल्लों के मध्य ठहराव की अवधि निश्चित होती है, यानी जितना ठहराव पहले व दूसरे पल्ले के मध्य होता है, उतना ही ठहराव दूसरे एवं तीसरे पल्ले के मध्य भी होता है।

बेदम तिहाई यह वह तिहाई है, जिसमें दो समाप्तियों के मध्य विश्राम नहीं होता। तीनों पल्लों के वर्णों के मध्य कोई 'दम' नहीं होता और उनकी लगातार तीन बार आवृत्ति होती है।

चक्करदार तिहाई जब कोई बोल, मुखड़े और तिहाई सहित पूरा–पूरा तीन बार बजायें अथवा गायें और उसका अन्तिम 'धा' सम पर आये तो उसे चक्करदार कहते हैं। सामान्य रूप से यह कम–से–कम दो आवृत्ति की और अधिक–से–अधिक पाँच आवृत्ति की रचना होती है।

फर्माइशी तिहाई फरमाइशी का अर्थ है 'विशेष मांग पर प्रस्तुत की गई वस्तु।' महफिली संगीत और नृत्य की प्रस्तुतियों में प्रायः गुणीजनों द्वारा एक–दूसरे से किसी विशेष चीज़ के सुनने–सुनाने की फर्माइश की जाती थी। ऐसी चीज़ जो किसी के अनुरोध या फर्माइश पर प्रस्तुत की जाती थी तो वह 'फर्माइशी चीज़' कहलाती थी। इस दृष्टि से ऐसी कोई भी बंदिश, जो किसी की फर्माइश पर प्रस्तुत की जाये, 'फर्माइशी' कहला सकती है किन्तु वर्तमान समय में 'फर्माइशी' शब्द का क्षेत्र सीमित माना जाने लगा है। फर्माइशी चक्करदार परण, 'धा' रहित तिहाई अथवा एकहत्थी परण मुख्यरूप से 'फर्माइशी' कहलाते हैं। वास्तव में इन बन्दिशों की कुछ विशेषताएँ होती हैं, जो इनका सर्वमान्य लक्षण है तथा जो इन्हें अन्य बन्दिशों से पृथक् करता है।' फर्माइशी चक्करदार' भी साधारण चक्करदार के समान तिहाई युक्त रचना होती है किन्तु इसकी विशेषता यह है कि इसमें सम्पूर्ण रचना के पहले पल्ले की तिहाई का तीसरा 'धा' सम पर, फिर दूसरे पल्ले की तिहाई का छटवाँ 'धा' सम पर तथा अन्त में तीसरे पल्ले की तिहाई का नौवाँ 'धा' 'सम' पर आता है। इस प्रकार की रचना में आवृत्तियों का कोई बन्धन नहीं होता, किन्तु रचना का प्रारम्भ सम से और समापन भी सम पर ही होता है।

नौहक्का तिहाई जिस तरह 'तिहाई' तीन की संख्या की द्योतक है उसी तरह 'नौहक्का' नौ की संख्या का द्योतक है। किसी तिहाई को अंतिम 'धा' सहित पूरा–पूरा एक ही ढंग से तीन बार बजाकर अथवा नाचकर 'सम' पर आने को 'नौहक्का' कहते हैं। एक तरह से चक्करदार तिहाई 'नौहक्का' कहला सकती है। यह भी 'तिहाई' की तरह दमदार तथा बेदम, दो तरह की हो होता है।

तोड़ा

इस शब्द का प्रयोग कथक नृत्य तथा तन्त्रीवाद्य में प्राप्त होता है। तबला अथवा पखावज में छोटी लम्बाई वाली तालबद्ध रचना टुकड़ा कहलाती है, किन्तु इसकी लम्बाई एक आवर्तन से कम नहीं होनी चाहिये। कथक में मात्र नृत्य के बोल या कहें

विशुद्ध नटवरी के बोलों से निर्मित रचना 'तोड़ा' कहलाती है – तिग्धदिगदिग, तत तत, थुन थुन, थेई, त्राम, गदिगन आदि बोल विशुद्ध नृत्य या नटवरी के माने जाते हैं। रायगढ़ नरेश चक्रधर सिंह जूदेव ने इसे 'त्रोटकम्' की संज्ञा दी थी। तन्त्रीवादन में भी 'तोड़ा' शब्द प्रयोग में आता है। सामान्यतया लय–तालबद्ध तानों को जब तन्त्रीवाद्य में मिजराब से बोलों द्वारा निकाला जाता है तो, उसे 'तोड़ा' कहते हैं। तन्त्रीवाद्य के 'तोड़े' को जब गायन में कण्ठ द्वारा निकाला जाता है तो वह 'तान' कहलाता है। या यह भी कहा जा सकता है कि तान तोड़े का ही गेय रूप है।

टुकड़ा

'टुकड़ा' शब्द का अर्थ है किसी वस्तु का एक छोटा हिस्सा। इन अर्थों में इस छोटे हिस्से में भी उस वस्तु के सभी गुण मौजूद रहते हैं। यथा – काग़ज़ अथवा कपड़े के एक टुकड़े में अपने मूल स्रोत यानी उस कपड़े अथवा काग़ज़ के बड़े वाले हिस्से के सभी गुण मौजूद रहते हैं। किसी वस्तु का टुकड़ा मात्र आकार में छोटा होता है गुणों में न्यून नहीं। संगीत के सन्दर्भ में नृत्त अथवा किसी अवनद्ध वाद्य, (तबला अथवा पखावज या फिर कोई अन्य वाद्य) के बोलों से बने छोटे बोल–समूह को 'टुकड़ा' कहते हैं। टुकड़े के सम्बन्ध में सबसे बड़ी पहचान उसका अत्यन्त छोटा होना है। नृत्य (कथक) में टुकड़ा ताल के एक ही आवर्तन में नाची जाने वाली रचना है, जिसके अन्त में तिहाई हो भी सकती है और नहीं भी। यह चुटीली और करारी रचना होती है जो चटकीले अंदाज़ में प्रस्तुत की जाती है।

परण

परन/परण शब्द मुख्यरूप से पखावज से सम्बन्धित है, किन्तु काफी समय से तबले एवं नृत्य में परण नाचे जाने की परम्परा हो गयी है। यह ज़ोरदार और खुले बोलों वाली रचना होती है, जिसमें कम–से–कम दो आवर्तन होते हैं इसके बोल समूह दोहराव लिये हुए चलते हैं, जैसे – धतिट–ततिट, धकिट–तकिट, धात्रेकधिकिट–तात्रेकतिकि, धागेतिट–तागेतिट आदि। रायगढ़ दरबार के परणों में तबले, पखावज के बोलों के साथ ही बिजली–बादल, पक्षियों की बोली के बोल आदि सम्मिलित कर अनेक परणों की रचना की गई। जैसे – दलबादल परण, कड़क बिजली परण, गजविलास परण, दिन्तावली, ऋतु परण इत्यादि।

प्रिमलु